¡Dímelo tú!

A culturally rich, communication-based program designed to get students interacting in Spanish on a daily basis—from the very first day of class!

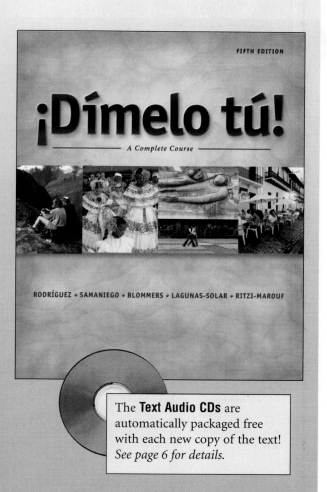

The **Text Audio CDs** are automatically packaged free with each new copy of the text! *See page 6 for details.*

Challenge your students to develop competence quickly.

Vivid, colorful, and organized for quick student success, the Fifth Edition of *¡Dímelo tú!* helps your students become competent in Spanish by allowing them to interact among themselves and with you, use Spanish daily, and see how Spanish-speaking people all over the world live.

This dynamic Competency Approach—*Comprehensible Input >> Guided Practice >> Open-ended Practice >> Create with Language*—challenges students to arrive at an understanding of the Spanish language and Hispanic cultures by tapping into knowledge they already have and applying it to what they are learning. *¡Dímelo tú!* encourages students to use their own resources, thus putting full emphasis on the learner and assigning the role of facilitator to the instructor.

The Fifth Edition is full of fascinating new features and pedagogy designed to make learning Spanish easy and fun for students. At the same time, the book is now accompanied by an exciting video that takes students from the printed page to interactive conversation! *See page 6 for details.*

THOMSON

HEINLE

Preview

Each chapter's organization immerses students in the rich culture of a different Spanish-speaking country.

Each chapter of *¡Dímelo tú!* clearly lays out its specific cultural focus, introducing a Spanish-speaking country and the cultural topics related to that country that will be addressed throughout the chapter.

A vivid, colorful **two-page spread** begins each chapter, presenting a useful chapter outline and a visual overview of the country. Engaging **photos** are accompanied by questions that draw students into the chapter and invite them to see how much they already know about that particular Spanish-speaking country.

NEW! ▶
In this edition, the chapter openers now include a new section, **¡Las fotos hablan!** that provides visual input and encourages students to use critical thinking skills. Also, you'll find a new section titled **En tu opinión,** which includes a series of wide-ranging critical thinking questions added to the **¿Sabías que... ?** cultural mini-readings. These sections give students the chance to express their opinions (and sometimes, their pre-conceived ideas) about various aspects of the country being studied.

Mona Lisa de Fernando Botero

¡Cinco grammys para Juanes!

In this chapter, you will learn how to . . .
- ask for a date.
- accept or refuse a date.
- express preferences.
- express emotions.

CAPÍTULO 7

La música colombiana
NOTICIERO CULTURAL
Colombia: la esmeralda de Sudamérica
Fernando Botero
LECTURA: «Un día de estos»
Gabriel García Márquez
VIDEO: Colombia, ¡puerta a Sudamérica! y Fernando Botero
VIAJEMOS POR EL CIBERESPACIO A... Col...

Distinguishing intonat... patterns
Using visual images to interp...

240 doscientos cuarenta

Joyas de la naturaleza colombiana

¡Las fotos hablan!

A. A que ya sabes...

Answers A: 1. c, 2. b, 3. a, 4. c, 5. b
B. Sí, 1, 2, 3, 4; No, 5

1. ¿Cuál de los siguientes escultores es colombiano?
   a. Michelangelo Buonarroti b. Auguste Rodin c. Fernando Botero
2. ¿Cuál de los siguientes escultores representa siempre en sus esculturas a personajes gordos?
   a. Michelangelo Buonarroti b. Fernando Botero c. Auguste Rodin
3. ¿Cuáles de los siguientes cantantes son colombianos?
   a. Juanes b. Ricky Martin c. Shakira
4. ¿Cuál de ellos recibió siete nominaciones para los premios «Grammy» con su álbum *Fíjate bien*?
   a. Madonna b. Sting c. Juanes
5. ¿Qué tipo de flor es la de la foto, la cual se cultiva en Colombia en grandes cantidades?
   a. la rosa b. la orquídea c. la flor de banano

B. Indica si viajando a Colombia puedes hacer lo siguiente:

Sí No 1. Saborear un exquisito café, cultivado y tostado en Colombia.
Sí No 2. Disfrutar del Caribe, de la costa pacífica, de la selva amazónica y de los Andes, sin salir de Colombia.
Sí No 3. Admirar las voluminosas esculturas de Fernando Botero y el realismo mágico de Gabriel García Márquez.
Sí No 4. Gozar del clima fresco de Bogotá, a más de 2.600 metros sobre el nivel del mar.
Sí No 5. Esquiar todo el año en Bogotá.

doscientos cuarenta y uno **241**

Have students read silently. Then ask comprehension check questions. All the gold objects in the museum are original pre-Columbian artifacts. Bogotá is a very cultured city, much like San Francisco and Boston in the U.S.

Smart Classroom: Tell students they have won a free week of vacation in Bogotá, Colombia. Ask them to search the Internet for accommodations, places for shopping, places to visit in the city, events such as concerts, festivals, exhibitions, sports, and any other information that would make their stay in Bogotá pleasant and fun. Ask volunteer students to come to class prepared to present their vacation agenda to the class, and to share some of the websites with the class. Ask all students to write a brief report, and to bring the addresses of the most interesting sites they found.

¿Sabías que...?

Bogotá, la capital de Colombia, ofrece una vida cultural totalmente diversa. Cuenta con impresionantes rascacielos (*skyscrapers*) futurísticos, varias universidades, hermosas iglesias coloniales y una gran variedad de museos. Hay más de cincuenta museos en la ciudad. Entre los principales está el Museo del Oro, con una colección de más de 30.000 objetos de oro que representan las principales culturas precolombinas de Colombia. El Museo Arqueológico también tiene una gran variedad de artefactos precolombinos. El Museo Nacional ocupa una cárcel del siglo XIX y cuenta con todo tipo de arte, desde el precolombino hasta el contemporáneo. En Bogotá hay, además, museos de arte moderno, arte colonial, arte religioso, artes y tradiciones populares, de desarrollo urbano, de trajes regionales y muchos más.

🔍 **En tu opinión:** ¿Por qué crees que el Museo del Oro usa objetos de oro para representar las culturas precolombinas? ¿Por qué tiene tantos museos Bogotá?

◀ The authors continue to explore the same country in the **¿Sabías que... ?** short cultural vignettes, in the **Noticiero cultural** and **Lectura** readings, in the text-specific video, and within the Internet activities.
This extended cultural focus greatly enhances the knowledge and exposure that the students have to the Spanish-speaking world.

2

The book's chapters are divided into three *Pasos,* each with various sections and activities designed to help students improve their listening, speaking, reading, and writing.

▶ The **¿Eres buen observador?** sections have been redesigned to always introduce the new active vocabulary of the lesson, as well as the theme of the **Paso** by asking students to apply critical thinking skills to authentic reading selections and to cross-cultural aspects of the lesson's theme. As in previous editions, these sections often take the form of advertisements, magazine covers, pamphlets, and more realia from the country of focus.

Una cita... ¡en Bogotá!

PASO 2

¿Eres buen observador?

¿te conviene el @mor por internet?

Ahora que todo es virtual...¿un ligue a través de la Red también tiene que ser lo? ¿Y qué hay detrás?

DESVENTAJAS DEL AMOR EN LA RED ¡AGUAS!

• No sabes con quién estás tratando. Es decir, ni siquiera sabes si es hombre o mujer, vaya. ¿La foto? Se puede truquear, ¿no?
• No puedes conocer nada de su vida, más que lo que él o ella te cuenta. A lo mejor no es quien dice ser, o está casado (a), o no tiene la edad que dice, o es un delincuente o un maníatico (o maniática) sexual.
• Como no hay lenguaje corporal y no puedes verle, tampoco puedes saber si te está diciendo la verdad.
• Hay gente que usa esta vía para buscar posibles víctimas de secuestro, así que aguas con contarle demasiado de cómo vives.
• Aun si te rajas y no quieres que te encuentre, hay forma de averiguar tu dirección a través de tu dirección electrónica.
• Tú puedes clavarte, y él o ella estar sólo jugando.
• A lo mejor no está siendo sincero (a) contigo, y sólo te está dando el avión para que te claves, mostrándose falsamente de acuerdo con tus ideas e ideales, buscando que te identifiques con él o con ella.

TAREA

Antes de empezar este Paso, estudia la lista de vocabulario en la página 267 y practícalo al escuchar el surco 21 de tu Text Audio CD #2. Luego estudia *En preparación.*

7.3 Present tense of *e → i* stem-changing verbs, páginas 270–271

Haz por escrito los ejercicios de *¡A practicar!*

Escucha la sección *¿Qué se dice... ?* del Capítulo 7, Paso 2, en el surco 18 del Text Audio CD y haz la actividad correspondiente en la página 252.

Have students prepare *7.3 Present tense of e → i stem-changing verbs* for the first day you work on the Paso.

Allow 2–3 mins. for students to answer in pairs. Then call on **individuals.** Have the class indicate if they agree or disagree. For No. 3 have one pair read their list aloud and ask the class to comment on it and to add to it as appropriate.

Answers: ¡Aguas! = *Darn it!*; si te rajas* = *if you chicken out*; puedes clavarte = *you can fall in love*; te está dando el avión = *he's just leading you on*

Ahora, ¡a hablar!

Vocabulario activo A. Answers: 1. C 2. F 3. C 4. F 5. F

A. El guapo y el intelectual. Indica si es cierto o falso según lo que escuchaste en el *¿Qué se dice...?*

C   F   1. Uno quiere invitarla al concierto *Seis por ocho.*
C   F   2. Otro quiere invitarla a una corrida de toros.
C   F   3. Uno de ellos quiere invitarla a un partido de fútbol.
C   F   4. Ella acepta la invitación de los dos.
C   F   5. Los dos se ofrecen para ayudarla con sus libros.

EP 7.1   B. Have students work in pairs first. Allow 2–3 mins. Then ask individuals if their partners do these things on a date.

B. ¿Y tú? Habla con tu compañero(a) para saber si hicieron lo siguiente la última vez que salieron en una cita. Usa turnos para preguntar y responder.

MODELO   TÚ: ¿Invitaste a tu amigo(a) personalmente o por teléfono?
COMPAÑERO(A):   Lo (La) invité personalmente.

1. ¿Fuiste a buscar a tu amigo(a) a su casa?
2. ¿Llevaste a tu amigo(a) al cine?
3. ¿Invitaste a tu amigo(a) a cenar?
4. ¿Sacaste a tu amigo(a) a bailar?
5. ¿Acompañaste a tu amigo(a) a su casa?

EP 7.1   C. Allow 2–3 mins. for students to invite their partners on a date. Then ask individuals for what events their partners accepted their invitation.

C. ¿Quieres salir? Alguien te invita a salir por primera vez y te propone algunas actividades. ¿Qué le contestas tú?

MODELO   AMIGO(A):   ¿Quieres ver la nueva película?
TÚ: Sí, la quiero ver. o
No, no quiero verla.

1. ¿Puedo llamarte esta noche?
2. ¿Puedo pasar a buscarte a las 8:00, el viernes?
3. ¿Quieres visitar mi restaurante favorito?
4. ¿Quieres ver mi película favorita?
5. ¿Quieres conocer a mis padres?

244 doscientos cuarenta y cuatro ◆ Capítulo 7 Paso 1

Ahora, ¡a analizar!

1. Según este anuncio, conviene o no conviene el amor por la Red? ¿Por qué dices eso?
2. ¿Con cuáles de las desventajas estás de acuerdo? ¿Con cuáles no? ¿Por qué?
3. Este artículo sólo menciona las desventajas. ¿Cuáles son algunas de las ventajas que tú crees que tiene buscar el amor en Internet? Prepara una lista de las ventajas con un(a) compañero(a).
4. ¿Tuviste tú, o alguien que conoces, algún romance por Internet? ¿Cómo acabó, bien o mal?
5. Este artículo usa varias expresiones típicas de los jóvenes. ¿Cuál es su significado? Empareja las frases con su traducción.

_____ ¡Aguas!   a. *if you chicken out*
_____ si te rajas   b. *you can fall in love*
_____ puedes clavarte   c. *he's just leading you on*
_____ te está dando el avión   d. *Darn it!*

NEW! ▲

Culturally appropriate and contextualized **vocabulary practice activities** have been added to the beginning of each **Paso**, all of which begin with activities and visuals that encourage students to practice the new chapter vocabulary. These activities have also been added to the beginning of the **Ahora, ¡a hablar!** sections in each **Paso**.

The **Ahora, ¡a hablar!** sections in each chapter include personalized activities that guide students through their first productive efforts with the new linguistic functions of the **¿Qué se dice...?** sections.

¿Qué se dice...?

CD2-16

Al invitar a una persona a salir

Horacio quiere invitarla a un partido de fútbol / a un concierto.
Javier quiere invitarla a un partido de fútbol / a un concierto.
En tu opinión, ¿qué invitación va a aceptar Angélica? ¿Por qué?

JAVIER: Oye, guapa. Me vas a acompañar al estadio el sábado para ver el partido del equipo de Medellín, ¿verdad? Mira, aquí traigo dos boletos de entrada. ¿Qué me dices? ¿Vienes conmigo?
ANGÉLICA: Muchas gracias, pero no puedo. Tengo otros planes. Además, este sábado no voy a estar en Bogotá. Salgo para Cali para visitar a mis primos.
JAVIER: No importa, preciosa. En ese caso puedes acompañarme al Teatro Na-

Purpose: To introduce new lesson vocabulary and structures needed to ask for a date and to accept or refuse a date.

HORACIO: Mira, Javier, aquí viene Angélica. ¡Quiero invitarla al concierto de Seis por ocho este sábado en la Biblioteca Luis Ángel Arango!

JAVIER: Lo siento, Horacio, pero vas a tener que esperar tu turno. Pienso invitarla el partido de fútbol del equipo de Medellín. Y estoy seguro de que va a aceptar.

Answers: Horacio quiere invitar a Angélica a un concierto. Javier quiere invitarla a un partido de fútbol.

■ **WEB TM7-1, Procedure:** Have students look at visuals as you read each caption or narrate your own story line. Narrate two or three sentences at a time, pointing to the particular persons or objects being mentioned. Ask comprehension check questions.

Alternative Story Lines: 1. Talk about characters dating in your favorite soap opera. 2. Talk about your own first date or that of a rela-

▲ In every chapter, students will find **¿Qué se dice...?** lesson functions, which are presented with culturally accurate illustrations and contextualized narratives or dialogues. Students are instructed in the **Tarea** box (shown in sample page above) to listen to the recorded **¿Qué se dice...?** material and to do a comprehensive check activity before coming to class.

▶ The communicative activities in each **Paso** start with vocabulary practice based on the **¿Qué se dice… ?** dialogues, continue with guided practice in the **Ahora, ¡a hablar!** section, and then with more open-ended communicative practice in the **Y ahora, ¡a conversar!** sections. This open-ended communicative practice continues in the role-plays students perform in **¡Luces! ¡Cámara! ¡Acción!.** This type of practice helps students develop true competency in Spanish.

NEW! ▶

Technology-oriented **Smart Classroom Activities** have been added to the Fifth Edition in response to the growing technology needs of today's language classroom. Each **Paso** contains one or two of these guided activities that take advantage of the presence in the classroom of a multimedia presentation station and access to the Internet. These activities allow instructors to introduce specific topics by visiting pre-selected websites or performing simple keyword searches. A follow-up homework assignment and a smart classroom presentation by volunteer students are suggested with each **Smart Classroom Activity.**

NEW! ▶

A visual, **transparency-based activity** that gives students a thorough review of the current lesson's active vocabulary and new structures now appears at the end of the **Ahora, ¡a hablar!** activities in each **Paso.**

Un paso atrás, dos adelante: Capítulo 6

Repasemos. En el Capítulo 6 aprendiste a hablar y a discutir sobre las noticias de prensa, de lo que pasó en tu programa de televisión favorito, y a preparar y a leer anuncios clasificados. Repasa lo que sabes, completando el siguiente texto con las palabras necesarias. Puedes inventar la información.

Como en las películas

EL POLICÍA: ¿Qué _____ [pretérito del verbo **pasar**] aquí?

PROTAGONISTA: _____ [saludo formal], señor agente. Yo _____ [pretérito del verbo **llamar**] porque _____ [pretérito del verbo **oir**] unos ruidos terribles en el dormitorio de la criada y cuando _____ [pretérito del verbo **llegar**], _____ [pretérito del verbo **encontrar**] a la víctima en la cama, _____ [adjetivo: sin vida].

EL POLICÍA: ¿ _____ [presente del verbo **haber**] alguien más en la casa ahora?

PROTAGONISTA: No. _____ [pretérito del verbo **estar**] yo sola toda la tarde.

EL POLICÍA: Y después de ver la situación, ¿qué _____ [pretérito del verbo **hacer**] usted?

PROTAGONISTA: _____ [pretérito del verbo **ir**] a avisar a los vecinos. _____ [pretérito del verbo **gritar**], pero nadie me _____ [pretérito del verbo **oir**].

NEW! ▲

In addition, new **Un paso atrás, dos adelante** sections review the grammar and active vocabulary of each previous chapter. These new sections provide a systematic way to recycle the vocabulary and structures for better student retention.

¡Luces! ¡Cámara! ¡Acción!

H. **La primera vez.** Tú y un(a) compañero(a) de clase van a salir por primera vez con una persona. Escriban el diálogo que tienen para decidir cuándo van a salir, adónde van a ir, qué van a hacer, cómo van a ir, quién va a buscar a quién, cuánto dinero van a necesitar y a qué hora piensan regresar. Luego lean su conversación delante de la clase.

I. **¡Esta noche!** Vas a salir esta noche con una persona muy especial. Ahora estás hablando con tus dos compañeros(as) de cuarto. Ellos(as) quieren saber con quién vas a salir y qué planes tienes. Contesta sus preguntas con muchos detalles.

H and I. Have students select either activity H or I and allow 3–4 mins. to prepare. Point out that students selecting H may read their scripts while those selecting I must present without using books or notes. Call on volunteers to present first, and then call on the rest of the class. Ask comprehension check questions.

¿Comprendes lo que se dice?

Estrategias para ver y escuchar: usar imágenes visuales para interpretar el contenido

*Procedure: Call on **individuals** to read aloud. Then ask comprehension check questions. Point out that Colombia has been the birthplace of various Latin rhythms, like the cumbia.*

*Smart Classroom: Preselect a couple of websites dedicated to Colombian music, and present them to your students. Point out that Colombian music can be divided into four musical zones: the Atlantic coast, the Pacific coast, the Andean region, and the Llanos region. Use a website that distributes music and listen to sample songs by some of these Colombian artists. Ask students to search the Internet by **música colombiana** or by some of the artists mentioned in this ¿Sabías que...? Ask volunteer students to come to class prepared to share what they found informative about this music and these musicians. Ask all students to write a brief report and bring to the class the addresses of the most interesting si...*

Vocabulario 1 b, 2 a, 3 a...

¿Sabías que… ?

Colombia, además de haber dado al mundo grandes escritores y artistas, ha tenido un gran impacto en el mundo musical internacional. Año tras año, los premios *Grammy* siguen yendo a grandes músicos colombianos como Shakira, los Aterciopelados, Carlos Vives, Charlie Zaa, Los Trío y Juanes. Es fácil entender por qué Colombia continúa teniendo un gran prestigio internacional: las influencias de los ritmos caribeños y del Pacífico, mezclados con los ritmos europeos e indígenas, hacen de Colombia un país de enorme creatividad musical.

En tu opinión: ¿Por qué crees que tantos músicos excelentes vienen de Colombia? ¿Sabes de dónde viene grandes músicos latinos en los Estados Unidos como Ricky Martin, Gloria Estefan, Jon Secada,… ? ¿Qué tienen en común los países de origen de estos grandes músicos?

cinco **255**

Ahora, ¡a hablar!

C. **Soy tu ideal!** Tienes un(a) novio(a) que te gusta mucho. Tú quieres convencerlo(la) de que eres la persona ideal para él (ella). ¿Qué le dices?

EP 7.5 ●● *C. Call on individuals. Have the class confirm each response.*

MODELO escribir poemas de amor
Yo sé escribir poemas de amor en español.

yo sé/conozco
- muchos lugares interesantes de Colombia
- expresar mis sentimientos en español
- bailar la cumbia muy bien
- a muchos colombianos famosos
- cocinar unos deliciosos platos colombianos

D. **Noticias.** Su amiga Natalia acaba de escribirles esta carta describiendo a su familia. Con tu compañero(a), decidan cuál es el verbo correcto en cada caso.

Queridos amigos: No **sé/conozco** si **saben/conocen** que vivo en Colombia desde hace dos meses. Decidí venir aquí porque **sé/conozco** a varias personas que me recomendaron este país. Como **saben/conocen**, hay bastantes problemas de violencia, pero yo estoy muy contenta. Tengo muchos amigos que **saben/conocen** muy bien la ciudad, y siempre salimos juntos. No **sé/conozco** exactamente cuándo regreso a los Estados Unidos. Y ustedes, ¿**saben/conocen** si finalmente vienen a visitarme a Colombia?

EP 7.5 ●● *D. Answers: sé; saben; conozco; saben; conocen; sé; saben*

IRM TM7-3, Repaso visual, ¿Qué opinas?: Show the transparency to the class and ask various individuals: ¿Qué opinas de... (los políticos)? ¿de... (las comidas)? ¿de... (la música)? If necessary, lead them to use object pronouns and expressions such as: adoro, odio, detesto, admiro, amo, me encanta, me fascina in their answers.

Listening skills are developed first, at the beginning of each **Paso,** through dialogues and narratives that are contained on the Text Audio CDs packaged FREE with every new copy of the text. The **¿Comprendes lo que se dice?** sections provide learners with real-life listening opportunities in class through audio recordings and videos. Students also get extensive listening practice by doing the activities in the **Práctica auditiva** and the new video activities in the **Cuaderno de actividades.**

The pre-viewing activities have been considerably expanded. Students now practice the actual viewing and listening strategies before they view a chapter video. The activities always incorporate the chapter video content, thus facilitating comprehension of the video. *For a description of the new video program, see page 7.*

A focus on learning as a process helps students move toward success in Spanish.

The *¡Dímelo tú!* program is a well-rounded approach to learning Spanish, with plenty of emphasis on grammar, reading, and writing.

▶ The authors include all major grammatical explanations in the **En preparación** sections at the end of each chapter. Students are asked to study specific grammar points on their own before coming to class, and to do written grammar exercises that demonstrate comprehension of the grammar structures studied. This out-of-class preparation allows for in-class discussion and exploration. For easy reference, grammatical points are numbered to correspond to each chapter of the text and to each exercise in **Ahora, ¡a hablar!** sections within each **Paso**.

▶ **¿Te gusta escribir?** sections, at the end of the second **Paso** in every chapter, allow students to practice writing in Spanish as a process: planning and organizing, completing a first draft, sharing and receiving peer input, editing, preparing a final draft, and publishing. Additional writing practice occurs as students prepare for many communicative activities throughout each chapter and also for the role-play activities in every **Paso**. Further writing practice—not only with the specific grammar structures presented in each chapter, but also practice with creative writing—is provided in the **Cuaderno de actividades.**

NEW! ▶
The writing activities in the Fifth Edition are now correlated to the **Atajo 4.0 CD-ROM: Writing Assistant for Spanish** to give students easy reference and writing help. *See page six for details on the Atajo 4.0 CD-ROM.*

NEW! ▶

El rincón de los lectores chapter readings appear in the third **Paso** of every chapter and features a wider variety of reading selections, including advertisements, magazine articles, poetry, excerpts from novels and short stories, as well as **trabalenguas** and **refranes.**

Dynamic, interactive learning resources get students talking…and exploring beyond the book!

Text Audio CDs

Automatically packaged FREE with each new copy of the text!
1-4130-1453-4

The **Text Audio CDs** contain recorded material from the **¿Qué se dice…?** and **¿Comprendes lo que se dice?** sections as well as the end-of-chapter vocabulary list.

Workbook/Lab Manual

1-4130-1183-7 • Packaged with the text: **1-4130-7232-1**

This combination workbook and lab manual provides students with the additional reading, writing, and listening comprehension practice necessary to help them attain their competency goals. New video activities are included for further development and practice of listening skills. For each video segment there are a series of accompanying activities. First, the **Antes de ver el video** section prepares students through the completion of pre-viewing activities that activate background knowledge and allow students to review and apply the viewing and listening strategies they have learned in the **¿Comprendes lo que se dice?** sections of the textbook. Second, the **Al ver el video** section assesses students´ comprehension of the video segment and provides them with additional practice of linguistic structures and vocabulary presented in the textbook. Finally, the **Después de ver el video** section includes form-focused communicative activities that motivate the students to use their comprehension of the video segment as a springboard for additional open-ended, pair or group activities. An Online Workbook/Lab Manual is also available in **QUIA**™ format. *See page 8 for details.*

vMentor™

Passcard: **0-534-25355-5**
Packaged with the text: **1-4130-7576-2**

FREE live, one-on-one tutoring! When you adopt this text, you give your students access to virtual office hours—one-on-one, online tutoring help from a subject-area expert with significant teaching experience. In **vMentor**'s virtual classroom, students interact with the tutor and other students using two-way audio, an interactive whiteboard for illustrating the problem, and instant messaging. For proprietary, college, and university adopters only. For additional information please consult your local Thomson representative.

Lab Audio CDs

1-4130-1184-5
Packaged with the text and workbook/lab manual: **1-4130-7234-8**

The **Lab Audio CDs** are to be used in conjunction with the **Manual de laboratorio** portion of the **Workbook/Lab Manual. The Lab Audio CDs** are also available for purchase by students.

Atajo 4.0 CD-ROM: Writing Assistant for Spanish

1-4130-0060-6 • Packaged with the text: **1-4130-6213-X**

Simply the best investment for anyone who is learning to write in Spanish! The **Atajo 4.0 CD-ROM: Writing Assistant for Spanish** program combines the features of a word processor with databases of language reference material, a searchable dictionary, a verb conjugating reference, and audio recordings of vocabulary and example sentences. It provides easy access to authentic language samples, with a focus on information that is useful to the learner. New to this edition is a unique partnership with Merriam-Webster®, Inc. which integrates the entire contents of **Merriam-Webster's® Spanish-English Dictionary** into the Writing Assistant program's searchable dictionary. New **Atajo 4.0** correlations accompany the writing tasks in both the text and the workbook.

Student Multimedia CD-ROM

1-4130-1188-8 • Packaged with the text: 1-4130-6214-8

The new **Student Multimedia CD-ROM** provides

additional four-skills practice in a fun, interactive environment. While listening to audio recordings, viewing video clips, and implementing reading and writing strategies through various activities, students may also review the grammar and vocabulary that they've learned **paso**-by-**paso.** The Fifth Edition CD-ROM boasts a new organization, which mirrors that of the textbook, thereby ensuring ease-of-use and balanced attention to listening, reading, writing, and culture.

Video

on DVD **1-4130-1190-X**
Packaged with the text: **1-4130-6215-6**
on VHS **1-4130-1191-8**
Packaged with the text: **1-4130-6216-4**

The video is incorporated with the activities located in the second **Paso** of every chapter. This video provides an overview of the country of focus in each chapter in addition to spotlighting famous people from different Spanish-speaking countries. In addition, the workbook activities provide additional practice based on all new video that chronicles the lives of five Spanish-speaking students as they come together and live on-location in Puerto Rico. There are corresponding pre-, during- and post-activities located in both the text and the workbook.

Book Companion Website

http://dimelotu.heinle.com

The **¡Dímelo tú!** website offers students access to activities and information correlated to specific **Pasos.** Students assess their progress through the self-correcting vocabulary and grammar quizzes and travel throughout the Spanish-speaking world via the web activities and the **Viajemos por el ciberespacio** activities.

Esta semana

Volume I Passcard: 1-4130-1728-2
Packaged with the text: 1-4130-6320-9
Volume II Passcard: 1-4130-1729-0
Packaged with the text: 1-4130-6321-7

Esta semana

The **Esta semana** newsletter subscription delivers 15 weekly e-mail lessons to students, written in simple Spanish and English. Structured around authentic content and delivered via e-mail, **Esta semana** surrounds learners with realistic, practical and fun information about the language and culture they're studying. To learn more, visit http://estasemana.heinle.com.

Package a Merriam-Webster dictionary with this text at super savings!

Merriam-Webster's® Spanish-English Dictionary

NOT AVAILABLE SEPARATELY. 0-87779-916-4 •

Packaged with the text: 1-4130-6218-0

Intended for anyone who needs to communicate effectively in the Spanish and English languages as they are spoken and written in the Americas, this new dictionary provides accurate and up-to-date coverage of current vocabulary in both languages, as well as abundant examples of words used in context to illustrate idiomatic usage. The selection of Spanish words and idioms was based on evidence drawn from a wide variety of modern Latin American sources and interpreted by trained Merriam-Webster bilingual lexicographers. The English entries represent the current basic vocabulary of American English.

Typing Accents for Spanish Bookmark

0-7593-0659-1 • Packaged with the text: 1-4130-7857-5

This laminated bookmark includes keyboard instructions on how to type in accents for both Macintosh® and Windows® computers, making this tool invaluable for anyone composing on the computer.

Annotated Instructor's Edition
1-4130-1193-4

This volume contains a complete copy of the student text, which is annotated with helpful instructor's notes

containing exercise answers, audio scripts for the **¿Qué se dice... ?** dialogues and narratives, teaching tips and suggestions, and the teaching purpose for various activities. The **AIE** also includes a **Resource Integration Guide** that makes it easy for you to find and integrate the text's topics with a rich array of multimedia resources and print materials. This guide correlates every text chapter with the many instructor and student resources that accompany *¡Dímelo tú!* The **Resource Integration Guide** begins on page 9 of this Preview.

Testing Program/Instructor's Resource CD-ROM
1-4130-1187-X

The **Instructor's Resource CD-ROM** is an all-in-one solution, which contains instructor resource materials-teaching suggestions, sample syllabi, transparency masters, and video transcripts—as well as the revised

testing program. The testing program offers two sample tests per chapter, two midterm exams, and two final exams, which instructors may easily customize. The listening comprehension sections for each of the tests and exams are now recorded on the testing program Audio CD packaged with the **Instructor's Resource CD-ROM.**

Nuevo latino Music CD
1-4130-1877-7

A selection of Spanish language music from Putamayo.

Video
on DVD 1-4130-1190-X
Packaged with the text: 1-4130-6215-6
on VHS 1-4130-1191-8
Packaged with the text: 1-4130-6216-4
The video is incorporated with the activities located in the second **Paso** of every chapter. *See page 7 of this Preview for details.*

QUIA™
Passcard ISBN: 1-4130-1189-6
Packaged with the text: 1-4130-7233-X

Designed specifically for world language educators and today's computer-savvy students, **QUIA™** is an advanced and easy-to-use e-learning platform for delivering activities to students over the web. Focus on giving your students the individual feedback they need by saving time on grading workbook and lab manual assignments, customizing activities and questions, and setting up your course in a few simple steps. A complete online Workbook/Lab Manual and homework package with interactive exercises and audio, **QUIA™** is also an integrated course management system that automatically grades many types of exercises—and then sends the results straight to a versatile, cross-platform electronic grade book that allows you to track the results for individual students and your entire class. **QUIA™** even has a floating accent bar for world languages! Learn more at **http://quia.heinle.com.**

Workbook/Lab Manual Answer Key with Audio Script
1-4130-1185-3 • Packaged with the text: 1-4130-6252-0
Provides the answers and the audio script to correspond to the activities in the **Workbook/Lab Manual.**

Para empezar

Class Preparation and Lecture Tools	Student Mastery	Testing Tools and Course Management

Instructor's Resource CD-ROM
Teaching suggestions, sample syllabi and lesson plans, and video transcripts

Topics and Situations for Oral Evaluation
A set of 80 situation cards, used for evaluating speaking skills

Transparency Masters (on IRCD-ROM)
TM 0-1–0-3

Transparency Masters (on Web)
http://dimelotu.heinle.com
Web TM 0-1–0-3

***Nuevo latino* Music CD**
A selection of Spanish language music from Putamayo.

Video (VHS or DVD)
¿Comprendes lo que se dice?
(Text) provides an overview of the country of focus and spotlights its famous people.
Actividades con el video (Cuaderno) chronicles the lives of five students living in a Spanish-speaking country

Cuaderno de actividades y Manual de laboratorio
Also available online as QUIA™, Para empezar

Lab Audio CDs
Para empezar, CD 1, Tracks 1–10

Text Audio CDs
Para empezar, CD 1, Tracks 6–12

Multimedia CD-ROM
Vocabulary, grammar, reading, writing, and listening practice

Book Companion Website
http://dimelotu.heinle.com
Offers students access to Paso-specific activities and information

Atajo 4.0 CD-ROM: Writing Assistant for Spanish
Reference materials and guided writing practice

vMentor™
Students interact with a tutor and each other, using two-way audio, an interactive whiteboard, and instant messaging

Test Bank CD-ROM
Two customizable Microsoft® Word tests per chapter, as well as Midterm and final exams. Plus, a selection of supplementary activities to test specific structures

QUIA™
Customizable online Workbook/Lab Manual with electronic grade book, Para empezar

---

Capítulo 1 ¡A la universidad… en las Américas!

Class Preparation and Lecture Tools	Student Mastery	Testing Tools and Course Management

Instructor's Resource CD-ROM
Teaching suggestions, sample syllabi and lesson plans, and video transcripts

Topics and Situations for Oral Evaluation
Capítulo 1: 1–4,15,16

Transparency Masters (on IRCD-ROM)
TM 1-1–1-3

Transparency Masters (on Web)
http://dimelotu.heinle.com
Web TM 1-1–1-3

***Nuevo latino* Music CD**
A selection of Spanish language music from Putamayo.

Video (VHS or DVD)
Capítulo 1: *¿Comprendes lo que se dice?* (Text) and *Actividades con el video (Cuaderno)*

Cuaderno de actividades y Manual de laboratorio
Also available online as QUIA™, Capítulo 1

Lab Audio CDs
Capítulo 1, CD 1, Tracks 11–37

Text Audio CDs
Capítulo 1, CD 1, Tracks 6–12

Multimedia CD-ROM
Capítulo 1: *En preparación, Vocabulario, ¿Comprendes lo que se dice?, Noticiero cultural, ¿Te gusta escribir?, ¿Te gusta leer?*

Book Companion Website
http://dimelotu.heinle.com
Capítulo 1: *Auto-pruebas, Viajemos por el ciberespacio,* cultural exploration activities

Atajo 4.0 CD-ROM: Writing Assistant for Spanish
¡Escríbelo! in the Text and the *Cuaderno,* Capítulo 1

vMentor™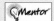
Free live online tutoring

Test Bank CD-ROM
Two customizable Microsoft® Word tests per chapter, as well as Midterm and final exams. Plus, a selection of supplementary activities to test specific structures Capítulo 1, version A or B

QUIA™
Customizable online Workbook/Lab Manual with electronic grade book, Capítulo 1

Class Preparation and Lecture Tools	Student Mastery	Testing Tools and Course Management
Instructor's Resource CD-ROM Teaching suggestions, sample syllabi and lesson plans, and video transcripts	**Cuaderno de actividades y Manual de laboratorio** Also available online as QUIA™, Capítulo 2	**Test Bank CD-ROM** Two customizable Microsoft® Word tests per chapter, as well as Midterm and final exams. Plus, a selection of supplementary activities to test specific structures. Capítulo 2, version A or B
Topics and Situations for Oral Evaluation Capítulo 2: 1–4, 15, 16	**Lab Audio CDs** Capítulo 2, CD 2, Tracks 1–26	
Transparency Masters (on IRCD-ROM) TM 2-1–2-3	**Text Audio CDs** Capítulo 2, CD 1, Tracks 13–20	**QUIA™** Customizable online Workbook/Lab Manual with electronic grade book, Capítulo 2
Transparency Masters (on Web) http://dimelotu.heinle.com Web TM 2-1–2-3	**Multimedia CD-ROM** Capítulo 2: *En preparación, Vocabulario, ¿Comprendes lo que se dice?, Noticiero cultural, ¿Te gusta escribir?, ¿Te gusta leer?*	
Nuevo latino Music CD A selection of Spanish language music from Putamayo.	**Book Companion Website** 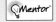 http://dimelotu.heinle.com Capítulo 2: *Auto-pruebas, Viajemos por el ciberespacio,* cultural exploration activities	
Video (VHS or DVD) Capítulo 2: *¿Comprendes lo que se dice?* (Text) and *Actividades con el video (Cuaderno)*	**Atajo 4.0 CD-ROM: Writing Assistant for Spanish** *¡Escríbelo!* in the Text and the *Cuaderno,* Capítulo 2	
	vMentor™ 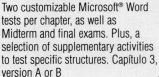 Free live online tutoring	

Class Preparation and Lecture Tools	Student Mastery	Testing Tools and Course Management
Instructor's Resource CD-ROM Teaching suggestions, sample syllabi and lesson plans, and video transcripts	**Cuaderno de actividades y Manual de laboratorio** Also available online as QUIA™, Capítulo 3	**Test Bank CD-ROM** Two customizable Microsoft® Word tests per chapter, as well as Midterm and final exams. Plus, a selection of supplementary activities to test specific structures. Capítulo 3, version A or B
Topics and Situations for Oral Evaluation Capítulo 3: 1–4, 15, 16	**Lab Audio CDs** Capítulo 3, CD 2, Tracks 27–32 CD 3, Tracks 1–13	
Transparency Masters (on IRCD-ROM) TM 3-1–3-3	**Text Audio CDs** 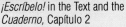 Capítulo 3, CD 1, Tracks 21–27	**QUIA™** Customizable online Workbook/Lab Manual with electronic grade book, Capítulo 3
Transparency Masters (on Web) http://dimelotu.heinle.com Web TM 3-1–3-3	**Multimedia CD-ROM** Capítulo 3: *En preparación, Vocabulario, ¿Comprendes lo que se dice?, Noticiero cultural, ¿Te gusta escribir?, ¿Te gusta leer?*	
Nuevo latino Music CD A selection of Spanish language music from Putamayo.	**Book Companion Website** http://dimelotu.heinle.com Capítulo 3: *Auto-pruebas, Viajemos por el ciberespacio,* cultural exploration activities	
Video (VHS or DVD) Capítulo 3: *¿Comprendes lo que se dice?* (Text) and *Actividades con el video (Cuaderno)*	**Atajo 4.0 CD-ROM: Writing Assistant for Spanish** *¡Escríbelo!* in the Text and the *Cuaderno,* Capítulo 3	
	vMentor™ Free live online tutoring	

Class Preparation and Lecture Tools	**Student Mastery**	**Testing Tools and Course Management**

Instructor's Resource CD-ROM
Teaching suggestions, sample syllabi and lesson plans, and video transcripts

Topics and Situations for Oral Evaluation
Capítulo 4: 1–4, 15, 16

Transparency Masters (on IRCD-ROM)
TM 4-1–4-3

Transparency Masters (on Web)
http://dimelotu.heinle.com
Web TM 4-1–4-3

***Nuevo latino* Music CD**
A selection of Spanish language music from Putamayo.

Video (VHS or DVD)
Capítulo 4: *¿Comprendes lo que se dice?* (Text) and *Actividades con el video (Cuaderno)*

Cuaderno de actividades y Manual de laboratorio
Also available online as QUIA™, Capítulo 4

Lab Audio CDs
Capítulo 4, CD 3, Tracks 14–34

Text Audio CDs
Capítulo 4, CD 1, Tracks 28–35

Multimedia CD-ROM
Capítulo 4: *En preparación, Vocabulario, ¿Comprendes lo que se dice?, Noticiero cultural, ¿Te gusta escribir?, ¿Te gusta leer?*

Book Companion Website
http://dimelotu.heinle.com
Capítulo 4: *Auto-pruebas, Viajemos por el ciberespacio,* cultural exploration activities

Atajo 4.0 CD-ROM: Writing Assistant for Spanish
¡Escríbelo! in the Text and the *Cuaderno,* Capítulo 4

vMentor™
Free live online tutoring

Test Bank CD-ROM
Two customizable Microsoft® Word tests per chapter, as well as Midterm and final exams. Plus, a selection of supplementary activities to test specific structures. Capítulo 4, version A or B

QUIA™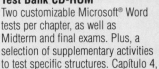
Customizable online Workbook/Lab Manual with electronic grade book, Capítulo 4

Class Preparation and Lecture Tools	**Student Mastery**	**Testing Tools and Course Management**

Instructor's Resource CD-ROM
Teaching suggestions, sample syllabi and lesson plans, and video transcripts

Topics and Situations for Oral Evaluation
Capítulo 5: 1–4, 15, 16

Transparency Masters (on IRCD-ROM)
TM 5-1–5-3

Transparency Masters (on Web)
http://dimelotu.heinle.com
Web TM 5-1–5-3

***Nuevo latino* Music CD**
A selection of Spanish language music from Putamayo.

Video (VHS or DVD)
Capítulo 5: *¿Comprendes lo que se dice?* (Text) and *Actividades con el video (Cuaderno)*

Cuaderno de actividades y Manual de laboratorio
Also available online as QUIA™, Capítulo 5

Lab Audio CDs
Capítulo 5, CD 4, Tracks 1–19

Text Audio CDs
Capítulo 5, CD 2, Tracks 1–8

Multimedia CD-ROM
Capítulo 5: *En preparación, Vocabulario, ¿Comprendes lo que se dice?, Noticiero cultural, ¿Te gusta escribir?, ¿Te gusta leer?*

Book Companion Website
http://dimelotu.heinle.com
Capítulo 5: *Auto-pruebas, Viajemos por el ciberespacio,* cultural exploration activities

Atajo 4.0 CD-ROM: Writing Assistant for Spanish
¡Escríbelo! in the Text and the *Cuaderno,* Capítulo 5

vMentor™
Free live online tutoring

Test Bank CD-ROM
Two customizable Microsoft® Word tests per chapter, as well as Midterm and final exams. Plus, a selection of supplementary activities to test specific structures. Capítulo 5, version A or B

QUIA™
Customizable online Workbook/Lab Manual with electronic grade book, Capítulo 5

Resource Integration Guide

Capítulo 6 Guatemala: nación maya en el siglo XXI

Class Preparation and Lecture Tools

Instructor's Resource CD-ROM
Teaching suggestions, sample syllabi and lesson plans, and video transcripts

Topics and Situations for Oral Evaluation
Capítulo 6: 1–4, 15, 16

Transparency Masters (on IRCD-ROM)
TM 6-1–6-3

Transparency Masters (on Web)
http://dimelotu.heinle.com
Web TM 6-1–6-3

***Nuevo latino* Music CD**
A selection of Spanish language music from Putamayo.

Video (VHS or DVD)
Capítulo 6: *¿Comprendes lo que se dice?* (Text) and *Actividades con el video (Cuaderno)*

Student Mastery

Cuaderno de actividades y Manual de laboratorio
Also available online as QUIA™, Capítulo 6

Lab Audio CDs
Capítulo 6, CD 4, Tracks 20–36

Text Audio CDs
Capítulo 6, CD 2, Tracks 9–15

Multimedia CD-ROM
Capítulo 6: *En preparación, Vocabulario, ¿Comprendes lo que se dice?, Noticiero cultural, ¿Te gusta escribir?, ¿Te gusta leer?*

Book Companion Website
http://dimelotu.heinle.com
Capítulo 6: *Auto-pruebas, Viajemos por el ciberespacio,* cultural exploration activities

Atajo 4.0 CD-ROM: Writing Assistant for Spanish
¡Escríbelo! in the Text and the *Cuaderno,* Capítulo 6

vMentor™
Free live online tutoring

Testing Tools and Course Management

Test Bank CD-ROM
Two customizable Microsoft® Word tests per chapter, as well as Midterm and final exams. Plus, a selection of supplementary activities to test specific structures. Capítulo 6, version A or B

QUIA™
Customizable online Workbook/Lab Manual with electronic grade book, Capítulo 6

Capítulo 7 Enamorados de... ¡Colombia!

Class Preparation and Lecture Tools

Instructor's Resource CD-ROM
Teaching suggestions, sample syllabi and lesson plans, and video transcripts

Topics and Situations for Oral Evaluation
Capítulo 7: 1–4, 15, 16

Transparency Masters (on IRCD-ROM)
TM 7-1–7-3

Transparency Masters (on Web)
http://dimelotu.heinle.com
Web TM 7-1–7-3

***Nuevo latino* Music CD**
A selection of Spanish language music from Putamayo.

Video (VHS or DVD)
Capítulo 7: *¿Comprendes lo que se dice?* (Text) and *Actividades con el video (Cuaderno)*

Student Mastery

Cuaderno de actividades y Manual de laboratorio
Also available online as QUIA™, Capítulo 7

Lab Audio CDs
Capítulo 7, CD 5, Tracks 1–20

Text Audio CDs
Capítulo 7, CD 2, Tracks 16–22

Multimedia CD-ROM
Capítulo 7: *En preparación, Vocabulario, ¿Comprendes lo que se dice?, Noticiero cultural, ¿Te gusta escribir?, ¿Te gusta leer?*

Book Companion Website
http://dimelotu.heinle.com
Capítulo 7: *Auto-pruebas, Viajemos por el ciberespacio,* cultural exploration activities

Atajo 4.0 CD-ROM: Writing Assistant for Spanish
¡Escríbelo! in the Text and the *Cuaderno,* Capítulo 7

vMentor™
Free live online tutoring

Testing Tools and Course Management

Test Bank CD-ROM
Two customizable Microsoft® Word tests per chapter, as well as Midterm and final exams. Plus, a selection of supplementary activities to test specific structures. Capítulo 7, version A or B and Final Exam IA or IB

QUIA™
Customizable online Workbook/Lab Manual with electronic grade book, Capítulo 7

Capítulo 8 Chile exporta... pasión

Class Preparation and Lecture Tools

Instructor's Resource CD-ROM
Teaching suggestions, sample syllabi and lesson plans, and video transcripts

Topics and Situations for Oral Evaluation
Capítulo 8: 1–4, 15, 16

Transparency Masters (on IRCD-ROM)
TM 8-1–8-3

Transparency Masters (on Web)
http://dimelotu.heinle.com
Web TM 8-1–8-3

***Nuevo latino* Music CD**
A selection of Spanish language music from Putamayo.

Video (VHS or DVD)
Capítulo 8: *¿Comprendes lo que se dice?* (Text) and *Actividades con el video (Cuaderno)*

Student Mastery

Cuaderno de actividades y Manual de laboratorio
Also available online as QUIA™, Capítulo 8

Lab Audio CDs
Capítulo 8, CD 5, Tracks 21–38

Text Audio CDs
Capítulo 8, CD 2, Tracks 23–29

Multimedia CD-ROM
Capítulo 8: *En preparación, Vocabulario, ¿Comprendes lo que se dice?, Noticiero cultural, ¿Te gusta escribir?, ¿Te gusta leer?*

Book Companion Website
http://dimelotu.heinle.com
Capítulo 8: *Auto-pruebas, Viajemos por el ciberespacio,* cultural exploration activities

Atajo 4.0 CD-ROM: Writing Assistant for Spanish
¡Escríbelo! in the Text and the *Cuaderno,* Capítulo 8

vMentor™
Free live online tutoring

Testing Tools and Course Management

Test Bank CD-ROM
Two customizable Microsoft® Word tests per chapter, as well as Midterm and final exams. Plus, a selection of supplementary activities to test specific structures. Capítulo 8, version A or B

QUIA™
Customizable online Workbook/Lab Manual with electronic grade book, Capítulo 8

Capítulo 9 ¡Qué buen día para... los hispanos en Estados Unidos!

Class Preparation and Lecture Tools

Instructor's Resource CD-ROM
Teaching suggestions, sample syllabi and lesson plans, and video transcripts

Topics and Situations for Oral Evaluation
Capítulo 9: 1–4, 15, 16

Transparency Masters (on IRCD-ROM)
TM 9-1–9-3

Transparency Masters (on Web)
http://dimelotu.heinle.com
Web TM 9-1–9-3

***Nuevo latino* Music CD**
A selection of Spanish language music from Putamayo.

Video (VHS or DVD)
Capítulo 9: *¿Comprendes lo que se dice?* (Text) and *Actividades con el video (Cuaderno)*

Student Mastery

Cuaderno de actividades y Manual de laboratorio
Also available online as QUIA™, Capítulo 9

Lab Audio CDs
Capítulo 9, CD 6, Tracks 1–17

Text Audio CDs
Capítulo 9, CD 2, Tracks 30–36

Multimedia CD-ROM
Capítulo 9: *En preparación, Vocabulario, ¿Comprendes lo que se dice?, Noticiero cultural, ¿Te gusta escribir?, ¿Te gusta leer?*

Book Companion Website
http://dimelotu.heinle.com
Capítulo 9: *Auto-pruebas, Viajemos por el ciberespacio,* cultural exploration activities

Atajo 4.0 CD-ROM: Writing Assistant for Spanish
¡Escríbelo! in the Text and the *Cuaderno,* Capítulo 9

vMentor™
Free live online tutoring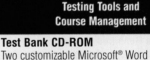

Testing Tools and Course Management

Test Bank CD-ROM
Two customizable Microsoft® Word tests per chapter, as well as Midterm and final exams. Plus, a selection of supplementary activities to test specific structures. Capítulo 9, version A or B

QUIA™
Customizable online Workbook/Lab Manual with electronic grade book, Capítulo 9

Resource Integration Guide

Capítulo 10 Nicaragua: tierra de lagos, volcanes, terremotos y poetas

Class Preparation and Lecture Tools

Instructor's Resource CD-ROM
Teaching suggestions, sample syllabi and lesson plans, and video transcripts

Topics and Situations for Oral Evaluation
Capítulo 10: 1–4, 15, 16

Transparency Masters (on IRCD-ROM)
TM 10-1–10-3

Transparency Masters (on Web)
http://dimelotu.heinle.com
Web TM 10-1–10-3

***Nuevo latino* Music CD**
A selection of Spanish language music from Putamayo.

Video (VHS or DVD)
Capítulo 10: *¿Comprendes lo que se dice?* (Text) and *Actividades con el video (Cuaderno*

Student Mastery

Cuaderno de actividades y Manual de laboratorio
Also available online as QUIA™, Capítulo 10

Lab Audio CDs
Capítulo 10, CD 6, Tracks 18–36

Text Audio CDs
Capítulo 10, CD 3, Tracks 1–8

Multimedia CD-ROM
Capítulo 10: *En preparación, Vocabulario, ¿Comprendes lo que se dice?, Noticiero cultural, ¿Te gusta escribir?, ¿Te gusta leer?*

Book Companion Website
http://dimelotu.heinle.com
Capítulo 10: *Auto-pruebas, Viajemos por el ciberespacio,* cultural exploration activities

Atajo 4.0 CD-ROM: Writing Assistant for Spanish
¡Escríbelo! in the Text and the *Cuaderno,* Capítulo 10

vMentor™
Free live online tutoring

Testing Tools and Course Management

Test Bank CD-ROM
Two customizable Microsoft® Word tests per chapter, as well as Midterm and final exams. Plus, a selection of supplementary activities to test specific structures. Capítulo 10, version A or B

QUIA™
Customizable online Workbook/Lab Manual with electronic grade book, Capítulo 10

Capítulo 11 Costa Rica... naturalmente mágica

Class Preparation and Lecture Tools

Instructor's Resource CD-ROM
Teaching suggestions, sample syllabi and lesson plans, and video transcripts

Topics and Situations for Oral Evaluation
Capítulo 11: 1–4, 15, 16

Transparency Masters (on IRCD-ROM)
TM 11-1–11-3

Transparency Masters (on Web)
http://dimelotu.heinle.com
Web TM 11-1–11-3

***Nuevo latino* Music CD**
A selection of Spanish language music from Putamayo.

Video (VHS or DVD)
Capítulo 11: *¿Comprendes lo que se dice?* (Text) and *Actividades con el video (Cuaderno)*

Student Mastery

Cuaderno de actividades y Manual de laboratorio
Also available online as QUIA™, Capítulo 11

Lab Audio CDs
Capítulo 11, CD 7, Tracks 1–22

Text Audio CDs
Capítulo 11, CD 3, Tracks 9–15

Multimedia CD-ROM
Capítulo 11: *En preparación, Vocabulario, ¿Comprendes lo que se dice?, Noticiero cultural, ¿Te gusta escribir?, ¿Te gusta leer?*

Book Companion Website
http://dimelotu.heinle.com
Capítulo 11: *Auto-pruebas, Viajemos por el ciberespacio,* cultural exploration activities

Atajo 4.0 CD-ROM: Writing Assistant for Spanish
¡Escríbelo! in the Text and the *Cuaderno,* Capítulo 11

vMentor™
Free live online tutoring

Testing Tools and Course Management

Test Bank CD-ROM
Two customizable Microsoft® Word tests per chapter, as well as Midterm and final exams. Plus, a selection of supplementary activities to test specific structures. Capítulo 11, version A or B

QUIA™
Customizable online Workbook/Lab Manual with electronic grade book, Capítulo 11

Class Preparation and Lecture Tools	Student Mastery	Testing Tools and Course Management

Instructor's Resource CD-ROM
Teaching suggestions, sample syllabi and lesson plans, and video transcripts

Topics and Situations for Oral Evaluation
Capítulo 12: 1–4, 15, 16

Transparency Masters (on IRCD-ROM)
TM 12-1–12-3

Transparency Masters (on Web)
http://dimelotu.heinle.com
Web TM 12-1–12-3

***Nuevo latino* Music CD**
A selection of Spanish language music from Putamayo.

Video (VHS or DVD)
Capítulo 12: *¿Comprendes lo que se dice?* (Text) and *Actividades con el video (Cuaderno)*

Cuaderno de actividades y Manual de laboratorio
Also available online as QUIA™, Capítulo 12

Lab Audio CDs
Capítulo 12, CD 7, Tracks 23–37

Text Audio CDs
Capítulo 12, CD 3, Tracks 16–22

Multimedia CD-ROM
Capítulo 12: *En preparación, Vocabulario, ¿Comprendes lo que se dice?, Noticiero cultural, ¿Te gusta escribir?, ¿Te gusta leer?*

Book Companion Website
http://dimelotu.heinle.com
Capítulo 12: *Auto-pruebas, Viajemos por el ciberespacio*, cultural exploration activities

Atajo 4.0 CD-ROM: Writing Assistant for Spanish
¡Escríbelo! in the Text and the *Cuaderno*, Capítulo 12

vMentor™
Free live online tutoring

Test Bank CD-ROM
Two customizable Microsoft® Word tests per chapter, as well as Midterm and final exams. Plus, a selection of supplementary activities to test specific structures. Capítulo 12, version A or B

QUIA™
Customizable online Workbook/Lab Manual with electronic grade book, Capítulo 12

Class Preparation and Lecture Tools	Student Mastery	Testing Tools and Course Management

Instructor's Resource CD-ROM
Teaching suggestions, sample syllabi and lesson plans, and video transcripts

Topics and Situations for Oral Evaluation
Capítulo 13: 1–4, 15, 16

Transparency Masters (on IRCD-ROM)
TM 13-1–13-3

Transparency Masters (on Web)
http://dimelotu.heinle.com
Web TM 13-1–13-3

***Nuevo latino* Music CD**
A selection of Spanish language music from Putamayo.

Video (VHS or DVD)
Capítulo 13: *¿Comprendes lo que se dice?* (Text) and *Actividades con el video (Cuaderno)*

Cuaderno de actividades y Manual de laboratorio
Also available online as QUIA™, Capítulo 13

Lab Audio CDs
Capítulo 13, CD 8, Tracks 1–21

Text Audio CDs
Capítulo 13, CD 3, Tracks 23–29

Multimedia CD-ROM
Capítulo 13: *En preparación, Vocabulario, ¿Comprendes lo que se dice?, Noticiero cultural, ¿Te gusta escribir?, ¿Te gusta leer?*

Book Companion Website
http://dimelotu.heinle.com
Capítulo 13: *Auto-pruebas, Viajemos por el ciberespacio*, cultural exploration activities

Atajo 4.0 CD-ROM: Writing Assistant for Spanish
¡Escríbelo! in the Text and the *Cuaderno*, Capítulo 13

vMentor™
Free live online tutoring

Test Bank CD-ROM
Two customizable Microsoft® Word tests per chapter, as well as Midterm and final exams. Plus, a selection of supplementary activities to test specific structures. Capítulo 13, version A or B

QUIA™
Customizable online Workbook/Lab Manual with electronic grade book, Capítulo 13

Resource Integration Guide

Class Preparation and Lecture Tools

Instructor's Resource CD-ROM
Teaching suggestions, sample syllabi and lesson plans, and video transcripts

Topics and Situations for Oral Evaluation
Capítulo 14: 1–4, 15, 16

Transparency Masters (on IRCD-ROM)
TM 14-1–14-3

Transparency Masters (on Web)
http://dimelotu.heinle.com
Web TM 14-1–14-3

***Nuevo latino* Music CD**
A selection of Spanish language music from Putamayo.

Video (VHS or DVD)
Capítulo 14: *¿Comprendes lo que se dice?* (Text) and *Actividades con el video* (Cuaderno)

Student Mastery

Cuaderno de actividades y Manual de laboratorio
Also available online as QUIA™, Capítulo 14

Lab Audio CDs
Capítulo 14, CD 8, Tracks 2–33

Text Audio CDs
Capítulo 14, CD 3, Tracks 30–36

Multimedia CD-ROM
Capítulo 14: *En preparación, Vocabulario, ¿Comprendes lo que se dice?, Noticiero cultural, ¿Te gusta escribir?, ¿Te gusta leer?*

Book Companion Website
http://dimelotu.heinle.com
Capítulo 14: *Auto-pruebas, Viajemos por el ciberespacio,* cultural exploration activities

Atajo 4.0 CD-ROM: Writing Assistant for Spanish
¡Escríbelo! in the Text and the *Cuaderno,* Capítulo 14

vMentor™
Free live online tutoring

Testing Tools and Course Management

Test Bank CD-ROM
Two customizable Microsoft® Word tests per chapter, as well as Midterm and final exams. Plus, a selection of supplementary activities to test specific structures. Capítulo 14, version A or B and Final Exam IIA or IIB

QUIA™
Customizable online Workbook/Lab Manual with electronic grade book, Capítulo 14

Contenido breve

Preface

Teaching for Competency

The *¡Dímelo tú!,* Fifth Edition, program is a culturally rich, communication-based program designed to help students develop competency in Spanish by allowing them to interact among themselves and with their instructors on a daily basis. The competency approach challenges students to arrive at an understanding of the Spanish language and Hispanic cultures by tapping into knowledge they already have and applying it to what they are learning. *¡Dímelo tú!* encourages students to use their own resources, thus putting full emphasis on the learner and assigning the role of facilitator to the instructor.

Author Background

Francisco Rodríguez Nogales was born in Pedrera (Seville), Spain. He completed his Bachelor of Arts at the Universidad Pontificia Comillas in Madrid. His Master's degree is from San Francisco State University and his Ph.D. from the University of California at Davis. Currently he is an Associate Professor of Spanish in the School of Modern Languages at Santa Barbara City College. Professor Rodríguez is a specialist in the use of technology in foreign language teaching and online instruction. He has also developed several Spanish assessment and placement tools. For the last 5 years, his teaching load has been 100 percent online.

Fabián A. Samaniego received his Bachelor of Arts from New Mexico State University and his Master of Arts from the University of Iowa. He taught four years at Utah State University before going to the University of California at Davis, where he served as Supervisor of Teaching Assistants and Coordinator of the first-year Spanish program for twenty-four years. A specialist in foreign-language pedagogy, Professor Samaniego has been a frequent presenter at foreign-language conferences across the country. He also has coauthored two college texts and the AATSP *Professional Development Handbook Series for Teachers K-16, Volume 1: Spanish for Native Speakers,* and he is coeditor of *Language and Culture in Learning: Teaching Spanish to Native Speakers of Spanish.*

Thomas J. Blommers, a native Iowan, studied political science and Spanish at the University of Iowa and the Universidad Nacional Autónoma de México and holds a Master of Arts and a Ph.D. in Spanish from the University of Iowa. He is currently Associate Professor of Spanish in the Modern Languages and Literatures Department at California State University, Bakersfield. Professor Blommers specializes in second-language acquisition and is particularly interested in listening strategies and techniques. Other interests include nineteenth-century Peninsular literature and Hispanic-American culture.

Magaly Lagunas-Solar was born in Santiago, Chile. She has a Bachelor of Arts in both French and Education from the University of Chile, Valparaíso, where she taught French for seven years. She completed her Master's degree in Spanish Linguistics at the University of California at Davis, where she is A.B.D. in Spanish Linguistics. Professor Lagunas-Solar has been involved in several second-language acquisition projects, both in Chile and in the United States. She is currently working on a reading proficiency project at California State University, Sacramento, where she is a Spanish lecturer in the Foreign Language Department.

Viviane Ritzi-Marouf was raised as a French-Spanish bilingual in Geneva, Switzerland. She received a Bachelor of Arts in both French and Spanish at Brigham Young University. At the University of California at Davis, she completed the Master's degree program first in French, then in Spanish. She has taught at a number of colleges and universities in northern California. She received an Outstanding Teacher Award in Solano Community College in Sacramento in 1993 and again in 1994. Currently, she is head of the French Department and an instructor in Spanish at the Folsom Lake College Center, an extension of Cosumnes River College.

Philosophy of the Authors

We firmly believe that, in order to learn to communicate in a foreign language, students must have ample opportunities to interact with each other and with their instructors. We believe that this interaction must be guided initially but should quickly move on to more open-ended communication that continuously provides students with opportunities to create with language. We also believe that language should not be taught in a void, but rather in rich cultural and relevant contexts that steadily move students toward a greater global awareness and understanding. With this in mind, we have included country-specific cultural video and *Smart Classroom* activities that allow students to be in direct contact with the people of the countries being studied as well as with the countries' newspapers, radio and TV stations and virtual visits to each country's unique sites: monuments, parks, museums and the like.

New to the Fifth Edition

Extensive Critical Thinking Class Activities. A new section titled **¡Las fotos hablan!**, added to the chapter openers, provides visual input that allows students to express the prior knowledge they may have about the country they are studying. In a similar manner, a new section titled **En tu opinión...** consists of a series of wide-ranging critical thinking questions added to the **¿Sabías que...?** cultural mini-readings. Students are able to express their opinions (often their pre-conceived ideas) about various apects of the country being studied.

Early In-Context Vocabulary Practice. Each **Paso** is introduced with realia type visuals and activities, carefully designed to introduce and have students practice with the new chapter vocabulary in culturally appropriate contextualized activities. New contextualized vocabulary practice activities have also been added to the beginning of the **Ahora, ¡a hablar!** sections in each **Paso**.

Special Activities for Technology Oriented Programs. Each **Paso** contains one to two guided activities intended to take advantage of the presence in the classroom of a multimedia presentation station and access to the Internet (the so called *Smart Classroom*). Activities are designed to allow the instructor to introduce the topic by visiting pre-selected websites or performing simple keyword searches (keywords are provided). A follow-up homework assignment, and a *Smart Classroom* presentation by volunteer students are suggested with each Smart Classroom activity.

Systematic Recycling of Vocabulary and Structures. A transparency-based activity designed to facilitate a thorough review of the the current lesson's active vocabulary and structures, has been added at the end of the **Ahora, ¡a hablar!** activities in each **Paso**. In addition, an activity titled **Un paso atrás, dos adelante** has been added at the end of the **Y ahora, ¡a conversar!** section in **Paso 3** of every chapter. **Un paso atrás, dos adelante** thoroughly reviews the grammar and active vocabulary of the preceding chapter.

Varied Reading Material. The **El rincón de los lectores** chapter reading, which occurs in the third **Paso** of every chapter, now features a wider variety of reading selections including advertisements, magazine articles, poetry, excerpts from novels and short stories, **trabalenguas,** and **refranes.**

Extensive Listening Practice. Listening skills are developed first, at the beginning of each **Paso**, through the comprehensible input dialogues and narratives that are contained on the Text Audio CDs that come with the textbook. The **¿Comprendes lo que se dice?** sections provide learners with further opportunities—this time for real-life listening—through audio recordings and videos. Students also get extensive listening practice by doing the activities in the **Práctica auditiva** and the new video activities in the *Cuaderno de actividades y Manual de laboratorio.*

Cultural Unity in the Workbook/Lab Manual. The *Cuaderno de actividades* activities have been redesigned for greater cultural unity and vocabulary practice and take place in the country discussed in each chapter whenever possible.

Instructor's Resource CD-ROM with Audio-enhanced Testing Program. The IR CD-ROM is an all-in-one solution, which contains instructor resource materials—teaching suggestions, sample syllabi, overhead transparency masters, and video transcripts—as well as the revised testing program. The *¡Dímelo tú!*

Fifth Edition testing program offers two sample tests per chapter, two final exams that cover chapters 1-7, and two final exams that cover chapters 8-14, which instructors may easily customize. The listening comprehension sections for each of the tests and exams are now recorded on the audio CD packaged with the IR CD-ROM.

New Student Multimedia CD-ROM. The new Student Multimedia CD-ROM provides additional four-skills practice in a fun, interactive environment. In addition to listening to audio recordings, viewing video clips, and implementing reading and writing strategies through various activities, students may also review the grammar and vocabulary that they've learned *paso*-by-*paso*. The Fifth Edition CD-ROM boasts a new organization, which mirrors that of the textbook, thereby ensuring ease-of-use and balanced attention to listening, reading, writing, and culture.

Highlights of *¡Dímelo tú!*, Fifth Edition

Culturally Integrated Chapters. Each chapter focuses on a specific Spanish-speaking country, and all elements of each chapter—the input, guided practice, open-ended practice, role-plays, listening activities, readings, and grammar—are designed to reflect the reality of that country.

Integrated Internet Activities. The **Viajemos por el ciberespacio a...**, now within the **Noticiero cultural**, facilitates World Wide Web interaction for students with the aspects of the country of focus presented.

Graduated Communicative Activities. Each **Paso** provides students first with guided practice in the **Ahora, ¡a hablar!** section, and then with more open-ended communicative practice in the **Y ahora, ¡a conversar!** sections and in the role-plays in **¡Luces! ¡Cámara! ¡Acción!**. Students learn specific listening techniques and strategies in the **¿Comprendes lo que se dice?** sections and are exposed to a wide variety of additional aural practice in the *Cuaderno de actividades.*

A Variety of Cultural Readings. Students practice reading in the **¿Eres buen observador?** magazine and newspaper advertisements from the country of focus; in the **¿Sabías que...?** cultural snippets; in the **Noticiero cultural** readings that center on stellar individuals or specific customs from that chapter's country of focus; and finally, in the **Lectura** at the end of the third **Paso**.

Comprehensive Writing Practice. Students learn to write in Spanish through the process-writing approach, which is used in the extensive writing activity at the end of the second **Paso** in every chapter. In addition, students practice writing in a number of the communicative activities and in the first role-play activity in every **Paso**. Finally, the *Cuaderno de actividades* provides extensive writing practice with not only the specific grammar structures presented in each chapter but also practice with creative writing. Writing practice is now facilitated via the writing assistant, *Atajo 4.0.*

Function-Driven Grammar. Grammar appears at the end of each chapter in a section appropriately called **En preparación**. Students are asked to study specific grammar points on their own before coming to class and do written grammar exercises that demonstrate comprehension of the grammar structures studied. The grammar presented in each **Paso** always supports the specific linguistic functions being taught.

Organization of *¡Dímelo tú!,* Fifth Edition

¡Dímelo tú!, Fifth Edition, is designed to facilitate teaching for competency. The text consists of a preliminary lesson, **Para empezar**, and fourteen regular chapters. The fourteen chapters of *¡Dímelo tú!* are each divided into three **Pasos.** The various sections of each **Paso** are explained below in the following visual guide.

¡Las fotos hablan!

Photos talk! Each chapter starts with a colorful opening spread that gives the chapter outline and provides a visual overview of the country of focus. The photos are accompanied by questions that invite students to access and express their prior knowledge of that particular Spanish-speaking country.

¿Eres buen observador?

Are you a good observer? This section introduces the theme of the **Paso** by asking students to apply critical-thinking skills to authentic reading selections and to cross-cultural aspects of the lesson's theme. These readings are sometimes simulated, but more often are authentic advertisements taken from magazines and newspapers from the country of focus.

¿Qué se dice... ?

What do you say . . . ? The new lesson functions are presented with culturally accurate illustrations and contextualized narratives or dialogues. Students are instructed in the **Tarea** *(Homework)* box (see the sample of the **Paso** opener on the facing page) to listen to the recorded **¿Qué se dice... ?** material and to do a comprehension check activity before coming to class.

A propósito...

By the way . . . These brief grammar or lexical explanations either highlight a grammar point needed to perform a specific task or preview structures explained in a later chapter. They usually follow the **¿Qué se dice... ?** sections.

¿Sabías que... ?

Did you know that . . . ? These short cultural vignettes provide some interesting facts about the country being studied. They occur in every **Paso** after the **¿Qué se dice... ?** material.

Ahora, ¡a hablar!

Now, let's talk! This section includes personalized and contextualized activities designed to guide students through their first productive efforts with the new linguistic functions of the **¿Qué se dice...?** sections. The last activity in this section is always a visual review of the active vocabulary of the given **Paso.**

Y ahora, ¡a conversar!

And now, let's converse! Here, students use the new lesson structures and vocabulary in open-ended, pair or group activities designed to encourage creativity with the language and to develop fluency in speaking Spanish. In **Paso 3** of every chapter, this section always ends with **Un paso atrás, dos adelante**, a vocabulary/structure review activity that systematically recycles the grammar and vocabulary from the previous chapter.

¡Luces! ¡Cámara! Acción!

Lights! Camera! Action! In this section, students develop creativity and fluency in the language by performing two role-plays designed to recycle previously learned material.

¿Comprendes lo que se dice?

Do you understand what is being said? In **Paso 1** of every chapter, students listen to brief dialogues, radio news reports, weather reports, and the like. In **Paso 2**, students view a cultural video with an overview of the country being presented and/or of a famous contemporary writer, artist, or singer from that country. These sections also introduce specific listening strategies that are practiced extensively in the pre-listening/pre-viewing activities.

Noticiero cultural

Cultural note. The first two **Pasos** of each chapter include short cultural readings. The reading in **Paso 1** is a brief overview of the country being studied or of a specific location within that country. The reading in **Paso 2** focuses either on a noteworthy Spanish-speaking figure from the country of focus, or on a cultural topic related to the country.

Viajemos por el ciberespacio a...

Let's travel in cyberspace to . . . This section occurs within the **Noticiero cultural** sections and is linked to **http://dimelotu.heinle.com.** In these sections, students are asked to creatively expand their knowledge of the country being studied by going to Internet sites that have been developed and are maintained in the country. Thus, through the virtual *cyberways* of the Internet, students will travel to various countries and regions.

¡Escríbelo!

Write it! This section, located at the end of **Paso 2** in every chapter, allows students to practice writing as a process: planning and organizing, doing a first draft, sharing and getting peer input, editing, preparing a final draft, and publishing. The final step may require the students to read their graded papers to each other or to collect all the class papers on a specific topic into a book. This section is also correlated to *Atajo 4.0: Writing Assistant for Spanish*, which directs students to the main points of information essential to the writing task and guides them through the writing process itself.

El rincón de los lectores

The readers' corner. **Paso 3** in every chapter has a reading selection preceded by specific reading strategies and pre-reading activities. The strategies and activities are designed to help students to develop good reading habits in Spanish and to begin thinking critically about the reading topic. The reading selections include literary works by writers from the country being studied in the chapter, **trabalenguas** and **refranes** taken from Spanish oral tradition, magazine advertisements and articles, and cultural essays written by contributing writers.

En preparación

In preparation. All major grammatical explanations appear in this section at the end of each chapter. For easy reference, grammatical points are numbered to correspond to each chapter of the text and to each exercise in **Ahora, ¡a hablar!** within each **Paso**.

The Complete *¡Dímelo tú!* Program

The following components accompany the Fifth Edition of *¡Dímelo tú!* To receive a review or desk copy of any of these components, please contact your local Thomson sales representative or call our sales office at 1-800-237-0053, ext. 7766.

- **Student Text/Audio CD** (1-4130-0637-X). The *¡Dímelo tú!,* Fifth Edition, student text with FREE Text Audio CD, is available for student purchase as a single component or in combination with any of the learner materials.

- **Annotated Instructor's Edition/Audio CD** (Package, 1-4130-1193-4). This volume contains a complete copy of the student text, which is annotated with helpful instructor's notes containing exercise answers, audioscripts for the **¿Qué se dice...?** dialogues and narratives, teaching tips, and the teaching purpose for various activities. The audio CD contains recorded material from the **¿Qué se dice...?** and **¿Comprendes lo que se dice?** sections.

- **Workbook/Lab Manual:** *Cuaderno de actividades y Manual de laboratorio* (1-4130-1183-7). This combination workbook and lab manual provides students with the additional reading, writing, and listening comprehension practice necessary to help them attain their competency goals.

- **Lab Audio CDs** (1-4130-1184-5). The Lab Audio CDs are to be used in the language lab in conjunction with the **Práctica auditiva**. The Lab Audio CDs are also available for purchase by students.

- **Answer Key and Lab Audio Script** (1-4130-1185-3). The Answer Key and Lab Audio Script for the activities in the *Cuaderno de actividades* is available for sale at the Instructor's discretion.

- *¡Dímelo tú!* **Text-Specific Video** (VHS:-1-4130-1191-8, DVD: 141301190X). This contains a text-integrated video, now available in VHS and DVD for *¡Dímelo tú!* and correlates with activities in the **¿Comprendes lo que se dice?** listening/viewing section in **Paso 2** of every chapter. The video features a cultural overview of the country or region highlighted in the chapter and/or a presentation about a stellar personality from that country or region. The VHS and DVD also contains the corresponding video for the *Cuaderno de actividades.* With a total of 14 video segments that correspond to the chapters of the *¡Dímelo tú!* Textbook, learners will get to know in the new video, five people from different Spanish-speaking countries that have come together to live and learn from each other in "La Hacienda Vista Alegre" outside San Juan, Puerto Rico.

- **New *¡Dímelo tú!* Student Multimedia CD-ROM** (1-4130-1188-8). The dual-platform (Macintosh® / Windows®) interactive CD-ROM component has a four-skills and culture-based approach. This multimedia-based component features audio and video, as well as grammar and vocabulary practice, all of which enable students to develop their language skills along with their cultural awareness.

- **Instructor's Resource CD-ROM and Audio-enhanced Testing Program** (1-4130-1187-X). Included on the IR CD-ROM are teaching tips, sample syllabi, transparency masters—specific to the **¿Qué se dice... ?** sections of the Fifth Edition textbook—video transcripts, and the complete testing program. The testing program offers 28 tests (two per chapter) as well as two sets of final examinations. Each test has five sections, covering listening comprehension, grammar control, vocabulary mastery, reading comprehension, and writing competency. The *Situation Cards for Oral Evaluation* are available separately for instructors interested in oral testing.

- **Situation Cards for Oral Evaluation** (0-0302-9101-1). A set of 80 situation cards, keyed to all chapters of the text, accompany the *¡Dímelo tú!* program. These may be used for practicing extemporaneous speech or for evaluating speaking skills in oral interviews. When time allows, instructors may select several situation cards appropriate for a given chapter and dramatize the situations with a student (or ask two students to dramatize a situation). The cards can also be used for individual oral-proficiency evaluation. Below is a correlation of *¡Dímelo tú!* chapters to the *Situation Cards:*

  Chapter 1: 1, 2, 3, 4, 15, 16
  Chapter 2: 5, 7, 9, 10, 21, 25
  Chapter 3: 8, 12, 13, 22, 23, 24
  Chapter 4: 6, 11, 14, 26, 27, 28, 38, 63, 64
  Chapter 5: 17, 18, 19, 20, 41, 51, 52, 55
  Chapter 6: 62, 73
  Chapter 7: 21, 22, 29, 30
  Chapter 8: 31, 32, 33, 34
  Chapter 9: 36, 37, 38, 40, 42, 49, 65, 73, 77
  Chapter 10: 72, 75
  Chapter 11: 42, 43, 47, 49, 73
  Chapter 12: 40, 53, 66, 67, 68, 69, 70, 74, 80
  Chapter 13: 40, 44, 53, 54, 57, 58, 77
  Chapter 14: 6, 10, 11, 12, 14, 56, 57, 58, 59, 60, 76, 77, 78, 79, 80

- *¡Dímelo tú!* **Website (http://dimelotu.heinle.com).** The *¡Dímelo tú!* Website offers students access to activities and information correlated to specific **Pasos.** Students assess their progress through the self-correcting vocabulary and grammar quizzes and travel throughout the Spanish-speaking world via the web activities and the **Viajemos por el ciberespacio** activities. The password-protected instructor's section of the *¡Dímelo tú!* Website houses instructional tips and other resources.

BELICE
HONDURAS
NICARAGUA
Lago de Nicaragua
EL SALVADOR
GUATEMALA
PANAMÁ
COSTA RICA

MAR CARIBE

OCÉANO ATLÁNTICO

Barranquilla
Cartagena
Maracaibo
Caracas
Lago de Maracaibo
San Cristóbal
Medellín
Río Magdalena
Río Orinoco
VENEZUELA
Georgetown
Paramaribo
Cayena
GUAYANA
SURINAM
Bogotá
Boa Vista
GUAYANA FRANCESA
Cali
COLOMBIA

10°

ECUADOR
Quito
Guayaquil
Cuenca
Río Amazonas
ECUADOR

ISLAS GALÁPAGOS (Ecuador)
Iquitos
0°

PERÚ
A M A Z O N A S
BRASIL

L O S A N D E S

10°

Lima
Machu Picchu
Ayacucho
Cuzco
BOLIVIA
La Paz
Brasilia

OCÉANO PACÍFICO
Lago Titicaca
Santa Cruz
Sucre
Potosí
Río Paraná
Río de Janeiro

20°

PARAGUAY
São Paulo
20°

TRÓPICO DE CAPRICORNIO
Asunción
Iguazú
OCÉANO ATLÁNTICO

CHILE
Río Uruguay
Córdoba
URUGUAY
30°

Viña del Mar
Valparaíso
Santiago
Buenos Aires
Montevideo
30°

Concepción
ARGENTINA
Río de la Plata

Bahía Blanca

Viedma

0   250   500   750 MILLAS
0   500   1.000 KILÓMETROS

ISLAS MALVINAS (Br.)

AMÉRICA DEL SUR

Estrecho de Magallanes
TIERRA DEL FUEGO

ÁFRICA
NIGERIA
CAMERÚN
Malabo
GUINEA ECUATORIAL
GABÓN
0   MILLAS   250
0   KILÓMETROS   500
ÁFRICA

110°   100°   90°   80°   70°   60°   50°   40°   30°   20°

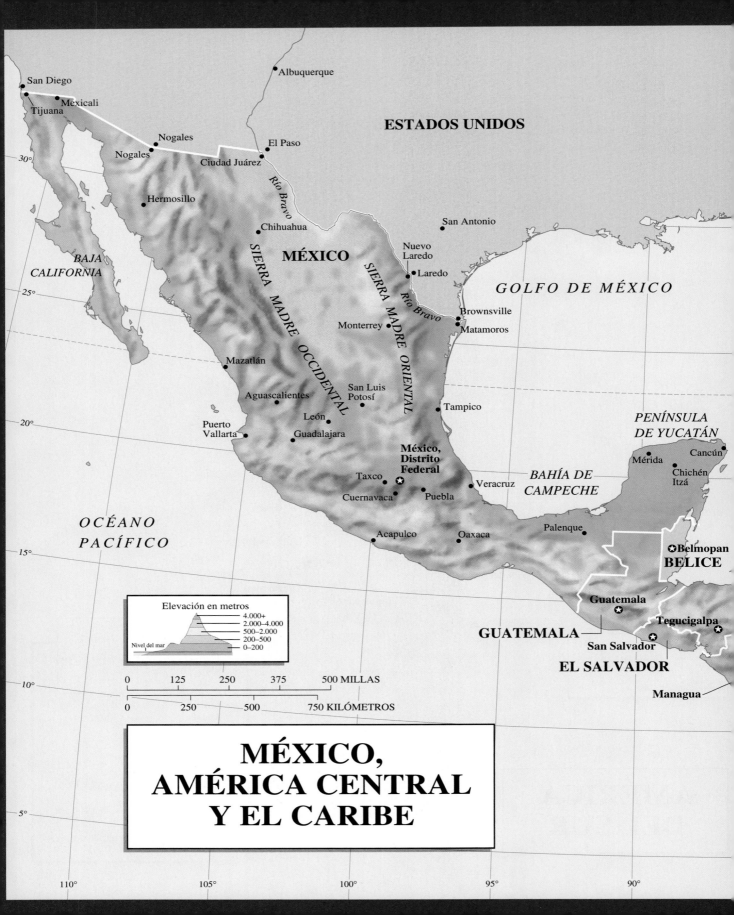

MÉXICO, AMÉRICA CENTRAL Y EL CARIBE

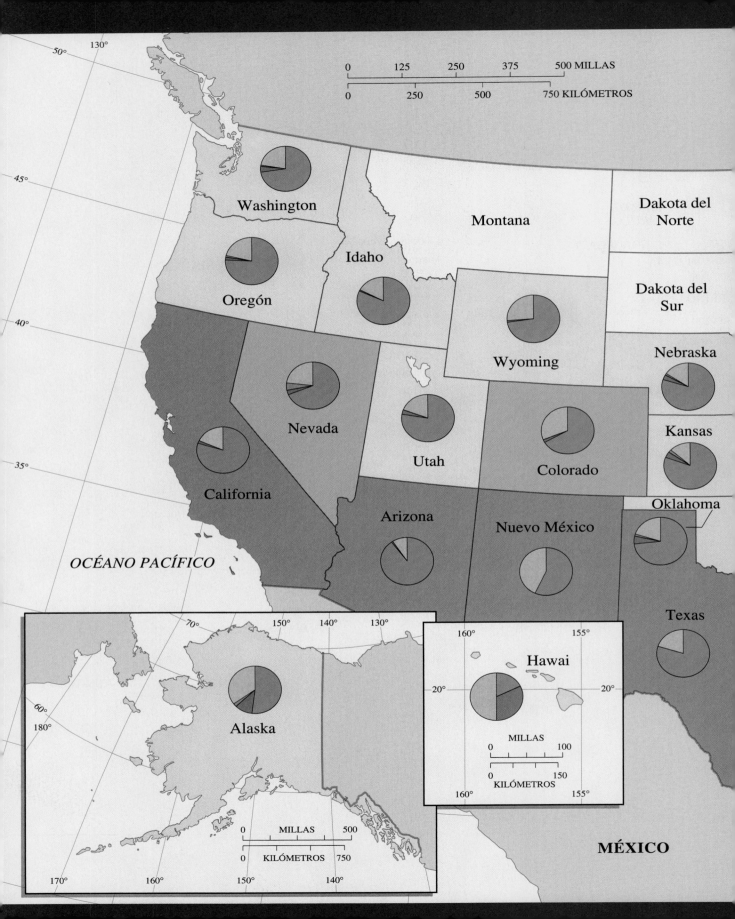

0   125   250   375   500 MILLAS

0   250   500   750 KILÓMETROS

Washington

Montana

Dakota del Norte

Oregón

Idaho

Dakota del Sur

Wyoming

Nebraska

Nevada

Kansas

California

Utah

Colorado

Oklahoma

OCÉANO PACÍFICO

Arizona

Nuevo México

Texas

Hawai

160°

155°

20°

20°

160°

155°

MILLAS

0   100

KILÓMETROS

0   150

70°   150°   140°   130°

Alaska

180°

60°

170°   160°   150°   140°

MILLAS

0   500

KILÓMETROS

0   750

MÉXICO

50°   130°

45°

40°

35°

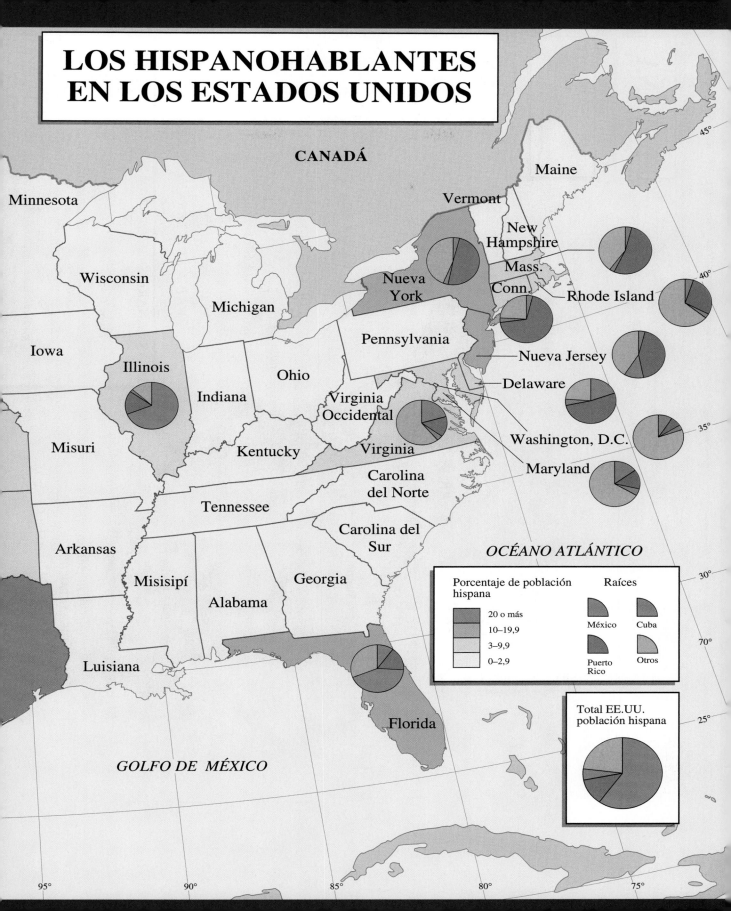

LOS HISPANOHABLANTES EN LOS ESTADOS UNIDOS

CANADÁ

Maine

Minnesota

Vermont

New Hampshire

Nueva York

Mass.

Wisconsin

Conn.

Michigan

Rhode Island

Iowa

Pennsylvania

Nueva Jersey

Illinois

Ohio

Delaware

Indiana

Virginia Occidental

Washington, D.C.

Misuri

Kentucky

Virginia

Maryland

Carolina del Norte

Tennessee

Carolina del Sur

OCÉANO ATLÁNTICO

Arkansas

Misisipí

Georgia

Alabama

Luisiana

Porcentaje de población hispana

Raíces

20 o más

10–19,9

México   Cuba

3–9,9

0–2,9

Puerto Rico   Otros

Total EE.UU. población hispana

Florida

GOLFO DE MÉXICO

¡Dímelo tú!

A Complete Course

FIFTH EDITION

FRANCISCO RODRÍGUEZ
Santa Barbara City College

FABIÁN A. SAMANIEGO
Emeritus, University of California—Davis

THOMAS J. BLOMMERS
California State University—Bakersfield

MAGALY LAGUNAS-SOLAR
California State University—Sacramento

VIVIANE RITZI-MAROUF
Cosumnes River College—Folsom Lake

THOMSON ™

HEINLE

Australia Canada Mexico Singapore Spain United Kingdom United States

THOMSON
HEINLE ™

¡Dímelo tú!, Fifth Edition
Rodríguez • Samaniego • Blommers • Lagunas-Solar • Ritzi-Marouf

Editor in Chief: PJ Boardman
Acquisitions Editor: Helen Alejandra Richardson
Development Editor: Viki Kellar
Senior Project Manager, Editorial Production:
  Esther Marshall
Senior Assistant Editor: Heather Bradley
Marketing Manager: Lindsey Richardson
Marketing Assistant: Rachel Bairstow
Advertising Project Manager: Stacey Purviance
Manufacturing Manager: Marcia Locke

Compositor: Pre-Press Company, Inc.
Project Management: Pre-Press Company, Inc.
Photo Manager: Sheri Blaney
Photo Researcher: Jill Engebretson
Text Designer: Joseph Sherman,
  Dutton & Sherman Design
Illustrator: Scott MacNeill
Cover Designer: Diane Levy
Cover Printer: Coral Graphics
Printer: RR Donnelley & Sons

For more information about our products, contact us at:
Thomson Learning Academic Resource Center
1-800-423-0563
For permission to use material from this text or product, submit a request online at http://www.thomsonrights.com. Any additional questions about permissions can be submitted by email to thomsonrights@thomson.com.

Library of Congress Control Number: 2004116033

Student Edition: ISBN 1-4130-0637-X
Annotated Instructor's Edition: ISBN 1-4130-1193-4

Credits appear on pages C-1–C-2, which constitute a continuation of the copyright page.

Thomson Higher Education
25 Thomson Place
Boston, MA 02210-1202
USA

Asia (including India)
Thomson Learning
5 Shenton Way
#01-01 UIC Building
Singapore 068808

Australia/New Zealand
Thomson Learning Australia
102 Dodds Street
Southbank, Victoria 3006
Australia

Canada
Thomson Nelson
1120 Birchmount Road
Toronto, Ontario M1K 5G4
Canada

UK/Europe/Middle East/Africa
Thomson Learning
High Holborn House
50-51 Bedford Road
London WC1R 4LR
United Kingdom

Latin America
Thomson Learning
Seneca, 53
Colonia Polanco
11560 Mexico
D.F. Mexico

Spain (including Portugal)
Thomson Paraninfo
Calle Magallanes, 25
28015 Madrid, Spain

Contenido

Communication	Grammar	Cultures

Para empezar: ¡Saludos!

Greeting and introducing people and saying good-bye	**Tú** and **usted** and titles of address	**Los Estados Unidos** *¿Sabías que...?* • El dar la mano al saludar *Noticiero cultural* • Uso apropiado de **tú** y **usted** *Lectura:* Why study a foreign language

Capítulo 1 ¡A la universidad... en las Américas!

Describing people and telling where they are from Describing classes, professors, friends, and pastimes and naming school supplies Describing activities and future plans	Subject pronouns and the verb **ser** *(s.)* Gender and number: Articles and nouns Adjectives *(s.)* Infinitives Gender and number: Adjectives Present tense of **-ar** verbs The verb **ir**	**Las Américas** *¿Sabías que...?* • Las universidades más antiguas de las Américas • Los gentilicios latinoamericanos •La semana universitaria *Noticiero cultural* • Centroamérica... ¡impresionante! • Sudamérica *Lectura:* Las Américas *Video:* Latinoamérica, ¡al ritmo del siglo veintiuno!

Capítulo 2 ¡Hay tanto que hacer... en Puerto Rico!

Naming and describing student jobs Asking questions Describing student living quarters and dorm/apartment activities Talking about vacation plans	Present tense of **-er** and **-ir** verbs Interrogative words Numbers 0-199 Possessive adjectives Irregular verbs **tener, salir, venir** Telling time Days of the week, months, and seasons Verbs of motion	**Puerto Rico** *¿Sabías que...?* • La industrialización en Puerto Rico • El viejo San Juan • Los puertorriqueños en Nueva York *Noticiero cultural* • El Estado Libre Asociado de Puerto Rico • Viajemos a la Isla del encanto • Puerto Rico: El coquí, el flamboyán, la flor de maga y el cuatro *Lectura:* Símbolos de Puerto Rico *Video:* Puerto Rico, ¡destino de turistas!

Scope and Sequence

Connections

In writing: El alfabeto español
In speaking: La pronunciación del español
Lectura: Spanish as a global language
Smart Classroom: Internet como medio imprescindible de aproximación al mundo hispanohablante.

Comparisons

¡Las fotos hablan!
- Distintos sitios en el mundo hispanohablante
- Lugares que tú has visitado en el mundo hispanohablante

¿Eres buen observador?
- Saludos formales e informales en los EE.UU. y en el mundo hispanohablante
- Distintas maneras de dar la mano en los EE.UU. y en el mundo hispanohablante

Noticiero cultural
- Uso correcto e incorrecto de **tú** y **usted** al saludar

Lectura: Spanish in the United States
¿Te gusta escribir?
- Puntuación en inglés y en español

En tu opinión: Conclusiones que se pueden extraer en relación a la distancia íntima, personal y social en la cultura hispana y la estadounidense

Communities

- El español en los Estados Unidos

Viajemos por el ciberespacio a Centroamérica
- Visitar los parques nacionales de los países centroamericanos
- Apreciar la biodiversidad centroamericana
- Estudiar las ruinas de Tikal y Copán
- Apreciar la civilización maya

Smart Classroom Elegir un lugar de habla hispana para visitar

¡Las fotos hablan!
- La vida de los estudiantes latinoamericanos

Noticiero cultural
- Centroamérica y el Caribe
- Lenguas indígenas de Sudamérica

El habla del pueblo
- Sitio en Internet de la Universidad Austral de Argentina
- Anuncio de la Universidad UNITEC

Viajemos por el ciberespacio a Puerto Rico
- Aprender la historia de Puerto Rico
- Familiarizarte con el gran número de famosos actores, deportistas, cantantes y músicos en el *Puerto Rican Hall of Fame*
- Conocer detalles de la lucha de los puertorriqueños por definir su identidad con respecto a los Estados Unidos

¡Las fotos hablan!
- Los estudiantes puertorriqueños
- Las enormes posibilidades de Puerto Rico

Noticiero cultural
- Ciudadanos: los EE.UU./ puertorriqueños
- El aprecio de los puertorriqueños por su entorno cultural y natural expresado en la selección de sus símbolos nacionales

El habla del pueblo
- Anuncios clasificados

Communication

Grammar

Cultures

Capítulo 3 La movida está en... ¡España!

Describing how people are feeling, telling where things are

Describing what is happening at a party and listing exceptional characteristics

Initiating a conversation and keeping it going; describing how people have changed

Describing someone or something you really like

The verb **estar**
Present progressive tense
Superlatives
Ser and **estar** with adjectives
The verb **gustar**

España

¿Sabías que...?
• Fiestas españolas
• Tapas
• El flamenco

Noticiero cultural
• El origen del español
• España, siglo XXI

Lectura: La tradición oral: Trabalenguas
Video:
• Enrique Iglesias
• Andalucía, ¡región fascinante!

Capítulo 4 ¡De visita en... México, D. F.!

Describing the physical appearance and character traits of people

Expressing preferences

Discussing prices and making comparisons

Purchasing clothing in a department store, ordering a drink in a café, and making comparisons

Telling what you and others did

Demonstrative adjectives
Present tense of **e > ie** and **o > ue** stem-changing verbs
Numbers above 200
Comparisons of equality
Idioms with **tener**
Preterite of **ir, ser, poder,** and **tener**

México

¿Sabías que...?
• La Ciudad de México
La Guelaguetza
De México al mundo entero: frutas y vegetales

¿Eres buen observador?
• El calendario azteca y el gregoriano

Noticiero cultural
• El zócalo
• El muralismo mexicano

Lectura: Como agua para chocolate (fragmento) de Laura Esquivel
Video: México, ¡centro del mundo cultural!

Capítulo 5 ¡Caminito a... Argentina!

Describing family members

Inquiring about renting an apartment

Describing future plans and current living quarters

Describing physical and personality changes

Prepositions
Ser and **estar:** A second look
Comparisons of inequality
Por and **para:** A first look

Argentina

¿Sabías que...?
• Los apellidos hispanos
• La producción de carne en Argentina
• Argentina canta
A propósito... El lunfardo, la jerga argentina

Noticiero cultural
• Argentina inmensa
• Alfonsina Storni y Mercedes Sosa

Lectura: Poema «Voy a dormir» (fragmento) de Alfonsina Storni
Video: Buenos Aires, ¡al ritmo de un tango!

Scope and Sequence

Connections	Comparisons	Communities
Viajemos por el ciberespacio a España • Informarse sobre las lenguas habladas en España • Discutir las diversiones de los jóvenes españoles *Smart Classroom* • Conocer más y mejor el flamenco • Escuchar flamenco en Internet	*¡Las fotos hablan!* • Bailes folclóricos en España y en los EE.UU. • Lugares donde los jóvenes van a bailar • España, país multilingüe *Noticiero cultural* • El origen de la lengua española y el muntilingüismo en España • Costumbres de siempre en la España de hoy	*El habla del pueblo* • Los estados de ánimo de un país apasionante
Viajemos por el ciberespacio a México • Pasear por siglos de impresionante cultura y civilización en el Zócalo de la Ciudad de México • Conocer la vida y obra de Diego Rivera, Frida Kahlo y otros grandes artistas mexicanos *Smart classroom* Visita virtual al Museo Nacional de Antropología y a otros museos mexicanos	*¡Las fotos hablan!* • Almacenes y mercados al aire libre • La importancia del legado natural, histórico y cultural mexicano *¿Eres buen observador?* • El calendario azteca y el gregoriano *Noticiero cultural* • El centro de la ciudad en los EE.UU. y México • Los más altos representantes del muralismo mexicano	El muralismo como forma didáctica de contar el pasado y las luchas del presente
Viajemos por el ciberespacio a Argentina • Visitar Buenos Aires, el «París» de las Américas • Visitar algunos de los más hermosos parques naturales del mundo • Leer poemas de Alfonsina Storni y escuchar las canciones de Mercedes Sosa	*¡Las fotos hablan!* • Barrios en ciudades de los EE.UU. y Buenos Aires *A propósito...* • El voseo y el castellano *Noticiero cultural* • El papel de las mujeres en la vida política y social de Argentina	Los desaparecidos y la historia reciente de Argentina

Communication	Grammar	Cultures

Capítulo 6 Guatemala: nación maya en el siglo XXI

Talking about the news Discussing what you read in the newspaper Discussing favorite TV programs and writing classified ads	Preterite of regular verbs Preterite of verbs with spelling changes Preterite of **estar, decir,** and **hacer** The pronoun **se**: Special use	**Guatemala** *¿Sabías que...?* • Las ruinas de Tikal • El *Popol Vuh* • El huipil *Noticiero cultural* • Guatemala, el país más bello • Rigoberta Menchú Tum *Lectura: Me llamo Rigoberta Menchú y así me nació la conciencia* (fragmento) *Video:* Guatemala, ¡el corazón de la cultura maya! *Smart Classroom:* Lectura del Popol Vuh

Capítulo 7 Enamorados de... ¡Colombia!

Asking for a date and accepting or refusing a date Expressing preferences Expressing emotions	Direct-object nouns and pronouns Irregular **-go** verbs Present tense of **e > i** stem-changing verbs Review of direct-object nouns and pronouns The verbs **saber** and **conocer**	**Colombia** *¿Sabías que...?* • Bogotá, la ciudad capital • Platos colombianos • Grandes artistas y escritores colombianos *Noticiero cultural* • Colombia: La esmeralda de Sudamérica • Fernando Botero *Lectura:* «Un día de estos» de Gabriel García Márquez *Video:* • Colombia, ¡puerta a Sudamérica! • Fernando Botero,¡reconocido internacionalmente!

Capítulo 8 Chile exporta... pasión

Requesting a table at a restaurant and discussing foods you like Ordering a meal in a restaurant and discussing food preferences Calling a waiter's attention and describing food	Indirect-object nouns and pronouns Review of **gustar** Double object pronouns Review of **ser** and **estar** The verb **dar**	**Chile** *¿Sabías que...?* • Pisco chileno • Los nombres de las frutas y verduras en el Cono Sur • Los grandes escritores chilenos *Noticiero cultural* • *Chile: Un paraíso alto y largo* • Isabel Allende *Lectura:* Poema «Oda al tomate» de Pablo Neruda *Video:* Isabel Allende: Contadora de cuentos

Scope and Sequence

Connections	Comparisons	Communities
Viajemos por el ciberespacio a Guatemala • Disfrutar de la belleza natural de Guatemala • Conocer la historia de la lucha por la justicia y los derechos humanos en Guatemala • Recorrer virtualmente la Ruta Maya	*¡Las fotos hablan!* Periódico guatemalteco y periódicos de los EE.UU. *Noticiero cultural* • Culturas indígenas en los EE.UU. y Guatemala • El imperio maya y la persistencia en el tiempo de las civilizaciones • Los colores y los trajes como elementos que distinguen a las comunidades en Guatemala y en los Estados Unidos	Primera plana y secciones del periódico guatemalteco *Prensa Libre*
Viajemos por el ciberespacio a Colombia • Visitar la magnífica nueva Catedral de Sal en Zipaquirá • Ver algunos de los más de treinta y tres mil objetos de oro en el Museo del Oro de Bogotá • Apreciar el arte de Fernando Botero *Smart Classroom:* Música de las cuatro zonas musicales de Colombia	*¡Las fotos hablan!* • Cantantes colombianos de fama mundial • Fernando Botero, un artista universal	*Sabías que...* • Bogotá, una ciudad llena de museos • La comida típica colombiana, y la comida de los Estados Unidos
Viajemos por el ciberespacio a Chile • Descubrir lo que opinan los chilenos sobre Augusto Pinochet y Salvador Allende • Conocer la obra de Pablo Neruda • Visitar virtualmente los paraísos geográficos de Chile • Saber cómo miran los chilenos su historia más reciente *Smart Classroom:* La producción vinícola chilena	*¡Las fotos hablan!* • La producción de vino, verduras, pescados y carne. Su importación a Estados Unidos *A propósito...* • Variedad en los nombres de frutas y verduras dentro de Latinoamérica	*Sabías que...* • Los nombres de las frutas y verduras en las distintas regiones de América Latina

Communication	**Grammar**	**Cultures**

Capítulo 9 ¡Qué buen día para... los hispanos en los Estados Unidos!

Communication	Grammar	Cultures
Describing the weather, how it affects you, and discussing what to wear in different seasons Describing daily routines Asking for and giving directions and advice Describing a typical weekend	Weather expressions **Mucho** and **poco** Reflexive verbs Affirmative **tú** commands	**Estados Unidos** *¿Sabías que...?* • Los distintos grupos de hispanos en los EE.UU. • Hispanos inmigrantes a los EE.UU. e hispanos nativos de este país • Santa Fe, Nuevo México *Noticiero cultural* • Los EE.UU.: Los hispanos... ¿quiénes son? • Gloria y Emilio Estefan, Sandra Cisneros, Ricky Martin *Lectura:* Poema «Una pequeña gran victoria» de Francisco X. Alarcón *Video:* • San Diego, ¡intensamente artístico y cultural! • Texas, ¡el segundo estado más grande!

Capítulo 10 Nicaragua: tierra de lagos, volcanes, terremotos, y poetas

Communication	Grammar	Cultures
Describing emergency situations and asking for help in an emergency Discussing cars and describing car accidents Telling how long ago something happened Reporting a missing or lost object	Adverbs derived from adjectives Irregular verbs in the preterite Negative and indefinite expressions Preterite of stem-changing -ir verbs **Hacer** in time expressions	**Nicaragua** *¿Sabías que...?* • Alfabetización y liberación en Nicaragua • El lago de Nicaragua • La tierra de poetas *Noticiero cultural* • La historia reciente de Nicaragua • Un paraíso recién hecho *Lectura:* Poema «Qué sos Nicaragua» de Gioconda Belli *Video:* Nicaragua, ¡en la búsqueda de un futuro mejor!

Capítulo 11 Costa Rica... naturalmente mágica

Communication	Grammar	Cultures
Describing what you and others used to do and discussing special moments Talking about ecology Narrating past experiences Describing what people have or have not done	Imperfect of regular verbs Uses of the imperfect Imperfect of **ser, ir,** and **ver** Preterite and imperfect: Completed and continuous actions Preterite and imperfect: Beginning/end and habitual/customary actions Present perfect	**Costa Rica** *¿Sabías que...?* • Orquídeas en Costa Rica • Franklin Chang-Díaz • Sitio del 5% de las especies de flora y fauna mundial *Noticiero cultural* • Un paraíso natural • Un país que vive la democracia • Los «ticos» *Lectura:* La leyenda de Iztarú *Video:* Costa Rica, ¡tierra de bosques y selvas, paz y armonía!

Scope and Sequence

Connections

Viajemos por el ciberespacio a los EE.UU.
- Visitar el Museo del Barrio en Nueva York, dedicado totalmente al arte puertorriqueño
- Conseguir información al día sobre artistas latinos como Gloria Estefan, Chita Rivera, Andy García, Edward James Olmos,...

Smart Classroom: La ciudad de Santa Fe, «The City Different»

Comparisons

¡Las fotos hablan!
- La Calle Misión de San Francisco y otras calles de los EE.UU.
- Los cubanos y otros grupos hispanos de Miami
- Los puertorriqueños de la isla y los puertorriqueños de Nueva York

Noticiero cultural
- Influencia hispana en los EE.UU.
- Escritores, cantantes y actores hispanos en los EE.UU.

Communities

Smart Classroom: Aculturación de los hispanos en los Estados Unidos

---

Viajemos por el ciberespacio a Nicaragua
- Disfrutar de la belleza del lago Nicaragua y del archipiélago de Solemtiname
- Aprender que Nicaragua es sacudida frecuentemente por terremotos

Smart Classroom
- Preparar un viaje a Nicaragua
- Disfrutar de la poesía de Ruben Darío, Ernesto Cardenal y Gioconda Belli

¡Las fotos hablan!
- Desastres naturales en los EE.UU. y Nicaragua
- Presencia de guerrilleros en algunos países latinos y no en otros
- Los efectos de los terremotos

Noticiero cultural
- La relación entre los EE.UU. y Nicaragua

- Nicaragua como país de paso para emigrar del este al oeste de los Estados Unidos
- El canal interoceánico que pudo ser, no fue, y puede ser en el futuro

---

Viajemos por el ciberespacio a Costa Rica
- Conocer la historia de Costa Rica
- Visitar los Parques Nacionales de Costa Rica
- Admirar las miles de variedades de plantas, los cientos de especies de mamíferos, pájaros, y amfibios y reptiles

¡Las fotos hablan!
- Juegos de niños en los EE.UU. y en Costa Rica
- Universalidad de la ecología

Noticiero cultural
- Países: los EE.UU. y Costa Rica

Sabías que... ? Franklin Chang-Díaz como modelo para los jóvenes costarricenses

- Propaganda para Tortuguero
- Anuncio para turismo en Costa Rica

Scope and Sequence

Communication	Grammar	Cultures

Capítulo 12 Por los caminos del Inca... en Perú

Describing what you will do on vacation	Future tense of regular verbs	**Perú**
Describing what you will do in the future	Future tense of verbs with irregular stems	
Giving advice, instructions, and orders	Conditional of regular and irregular verbs	*¿Sabías que...?*
Talk about what you would do if . . .	**Tú** commands: A second look	• El soroche en Cuzco
		• Mario Vargas Llosa
		• Los quechuas

Noticiero cultural
• Perú, donde la altura y la profundidad se fusionan
• Cuzco, ¡el corazón del imperio inca!

Lectura: Machu Picchu: La ciudad escondida de los incas
Video: Los Andes, ¡donde lo nuevo y lo antiguo se entrelazan!

Capítulo 13 ¡Puente entre las Américas... Panamá!

Giving advice	Present subjunctive: Theory and forms	**Panamá**
Leading a group in aerobic exercise	Subjunctive with expressions of persuasion	
Telling someone what to do or not do	**Usted** and **ustedes** commands	*¿Sabías que...?*
Expressing fear, joy, sadness, pity, or surprise	**Ojalá** and present subjunctive of irregular verbs	• Panamá: El por qué de su fama
Referring to unknown entities	Subjunctive with expressions of emotion	• Lenguas en contacto
	Subjunctive with impersonal expressions	• El centro financiero de la Ciudad de Panamá

Noticiero cultural
• Panamá, ¡puente del Atlántico al Pacífico!
• Rubén Blades: Salsero, político y panameño «de corazón»

Lectura: Panamá: Historia de un canal y una nación
Video: Panamá, ¡moderno país que no olvida sus tradiciones!

Capítulo 14 ¡Lo mejor de Cuba: su gente, su música y... el béisbol!

Discussing sports and expressing fears, hopes, and opinions	Subjunctive with expressions of doubt, denial, and uncertainty	**Cuba**
Reporting what others say and expressing opinions	Subjunctive in adjective clauses	
Describing people	Subjunctive in adverb clauses	*¿Sabías que...?*
Referring to known and unknown entities		• La perla de las Antillas y el dólar
		• El béisbol en el Caribe
		• La música cubana

Noticiero cultural
• Cuba, nuestro más lejano vecino
• ¡Lo mejor venido de Cuba!

Lectura: La tradición oral: Los refranes
Video: Miami, ¡donde la cultura cubana se ve, se oye y se siente!

Scope and Sequence

Connections	Comparisons	Communities
Viajemos por el ciberespacio a Perú • Conocer mejor la civilización incáica • Familiarizarse con el presente de los indígenas peruanos • Disfrutar de las bellezas naturales y arqueológicas de Perú *Smart Classroom* • Planear una visita a Perú • Estudiar la historia reciente de Perú	*¡Las fotos hablan!* • Culturas precolombinas de Sipán, Cuzco y Machu Picchu • Arquitectos incas y arquitectos de los EE.UU. *Noticiero cultural* • Cultura indígena en los EE.UU. y Perú • La capital de los EE.UU. y la del imperio inca	El presente de los indígenas peruanos
Viajemos por el ciberespacio a Panamá • Viajar en barco por el Canal de Panamá y admirar la impresionante mano de obra en la ingeniería • Visitar el Archipiélago de San Blas • Disfrutar de la música de Rubén Blades *Smart Classroom:* Preparar una visita a Panamá	*¡Las fotos hablan!* • Importancia del Canal para Panamá y los EE.UU. • Pasatiempos universales de los jóvenes *Noticiero cultural* • Influencia de sitio geográfico en los EE.UU. y Panamá • La carrera de un artista en los EE.UU. y en Panamá	*El habla del pueblo* • Propaganda antidroga • La portada de *Qué pasa* • Anuncio del *American Cancer Society*
Viajemos por el ciberespacio a Cuba • Conocer las muchas ciudades coloniales de Cuba y gozar de hermosas playas de arena blanca • Escuchar la música favorita de toda Latinoamérica • Admirar el sistema de la salud pública en Cuba, uno de los países más desarrollados del mundo en el área de la medicina • Conocer aún más a Fidel Castro, a través de su biografía, imágenes de algunos momentos importantes de su vida y sus discursos	*¡Las fotos hablan!* • Actitudes hacia los deportes en los EE.UU. y Latinoamérica • La popularidad del fútbol en los EE.UU. y en Latinoamérica • El boxeo en los EE.UU. y en Latinoamérica *Noticiero cultural* • Países: Cuba y los EE.UU. • Influencia afrocubana en la música de Latinoamérica *Viajemos por el ciberespacio a Cuba* La constante fricción entre Cuba y los Estados Unidos y el futuro de sus relaciones	*El habla del pueblo* • Anuncio para hoteles cubanos • Anuncio para Cubadeportes S.A. • Anuncio para la revista cubana *Récord* • Anuncio para discos cubanos

Scope and Sequence

Preface to the Student Edition

Developing Competency in Spanish

To develop competency in Spanish, you must learn to perform a wide variety of communicative language tasks (e.g., asking and answering questions, describing, narrating, making comparisons, expressing opinions, hypothesizing). You must learn to perform these tasks in a multiplicity of contexts that include, for example, at home, at school, in a department store, at a restaurant, at a travel agency, while traveling abroad, at a hotel, at a concert, at a lecture, in a movie theater, or at a night club. Finally, you must learn to perform these tasks within an appropriate range of accuracy. In *¡Dímelo tú!,* you will accomplish this by *interacting* in Spanish with your classmates and with your instructor on a daily basis.

Organization of *¡Dímelo tú!,* Fifth Edition

¡Dímelo tú!, Fifth Edition, consists of a model lesson called **Para empezar** and fourteen regular chapters.

Para empezar

In this short model lesson, you will learn how to greet people, make introductions, and say good-bye. You will also read about the global importance of the Spanish language and culture and learn to use the major components of the *¡Dímelo tú!,* Fifth Edition, lessons.

Chapters 1–14

The fourteen chapters of *¡Dímelo tú!,* Fifth Edition, are each divided into three **Pasos** with the following components:

¡Las fotos hablan!. This two-page photo spread opens every chapter of the text. The photos have been selected to introduce the chapter theme and the country of focus, while the questions that accompany the photos are designed to elicit what you already know about the theme and the country being studied.

Tarea. This green homework assignment box appears at the beginning of each **Paso.** You will be instructed to study the lesson's grammatical structures in En preparación and write out the answers to the corresponding exercises in **¡A practicar!** In addition, you are instructed to listen to the first part of the **Paso** dialogue or narrative and to answer specific questions before beginning the **Paso** in class.

¿Eres buen observador? This section introduces the theme of the **Paso** by having you look at a specific photo or drawing, or at a variety of advertisements from all over the Spanish-speaking world, and answer questions. These questions require you to make cross-cultural comparisons and to think critically about some aspect of the lesson's theme or of some cultural aspect of the country being studied.

¿Qué se dice...? Built into the illustrated narratives and dialogues in this section are the new lesson functions, vocabulary and structures. The narratives in every **Paso** are recorded on your Text Audio CDs. As mentioned before, you are expected to listen to it and answer the questions in the text at home, *before* beginning the **Paso** in class. Your instructor will use the drawings to help you understand as he or she narrates the remaining parts of the story or dialogue. You are not expected to understand every word, but you should be able to grasp the main points.

Ahora, ¡a hablar! In this section, you will be guided through your first productive efforts with the structures and vocabulary that you learned to understand in the previous section, **¿Qué se dice...?**

Y ahora, ¡a conversar! In this section, you will do a variety of pair and group cooperative activities designed to encourage creativity with the language and to develop fluency in speaking. Here, you are expected to fully participate in a variety of interactive activities, which can include such items as look-alike pictures, interview grids, or cooperative activities. In **Paso 3** of every chapter, this section always ends with **Un paso atrás, dos adelante,** a vocabulary/structure review activity that systematically recycles the grammar and vocabulary from the previous chapter.

¡Luces! ¡Cámara! ¡Acción! In this section, you will be asked to perform two role-plays, which will allow you to see for yourself if you have mastered the communicative language tasks of the lesson.

¿Comprendes lo que se dice? The first two **Pasos** in each chapter include this listening section. In **Paso 1,** you will listen to brief dialogues, short radio and television news reports, weather reports, and the like. In **Paso 2,** you will view a cultural video on the Spanish-speaking country presented in the chapter. These sections always introduce specific listening strategies that are practiced extensively in pre-listening/pre-viewing activities.

Noticiero cultural. The first two Pasos of each chapter include short cultural readings. The reading in **Paso 1** is a brief overview of the country being studied or of a specific location within that country. The reading in **Paso 2** focuses either on a noteworthy Hispanic figure from the country of focus or on a cultural topic related to the country.

Viajemos por el ciberespacio a... After every **Noticiero cultural** there is a section that encourages you to travel through cyberspace to every Spanish-speaking country featured in this book.

¡Escríbelo! This section, which occurs at the end of **Paso 2,** allows you to develop your writing skills in Spanish in much the same way that you would develop your writing skills in English. Each writing task begins with initial planning and brainstorming. Then you write a first draft, which is shared, reviewed, and edited by your peers. Ultimately, you prepare a final draft incorporating your peers' suggestions and corrections, which is turned in for grading.

El rincón de los lectores. This section, which occurs in **Paso 3,** contains a reading selection preceded by specific reading strategies and pre-reading activities in a section called **Estrategias para leer.** The reading selections are taken from Hispanic magazines and newspapers, as well as from literary works and cultural essays authored by contributing writers.

En preparación. All major grammatical explanations appear in this section, which is shaded in green, at the end of each chapter. For easy reference, grammatical points numerically correspond to each chapter of the text. In addition, the numerically coded exercises in the sections titled Ahora, **¡a hablar!** also coincide with these numbers. Finally, this same numbering system is used in the homework assignments that appear in the **Tarea** boxes that introduce each **Paso.** Before beginning each **Paso,** you need to study the corresponding grammatical sections at home and come to class prepared to ask questions about anything you did not understand.

¿Sabías que... ? These sections provide specific cultural information on many aspects of contemporary life in Latin America and Spain.

A propósito... These sections have several functions: They present grammatical structures, as needed, to perform specific communicative tasks; they preview major grammatical structures explained in later chapters; and they present vocabulary clusters related to the **Paso** topic.

Vocabulario This Spanish-English Vocabulary lists at the end of each chapter include all words and expressions actively used in each **Paso.** You can practice your pronunciation as each of them is read on your Text Audio CDs.

Reference section

Appendices. Appendix A. It contains information that a second student needs in order to complete the pair-work activities in the Y ahora, ¡a conversar! sections that require such materials as look-alike pictures or data for information-gap tasks. Appendix B includes information on accentuation; Appendices C–F provide extensive charts of regular, stem-changing, and irregular verbs; and Appendix G has brief explanations of supplemental grammar points not formally presented in *¡Dímelo tú!;* Appendix H is a Grammar Guide.

Vocabularies. Both the Spanish-English and English-Spanish end vocabularies include most of the words and expressions used in the text. Active vocabulary is followed by the number of the **Capítulo** and **Paso** where it is first introduced.

Index. This textbook contains two indexes, one for grammar and one for culture and functions.

Visual icons used throughout the text

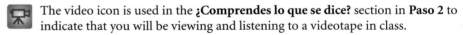 The listening icon is used in the **¿Qué se dice... ?** sections to indicate that you must listen to the Student Audio CD before coming to class. This icon is also used in the **¿Comprendes lo que se dice?** section in **Paso 1** to indicate that you will be listening to an audio CD, DVD or cassette in class.

 The video icon is used in the **¿Comprendes lo que se dice?** section in **Paso 2** to indicate that you will be viewing and listening to a videotape in class.

The writing icon is also used in the **¡Escríbelo!** section to indicate that this is the major writing section of the chapter.

The CD-ROM icon is used on the chapter opener to direct you to the activities for that chapter.

 The Web icon occurs in each **Paso** to direct you to the *¡Dímelo tú!* Website where you can do the **Viajemos por el ciberespacio a...** activities.

Student Activities Manual: *Cuaderno de actividades y Manual de laboratorio*

This is an integral part of the *¡Dímelo tú!,* Fifth Edition, program. It provides you with the additional reading, writing, and listening comprehension practice necessary to attain competency in Spanish. The workbook provides numerous vocabulary-building exercises, writing activities, and cultural readings, all focusing on the specific structures and vocabulary being presented in each chapter.

In the audio program, you will listen to radio broadcasts and advertisements, public address announcements, phone conversations, and the like, and participate actively by doing such things as checking off the correct responses, taking notes, or drawing the person or thing being described. These listening activities are specially designed to incorporate the structures and vocabulary presented in each chapter.

In the **Actividades de práctica con el video** section those of you looking for a greater challenge in understanding spoken Spanish, will get to know in the new video, five people from different Spanish-speaking countries that have come together to live and learn from each other in "La Hacienda Vista Alegre" outside San Juan, Puerto Rico. Before watching each segment you'll review strategies that will help you to better comprehend what you see and hear. Then, you'll do activities in which you will demonstrate your understanding of the information.

¡Dímelo tú! World Wide Website (http://dimelotu.heinle.com)

The *¡Dímelo tú!* Website has a student section where you can access activities and information correlated to specific **Pasos.** You can travel throughout the Spanish-speaking world via cyberspace. The activities at this site allow you to participate in Spanish-speaking chat rooms; check what movies are showing this week in Buenos Aires, Guatemala City, or Mexico City; read today's headlines in newspapers in Madrid, Havana, or Lima; or visit Lake Titicaca in Bolivia, the Museo del Oro in Bogota, or the rain forests of Costa Rica.

¡Dímelo tú! Interactive Multimedia CD-ROM

The dual platform (Macintosh® and Windows®) interactive CD-ROM component has a four-skills and culture-based approach. This multimedia-based component features video and audio activities, as well as games, all of which enable you to further develop your listening and speaking skills along with your cultural awareness.

Acknowledgments

A revision of this magnitude cannot be completed without the help and participation of many individuals. The authors wish to express their sincere appreciation to all who supported us in preparing the Fifth edition, in particular to the many users of the previous editions. Without their continued support and input, this Fifth edition would not be possible.

We wish to express a very special thank you to our development editor, Viki Kellar for guidance in helping us prepare this edition. We also appreciate the support throughout the project of our Acquisitions Editor Helen Richardson.

We extend a very special word of thanks and our gratitude to our project editor, Esther Marshall, for the support and hard work throughout the production of the book, and who so patiently made sure we met all our production deadlines. Our thanks also go to Peggy Hines, copyeditor and proofreader; Lourdes Morales, native reader; Nicole Fontau and Soledad Phelan, proofreaders; Sheri Blaney, photo manager; Jill Engebretson, photo researcher; Joseph Sherman, interior designer; Diane Levy, cover designer; Scott Macneill, illustrator; and to the great team at Pre-Press Co. for the composition and project management, and in particular to Katy Faria.

We also gratefully acknowledge the instructors who reviewed the Fifth edition manuscript. Their insightful comments and constructive criticism were indispensable in the development of this edition. In particular, we thank:

Reviewers

Diane Álvarez-Amell, *Seton Hall University*
Felipe Dobarganes, *Tarrant County Community College, South*
Linda Elliot-Nelson, *Arizona Western College*
Leah Fonder-Solano, *University of Southern Mississippi*
Cecilia C. Lee, *State University of West Georgia*
Jennifer Leeman, *George Mason University*
Joyce E. Lider, *North Idaho College*
Tom J. Lewis, *Louisiana Tech University*
Erin McCabe, *George Mason University*
Annie Mendoza, *University of Maine*
Bridget M. Morgan, *Indiana University South Bend*
Denise Overfield, *University of West Georgia*
Teresa Pérez-Gamboa, *University of Georgia*
Óscar D. Sarmiento, *SUNY Postdam*
Helga Winkler, *Moonpark College*
Andrew S. Wiseman, *Cedarville University*

Design Survey Reviewers

Gunnar Anderson, *SUNY Potsdam*

Carolyn Bell, *Kutztown University of Pennsylvania*

Rosa Bilbao, *Alamance Community College*

Tom Blair, *City College of San Francisco*

Patricia Cooper, *Georgetown College*

Fabio Correa, *Phoenix College*

Mark Del Mastro, *The Citadel*

Carolyn R. Durham, *North Carolina A&T State University*

Christina Fox-Balli, *Eastfield College*

Amy Ginck, *Messiah College*

Graciela Helguero, *Lynn University*

Mark D. Larsen, *Utah State University*

Dennis Miller, *Lamar University*

Jan Pulliam, *Piedmont College*

Marcie Rinka, *University of San Diego*

Juan Carlos Rodriguez, *Nicolet College*

Elizabeth Shumway, *Lakeland College*

Jonita Stepp-Greany, *Florida State University*

Yvonne Unnold, *University of Southern Mississippi*

Claire M. Ziamandanis, *The College of St. Rose*

Finally we wish to express heartfelt thanks to Janet, Bryan and Noah Rodríguez and Jorge Yviricu, who through their patience and encouragement have supported us throughout this project.

How Should I Study Spanish?

Learning Spanish, like learning to play the piano or tennis, requires daily practice. Your ability to understand and to communicate in Spanish will increase each day if you are willing to use the language. Take advantage of every minute you are in the classroom. Don't be afraid to make mistakes when speaking, as this is a normal part of the learning process.

Here is a list of recommendations for how to study Spanish.

1. **Practice every day.** In class, make every effort to use what you already know. Outside of class, practice what you are learning with classmates or find a student who speaks the language to practice with you. Repeated use of Spanish will help you internalize the language.

2. **Learn to make intelligent guesses.** This will be especially important when doing the Internet activities. Spanish has hundreds of cognates, words that look or sound the same as their English equivalents. Learn to recognize and use them. For example, what do the following words mean in English?

   clase
   conversación
   grupo
   información
   repite
   universidad

3. **Find what works for you!** Experiment to find your own learning style and use what works best for you! Some possibilities are: Make vocabulary cards with Spanish on one side and the English equivalent or a picture on the other; write the answers to all textbook exercises; say words aloud as you study them; use the audio CD that goes with the text at home; look at pictures in magazines or newspapers and try to describe them in Spanish.

4. **Organize your study time.** When planning your schedule, decide on a certain time each day to study Spanish and stick to it. If you miss a day, make it up! It's much easier to learn a foreign language in small segments each day, rather than trying to study an entire chapter in a few hours.

5. **Participate!** Create learning opportunities for yourself. Don't wait to be called on or for someone else in class to take the initiative. Be aggressive.

6. **Don't be afraid.** Don't panic because you don't know a particular word. Listen to what you do understand and guess at the unknown.

7. **Draw on your own life experience.** Listen to the context and try to anticipate what you will hear each day. For example, if talking about McDonald's, what would you expect the following to mean?

hamburguesa
lechuga
salsa de tomate
cebolla
mayonesa
tomate
mostaza
patatas fritas
tomate

8. **Listen to Spanish-language radio and TV programs.** Learn the lyrics to songs in Spanish you like, and be daring—get involved with one of the many soap operas, called telenovelas, currently being transmitted on TV in the United States.

9. **Take advantage of the many Websites in Spanish.** Try to read what they print. Use visual images and cognates to help you understand. If they have an audio component available, listen to it several times if necessary and try to get the gist of what is being said.

10. **When reading, don't expect to understand every word you see.** You will often be asked to work with authentic materials that clearly have some language that you understand and some that you are not expected to know. Always focus on what you *do know* and use that information to make intelligent guesses about the words and expressions you do not know. All other information probably is not within reach for you at this time. That is perfectly OK. In the questions about a reading, you might be asked to consider the information that is within reach and try to guess at the rest. The questions are likely to guide you towards correct answers.

Ahora, ¡manos a la obra! ¡Buena suerte! *(Now, let's get to work! Good luck!)*

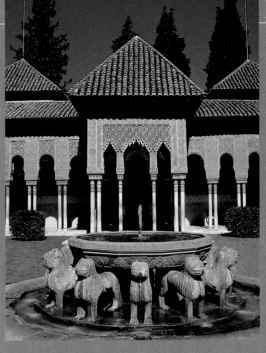

¡Saludos!

Cultural Topics

¿SABÍAS QUE... ?
Hispanic greetings: Handshake and kiss

NOTICIERO CULTURAL
Saludos formales e informales

LECTURA: *Why study Spanish?*

En preparación

P.1 The Spanish alphabet and pronunciation: Vowels and diphthongs

P.2 **Tú** and **usted**, and titles of address

IRM TM0-1(Transparency Master in the IR CD-ROM)
Una herencia impresionante:
Use the transparency as students answer question 4 in activity A. Write in the names of the sites as students respond, have the class indicate whether each site or monument can be classified as important in one or more fields, and mark them.

Smart Classroom: Preselect some websites related to these monuments and explain to students that they will be expected to use the Internet as a source of information to find many interesting places. Have volunteers research the countries where these sites are found, and present their findings to the class the following day. Ask all volunteers to bring the website addresses and present one sample site as they report to the class.

¡Las fotos hablan!

A. A que ya sabes... Answer these questions in pairs first. Then compare your answers with the rest of the class.

1. What monuments or important sites are in your area? What makes them important?
2. If you were asked to select four or five monuments or important sites to represent the United States, which would you choose?
3. Look now at these pictures. How many of these sites can you recognize? Tell the class what and where they are.
4. All these sites are highly regarded for their historical, cultural, or artistic value or their natural beauty. Do you find these sites of interest? What would you say you like about them?
5. Which of these adjectives would you use to define these monuments or sites?

☐ a. espectacular	☐ e. sofisticado	☐ i. sensacional
☐ b. impresionante	☐ f. monumental	☐ j. fabuloso
☐ c. fantástico	☐ g. exótico	☐ k. artístico
☐ d. exuberante	☐ h. mágico	☐ l. elegante

B. Hablando español, yo... Say if, in your opinion, speaking Spanish will help you **mucho** *(much)* or **poco** *(little)* toward accomplishing the following goals.

1. Comunicating with more people than those who speak French, German, and Italian . . . combined (more than 320 million people).
2. Being able to visit and feel confident in more than 20 different Spanish-speaking countries.
3. Watching Spanish-speaking movies and TV channels, and listening to many radio stations in the USA and around the world.
4. Recognizing and better appreciating the diversity of cultures that are centuries old.
5. Seeing the world beyond the limitations of monolingualism and monoculturalism.

In this chapter, you will learn how to . . .

- greet people at different times of the day.
- introduce yourself and others.
- address people formally and informally.
- say good-bye in formal and informal situations.

Answers: A. 3. 1. Las cataratas de Iguazú, entre la frontera de Argentina y Brasil; 2. El Patio de los Leones en La Alhambra, Granada, España; 3. Las ruinas de Tikal, en Guatemala. 4. Misión San Francisco de Asís, en San Francisco, California; 5. Machu Picchu en Perú. **A. 5.** Probably all of these adjectives could be used to describe these sites.

A. Allow 1 min. to do activity A **individually**. Then call on individual students to share their responses with the class.

B. Have students do activity B **in pairs** first. Then go over it with the entire class. If there is disagreement, let students explain their views and have others in the class indicate if they agree or not and why. They can use English to complete these activities.

¡Hola! ¡Mucho gusto! ¡Adiós!

TAREA

Before beginning this **Paso,** listen to the **Para empezar** vocabulary list on track 5 of your Text Audio CD #1, then study **En preparación.**

P.1 The Spanish alphabet and pronunciation (pages 18–20)

P.2: **Tú** and **usted** and titles of address (pp. 20–21).

Do the corresponding **¡A practicar!** exercises.

Listen to the **Para empezar: ¿Qué se dice… ?** section on track 2 of your Text Audio CD.

Un beso al saludarse en México, D.F.

In the **En preparación** section of this **Para empezar,** students are asked to listen to and repeat your modeling of the alphabet and syllable pronunciation. This is the only instance in this book in which you are asked to facilitate **En preparación** activities.

Dos jóvenes se dan la mano en Cuzco, Perú.

Dos señores se abrazan en España.

Ahora, ¡a analizar!

Have students answer these questions **in pairs** first. Then call on individuals to answer them with the entire class. After students have answered the first two questions, have them read the **¿Sabías que… ?** that follows and respond to the critical thinking question.

1. How do people in the United States greet each other in formal and informal situations? How do the Spanish-speaking people in the photos greet each other? What similarities and differences do you observe?
2. Two young men are shaking hands in one photo. Why do you think that they do not extend their arms out as men in the United States do when shaking hands?
3. Why do you think that the men in the other photo are hugging? Is it customary for women to hug when greeting each other in the United States? For men and women? For men and men? Do you hug someone when you greet him/her?

¿Sabías que... ?

When shaking hands, Hispanic men tend to bend their arms at the elbow, creating a more intimate distance between them. American men usually extend their arms way out, creating a greater distance between them. Also, when Hispanics kiss while greeting, it is usually on one cheek. In some places, like Spain, a kiss is usually given on both cheeks.

En tu opinión: What conclusions might you reach concerning physical distance between two persons in the Hispanic culture and in the U.S. culture? The men in the photo on page 4 in **Ahora, ¡a analizar!** are hugging. What can be concluded about cultures that favor physical contact as a way to express affection?

¿Qué se dice... ?

Al saludar/presentarse/despedirse de una persona

CD1-2

Students' names:
- ☐ Lucía
- ☐ Rosa
- ☐ Marta
- ☐ Ana

Their greeting is . . .
- ☐ ¡Buenas tardes!
- ☐ ¡Buenas noches!
- ☐ ¡Hola!

Web TM0-1: Use the overhead transparencies as you play the Text Audio CD, read each caption, or narrate your own story line. Read/Narrate two or three sentences at a time, pointing to the appropriate action/person being mentioned. Ask simple yes/no, either/or, or one-word answer, comprehension-check questions.

Alternative Story Lines:
1. Personalize by talking about how you greet your colleagues, family, friends, strangers. 2. Talk about how students in your class greet each other.

Have students read the **A propósito** silently. Do not attempt to explain object pronouns at this point. Simply explain that Spanish uses different forms when speaking to peers as opposed to strangers.

A propósito...

When introducing a person to a friend or family member, use **Te presento a...** When introducing someone else, such as your teacher, boss, or manager, use **Le presento a...** When greeting in the morning, say **buenos días;** in the afternoon, **buenas tardes;** and in the evening, **buenas noches.** When responding to a person who thanks you saying **¡Muchas gracias!,** you should respond **¡De nada!** How would you introduce your new friend Irene to your best friend? How would you greet your parents at 10:30 in the morning?

ELVIRA: Buenos días, Carlos. ¿Cómo estás?
CARLOS: Bastante bien, ¿y tú?
ELVIRA: ¡Excelente! Carlos, te presento a mi amigo Andrés.
CARLOS: Mucho gusto, Andrés.
ANDRÉS: El gusto es mío, Carlos.

GABRIEL: Profesor Gómez, le presento a mi amiga Teresa.
TERESA: Encantada, profesor.
PROFESOR: Igualmente, Teresa.

PROFESORA: Buenas tardes.
MATÍAS: Buenas tardes, profesora.
PROFESORA: ¿Cómo se llama usted?
MATÍAS: Matías Suárez. Y usted es la profesora Torres, ¿no?
PROFESORA: Sí, soy Angélica Torres. Mucho gusto, Matías.
MATÍAS: El gusto es mío, profesora Torres.

RAÚL: ¿Qué tal, Mario?
MARIO: Muy bien, gracias, ¿y tú?
RAÚL: No muy bien. No... ¡terrible!

SUSANA: Hasta luego, Pepe.
PEPE: Hasta pronto, Susana. Adiós, Lisa.
LISA: Adiós. Hasta mañana.

Ahora, ¡a hablar!

Purpose: To provide guided practice when greeting and introducing people and when saying good-bye.

EP P.1 Cross-references in the **Ahora, ¡a hablar!** activities refer students to the numbered grammar points in the **En preparación** section (green pages) where the topics are presented.

A. Saludos, presentaciones o despedidas. Con un(a) compañero(a), estudia los diálogos de **¿Qué se dice…?** y categoriza estas expresiones como **saludos**, **presentaciones** o **despedidas**.

¿Qué tal?	Adiós.	Buenas tardes.	Hasta pronto.
Éste es mi	Hasta luego.	Hasta mañana.	Te presento
amigo…	Le presento	Mucho gusto.	a mi amigo…
Hola.	a mi amiga…	Encantada.	Igualmente.

B. Saludos y respuestas. Con un(a) compañero(a), selecciona una respuesta apropiada para cada saludo. Para algunos saludos hay varias respuestas posibles.

EP P.1 B. Do **in pairs** first. Allow 2–3 mins. Then repeat exercise with the entire class.

MODELO	TÚ:	**¡Hola!**	
	TU AMIGO(A):	**Buenos días.**	

Saludos
¿Qué tal?
¿Cómo te llamas?
¿Cómo estás?
¡Hola!
Buenas tardes.
Buenos días.
Buenas noches.

Respuestas
Buenas noches.
Me llamo Antonia.
¡Terrible!
Buenas tardes.
Buenos días.
Bastante bien.
No muy bien.
Muy bien, gracias.
Excelente.
¡Hola!

C. Crucigrama. Para completar este crucigrama, tú tienes las pistas *(clues)* horizontales y tu compañero(a) tiene las verticales. Completa primero *(first)* las palabras que responden a tus pistas, y luego *(then)* completa el resto usando las pistas que tu compañero(a) te da. No se permite mirar *(look)* el crucigrama completo en el Apéndice A hasta terminar esta actividad.

EP P.1 C. Have students work in **pairs**, but first allow 3–4 minutes for individual work on the crossword: one student from this page, the other working from Appendix A. Finally, call on individuals to give the clue and the answer.

MODELO	3 Horizontal: Saludo por la noche
	Escribes:

Horizontales

3. Saludo por la noche
7. Saludo de despedida por poco tiempo
8. Saludo formal de despedida
9. Saludo similar a «¿Cómo estás?»

D. **Un estudiante muy popular.** ¿Cómo saludas a estas personas en la universidad? *(Role-play greeting these people with a classmate.)*

MODELO   una amiga a las nueve (9:00) de la mañana
           TÚ: **¡Buenos días, Irene! ¿Cómo estás?**
     AMIGA: **Bien, ¿y tú?**
           TÚ: **Bastante bien, gracias.**

1. el profesor de español a las ocho (8:00) de la mañana
2. un amigo a las dos (2:00) de la tarde
3. una amiga a la una (1:00) de la tarde
4. un amigo en la clase de español
5. una amiga en la cafetería a las nueve (9:00) de la mañana
6. una profesora a las tres (3:00) de la tarde

E. **Nuevos amigos.** Pregunta a tres (3) compañeros(as) cómo escriben sus nombres.

MODELO   TÚ: **¿Cómo escribes tu nombre?**
       AMIGA: **K-I-M-B-E-R-L-Y S-C-H-R-I-E-R (ka, i, eme, be, e, ere, ele, i griega, ese, che, ere, i, e, ere)**

F. **Presentaciones.** Presenta a estas personas.

MODELOS   profesora / Enrique
           Profesora, le presento a Enrique.

           mamá / Juan
           Mamá, te presento a Juan.

1. Profesor Durán / Carlos
2. Carmen / Mateo
3. Mamá / Rosita
4. Papá / señora Guzmán
5. Profesor Trujillo / José Antonio
6. Mamá / profesora Franco

Y ahora, ¡a conversar!

Purpose: To allow students to be more creative when greeting, introducing, and saying good-bye.

G. **¡Hola!** Identifica a cuatro (4) personas que no conoces *(you don't know)* en la clase y preséntate. Escribe los nombres de las cuatro personas.

G. Allow 2–3 mins. for introductions. Then ask individuals to tell how they spell the names of the people to whom they introduced themselves. Have those people confirm each response.

MODELO	TÚ:	**¡Hola! Soy...[your name] ¿Cómo te llamas?**
	COMPAÑERA(O):	**Me llamo Andrea Chávez.**
	TÚ:	**¿Cómo escribes tu nombre?**
	COMPAÑERA(O):	**A-N-D-R-E-A C-H-A-V-E-Z (a, ene, de, ere, e, a; che, a, ve, e, zeta)**

H. **¡Encantado(a)!** Presenta a dos personas de la clase.

H. Allow 2–3 mins. for introductions. Then call on volunteers to make some introductions in front of the class.

MODELO	TÚ:	**Carlos, te presento a mi amiga Susana.**
	CARLOS:	**Mucho gusto, Susana.**
	SUSANA:	**Encantada.**

I. **¡Hasta mañana!** Practica los saludos y las despedidas en español con tu profesor(a) y tus compañeros(as) de clase todos los días. Usa varios saludos y despedidas.

I. Tell students they are to greet you and at least three other students when they arrive in class tomorrow and every day thereafter. Practice with several volunteers. Point out that in Hispanic culture it is considered rude not to greet people whenever you run into them. Model this practice every day as a great ice breaker.

¡Luces! ¡Cámara! ¡Acción!

J. **Ésta es mi familia.** Un amigo mexicano te presenta a su familia. Con un(a) compañero(a), prepara una presentación dramática del diálogo que resulta.

J. Allow students 4 mins. to organize themselves and look up any vocabulary they may not remember. Call on volunteers to perform their dialogues in front of the class. It is important that students do not get accustomed to reading from a script.

K. **¡Mi profesor(a)!** Tú, tu papá y tu mamá están en la cafetería de la universidad. Tu profesor(a) de español también *(also)* está allí. Tú decides presentar a tu profesor a tus padres. Dramatiza la situación con tres (3) compañeros(as) de clase. Tomen *(Take)* turnos con los distintos papeles *(roles)*.

K. Allow 4 mins. to look up necessary vocabulary. Call on volunteers to present in front of the class. Insist on extemporaneous presentation. Ask comprehension-check questions after each presentation.

¿Comprendes lo que se dice?

CD1-3

Procedure: Have students read the listening strategies silently. Then play the recording twice and allow students time to answer the questions. Check their answers.

Audio Script:

JULIO: Manuel, te presento a Lidia, éste es Manuel, mi compañero de la clase de espanol.

MANUEL: Encantado, Lidia.

LIDIA: Hola, Manuel.

SEÑOR: Profesora Ramírez, le presento al profesor Santiago, el nuevo profesor de arte.

Profesora: Mucho gusto, profesor Santiago.

PROFESOR: Igualmente, profesora.

Answers: 1.b, c; 2. c; 3. a, d

Estrategias para escuchar

When listening to people speak, you don't need to understand every word spoken in order to comprehend the gist of what is being said. As you listen to these dialogues, don't worry if you do not understand every word. Simply try to understand enough to answer the following questions.

¿Formal o informal?

Escucha estos dos diálogos y luego selecciona la respuesta correcta a estas preguntas.

1. ¿Cuál de los diálogos es más *(more)* formal? ¿más informal?
   a. El diálogo 1 es más formal.
   b. El diálogo 1 es más informal.
   c. El diálogo 2 es más formal.
   d. El diálogo 2 es más informal.

2. ¿Cómo se llama la nueva amiga de Manuel?
   a. María
   b. Teresa
   c. Lidia

3. En el diálogo 1, ¿son las personas estudiantes o profesores? ¿Y en el diálogo 2?
   a. En el diálogo 1 son estudiantes.
   b. En el diálogo 1 son profesores.
   c. En el diálogo 2 son estudiantes.
   d. En el diálogo 2 son profesores.

Noticiero cultural

Saludos formales e informales

Antes de empezar, dime...

1. ¿Qué saludos usas con tus amigos en inglés? ¿Con tus profesores?
2. ¿Son idénticos o diferentes los saludos?
3. Si son diferentes, explica la diferencia, en inglés, por supuesto.

Saludos

Julio Hurtado, un cubano-estadounidense, y Rick Henderson son estudiantes en la Universidad del Estado de Florida en Tallahassee. Rick está en la clase de Español 101 y practica español con su amigo Julio. Ellos conversan cuando el rector (presidente) de la universidad los saluda.

JULIO:	Buenas tardes, Rick. ¿Cómo estás?
RICK:	Muy bien, gracias. ¿Y tú?
JULIO:	Bastante bien. Ah, mira, el rector de la universidad.
RECTOR:	Buenas tardes, señores.
JULIO:	Buenas tardes, rector.
RICK:	Buenas tardes. Ahh,... ¿Cómo estás?
RECTOR:	¿Qué? ¡Hmmm! ¡Adiós!

Y ahora, dime...

¿Por qué reacciona el rector negativamente al saludo de Rick?

1. Porque el rector no tiene tiempo para hablar con Rick y Julio.
2. Porque Rick no habla español muy bien.
3. Porque el saludo de Rick es muy informal.

Ask for volunteers to answer the pre-reading questions. Then allow 2 mins. to read the minidialogue silently.

Explain that answer 3 is the correct one, as Rick inappropriately greeted the President using the **tú** form.

Lectura

These are the only readings in English in the textbook. They are designed as an interactive reading that will raise students' awareness of the importance of studying Spanish.

Rose Maxwell, estudiante de Español 101. Santa Barbara City College

Verónica Díaz, estudiante de segundo año de español. New Mexico State University

Bryan Enthoven, estudiante de español. Continuing Studies, University of Wisconsin-Madison

Eliseo Marchi, estudiante de español. City University of New York

Why study Spanish?

We have asked some of our students for the reasons why they study Spanish, and these are their responses.

—Because I have friends who speak Spanish, and I want to speak with them in Spanish.

—My husband is Mexican, and I would like to understand his family when we visit Mexico.

—I would like to travel to Costa Rica this summer, and I want to be able to communicate in Spanish.

—Because my program requires two semesters of a foreign language.

—Because I live in California, and everybody speaks Spanish. I am sure I will use it!

—I need it for my work. We have a lot of Spanish-speaking patients.

—I think it is great to be able to learn about other people's culture and how they see life and enjoy it.

¿Y tú?

If your reason for studying Spanish is not one of these comments, add your own to the list. Your instructor will write them on the board.

Spanish as a Global Language

Spanish is the third most commonly spoken language on the planet, spoken by about 350 million persons, after Mandarin Chinese (1.12 billion) and English (480 million).[1]

The Spanish language developed primarily from the Latin spoken by the Roman military during the seven centuries of Roman presence in Hispania, known today as España (Spain). In the late fifteenth century, Spanish colonizers took the Spanish language to the Americas, the Philippines, and parts of Africa. Today, Spanish is one of the official languages of the African Union, the European Union, and the United Nations. Also, Spanish is an official language in 21 countries: Argentina, Bolivia, Chile, Colombia, Costa Rica, Cuba, Dominican Republic, Ecuador, El Salvador, Equatorial Guinea, Guatemala, Honduras, Mexico, Nicaragua, Panama, Paraguay, Peru, Puerto Rico, Spain, Uruguay, and Venezuela. Although Spanish is not the official language of the United States, the United States is currently the fifth largest Spanish-speaking country of the world.

The first Spanish settlers brought to the Americas the Spanish language as spoken in their region of origin, to come into contact with the languages of Native American speakers. As a result, today there are distinct pronunciations, accents, and some vocabulary in Spanish spoken throughout the Americas. This variety is never a barrier for communicating and understanding other Spanish speakers. It has been noted that there is actually less difference in the Spanish spoken throughout the Americas and the Spanish spoken in Spain, than there is between the English spoken in the United States and the English spoken in England. The access to TV programs in Spanish via cable and satellite continues to bring the global Spanish-speaking community closer and closer.

As you begin your amazing journey into the Spanish language share what you have learned about Spanish as a global language. In pairs, list three things you learned when reading about the Spanish language that you did not know before, and then share them with the class.

Spanish in the United States

Spanish is, after English, the most common language in the United States, spoken by about 30 million people. Only in Mexico, Spain, Argentina, and Colombia are there more Spanish speakers than in the United States.

The influence of the culture and language of the speakers of Spanish in the United States is most evident in the Southwest and Florida, because these regions were first settled by the Spanish. The first permanent European settlement in today's continental United States was founded in 1565 at St. Augustine, Florida, by Spanish colonists. (The Mayflower did not arrive at Plymouth Rock until 1620.) In Santa Fe, New Mexico, the Palace of the Governors, the oldest government building still in use in the continental United States, was built in 1610. In Texas, the first Spanish mission was established in 1690. By 1776, when the thirteen colonies declared their independence, Spain had established seven missions along the California coast. Most recently, the largest immigration of Hispanics into the United States was from Cuba and Puerto Rico in the early 1960s and Central America in the 1980s.

Procedure: Have students read silently and respond to the **¿Y tú?** question. Then have them share their responses with students around them, and finally with the class. Point out that studying Spanish may help their standardized test scores, as it is statistically proven that students of foreign languages score higher on standardized tests conducted in English. In its 1992 report, *College Bound Seniors: The 1992 Profile of SAT and Achievement Test Takers,* the College Entrance Examination Board reported that students who averaged 4 or more years of foreign language study scored higher on the verbal section of the Scholastic Aptitude Test (SAT) than those who had studied 4 or more years in any other subject area. Furthermore, the average mathematics score for individuals who had taken 4 or more years of foreign language study was identical to the score of those who had studied the same number of years of mathematics. These findings were consistent with College Entrance Examination Board profiles for previous years.

---

[1]These figures refer to the languages spoken by primary and secondary speaker populations. Counting native speakers only, Spanish is the second most widely spoken language after Chinese.

Until recently, when one spoke of "Spanish" culture, food, or traditions in the United States, what was usually meant was Mexican or Puerto Rican culture, food, or traditions, since they were by far the most prevalent cultures. However, with current immigration into this country, the "Spanish" culture we are exposed to may well be Mexican or Puerto Rican, but it may also be Cuban, Nicaraguan, Salvadoran, Argentineian, Venezuelan, and so on. The Spanish-speaking world is extremely varied, and it is no longer valid to speak of "Spanish" culture, unless, of course, one is referring to Spain in particular. Otherwise, it is best to speak of Mexican culture, Cuban culture, Nicaraguan culture, and so forth. There is no such thing as a "Spanish culture" that encompasses all Spanish-speaking countries. Each of the 21 Spanish-speaking countries has its own culture, and should be recognized as such. Today, one does not need to look far to see the influence of the Spanish language in the United States. Working in groups of four, see how much you know about this linguistic influence in the United States by responding to the following.

Have students answer these questions in **groups of four** first. Have class confirm each answer. Point out that most of the Southwestern territory did not become states until the nineteenth or twentieth century: Arizona 1912, California 1850, Florida 1845, Nevada 1864, New Mexico 1912, Texas 1845.

Answers: 1. Arizona, California, Colorado, Florida, Montana, Nevada, New Mexico, Texas; 2. Amarillo, El Paso, Las Vegas, Los Angeles, San Antonio, San Francisco, etc.; 3. b; 4. all

1. Name eight states that have Spanish names. Do you know what each name means?
2. How many major cities in the United States with Spanish names can you list?
3. The population of the United States is approximately 280 million. The number of Spanish speakers in the United States is approximately...
   a. 15 million.
   b. 35 million.
   c. 55 million.
   d. 75 million.
4. Which of the following words have been borrowed from the Spanish language?

bronco   canasta   conquistador

canoe   canyon   corral

tomato

hurricane   chaparral   lasso

patio

potato   chili   chocolate

ranch   MACHETE   rodeo   TOBACCO

Enhancing your career opportunities

You are now at the beginning of the exciting process of acquiring the Spanish language. Studying Spanish can also enhance your opportunities for a more rewarding job.

According to an article in *Changing Times* magazine, "foreign language study is often looked upon as the best all-purpose cross-training." Your competency in Spanish will also indicate to prospective employers that your acquired cross-cultural awareness makes you a flexible person with great communication skills, who is open to change and embraces diversity. These are all highly valued human relations skills in any career.

Working with three other students, discuss how speaking Spanish can be instrumental in working in the fields below. Select a person from the group to report to the class on your discussion.

Business

Media (newspaper, radio, television)

Translation-Interpretation

Social Services

Medical fields

Sales and marketing

Government

Law and Criminal Justice

Teaching

Art

Have students read silently and then answer these questions in groups of four. Ask one student from each group to report to the class. Use a brainstorming cluster to collect opinions on the board.

Antes de continuar

Working with *¡Dímelo tú!*

Now that you have completed the preliminary lesson, discover for yourself how *¡Dímelo tú!* is organized and what the purpose of each section of the text is. Working in groups of four, look for the section titles in the pages indicated for each set and match them with their descriptions. Be prepared to explain to the class, with examples, the purpose of each section.

Set 1: Pages 22–25

1. Las fotos hablan
2. Paso 1
3. Tarea
4. ¿Eres buen observador?
5. ¿Qué se dice... ?

a. Samples of authentic language. Visual introduction of new lesson vocabulary
b. Visual introduction to chapter themes
c. New lesson vocabulary and structures in context
d. The first of three lessons that make up each chapter
e. Specific homework assignments

Set 2: Pages 26–28

6. ¿Sabías que... ?
7. A propósito...
8. Ahora, ¡a hablar!
9. Y ahora, ¡a conversar!
10. ¡Luces! ¡Cámara! ¡Acción!

f. More creative, open-ended speaking activities
g. Controlled speaking activities for early production
h. Notes on minor grammatical points
i. Role plays
j. Cross-cultural information

Set 3: Pages 36–40

11. ¿Comprendes lo que se dice?
12. Noticiero cultural
13. Estrategias para escribir
14. ¡Escríbelo!

k. Cultural reading
l. Writing activities
m. Writing strategies
n. Listening activities

Have students read the Organization of *¡Dímelo tú!*, Fifth Edition section of the preface of this textbook silently for 3–4 mins. Have students then work in **groups of three or four**. Assign one of these sets to each group. Allow 5–8 mins., then call on different groups to explain to the class how each section works. When finished, walk students through the first, second, and third **Pasos** of Chapter 1, pointing out each section and mentioning, once more, its purpose.

Answers: 1. b; 2. d; 3. e; 4. a; 5. c; 6. j; 7. h; 8. g; 9. f; 10. i; 11. n; 12. k; 13. m; 14. l; 15. r; 16. p; 17. o; 18. q

¡Ojo! Be sure students understand where the green **En preparación** grammar sections are and that they are responsible for studying the grammar and doing the **¡A practicar!** exercises **before** coming to class.

Useful Classroom Expressions

Allow 1–2 mins., then call on volunteers to give the correct meaning. If they are unable to guess the meaning of **quién, escrito,** or **pequeños,** help them. Tell the class that they are responsible for knowing the meaning of these words as they will be used for giving instructions in the exercises throughout the text.

Here are three separate lists of useful classroom expressions that you should learn to recognize. The first list consists primarily of cognates, words that look very similar to their English counterparts and have the same meaning in both languages. Guess the meaning of these expressions.

1. Dramatiza esta situación.
2. En tu opinión, ¿quién... ?
3. No comprendo.
4. Prepara una lista por escrito.
5. Selecciona una respuesta apropiada.
6. En grupos pequeños...
7. Repite, por favor.

Have students do the matching in **groups of three or four.** Allow 1–2 mins., then have individuals correct them as necessary.

The meaning of this set of expressions is less obvious, although there are three cognates. What are they? What do they mean? In groups of three or four, match each expression with its translation.

1. Comparte la información.   a. *Read this advertisement.*
2. Contesta la(s) pregunta(s).   b. *Describe the drawing.*
3. Escucha la conversación.   c. *What do you do . . . ?*
4. Lee este anuncio.   d. *In pairs*
5. Describe el dibujo.   e. *Answer the question(s).*
6. ¿Qué haces... ?   f. *Listen to the conversation.*
7. En parejas   g. *Share the information.*
8. ¿Cómo se dice... ?   h. *What does . . . mean?*
9. ¿Qué quiere decir... ?   i. *How do you say. . . ?*

Call on volunteers. Explain briefly the concept of gender and how this structural concept does not exist in English.

The following three expressions all have the same cognate, **compañero.** What do you think it means? Why do you suppose there is an **(a)** after this word? The verbs in these expressions mean *Interview, Ask,* and *Tell,* respectively. Can you guess what the complete expressions mean?

1. Entrevista a un(a) compañero(a)...
2. Pregúntale a un(a) compañero(a)...
3. Dile a un(a) compañero(a)...

Y ahora, ¡a empezar!

Yes, now you are ready to begin the first chapter of *¡Dímelo tú!* If you haven't noticed already, there are some excellent suggestions on how to study a foreign language in the front of your textbook. If you follow that advice, you should truly enjoy taking these first steps into the fascinating Spanish-speaking world. **¡Manos a la obra!**

Vocabulario

Saludos *(Greetings)*

Buenas noches.	Good evening. Good night.
Buenas tardes.	Good afternoon.
Buenos días.	Good morning.
¡Hola!	Hello!
¿Cómo estás? (tú)	How are you? (familiar)
¿Qué tal?	How are you?

Respuestas *(Answers/Responses)*

Bastante bien.	Quite well.
Bien, gracias. ¿Y tú?	Fine, thank you. And you? (familiar)
¡Excelente!	Excellent!
Muy bien, gracias. ¿Y Ud.?	Very well, thank you. And you? (formal)
No muy bien.	Not very well.
¡Terrible!	Terrible!

Presentaciones *(Introductions)*

¿Cómo se llama usted?	What's your name? (formal)
¿Cómo te llamas (tú)?	What's your name? (familiar)

Ésta es...	This is . . . (f.)
Éste es...	This is . . . (m.)
Le presento a...	I'd like you to meet . . . (formal)
Te presento a...	I'd like you to meet . . . (familiar)

Respuestas a presentaciones

El gusto es mío.	The pleasure is mine.
Encantado(a).	Delighted.
Igualmente.	Likewise.
Me llamo…	My name is . . .
Mucho gusto.	Pleased to meet you.
Yo soy...	I am . . .

Despedidas *(Farewells)* y respuestas

Adiós.	Good-bye.
Hasta la vista.	Good-bye. See you.
Hasta luego.	See you later.
Hasta mañana.	See you tomorrow.
Hasta pronto.	See you soon.

Personas

amigo(a)	friend
clase *(f.)*	class
estudiante *(m., f.)*	student
mamá *(f.)*	mom
papá *(m.)*	dad
profesor(a)	professor
rector(a)	president of a university
señor *(m.)*	Mr.
señora *(f.)*	Mrs.

Palabras y expresiones útiles

conversación *(f.)*	conversation
¡De nada!	You're welcome!
¡Gracias!	Thank you!
mi	my
no	no
presentar	to introduce someone or something
respuesta *(f.)*	answer
sí	yes
soy	I am
tú	you (familiar)
universidad *(f.)*	university
usted	you (formal)

En preparación

P.1 The Spanish alphabet and pronunciation
Spelling and forming vowel sounds

 The Spanish alphabet

CD1-4

a	a	j	jota	r	ere
b	be, be larga	k	ka	s	ese
c	ce	l	ele	t	te
ch	che	ll	elle	u	u
d	de	m	eme	v	ve, ve corta, uve
e	e	n	ene	w	doble ve, uve doble
f	efe	ñ	eñe	y	i griega, ye
g	ge	o	o	z	zeta
h	hache	p	p		
i	i	q	cu		

The Spanish alphabet includes three letters that are not part of the English alphabet: **ñ, ch,** and **ll.** A ruling by the *Real Academia* in 1994 established that the **ch** and **ll** are not to be considered separate letters when alphabetizing. This decision was made primarily to facilitate alphabetizing on the Web. The letters **k** and **w** appear only in words borrowed from other languages. There are no double consonants except **rr, cc,** and **nn.** The sound represented by *ph* in English is always written as **f** in Spanish. Vowels can be marked with an accent to indicate that they are to be stressed (**á, é, í, ó, ú**). For a complete reference to the Spanish accentuation, go to Appendix B. Learn the Spanish alphabet so that you can spell and read words in Spanish.

¡A practicar!

A. **¡Ahora el examen de la vista!** You are getting your driver's license renewed. Take the eye test for your license. What do you say?

E

c n d

z m o p h

m r l y x v u w

a l j g s a ñ h rr f z b i

B. Su nombre completo, por favor. You are on the phone with your local bank and want to know the current balance in your checking account. The bank teller asks you to spell out your name, as it appears on your account, and your mother's maiden name. First, write them out. Then spell them in Spanish.

MODELO YOU WRITE: J-O-E S-M-I-T-H   J-O-N-E-S
  YOU SAY: **jota, o, e; ese, eme, i, te, hache;   jota, o, ene, e, ese**

Pronunciation: Vowels

The Spanish vowels—**a, e, i, o, u**—are pronounced in a short, clear, and tense manner. Unlike English vowels, their sound is hardly influenced by their position in a word or sentence, nor by the stress they receive. English speakers must avoid the tendency to lengthen and change the sound of Spanish vowels. Note the difference in length and sound as you recite the vowels in English first and then repeat them in Spanish after your instructor.

Very few sounds are identical in Spanish and English. Therefore, the comparisons given here between English and Spanish vowels are to be used merely as a point of reference. To develop "native" pronunciation, you should listen carefully and imitate your instructor's pronunciation and that of the native speakers on the recordings.

¡A practicar!

A. Las vocales. Repeat the following sounds after your instructor, being careful to keep the vowels short and tense.

a = hop	e = hep	i = heap	o = hope	u = hoop
ma	me	mi	mo	mu
na	ne	ni	no	nu
sa	se	si	so	su
fa	fe	fi	fo	fu

B. Vocales en palabras. Escucha y repite. *(Listen and repeat.)*

Ana	él	ir	otro	uno
llama	mente	infinito	como	gusto
mañana	excelente	dividir	ojo	Uruguay

C. Vocales en oraciones. Lee en voz alta. *(Read aloud.)*

1. Ana llama a la mamá de Carmen mañana.
2. Elena es de Venezuela.
3. Gullón es otro crítico literario famoso.
4. La profesora Uribe es uruguaya.

Pronunciation: Diphthongs

A diphthong is the union of two vowel sounds pronounced as one in a single syllable. In Spanish, diphthongs occur in syllables containing two weak vowels (**i, u**) or a combination of a strong vowel (**a, e, o**) with a weak vowel.

¡A practicar!

A. Diptongos. In diphthongs consisting of a strong vowel and a weak vowel, the strong vowels are more fully enunciated.

Escucha y repite.

ai	ei	oi	ia	ie
baile	ley	soy	gracias	bien
airoso	afeitar	oigo	especial	viejo
gaita	veinte	Goytisolo	Colombia	miedoso

io	ua	ue	au	eu
Mario	Paraguay	buenas	auto	Eugenia
diosa	Ecuador	cuentista	Paula	Europa
miope	lengua	abuelo	pausar	deuda

B. Dos vocales débiles. When two weak vowels occur together in a word, the second vowel is more fully enunciated.

Escucha y repite.

ui	iu
ruido	veintiuno
Luisa	viuda
cuidar	ciudad

C. Diptongos en oraciones. Lee en voz alta.

1. Luisa baila muy bien.
2. Eugenio y Mario viajan a la ciudad.
3. Mi abuelo siempre viene a las cuatro.
4. Hay nueve estudiantes nuevos.

D. Dos vocales fuertes. When two strong vowels occur together, or when there is a written accent over the weak vowel in a syllable containing both a strong and a weak vowel, the vowels are pronounced as two separate syllables. Escucha y repite.

caos	idea	día	baúl
leal	crear	lío	paraíso
cacao	Rafael	comían	continúa

E. Separación de vocales. Lee en voz alta.

1. La idea de Rafaela es puro caos.
2. Mi perra es fea pero leal.
3. Mi tía salía de día.
4. Raúl no conocía a tu tío.

P.2 *Tú* and *usted* and titles of address

Tú and *usted*

Spanish has two ways of expressing *you:* **tú** and **usted. Tú** is a familiar form generally used among peers, acquaintances, or friends. **Usted** is a more polite, formal form used to show respect and to address anyone with a title such as *Mr., Mrs., Ms.,* or *Miss, Dr., Prof.,* or *Rev.* It is also used to address individuals you do not know well. Students generally use **tú** when speaking to each other and **usted** when addressing their teachers. Note that in the **¿Qué se dice… ?** section, **te llamas** and **estás** are in the familiar **tú** form and **se llama** and **está** are in the more formal **usted** form.

Formal and informal language

Besides the use of **tú** and **usted,** Spanish, like English, can be used formally, as often occurs in textbooks or professional journals, or informally, as is the case when people are talking casually. In *¡Dímelo tú!* both formal and informal Spanish are used throughout. More often than not, the formal Spanish will be used in the reading selection in the **Noticiero cultural** and **El rincón de los lectores.** A more informal Spanish is used in the **¿Qué se dice... ?** dialogues and many of the **¿Comprendes lo que se dice?** dialogues. The direction lines for the activities address the student informally but use mostly a formal Spanish, whereas the activities themselves may elicit formal or informal language depending on the situation being addressed.

Titles of address

The most frequently used titles in Spanish are the following:

señor	*Mr.*
señora	*Mrs.*
señorita	*Miss*
profesor(a)	*professor*
doctor(a)	*doctor*

Titles, in Spanish, are not capitalized. Only abbreviations of the titles are capitalized:
señor / Sr.
señora / Sra.
señorita / Srta.

The definite article, **el** or **la,** must precede a title when talking about someone.

Es **la** doctora Sánchez.	*She is Dr. Sánchez.*
El profesor Díaz es bueno.	*Professor Díaz is good.*

¡A practicar!

A. *¿Tú o usted?* Indicate whether you should use **tú** or **usted** to address the following people.

1. your professor
2. your brother or sister
3. a stranger
4. your dog
5. a member of the clergy
6. your roommate
7. your doctor
8. your girlfriend/boyfriend
9. a bank clerk
10. a waitress

B. *¿El o la?* Complete the following introductions by indicating if a definite article (**el, la, los, las**) should be used with each person's name as you introduce these people to your mother.

MODELO   Mamá, señor Pérez y mi amigo José.
          Mamá, el señor Pérez y mi amigo José.

1. Mamá, mi amiga, _____ Rosa María.
2. Mamá, _____ profesor González.
3. Mamá, _____ señorita Perea, la directora del laboratorio.
4. Mamá, _____ mi mejor *(best)* amigo(a).
5. Mamá, _____ señor Padilla.
6. Mamá, _____ José Aguilar.

La biblioteca de la Universidad Autónoma de México (UNAM)

¡Qué rico está el mate!

CAPÍTULO 1

¡A la universidad... en las Américas!

Estudiantes universitarios guatemaltecos

¡Las fotos hablan!

A. A que ya sabes... En tu opinión, y basándote en los estudiantes en estas fotos, los estudiantes[1] latinoamericanos son...

- ☐ interesantes
- ☐ elegantes
- ☐ estudiosos
- ☐ pacientes
- ☐ atléticos
- ☐ serios
- ☐ románticos
- ☐ tímidos
- ☐ activos
- ☐ impacientes
- ☐ inteligentes

B. Los estudiantes latinoamericanos... Indica si, en tu opinión, los estudiantes en Latinoamérica...

sí	no	
sí	no	1. estudian mucho.
sí	no	2. usan teléfonos celulares.
sí	no	3. usan lectores de CD en las clases.
sí	no	4. envían correos electrónicos.
sí	no	5. estudian inglés[2] u otras lenguas.

In this chapter you will learn how to . . .

- describe yourself, your friends, and your professors.
- tell where people are from.
- name your favorite classes and activities.
- describe your classes.
- talk about your activities during the first week of the semester.
- describe future plans.

A. Allow 1 min. to do activity A individually. Then go through the list with the class, asking them to raise their hand if they checked the item off. When the majority agrees (either almost all checked an item or almost no one checked an item) ask why they think that.

B. Allow 1 min. to do activity B in **pairs** first. Then go over each item with the entire class, asking how many responded "yes" or "no." When finished, ask if they think students in Latin America are any different from themselves.

---

[1]Notice that, in Spanish, we talk about mixed groups of people in the masculine plural: **los estudiantes, los amigos**, etc. These groups may contain masculine and feminine individuals.

[2]In Spanish, the conjunction **o** *(or)* changes to **u** when followed by a word that starts with *o*, such as in **inglés u otras lenguas**.

Mis compañeros... centroamericanos y caribeños

¿Eres buen observador?

TAREA

Before beginning this **Paso,** study the vocabulary list on p. 48 and practice it as you listen to the vocabulary on track 10 of your Text Audio CD #1. Then study **En preparación:**

1.1 Subject pronouns and the verb **ser:** Singular forms, pages 50–52

1.2 Gender and number: Articles and nouns, pages 52–54

1.3 Adjectives: Singular forms, pages 54–55

Do the corresponding **¡A practicar!** exercises.

Listen to the **Capítulo 1, Paso 1: ¿Qué se dice...?,** track 6 on your Text Audio CD, and provide the information requested on page 25.

Have students prepare *1.1 Subject pronouns* and *1.2 Gender and number: Articles and nouns* for the first day you work on this **Paso.** Then assign *1.3. Adjectives: Singular forms* for the second day.

Smart Classroom: To help students expand on the exercise, type **anuncios personales** on your favorite search engine and show them how Spanish speakers describe themselves. As homework, ask students to pick a Spanish-speaking country they would like to visit and to search on their own with the same words, **anuncios personales,** but adding the name of the country. Have them write a report on interesting people they find whom they might like to contact before visiting that country. Have four or five volunteers present to the class by showing the sites of interesting people they found.

A and B: Call on **individuals.** Have class confirm each response.

NOMBRE:	Mónica Fernández
PAÍS DE ORIGEN:	Nicaragua
DEPORTES FAVORITOS:	Baloncesto, voleibol, fútbol, tenis, béisbol
PERSONALIDAD:	inteligente, paciente, sincera, sociable, seria
CIUDAD NATAL:	Managua

NOMBRE:	Carlos Enrique Rodríguez
PAÍS DE ORIGEN:	El Salvador
DEPORTES FAVORITOS:	Béisbol, tenis
PERSONALIDAD:	serio, tímido, introvertido
CIUDAD NATAL:	San Salvador

NOMBRE:	Yolanda Ramírez
PAÍS DE ORIGEN:	Costa Rica
DEPORTES FAVORITOS:	Béisbol, ciclismo de montaña
PERSONALIDAD:	simpática, atlética, extrovertida, inteligente, sociable
CIUDAD NATAL:	San José

Ahora, ¡a analizar!

A. **Yolanda, Mónica y Carlos Enrique.** Completa estas oraciones.

1. Estos tres (3) estudiantes centroamericanos son de (ciudad y país).
2. Estos tres estudiantes son (de la costa / del interior del país).
3. En Centroamérica practican estos deportes:
4. El deporte que los tres estudiantes practican es el...

B. **Mis opiniones.** Completa estas oraciones.

1. De los deportes que practican en Centroamérica, mis favoritos son...
2. En mi opinión, la persona con la personalidad más interesante es... porque...
3. Mi personalidad es similar a la de (Yolanda / Mónica / Carlos Enrique) porque yo soy...
4. En mi opinión, la personalidad de *(choose a celebrity)* es similar a la de (Yolanda / Mónica / Carlos Enrique) porque él/ella es...

Al describir a nuevos amigos

CD1-6

Julio es de...
- ☐ Antigua, Guatemala.
- ☐ Tegucigalpa, Honduras.
- ☐ Managua, Nicaragua.

Julio es...
- ☐ estudioso.
- ☐ un poco tonto.
- ☐ introvertido.
- ☐ activo.
- ☐ profesor.
- ☐ estudiante.

Matón es...
- ☐ inteligente.
- ☐ un poco tonto.

Purpose: To introduce new lesson vocabulary and structures needed to describe people.

Text Audio CD: Remind students that listening to the dialogues for each **Paso** is part of their daily homework assignment.

Audio Script: Hola, me llamo Julio. Soy de Honduras, de Tegucigalpa. Soy estudiante de la Universidad Católica. Soy estudioso, activo y, por supuesto, inteligente. No soy tímido, soy extrovertido. Ah, y éste es mi perro Matón. Matón no es muy inteligente, es un poco tonto.

Answers. Tegucigalpa, Honduras; estudiante, estudioso, activo; un poco tonto.

Web TM1-1: Use the overhead transparencies as you play the Text Audio CD, read each caption, or narrate your own story line. Read/Narrate two or three sentences at a time, pointing to the appropriate action/person being mentioned. Ask simple yes/no, either/or, or one-word answer comprehension check questions. Remember, at this point the goal is listening comprehension, not production. Avoid using English when providing comprehensible input: act out, point to, draw on board, mimic, and so on, as necessary. Ask lots of comprehension-check questions (yes/no, either/or) as you narrate to make sure students understand.

Alternative Story Lines: 1. Describe students in your own class. 2. Describe famous people as if they were students today.

Éste es mi amigo Paco. Es de Nicaragua, de Managua. Es estudiante de la Universidad Centroamericana de Managua. Es interesante y muy simpático... y algo liberal. También es atlético.

Te quiero presentar a Elena. (¡Hola!) Elena es una amiga de la ciudad de Panamá, en Panamá. Es estudiosa, seria y muy paciente. Es también muy liberal. (¡Oye... Gracias!)

Y tú, ¿cómo te llamas?
¿De dónde eres? ¿Eres de Estados Unidos?
¿Eres estudiante? ¿De qué universidad?
¿Eres inteligente y estudioso(a)?
¿Eres liberal o conservador(a)?
¿Eres paciente o impaciente?
¿Eres muy popular?

EP 1.1 ⊖⊖ EP 1.3 Have students read silently the **Sabías que...?** Then ask the critical thinking questions. Just like the pilgrims, the Spanish colonizers were very determined to have appropriate education facilities for their families.

Purpose: To provide guided practice while describing people, stating origin, and naming school supplies.

Vocabulario activo: A. Call on **individual** students. Have class confirm each response.

B. Allow 2 mins. for **individuals** to write down names of people that fit each description. Then ask one person at a time to tell the class whom he/she selected for the first description. Ask if any others selected the same person. Ask what other persons were selected. Repeat with each description.

EP 1.2 ⊖⊖ EP 1.3 ⊖⊖ C. Do in **pairs** first. Allow 2–3 mins. Then repeat by calling on **individual** students. Have the class confirm each response.

EP 1.2 ⊖⊖ EP 1.3 ⊖⊖ D. Call on **individual** students. Correct errors indirectly, so as not to inhibit students. Make sure students understand when to use masculine and feminine endings.

📋 **IRM TM1-1, Repaso visual,** *Jóvenes:* Show the transparency to the class and call on various students to describe the caricatures. When all have been described to your satisfaction, call on volunteers to tell which one they think is **serio, sociable, trabajador,** etc. Ask the class if they agree, and if not, why not.

¿Sabías que... ?

The oldest universities in the Americas are in Latin America. The oldest, **la Universidad de Santo Domingo,** was established in **la República Dominicana** in 1538, not even 50 years after Columbus's arrival. Shortly thereafter in 1551, **la Universidad Mayor de San Marcos** was established in **Lima, Perú,** and two years later, **la Universidad Nacional Autónoma de México** was founded in Mexico City. The oldest Spanish-speaking university still operating is **la Universidad de Salamanca** in Spain. It was founded in 1215. The oldest English-speaking university still in use is the University of Oxford, founded in 1249.

🔍 **En tu opinión:** Harvard (1636) is the oldest English-speaking university still in use in the Americas, founded just 16 years after the arrival of the first pilgrims (1620). Why do you think it was founded so soon after their arrival? Why do you think the Spanish colonists also founded universities so soon after arriving in the New World?

Ahora, ¡a hablar!

A. **¿De dónde es?** ¿De dónde son estas personas? (Algunas se encuentran en **¿Eres buen observador?**)

MODELO Yolanda Ramírez
Yolanda Ramírez es de San José, Costa Rica.

1. Mónica Fernández
2. Carlos Enrique Rodríguez
3. tu compañero(a)
4. tu profesor(a)
5. otra persona

B. **¿Quién es?** Identifica a personas famosas (políticos, actores, artistas, deportistas, cómicos, etc.) con las características indicadas.

MODELO **Shakira es inteligente y atractiva.**

1. activo
2. inteligente y atractivo
3. tímido
4. muy serio
5. muy atlético
6. activa
7. inteligente y atractiva
8. tímida
9. muy seria
10. muy atlética

C. **¡Qué popular!** Pablo Ramírez es muy popular y tiene muchas amigas. ¿Cómo son sus amigas? Selecciona las palabras que las describen.

1. Ramona es (estudiosa, tímido, serio).
2. María es (romántico, simpática, serio).
3. Gloria es (tímido, pacientes, atlética).
4. Ángela es (elegante, estupendo, conservador).
5. Carmen es (inteligente, atlético, serio).
6. Cecilia es (simpática, interesantes, trabajador).

D. **Mi mejor amigo(a).** Describe a tu mejor amigo(a).

Mi mejor amigo(a) se llama [nombre]. Es (inteligente / atlético[a]). También es (liberal / conservador[a]). Es (paciente / impaciente) y muy (popular / tímido[a]). Ah, también es un poco (serio[a] / divertido[a]).

Y ahora, ¡a conversar!

Purpose: To encourage fluency and creativity when describing people, giving origin, and naming school supplies.

unos libros

unos lápices

unos cuadernos

unos bolígrafos

papel

unas mochilas

A propósito...

Hay, means *there is* and *there are*. When used in a question, **¿Hay... ?** means *Is there . . . ?* or *Are there . . . ?* To negate in Spanish, we use the word **no** always before the verb, never after.

E.   ¿Muchos? Pregúntale a tu compañero(a) qué objetos hay normalmente en...

    1. su escritorio.

    2. su mochila.

    3. el escritorio del (de la) profesor(a).

    4. el escritorio de un(a) amigo(a).

MODELO	TÚ:	**¿Qué objetos hay normalmente en tu escritorio? ¿Hay un lápiz?**
	COMPAÑERO(A):	**Sí, hay un lápiz.** o
		No, no hay un lápiz. Hay un bolígrafo.

E. Allow 2–3 mins. for **pair** work. Then call on **individual** students to tell you what there normally is in their partners' backpacks, their teachers' desks, or at home.

A propósito. These sections explain minor grammar points that have not yet been presented in **En preparación.**

F.   ¿Son los mismos? Alicia, Carmen, José y Daniel son estudiantes de la clase de español de tu compañero(a) de cuarto. Tú también tienes unos amigos que se llaman Alicia, Carmen, José y Daniel. La descripción de tus amigos aparece *(appears)* aquí. La descripción de los amigos de tu compañero(a) aparece en el Apéndice A. ¿Son la misma persona? *(To decide if they are the same, ask your partner questions. Do not look at each other's descriptions.)*

MODELO   ¿Es Alicia de El Salvador?

ALICIA: Es una amiga de El Salvador. Es introvertida, muy activa y muy seria. También es muy paciente.

CARMEN: Es muy seria. No es extrovertida. Es inteligente y muy estudiosa. Es de Costa Rica, de la capital. Es algo conservadora.

JOSÉ: Es de Honduras. Es muy activo y muy simpático. Es sociable y chistoso.

DANIEL: Es de Nicaragua, de la capital. Es muy extrovertido y un poco perezoso.

F. Allow 2–3 mins. for **pair** work. Then ask the class to tell if they are the same people or not, and why.

Answers. Alicia is the same person; Carmen is also the same person; There are two different Josés: one is **activo y simpático,** the other **no es sociable** and **es muy serio;** There are two different Daniels: one is **extrovertido y perezoso,** the other **activo y un poco tímido.**

G.   ¿Vamos juntos? Tienes la oportunidad de hacer un intercambio *(student exchange)* en un país centroamericano con otro(a) estudiante de la clase. Habla con tu compañero(a) de tu perfil y el perfil del país y la familia con la que prefieres vivir. Habla también de tus actividades favoritas.

- País/ciudad de preferencia
- Algunas de tus características
- Algunas características que prefieres en la familia
- Actividades/deportes que prefieres practicar

G. Call on volunteers to present to the rest of the class their profiles and preferences as outlined in activity G. Ask the rest of the class to point their thumbs up if each of the students' preferences matches theirs, or down if it doesn't. Keep students presenting to the class, until there is one student who keeps his/her thumb up for complete presentation of the student. Those students are definitely compatible and could travel together!

Vocabulario útil

Mi ciudad/país preferido(a) es...

Yo soy...

Mi familia preferida es...

Mis actividades/deportes preferidos son...

H. Call on volunteers to explain their incompatibilities to the class.

I and J. Have students select either activity **I** or **J** and allow 3–4 mins. to prepare. Point out that **I** is more controlled and can be read, and **J** is more open-ended or creative and must be done extemporaneously. Call on volunteers to present their role plays in **pairs** first, then on the rest of the class. Ask comprehension check questions.

A propósito...

To ask questions, you will be using words and expressions such as these: **¿De dónde...?** *(Where from . . . ?)* **¿Cómo?** *(How?)*, **¿Qué?** *(What?)*, **¿Cuál . . . ?** *(Which...?).* Note that, when asking questions, the order of the words does not generally change in Spanish as it does in English. Instead, you must add question marks at the beginning and end of the questions.

H. **Incompatibles.** Tú y tu compañero(a) deciden que sus personalidades no son compatibles. Preparen una lista de cosas en las que no son compatibles. Tomen turnos explicando al resto de la clase en qué consiste su incompatibilidad. Usen los adjetivos y sus contrarios.

¡Luces! ¡Cámara! ¡Acción!

I. **¿Cómo es?** Hay un estudiante latinoamericano en la clase de historia de tu compañero(a) de cuarto. Tú quieres saber más sobre el estudiante. Prepara varias preguntas por escrito para tu compañero(a). *(Then ask your partner the questions you prepared.)* Específicamente, quieres saber...

- el nombre del estudiante.
- varias características del estudiante.
- el país y la ciudad de origen del estudiante.
- qué opina tu compañero(a) del estudiante.

Vocabulario útil

¿Cómo... ?   ¿De dónde... ?   ¿Es... ?   ¿Qué... ?

J. **Mejor amigo(a).** ¿Cómo es el (la) mejor amigo(a) de tu compañero(a)? Pregúntale el nombre, el origen, la universidad y las características de su mejor amigo(a). Puedes usar el vocabulario útil de la actividad A.

¿Comprendes lo que se dice?

CD1-7

Audio Script:
CARLOS ENRIQUE: Oye, Elena. ¿Cómo se llama el estudiante centroamericano de la clase de química?
ELENA: ¿El centroamericano? ¡Ah sí! Se llama Alberto Lozano. Es de Costa Rica, de San José.
CARLOS ENRIQUE: ¡Qué inteligente es!
ELENA: Sí. Y muy estudioso.
CARLOS ENRIQUE: Me imagino que es conservador y un poco tímido.
ELENA: Al contrario, es algo liberal y más bien extrovertido. Si quieres te lo presento.
CARLOS ENRIQUE: ¡Estupendo!

Estrategias para escuchar: extraer la idea principal

A frequent first reaction when listening to spoken Spanish is to assume it is spoken "too fast" and that you "don't understand anything." In fact, it is probably being spoken at a normal rate of speech and you can understand much more than you think. Nevertheless, you won't understand every word you hear, and you are not expected to do so. Simply listen for the words that you do understand and don't worry about the others. In this section, you should understand enough to get the gist of what is being said.

Ahora, ¡a escuchar!

Now listen as your instructor plays a dialogue in which Carlos Enrique and Elena talk about Alberto Lozano, a new student in their chemistry class. Then answer the questions that follow.

Although some vocabulary in this dialogue is not yet active, students should be able to get the gist of what is being said. Emphasize to students that they are not expected to understand each individual word.

Answers. Según Carlos Enrique: inteligente, conservador, tímido; Según Elena: inteligente, estudioso, liberal, extrovertido.

¿Cómo es Alberto Lozano según *(according to)* Carlos Enrique? ¿según Elena?

Según Carlos Enrique		Según Elena	
1.	3.	1.	3.
2.	4.	2.	4.

Centroamérica y el Caribe

Antes de empezar, dime...

1. ¿Cuáles de estos países están en Centroamérica o en el Caribe?

   ☐ Honduras
   ☐ Nicaragua
   ☐ Argentina
   ☐ Chile
   ☐ Ecuador

   ☐ Uruguay
   ☐ Costa Rica
   ☐ República Dominicana
   ☐ Guatemala

2. ¿Qué palabras identificas con Centroamérica?

   ☐ la biodiversidad
   ☐ el clima tropical
   ☐ los volcanes
   ☐ las playas
   ☐ el español
   ☐ la salsa

   ☐ las cataratas de Iguazú
   ☐ la civilización Maya
   ☐ el canal
   ☐ la Alhambra de Granada
   ☐ el béisbol
   ☐ la tradición cultural

Guatemala

Nicaragua

Honduras

El Salvador

Centroamérica... ¡impresionante!

Centroamérica es una parte del mundo situada entre la frontera sur de México, en Norteamérica y la frontera norte de Colombia, en Sudamérica. Centroamérica consta de siete (7) países: Belice, Costa Rica, El Salvador, Guatemala, Honduras, Nicaragua y Panamá. En todos el español es el idioma oficial, excepto en Belice, donde el inglés es el idioma oficial. En Centroamérica se hablan también varias lenguas indígenas.

En comparación con Norteamérica y Sudamérica, Centroamérica es muy pequeña. Representa menos del cero coma cinco por ciento (0,5%)[3] de las tierras del planeta. No obstante, hay una gran variedad de plantas, insectos, aves y animales en Centroamérica. Más del siete por ciento (7%) de la diversidad biológica del planeta se encuentra en Centroamérica. Es impresionante, ¿no? Para conservar esta riqueza natural, hay ciento veinticuatro (124) parques nacionales en total, entre los diferentes países.

_____

[3]Note that a comma, instead of a period, is used with decimals. Numbers will be explained starting in **Capítulo 2.**

Y ahora, dime...

1. ¿Dónde está situada Centroamérica?
2. ¿Cuáles son los idiomas oficiales de Centroamérica? ¿Se hablan otros idiomas?
3. ¿Cómo se compara Centroamérica con las otras Américas?
4. ¿Qué distingue a los ecosistemas de Centroamérica?

Costa Rica

Panamá

¿Eres buen observador?

UNIVERSIDAD AUSTRAL

CARRERAS DE GRADO

Home
Autoridades
Sedes
Admisiones - Carreras de grado
IAE - Escuela de Dirección y negocios
CAS - Centro Académico de Salud
Facultades
Instituto de Ciencias para la familia
Departamentos
Escuelas y laboratorios
Carreras de grado
Carreras de postgrado
Investigación
Biblioteca

FACULTAD DE INGENIERÍA
- Ingeniería en Informática
- Ingeniería Industrial

FACULTAD DE DERECHO
- Abogacía

FACULTAD DE CIENCIAS BIOMÉDICAS
- Medicina
- Enfermería

FACULTAD DE COMUNICACIÓN
- Licenciatura en Comunicación Social

FACULTAD DE CIENCIAS EMPRESARIALES (Rosario)
- Licenciatura en Ciencias Empresariales
- Contador Público

Avda. Juan de Garay 125 - (1063) Capital Federal - Argentina
Tel: (54 11) 4307 4822 - 4307 0806/7 - 4307 4443 - 4307 7697
Fax: (54 11) 4361 1329 - E-mail: informes@rec.austral.edu.ar

Ahora, ¡a analizar!

A. **La Universidad Austral (UA).** En mi opinión, en la UA…

1. la facultad más (+) difícil es _____ y la menos (–) difícil es _____.
2. la facultad más interesante es _____.
3. los profesores probablemente son (pacientes / impacientes).
4. los estudiantes son probablemente (estupendos / buenos / no muy buenos).
5. las clases son seguramente (interesantes / no muy interesantes / aburridas).

B. **Preferencias personales.** Selecciona de esta lista y de la lista de programas en la UA cinco (5) cursos o programas que, en tu opinión, son los más interesantes.

☐ arte ☐ economía ☐ historia
☐ inglés ☐ matemáticas ☐ biología
☐ educación física ☐ informática ☐ derecho
☐ química ☐ ciencias políticas ☐ física
☐ ingeniería ☐ literatura ☐ teatro

TAREA

Before beginning this **Paso,** study the vocabulary list on p. 48 and practice it as you listen to the vocabulary on track 11 of your Text Audio CD #1. Then study **En preparación:**

1.4 Infinitives, page 55

1.5 Subject pronouns and the verb **ser:** Plural forms, page 56

1.6 Gender and number: Adjectives, pages 57–58

Do the corresponding **¡A practicar!** exercises.

Listen to the **Capítulo 1, Paso 2: ¿Qué se dice…?** section on track 8 of your Text Audio CD and provide the information requested on page 32.

Have students prepare *1.4 Infinitives* and *1.5 Subject pronouns and the verb ser* for the first day you work on this **Paso.** Then assign *1.6 Gender and number: Adjectives* for the second day.

Tell students that they are not expected to understand every word in this advertisement. Have them simply focus on cognates. Point out that by doing this, they will be able to get the gist of the message and answer the questions that follow. Warn them about false cognates: for example, **facultad.** Then tell them to pat themselves on the back as they are already reading authentic documents after just a couple of weeks of studying Spanish!

A. Do in **pairs** first. Allow 2–3 mins. Then repeat by calling on **individuals.**

B. Allow 1 min. Then call on **individuals** to say what courses they selected.

¿Qué se dice... ?

Al hablar de las clases y los profesores

CD1-8

El profesor González es muy...

☐ interesante.

☐ serio.

☐ popular.

☐ inteligente.

¿Cuáles son tus pasatiempos favoritos?

_____ _____ _____

_____ _____ _____

A propósito...

Note that in Spanish, when one noun is used to modify another noun, as in "physics class" or "political science class," the definite article is used before the first noun and *de* before the second: **la clase de física** or **la clase de ciencias políticas.**

Have students read **A propósito** silently. Then ask how you would say "the Spanish class" or "the English class" in Spanish.

La clase de física no es fácil; es muy difícil.

Los estudiantes de la clase de ciencias políticas son trabajadores y muy estudiosos. No son perezosos.

¿Sabías que...?

As in all languages, there are adjectives in Spanish used to indicate the country of origin of a person. Unlike English, these adjectives of nationality are not capitalized in Spanish.

Norteamérica	Centroamérica y el Caribe	Sudamérica
estadounidense	boliviano(a)	argentino(a)
canadiense	costarricense	brasileño(a)
mexicano(a)	cubano(a)	chileno(a)
	dominicano(a)	colombiano(a)
	guatemalteco(a)	ecuatoriano(a)
	hondureño(a)	paraguayo(a)
	nicaragüense	peruano(a)
	panameño(a)	uruguayo(a)
	puertorriqueño(a)	venezolano(a)
	salvadoreño(a)	

En tu opinión: What endings are used most often in forming these adjectives of nationality? What patterns do you see being established, if any? Why do you think that these adjectives vary so much? Why do you think they are not capitalized in Spanish?

Have students read silently. Then ask students to compare these adjectives with their English equivalents to see that, unlike in Spanish, there is only one pattern. Point out that there is great diversity in the Spanish language that adjectives are never capitalized in Spanish.

Purpose: To provide guided practice as students describe their classes, professors, friends, and pastimes.

Ahora, ¡a hablar!

A. **¡Somos muy activos!** ¿Cuál es el pasatiempo favorito de tus amigos, mamá, papá, profesor(a),... ?

MODELO **El pasatiempo favorito de Silvia y Roberto es bailar.**

EP 1.4 Vocabulario activo: A. Call on **individual** students. Have the class confirm each response.

1. 2. 3. 4.

5. 6. 7. 8.

EP 1.5 ⊕⊕ EP 1.6 ⊕⊕ **B.** Call on **individual** students. Have the class confirm each response.

B. ¿Cómo son? Describe tus clases, profesores y amigos.

> MODELO mis clases (divertido / aburrido)
> **Mis clases son divertidas.**

1. mis clases (difícil / fácil)
2. los estudiantes (interesante / aburrido)
3. los profesores (paciente / impaciente)
4. unas profesoras (divertido / aburrido)
5. mis amigos y yo (trabajador / perezoso)
6. mis amigos (inteligente / tonto)

EP 1.1 ⊕⊕ EP 1.5 ⊕⊕ EP 1.6 ⊕⊕
C. Have students do this exercise in **pairs** first. Allow 2–3 mins. Then ask **individual** students to describe their partner's friends.

C. No hay acuerdo. Describiendo a sus amigos, tu compañero(a) y tú no están de acuerdo *(don't agree)*. Tomen turnos describiendo a distintas personas y expresando opiniones opuestas.

> MODELO TÚ: Julie es muy divertida...
> TU COMPAÑERO(A): **No, Julie es muy seria...**

Vocabulario útil

bueno / malo	inteligente / tonto	paciente / impaciente
chistoso / aburrido	introvertido / extrovertido	popular / tímido
divertido / serio	liberal / conservador	simpático / antipático
grande / pequeño	organizado / desorganizado	trabajador / perezoso

1. El (La) presidente(a) de los Estados Unidos...
2. Un actor (actriz) famoso(a)...
3. El (La) profesor(a)...
4. Un(a) cantante famoso(a)...
5. Los compañeros de la clase de español...
6. Tu jefe(a) *(boss)*...

IRM TM1-2, Repaso visual, *Clases y clases:* Show the transparency to the class and call on various students to say what class it is as you point to different classes. When appropriate, ask if the professor is **aburrido, divertido, antipático,...**

Purpose: To encourage fluency and creativity when describing classes, friends, and favorite pastimes.

D. Allow 2–3 mins. for **pair** work. Then repeat the exercise, calling on **individual** students.

E. Allow 2–3 mins. for **pair** work. Then ask **individual** students what their partner's favorite pastimes are.

Y ahora, ¡a conversar!

D. ¡Son estupendos! Describe con tres o cuatro características...

1. tu clase de español	4. tu jefe(a)
2. tu compañero(a) de cuarto	5. tus profesores
3. tus amigos	6. tu trabajo

E. Pasatiempos favoritos. ¿Cuáles son los pasatiempos favoritos de tu compañero(a)? Pregúntale y contesta sus preguntas.

> MODELO TÚ: ¿Cuáles son tus pasatiempos favoritos?
> COMPAÑERO(A): **Mis pasatiempos favoritos son...**

Vocabulario útil

bailar	escuchar música	leer
comer	estudiar	mirar la tele
escribir cartas	hablar por teléfono	nadar

A propósito...

Mi, mis and tu, tus are possessive pronouns and they translate as *my* and *your.*

F. Allow 1–2 mins. to write. Then, have students mill around the class and tell each other what they wrote: **Soy... y... y mis clases favoritas son... y...** If they find someone who is just like them or has the same favorite classes, have them write what they have in common on the board.

F. Mis clases y yo. ¿Cómo eres? Menciona dos adjetivos que describen tu personalidad. ¿Cuáles son tus clases favoritas? Escribe tus respuestas. *(Write your answers down.)*

¡Luces! ¡Cámara! ¡Acción!

G. **Nuevos amigos.** Tú y un(a) amigo(a) estudian en una universidad en Santiago de Chile. Hoy hablan después de la primera semana. Escriban el diálogo, y luego lee el diálogo con tu compañero(a) frente a la clase. Usa la guía que aparece a continuación.

- Saludos
- Clases que toman
- Cómo son las clases
- Hablan sobre los pasatiempos favoritos que practican en Chile
- Despedidas

H. **Mi universidad.** Tú y un(a) amigo(a) hablan en la cafetería y describen sus respectivas clases: profesores, amigos y actividades. Dramatiza esta situación.

En la cafetería de la universidad

Estrategias para ver y escuchar: reconocer palabras afines o «cognados»

In the previous **Paso** you learned that, when listening to spoken Spanish, students often assume it is being spoken "too fast" and claim they "don't understand anything," when, in fact, they understand much more than they think. The same reactions occur with video. Frequently, students just stop listening as soon as they hear the first word they don't understand. It is very important for you not to develop that bad habit; you should continue to listen for the words that you do understand and not worry about the others. There are many words that you may have never heard in Spanish before but that you will understand because they are cognates, that is, they look and sound very much like their English equivalents.

Comprensión oral a base de palabras afines

Practice recognizing cognates. Listen to your instructor read a list of words taken from this video and attempt to write their English equivalent.

Read each word twice before going on to the next one. Then read all of them one more time.

biodiversidad	elevación	número
civilización	europeo	situado
cultura	música	tradición
diversidad	naturaleza	zona

Al ver el video: ¿Comprendes lo que se dice?

As you watch the video for the first time, mark any of the following cognates that you hear in Spanish. Compare the ones you checked with the lists of other students. How many did all of you mark?

☐ the Andes	☐ religion	☐ the United States
☐ telephones	☐ latino	☐ continent
☐ African	☐ automobiles	☐ music
☐ indigenous	☐ contributions	☐ vibrant

Latinoamérica, ¡al ritmo del siglo veintiuno!

Después de ver el video

Selecciona ahora la palabra o frase que mejor completa cada oración.

Answers: 1. a; 2. a; 3. a; 4. b

1. La mayoría de países latinoamericanos están situados en...
   a. zonas tropicales
   b. impresionantes elevaciones

2. Una característica muy importante de Latinoamérica es...
   a. la biodiversidad
   b. la desertización

3. El encuentro de europeos, africanos e indígenas en Latinoamérica crea...
   a. nuevas culturas
   b. la patata

4. Mucho de las civilizaciones de los mayas, aztecas e incas se preserva en...
   a. el Machu Picchu
   b. muchos países latinoamericanos

Un paso atrás, dos adelante: Para empezar

Repasemos. En **Para empezar** aprendiste *(you learned)* a saludar *(greet)* a otros. Repasa *(review)* lo que sabes, completando este texto con las palabras *(words)* necesarias.

This section is designed to help students review the contents of **Para empezar**. Allow students 2–3 minutes to complete this exercise. Then have them share their responses with another student, and ask them to suggest corrections if they detect an inconsistency. Call on several students to read their responses.

DIÁLOGO 1

TÚ: ¡ _____ _____! *[formal greeting in the morning]*.

LA PROFESORA: ¡ _____! *[informal greeting]*

DIÁLOGO 2

TÚ: Buenas tardes, profesora, _____ _____ *[formally introducing your friend to your teacher]* a mi amigo Rafael.

LA PROFESORA: ¡ _____ _____, Rafael! *[reponding to the introduction]*

RAFAEL: ¡ _____, profesora! *[reponding to the introduction]*

DIÁLOGO 3

LISA: ¡ _____ _____! *[Taking leave: See you tomorrow!]*.

TÚ: ¡ _____! *[Taking leave: Good-bye!]*.

Lenguas indígenas de Sudamérica

Procedure: Call on volunteers to answer the pre-reading questions. Lead them to recognize that Native American languages are no longer widely spoken in the United States, and ask them why they think this is the case. Then give students 4-5 mins. to do the reading before asking the follow-up questions.

Antes de empezar, dime...

1. ¿Cuántas lenguas indígenas se hablan en los Estados Unidos?
2. En tu opinión, ¿hay muchas personas que hablan estas lenguas?
3. ¿Hay mucha influencia de las culturas indígenas en la cultura estadounidense de hoy? Explica tu respuesta.

Las lenguas de Sudamérica

El español y el portugués, las lenguas de los exploradores europeos, son las lenguas más habladas de Sudamérica. No obstante, el español y el portugués no son las únicas lenguas de Sudamérica. Las lenguas indígnas anteriores a Cristobal Colón continúan siendo un medio de comunicación importantísimo.

El quechua, la lengua de los incas, continúa hablándose en Ecuador, Bolivia y Perú. En la región del lago Titicaca, entre Perú y Bolivia, también se habla el aymará.

En la zona amazónica, desde Venezuela a Colombia, Ecuador, Perú, Bolivia y Brasil, se habla un gran número de lenguas indígenas.

Pero en toda Sudamérica, el único país completamente bilingüe es Paraguay. En Paraguay, el guaraní y el español son las dos (2) lenguas oficiales. El español se usa principalmente en situaciones formales y en el gobierno. El guaraní se habla en situaciones más informales como en familia, en el mercado, etc.

Viajemos por el ciberespacio a... SUDAMÉRICA

If you are a cyberspace surfer, try entering one of the following key words to get to any of these engaging destinations:

Mapa étnico de Ecuador

Indígenas de Paraguay

Ser indígena

Or, better yet, simply go to the *¡Dímelo tú!* website using the following address: http://dimelotu.heinle.com

There, with a simple click, you can

- learn about the many different indigenous groups of Ecuador.
- travel through Paraguay, **el corazón de América.**
- study the cultures of Chile through video and indigenous music.

Y ahora, dime...

1. ¿Hay muchas personas bilingües en Sudamérica? ¿Qué lenguas hablan?
2. ¿Qué lenguas indígenas hablan en Perú? ¿En la región amazónica? ¿En la región del lago Titicaca? ¿En Paraguay?
3. En tu opinión, ¿son importantes las lenguas indígenas en los EE.UU.? ¿Por qué son tan importantes las lenguas indígenas en Sudamérica?

Encourage students to make cultural comparisons with the United States regarding the use of indigenous languages.

Answers. 1. Sí. Español, quechua, o aymara, lenguas amazónicas y guaraní; 2. Quechua, lenguas amazónicas, aymará, guaraní; 3. Indicate to students that, contrary to the practices of other colonizers, Spaniards had children with indigenous people (**mestizaje**). The fact that there are so many indigenous people living today in South America has kept alive many native languages in the region.

Smart Classroom: For homework, have students search the Internet using the words **indígenas de Sudamérica** or **pueblos indígenas de las Américas** and look for specific information on one or more indigenous groups. Ask them to come to class prepared to report on their findings and to show some of the interesting websites they have found. On their written report, have students provide the addresses of the best websites they visited.

¡Escríbelo!

Estrategias para escribir: usar listas para organizarte

When asked to write in Spanish, stay with the vocabulary, structures, and cultural concepts that you have already acquired. Thinking of what you would like to write about in English and then translating it into Spanish is counterproductive. Inevitably, you will have to look up many words and structures that you probably have not already studied. This results not only in a lot of frustration but also in poor writing.

The proper way to begin a writing assignment is to make a list of the words and structures you already know and expect to use. Practice this principle as you begin the writing task that follows.

Prepárate para escribir. El tema de esta composición es «El estudiante perfecto». ¿Eres tú un(a) estudiante perfecto(a)? Piensa en todas las características de un estudiante perfecto y las de un estudiante imperfecto.

Ahora, ¡a escribir!

A. You may want to brainstorm the initial list of characteristics for «**el estudiante perfecto**» with the class. Have students suggest characteristics as you write them on the board. Tell students they may add adjectives to their list if they knew the words, but did not remember them at the time they created their list.

B. Invite students to check to see if their list is as complete as their partners' lists. Tell them they may borrow from each other.

C. Assign as homework.

D. Assign as homework. Accustom students to make the final draft a clean version of previous drafts, preferably on the computer.

E. Allow time for students to compare their lists in groups. Then ask several groups what they concluded.

A. **El primer borrador.** Prepara una lista de todas las características del estudiante perfecto. Indica con una marca (✓) todas las características que ya tienes (*you already have*). Indica con un signo interrogativo (?) las características que no tienes (*you don't have*). Indica con un asterisco (*) todas las características que deseas desarrollar (*to develop*).

B. **Ahora, a compartir.** Compara tu lista con las listas de dos o tres compañeros. (*Make any changes you wish to make based on what you saw on your classmates' lists. Also, correct any spelling errors you may have noticed.*)

C. **Ahora, a revisar.** Reescribe tu lista en tres columnas: el estudiante que soy, el estudiante que no soy, el estudiante que deseo ser.

D. **La versión final.** Prepara una versión final de tu lista en tres columnas y entrégala (*turn it in*).

E. **Publicación.** En grupos de cinco, comparen sus listas y decidan cuáles son las características más importantes de un(a) estudiante perfecto(a). ¿Aparecen esas características en las cinco listas? Informen a la clase sobre su decisión.

¡Vida estudiantil en... las Américas!

¿Eres buen observador?

TAREA

Antes de empezar este Paso, estudia la lista de vocabulario, en la página 49, y practícalo al escuchar el surco 12 de tu Text Audio CD #1. Luego estudia **En preparación.**

1.7   Present tense of **-ar** verbs, páginas 58–59

1.8   The verb **ir,** páginas 60–61

Haz por escrito los ejercicios de *¡A practicar!*

Escucha la sección *¿Qué se dice... ?* del Capítulo 1, Paso 3, en el surco 9 del Text Audio CD y haz la actividad correspondiente en la página 42.

Have students prepare *1.7 Present tense of -ar verbs* for the first day you work on this **Paso.** Then assign *1.8 The verb ir* for the second day.

Ahora, ¡a analizar!

Do in **pairs** first. Allow 2–3 mins. Then repeat by calling on **individuals.**

UNITEC.   Contesta con un(a) compañero(a) de clase.

1. ¿Qué es UNITEC?
2. En tu opinión, ¿cómo son los estudiantes de UNITEC? Descríbelos.
3. En tu opinión, ¿cuáles son las actividades favoritas de los estudiantes de UNITEC —hablar por teléfono, mirar la tele, tomar un refresco, leer, bailar, preparar hamburguesas, escuchar música en la radio, estudiar?
4. ¿Cuáles son tus actividades favoritas?

CD1-9

Al describir actividades

Andrés y Miguel están en...
- [ ] su casa.
- [ ] su apartamento.

Miguel habla por teléfono con...
- [ ] sus padres.
- [ ] una amiga.

Andrés necesita llamar a...
- [ ] su papá.
- [ ] una amiga.

Andrés es...
- [ ] paciente.
- [ ] impaciente.

Ricardo y Hugo miran su programa favorito en la tele. Hugo toma un refresco. Ricardo prepara la cena: unos tacos deliciosos ¡Mmm!

Maricarmen escucha unos discos nuevos mientras Cristina y Bárbara bailan al son de la música.

¡No hay nadie aquí! ¿Qué pasa con Ana y Teresa? ¡Ahhh! Ana y Teresa siempre estudian en la biblioteca.

Alfonso escucha la radio y baila mientras Daniel estudia para un examen.

¿Sabías que...?

Por lo general, los estudiantes en Latinoamérica no viven en residencias universitarias. Viven en apartamentos o en casas particulares. Muchas universidades latinoamericanas celebran la semana universitaria la última semana del primer mes de clases. Durante esta semana hay distintas actividades para los estudiantes todos los días. Un día se dedica a practicar deportes, otro a asistir al teatro o a un concierto, otro día se dedica a hacer actividades de beneficencia, como visitar a personas en hospitales y asilos de ancianos *(rest homes)*, otro a participar en actividades juveniles y el último día hay un baile en honor a la estudiante nombrada reina *(queen)* de la semana universitaria. El propósito (la razón) de todas estas actividades es recibir a los estudiantes nuevos e iniciarlos en la vida universitaria.

🔍 **En tu opinión:** ¿Por qué no viven los estudiantes latinoamericanos en residencias? ¿Hay en tu universidad una semana de actividades similares a la semana universitaria en Latinoamérica? Explica tu respuesta.

Smart Classroom: For homework, have students write a brief but specific report on the *Semana universitaria* or other aspects of college life in Latin American universities. Have students search the Internet using the words **semana universitaria** or **vida universitaria** and look for specifc information on university activities and/or events. Ask them to come to class prepared to report on their findings and to show some of the interesting websites they have found. On their written report, have students provide the addresses of the best websites they visited.

Purpose: To provide guided practice as students begin to produce structures and vocabulary needed to talk about everyday activities, places they go, and the frequency with which they do things.

Ahora, ¡a hablar!

A. **¿Quiénes hacen esto?** Indica quiénes hacen estas actividades en *¿Qué se dice... ?*

EP 1.7 🔊 Vocabulario activo: **A.** Allow 1 min. to do in **pairs**. Then ask **individuals** who did each activity.

Miguel y Andrés
Ricardo y Hugo
Maricarmen, Cristina y Bárbara
Ana y Teresa
Alfonso y Daniel

1. Estudian en la biblioteca.
2. Miran la tele.
3. Habla por teléfono.
4. Bailan.
5. Prepara unos tacos.
6. Escucha la radio.
7. Estudia para un examen.
8. Escucha unos discos nuevos.

B. **¡Qué ocupado estoy!** Indica si haces esto la semana antes de clases (**SA**), la primera semana de clases (**PS**) o más tarde en el semestre (**MT**). Puedes seleccionar más de una opción.

EP 1.7 🔊 **B.** Allow 1 min. to do **individually**. Then call on individuals and ask how many in class answered the same way.

SA: semana antes *(week before)*

PS: primera semana *(first week)*

MT: más tarde *(later)*

SA	PS	MT	
SA	PS	MT	1. Selecciono mis clases.
SA	PS	MT	2. Participo activamente en las clases.
SA	PS	MT	3. Compro los materiales.
SA	PS	MT	4. Estudio para mis exámenes.
SA	PS	MT	5. Pago la matrícula.
SA	PS	MT	6. Preparo mis clases.
SA	PS	MT	7. Hablo de temas interesantes en mis clases.

EP 1.7 🔊 C. Have students work in **pairs** first. Allow 2–3 mins. Then repeat with **individual** students. Have the class confirm each response.

C. **¡Tanto que hacer!** Al final del primer día de clases, ¿qué hacen tú y tus nuevos amigos?

> **MODELO** mis amigos(as) y yo / hablar
> **Mis amigos y yo hablamos.**

1. yo / llamar a mis padres
2. nosotros / escuchar la radio
3. un(a) compañero(a) de cuarto / mirar la tele
4. un(a) amigo(a) / estudiar
5. mis compañeros(as) de cuarto / preparar la cena
6. ustedes / tomar café con mis amigos(as)
7. ellos(as) / tomar refrescos

EP 1.8 🔊 D. Allow 2–3 mins. for **pair** work. Then ask various **individuals** where their partners go to do these things.

D. **¿Adónde vas?** Pregúntale a tu compañero(a) adónde va si necesita hacer estas cosas.

> **MODELO** comprar cuadernos
> TÚ: **¿Adónde vas si necesitas comprar cuadernos?**
> COMPAÑERO(A): **Si necesito comprar cuadernos, voy a la librería.**

Vocabulario útil

biblioteca	librería
cafetería	restaurante
laboratorio de computadoras	teatro

1. tomar un refresco
2. estudiar
3. disfrutar de una obra de teatro
4. comer
5. comprar lápices
6. escribir correos electrónicos a tu profesor
7. trabajar en mi tarea de español

A propósito...

As you know, **sí** means *yes*. Without an accent, **si** means *if*.

▌ IRM TM1-3, **Repaso visual**, *Mi casa*: Show the transparency to the class and call on various students to tell what family members do on **un día de semana típico** as you point to them.

Purpose: To encourage students to be more creative and fluent when describing everyday activities and what they are going to do.

E. Allow 2–3 mins. for **pair** work. Then ask **individuals** where their partners go to do these things.

Y ahora, ¡a conversar!

E. **¡Fin de semana!** Mañana empieza *(begins)* el fin de semana y tú y un(a) amigo(a) hablan de sus planes. ¿Qué dicen?

> **MODELO** **Por la mañana... yo voy a tomar café con mis amigos. Luego** *(Later)* **voy a la librería para comprar...**

Vocabulario útil

bailar	hablar por teléfono
escribir una carta	mirar la tele
escuchar música	tomar café
estudiar	tomar un refresco
hablar con amigos(as)	

1. El viernes *(Friday)* por la noche...
2. El sábado *(Saturday)* por la mañana...
3. El sábado por la noche...
4. El domingo *(Sunday)* por la tarde...

F. ¿Cierto o falso? Prepara diez oraciones, unas ciertas y otras falsas, sobre estos dos dibujos. Luego pregúntale a tu compañero(a) si son ciertas o falsas. Si son falsas, debe corregirlas *(correct them)*.

F. Allow 2–3 mins. for writing and another 2–3 mins. for **pair** work. Then ask the class for the correct answers.

MODELO

TÚ: **Un estudiante toma un refresco.**
COMPAÑERO(A): **Cierto.**
TÚ: **Un estudiante habla por teléfono y baila.**
COMPAÑERO(A): **Falso. Habla por teléfono, pero no baila.**

G. ¿Son diferentes? El dibujo a continuación y el dibujo del Apéndice A, son similares pero tienen seis diferencias. Descríbele este dibujo a tu compañero(a) y él/ella va a describirte el otro dibujo hasta encontrar las diferencias. No debes ver el dibujo de tu compañero(a) hasta terminar esta actividad.

G. Insist that students not look at each other's drawings. Allow 4–5 mins. to identify all differences. Call on individuals to describe the differences to the class.

Vocabulario útil

bailar
escribir una carta
escuchar música
estudiar
hablar con amigos(as)
hablar por teléfono
mirar la tele
tomar café
tomar un refresco

> **A propósito...**
>
> In Spanish, the floors of an apartment building are not numbered as done in English. The first floor in English is the ground floor (**planta baja**) in Spanish; The second floor in English is the first floor (**primer piso**) in Spanish; the third floor is the second floor (**segundo piso**), the fourth floor is the third floor (**tercer piso**) in Spanish, and so on.

H. **Rin, rin.** Estás en un programa de trabajo en Buenos Aires con un(a) amigo(a) que trabaja en otra compañía. Ahora hablan por teléfono. Te pregunta sobre tu rutina en Buenos Aires. Con un(a) compañero(a), escriban la conversación que tienen. Luego, lean su conversación frente a la clase. Usen esta guía si la necesitan.

- Saludos
- Informas sobre cómo estás
- Preguntas sobre un día típico
- Describes un día típico
- Despedidas

I. **Rin, rin, rin.** Ahora hablas por teléfono con un(a) amigo(a) de tu escuela secundaria. Él (Ella) te pregunta sobre tus compañeros(as) de cuarto. Dramatiza la situación con un(a) compañero(a) de clase. Mencionen:

- sus nombres
- sus personalidades
- sus pasatiempos favoritos
- sus actividades cuando no hay clases

El rincón de los lectores

Estrategias para leer: palabras afines *(cognates)*

Palabras afines. Cognates are words that look alike in both languages and have the same meaning. The ability to recognize cognates can help expand your reading vocabulary and comprehension very rapidly.

1. Scan the following reading and mark the cognates you recognize. Write them down with their English equivalents.
2. Now share your list with a partner. Did you both come up with the same list?
3. Now do the reading and answer the questions that follow.

Lectura: Las Américas

Los continentes de América se dividen en Norteamérica, Centroamérica y Sudamérica. Los continentes ofrecen muchos contrastes naturales como, por ejemplo...

hermosas costas y playas, como en Cancún,...

una gran variedad de aves, por ejemplo el quetzal...

e impresionantes lagos y volcanes.

También hay ruinas del glorioso pasado indígena, como...

las ruinas mayas en el sur de México y Centroamérica y...

las ruinas de los incas en Perú, como las de Machu Picchu.

Observamos muchos contrastes en la gente de las Américas, como...

los indígenas: aztecas, toltecas, mayas, taínos, quechuas, araucanos y muchos más;

los de ascendencia europea: los españoles, italianos, alemanes, portugueses;

los africanos;

y la nueva raza, los mestizos: la combinación de indígena y europeo.

A ver si comprendiste

1. Con España y Guinea Ecuatorial, hay 21 países donde el español es la lengua oficial del país. Nómbralos.
2. Hay muchos contrastes en las Américas. ¿Cuáles son los más impresionantes, en tu opinión?
3. Hay varias Américas —Norteamérica, Centroamérica y el Caribe y Sudamérica. Para estudiar y apreciar las Américas, es importante conocer su geografía. Estudia los mapas de las Américas al principio del libro y memoriza los nombres de todos los países y sus capitales.

Make sure students read item 3 and are fully aware that they are expected to memorize the maps of Latin America and know where each country and its capital are located.

Answers: 1. See maps in front of text; 2. *Answers will vary.*

Smart Classroom: (1) For homework, have students write a brief but specific report on what they learned about two of the following: Latin American art, Latin American history, Latin American celebrities, etc. Ask them to provide the addresses of the best websites they visited. (2) Give students the following assignment: Plan a vacation in Latin America. Use the Internet and type **"Turismo ecológico"** on your favorite search engine. Choose the best countries and attractions. Look for specifc information: biodiversity, national parks, fauna, and other things of interest. Have students come to class prepared to describe the vacation they have planned and to show some of the interesting websites they found. On their written report, have students provide the addresses of the best websites they visited.

Vocabulario

CD1-10–1-12

PASO 1

Descripción de la personalidad

activo(a)	active
atlético(a)	athletic
atractivo(a)	attractive
chistoso(a)	funny
conservador(a)	conservative
elegante	elegant
estudioso(a)	studious
estupendo(a)	great, fantastic
extrovertido(a)	extrovert
impaciente	impatient
inteligente	intelligent
introvertido(a)	introverted
liberal	liberal
paciente	patient
perezoso(a)	lazy
popular	popular
romántico(a)	romantic
serio(a)	serious
simpático(a)	pleasant, likable
sincero(a)	sincere
sociable	outgoing, friendly
tímido(a)	timid, shy
tonto(a)	foolish, dumb
trabajador(a)	hard-working

En la mochila o en el escritorio

cuaderno	notebook
escritorio	desk
del maestro(a)	teacher's desk
del estudiante	student's desk
lápiz (m.)	pencil
libro	book
mochila	backpack
papel (m.)	paper
bolígrafo	pen

Lugares / Sitios

ciudad (f.)	city
los Estados Unidos	United States
librería	bookstore
montaña	mountain
país (m.)	country

Pasatiempos y actividades

baloncesto	basketball
béisbol (m.)	baseball
ciclismo	bike racing
deporte (m.)	sport
fútbol	soccer
leer	to read
mirar	to look at, watch
mirar la tele	to watch TV
pasatiempo	hobby
tenis	tennis
voleibol (m.)	volleyball

Palabras y expresiones útiles

correo electrónico	e-mail
centroamericano(a)	Central American
favorito(a)	favorite
inglés (m.)	English
lector de CD	CD player
lengua	language
mucho(a)	much, a lot
nombre	name
otro(a)	another, other
perro	dog
personalidad	personality
radio (f., m.)	radio
teléfono	telephone

Verbos

enviar	to send
estudiar	to study
hay	there is, there are
ser	to be
usar	to use

Preguntas

¿Cuál?	Which?
¿Cómo?	How?
¿De dónde?	From where?
¿Dónde?	Where?
¿Qué?	What?

PASO 2

Clases y estudios

abogacía	law
arte (m.)	art
biología	biology
ciencias biomédicas (f. pl.)	biomedical science
ciencias empresariales (f. pl.)	business management
ciencias políticas	political science
comunicación	communication
contador público	public accountant
derecho	law
economía	economics
educación	education
educación física	physical education
enfermería	nursing
facultad	department
física	physics
historia	history
informática	computer science
ingeniería	engineering
licenciatura	B.A degree
literatura	literature
matemáticas	mathematics
medicina	medical school
química	chemistry
teatro	theater

Descripción de personalidad

aburrido(a)	boring
antipático(a)	unpleasant
bueno(a)	good
desorganizado(a)	disorganized
difícil	difficult
divertido(a)	fun
malo(a)	bad
organizado(a)	organized

Actividades y pasatiempos

bailar	to dance
comer	to eat
escribir cartas	to write letters
escuchar música	to listen to music
hablar por teléfono	to talk on the phone
leer	to read
llamar a tus padres	to call your parents
mirar	to look at, watch
mirar la tele	to watch TV
nadar	to swim

Palabras y expresiones útiles

fácil	easy
grande	big
pequeño(a)	little, small

probablemente   *probably*
público   *public*

PASO 3

Lugares/Sitios

biblioteca	*library*
cafetería	*cafeteria*
casa	*home, house*
librería	*bookstore*

Personas

compañero(a) de cuarto	*roommate*
nadie	*no one, nobody*
padres	*parents*

Palabras y expresiones útiles

aquí	*here*
cena	*dinner*
computadora	*computer*
delicioso(a)	*delicious*
disco	*disk*
español(a)	*Spanish*
examen *(m.)*	*exam*
nuevo(a)	*new*
pero	*but*
programa *(m.)*	*program*
refresco	*soft drink*
siempre	*always*

Actividades

buscar	*to look for*
comprar	*to buy*
ir	*to go*
pagar	*to pay*
participar	*to participate*
preparar la cena	*to prepare dinner*
seleccionar	*to select*
tomar	*to drink; to take*
trabajar	*to work*

Infinitivos

comer	*to eat*
disfrutar	*to enjoy*
escribir	*to write*

En preparación 1

1.1 Subject pronouns and the verb *ser*: Singular forms

Clarifying, emphasizing, contrasting, and stating origin

Subject pronouns	
Singular	
I	**yo**
you (familiar)	**tú**
you (formal)	**usted**
he	**él**
she	**ella**

A. Subject pronouns are usually omitted in Spanish because the verb endings indicate the person doing the action. Subject pronouns are used for clarity, emphasis, or contrast.

clarity: —**Usted** es de México, ¿verdad?
emphasis: —No, **yo** soy de Panamá.
contrast: —Ah, entonces **tú** eres panameña y **ella** es mexicana.
BUT: —Sí, soy panameña.

B. The subject pronoun *it* in English is *never* expressed in Spanish.

Es muy importante.   ***It** is very important.*
No es hoy, es mañana.   ***It** is not today, **it's** tomorrow.*

C. In **Para empezar,** you learned that **tú** is a familiar form generally used when speaking to a friend, and **usted** is a more polite, formal form used to show respect or to address an individual you do not know well or one whom you address with a title. Note that in Spanish, as in English, titles are frequently abbreviated in writing when used with a last name.

señor	Sr.	*Mr.*
señora	Sra.	*Mrs.*
señorita	Srta.	*Miss*
señores	Sres.	*Mr. and Mrs.*
doctor(a)	Dr./Dra.	*Dr.*

The verb *ser*

ser	
Singular	
I am	yo **soy**
you are	tú **eres**
you are	usted **es**
he is	él **es**
she is	ella **es**

A. In Spanish, there are two verbs that mean *to be*: **ser** and **estar.** These two verbs differ greatly in usage. In this chapter, you will learn various uses of **ser.**

B. **Ser** is used to define or identify. It tells who or what the subject of the sentence is. It acts as an equal sign (=) between the subject and the noun that follows. In this context, it is used to express nationality or profession or to give a description.

Soy estadounidense.	Yo = estadounidense
Ella **es** estudiante.	Ella = estudiante
Tú **eres** inteligente.	Tú = inteligente

C. Just as **ser** is used to express nationality, a form of **ser** + **de** is used to express origin.

García Márquez **es de** Colombia.   *García Márquez is from Colombia. He is*
  Es colombiano.   *Colombian.*
El Sr. Acuña **es de** México.   *Mr. Acuña is from Mexico. He is Mexican.*
  Es mexicano.

Remember that it is not necessary to use subject pronouns unless clarity, emphasis, or contrast is desired.

¡A practicar!

A. **¿Quién es?** Indicate which subject pronoun(s) in the column on the right can be either added to each sentence or used in place of the existing subject.

> MODEL   Es el profesor de español.   **él**

    1. Es estadounidense.   yo
    2. Me llamo Matías.   tú
    3. La profesora se llama Elena.   usted
    4. Perdón, señor, ¿cómo se llama?   él
    5. ¿Cómo te llamas?   ella

B. **¿Tú? ¿Usted?** What subject pronouns would the Spanish department receptionist use when speaking directly to the following people?

    1. el Sr. Ríos Menéndez, the department chairperson
    2. el Sr. Gaitán Rojas, a professor
    3. Pedro, a good friend
    4. Ana, a roommate
    5. la Sra. López Ríos, your advisor

What subject pronouns would the receptionist use when speaking *about* the following people?

    6. el Sr. Ríos Menéndez
    7. el Sr. Gaitán Rojas
    8. herself
    9. Ana
  10. Pedro
  11. la Sra. López Ríos

C. Venimos de todas partes. Students come to your campus from North America (**Norteamérica**), Central America (**Centroamérica**), the Caribbean (**el Caribe**), and South America (**Sudamérica**). Tell from what region these students come, and their nationality.

MODELO   Mario / Uruguay
Mario es uruguayo. Es de Sudamérica.

1. José / El Salvador
2. Teresa / Ecuador
3. el profesor Meza / México
4. tu compañero de cuarto / la República Dominicana
5. yo / Nuevo México
6. ¿Y tú?

1.2 Gender and number: Articles and nouns
Indicating specific and nonspecific people and things

A. There are two kinds of articles: definite and indefinite. Both the definite article (*the* in English) and the indefinite articles (*a, an* [singular] and *some* [plural] in English) have four forms in Spanish.

	Singular			Plural	
	Masculine	**Feminine**		**Masculine**	**Feminine**
the	**el**	**la**	*the*	**los**	**las**
a, an	**un**	**una**	*some*	**unos**	**unas**

1. Definite and indefinite articles must agree in number (singular/plural) and gender (masculine/feminine) with the nouns they accompany.

| Necesito **un** bolígrafo y **una** calculadora. | *I need a ballpoint pen and a calculator.* |
| **Los** cuadernos y **las** mochilas están en el escritorio. | *The notebooks and the backpacks are on the desk.* |

2. The definite article is frequently used before the name of certain countries and not with others. Following is a list of countries that usually use the definite article. However, the Spanish language, like all spoken languages, is alive and constantly changing. In spoken Spanish, the trend is to not use the definite article with the names of countries.

la Argentina	la China	la India	el Perú
el Brasil	el Ecuador	el Japón	la República Dominicana
el Canadá	los Estados Unidos	el Paraguay	el Uruguay

B. A noun is the name of a person, place, or thing. In Spanish, all nouns are either masculine or feminine, even when they refer to inanimate objects. The following rules will help you predict the gender of many nouns; however, the gender of nouns is not always predictable. You should always learn the gender with every new noun.

1. Nouns that refer to males are masculine, and nouns that refer to females are feminine. Many nouns referring to people and animals have identical forms except for the masculine -**o** or feminine -**a** endings.

| el herman**o** | *the brother* | la herman**a** | *the sister* |
| el gat**o** | *the male cat* | la gat**a** | *the female cat* |

A few nouns that refer to people and animals have completely different masculine and feminine forms.

el hombre	*the man*	la mujer	*the woman*
el padre	*the father*	la madre	*the mother*

2. Generally, nouns that end in **-o** are masculine and those that end in **-a, -dad, -tad**, and **-ción,** or **-sión** are feminine.

el libr**o**	la activi**dad**	la liber**tad**
el bolígraf**o**	la universi**dad**	la amis**tad**
la mochil**a**	la educa**ción**	la televi**sión**
la sill**a**	la emo**ción**	la explo**sión**

Some important exceptions to this rule are the following:

la mano *(the hand)*	el drama	el problema	el sistema
el día	el poema	el programa	el tema

3. Sometimes the same noun is used for both genders as in words that end in **-ista.** In these cases, gender is indicated by the article that precedes the noun.

el/la artista	el/la periodista *(the newspaper reporter)*
el/la dentista	el/la turista

4. Many nouns, especially those ending in **-e** or a consonant, do not have predictable genders and must be memorized.

el café	*the coffee*	la clase	*the class*
el arte	*the art*	la tarde	*the afternoon*

C. All plural nouns end in **-s** or **-es.** The plural forms of nouns are derived in the following manner.

1. Singular nouns that end in a vowel form their plural by adding **-s.**

el diccionario	*the dictionary*	los diccionarios	*the dictionaries*
una silla	*a chair*	unas sillas	*some chairs*

2. Singular nouns that end in a consonant form their plural by adding **-es.**

el papel	*the paper*	los papeles	*the papers*
una universidad	*a university*	unas universidades	*some universities*

3. A final **-z** always changes to **-c** before adding **-es.**

el lápi**z**	*the pencil*	los lápi**ces**	*the pencils*
una ve**z**	*one time*	unas ve**ces**	*a few times*

¡A practicar!

A. ¿Qué busca Micaela? Indicate what Micaela is looking for in the bookstore by changing the definite articles to indefinite articles.

1. la mochila
2. los cuadernos
3. el bolígrafo
4. el lápiz
5. los libros
6. la calculadora

B. Es de... Now tell to whom the following items belong.

MODELO   papel / de Carlos
El papel es de Carlos.

1. tiza / de la profesora
2. calculadora / de Julia
3. diccionario / de Andrés
4. bolígrafo / de Raúl
5. silla / de la profesora
6. lápiz / de Carla

1.3 Adjectives: Singular forms

Describing people, places, and things

Adjectives are words that tell something of the nature of the noun they describe (color, size, nationality, affiliations, condition, and so on). Spanish adjectives usually follow the noun they describe and always agree in gender and number.

A. Adjectives may be masculine or feminine. Masculine singular adjectives that end in **-o** have a feminine equivalent that ends in **-a**.

Singular	
Masculine	**Feminine**
alt**o**	alt**a**
simpátic**o**	simpátic**a**

B. Adjectives that end in **-e,** and most adjectives that end in a consonant (except those denoting nationality or that end in **-dor**) do not have separate masculine/feminine forms.

el coche **grande**   el vestido **azul**
la casa **grande**   la camisa **azul**

BUT:

un hombre **trabajador**   un libro **español**
una mujer **trabajadora**   una novela **española**

¡A practicar!

A. Solamente chicas. María is studying at a private girls' school in Buenos Aires. How does she describe her new friends? (Notice that the adjective in parentheses appears in the masculine, singular form just as you would find it in most dictionaries.)

1. Mi amiga Rosa es _____. (atlético)
2. Mi amiga Josefina es _____. (divertido)
3. Mi compañera de cuarto es _____. (inteligente)
4. Carmen es _____. (conservador)
5. La profesora de español es _____. (bueno)
6. La directora es _____. (trabajador)

B. ¡Qué guapos somos! Six-year-old Cristina is showing pictures during her first show-and-tell report at school. Substitute the word in parentheses for the underlined word to see what she is saying.

Modelo Ella es mi hermana. Es activa y atlética. (hermano)
        Él es mi hermano. Es activo y atlético.

1. Él es mi papá. Es serio y trabajador. (mamá)
2. Él es mi hermano. Es divertido y simpático. (hermana)
3. Ella es mi amiga. Es estudiosa y tímida. (amigo)
4. Ella es mi mamá. Es elegante y especial. (papá)
5. Él es mi vecino (neighbor). Es impaciente y perezoso. (vecina)
6. Es mi perro. Es bueno y divertido. (perra)

Paso 2

1.4 Infinitives

Naming activities

Spanish verbs fall into three categories: **-ar, -er,** and **-ir.** The verb form that ends in **-ar, -er,** or **-ir** is called an infinitive. **Necesitar** *(to need)*, **ser** *(to be)*, and **vivir** *(to live)* are three examples of Spanish infinitives. Notice that English infinitives are formed by *to + verb.*

Some frequently used **-ar, -er,** and **-ir** verbs from **Capítulo 1** are as follows:

bailar	to dance	nadar	to swim
buscar	to look for	necesitar	to need
comprar	to buy	pagar	to pay
escribir	to write	preparar	to prepare
escuchar	to listen to	tomar	to drink; to take
estudiar	to study	comer	to eat
hablar	to talk, to speak	leer	to read
llamar	to call	ir	to go
mirar	to look at, to watch	trabajar	to work

¡A practicar!

A. ¿Ahora o antes? Indicate by checking the appropriate column **Ahora** *(now)* or **Antes** *(before)*, if these activities are more typical of your life now or before as a high school student.

	Ahora	Antes
1. tomar leche *(milk)*	_____	_____
2. hablar por teléfono	_____	_____
3. ir a conciertos	_____	_____
4. estudiar mucho	_____	_____
5. mirar la televisión	_____	_____
6. leer libros	_____	_____
7. preparar la cena	_____	_____
8. llamar a tus padres	_____	_____
9. comer en restaurantes	_____	_____
10. escuchar la radio	_____	_____

1.5 Subject pronouns and the verb *ser:* Plural forms

Stating origin of several people

Subject pronouns	
Plural	
we	**nosotros, nosotras**
you (familiar)	**vosotros, vosotras**
you (formal)	**ustedes**
they	**ellos, ellas**

In **Para empezar,** you learned that **tú** is a familiar form generally used when speaking to a friend, and **usted** is a more polite, formal form used to show respect or to address an individual you do not know well. **Vosotros(as)** (the plural of **tú**) and **ustedes** (the plural of **usted**) are used in the same way when speaking directly to more than one person. However, in the Americas, **ustedes** is used in place of **vosotros(as).**

The verb *ser*			
Singular		**Plural**	
yo	**soy**	nosotros(as)	**somos**
tú	**eres**	vosotros(as)	**sois**
usted	**es**	ustedes	**son**
él, ella	**es**	ellos, ellas	**son**

¡A practicar!

A. ¿De todas partes? Classes begin next week and foreign students are starting to arrive on campus. Tell what countries they are from.

MODELO Roberto Rojas y José Antonio Méndez / Colombia
Roberto Rojas y José Antonio Méndez son de Colombia. Son colombianos.

1. Isabel y Julia Martínez / Venezuela
2. José Trujillo y Marta Cabezas / Cuba
3. Cecilia y Pilar Correa / Paraguay
4. Carlos Barros y tú / Costa Rica
5. Sonia Urrutia y Tomás Arias / Perú
6. tú y yo / México

B. Presentaciones. What does Pepe say about his friends when he introduces them to his roommate?

MODELO Víctor y Daniel _____ de Nuevo México.
Víctor y Daniel son de Nuevo México.

1. Rafael y Lalo _____ de Guadalajara.
2. Teresa _____ una estudiante de biología.
3. Ángela y Manuel _____ estudiantes de literatura latinoamericana.
4. Jaime y yo _____ de Montevideo.
5. Todos nosotros _____ muy buenos amigos.

1.6 Gender and number: Adjectives

Describing people

You have learned that adjectives are words that describe a person, place, or thing. Unlike English, Spanish adjectives usually follow the noun they describe.

A. Masculine singular adjectives that end in **-o** have four forms.

Singular		Plural	
Masculine	**Feminine**	**Masculine**	**Feminine**
alt**o**	alt**a**	alt**os**	alt**as**
simpátic**o**	simpátic**a**	simpátic**os**	simpátic**as**

B. Adjectives that end in **-e** and most adjectives that end in a consonant have only two forms: a singular form and a plural form. The plural is formed by adding **-s** to adjectives ending in **-e** and by adding **-es** to adjectives ending in a consonant. As noted in **1.3B,** exceptions to this rule are adjectives of nationality and those ending in **-dor.**

Singular	Plural
grande	grande**s**
azul	azul**es**
BUT:	
español	español**es**
español**a**	español**as**
trabajador	trabajador**es**
trabajador**a**	trabajador**as**

C. Adjectives of nationality that end in a consonant add **-a** to form the feminine singular, **-es** the masculine plural, and **-as** the feminine plural.

Singular		Plural	
Masculine	**Feminine**	**Masculine**	**Feminine**
alemán	aleman**a**	alemanes	aleman**as**
inglés	ingles**a**	ingleses	ingles**as**
español	español**a**	españoles	español**as**

D. When one adjective describes two or more nouns, one of which is masculine, the masculine plural form of the adjective is used.

Ana y José son muy serios. *Ana and José are very serious.*
Gloria, Isabel y Pepe son muy *Gloria, Isabel, and Pepe are very*
  desorganizados.   *disorganized.*

E. Nouns that refer to a group of people, collective nouns, are always singular: **la gente, la clase, todo el mundo, la familia, la policía, la mayoría,** etc. Adjectives modifying these nouns match them in gender and number.

Esta gente es muy trabajadora. *These people are very hard workers.*
Todo el mundo está aburrido. *Everybody is bored.*

¡A practicar!

A. **Mis amigos.** How does Romelia describe these famous people? Select the appropriate adjective.

1. Sammy Sosa es muy (atlético / atlética).
2. La autora mexicana Elena Poniatowska es (estudioso / estudiosa) y (serio / seria).
3. Isabel Allende es (simpático / simpática) y popular.
4. El cubano-estadounidense Andy García es (activo / activa), (divertido / divertida) y (estupendo / estupenda).
5. ¿Y yo? Yo soy (trabajador / trabajadora) y muy especial.

B. **¿Cómo son?** People usually select friends who are similar to themselves. How would you describe the following pairs?

1. Julio es divertido. (Julio y José)
2. Paco es impaciente. (Paco y yo)
3. Lupita es liberal. (Lupita y tú)
4. Eduardo es muy atlético. (Eduardo y Carmen)
5. El perro Canela es simpático. (Canela y Matón)
6. La perra Muñeca es inteligente. (Muñeca y Matón)
7. Tú eres... (Tú y yo)

Paso 3

1.7 Present tense of -*ar* verbs

Stating what people do

A. Spanish verbs are conjugated by substituting personal endings for the **-ar, -er,** or **-ir** endings of the infinitive. In this chapter, you will learn the **-ar** personal verb endings. Notice that the **-ar** endings always reflect the subject of the sentence, or the person or thing doing the action of the verb.

Verb endings: -*ar* verbs and sample verb *necesitar*			
Singular		**Plural**	
yo	necesit-**o**	nosotros(as)	necesit-**amos**
tú	necesit-**as**	vosotros(as)	necesit-**áis**
usted	necesit-**a**	ustedes	necesit-**an**
él, ella	necesit-**a**	ellos, ellas	necesit-**an**

B. The present indicative of any Spanish verb has three possible equivalents in English statements and questions.

Compro ropa nueva.
$\left\{\begin{array}{l}\textit{I buy new clothes.} \\ \textit{I am buying new clothes.} \\ \textit{I do buy new clothes.}\end{array}\right.$

¿Compras ropa nueva?
$\left\{\begin{array}{l}\textit{Do you buy new clothes?} \\ \textit{Are you buying new clothes?} \\ \textit{You buy new clothes?}\end{array}\right.$

Note in the examples above that **ser** is never used in combination with another present-tense verb to express that someone is doing something. Also the English auxiliary verb forms *do* and *does* do not exist in Spanish. When asking questions, the conjugated verb by itself communicates the idea of *do* or *does*. Also, if the subject pronoun is stated in a question, it can follow or preceed the verb.

¿Compra usted ropa nueva?   *Do you buy new clothes?*
¿Usted compra ropa nueva?   *Are you buying new clothes?*

C. As in English, a Spanish present-tense verb may have a future meaning.

Mañana pago las cuentas.   *Tomorrow I will pay (I'm paying) the bills.*
¿Cuándo lavamos el coche?   *When will we (do we) wash the car?*

D. Some frequently used **-ar** verbs are the following:

bailar	*to dance*	llevar	*to carry; to take; to wear*
buscar	*to look for*	mirar	*to look at, to watch*
comprar	*to buy*	nadar	*to swim*
escuchar	*to listen to*	necesitar	*to need*
hablar	*to speak*	pagar	*to pay*
lavar	*to wash*	preguntar	*to ask (a question)*
limpiar	*to clean*	preparar	*to prepare*
llamar	*to call*	tomar	*to drink; to take*

¡A practicar!

A. El fin de semana. Complete each of the following sentences with the appropriate form of the verb in parentheses to see what Francisco and his friends do on a typical Saturday.

1. Tomás _____ (preparar) unos sándwiches.
2. Yo _____ (mirar) la televisión.
3. Ángela y Olga _____ (escuchar) la radio.
4. Pablo y yo _____ (tomar) Coca-Cola.
5. Carlos _____ (hablar) por teléfono.
6. Carlos, Olga y Tomás _____ (comprar) mucho.

B. ¡Los domingos siempre son especiales! Why are Sundays so special for Enrique? To find out, complete the following paragraph with the correct form of the verbs in parentheses.

Por la mañana, _____ (yo / llamar) a mi amiga Cecilia. Nosotros _____ (hablar) casi una hora. Yo _____ (invitar) a Cecilia a almorzar *(to have lunch)* en mi apartamento. Ella siempre _____ (aceptar). Por eso, yo _____ (limpiar) el apartamento rápidamente y _____ (preparar) mi especialidad, ¡hamburguesas!

1.8 The verb *ir*

Stating destination and what you are going to do

ir *(to go)*			
yo	voy	nosotros(as)	vamos
tú	vas	vosotros(as)	vais
usted	va	ustedes	van
él, ella	va	ellos, ellas	van

When a destination is mentioned, **ir a** is always used.

Yo **voy a** la librería.	*I'm going to the bookstore.*
Ella **va a** un banco.	*She is going to a bank.*

Ir a + infinitive

The combination **ir a** + *infinitive* is used to express future actions.

Vamos a estudiar esta noche en la biblioteca.	*We're going to study tonight in the library.*
Van a llamar mañana.	*They're going to call tomorrow.*

Contractions in Spanish: al, del

Whenever **a** or **de** is followed by the definite article **el,** it contracts and becomes **al** or **del.** These are the only contractions in the Spanish language. In this lesson you will practice with **al.** Practice with **del** will come in a later chapter.

Vamos **al** teatro.	*We're going to the theater.*
La profesora va **al** laboratorio.	*The professor is going to the laboratory.*
Es Pepe. Llama **del** banco.	*It's Pepe. He's calling from the bank.*

¡A practicar!

A. Un día típico. Today is like every other school day. Everyone is rushing around. Where does Alicia say everyone is going?

Gloria y Teresa _____ a la cafetería. Julio _____ a la biblioteca a estudiar para un examen. Beatriz y Humberto _____ al cine. Yo _____ al cuarto de Virginia. Ella y yo _____ al Café Roma a tomar un refresco. Y tú, ¿adónde _____?

B. **Perdón, voy a...** Where is everyone really going? How do you correct yourself when you realize you've given the wrong destination?

> MODELO Yo voy al teatro. (la biblioteca)
> **Yo no voy al teatro, voy a la biblioteca.**

1. Marta va a la cafetería. (el restaurante)
2. Ángela va a la discoteca. (el teatro)
3. Carlos y José van al laboratorio. (la biblioteca)
4. El profesor va a la librería. (el banco)
5. Olga y yo vamos al restaurante. (la fiesta)
6. Julio y Ana van a Santiago. (Buenos Aires)

C. **¿Qué van a hacer?** These people are making plans for tomorrow, and everyone is going to do something different. What are they going to do?

> MODELO Ernesto / estudiar / biblioteca
> **Ernesto va a estudiar en la biblioteca.**

1. Gabriela / comer / restaurante
2. profesor / preparar / lección de biología
3. Paco y Mateo / llamar / a Marta
4. Adela y Tomás / comprar libros / librería
5. Mariana y yo / limpiar / cuarto
6. Julio y Julia / escribir / carta a sus padres

Trabajo en un restaurante en
San Juan, Puerto Rico

En nuestro apartamento preparamos el almuerzo

CAPÍTULO 2

¡Hay tanto que hacer ... en Puerto Rico!

Vamos de vacaciones a Puerto Rico

¡Las fotos hablan!

A. A que ya sabes... Según las fotos, los jóvenes universitarios puertorriqueños...

1. miran la tele.
2. escuchan música.
3. viven en apartamentos.
4. escriben cartas.
5. trabajan en restaurantes.
6. preparan la comida.
7. toman refrescos.
8. pasan las vacaciones en la playa.

B. En Puerto Rico yo... Indica si, en tu opinión, es posible hacer esto en Puerto Rico.

sí	no	
sí	no	1. Escuchar a Ricky Martin... ¡en persona!
sí	no	2. Conseguir excelentes precios en textiles y artículos electrónicos.
sí	no	3. Visitar una ciudad fundada en 1508.
sí	no	4. Caminar por una selva tropical.
sí	no	5. Encontrar a más *(more)* puertorriqueños en las calles de San Juan que en las calles de Nueva York.

In this chapter you will learn how to . . .

- name and describe some jobs.
- describe your house, apartment, or dorm.
- talk about roommates.
- describe vacation plans.
- talk about spring/summer/fall/winter break.

Have students do activities A and B in **pairs** first. Then go over them with the entire class. If there is disagreement in activity B, tell them that they will find the correct answers in the chapter.

Busco empleo... en San Juan

¿Eres buen observador?

TÉCNICOS

para reparar computadoras

 teclados   parlantes

pantallas   impresoras

**Enviar Resumé a
Quantum S.A. de San Juan
FAX: (787) 721-6768**

Firma de Abogados de Ponce tiene dos plazas disponibles de:

SECRETARIA(O) LEGAL

Con experiencia en Litigios Civiles y Preparación de Contratos, Bilingüe (español e inglés); Amplio conocimiento de Windows, Unix y Linux.

**Enviar Resumé al FAX:
(787) 721-6768**

Se solicita

MAESTRO O MAESTRA BILINGÜE DE EDUCACIÓN ESPECIAL

Trabajar con niños 4–9 años
Experiencia previa no necesaria

Sra. Soto (787) 721-8098

Se reciben llamadas sólo de 12:00–1:00 P.M.

Solicitamos

DEPENDIENTE(A)

Bilingüe, dinámico(a)

para Boutique en el Condado
Tiempo parcial

**Favor de llamar al
(787) 844-7226**

Ahora, ¡a analizar!

A. **¿Cómo se dice?** Completa estas oraciones con la información correcta, según la información de los clasificados: **dependiente(a), secretario(a) legal, técnicos, maestro(a) bilingüe.**

1. Necesitan un(a)... para trabajar con niños.
2. Necesitan... para reparar computadoras y componentes.
3. Necesitan un(a)... para vender ropa en una boutique.
4. Buscan un(a)... para preparar contratos.

B. **Combinaciones.** Indica el verbo de la columna B que mejor combina con cada palabra de la columna A.

A	B
teclado	escuchar
ropa	mirar
pantalla	reparar
parlante	escribir
contratos	vender
técnico	preparar

Al hablar del trabajo

Web TM2-1

CD1-13

Estela y Mónica

Ocupación

☐ secretarias   ☐ maestras bilingües   ☐ dependientas

¿Dónde trabajan?

☐ Quantum, S.A.   ☐ tienda de ropa   ☐ boutique en el Condado

¿Qué venden? Ropa para...

☐ bebés   ☐ niños   ☐ niñas   ☐ jóvenes
☐ hombres   ☐ mujeres

Julio Pesquero es técnico especialista
en reparaciones de computadoras.
Su especialidad es los periféricos
(teclados, ratones, parlantes, pantallas,
impresoras...). En este momento instala
memoria en una computadora.

Alicia Guzmán busca trabajo en una
empresa petroquímica. Pero, ¿quiénes son
los dos señores y qué hacen? «Somos
administradores. Entrevistamos a los
nuevos empleados y decidimos qué
hacen.»

Text Audio CD: Point to the first
drawing and ask **¿Cuál es la ocupación de Mónica? ¿la de Estela?
¿Dónde trabajan? ¿Qué venden?**
Have two students write the answers
on the board as the class answers.

Audio Script: Ella es Mónica y yo soy
Estela. Somos dependientas en esta
tienda de ropa en el Viejo San Juan.
Aquí vendemos sólo ropa para niñas
y mujeres.

Answers. dependientas; en una
tienda de ropa en el Viejo San Juan;
ropa para niñas y mujeres

Alternate Story Lines: 1. Talk about
five or six friends that have similar
jobs: administrator, secretary, and so
on. 2. Pretend five or six of your
students hold these jobs. 3. Talk about
five or six well-known characters
(e.g., Donald Trump, administrador;
Julia Child, cocinera; etc.)

Procedure: Using the overhead
transparencies or visuals, have students close their books and listen as
you narrate the captions, or use an
alternate narrative incorporating the
same phrases. Ask comprehension
check questions. Remember, the goal
is listening comprehension, not
production.

Soy Gilberto. Soy cocinero en el Café Tomás, aquí en Mayagüez. Preparo la comida y trabajo mucho. ¡Y no descanso!

Javier y Carmen son periodistas de *El Nuevo Día*, un periódico de San Juan. Escriben excelentes artículos todos los días. Por la mañana, al llegar a la oficina, siempre leen sus artículos en el periódico del día.

¿Sabías que...?

Desde 1980, la economía de Puerto Rico se basa principalmente en el sector industrial. La industria biotecnológica, la farmacéutica, la petroquímica y la electrónica generan el cuarenta por ciento (40%) de la producción anual. Muchos de los graduados universitarios puertorriqueños trabajan en estas industrias.

En tu opinión: ¿Por qué crees que estas industrias se establecen en Puerto Rico? ¿En qué industrias trabaja la mayoría de graduados en los Estados Unidos continentales?

Ahora, ¡a hablar!

A. **¿Qué hacen?** Selecciona de la columna B la descripción que mejor combina con los empleos de la columna A.

A	B
cocinero(a)	escribe artículos
mesero(a)	decide qué hacen los empleados
periodista	prepara comida
estudiante	trabaja en el restaurante
secretario(a)	estudia una carrera
dependiente(a)	escribe en la computadora
administrador(a)	vende en una tienda

B. **¿Qué es?** Lee estas descripciones para que tu compañero(a) identifique qué profesión se describe: profesor(a), secretario(a), cocinero(a), dependiente(a), periodista, administrador(a), mesero(a).

1. Trabaja en la oficina de *El Nuevo Día*. Escribe mucho y lee mucho.
2. También trabaja en una oficina. No lee mucho, pero sí escribe mucho. Generalmente escribe en la computadora.
3. Trabaja en una oficina, o en un restaurante o un café. Es una persona muy importante. Esta persona decide qué hacen los otros empleados.
4. No trabaja ni en una oficina, ni en un restaurante, ni en un café. Trabaja en la Universidad Interamericana de Puerto Rico. Prepara muchas clases y es muy inteligente.
5. Trabaja en Miss Georgette, una tienda de ropa en el Viejo San Juan. Vende ropa. Generalmente es una persona muy simpática.
6. Trabaja en el restaurante Los Chavales en San Juan. Generalmente abre el restaurante por la mañana y prepara comida para mucha gente.
7. Trabaja en el restaurante Borinquen de Ponce. No prepara la comida, sólo la sirve a los clientes.

EP 2.1 ⊖⊖ B. Call on **individual** students to read each job description aloud. Ask volunteers to identify the profession being described.

C. **Es muy interesante.** Hay un(a) nuevo(a) empleado(a) muy interesante donde tú trabajas. ¿Qué le preguntas? ¿Qué te responde?

MODELO   Hola, ¿_____ te llamas?
            TÚ: **Hola, ¿cómo te llamas?**
  COMPAÑERO(A): **Hola, soy [nombre].** o
               Me llamo [nombre].

1. ¿_____ estás hoy?
2. ¿_____ eres?
3. ¿_____ vives ahora?
4. ¿_____ tipo de trabajo haces aquí?
5. ¿_____ horas trabajas?
6. ¿_____ es tu jefe(a)?
7. ¿_____ tomas un descanso?
8. ¿_____ no tomamos un café? Yo invito.

EP 2.2 ⊖⊖ C and D. Do these exercises in **pairs** first. Allow 2–3 mins. for each exercise, then repeat with the entire class by calling on individual students.

Have students read **A propósito** silently. Then ask for examples of sentences using **por qué** and **porque**.

> ### A propósito...
> All interrogative words have written accents: **por qué** means *why* and **porque** can be translated as *because*. **Cómo** means *how* and **como** means *like* or *as*.

D. **Ocupaciones.** En tu opinión, ¿qué hacen estas personas en el trabajo? Contesta formando oraciones con palabras de cada columna.

EP 2.1 ⊖⊖

MODELO   **Los administradores entrevistan a los nuevos empleados.**

		los estudiantes
administradores	entrevistar a	al autobús
periodista	vender	ropa en la tienda
estudiante	preparar	los artículos
cocinero(a)	escribir	el café
dependiente(a)	leer	los nuevos empleados
profesor(a)	correr	la comida
secretario(a)	comer	en la computadora
técnico(a)	reparar	los exámenes
		impresoras

E. Insist that students not look at each other's crossword puzzle. Allow 4–5 mins. to finish. Then call on **individuals** to give the answers. Alternative: make this exercise a contest to see who can complete the crossword puzzle first.

E. Crucigrama. Este crucigrama ya tiene las respuestas verticales. El crucigrama en el Apéndice A tiene las respuestas horizontales. Con un(a) compañero(a) terminen los dos crucigramas dándose pistas *(clues)*, ¡no las respuestas! No se permite mirar el crucigrama de tu compañero(a) hasta terminar esta actividad.

MODELO	Tú:	¿Cuál es la pista para el número once horizontal?
	TU COMPAÑERO(A):	De donde sale la música en la computadora.
	TÚ ESCRIBES:	P A R L A N T E

▌ IRM TM2-1, Repaso visual, ■ *¡Buen trabajo!:* Show the top half of the transparency to the class and call on several students to tell what they see as you point to the various people and objects. Then reveal the bottom half and proceed as before.

Y ahora, ¡a conversar!

F. Allow 3–4 mins. for students to describe jobs to each other. Then call on **individuals** to describe any job and have the class guess the job described.

F. ¿A quién describe? Selecciona tres de estos puestos y, sin decir cuáles, descríbelos para ver si tu compañero(a) adivina *(guesses)* cuáles describes.

administrador(a)	dependiente(a)	periodista
cocinero(a)	gerente	secretario(a)

G. Allow 1–2 mins. to write the list in **pairs.** Then, in **groups of four,** have them combine both lists. Have two students go to the board and write separate lists as the class calls out each item.

G. ¿Nosotros? ¿Qué tipo de trabajo hay para estudiantes universitarios en tu universidad y en tu ciudad? Con un(a) compañero(a) prepara una lista de dónde trabajan los estudiantes universitarios y lo que hacen en su trabajo.

MODELO **Trabajamos en una boutique. Vendemos ropa.**

H. Allow 1–2 mins. to write and another 3 mins. for **group** work. Then ask various groups what profession they predicted for their group members.

H. Profesión ideal. En una hoja de papel, escribe el nombre de tu profesión preferida. Luego escribe las dos características más representativas de tu personalidad. En grupos de tres o cuatro, diles a tus compañeros cómo eres y cuál es tu profesión favorita. *(They are going to tell you what the ideal profession is for you based on your characteristics and favorite job.)*

¡Luces! ¡Cámara! ¡Acción!

I. **¡Encuesta!** Para una clase de sociología necesitas saber cómo vive un estudiante universitario típico. Prepara una lista de preguntas para tus compañeros de clase. Luego hazle las preguntas a tu compañero(a). Informa a la clase del resultado.

Información que necesitas

- dónde vive la persona
- con quién vive
- si trabaja
- dónde trabaja
- qué hace en el trabajo

MODELO   TÚ: **¿Dónde vives?**
     TU COMPAÑERO(A):   **Yo vivo en...**

J. **Oficina de empleo.** Tú necesitas trabajar y vas a la oficina de empleo de tu ciudad. Necesitas saber qué tipo de puestos hay. El (La) entrevistador(a) te pregunta sobre tu experiencia. Dramatiza esta situación con un(a) compañero(a).

I and J. Have students select either activity **I** or **J**, and allow 3–4 mins. to prepare. Call on volunteers to present their survey results or role plays first, and then call on the rest of the class. Ask comprehension check questions.

Un paso atrás, dos adelante: Capítulo 1

Repasemos. En el Capítulo 1 aprendiste [*you learned*] a hablar de ti y de los otros. Aprendiste a hablar de tus clases y de tus actividades, así como de tus planes en un futuro inmediato. Repasa lo que sabes, completando el siguiente texto con las palabras necesarias. Puedes inventar la información.

¡Hola! Me llamo _____ [tu nombre), y soy de _____ [el nombre de tu ciudad]. Yo _____ [estudiar/trabajar] en _____ y también _____ [estudiar/trabajar] en _____. Mis amigos opinan que yo soy _____ [tu personalidad] y _____ [tu personalidad] pero/y yo opino que (sí) soy _____ [tu personalidad] y _____ [tu personalidad].

Mis actividades favoritas son _____ [un deporte], _____ [una actividad doméstica] y _____ [otra actividad]. Mi clase favorita es _____ [nombre de la clase].

Este año, para las vacaciones, voy a ir a _____ [país en Latinoamérica] porque _____ [el mismo país en Latinoamérica] es muy _____ [característica del país].

_____ [despedida]

This section is designed to help students review the contents of Chapter 1. Allow students 2–3 minutes to complete this exercise. Then have them share their responses with another student, and ask them to suggest corrections if they detect an inconsistency. Call on several students to read their responses.

Estrategias para escuchar: anticipar

Knowing what people are talking about or anticipating what they are going to say makes it much easier to understand a foreign language. When listening to spoken Spanish, it always helps to anticipate what the conversation will be about before you listen. In the **¿Qué se dice...?** section of this **Paso** you met Estela and Julio, two working students. Now you are going to listen to Julio and Estela complain about their jobs. Write down three things that you think they might say, and then, after you listen to the recording, check to see if you anticipated correctly.

1. _____
2. _____
3. _____

Ahora, ¡a escuchar!

Now listen as your instructor plays the dialogue between Julio and Estela and, working in pairs, answer the questions that follow.

1. ¿Qué hacen Julio y Estela? Indica si Estela (**E**), Julio (**J**), o los dos (**E y J**) hacen las siguientes actividades.
   - _____ a. Tiene muchos clientes impacientes.
   - _____ b. Busca un nuevo empleo en el periódico.
   - _____ c. No descansa.
   - _____ d. Escribe en la computadora.
   - _____ e. Vende ropa.
   - _____ f. Es dependienta.
   - _____ g. Dice que su trabajo es aburrido.
   - _____ h. Trabaja en una clínica.

2. ¿Cómo son los trabajos de Julio y Estela? (Marca sólo uno.)
   - ☐ divertidos
   - ☐ aburridos
   - ☐ fáciles
   - ☐ muy técnicos

Procedure: Have students read the listening strategies silently and write down the three things they think will be mentioned. Then play the recording twice and allow students time to write answers to the questions in pairs. Call on individuals and have the class confirm their answers.

Audio Script:

JULIO: ¡Cuánto trabajo, Estela! Mi trabajo en el Laboratorio Clínico es fatal. Escribo todo el día en la computadora y es bastante aburrido. Y a ti, ¿no te aburre trabajar de dependienta?

ESTELA: Sí, mi trabajo es también bastante aburrido. Hay muchos clientes impacientes y no descanso. A veces no hay tiempo ni para comer. Creo que necesitamos nuevos trabajos.

JULIO: Sí, Estela. Pero ¿qué vamos a hacer?

ESTELA: Pues vamos a mirar los anuncios. En El Nuevo Día hay muchos. Mira, aquí, por ejemplo, solicitan cocinero y no es necesaria la experiencia previa. Tú preparas la comida en casa, ¿no?

JULIO: Sí, y aquí hay un anuncio para meseros a tiempo parcial. O cocinero o mesero, no importa. Y tú cocinas también ¿verdad? Podemos trabajar juntos.

ESTELA: Pues vamos a llamar ahora mismo.

JULIO: Sí, vamos.

Puerto Rico

Capital: San Juan
Área: 8.959 (ocho mil novecientos cincuenta y nueve) kilómetros cuadrados
Población: cerca de 4.000.000 (cuatro millones), otros 3.000.000 (tres millones) en los Estados Unidos continentales
Unidad monetaria: dólar estadounidense
Clima: Tropical marino, moderado, con poca variación estacional: 82°F de promedio anual

Antes de empezar, dime...

En tu opinión, ¿son ciertos (**C**) o falsos (**F**) estos comentarios? *(After completing the reading, check to see if your perceptions were correct.)*

C　F　1. La isla de Puerto Rico fue descubierta por los Estados Unidos en 1898.

C　F　2. Todos los puertorriqueños son ciudadanos de los Estados Unidos.

C　F　3. Los puertorriqueños no pagan impuestos *(taxes)* a los Estados Unidos.

El Estado Libre Asociado de Puerto Rico

La hermosa isla de Puerto Rico (la llamada «Isla del encanto») está situada en el mar Caribe, como lo están Cuba, Haití, la República Dominicana y Jamaica, entre otras. Con una extensión de aproximadamente nueve mil kilómetros cuadrados (9.000 kms²), es la más pequeña de las cinco.

La relación entre Estados Unidos y Puerto Rico está marcada por la cuestión de la independencia y la estadidad. Los puertorriqueños debaten desde hace muchos años si convertirse en el estado número cincuenta y uno (51), o bien convertirse en un país independiente. Hasta ahora ninguna de las dos opciones ha triunfado, y Puerto Rico es, desde 1952, un Estado Libre Asociado, donde los puertorriqueños son ciudadanos de Estados Unidos desde mil novecientos diecisiete (1917). Como ciudadanos, los puertorriqueños pueden servir en el ejército estadounidense.

Puerto Rico posee un solo representante en el Congreso de Estados Unidos con voto en comités del Congreso pero no en el plenario. La ciudadanía norteamericana no permite a los puertorriqueños que viven en la isla votar en las elecciones presidenciales. Los puertorriqueños que viven en el continente pueden votar en todas las elecciones.

Desde abril de 1991 el español es la lengua oficial de Puerto Rico, junto con el inglés. Los embajadores artísticos puertorriqueños siguen impactando en el campo del cine, del teatro, del arte, de la literatura, de la música y de los deportes en los Estados Unidos. ¿Y quién no conoce a los multitalentosos escritores, pintores, actores, cantantes, músicos y deportistas puertorriqueños como Eugenio María de Hostos, Luis Palés Matos, Julia de Burgos, René Márquez, Francisco Oller, Raúl Juliá, Rita Moreno, Bobby Capó, Tito Puente, Yomo Toro, Rosie Pérez, los Alomar, Jennifer López, Ricky Martin, Jimmy Smits y muchos más?

Y ahora, dime...

Contesta estas preguntas con un(a) compañero(a) de clase.
1. Explica el título de esta lectura: **El Estado Libre Asociado de Puerto Rico.**
2. Prepara un esquema como el siguiente y complétalo con la información de la lectura.

La historia reciente de Puerto Rico

Fechas importantes		Hechos importantes	
1.	4.	1.	4.
2.	5.	2.	5.
3.	6.	3.	6.

Have students write answers on a separate page in **groups of two or three.** Go over answers with the class.

Smart Classroom: Preselect several websites dedicated to the **estadidad** of Puerto Rico and help students recognize whether these sites are in favor of or against it. As a homework assignment, have students search the Internet for additional websites on **estadidad** and find out what the arguments are in favor of or against it. Have volunteers come prepared to offer the class a list of the major arguments for or against. Ask students to include the addresses of the websites they visited in their reports. As a follow-up activity, have a class debate on whether Puerto Rico should become the 51st state of the U.S., should continue as is, or should become totally independent.

Mi casa... en San Juan

¿Eres buen observador?

UBICACIÓN:	**Playa Guayanes**
EDIFICIO:	**Casa de Playa**
VISTAS:	**Yabucoa**
VENTA:	**$150,000.00**
CUARTOS:	**3**
BAÑOS:	**2**
ESTACIONAMIENTOS:	**1**

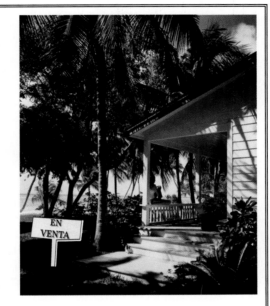

Descripción de la propiedad

Hermosa casa de playa a la orilla del mar con hermosas vistas a la bahía de Yabucoa. Espacioso solar de 638 metros cuadrados. La casa consta de dos niveles de construcción combinada de hormigón y madera. Cuenta con 3 cuartos, 2 baños, sala, comedor, cocina, balcón y terraza. El precio incluye 3 acondicionadores de aire, juego de sala y comedor, estufa, nevera, 3 sofá-cama, 1 cama queen, y 1 cama litera, entre otros. Fue tasada por $152,000.00. Información Carlos Santiago (787) 702-1886 lic. # 8145.

Ahora, ¡a analizar!

A. **En venta.** Lee este anuncio de propiedad inmobiliaria de Puerto Rico, y completa las siguientes oraciones.

1. El anuncio es para vender...
2. La casa está en...
3. Es una casa grande porque tiene...
4. Si necesitas más información, llamas al número...
5. Comparada con otras casas similares en los Estados Unidos, esta casa es... cara *(expensive)* / barata *(inexpensive)*.

B. **Vendo casa.** Ahora escribe un anuncio clasificado para vender tu casa, apartamento o condominio. Escribe una descripción de cómo es, cuántas habitaciones y cuántos baños tiene. Puedes inventar los datos.

TAREA

Antes de empezar este Paso, estudia la lista de vocabulario, en la página 88 y practícalo al escuchar el surco 19 de tu Text Audio CD #1. Luego estudia *En preparación*.

2.3 Numbers 0–199, páginas 93–94

2.4 Possessive adjectives, páginas 94–96

2.5 Three irregular verbs: **tener, salir, venir,** páginas 96–97

Haz por escrito los ejercicios de *¡A practicar!*

Escucha la sección *¿Qué se dice... ?* del Capítulo 2, Paso 2 en el surco 15 del Text Audio CD y haz la actividad correspondiente en la página 74.

Have students prepare *2.3 Numbers* and *2.4 Possessive adjectives* for the first day you work on this **Paso**. Then assign *2.5 Three irregular verbs* for the second day.

Smart Classroom: For homework, have students search the Internet for houses for sale in Puerto Rico. Ask students to bring in a printed ad or a written report on a house o apartment they have found. Have volunteers come to class prepared to present and describe their Puerto Rican dream houses. Ask all students to include the addresses of the websites they visited in their reports.

A. Have students complete the sentences in **pairs** first. Then call on **individuals** to read their completions. Have the class confirm each response. Remind students that they are not expected to understand every word, but to acquire a general sense of the content of this ad.

B. Have students work in **pairs** to describe their house. Then call on **individuals** to go to the board and draw a plan of their house or apartment as they described it. Ask them to point out the different rooms to the rest of the class.

Al hablar de dónde y cómo viven los estudiantes[1]

Todos somos puertorriqueños. Todos menos Gustavo, que es español. Estudiamos en la Universidad de San Juan. María y yo estudiamos matemáticas. Gustavo estudia educación física, y Carlos es el químico de la casa. Nuestra casa está muy bien, y la renta no es cara: pagamos $198 cada uno por el alquiler. No está mal, ¿no?

¿Quiénes hacen estos quehaceres: Carlos, Sara, Gustavo o María?

| cocinar | lavar los platos | estudiar mucho | sacar fotos |

El número del teléfono de la casa es:

| 7 89 38 15 | 7 88 49 14 | 7 88 39 15 | 7 89 30 16 |

¿Sabías que...?

El Viejo San Juan es la ciudad original fundada en 1508. De la misma época se puede visitar la fortaleza San Felipe del Morro («El Morro»). A unas veinte millas de San Juan está El Yunque, una selva tropical *(rain forest)*. El Yunque tiene una gran variedad de flora y fauna, con hermosas orquídeas y el coquí, la ranita *(little frog)* que ha llegado a ser un símbolo de Puerto Rico.

En tu opinión: ¿Hay ciudades en Estados Unidos que son tan antiguas como San Juan? ¿En qué estado o región están? ¿Están tan bien preservadas como el Viejo San Juan en Puerto Rico? ¿Por qué sí o por qué no?

[1]En la mayoría de los países hispanos, los estudiantes universitarios no viven en residencias. Por lo general, viven en casa de sus padres si no está muy lejos de la universidad, o en apartamentos o casas privadas.

Ahora, ¡a hablar!

A. **Esos datos.** Con tu compañero(a), miren el dibujo y la información del *¿Qué se dice... ?* y conecten las siguientes personas y cosas con los números.

1. neveras
2. personas en la casa
3. días de la semana en que trabajan en casa
4. los cocineros
5. personas que están en la foto
6. el alquiler
7. días de la semana en que lavan la ropa

a. tres
b. seis
c. una
d. ciento noventa y ocho dólares
e. cuatro
f. dos
g. uno

B. **¡Hay muchos!** ¿Hay muchos objetos en las mochilas de los estudiantes de la clase de español? ¿Cuántos objetos hay?

1. computadoras portátiles (24)
2. libros (73)
3. lápices (114)
4. radios (15)
5. diccionarios (10)
6. sándwiches (51)
7. bolígrafos (69)
8. hojas de papel (174)
9. teléfonos celulares (19)
10. discos compactos (113)

C. **Quehaceres.** ¿Quién hace esto en tu casa/apartamento/residencia?

MODELO   yo / lavar la ropa / de nosotros
      Yo lavo nuestra ropa.

1. Gregorio / pagar / el alquiler / de él y de Toñi
2. María y yo / limpiar / el cuarto / de ella
3. Ana / preparar / la comida / de ella
4. tú / disfrutas / las vacaciones / de ti
5. José / reparar / la computadora / de mí

D. **Carlos y sus compañeros.** Estudia el dibujo de la sección *¿Qué se dice... ?* en la página 74 y completa con tu compañero(a) estas oraciones.

1. Uno de los cuatro estudiantes _____ al teatro.
2. El sábado es el día en que Carlos y sus compañeros _____ más trabajo en la casa.
3. El domingo no comen en casa y _____ a comer fuera.
4. El sábado, Gustavo _____ que lavar la ropa.
5. Los lunes, ni María ni Carlos _____ trabajo.

Purpose: To provide guided practice with structures and vocabulary needed to describe student living quarters and talk about what students do there. This section also recycles vocabulary from **Para empezar** and **Capítulo** 1.

Vocabulario activo: **A.** Have students work in pairs. Then, call on individual students. Have the class confirm the answers.

Answers: A: 1. c; 2. e; 3. b; 4. f; 5. a; 6. d; 7. g.

EP 2.3 ⊕⊕ **B.** Have students work in **pairs.** Then, call on **individual** students. Have the class confirm the answers.

EP 2.4 ⊕⊕ **C.** Have students work in **pairs.** Then, call on **individual** students. Have the class confirm the answers.

EP 2.5 ⊕⊕ **D.** Allow 2–3 mins. for **pair** work with each student taking turns asking and answering questions. Note that item 3 could be completed with **salen** or **van.**

A propósito...

In **Capítulo** 1 you learned that to negate in Spanish you always say **no** before the verb. Note also that, in Spanish, you say **no... ni...** or **ni... ni...** if you have two negations together. How do you say the following in Spanish? "I have neither time nor money."

Have students read silently. Then ask volunteers to translate this and other sentences using **no... ni...** or **ni... ni ....**

E. Una semana típica. Habla con tu compañero(a) para preguntarle cómo es su semana típica. Puedes usar estas u otras preguntas.

¿Qué clases tienes este semestre?
¿Estudias mucho?
¿Trabajas?
¿Tienes más clases por la mañana, por la tarde o por la noche?
¿Para qué clases estudias más?
¿Trabajas los fines de semana?
¿Sales por las noches?

Y ahora, ¡a conversar!

F. ¡Aló! Escribe un número de teléfono en un papelito y en tu cuaderno para recordarlo. Tu instructor(a) va a recoger los números y redistribuirlos. Ahora lee el número que tienes en el papelito. La persona que reconoce el número que escribió debe decir ¡Aló!

G. ¡Bingo! Prepara tu propia tarjeta de BINGO. Escribe uno de estos números en cada cuadrado: **B** 1–19, **I** 20–39, **N** 40–59, **G** 60–79, **O** 80–99. Escribe los números arábicos y deletréalos *(spell them out)* porque vas a tener que decirlos en voz alta si ganas. Luego toda la clase va a jugar.

B (1–19)	**I** (20–39)	**N** (40–59)	**G** (60–79)	**O** (80–99)
Número ___ ___	Número ___ ___	Número ___ ___	Número ___ ___	Número ___ ___
Número ___ ___	Número ___ ___	Número ___ ___	Número ___ ___	Número ___ ___
Número ___ ___	Número ___ ___	Número ___ ___	Número ___ ___	Número ___ ___
Número ___ ___	Número ___ ___	Número ___ ___	Número ___ ___	Número ___ ___
Número ___ ___	Número ___ ___	Número ___ ___	Número ___ ___	Número ___ ___

H. **¿Quién lo hace?** Pregúntales a tus compañeros de clase si hacen las actividades de estos cuadrados (grid). Cada vez que uno diga que sí, pídele que firme (escriba su nombre) en el cuadrado (square) apropiado. La idea es tener una firma en cada cuadrado. **¡Ojo!** No se permite que una persona firme más de un cuadrado.

Correr todos los días	Lavar la ropa	Caminar a la universidad	Comer en la cafetería
_____ Firma	_____ Firma	_____ Firma	_____ Firma
Vivir en un apartamento	Leer el periódico todos los días	Estudiar en la biblioteca	Escribir cartas a sus padres
_____ Firma	_____ Firma	_____ Firma	_____ Firma
Hablar por teléfono a larga distancia	Preparar la comida	Escuchar la radio con frecuencia	Mirar videos con la familia
_____ Firma	_____ Firma	_____ Firma	_____ Firma
Escribir en la computadora	Limpiar su cuarto todos los días	Escuchar música clásica	Salir con su familia
_____ Firma	_____ Firma	_____ Firma	_____ Firma

H. Allow 8–10 mins. Point out that the word **video** is written and pronounced **vídeo** in some countries. Circulate, making sure students use only Spanish. Verify by asking the students that signed a specific box if they do that activity.

Explain that **¡Ojo!** means *Watch out!* or *Be careful!* Demonstrate the hand gesture that usually accompanies it: index finger under eye.

Alternative: If you find it difficult for students to circulate in the classroom, call on a student to ask who in the class does a particular activity. For example: **¿Quién corre todos los días?** Any student may respond in complete sentences: When the response is affirmative, the student asking the question writes that student's name in his/her grid. Continue calling on students to ask questions until someone gets a bingo.

¡Luces! ¡Cámara! ¡Acción!

I. **¡Aló! ¿Cómo es la casa?** Llamas por teléfono a una persona que tiene un cuarto para alquilar cerca de la universidad. Con un(a) compañero(a), escribe el diálogo que tienen. Usen esta guía. Luego lean el diálogo frente a la clase.

- Saludos
- Preguntas sobre la casa en general (cuartos, baños, etc.)
- Preguntas sobre el precio, el depósito, las utilidades
- Preguntas sobre las personas que viven en la casa
- Otras cosas de tu interés

J. **¡Organización!** Encuentras una casa que es perfecta para ti, y ahora tienes una entrevista con las personas que viven en la casa. Tienes la ocasión de hacer preguntas sobre cómo viven, los quehaceres de la casa y otras cosas de tu interés. Intenta ser creativo(a). Dramatiza la situación con dos compañeros.

I and J. Allow students to select either activity **I** or **J**. Point out that **I** is more guided and may be read, while **J** is more open-ended and must be done extemporaneously. Allow 3–4 mins. to prepare. Have volunteers present first, and then the rest of the class. Ask comprehension check questions.

¿Comprendes lo que se dice?

Estrategias para ver y escuchar: anticipar

Procedure: Have students read the **Estrategias** silently and have them do the pre-viewing activity. Then have them view the video and do the post-viewing activity.

In the previous **Paso** you learned that anticipating what is going to be heard makes it much easier to understand a foreign language. This certainly is true when viewing and listening to a video in Spanish. In this case, for example, you are going to be viewing a video about Puerto Rico. Based on what you already know about this country, which of the following topics would you expect to be included in a brief travelogue about the island? Put an X by the topics you feel quite certain will be included.

_____ a. el Viejo San Juan
_____ b. otras ciudades puertorriqueñas
_____ c. El Morro
_____ d. la industria puertorriqueña
_____ e. El Yunque
_____ f. el coquí
_____ g. la música puertorriqueña
_____ h. la comida puertorriqueña
_____ i. el gobierno puertorriqueño

Al ver el video: ¿Comprendes lo que se dice?

As you watch the video for the first time, mark the items that are actually mentioned. Compare the items you marked with the ones you anticipated above. How many did you anticipate correctly? Then check with the ones two other students marked to see how many all of you identified.

Answers: a, b, c, e

_____ a. el Viejo San Juan
_____ b. otras ciudades puertorriqueñas
_____ c. El Morro
_____ d. la industria puertorriqueña
_____ e. El Yunque
_____ f. el coquí
_____ g. la música puertorriqueña
_____ h. la comida puertorriqueña
_____ i. el gobierno puertorriqueño

Puerto Rico, ¡destino de turistas!

Después de ver el video

Time code: 2:36–4:30

Answers: Sí: a, c, e

Indica ahora si la información aparece en el video.

Sí   No   a. San Juan es la capital de Puerto Rico.
Sí   No   b. El castillo del Morro está en Florida.
Sí   No   c. El Yunque es un bosque espectacular.
Sí   No   d. Ponce es la ciudad más grande de Puerto Rico.
Sí   No   e. Puerto Rico es la «isla del encanto».

Viajemos a la Isla del encanto

Antes de empezar, dime...

Lee **Datos importantes sobre Puerto Rico** y decide si estos comentarios son ciertos o falsos.

C	F	1.	La moneda de Puerto Rico es el dólar. No existe otra.
C	F	2.	Puerto Rico tiene dos idiomas oficiales: español y taíno.
C	F	3.	Es necesario tener pasaporte para viajar a Puerto Rico.
C	F	4.	Puerto Rico es una isla grande con muchos habitantes.
C	F	5.	La gasolina en Puerto Rico se vende por galones y la distancia se mide en millas, como en los EE.UU.

Datos importantes sobre Puerto Rico

PASAPORTE   Puerto Rico es un Estado Libre Asociado de los EE.UU. Si eres ciudadano(a) estadounidense, no necesitas pasaporte para viajar a Puerto Rico ni pasar por la aduana al entrar a Puerto Rico ni al regresar a los EE.UU.

EL CONSUMO DE ALCOHOL   La edad legal para consumir o comprar bebidas alcohólicas es 18 años.

Tiendas en el Viejo San Juan

EL CLIMA	La temperatura media anual es de 82°F (28°C). La temporada de lluvias es de agosto a octubre. El clima tropical de Puerto Rico hace que llueva ligeramente en cualquier época del año.
IDIOMAS OFICIALES	Puerto Rico tiene dos idiomas oficiales, el español y el inglés.
LA HORA	La hora en Puerto Rico es igual a la hora oficial del este de Estados Unidos (EST), desde el primer domingo de abril hasta el último domingo de octubre. El resto del año hay una hora de diferencia con la hora oficial del este (EST).
LOS IMPUESTOS	No hay impuestos sobre las compras en Puerto Rico.
ELECCIONES	Los puertorriqueños que viven en los Estados Unidos continentales votan en todas las elecciones.
LA MONEDA	El dólar estadounidense es la única moneda oficial en Puerto Rico.
LLAMADAS POR TELÉFONO	Se utiliza el mismo sistema de teléfonos que en Estados Unidos. El código de área de la isla es el 787. Las tarjetas telefónicas que se usan en los EE.UU. funcionan también en Puerto Rico.
EXTENSIÓN Y POBLACIÓN	Puerto Rico tiene una extensión de 100 por 35 millas (160 por 56 kilómetros). En la isla viven cerca de cuatro millones de habitantes.
LOS AUTOMÓVILES	La gasolina en Puerto Rico se vende por litros, la distancia se mide en kilómetros y la velocidad se mide en millas por hora. La edad legal para manejar es 16 años.

Viajemos por el ciberespacio a... PUERTO RICO

If you are a cyberspace surfer, try entering one of the following key words to get to many fascinating sites in **Puerto Rico**:

Datos importantes de Puerto Rico

El Yunque

El Viejo San Juan

El Morro

Or, better yet, simply go to the *¡Dímelo tú!* website using the following address: http://dimelotu.heinle.com

There, with a simple click, you can

- enjoy a virtual tour of El Viejo San Juan and visit its gorgeous buildings and plazas.
- appreciate the natural beauty of El Yunque through hundreds of pictures of El Yunque's flora and fauna.
- acquire valuable information that will help you fully enjoy your next visit to Puerto Rico, la Isla del encanto.

Y ahora, dime...

Usa este diagrama Venn para comparar y contrastar los datos que son comunes a Puerto Rico y los Estados Unidos, y lo que es exclusivo a cada uno de ellos.

Puerto Rico	los EE.UU. y Puerto Rico	los EE.UU.
1.	1.	1.
2.	2.	2.
3.	3.	3.
4.	4.	4.
5.	5.	5.
6.	6.	6.

Smart Classroom: For homework, have students go to the Internet and look up two of the following: **Puerto Rican history and facts, El Yunque, El Morro, El Viejo San Juan.** Then, have them write a brief but specific report on what they learned.

¡Escríbelo!

Estrategias para escribir: concebir ideas

When getting ready to write, it is a good idea to brainstorm, that is, to list as many thoughts as possible about what you are going to write. To brainstorm, you must think and write as many ideas as you can think of on a given topic. As always, try to think in Spanish and to write only the ideas and concepts that you have already acquired. Avoid thinking in English and then translating into Spanish, as this will require you to use structures that you may not have acquired yet.

Take a moment to brainstorm a detailed description of your house, as you will be asked to describe it later. You can use these initial ideas or reject them as a way to start your description.

> **Vocabulary:**
> House: bedroom; furniture; kitchen; living room
>
> **Grammar:** Verbs: present; possessive adjective: **mi(s), tu(s); nuestro**
>
> **Phrases:** Describing places; writing a letter (informal)

Ahora, ¡a escribir!

A. **En preparación.** Prepárate para describir tu apartamento o casa en una carta a tu mejor amigo(a) usando las ideas que escribiste durante tu *brainstorming*.

A. You may want to do the brainstorming activity with the entire class. Write **apartamento/casa** on the board and draw a circle around it. Then ask the class for topics related to **apartamento/casa**. Write anything they say in Spanish around the circled word.

B. **El primer borrador.** Usa la lista que preparaste en **A** para escribir un primer borrador *(first draft).*

B. Assign as homework.

C. **Ahora a compartir.** *(Share your first draft with two classmates.)* Haz comentarios sobre el contenido y el estilo de tus compañeros(as) y escucha los comentarios de ellos sobre tu carta. Si hay errores de ortografía *(spelling)* o de gramática, corrígelos.

C. Allow 2–3 mins. to read and comment on each other's letters and recommend any changes. Ask them to focus on subject/verb agreement errors.

D. **Ahora a revisar.** Decide si es necesario hacer cambios en tu carta. *(Keep in mind your classmates' comments as you decide.)*

D. Assign as homework.

E. **La versión final.** Prepara una versión final de tu carta y entrégala.

E. Assign as homework. Require that students prepare the final version on the computer.

F. **Ahora a publicar.** En grupos de tres, lean sus cartas y decidan cuál es la mejor. *(Have the person with the best letter in your group read it to the entire class.)*

F. Select three letters to pass around the class so all can read them.

Puerto Rico ¡no tiene estaciones!

TAREA

Antes de empezar este Paso, estudia la lista de vocabulario, en la página 89 y practícar al escuchar el surco 20 de tu Text Audio CD #1. Luego estudia *En preparación*.

2.6 Telling time, páginas 97–98

2.7 Dates and seasons, páginas 99–100

2.8 Verbs of motion, páginas 100–101

Haz por escrito los ejercicios de *¡A practicar!*

Escucha la sección *¿Qué se dice...?* del Capítulo 2, Paso 3 en el surco 16 del Text Audio CD y haz la actividad correspondiente en la página 83.

Have students prepare *2.6 Telling time* for the first day you work on this **Paso**. Then assign *2.7 Dates and seasons* and *2.8 Verbs of motion* for the second day.

Point out that calendars in Spanish-speaking countries used to always begin the week with Monday and end with Sunday. Have students answer in **pairs** first. Then call on **individual** students. Have the whole class repeat key vocabulary for pronunciation practice as each answer is given.

A. Do in **pairs** first. Allow 2–3 mins. Then repeat by calling on **individuals**.

B. Call on volunteers. Ask the class if they agree after each response.

¿Eres buen observador?

Puerto Rico tiene sólo una estación: ¡verano!

Estados Unidos		Puerto Rico	
diciembre enero febrero	marzo abril mayo	diciembre enero febrero	marzo abril mayo
invierno	primavera	invierno	primavera
junio julio agosto	septiembre octubre noviembre	junio julio agosto	septiembre octubre noviembre
verano	otoño	verano	otoño

Ahora, ¡a analizar!

A. **Adivinanzas: semanas, meses y estaciones.** Completa estas oraciones.

1. Hay cuatro _____ en un _____.
2. En Puerto Rico hay sólo una _____: el _____.
3. Hay doce _____ en un _____.
4. Hay tres _____ en una _____, más o menos.
5. Vamos a esquiar en el _____.
6. Las vacaciones más populares son en el _____.
7. Hay muchas flores en la _____.
8. Los meses del otoño son _____, _____ y _____.

B. **Asociaciones.** ¿Con qué estación o mes asocias estas actividades?

1. las vacaciones
2. la playa
3. los exámenes finales
4. el fútbol americano
5. el béisbol
6. el principio del año escolar
7. el final de año escolar
8. el amor

¿Qué se dice... ?

Al hablar de las próximas vacaciones

Un grupo de estudiantes en la cafetería del Colegio Eugenio María de Hostos, en el Bronx, habla de los planes para sus próximas vacaciones.

TERESA: Margarita, Silvia y yo vamos de vacaciones a San Juan en el (verano / invierno). Ellas (salen / regresan) un lunes y (salen / regresan) un domingo.

ROSA: Pues en diciembre José y yo vamos a pasar las vacaciones con unos amigos de la Universidad de Puerto Rico, en Mayagüez. Salimos inmediatamente después del último día de clases y no regresamos hasta el día antes de empezar las clases.

PEDRO: ¡Estoy muy feliz! A las 8:15 de la mañana, el 20 de julio, salgo para Ponce y regreso a las 9:40 de la noche, el 30 de agosto, a Nueva York. ¡Qué vacaciones!

JOSÉ: Sí, y como yo soy un fanático del ejercicio, de día voy a caminar y correr por la playa. Y por las noches, salgo con Rosa a beber, comer y bailar.

A propósito...

Note that when referring to collective nouns (grupo, familia...) verbs must remain singular, as in: <u>Un grupo</u> de estudiantes... <u>habla</u>; and below: Casi <u>una tercera parte de todos los puertorriqueños vive</u>...

Audio script: Margarita, Silvia y yo también vamos a pasar las vacaciones de verano en San Juan. Salimos un lunes y regresamos un domingo. Una semana entera. ¡Pero una semana intensa! Comer, caminar, comprar y dormir... ¡nada más!

Web TM2-3

Answers: verano; salen; regresan

A propósito...

In Spanish, the word **vacaciones** is always used in the plural. The singular **vacación** is rarely used. Remember also that the combination **ir a** + *infinitive* is used to express future actions. Therefore, what does **vamos a pasar las vacaciones en Puerto Rico** mean? What does **voy a caminar y correr por la playa** mean?

¿Sabías que... ?

Casi una tercera parte de todos los puertorriqueños vive en Nueva York. En efecto, hay más puertorriqueños en Nueva York que en San Juan, la capital de la isla. Cada año a principios de junio, se celebra la Semana Puertorriqueña de Nueva York, la cual termina con el Desfile Puertorriqueño, el más grande de todos los desfiles de la ciudad.

En tu opinión: ¿Por qué hay más puertorriqueños en Nueva York que en San Juan? Considerando el clima, ¿cuál es la atracción de Nueva York para ellos? ¿Por qué participa tanta gente en el Desfile Puertorriqueño?

Ask students to read silently. Then, ask many comprehension check questions: ¿Qué porcentaje de los puertorriqueños vive en Nueva York: cincuenta por ciento o treinta por ciento? ¿Dónde hay más puertorriqueños, en Nueva York o en San Juan? ¿Qué se celebra a principios de junio? and so on.

Purpose: To provide guided practice as students begin to produce structures and vocabulary needed to talk about their vacation plans.

Vocabulario activo: A. Call on **individual** students. Have the class confirm each response.

EP 2.6 ◀▶ **EP 2.7** B. Call on volunteers. Have class confirm each response.

EP 2.6 ◀▶ **EP 2.8** C. Have students work in **pairs** for 3–4 minutes. Then ask them to read the situation and their short dialogues to the class.

EP 2.7 ◀▶ D. Call on **individuals**. Have class confirm each response.

EP 2.6 ◀▶ **EP 2.7** E. Do in **pairs** first. Allow 2–3 mins. Then call on **individuals** to tell you their partner's vacation plans. Note this activity recycles regular present indicative verbs.

Ahora, ¡a hablar!

A. **Planes.** Según el *¿Qué se dice... ?* de la página 83, ¿qué planes tienen estas personas?

	Sale el 20 de julio para Ponce.
José	Va de vacaciones a Mayagüez.
Teresa, Margarita y Silvia	De noche sale con su amiga Rosa.
Pedro	Regresa de las vacaciones el 30 de agosto.
Rosa	Van a comer, caminar, comprar y dormir.
	Regresan de San Juan un domingo.

B. **Vacaciones.** Estudia el dibujo del *¿Qué se dice... ?* de la página 83 y completa estas oraciones.

1. Teresa y sus amigas _____ un lunes y _____ un domingo.
2. Pedro está feliz porque sale el día _____ _____ _____ y no regresa hasta el día _____ _____ _____.
3. Rosa y José salen el _____ _____ _____ y regresan el _____ ___ _____.
4. En la playa, José va a _____ y _____.
5. Pedro sale a las _____ ___ _____ de la mañana y regresa a las _____ ___ _____ de la noche.

C. **¿A qué hora?** Habla con tu compañero(a) para hacerse preguntas y responder en las siguientes situaciones.

Situación: Hoy es el primer día de vacaciones y tú tienes que ir al aeropuerto, pero no tienes auto. Tu amigo(a) te pregunta y tú le dices a qué hora sale tu vuelo.

MODELO   TÚ: **¿A qué hora sales para el aeropuerto?**
         TU AMIGO(A): **Salgo a las diez menos cuarto de la mañana.**

1. Tienes muchísimos libros para llevar a la biblioteca y le preguntas a tu compañero(a) a qué hora sale para la universidad.
2. Tienes unas entradas para un concierto de tu cantante favorito pero tienes que limpiar la casa. Le preguntas a tu compañero(a) a qué hora sale de su clase hoy, para ayudarte con la limpieza.
3. Tu amigo(a) habla frecuentemente y por mucho tiempo por teléfono. Tú tienes que hacer una llamada importante hoy y le preguntas a tu compañero(a) a qué hora no va a usar el teléfono para hacer la llamada.

D. **¿En qué mes y en qué fecha... ?** Estudia el dibujo del *¿Qué se dice... ?* de la página 83 y contesta estas preguntas.

1. ¿En qué mes son las vacaciones de Teresa y sus amigas?
2. ¿Cuándo son las vacaciones de Rosa y José?
3. ¿Cuántas semanas de vacaciones van a tomar Rosa y José?
4. ¿Quién va a tomar las vacaciones más largas? ¿Cuántos días en total?
5. ¿De qué fecha a qué fecha son las vacaciones de Pedro?

E. **¿Y tu compañero?** Pregúntale a tu compañero(a) qué planes tiene para las vacaciones de primavera. Utiliza el siguiente vocabulario e[2] inventa tus propias preguntas.

---

[2]In **Capítulo 1** you learned that **o** *(or)* changes to **u** when it is followed by a word that begins with **o**. Note also that **y** *(and)* changes to **e** when it is followed by a word that starts with **i**.

Vocabulario útil

beber	cocinar	comer	comer fuera	hacer
pagar	regresar	salir	salir	venir

F. **La línea ecuatorial.** Las estaciones del año son totalmente opuestas al norte y al sur de la línea ecuatorial. Por eso, con excepción de Venezuela y Colombia, las estaciones en toda Sudamérica son exactamente opuestas a las de Norteamérica y Centroamérica. ¿Qué estación corresponde al mes indicado en estos países?

MODELO   julio en Uruguay
En julio es invierno en Uruguay.

1. abril en Chile
2. enero en Costa Rica
3. octubre en Argentina
4. mayo en Venezuela
5. noviembre en Puerto Rico
6. agosto en Perú

EP 2.7   F. Call on **individual** students.

IRM TM2–3, Repaso visual, *¡Nos vamos de vacaciones!*: Show the transparency to the class and ask them to work in **groups of four.** Each group should write a detailed description of the vacation trip of one of the illustrated sets. Tell them to be sure to mention when they are going (season), what day they leave, how they are traveling, who is going, where they are going, what they will do there, and what day they return.

Y ahora, ¡a conversar!

G. **Vacaciones de primavera.** Tu tío Bruce, el millonario, te ofrece unas vacaciones de primavera a ti y a tres amigos(as) al país que ustedes prefieren. Habla con tus amigos(as) ahora y decidan adónde van, cuándo salen y cuándo llegan, qué van a hacer allí y cuándo regresan. Informen a la clase de la decisión del grupo.

H. **Actividades.** Prepara una lista de tus tres actividades favoritas para cada estación. Luego en grupos pequeños, pregúntales a tus compañeros(as) cuáles son sus actividades favoritas y diles las tuyas.

I. **Las próximas vacaciones.** Pregúntale a tu compañero(a) adónde va y qué va a hacer durante las próximas vacaciones. Pregúntale si va solo o con alguien, cuándo sale(n), cuándo llega(n) y cuándo regresa(n). Dile a tu compañero(a) tus planes también.

G. Have students work in **groups of four.** Allow 3–4 mins. Then ask each group to tell the class its vacation plans.

H. Allow 2 mins. to prepare **individual** lists. Then allow 2–3 mins. to discuss them in **groups of three or four.** Ask each group if any two people have the same favorite seasonal activities.

I. Allow 2 **and** 3 mins. for **pair** work. Then ask several individuals to tell the class what their partner's plans are.

¡Luces! ¡Cámara! ¡Acción!

J. **¡El estrés es terrible!** Tú y dos amigos(as) deciden ir a Puerto Rico por cuatro días para escapar del estrés de la vida diaria. Ahora, tú hablas con tus amigos(as) y les explicas tus planes para cada uno de los días de vacaciones. Ellos tienen muchas preguntas acerca del viaje. Con dos compañeros(as), escriban la conversación que tienes con tu padre o madre. Luego lean su conversación delante de la clase.

K. **¿Qué planes tienen?** Tú y unos amigos toman un refresco y hablan de sus planes para el verano. Dramatiza esta situación con dos o tres compañeros(as) de compañeros(as).

J and K. Have students select either activity J or K and allow 3–4 mins. to prepare. Call on volunteers to present their survey results or role plays first, and then call on the rest of the class. Ask comprehension check questions.

Estrategias para leer: anticipar mirando el título y las imágenes visuales

Before reading any text, it helps to have some idea about the context. There are various clues that can help you in anticipating information about a selection. The title of the reading and the visual images that accompany it, for example, can help convey a preliminary idea.

A. Call on **individual** students to answer: Item 1. They should come to the conclusion that the bald eagle is the official national symbol. Item 2. Students may or may not know that there is no national tree nor instrument in the U.S. The rose is the national flower. Item 3. Vote to select a national tree and instrument. Ask students why they voted as they did. Offer extra credit to students volunteering to do a poster in Spanish showing the selected tree or instrument and pointing out its symbolic qualities.

A. Antes de leer. Lee el título de esta lectura y mira las imágenes visuales. Luego contesta estas preguntas.

1. ¿Cuál es el símbolo de los EE.UU.?
2. ¿Tiene los EE.UU. un árbol nacional? ¿Una flor nacional? ¿Un instrumento nacional? Si así es, ¿cuáles son? Si no,...
3. Tengan un concurso en la clase y voten por el animal nacional, el árbol nacional, la flor nacional y el instrumento nacional de los EE.UU. Éstos son los candidatos.

animales:	pavo *turkey*	águila *eagle*	coyote *coyote*
	oso *bear*	ciervo *deer*	búho *owl*
árboles:	arce *maple*	olmo *elm*	picea *spruce*
	pino *pine*	roble *oak*	secoya *redwood*
flores:	caléndula *marigold*	clavel *carnation*	margarita *daisy*
	petunia *petunia*	rosa *rose*	tulipán *tulip*
instrumentos:	flauta *flute*	flautín *piccolo*	trompeta *trumpet*
	piano *piano*	tambor *drum*	violín *violin*

B. Have students jot down their predictions. After reading the selection, have them come back to see if they predicted correctly.

Procedure: Read the introductory sentence and the first paragraph aloud as the class follows along with books open. Ask several comprehension check questions (yes/no, either/or, and one-word response) after every two or three sentences. Then call on individuals to read two or three sentences at a time. Ask comprehension check questions after each reader.

B. Para anticipar. Lee el título de esta lectura y mira las imágenes visuales. Luego contesta estas preguntas.

1. ¿Qué es un coquí? ¿Un flamboyán? ¿Una maga? ¿Un cuatro?
2. Basado en las preguntas anteriores, ¿cuál crees que es la importancia del coquí, el flamboyán, la flor de maga y el cuatro en Puerto Rico?
3. ¿Cuáles son dos cosas que crees que esta lectura va a mencionar?

Lectura: Símbolos de Puerto Rico

Puerto Rico tiene una rica tradición cultural que manifiesta un profundo amor a la naturaleza y al arte.

El coquí

Así como el águila es el símbolo nacional de los EE.UU., el coquí es el símbolo de Puerto Rico. Hay once especies nativas de la ranita arbórea, o coquí, en Puerto Rico. Hay coquíes de diferentes colores: marrón, verde, rojo, amarillo. La mayoría vive en El Yunque. Su nombre viene del sonido que producen toda la noche: «co-quí», «co-quí», «co-quí».

El flamboyán

Si el coquí es la ranita de Puerto Rico, el flamboyán (*Delonix regia*) es el árbol puertorriqueño por excelencia. Procedente de Madagascar, África, el flamboyán, del francés *flamboyant*, tiene flores de un rojo naranja o amarillo muy intenso. Aunque hay flamboyanes en otros lugares del Caribe y Centroamérica, el flamboyán se considera el árbol nacional de Puerto Rico.

La flor de maga

La flor de maga es la flor nacional de Puerto Rico. La maga es un hibisco gigante que crece sólo en los húmedos bosques de Puerto Rico. Alcanza entre nueve y quince metros de altura. Es un árbol de tronco grande con hojas en forma de corazón. Produce flores y frutos todo el año. Su madera se usa para hacer muebles e instrumentos musicales. Se encuentra en casi todos los bosques públicos de Puerto Rico.

El cuatro

El cuatro es el instrumento nacional de Puerto Rico. La música de los cuatristas se escucha normalmente en la época navideña, aunque existen muchas canciones que se escuchan todo el año.

Originalmente, el cuatro es un instrumento con sólo cuatro cuerdas, pero para fines del siglo XIX se fabrica con dos pares de cinco cuerdas, como se conoce hoy día. Aunque el cuatro tiene un total de diez cuerdas, en realidad son cinco, agrupadas por pares.

A ver si comprendiste

1. ¿Cuál es el origen del nombre del coquí? ¿del flamboyán?
2. ¿Para qué se usa la madera del árbol de la flor de maga?
3. ¿Cuántas cuerdas tiene el cuatro?
4. En una hoja aparte, indica las razones por las cuales el coquí, el flamboyán, la flor de maga y el cuatro fueron seleccionados como representantes de Puerto Rico.

Allow time to answer in pairs. Then call on indivduals and have class confirm each response.

El coquí	El flamboyán	La flor de maga	El cuatro
_____	_____	_____	_____
_____	_____	_____	_____
_____	_____	_____	_____

Vocabulario

CD1-18–1-20

PASO 1

Trabajo y profesiones

administrador(a)	manager
cocinero(a)	cook
dependiente(a)	salesclerk, salesperson
empleado(a)	employee
empleo	employment
maestro(a)	teacher
mesero(a)	waiter/waitress
periodista (m./f.)	journalist, newspaper reporter
puesto	job, position
secretario(a)	secretary
técnico(a)	technician
trabajo	work
vacaciones (f. pl.)	vacation
vendedor(a)	salesperson, salesclerk

Verbos

abrir	to open
correr	to run
descansar	to rest
entrevistar	to interview
enviar	to send
escribir	to write
llegar	to arrive
reparar	to repair, to fix
vender	to sell
vivir	to live

Lugares

boutique (m.)	boutique
café (m.)	café
casa	house
clínica (f.)	clinic
empresa	enterprise, firm
oficina	office
restaurante (m.)	restaurant
tienda	store

Personalidad

dinámico(a)	dinamic

Palabras útiles

artículo	article
autobús (m.)	bus
bilingüe	bilingual
comida (f.)	food
conocimiento	knowledge
contrato	contract
llamada (f.)	telephone call
necesario(a)	necessary
niño(a)	boy, girl
periódico	newspaper
ropa	clothing

La computadora

componente	component
impresora	printer
ordenador	computer
pantalla (f.)	screen
parlantes (m. pl.)	speakers
teclado (m.)	keyboard

PASO 2

La casa

alquiler (m.)	rent
apartamento	apartment
baño	bathroom
casa de playa	beach house
cocina	kitchen
condominio	condominium
cuarto	room
edificio	building
habitación (f.)	bedroom
lavaplatos (m./s.)	dishwasher
nevera	refrigerator
platos	dishes
polvo	dust
renta (alquiler [m.] in Puerto Rico)	monthly rent
sala	living room
ventanas	windows

Períodos de tiempo

de día	during the day
de noche	at night
día (m.)	day
día de la semana	weekday

fin de semana (m.)	weekend
horario	schedule
mañana	tomorrow
noche	night
tarde	late
todo el día	all day
todos los días	every day

Números 0–199 (see p. 93.)

Comunicación

larga distancia	long distance
número de teléfono	phone number
teléfono celular	cell phone
radio (m.)	radio receiver

Identidad

foto (f.)	photo
fotógrafo	photographer
licencia de manejar	driver's license
tarjeta de identidad	I.D. card

Palabras útiles

bien	well, OK, fine
cada	every, each
con frecuencia	frequently
más	more

Actividades

alquilar	to rent
ayudar	to help
caminar	to walk
cocinar	to cook
comer fuera	to eat out
comida	food
compartir	to share
correr	to run
detestar	to hate, to detest
hablar	to speak, to talk
lavar los platos	to wash dishes
limpiar	to clean
llenar	to fill
pagar	to pay
sacar fotos	to take pictures
salir	to leave, go out
tener	to have
usar	to use
venir	to come

PASO 3

Vacaciones

aeropuerto	*airport*
dinero	*money*
fecha	*date*
playa	*beach*
viaje *(m.)*	*trip*
vuelo	*flight*

Deportes

béisbol	*baseball*
ejercicio	*exercise*
fútbol americano	*football*

Año escolar

primer día de clases	*first day of class*
último día de clases	*last day of class*

Meses del año

enero	*January*
febrero	*February*
marzo	*March*
abril	*April*
mayo	*May*
junio	*June*
julio	*July*
agosto	*August*
septiembre	*September*
octubre	*October*
noviembre	*November*
diciembre	*December*

Estaciones

otoño	*fall*
verano	*summer*
invierno	*winter*
primavera	*spring*

Días de la semana

lunes *(m.)*	*Monday*
martes *(m.)*	*Tuesday*
miércoles *(m.)*	*Wednesday*
jueves *(m.)*	*Thursday*
viernes *(m.)*	*Friday*
sábado *(m.)*	*Saturday*
domingo *(m.)*	*Sunday*

Actividades

beber	*to drink*
decidir	*to decide*
dividir	*to divide*
dormir	*to sleep*
esquiar	*to ski*
hacer	*to make; to do*
pasar	*to pass or spend time*
regresar	*to return*
viajar	*to travel*

Palabras útiles

¿A qué hora?	*At what time?*
¡Ah, yo también!	*Oh, me too!*
amor *(m.)*	*love*
antes	*before*
feliz	*happy*
largo(a)	*long*

En preparación 2

Paso 1

2.1 Present tense of -*er* and -*ir* verbs

Stating what people do

The personal endings of -**er** and -**ir** verbs are identical, except for the **nosotros** and **vosotros** forms. As with -**ar** verbs, the personal endings of -**er** and -**ir** verbs always reflect the subject of the sentence.

Verb endings: -*er*, -*ir* verbs			
Subject pronouns	**Singular endings**	**Subject pronouns**	**Plural endings**
	-*er/-ir*		-*er, -ir*
yo	-**o**	nosotros(as)	-**emos, -imos**
tú	-**es**	vosotros(as)	-**éis, -ís**
usted	-**e**	ustedes	-**en**
él, ella	-**e**	ellos, ellas	-**en**

Sample -*er* verb: *comer*	
yo com**o**	nosotros(as) com**emos**
tú com**es**	vosotros(as) com**éis**
usted com**e**	ustedes com**en**
él, ella com**e**	ellos, ellas com**en**

Sample -*ir* verb: *escribir*	
yo escrib**o**	nosotros(as) escrib**imos**
tú escrib**es**	vosotros(as) escrib**ís**
usted escrib**e**	ustedes escrib**en**
él, ella escrib**e**	ellos, ellas escrib**en**

Remember that the present indicative in Spanish has three possible equivalents in English.

Los niños **comen** chocolate.

*The children **eat** chocolate.*
*The children **do** eat chocolate.*
*The children **are eating** chocolate.*

Some frequently used **-er** and **-ir** verbs are:

beber	*to drink*	escribir	*to write*
comer	*to eat*	recibir	*to receive*
correr	*to run*	salir	*to leave, to go out*
leer	*to read*	vivir	*to live*

¡A practicar!

A. ¡Cuánta actividad! It is only 8:00 A.M. and everyone is out doing something in Old San Juan. What is everyone doing?

1. Matías _____ (beber) un café en el Hotel El Convento.
2. Tú _____ (escribir) una carta en el patio del hotel.
3. Pedro y Pablo _____ (comer) en el restaurante La Zaragozana.
4. María Isabel _____ (abrir) la tienda Nuestra Casa.
5. Nosotros _____ (correr) en el Parque Central de San Juan.
6. Yo _____ (leer) mi libro favorito de Esmeralda Santiago, *Cuando era puertorriqueña.*

B. ¡Qué día! It is now 8:00 P.M. in San Juan. What is everyone doing?

1. Matías / estudiar / Casa del Libro
2. tú / comer / pizza / restaurante Molino Italiano
3. Pedro y Pablo / leer / libro de teatro de Teresa Marichal
4. María Isabel / ver / televisión / patio del Hotel Caribe Internacional
5. nosotros / beber / refresco / café Los Frailes
6. yo / correr / por la Universidad Politécnica / Puerto Rico

2.2 Interrogative words

Asking questions

In previous chapters you have seen, heard, and used several interrogative words. The following chart summarizes all of them.

¿Cómo?	*How? What?*	¿Cuánto(a)?	*How much?*
¿Cuál(es)?	*Which one(s)? What?*	¿Cuántos(as)?	*How many?*
¿Cuándo?	*When?*	¿Qué?	*What? Which?*
¿Dónde?	*Where?*	¿Quién(es)?	*Who?*
¿Por qué?	*Why?*	¿Adónde?	*Where to?*

A. All interrogative words require a written accent, even when used in a statement rather than a question.

No sabemos **dónde** vive.	*We don't know where she lives.*
Ella va a decirnos **qué** es.	*She is going to tell us what it is.*

B. When these words do not have a written accent, they lose their interrogative meaning.

Siempre escucho música **cuando** estudio.   *I always listen to music when I study.*
Yo creo **que** vive en Toledo.   *I believe that he lives in Toledo.*
Donde yo vivo hay más gente joven.   *Where I live there are more young people.*

C. **¿Cuál(es)?** meaning *what?* (as in *which one?*) is used instead of **qué** before the verb **ser** when the verb is followed by a noun, except when a definition of a word is being requested.

¿Cuál es tu dirección?   *What's your address?*
¿Cuál es tu especialización?   *What's your major?*
¿Qué es la filosofía?   *What's philosophy?*

D. In English, when asking someone to repeat a question, one frequently says "*What?*" In Spanish, one would never say **¿Qué?** but rather **¿Cómo?** when making a one-word response. **¿Qué?** is used only in a complete-sentence response.

¿Cómo? No te oigo.   *What? I can't hear you.*
¿Qué dices?   *What are you saying?*
¿Qué me preguntas?   *What are you asking me?*

¡A practicar!

A. Preguntas. Diego has just met a new classmate. Match the words in column **A** with those in column **B** in order to know what he asks her.

A	B
	tal?
¿Con quién	te llamas?
¿Qué	estudias?
¿Cómo	clases tomas?
¿Dónde	son tus profesores?
¿Cuál?	vives?
	es tu número de teléfono?

B. Acepto tu invitación. Antonio has just accepted Victoria's invitation to a party, but he needs to know the specifics. What does he ask her?

Antonio

1. ¿_____ es la fiesta?
2. ¿_____ es?
3. ¿_____ es?
4. ¿_____ es tu dirección?
5. ¿_____ personas van?
6. ¿_____ son tus amigos?
7. ¿_____ van a la fiesta?

Victoria

Es el sábado.
A las 11:30.
En mi casa.
La calle Don Alonso, número 10.
Veinte, más o menos.
Son de Galicia.
Enriqueta, Víctor Mario, Luz María, Enrique y muchos más.

2.3 Numbers 0–199

🎧 **Counting, solving math problems, and expressing cost**

CD1-17

0	cero	**16**	dieciséis	**40**	cuarenta
1	uno	**17**	diecisiete	**42**	cuarenta y dos
2	dos	**18**	dieciocho	**50**	cincuenta
3	tres	**19**	diecinueve	**53**	cincuenta y tres
4	cuatro	**20**	veinte	**60**	sesenta
5	cinco	**21**	veintiuno	**64**	sesenta y cuatro
6	seis	**22**	veintidós	**70**	setenta
7	siete	**23**	veintitrés	**75**	setenta y cinco
8	ocho	**24**	veinticuatro	**80**	ochenta
9	nueve	**25**	veinticinco	**86**	ochenta y seis
10	diez	**26**	veintiséis	**90**	noventa
11	once	**27**	veintisiete	**97**	noventa y siete
12	doce	**28**	veintiocho	**100**	cien
13	trece	**29**	veintinueve	**101**	ciento uno
14	catorce	**30**	treinta	**178**	ciento setenta y ocho
15	quince	**31**	treinta y uno	**199**	ciento noventa y nueve

A. The number **uno** (**veintiuno, treinta y uno...**) changes to **un** before masculine nouns and **una** before feminine nouns.

Tengo sólo **un** dólar.   *I just have one dollar.*
Hay cincuenta y **una** camas dobles en el hotel.   *There are fifty-one double beds in the hotel.*
La reservación es para **una** persona.   *The reservation is for one person.*

B. The numbers 16 to 29 are usually written as one word: **dieciséis, dieciocho, veintidós, veintinueve.** They may, however, be written as three words: **diez y seis, diez y ocho, veinte y dos, veinte y tres, veinte y nueve,** etc.

C. Numbers from 31 to 99 must be written as three words.

D. **Cien** is an even hundred. Any number between 101 and 199 is expressed as **ciento** and the remaining number. Note that **y** never occurs directly after the number **ciento**.

101	ciento uno	**149**	ciento cuarenta y nueve
110	ciento diez	**199**	ciento noventa y nueve

E. Use the following expressions for solving math problems.

y *or* más (+)   menos (−)   es / son (=)
por (x)   dividido entre (÷)

¡A practicar!

A. Matemáticas. Solve these math problems. Then write out the problems and solutions in Spanish.

1. 4 + 9 =
2. 90 + 10 =
3. 28 − 12 =
4. 17 + 50 =
5. 42 ÷ 6 =
6. 11 + 152 =
7. 175 − 30 =

B. ¿Cuánto cuesta? Guess how much the following items cost in Puerto Rico. The price is very similar to what they cost in the continental United States.

MODELO   una hamburguesa
Cuesta tres dólares, noventa y nueve centavos.

1. el libro *¡Dímelo tú!*
2. una mochila
3. un bolígrafo
4. un sándwich y un refresco en el café Los Frailes
5. una pizza para ocho personas en el restaurante Molino Italiano
6. un libro de ciencias en la librería Las Américas

2.4 Possessive adjectives

Indicating ownership

A. Unlike English, possessive adjectives in Spanish must agree in number with the person, place, or thing possessed. **Nuestro** and **vuestro** must also agree in gender.

Possessive adjectives					
Singular possessor	**1 Thing possessed**	**2+ Things possessed**	**Plural possessor**	**1 Thing possessed**	**2+ Things possessed**
yo	**mi**	**mis**	nosotros(as)	**nuestro(a)**	**nuestros(as)**
tú	**tu**	**tus**	vosotros(as)	**vuestro(a)**	**vuestros(as)**
usted	**su**	**sus**	ustedes	**su**	**sus**
él, ella	**su**	**sus**	ellos, ellas	**su**	**sus**

Tu apartamento es estupendo y **tus** amigos son muy simpáticos.
Your apartment is fantastic and your friends are very nice.

Nuestra casa es nueva.
Our house is new.

Nuestras habitaciones son muy grandes.
Our rooms are very big.

Note that these possessive adjectives are always placed *before* the noun they modify.

B. Usually the context will clarify any ambiguity that may result with **su/sus** (*your, his, her, their, its*). However, when ambiguity does occur, one of the following combinations of **de** + *pronoun* is used in place of **su/sus.**

su libro = el libro

de usted	*your*
de él	*his*
de ella	*her*
de ustedes	*your*
de ellos	*their*
de ellas	*their*

sus libros = los libros

de usted	*your*
de él	*his*
de ella	*her*
de ustedes	*your*
de ellos	*their*
de ellas	*their*

—¿Es más grande el apartamento **de ustedes?**   —*Is your apartment bigger?*
—Sí, pero la casa **de ellos** es más elegante.   —*Yes, but their house is more elegant.*

¡A practicar!

A. ¡Carísimo! ¿Cómo son los apartamentos o casas de estos estudiantes de la Universidad de Puerto Rico en Mayagüez?

     MODELO   Alicia: cuarto / grande
                 Su cuarto es grande.

1. Andrés: apartamento / elegante
2. tú y Carlos: casa / grande
3. Teresa y Cecilia: residencia / nuevo
4. yo: cuarto / especial
5. Francisco y yo: amigas / simpático
6. Marta y yo: cuarto / estupendo

B. Nuestra clase. ¿De quién son estas cosas en la clase de literatura caribeña en el Colegio Cristóbal Colón?

     MODELO   la computadora: de ella
                 Es su computadora.

1. la tiza: de ella
2. el lápiz: de él
3. los bolígrafos: de ella
4. la sala de clase: de nosotros
5. la pizarra: de nosotros
6. los exámenes: de ustedes
7. la mochila: de ella
8. el cuaderno: de ellos

C. **Compañeros puertorriqueños.** Completa este párrafo con la forma apropiada del adjetivo posesivo para saber qué le escribe Julio a una nueva amiga.

Querida amiga:

_____ compañeros de cuarto, Carlos y Toni, son muy simpáticos. Carlos es puertorriqueño. _____ familia vive en Ponce. Toni también es puertorriqueño. _____ padres viven en el Viejo San Juan con _____ abuelos *(grandparents)*. ¿Y yo? _____ papás son de San Antonio, Texas. ¿Y tú? ¿Dónde viven _____ padres?

2.5 Three irregular verbs: *tener, salir, venir*

Expressing obligations, departures, and arrivals

tener			salir		venir	
to have			*to leave*		*to come*	
yo	tengo	nosotros(as) tenemos	salgo	salimos	vengo	venimos
tú	tienes	vosotros(as) tenéis	sales	salís	vienes	venís
usted	tiene	ustedes	tienen	sale	salen	viene	vienen
él, ella	tiene	ellos, ellas	tienen	sale	salen	viene	vienen

A. When followed by an infinitive (the **-ar, -er,** or **-ir** form of a verb), **tener** becomes **tener que** and implies obligation.

Tengo que organizar mi apartamento.　　　*I have to organize my apartment.*
Tenemos que comprar muchas cosas.　　　*We have to (must) buy many things.*

B. When followed by an infinitive, **salir** and **venir** become **salir a** and **venir a.**

Salgo a correr a las 10:00.　　　*I go running at 10:00.*
Yo **vengo a** estudiar, y Eva **viene a** ayudarme.　　　*I come to study, and Eva comes to help me.*

¡A practicar!

A. **Muy ocupados.** Life at the Eugenio María de Hostos Community College in the Bronx is not easy. Everyone's busy all the time. Select the correct form of each verb to tell what these students do.

1. Patricia (tengo / tiene) que lavar el auto.
2. Clara y Eva (salen / salimos) a las 8:00 para el colegio.
3. Felipe y yo (venimos / vienen) a estudiar con ustedes.
4. ¿Y tú? ¡Ah! Tú (vengo / vienes) a trabajar con la computadora.
5. Sí, todos los estudiantes (tiene / tienen) que trabajar mucho.
6. Yo siempre (vengo / vienes) tarde a esta clase.

B. ¿Dónde están? Tell your roommate where everyone is this morning.

1. Juan y Mateo / tener clases
2. Patricio siempre / salir a / caminar
3. Óscar / tener que / trabajar hoy
4. Héctor / venir / más tarde
5. yo / salir a / correr
6. Nicolás / venir / con Yolanda

C. ¡Tanto que hacer! Tomorrow is the first day of class at the Eugenio María de Hostos Community College. Teresa and her friends, Anita and Olga, still have a lot of things to do. What problems are they having? Form at least five sentences, using one element from each column.

		el horario de las clases
Teresa		lavar la ropa
Olga	(no) tener	todos los libros necesarios
Anita	tener que	problemas con la computadora
Olga y Anita		comprar la comida para la semana
nosotras		llamar a sus padres

Paso 3

2.6 Telling time

Stating at what time things occur

A. The word for *time* (referring to clock time) in Spanish is **hora**, which is always feminine. To tell the hour, **es la** is used only with **una;** otherwise **son las** followed by the hour is used.

¿Qué hora es?	*What time is it?*
Es la una.	*It's one o'clock.*
Son las doce en punto.	*It's twelve sharp.*

B. Minutes from the hour to the half hour are added to the hour and connected with **y.** Between the half hour and the next hour, minutes are subtracted from the next hour and connected with **menos.**

1:24	Es la una **y** veinticuatro.
6:10	Son las seis **y** diez.
1:40	Son las dos **menos** veinte.
12:42	Es la una **menos** dieciocho.

Digital clocks have changed this more traditional way of stating time. Now, one also hears **Son las doce y cuarenta y dos** instead of **Es la una menos dieciocho.**

C. In addition to **quince** and **treinta**, you can use **cuarto,** which means *quarter hour* and **media** which means *half past the hour.*

Vienen a la una y **cuarto** (quince).	*They are coming at a quarter past one.*
Mañana salen a las siete y **media** (treinta).	*Tomorrow they leave at 7:30.*

D. **Mediodía** and **medianoche** are used to express **noon** and **midnight**.

Tengo una cita al **mediodía**.   *I have an appointment at noon.*
El autobús sale a (la) **medianoche**.   *The bus leaves at midnight.*

E. To state that something happens at a particular time, Spanish uses **a las...** This should not be confused with **son las...**, which means *It is* a specific clock time.

¡Apúrese! **Son las** siete menos cuarto   *Hurry up! It's a quarter to seven and he*
    y él llega **a las** siete en punto.   *arrives at seven sharp.*
El concierto es **a las** nueve.   *The concert is at nine.*

Note that **a las...** means *at* only when speaking about specific clock time. In most other instances *at* is translated by **en** (**el concierto es en el teatro**).

F. The phrase **de la mañana / tarde / noche** is used only when a *specific* time in the morning / afternoon / evening is being stated.

El avión llega a **las dos de la mañana**.   *The plane arrives at 2:00 A.M.*
Salgo a **la una y diez de la tarde**.   *I leave at 1:10 in the afternoon.*
Son **las once de la noche**.   *It's 11:00 P.M.*

The phrases **en** or **por la mañana / tarde / noche** are used to express a general time (not specific clock time).

En la mañana tengo que cancelar mi   *In the morning I have to cancel my*
    reservación.   *reservation.*
Llegamos **por la tarde**.   *We arrive in the afternoon.*

¡A practicar!

A. **¿Qué hora es?** Write out the following times.

1. 6:00 A.M.
2. 11:15 A.M.
3. 12:00 noon
4. 1:22 P.M.
5. 2:45 P.M.
6. 1:05 P.M.
7. 9:40 P.M.
8. 12:50 A.M.

B. **Mis clases.** Contesta las preguntas.

1. ¿A qué hora sales para la universidad por la mañana?
2. ¿A qué hora comienza tu clase de español? ¿A qué hora termina *(does it end)?*
3. ¿Tienes más clases por la mañana, por la tarde o por la noche? ¿A qué hora es tu primera clase? ¿y tu última *(last)* clase del día?
4. ¿Tomas el almuerzo *(lunch)* al mediodía?
5. ¿Con qué frecuencia te acuestas *(go to bed)* a la medianoche?

2.7 Days of the week, months, and seasons

Giving dates and stating when events take place

A. The days of the week are *not* capitalized in Spanish, and they are all masculine.

Los días de la semana

lunes	*Monday*
martes	*Tuesday*
miércoles	*Wednesday*
jueves	*Thursday*
viernes	*Friday*
sábado	*Saturday*
domingo	*Sunday*

B. The months of the year also are *not* capitalized in Spanish and are also masculine.

Los meses del año

enero	mayo	septiembre
febrero	junio	octubre
marzo	julio	noviembre
abril	agosto	diciembre

C. As in English, the four seasons also are *not* capitalized.

Las estaciones

el otoño	*fall*	la primavera	*spring*
el invierno	*winter*	el verano	*summer*

D. To indicate that something happens on a particular day, Spanish always uses the definite article, never the preposition **en.**

Hay una fiesta **el** lunes.	*There's a party on Monday.*
No hay clases **los** sábados ni **los** domingos.	*There are no classes on Saturdays or Sundays.*

E. The preposition **en** is used to indicate that something happens in a particular month or season.

No hay vuelos **en** enero.	*There are no flights in January.*
En verano hay dos excursiones.	*In the summer there are two excursions.*

F. Dates (**las fechas**) in Spanish are given using the formula **el** + (**número**) + **de** + (**mes**) + **de** + (**año**).

El concierto es **el 7 de julio de 2006.**	*The concert is on July 7th, 2006.*

¡A practicar!

A. Fechas. Escribe en español estas (*these*) fechas.

1. la fecha de Navidad (*Christmas*)
2. la fecha de la independencia de los Estados Unidos
3. la fecha de tu cumpleaños (*birthday*)
4. la fecha del cumpleaños de tu madre y de tu padre
5. las fechas del primer (*first*) día de primavera, verano, otoño, invierno

B. Días, meses y estaciones. Contesta las preguntas.

1. ¿Cuántos meses hay en un año? ¿Cuántos días hay?
2. ¿En qué meses hay nieve (*snow*)?
3. ¿Qué días hay clases de español? ¿Qué días no hay clases?
4. ¿En qué estaciones hay clases? ¿En qué no hay clases?

2.8 Verbs of motion

Telling where people are going

Any verb that indicates movement, such as *to walk, to leave, to run, to arrive*, is a verb of motion. Some common verbs of motion are:

andar	*to walk*
caminar	*to walk*
correr	*to run*
ir	*to go*
llegar	*to arrive*
regresar	*to return*
salir	*to leave*

In Spanish, these verbs always use the preposition **a** to indicate movement *to* or arrival *at* a place, and **de** to indicate movement *from* a particular place.

El autobús **sale de** Ponce a las nueve y **llega a** Mayagüez a las once y veinte.	*The bus leaves Ponce at 9:00 and arrives at Mayagüez at 11:20.*
El lunes **regresamos de** El Yunque **a** San Juan.	*On Monday we return from El Yunque to San Juan.*

¡A practicar!

A. **¿Qué pasa?** What is happening at the bus station in San Juan? To find out, form sentences, using the following words.

1. un niño / correr / la cafetería para comer
2. una chica / ir / baño
3. un autobús / llegar / Ponce
4. una persona / regresar / tienda / para comprar un recuerdo
5. una familia / viajar / Mayagüez
6. un señor / ir / cafetería para tomar café

B. **Necesito un cambio.** Isabel needs your advice. Complete the following paragraph with the appropriate form of each verb so that you may understand her problem.

Mi vida es terrible. Todas las mañanas yo _____ (correr) por veinte minutos.
Luego _____ (ir) a la universidad. Allí _____ (estudiar), _____
(trabajar) y _____ (comer). Generalmente yo _____ (regresar) a casa a
las 9:00 de la noche. A veces yo _____ (salir) y _____ (caminar) con el
perro media hora. Pero mi problema es que nunca _____ (tener) energía. ¿Qué me
recomiendan?

Jóvenes universitarios bailan la sardana, baile popular catalán

La tuna le está cantando a la novia

CAPÍTULO 3 | La movida está en... ¡España!

Jóvenes bailando en una discoteca en Madrid

¡Las fotos hablan!

A. A que ya sabes... Según las fotos, estos jóvenes universitarios españoles...

☐ están furiosos.   ☐ celebran juntos.

☐ están muy aburridos.   ☐ bailan en las calles.

☐ están muy solos.   ☐ celebran con música.

☐ cantan canciones.   ☐ bailan en la discoteca.

B. En España celebramos... Indica si, en tu opinión, es
posible hacer esto en España.

   sí   no   1. escuchar a la gente hablar castellano,
                     catalán, gallego y vasco

   sí   no   2. tomarnos una deliciosa sangría

   sí   no   3. subir a la torre Eiffel

   sí   no   4. bailar flamenco

   sí   no   5. comer unas tortillas exquisitas

> **In this chapter, you will learn
> how to . . .**
>
> • describe what is happening at a party.
>
> • strike up a conversation.
>
> • maintain a conversation.
>
> • describe someone or something you
> really like.

Have students do activities A and B in **pairs** first. Then
go over them with the entire class. In activity B, all items
except item 3 are *true*.

¡De fiesta... en Madrid!

¿Eres buen observador?

Have students prepare *3.1 The verb estar* for the first day you work on this **Paso.**

¡ESPAÑA... emocionante en todos los sentidos!

furioso   entusiasmada   ocupado

nervioso   contento   preocupada

enferma   frustrado   triste

Allow 2–3 mins. for students to answer questions in **pairs** first. Then call on **individuals.** Accept answers in Spanish or English. When in English, model the pronunciation of key vocabulary in Spanish and have the class repeat with you.

Ahora, ¡a analizar!

1. ¿Cuáles de estas emociones crees que son más típicas de los españoles?
2. ¿Cuáles crees que son más típicas de los estadounidenses?
3. En tu opinión, ¿hay emociones que no son típicamente masculinas? ¿Cuáles son?
4. ¿Con cuáles de estas emociones te identificas más? ¿Por qué?

¿Qué se dice... ?

Al describir una fiesta

CD1-21

Hay una fiesta esta noche en casa de Natalia Alarcón.

¿Cómo están Diego (D), Natalia (N), la señora Alarcón (SA), todos (T) o ninguno (Ø) *(none)*?

_____ furioso(a)   _____ entusiasmado(a)
_____ contento(a)   _____ nervioso(a)
_____ preocupado(a)   _____ frustrado(a)
_____ ocupado(a)

Ya están todos los invitados en la fiesta de Natalia. Toda la gente está muy contenta, excepto la señora Alarcón, que está en la sala con sus hijos. Está muy preocupada y muy nerviosa. Tiene mil preguntas para sus hijos. ¿Todavía está la comida en la cocina? ¿Están ya las tapas en el patio? ¿Están todos contentos? ¿Por qué está triste Nicolás? Diego invita a su mamá a bailar para distraerla.

Purpose: To introduce party vocabulary and new structures in context.

Audio Script:
SRA. ALARCÓN: ¡Ay, ya son las nueve! Estoy muy nerviosa. ¿Dónde están los invitados?
DIEGO: Con calma, mamá, con calma.
SRA. ALARCÓN: ¡La sangría! ¿Quién prepara la sangría?
NATALIA: Yo preparo la sangría, mamá.
DIEGO: ¡Ay! ¡Y los refrescos! ¿Tenemos bastantes refrescos?
NATALIA: Ya están en el patio. ¡Mira!, ya estan los primeros invitados en la puerta. Pero... ¿por qué no llega todavía mi novio?

Web TM3-1: Use the overhead transparencies as you play the CD, read each caption, or narrate your own story line. Read/Narrate two or three sentences at a time, pointing to the appropriate action/person being mentioned. Ask simple yes/no, either/or, or one-word answer, comprehension check questions. Remember, at this point the goal is listening comprehension, not production.

Alternative Story Lines: 1. Narrate getting ready for a party at your home. Use the historical present. 2. Describe a party given by several roommates: a nervous one, a popular one, and so on. 3. Describe a class party identifying some of your students as the nervous type, the popular type, the take-charge type, and so forth.

A propósito...

Note that the adverbs **ya** and **todavía** have various meanings: **ya** *already, yet*, **ya no** *no longer, not anymore*; **todavía** *still*, **todavía no** *not yet*.

Have students tell you the meaning of **ya** and **todavía** in the following sentences and others: **Ya están los invitados en la puerta. Las tapas todavía no están en el patio.**

¿Sabías que...?

En los países hispanos es muy normal dar fiestas en casas particulares. También es muy típico ver a familiares (generalmente los padres) en casa cuando los hijos dan una fiesta. En España, con frecuencia sirven tapas para comer y sangría, una bebida de vino tinto, naranjada, limonada, azúcar y fruta fresca.

En tu opinión: ¿Por qué crees que los padres hispanos están en casa cuando los hijos dan una fiesta? ¿Están presentes tus padres en tus fiestas? ¿Por qué? ¿Sirven sangría y tapas en las fiestas en los EE.UU.? Si no, ¿qué sirven?

Ahora, ¡a hablar!

A. ¿Dónde están? Según el *¿Qué se dice... ?* de este Paso, ¿dónde están estas cosas o personas?

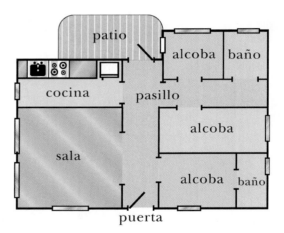

MODELO los primeros invitados

TÚ: **¿Dónde están los primeros invitados?**

TU COMPAÑERO(A): **Están en la puerta.**

1. la comida
2. la Sra. Alarcón y sus hijos
3. las tapas
4. los refrescos

B. ¿Cómo están? Según el *¿Qué se dice... ?* de este Paso, indica cómo están las personas de la primera columna.

		enferma
la Sra. Alarcón		triste
Natalia y Diego		contentos
Nicolás	**estar**	furioso
los invitados		frustrados
la persona en el baño		preocupada
		nervioso

C. **¿Dónde están?** Tu amiga acaba de llegar a la fiesta. ¿Qué pregunta? EP 3.1

MODELO   Alicia / cocina

        Tu Amiga: **¿Dónde está Alicia?**

              Tú: **Está en la cocina.**

1. Enriqueta / sala
2. la comida / cocina
3. los invitados / patio
4. los refrescos / sala
5. el perro / alcoba
6. Eduardo y Arturo / patio

D. **¿Preocupados?** Dile a tu compañero(a) cómo estás tú y cómo están estas personas en las situaciones indicadas. Usa estas palabras u otras del vocabulario de la página 105. EP 3.1

aburrido	contento	enfermo	triste	interesado
cansado	nervioso	preocupado		

MODELOS   Javier está en el examen final de química y no está bien
        preparado. Está...
     Está nervioso y muy preocupado.

       Mónica está en el examen final de química y está bien
       preparada. Está...
     Está tranquila y no está preocupada.

1. La esposa de un amigo está en el hospital, para tener un bebé. Está...

2. María está en una fiesta en Sevilla con todas sus amigas, el sábado por la noche. Está...

3. Tus amigos están en la clase de español y hoy es especialmente interesante. La profesora es muy inteligente. Están...

4. Tenemos un examen muy difícil esta tarde y no estamos preparados. Estamos...

5. Voy al doctor porque no estoy bien. Estoy...

6. Trabajas todo el día sin descansar. Estás...

E. **¿Dónde es?** Este mapa indica el nombre de algunas ciudades de España donde hay grandes festivales. El mapa en el Apéndice A indica el nombre y la fecha de esos festivales. Hazle preguntas a tu compañero(a) sobre dónde son estas fiestas y cuáles son las fechas y contesta las preguntas que tu compañero va a hacer. Escribe el nombre de cada fiesta y cada fecha en el mapa. Al final, compara con el mapa de tu compañero(a) para ver si todas las ciudades y fiestas se corresponden. No se permite comparar mapas hasta terminar esta actividad.

MODELO	TÚ:	¿Hay alguna fiesta en Barcelona?
	TU COMPAÑERO(A):	¿Dónde está Barcelona?
	TÚ:	Está en el noreste de España.
	TU COMPAÑERO(A):	Sí, es la fiesta de Sant Jordi.
	TÚ:	¿Y cuándo es?
	TU COMPAÑERO(A):	Es el 23 de junio.

Tú escribes junto a Barcelona: **Sant Jordi, 23 de junio**
Tu compañero(a) escribe junto a Sant Jordi, 23 de junio: **Barcelona**

Y ahora, ¡a conversar!

F. **Gente interesante.** En la clase hay mucha gente interesante. Conversa con tres personas hasta saber sus nombres, su origen, sus pasatiempos favoritos y los no favoritos y los nombres de sus lugares favoritos para visitar.

G. **¡Mímica!** En grupos pequeños, dramaticen —sin decir una sola palabra— la situación que su profesor(a) les va a dar. Sus compañeros tienen que adivinar *(guess)* la situación.

MODELO	TÚ:	*(Act worried, but don't say anything. Open and close your Spanish book pretending to be studying/memorizing certain vocabulary and grammar, and so on.)*
	TUS COMPAÑEROS:	**Estás muy preocupado(a). Hay un examen en la clase de español mañana.**

H. ¿Quién lo hace? Pregúntales a tus compañeros de clase si hacen estas actividades en una fiesta. Cada vez que uno diga que sí, pídele que firme (escriba su nombre) en el cuadrado *(square)* apropiado. La idea es tener una firma en cada cuadrado. **¡Ojo!** No se permite que una persona firme más de un cuadrado.

H. Allow 5–7 mins. Circulate, making sure students use only Spanish. When time is up, verify answers by asking the students that signed specific boxes if they actually do those things.

Alternative: If you find it difficult for students to circulate in the classroom, call on a student to randomly ask who in the class does a particular activity. For example: **¿Quién baila flamenco?** Any student may respond in complete sentences. The student who asks the question should then add the student's name in his/her grid. Call on another student to ask a question and continue as before, until someone gets a bingo.

Bailar flamenco	Bailar con mucha gente	Conversar con todo el mundo	Estar interesado(a) en una persona
_____ *Firma*	_____ *Firma*	_____ *Firma*	_____ *Firma*
Mirar videos	Cantar	Ir a casa pronto	Tomar sólo refrescos
_____ *Firma*	_____ *Firma*	_____ *Firma*	_____ *Firma*
Ir a fiestas con frecuencia	Estar solo(a)	Estar aburrido(a)	No tomar bebidas alcohólicas
_____ *Firma*	_____ *Firma*	_____ *Firma*	_____ *Firma*
Preparar tapas	Preparar la sangría	Ser muy tímido(a)	Tocar la guitarra
_____ *Firma*	_____ *Firma*	_____ *Firma*	_____ *Firma*

¡Luces! ¡Cámara! ¡Acción!

I. ¡Es un gran éxito! Tú estás en una fiesta fantástica cuando ves a dos personas muy interesantes que deseas conocer. Escribe la conversación con dos compañeros(as). Luego dramaticen la situación delante de la clase.

- saludos
- presentaciones (de ti y los estudiantes)
- el país y la ciudad de origen (de ti y los estudiantes)
- pregunta sobre sus clases y habla de tus clases
- ¿Están preocupados? ¿Contentos? ¿Nerviosos? Tú preguntas por qué y ellos lo explican.

I and J. Have students select either activity **I** or **J** and allow 3–4 mins. to prepare. Point out that students selecting **I** may read their scripts, while those selecting **J** must present without books. Call on volunteers to present first, and then continue with the rest of the class. Ask comprehension check questions.

J. ¡Es estupendo! Estás en una fiesta y ves que un(a) estudiante nuevo(a) que tú quieres conocer está hablando con tu amigo(a). Cuando terminan de hablar, tú vas a pedirle información a tu amigo(a) sobre la nueva persona. Preguntas su nombre, origen, residencia, horario de clases, clase y profesor(a) favoritos, etc. Dramatiza esta situación con un(a) compañero(a).

This section is designed to help students review the contents of **Capítulo 2**. Allow students 2–3 minutes to complete this exercise. Then have them share their responses with another student, and ask them to suggest corrections if they detect an inconsistency. Call on several students to read their responses. They will vary.

Repasemos. En el capítulo 2 aprendiste a hablar de los empleos, de los lugares donde vivimos, de la gente que vive con nosotros y de las vacaciones de primavera, verano, otoño e invierno. También aprendiste a hacer preguntas, a trabajar con números (0–199), a hablar de las cosas que te pertenecen a ti y a otros, a decir la hora y a hablar de los días de la semana, del mes y de las estaciones. Repasa lo que sabes, completando el siguiente texto con las palabras necesarias. Puedes inventar la información.

En una entrevista para trabajar en un restaurante

GERENTE: ¿_____ [palabra interrogativa] se llama usted?

TÚ: Me llamo _____ [tu nombre].

GERENTE: ¿De _____ [palabra interrogativa] es y _____ [palabra interrogativa] vive?

TÚ: Soy de _____ [el nombre de tu ciudad de origen] y/pero vivo en _____ [la ciudad donde vives].

GERENTE: ¿Cuál es _____ [adjetivo posesivo] experiencia de trabajo en restaurantes?

TÚ: La verdad es que no _____ [verbo tener] mucha experiencia. Bueno sí, _____ [adjetivo posesivo] amigos y yo _____ [verbo salir] a comer todos los _____ de _____ [sábados y domingos].

GERENTE: Está bien. _____ [adjetivo posesivo] trabajo _____ [verbo ir a] consistir en trabajar en la cocina los _____ y _____ [fines de semana]. El salario es de _____ [75] por día. ¿_____ [verbo tener] usted alguna pregunta?

TÚ: No, está todo claro. Gracias.

¿Comprendes lo que se dice?

Estrategias para escuchar: reconocer y deducir información específica

Knowing what to look for when listening, aids comprehension considerably. In these recorded sections and on the listening comprehension questions of your exams, you can always get a good idea of what to listen for if you read the questions before you listen to the recording. You should also try to anticipate the content of the dialogue by following the clues given to you in the questions and answers. Read the following questions and the answer choices carefully, and try to extract some clues from them. Then, write down three things that you know you need to listen for in order to answer them correctly.

Now listen as your instructor plays the dialogue between two guests at Natalia Alarcón's party.

Siempre llega tarde. Estamos en la fiesta de Natalia. Escucha la conversación que tienen Cristina y Victoria sobre Jorge, el novio de Cristina. Luego contesta las preguntas que siguen.

1. ¿Cómo está Cristina?
   a. Está contenta.
   b. Está preocupada.
   c. Está enferma.

2. ¿Qué hora es?
   a. Son las seis de la mañana.
   b. Son las doce del mediodía.
   c. Son las once de la noche.

3. ¿Está Jorge... ?
   a. No, no está todavía en la fiesta.
   b. Está en otra fiesta.
   c. Está en su coche.

4. ¿Cómo es el tráfico los sábados por la noche en Madrid?
   a. Hay mucho tráfico.
   b. Hay poco tráfico.
   c. No permiten tráfico en el centro de la ciudad.

5. ¿Qué hacen Victoria y Cristina?
   a. Salen a buscar a Jorge.
   b. Van a bailar y tomar sangría.
   c. Van a llamar a la policía.

Have students read the listening strategies and apply them to the five questions that follow. Have them write down three things they believe they need to listen to in the dialogue. Then play the recording twice and allow students time to check if they anticipated correctly.

Audio Script:

CRISTINA: ¡Hola Victoria!, ¿Cómo estás?

VICTORIA: Hola, Cristina. Estoy muy bien, ¿y tú?

CRISTINA: Un poco preocupada, porque ya son las 11 de la noche y mi novio no llega.

VICTORIA: ¿Todavía no? ¡Qué raro!

CRISTINA: Seguro que tiene problemas con el coche. Jorge siempre tiene problemas con el coche. Además, el tráfico de Madrid es un desastre los sábados por la noche.

VICTORIA: ¿Y por qué no lo llamas al móvil para ver si lo localizas?

CRISTINA: ¡Bah! Jorge no tiene teléfono celular.

VICTORIA: Bueno, entonces vamos a bailar y a tomarnos una sangría. Seguro que viene pronto.

CRISTINA: Está bien. Vamos.

Answers: 1. b; 2. c; 3. a; 4. a; 5. b

El origen del español

Capital: Madrid
Área: 499.542 kms^2 (cuatrocientos noventa y nueve mil quinientos cuarenta y dos kilómetros cuadrados)
Población: 40.077.100 (cuarenta millones setenta y siete mil cien) (julio de 2002)
Unidad monetaria: Euro
Clima: Clima mediterráneo en las costas y continental en el interior

Antes de empezar, dime...

¿Cuánto sabes de la lengua española? Indica si en tu opinión estos comentarios son ciertos o falsos.

cierto	falso	1. En España se hablan varias lenguas.
cierto	falso	2. El español que se habla en las Américas es muy diferente al que se habla en España, y hay muchos problemas para comprenderse.
cierto	falso	3. El castellano es la única lengua oficial de España.
cierto	falso	4. El castellano es más elegante que el español de las Américas.

El español, el castellano y las otras lenguas de España

El español es una lengua con una larga historia. Los romanos, que invaden Iberia, la región que actualmente conocemos por España, más de doscientos años antes de Cristo, imponen el latín en toda la región. Los pueblos ibéricos aceptan el latín, pero no el latín formal, sino el latín popular que hablan los soldados romanos. La invasión y presencia árabe por casi ochocientos años (711–1492) fragmenta la evolución del latín, y en España se desarrollan tres lenguas que hoy día son oficiales: el castellano, el gallego y el catalán, todas derivadas del latín. El vasco, la cuarta lengua oficial de España, es probablemente más antigua que el latín.

Estas lenguas tienen sus dialectos, y un dialecto del castellano es el español de Andalucía y Extremadura, en el sur y suroeste de España. Con los conquistadores y colonizadores españoles, el español de Andalucía y Extremadura se convierte en la lengua de las Américas.

No existe, pues, un modelo o estándar de español, puesto que el español es la lengua que se habla en todo el mundo hispanohablante. En España se llama castellano al español para diferenciarlo de las otras lenguas de España: el vasco, el catalán y el gallego. En América Latina, castellano y español son sinónimos, y el uso de uno u otro nombre depende de preferencias personales.

Aparte de algunas diferencias en el vocabulario y la pronunciación, todos los pueblos que hablan español, a un lado u otro del Atlántico, se comprenden sin dificultad.

Y ahora dime...

El español. Hagan estas actividades en parejas. Luego compartan sus dibujos y explicación con la clase.

1. Con un(a) compañero(a), dibuja un árbol (tree) lingüístico para mostrar el origen de todas las lenguas oficiales de España.
2. Explica el uso de las palabras **español y castellano** en España y en América Latina.

Viajemos por el ciberespacio a... ESPAÑA

If you are a cyberspace surfer, try entering one of the following key words to get to many fascinating sites in **España**:

Regiones de España

Lenguas de España

La lengua española

Or, better yet, simply go to the *¡Dímelo tú!* website using the following address: http://dimelotu.heinle.com

There, with a simple click, you can

- learn about the various regions of Spain.
- find out additional details about the languages spoken in Spain.
- learn about the evolution of the Spanish language and its variations throughout the Spanish-speaking world.

Divide the class into two or three large **groups** and have each group select the most accurate linguistic tree. Then have the class select the best of the three. Call on a volunteer to explain the difference between **español** and **castellano**. Then have the class expand on the explanation.

Smart Classroom: For homework, have students search the Internet for information about two of the following: (1) facts about the languages spoken in Spain; (2) local variations of the Spanish language in Spain and the Americas; and (3) words borrowed from Arabic and Native American languages. Ask them to write a brief but specific report on what they learned.

¡Guitarra, sangría, tapas y...!

TAREA

Antes de empezar este Paso, estudia la lista de vocabulario, en la página 129 y practícalo al escuchar el surco 26 de tu Text Audio CD #1. Luego estudia *En preparación.*

3.2 Present progressive tense, páginas 131–132

3.3 Superlatives, páginas 132–134

Haz por escrito los ejercicios de *¡A practicar!*

Escucha la sección *¿Qué se dice...?* del Capítulo 3, Paso 2 en el surco 23 del Text Audio CD y haz la actividad correspondiente en la página 115.

Have students prepare *3.2 Present progressive tense* for the first day you work on this **Paso.** Then assign *3.3 Superlatives* for the second day.

Answers. Están bailando, comiendo, tocando la guitarra, conversando, tomando sangría, cantando.

¿Eres buen observador?

Ahora, ¡a analizar!

¿Qué están haciendo estas personas?

- ☐ Están bailando.
- ☐ Están estudiando.
- ☐ Están comiendo.
- ☐ Están mirando la tele.
- ☐ Están tocando la guitarra.
- ☐ Están conversando.
- ☐ Están tomando sangría.
- ☐ Están cantando.
- ☐ Están tocando discos.

¿Qué se dice...?

CD1-23

Purpose: To introduce new vocabulary and structures in context.

Audio Script: Hoy es la fiesta de Natalia Alarcón. Cuando llega a la fiesta, Patricia, una amiga de Natalia, llama a su hermana Alicia, que está en casa porque está enferma. ¡Pobre Alicia!
PATRICIA: Hola, Alicia. ¿Cómo estás? ¿Qué estás haciendo?
ALICIA: Hola, Patricia. No estoy bien. Estoy malísima. ¿Hay mucha gente en la fiesta? ¿Quiénes están?
PATRICIA: Todo el mundo está aquí: Estela, José Luis, Dolores, Lupita, y naturalmente, Nicolás.

Al describir lo que está pasando

¿Cómo está Alicia? (fenomenal / muy bien / terrible / malísima)
¿Cuál de estas cosas sí están haciendo Patricia y Alicia?

☐ bailando con Natalia   ☐ tocando la guitarra
☐ bailando en el patio   ☐ hablando por teléfono
☐ preparando una tortilla   ☐ cantando flamenco

Answers: malísima, hablando por teléfono.

ALICIA: ¡Y ... ¿qué están haciendo?
PATRICIA: Todos están bailando en el patio.
ALICIA: Y tú, ¿qué estás haciendo?
PATRICIA: Estoy preparando una tortilla buenísima. Ahora están tocando mi disco favorito de Alejandro Sanz. Y en el patio José Luis está tocando la guitarra y cantando flamenco. ¡Canta tan bien!

ALICIA: Y Nicolás, ¿qué está haciendo Nicolás?
PATRICIA: Nicolás está bailando con Natalia. Está hermosísima esta noche. Y él está guapísimo también.
ALICIA: ¡Ay, y yo tan enferma! ¿Por qué hoy ... cuando hay fiesta?

WEB TM3-2, Procedure: Have students look at visuals as you play the CD, read each caption, or narrate your own story line. Ask simple yes/no, either/or, or one-word answer, comprehension-check questions. If you choose to narrate, use the overhead transparencies and narrate two or three sentences at a time, pointing to the appropriate action/person being mentioned. Remember, at this point the goal is listening comprehension, not production.

Alternative Story Lines: 1. Talk about a phone call you received while on vacation. Your children were calling from a party they were giving in your home. 2. Talk about your impressions of a typical weekend party at your university.

A propósito...

Note that **tan** + (*adjective or adverb*) is usually translated as *so* + (*adjective or adverb*), for example: **canta tan bien** means *He sings so well*. What do **baila tan bien** and **habla tan rápido** mean.

¿Sabías que...?

Las **tapas,** los platitos de todo tipo de comida española, representan un estilo de vida en España. Hay de todo: chorizo, jamón serrano, queso manchego, patatas, gambas (camarones)... Son una tradición en los bares españoles, donde se comen con una copita de vino o una cerveza antes del almuerzo (entre la una y las dos de la tarde) y antes de la cena (entre las siete y las nueve de la noche). La **tortilla española** es la tapa favorita de todos. No es como la tortilla mexicana, sino como un *omelette* con patatas. Y como ocurre con todas las tapas, ¡hay una gran variedad de tortillas españolas!

🔍 **En tu opinión:** ¿Crees que en los bares españoles es necesario pagar por las tapas o son gratis? ¿Por qué crees eso? ¿Existe un equivalente a las tapas en los EE.UU.? ¿Qué comen en los bares norteamericanos? ¿Es gratis esa comida?

Ask students to read silently. Translate the **tapa** varieties for the class. Ask comprehension check questions: **¿Qué es una tapa? ¿En qué consisten las tapas? ¿Cómo es el estilo de vida que representan? ¿Qué es una tortilla española?** Point out that all **tapas** used to be free in Spain until tourists, especially college-age tourists, started eating them in large amounts as a free dinner. At that point, bar owners started charging for them. Ask if there is an equivalent in U.S. bars—the free Happy Hour. The word **tapa** probably derives from the fact that, in the past, it was common to place the snack on a small plate which was then used to cover (**tapar**) the drink being served.

Smart Classroom: Pre-select one or two websites dedicated to **las tapas, ruta de las tapas,** and the origin of the word **tapas.** Ask volunteers to present their findings and include the addresses of the websites they visited.

Ahora, ¡a hablar!

Vocabulario activo, A. Call on individual students. Have class confirm each response.

A. **¿Qué están haciendo?** Según el *¿Qué se dice...?* de este Paso, ¿qué están haciendo estas personas?

MODELO **Alicia está hablando por teléfono con Patricia.**

1. Patricia
2. Alicia
3. José Luis
4. Dolores y Lupita
5. Nicolás y Natalia
6. Alicia y Patricia

EP 3.2 **B.** Call on individual students. Have the class confirm each response.

B. **Todos están trabajando.** Teresa y sus amigos están haciendo los últimos preparativos para una fiesta de cumpleaños. ¿Qué están haciendo?

MODELO **Paula está decorando las tapas.**

Paula		preparar / tortilla
yo		hacer / sangría
Tomás	estar	decorar / tapas
Alicia		comprar / refrescos
Francisco y María		mirar / televisión
Rafael		hablar / Paula

EP 3.3 **C.** Call on individual students. Have class confirm each response.

C. **¿Cómo están?** Según el *¿Qué se dice...?* de este Paso, ¿cómo están estas personas?

MODELO **Paula está cansadísima.**

Patricia	ocupadísima
Alicia	guapísimo
José Luis	contentísimas
Dolores y Lupita	malísima
Nicolás	hermosísima

EP 3.3 **D.** Call on individual students first. Have the class repeat each response to practice pronunciation of superlatives.

D. **¡Está divertidísima!** Todo el mundo está contentísimo en la fiesta de Natalia. ¿Por qué?

MODELO música / buena
La música está buenísima.

1. Nicolás / guapo
2. Teresa / hermosa
3. pastel / rico
4. comida / buena
5. invitados / contentos
6. refrescos / buenos

EP 3.3 **E.** Read the model to the class. Then have students do the exercise in **pairs** first. Allow 2–3 mins. Repeat the exercise with the class by calling on **individual** students.

E. **¡Qué orgullosos!** Manuel y Jazmín están muy orgullosos (*proud*) de sus hijos Susana y Ricardo. ¿Cómo los describen?

MODELO Ricardo / alto / clase
Ricardo es el estudiante más alto de la clase.

1. Susana y Ricardo / inteligente / la universidad
2. Susana / interesante / la familia
3. Ricardo / popular / las fiestas
4. Ricardo y Susana / responsable / la clase
5. Susana / guapa / la ciudad

IRM TM3-2, Repaso visual, *¿Qué están haciendo?*: Show the transparency to the class and ask several students to describe what people are doing as you point to them.

Y ahora, ¡a conversar!

F. **¡Qué modesto!** En tu opinión, ¿cuál es tu cualidad más significativa? Habla con varios compañeros de clase y diles cómo eres y escucha cómo son ellos.

MODELO   YOU CHOOSE: inteligente
           YOU SAY: **Soy el (la) estudiante más inteligente de la clase** o
                     Soy inteligentísimo(a).

G. **Excusas.** ¿Qué excusas inventas para no aceptar cuando alguien te invita a hacer algo que tú no quieres o no puedes *(don't want or can't)* hacer? Prepara una lista de todas las situaciones y las excusas que se pueden usar.

MODELO   **Mi amigo llama para hablar por teléfono, y estoy cansado(a).**
TU EXCUSA: **Lo siento, pero estoy comiendo.**

H. **¿Qué están haciendo?** ¿Cuántas diferencias hay entre este dibujo y el de tu compañero(a) en el Apéndice A. Háganse preguntas para determinar cuáles son las diferencias. Recuerda que no se permite mirar el dibujo de tu compañero(a) hasta terminar esta actividad.

MODELO   ¿Cuántas personas están bailando?

¡Luces! ¡Cámara! ¡Acción!

I. **¡Qué fiesta!** Estás en una fiesta buenísima y decides llamar a un(a) amigo(a) que está enfermo(a). Con un(a) compañero(a), escribe la conversación que tienen. Luego lean su conversación delante de la clase.

- Saludas a tu amigo(a) y le preguntas cómo está.
- Tu amigo(a) responde y te pregunta por la fiesta y por su amigo(a) especial.
- Das muchos detalles y finalmente te despides. Explicas por qué tienes que irte.
- Se despiden.

J. **¡Estoy furioso(a)!** Tú estás en una fiesta. Estás muy frustrado(a) porque la persona que te gusta y que quieres conocer está hablando con todo el mundo y no te presta atención. Tu amigo(a) quiere saber *(to know)* por qué estás tan frustrado(a). Dramatiza la situación con un(a) compañero(a).

F. Allow 1–2 mins. to prepare. Tell students to mill around the classroom asking for the strongest qualities of their colleagues and describing their strongest qualities to others. After 2–3 mins. ask those who found others having three similar strong qualities to go to the board and write [Name] **y son los estudiantes más... de la clase.**

G. Allow 2 mins. to write. In **groups** of 3 or 4, have students read their situations and excuses to each other and compile a group list of those in common. Ask each group to read their list to the class.

H. Allow 4–7 mins. Circulate, making sure students use only Spanish. Call on a pair to list the differences they found. Ask others in the class if there are more differences.

I and J. Have students select either activity **I** or **J** and allow 3–4 mins. to prepare. Call on volunteers to read or present their role plays first, and then call on the rest of the class. Insist that those selecting **J** do their role play extemporaneously. Ask comprehension check questions.

Procedure: Have students read **Estrategias** silently. Then have them apply them by viewing the **Enrique Iglesias** section of the video and doing the activity. Tell them to apply the same strategies as they view the **Andalucía** section of the video and do the corresponding activity.

Estrategias para ver y escuchar: reconocer información específica

In **Paso 1,** you learned that knowing what to listen for or listening for specific information aids listening comprehension considerably. This holds true when listening to and viewing a video. As in the recorded sections and on the tests, you can always get a good idea of what you can expect to see and hear on the video if you read the questions at the end of the viewing section before you view the video.

Para reconocer información específica. Lee las preguntas que siguen y tenlas *(have them)* presentes al ver la selección sobre Enrique Iglesias.

1. ¿Dónde nació Enrique Iglesias? ¿Cuándo es su cumpleaños? ¿Dónde vive ahora? ¿De dónde es su pasaporte?
2. ¿Escribió sus primeras canciones en español o en inglés?
3. ¿Qué opina Enrique Iglesias del bilingüismo?
4. ¿Qué opina Enrique Iglesias del español?

Time code: 4:32–6:26

Enrique Iglesias

Al ver el video: ¿Comprendes lo que se dice?

Mientras (While) ves el video por primera vez, presta atención y marca la información que se menciona en el video. Compara tus respuestas con las de otro compañero(a).

Answers: 1. All but **Vive en Francia, Ser bilingüe no es importante** and **El español es el idioma universal.**

☐ Enrique Iglesias nace en España.
☐ Enrique Iglesias vive en Francia.
☐ La madre de Enrique Iglesias es filipina.
☐ Su padre es español.
☐ Desde joven, Enrique Iglesias escribe mucho en inglés.
☐ Ser bilingüe no es importante para Enrique Iglesias.
☐ El español es el idioma universal.

Después de ver el video

Contesta ahora estas preguntas. Compara tus respuestas con las de tu compañero(a).

1. ¿Dónde nació Enrique Iglesias? ¿Cuándo es su cumpleaños? ¿Dónde vive ahora? ¿De dónde es su pasaporte?
2. ¿Escribió sus primeras canciones en español o en inglés?
3. ¿Qué opina Enrique Iglesias del bilingüismo?
4. ¿Qué opina Enrique Iglesias del español?

Andalucía, ¡región fascinante!

Repite ahora la estrategia al ver la parte 2 del video dedicado a Andalucía.

Para reconocer información específica. Lee las preguntas que siguen y tenlas *(have them)* presentes al ver la selección sobre Andalucía.

Marca las expresiones que mejor completan cada oración.

Time code: 6:28–8:39

1. La región de Andalucía fue habitada por los griegos, los romanos y los...
   □ franceses □ africanos □ árabes

2. El espíritu de Andalucía viene de...
   □ las Américas □ los árabes □ los romanos

3. La mezquita *(mosque)* más grande del occidente está en...
   □ Córdoba □ Granada □ Sevilla

4. La Costa del Sol se conoce por sus excelentes...
   □ caballos □ mezquitas □ playas

5. Andalucía es una de las regiones más atractivas de España gracias a su sol, historia y...
   □ templos □ folclore □ playas

España

Antes de empezar, dime...

En grupos de cuatro o cinco, expresen sus impresiones de la España de hoy con respecto a:

1. ¿Cómo es la gente?
2. ¿A qué hora comen y a qué hora cenan?
3. ¿Qué hacen por la noche?
4. ¿Qué deportes son los más populares?
5. ¿Cómo visten, formal o informalmente?

Allow 2 min. Then call on different **groups** to report on how they answered each question. Have class comment on each response but do not criticize or correct any wrong impressions. The reading will clarifiy any misconceptions.

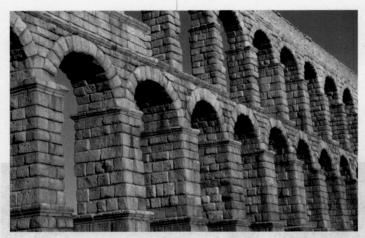

El acueducto de Segovia (Siglo I de nuestra era): Otro ejemplo de la influencia romana en España.

Jóvenes, después de *la movida*, camino de su casa en Madrid.

España, siglo XXI

Con cuarenta millones de habitantes (40.000.000), España es un país de personas trabajadoras donde la gente vive, por lo general, en la calle: en el bar, la terraza, la plaza, el patio, el café, el mercado...

Hay mucho contraste entre la vida en España y la de los Estados Unidos.

- El desayuno español es muy ligero (café y una tostada) y la gente almuerza generalmente entre la 1 y las 3 de la tarde, y cena entre las 9 y las 11 de la noche. Mucha gente regresa a casa para comer al mediodía y las oficinas y tiendas cierran normalmente de 2 a 4 de la tarde para descansar.
- «La movida», es decir la vida nocturna, especialmente en verano, empieza después de medianoche y es común ver a los niños en las calles con sus padres o abuelos hasta las dos o las tres de la mañana.
- Los deportes más populares de España son el fútbol (soccer) y el baloncesto. Hoy día existe una generación de tenistas muy importantes y hay muchos españoles que se destacan en atletismo, ciclismo, motociclismo, fórmula 1, deportes del mar, etc. El béisbol y el fútbol americano se practican muy poco.
- La corrida de toros es la llamada «fiesta nacional», una tradición muy antigua con la que no todos los españoles están de acuerdo.
- Los españoles visten elegantemente, en especial para salir por las noches, para las fiestas o para las celebraciones.
- La relación entre las generaciones (niños, adultos, ancianos) es, en general, muy buena, y es común ver a familias enteras que pasean o disfrutan en un restaurante o en la plaza.
- En España el desempleo (el paro, como se dice en España) afecta mucho a los jóvenes, por lo que prefieren no casarse y viven en casa de sus padres muchos años.

La España del siglo XXI es muy diferente a la España de hace cuarenta o cincuenta años. Es un país plenamente integrado en la Comunidad Europea, moderno, con mucho turismo, trenes de alta velocidad y grandes autopistas. Pero hay cosas que no cambian: España sigue siendo un país hospitalario, simpático y muy festivo.

Viajemos por el ciberespacio a... ESPAÑA

If you are a cyberspace surfer, try entering one of the following key words to get to many fascinating sites in **España:**

costumbres de España

vida nocturna en España

la movida en España

Or, better yet, simply go to the ***¡Dímelo tú!*** website using the following address: http://dimelotu.heinle.com

There, with a simple click, you can

- expand on your awareness of the many aspects of the Spanish culture.
- identify what Spanish people of your age do to celebrate and enjoy life.
- learn some of the trends of the Spanish teenagers, both positive and negative.

Y ahora, dime...

Contrastes. Usa este diagrama de Venn para hacer los siguientes contrastes y comparaciones del estilo de vida que son comunes en España y los Estados Unidos y lo que es exclusivo a cada uno de ellos.

1. gente
2. horas de comer
3. vida nocturna
4. deportes
5. vestir

España	España y los EE.UU.	los EE.UU.
1.	1.	1.
2.	2.	2.
3.	3.	3.
4.	4.	4.
5.	5.	5.

Smart Classroom: For homework, have students search the Internet for information on one of the following: **la marcha, la movida,** or **la botellona** in Spain. Ask them to write a brief but specific report on what they have learned.

¡Escríbelo!

Estrategias para escribir: agrupar ideas

A. In **Capítulo 2** you learned the importance of brainstorming to gather ideas for writing on a specific topic. Taking those ideas one step forward, it is helpful to organize your ideas into various groups called clusters. Brainstorming clusters are listings of closely related ideas.

Since in this exercise you will be asked to write about your life at the university, you will probably want to organize your cluster similar to the one that follows.

Have students study the "university life" cluster and have them add anything important that they consider is missing (i.e., **empleo, amigos,** etc.).

Take a moment to think about how you would fill in the blank bubbles and add other bubbles to the cluster so that you have all the elements that you consider necessary to write about your life at the university.

Ahora, ¡a escribir!

A. **Preparar una lista de ideas.** Prepara una lista de ideas para escribir una carta a tus amigos sobre tu vida universitaria o de trabajo este semestre. Incluye ideas para escribir sobre tus clases, tu trabajo y actividades, entre otras cosas.

Agrupar ideas. Organiza tu lista de ideas en grupos de ideas similares, por ejemplo, todas las ideas relacionadas con clases en un grupo, las relacionadas con trabajos en otro grupo, etc.

B. **El primer borrador.** Usa tu *cluster* para escribir el primer borrador *(first draft)* de tu carta. Escribe toda la información que tienes de un grupo en un párrafo. Tu carta probablemente va a ser de tres o cuatro párrafos.

C. **Ahora, a compartir.** Comparte tu primer borrador con dos o tres compañeros(as). Haz comentarios sobre el contenido y el estilo de la carta de tus compañeros y escucha los comentarios de ellos(as) sobre tu carta. Indiquen los errores de ortografía o gramática que detecten.

D. **Ahora, a revisar.** Si necesitas hacer cambios basados en los comentarios de tus compañeros(as), hazlos ahora.

E. **La versión final.** Prepara una versión final de tu carta en la computadora y entrégala.

F. **Publicación.** En grupos de cinco, lean las cartas que su profesor(a) les da y seleccionen la mejor para leérsela a toda la clase.

A. Do the brainstorming with the class. As students suggest names of classes and jobs, activities, etc., write them on the board.

B. Have students complete this step as homework.

C. Allow 3–4 mins. to read, comment, and recommend changes. Ask students to focus carefully on subject-verb agreement errors. Model the type of errors they should look for.

D. Allow 2–3 mins. for additions, deletions, or corrections based on what their classmates recommended. This may be done as homework also.

E. Have students do this step as homework. Get students accustomed to always making the final draft a clean version of previous drafts, preferably typed on the computer, and to turn it in with previous versions to show what corrections have been made.

F. Have each **group** read the letter they like better to the class.

En una fiesta española

¿Eres buen observador?

TAREA

Antes de empezar este Paso, estudia la lista de vocabulario, en la página 129 y practícalo al escucha el surco 27 de tu Text Audio CD #1. Luego estudia *En preparación.*

3.4 **Ser** and **estar** with adjectives, páginas 135–136

3.5 The verb **gustar**, páginas 136–137

Haz por escrito los ejercicios de *¡A practicar!*

Escucha la sección *¿Qué se dice...?* del Capítulo 3, Paso 3 en el surco 24 del Text Audio CD y haz la actividad correspondiente en la página 124.

Have students prepare *3.4 Ser and estar with adjectives* for the first day you work on this **Paso**. Then assign *3.5 The verb gustar* for the second day.

Have students do **A** and **B** in **pairs** first. Then call on **individuals** to answer each question and have the class indicate whether they agree or not.

Answers: A. Les gusta bailar, tomar refrescos y cerveza, comer tapas, beber vino, escuchar música, conversar.

Ahora, ¡a analizar!

A. Fiestas españolas. Indica qué les gusta hacer a los españoles en las fiestas: **Les gusta...**

☐ bailar

☐ mirar la tele

☐ tomar refrescos o cerveza

☐ correr

☐ estudiar

☐ comer tapas

☐ beber vino

☐ escuchar música

☐ conversar

B. ¿...y en los EE.UU.? ¿Qué les gusta hacer a ustedes en sus fiestas? **Nos gusta...**

CD1-24

A propósito...

There are many expressions in Spanish to indicate total approval and agreement: **¡Por supuesto! ¡De acuerdo! ¡Claro! ¡Claro que sí! ¡Muy bien! ¡Vale!** (**¡Vale!** is used mainly in Spain, and works exactly like *okay* in English).

Al iniciar una conversación

¿Qué le gusta a Luisa y qué no le gusta a Andrés? Indica con una **L** lo que le gusta a Luisa, y con una **A** lo que no le gusta a Andrés.

la fiesta	la cerveza	el vino
la música	la sangría	la comida
bailar pasodoble		

JUAN: ¿Estudias aquí? ¿Cuál es tu especialización?

MARIO: Estudio ingeniería mecánica. Me gusta mucho. Y tú, ¿estudias aquí también?

JUAN: Sí. Estudio inglés. ¿Qué clases tienes este semestre?

ELISA: ¡Hola! ¿Qué tal? Me llamo Elisa.

PABLO: Mucho gusto, me llamo Pablo.

ELISA: Encantada. ¿Qué tal la fiesta?

PABLO: Me gusta mucho.

ELISA: ¿Te gusta bailar?

PABLO: Por supuesto.

ELISA: ¿Bailamos?

PABLO: ¡Vale!

FRANCISCO: ¿Qué más hay para tomar?

GABRIEL: Sangría. Pero también hay refrescos en la cocina. ¿Qué prefieres?

FRANCISCO: No me gusta la sangría. Prefiero otra cosa. Pero... ¿por qué no invitas a Carmen a bailar? Está muy bonita esta noche.

GABRIEL: Ya sabes que yo soy un poco tímido.

¿Sabías que...?

El baile y el canto son importantes manifestaciones artísticas de la cultura española. El flamenco es, hoy día, uno de los tipos de música más característicos y fácilmente identificables de España. La palabra flamenco proviene de las palabras árabes *felag* (campesino) y *mengu* (fugitivo) y se identifica con el cante de los gitanos *(gypsies)* de Andalucía, en el sur de España. Hay diferentes variedades (palos) de flamenco. Los palos más populares son las soleares, tonás, siguiriyas, tangos y fandangos. Los temas son diversos: religión, amor, humor, etc. El cante y baile flamencos pueden ir acompañados de guitarristas; entre los más populares se destacan Paco de Lucía, Ramón Montoya y Manolo Sanlúcar.

En tu opinión: ¿Cómo es posible tener temas tan variados como la religión, el amor y el humor en el flamenco? ¿Hay algunas manifestaciones artísticas importantes que han existido desde el siglo XIX en los EE.UU.? Explica tu respuesta.

Smart Classroom: Preselect one or two websites dedicated to **El flamenco** and expand on the topic by viewing pictures and biographies of artists. Have students listen to samples of flamenco songs and point out that, though it can be an "acquired taste" for nonnatives, flamenco defines the character and passion of many regions of Spain. For homework, have students research **flamenco** on the Internet. Ask them to look for past and current flamenco singers and dancers. Have volunteers present their findings to the class. Ask all students to include in their report the addresses of the websites they visited.

Ahora, ¡a hablar!

A. **¿Cómo son las cosas?** Según el *¿Qué se dice... ?* de este Paso, ¿cómo son o están estas cosas?

La sangría		tímido
La fiesta		deliciosa
Andrés	es / está	muy bonita
Luisa		hermosa
La música		fabulosa

Vocabulario activo: A. Have students do in **pairs** first. Then call on **individuals**. Have the class confirm each response.

B. **¡No te reconozco!** Con frecuencia, cuando asistimos a una fiesta, nuestra personalidad cambia. ¿Cómo son estas personas generalmente y cómo cambian cuando están en una fiesta?

MODELO Andrés: perezoso / activo
Andrés generalmente es perezoso, pero hoy está muy activo.

1. Carmen: activa / tranquila
2. Javier: tranquilo / nervioso
3. Alejandro: simpático / serio
4. Teresa y Olga: alegres / tristes
5. tú y Juan: arrogantes / simpáticos
6. yo: ¿...?

EP 3.4 **B.** Call on **individuals**. Have the class confirm each response.

C. **¿Les gusta?** Según el *¿Qué se dice... ?* de este Paso, ¿qué les gusta o no les gusta a estas personas?

MODELO Luisa / las fiestas
A Luisa le gustan mucho las fiestas.   o
A Luisa no le gustan mucho las fiestas.

1. Francisco / los rĭefrescos
2. Elisa / la fiesta
3. Pablo / bailar
4. Mario / ingeniería mecánica
5. Luisa / los pasodobles
6. Andrés / música

EP 3.5 **C.** Have students do in **pairs** first. Then call on **individuals**. Have the class confirm each response.

D. **¿Qué tenemos en común?** Estás en una fiesta, hablando con una persona muy interesante. ¿Qué le preguntas?

MODELO bailar flamenco
TÚ: **Me gusta bailar flamenco. ¿Y a ti?**
AMIGO(A):   **También me gusta bailar flamenco.**   o
No me gusta bailar flamenco.

1. mirar la televisión
2. la química
3. la política
4. la música española
5. ir a fiestas

EP 3.5 **D.** Allow time for **pair** work. Then call on **individuals**. Have the class confirm each response.

E. ¡Qué popular! Tu amigo Juan Salazar es muy popular porque siempre organiza fiestas muy buenas. ¿Por qué les gustan a estas personas las fiestas de Juan?

MODELO   a Carmen / la música
A Carmen le gusta la música en las fiestas de Juan.

1. a mí / las tapas
2. a mi mejor amigo / la música latina
3. a mis amigos / la sangría
4. a mis amigas / la tortilla española
5. a todos nosotros / bailar
6. a Carlos / los refrescos

Y ahora, ¡a conversar!

F. ¡Qué cambiados están! Éstos son Daniel y Gloria antes de estudiar un año en la Universidad de Salamanca. En el Apéndice A, tu compañero(a) tiene un dibujo de Daniel y Gloria después de regresar de España. Describan a las personas que aparecen en sus dibujos para saber cómo son los cambios. No se permite mirar el dibujo de tu compañero(a) hasta terminar esta actividad.

G. ¡Encuesta! Usa este cuadro para entrevistar a tres compañeros(as) de clase. Escribe sus respuestas en los cuadrados apropiados.

MODELO   TÚ: **¿Tocas el piano?**
AMIGO 1:   **No, no toco el piano.**
YOU WRITE: **[Nombre] no toca el piano.**

	Amigo(a) 1	Amigo(a) 2	Amigo(a) 3
No le gusta bailar.			
Le encantan las tapas.			
Conoce a una persona famosa.			
Baila muy bien.			
Le gusta cocinar.			
Le gusta la música latina.			
Habla cuatro idiomas.			

¡Luces! ¡Cámara! ¡Acción!

H. ¡Está guapísima! Imagínense que están en una fiesta en casa de su profesor(a) de español y que están hablando de los invitados. Trabajando en grupos de tres o cuatro, preparen su diálogo por escrito. Luego léanlo delante de la clase.

MODELOS   —**Nuestro(a) profesor(a) está muy elegante esta noche.**
—**Sí, pero, ¿quién es la persona que está bailando con... ?**
—**Creo que es su novio(a). Es guapísimo(a), ¿no?...**

I. No conozco a nadie. Estás en una fiesta y no conoces a nadie. Decides presentarte a un grupo de tres personas que parecen ser interesantes. Ellos te aceptan cortésmente y mantienen una buena conversación contigo. Dramatiza esta situación con tres compañeros de clase.

Estrategias para leer: usar imágenes visuales para interpretar el contenido

In the previous chapter you learned to use visual images to anticipate the content of a reading selection. Because visual images are often provided to illustrate what is being said, they frequently help you understand words that you may not know. In all of the following tongue-twisters there are several words that you do not know. Use the drawings that accompany each one to help you get at the meaning of new words.

Antes de leer

¡Los dibujos también hablan! Estudia el dibujo que empieza **Erre con erre cigarro,...** y lee el trabalenguas que lo acompaña. Luego contesta estas preguntas.

1. ¿Qué significa la palabra **cigarro**? ¿Cómo llegaste (*did you arrive*) a esa conclusión?
2. ¿Qué significa la palabra **barril**? ¿Cómo llegaste a esa conclusión?
3. ¿Qué significa la palabra **azúcar**? ¿Cómo llegaste a esa conclusión?
4. ¿Qué significa la palabra **ferrocarril**? ¿Cómo llegaste a esa conclusión?

Ahora usa esta estrategia con los otros dibujos y trabalenguas.

La tradición oral: los trabalenguas

La tradición oral, la práctica de pasar información —ya sea en forma de cuentos, poemas, leyendas, proverbios, dichos— de boca en boca, es una parte muy importante de la cultura española. El origen de esta información usualmente es desconocido, anónimo. Con frecuencia es información que intenta explicar un fenómeno natural, dar consejos o enseñar una lección.

Los trabalenguas son una forma muy española de la tradición oral. Estos versos o poemas infantiles son un pasatiempo favorito para jóvenes de todo el mundo hispanohablante. Los trabalenguas son poemas breves, que en general no tienen mucho sentido, pero siempre son difíciles de pronunciar. Esa dificultad es la atracción de estos versos. La idea es aprender a decirlos con facilidad a pesar de las dificultades de la pronunciación fonética. Son ideales para estudiantes de español, ya que proveen buena práctica de la pronunciación.

A ver si comprendiste

Trabalenguas. A continuación aparecen seis trabalenguas populares. Trata de aprender dos de memoria. Practícalos en voz alta hasta que puedas decirlos rápidamente sin cometer un solo error. Luego la clase puede tener un concurso para ver quiénes pueden decirlos con más rapidez y fluidez.... y ¡sin errores!

Erre con erre, cigarro;
erre con erre, barril:
¡rápido corren los carros
llevando el azúcar
en el ferrocarril!

Hijos e hijas tiene mi hijo,
mi hija hijas e hijos tiene;
pero los hijos e hijas de mi hija
no son hijas e hijos de mi hijo.

Chiqui chiqui chi,
chiqui chiqui chu,
chiqui chiquitita,
chiquitita eres tú.

Juan juega jugando,
Juanito jugando juega,
con juegos juega Juan,
juega con juegos Juanito;
juntos juegan con juegos,
Juan y Juanito jugando.

Tres tristes tigres
entraron en un trigal;
los tres tigres tristes
salieron tan tristes del trigal
como tristes entraron los tres tigres.

Constantino fue a Constantinopla.
¿Quién lo desconstantinoplará?
El desconstantinoplador
que lo desconstantinople
buen desconstantinoplador será.

Vocabulario

PASO 1

La casa

alcoba	bedroom
patio	patio
puerta	door

Estados de ánimo

cansado(a)	tired
contento(a)	happy
emocionante	touching, moving
enfermo(a)	sick
entusiasmado(a)	enthused
frustrado(a)	frustrated
furioso(a)	furious
interesado(a)	interested
nervioso(a)	nervous
ocupado(a)	busy
preocupado(a)	preoccupied, worried
triste	sad

Puntos cardinales

este	east
noreste	northeast
noroeste	northwest
norte	north
oeste	west
sur	south
sureste	southeast
suroeste	southwest

Fiestas

celebrar	to celebrate
fiesta	party
invitado(a)	guest
sangría	a fruity Spanish wine drink
tapas	hors d'oeuvre, appetizers

Actividades

llegar	to arrive
tocar	to play (an instrument)

Palabras útiles

bastante	enough
calma	relax
chico(a)	boy / girl
hijo(a)	son / daughter
juntos	together
novio(a)	boyfriend / girlfriend
pero	but
pregunta	question
primero(a)	first
todavía	still
todo el mundo	everyone, everybody
ya	already

PASO 2

Fiestas

cantar	to sing
disco	record
flamenco	Spanish dance
guitarra	guitar
tortilla	Spanish potato omelette

Actividades

conversar	to converse, to chat
decorar	to decorate
estar	to be
inventar excusas	to make excuses

Descripción

fenomenal	phenomenal, great
guapo(a)	good-looking
malo(a)	sick
responsable	responsible
rico(a)	rich, delicious
terrible	terrible

Palabras y expresiones útiles

con	with
Lo siento.	I'm sorry.
mensaje	message
¿Qué estás haciendo?	What are you doing?
tan	so
tan... como	as . . . as
tanto, tanta, tantos, tantas	so many, as many

PASO 3

Descripción de personas

aburrido(a)	bored, boring
alegre	happy
alto(a)	tall
arrogante (m./f.)	arrogant
bajo(a)	short
bonito(a)	pretty
delgado(a)	thin
fabuloso(a)	fabulous
hermoso(a)	beautiful
modesto(a)	modest
moreno(a)	dark-complexioned
perezoso(a)	lazy
rubio(a)	blond
tranquilo(a)	tranquil, peaceful
triste	sad

Fiestas

cerveza	beer
música	music
pasodoble (m.)	Spanish dance
sabroso(a)	tasty
vino	wine

Universidad

especialización	major
ingeniería mecánica	mechanical engineering
semestre	semester

Verbos

encantar	to really like
gustar	to like
invitar	to invite
opinar	to express an opinion

Palabras y expresiones útiles

¿Bailas?	Shall we dance?
¡Me encanta!	I love it!
ni... ni	neither . . . nor
otra cosa	something else
política	politics
¡Por supuesto!	Of course!
trabalenguas	riddle, tongue-twister
¡Vale!	OK!

En preparación 3

3.1 The verb *estar*
Giving location and indicating change

estar *(to be)*	
Singular	
yo estoy	nosotros(as) estamos
tú estás	vosotros(as) estáis
usted está	ustedes están
él, ella está	ellos, ellas están

The verb **estar** is used to tell where someone or something is located and to describe how one is feeling or one's condition. It is also used with the present participle to form the present progressive tense. (See **En preparación 3.2.**)

A. Location

La sangría **está** en el comedor.	*The sangria is in the dining room.*
¿Dónde **están** las tapas?	*Where are the tapas?*
Están en la cocina.	*They are in the kitchen.*
¿No **está** tu papá?	*Isn't your father here?*
No. **Está** en Barcelona.	*No. He's in Barcelona.*

B. Conditions and feelings

La fiesta **está** muy aburrida.	*The party is very boring.*
Roberto **está** enfermo otra vez.	*Roberto is sick again.*
Está borracho.	*He's drunk.*
Natalia **está** muy preocupada	*Natalia is very worried*
(triste, nerviosa, contenta).	*(sad, nervous, happy).*

¡A practicar!

A. ¿Dónde están? Give the location of the following people and things.

MODELO discos / sala
Los discos están en la sala.

1. refrescos / cocina
2. Natalia / su casa
3. nosotros / fiesta
4. Patricia / patio

5. comida / cocina
6. Natalia y los invitados / sala
7. tú / sala
8. yo / mi alcoba

B. **¿Cómo está...?** Describe Natalia's party.

MODELO **La música está fantástica.**

		fenomenal
la señora Alarcón		muy contento y activo
Natalia y yo		excelente
Nicolás	**estar**	fantástico
las tapas y los refrescos		muy nervioso
la música		muy tranquilo
		aburrido

C. **¡Fiesta!** In order to find out what is happening at Roberto's house tonight, complete the following paragraph with the correct form of the verb **estar.**

Hay una fiesta en mi casa esta noche porque mis padres _____ en Segovia. Yo _____ muy contento porque todos mis amigos _____ aquí. También _____ muy ocupado con los invitados. Mi amigo Gonzalo _____ muy nervioso porque su ex novia _____ en la fiesta también. Mi amiga Amalia _____ furiosa porque Juan Carlos, su novio, no baila con ella. Los otros invitados _____ contentos porque hay mucha comida y la música _____ buena.

Paso 2

3.2 Present progressive tense

Describing what is happening now

A. In English, the present progressive is formed with the verb *to be* and an *-ing* verb form: *I am eating; he is driving.* In Spanish, the present progressive is formed with **estar** and a present participle.

¿Qué **están haciendo**?	*What are they doing?*
Todos **están bailando.**	*Everyone is dancing.*
Estamos comiendo paella.	*We're eating paella (a chicken, rice, and seafood dish).*

B. In English, the present participle is the verb + *-ing: talking, walking, buying.* In Spanish, the present participle is formed by dropping the infinitive ending and adding **-ando** to **-ar** verbs, and **-iendo** to **-er** and **-ir** verbs.

Present participles	
-ar **verbs: -*ando***	*-er, -ir* **verbs: -*iendo***
trabajar:	trabaj**ando**	*working*	poner:	pon**iendo**	*putting*
bailar:	bail**ando**	*dancing*	escribir:	escrib**iendo**	*writing*

NOTE: Present participles of stem-changing verbs are presented in Appendix D.

C. Some present participles are irregular. For example, the **-iendo** ending becomes **-yendo** whenever the stem of the infinitive ends in a vowel.

leer:	le**yendo**	*reading*
traer:	tra**yendo**	*bringing*

D. In Spanish, the present progressive tense is used *only* to describe or emphasize an action that is taking place *right at the moment*.

Estoy escribiendo una carta.	*I'm writing a letter.*
Pablo y Ana **están leyendo** el periódico.	*Pablo and Ana are reading the newspaper.*
BUT: Llegan mañana a las diez.	*They are arriving tomorrow at ten.*

¡A practicar!

A. ¿Qué están haciendo? What is everyone doing just before the guests arrive?

> MODELO   Yo (preparar) las tapas.
> **Yo estoy preparando las tapas.**

1. Francisco (organizar) la música.
2. Ricardo y yo (abrir) los refrescos.
3. Tú y Teresa (descansar) un poco.
4. Elisa y su novio (hablar) por teléfono.
5. Ahora yo (esperar) a mis amigos.
6. Natalia (hablar) con su mamá.

B. ¿Y ahora? Everybody is having fun at Natalia's party. Form sentences using the following words to find out what they are doing now.

1. Gonzalo y Ramón / beber / refrescos
2. nosotros / comer / tapas
3. yo / poner / música / favorita
4. Nicolás / hablar / Natalia
5. Andrea / escribir / mi número de teléfono
6. Tomás / comprar / más refrescos

3.3 Superlatives

Stating exceptional qualities

A. In English, the superlative is formed by adding *-est* to adjectives of one or two syllables or by using *the most* or *the least* with longer adjectives. To form the superlative in Spanish, place the definite article **el, la, los,** or **las** plus **más** or **menos** before the adjective.

Superlatives		
	Singular	**Plural**
Masculine:	el más + *(adjective)*	los más + *(adjective)*
Feminine:	la más + *(adjective)*	las más + *(adjective)*

Sin duda, *Don Quijote* es **el más** interesante.	*Without a doubt* Don Quijote *is the most interesting.*
Esta casa es **la más** grande.	*This house is the biggest.*
Teresa e Isabel son **las más** populares.	*Teresa and Isabel are the most popular.*
Pascual y Felipe son **los menos** activos.	*Pascual and Felipe are the least active.*

1. Whenever the person, place, or thing being emphasized is stated, it always precedes **más** and **menos.**

Es la clase más difícil.	*It is the most difficult class.*
El apartamento más grande es el primero.	*The biggest apartment is the first one.*
Estudio la información menos importante.	*I study the least important information.*

2. To express a superlative quality as a part of the total, the preposition **de** must be added after the adjective.

Roberto es la persona más simpática **de** la clase.	*Roberto is the nicest person in the class.*
Este apartamento es el más caro **de** la ciudad.	*This apartment is the most expensive in town.*

B. There are four irregular superlative forms: **mayor, menor, mejor,** and **peor.**

Ernesto es **el mayor** y Yolanda es **la menor.**	*Ernesto is the oldest and Yolanda is the youngest.*
El mejor libro para aprender español es *¡Dímelo tú!*	*The best book for learning Spanish is ¡Dímelo tú!*
Ésta es **la peor** fiesta del año.	*This is the worst party of the year.*

C. The absolute superlative is used to express a high degree of a quality or exceptional qualities. It is formed by adding **-ísimo(a, os, as)** to the singular form of an adjective. Final vowels are always dropped before adding the **-ísimo** endings. The English equivalents are *extremely, exceptionally,* or *very, very.*

Las tapas están **buenísimas.**	*The tapas are exceptionally good.*
Estoy **nerviosísimo.**	*I'm extremely (very, very) nervous.*

¡Ojo! Whenever the singular form of the adjective ends in **-co** or **-go,** a spelling change occurs in the absolute superlative form.

c	>	**qu**		g	>	**gu**
rico	>	ri**quí**simo		largo	>	lar**guí**simo

¡A practicar!

A. ¡Son los más populares! Mónica, a student at the University of Salamanca, is pointing out the most popular students at her school. Why does she say they are so popular?

MODELO Natalia / divertido / clase
Natalia es la más divertida de la clase.

1. Jorge y Antonio / sociable / Universidad de Salamanca
2. Tina / romántico / todas las muchachas
3. nosotros / inteligente / Universidad de Salamanca
4. ustedes / sincero / todos mis amigos
5. tú / divertido / clase

6. Marta y Cristina / hermoso / Universidad de Salamanca
7. Andrés / atlético / Universidad de Salamanca
8. yo / normal / todos(as) mis amigos(as)

B. ¡Son excepcionales! Name exceptional people who fit the following descriptions.

Modelo   guapo(a)
          Antonio Banderas es el hombre más guapo del mundo.

1. inteligente
2. alto(a)
3. divertido(a)
4. generoso(a)
5. atlético(a)
6. difícil
7. interesante
8. impresionante

C. ¡Mi universidad es la mejor! Mónica is talking on the phone with her ex-boyfriend, Roberto. He is attending the **Universidad Complutense** in Madrid and is determined to impress her. Fill in the blanks to see how far he goes to create a good impression.

Modelo   Esta universidad es _____ (grande) de todas.
          Esta universidad es la más grande de todas.

Roberto: ¡Aló! ¿Mónica?
Mónica: Sí, soy yo, Roberto. ¿Cómo estás? ¿Y cómo son las clases allá?
Roberto: Estoy feliz. Las clases son _____ (difícil) de todas.
Mónica: ¿Cómo son los estudiantes?
Roberto: Los estudiantes son _____ (sociable) de todo el mundo.
Mónica: ¿Cómo son tus compañeros de cuarto?
Roberto: ¿Mis compañeros de habitación? ¡Oh! Son ideales. Miguel y José son _____ (estudioso) de todos mis amigos. También son _____ (divertido) y son muy simpáticos.
Mónica: ¿Y tus profesores?
Roberto: Mis profesores son _____ (exigente) de la universidad. Todo es perfecto. Y lo más importante: ¡Esta universidad no es _____ (caro) de todas!

D. ¡Qué exagerado eres! Your friend always uses superlatives when talking about others. What does he say about the following people?

1. David es (guapo).
2. Amalia y María son (simpáticas).
3. Marcos es (rico).
4. Estela es (hermosa).
5. Pedro y Virginia son (listos).
6. Teresa es (interesante).

Paso 3

3.4 *Ser* and *estar* with adjectives

Describing attributes and indicating changes

A. **Ser** is used with adjectives to describe attributes such as the following:

1. physical characteristics, essential traits, and qualities

Nicolás **es** guapísimo.	*Nicolás is very handsome.*
Cecilia **es** delgada.	*Cecilia is thin.*
Las tortillas españolas **son** deliciosas.	*Spanish omelettes are delicious.*

2. personality

Eva **es** simpatiquísima.	*Eva is very nice.*
Teresa **es** inteligente.	*Teresa is intelligent.*
Héctor **es** perezoso.	*Héctor is lazy.*

3. inherent characteristics

La nieve **es** blanca.	*Snow is white.*
El cielo **es** azul.	*The sky is blue.*
El edificio **es** muy alto.	*The building is very tall.*

B. **Estar** is used with adjectives to indicate a more subjective, temporal evaluation of any of the following:

1. appearance, taste, and physical state of being

Esta paella **está** deliciosa.	*This paella is (tastes) delicious.*
Carlos **está** delgado.	*Carlos is (looks) thin.*
Teresa, ¡**estás** hermosa!	*Teresa, you are (look) lovely (today)!*

2. behavior that varies from what is normally expected

Estás muy antipático hoy.	*You are (being) very disagreeable today.*
Estela, **estás** perezosa.	*Estela, you are (being) lazy.*

3. conditions

Víctor **está** cansado.	*Victor is tired.*
Todos **están** contentos.	*Everyone is happy.*
La nieve **está** sucia.	*The snow is dirty.*

¡A practicar!

A. **¡Son excelentes!** Pilar is describing her classmates to a new student. What does she say?

MODELO   tú / honesta y muy guapa
          Tú eres honesta y muy guapa.

1. Elisa / romántica y muy estudiosa
2. Sara e Isabel / divertidas y muy simpáticas
3. Carlos / un poco perezoso
4. Marta y Javier / muy sociables
5. todos nosotros / muy sinceros

B. ¡Están diferentes! Pilar, a student from the University of Salamanca, has just returned home after spending time as an exchange student in the United States. She finds that everybody has changed considerably. What does she say about the following people?

1. ¡Mamá, tú _____ muy diferente!
2. Víctor _____ más grande.
3. Patricia y Lucía _____ más trabajadoras.
4. Eduardo y yo _____ muy activos.
5. Papá _____ más paciente.
6. Todos ustedes _____ muy bien.

C. En una boda. Carlos and Pepe are talking about the guests at Carlos's sister's wedding. Complete the following dialogue with the appropriate form of **ser** or **estar** to find out what they are saying.

CARLOS: La señora Durán _____ hermosa hoy.
PEPE: Sí, y el señor Durán _____ muy delgado, ¿verdad?
CARLOS: Tienes razón. Creo que _____ enfermo.
PEPE: Pobre. Y en tu opinión, ¿cómo _____ el novio de tu hermana?
CARLOS: _____ muy simpático. También _____ muy inteligente y, ¡ _____ rico!
PEPE: Sí, pero ahora _____ nervioso y _____ muy cansado.

D. ¡Rin-rin! Marta is having a wonderful time at her own birthday party when the phone rings. Complete the following paragraph with the appropriate form of **ser** or **estar** to see what she has to say about the party.

¿Bueno? ¡Hola, Elisa! ¿Dónde _____? Todo el mundo _____ aquí. Todos _____ bailando. En este momento, Carlos y yo _____ preparando más sangría. Sí, _____ una bebida alcohólica. _____ de vino tinto, gaseosa y frutas y _____ deliciosa. ¿Conoces a Jaime? Él _____ el amigo de Roberto. Él _____ muy guapo y muy rico... y no tiene novia. ¿Por qué no vienes? Todos nosotros te _____ esperando aquí.

3.5 The verb *gustar*

Talking about something you like or dislike

The verb **gustar** means *to be pleasing to* and is the Spanish equivalent of *to like*. When talking about one thing or an activity people like or dislike, **gusta,** the singular form of **gustar,** is used. When talking about more than one thing people like or dislike, **gustan,** the plural form of **gustar,** is used. This verb is *always preceded* by an indirect-object pronoun: **me, te, le, nos, os,** or **les.***

gusta *(liking one thing)*

me gusta	nos gusta	
te gusta	os gusta	la casa
le gusta	les gusta	bailar
le gusta	les gusta	

gustan *(liking more than one thing)*

me gustan	nos gustan	
te gustan	os gustan	las tapas
le gustan	les gustan	las playas mediterráneas
le gustan	les gustan	

*You will learn more about these pronouns in **Capítulo 8.**

Me gusta bailar salsa.   *I like to dance salsa. (Dancing salsa is pleasing to me.)*

- Note that with the verb **gustar,** the subject of the sentence is always *what* or *who* is liked.
- The verbs **encantar** and **fascinar** *(to love, to enchant, to fascinate)* are used just like **gustar.**

Les encanta la sangría.   *They love sangria.*
¡Me encantan las tortillas españolas!   *I love Spanish omelettes!*
Me fascina bailar.   *I love to dance (to dance fascinates me).*

The object pronouns **le** and **les** may refer to a varied number of people:

Singular		Plural	
le =	a él (a Ricardo) a ella (a Alicia) a usted	**les** =	a ellos (a Tomás, Jaime,...) a ellas (a Marta, Lupe,...) a ustedes

To avoid confusion, the phrase **a** + *(noun or pronoun)* is often used with **le** and **les** to clarify who is doing the liking.

A Yolanda le gusta servir tapas.   *Yolanda likes to serve tapas. (Serving tapas is pleasing to Yolanda.)*

A ellas no les gusta cocinar.   *They do not like to cook.*

The phrase **a** + *(noun or pronoun)* can also be used for emphasis or to establish a distinction. This phrase does not translate literally into English.

—Me gusta el café.   —*I like coffee.*
—Pues **a mí** me gusta el té.   —*Well, I like tea.*

¡A practicar!

A. **¡Qué interesante!** A todos les gusta la universidad. ¿Cuáles son las clases favoritas de estas personas?

MODELO   a nosotros / español
          A nosotros nos gusta la clase de español.

1. a Maribel / inglés
2. a Tere y a Mario / literatura
3. a Mateo / matemáticas
4. a Uds. / educación física
5. a Nati y a mí / biología y química
6. ¿Y a ti?... a ti / las obras de teatro

B. **Gustos.** ¿Conoces los gustos de tus familiares y amigos? ¿Qué les gusta y qué no les gusta hacer?

MODELO   abuela: leer sí / mirar la tele no
          A mi abuela le gusta leer. No le gusta mirar la tele.

1. a mi papá: invitar a sus amigos sí / limpiar la casa no
2. a mi mamá: preparar la cena sí / lavar los platos no
3. a mi hermana: hablar por teléfono sí / escribir cartas no
4. a mis hermanos: nadar sí / correr no
5. a mi mejor amigo(a): tocar la guitarra sí / cantar no
6. ¿Y a mí?... a mí: salir de vacaciones sí / regresar a clases no

Una tienda de modas en la Zona Rosa, México, D.F.

CAPÍTULO 4

¡De visita en... México, D.F.!

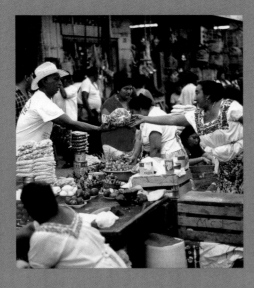

In this chapter, you will learn how to . . .

- describe art works and express preferences.
- describe the physical appearance and character traits of people.
- discuss prices.
- make comparisons.
- shop in the clothing section of a department store.
- order a drink in a café.
- tell what you and others did.

¡Las fotos hablan!

A. A que ya sabes... En tu opinión, y basándote en estas fotos y en tu conocimiento de México y de la cultura mexicana,

México es...

- ☐ un país extenso y variado.
- ☐ un país rico en historia.
- ☐ una fusión de culturas pre-hispánicas, europeas, americanas y africanas.
- ☐ un paraíso arqueológico.

México tiene...

- ☐ un pasado impresionante.
- ☐ muchas y ricas tradiciones.
- ☐ gran diversidad cultural.
- ☐ un relevante futuro en la comunidad internacional.

México ofrece...

- ☐ abundantes recursos naturales.
- ☐ arte y artesanía.
- ☐ hospitalidad.
- ☐ buena comida.
- ☐ buenas compras.
- ☐ un paisaje mágico.

B. ¿Qué prefieres hacer? Contesta estas preguntas con un(a) compañero(a).

1. ¿Qué quieres hacer en tu visita a México?
   Quiero...

   - ☐ subir las pirámides.
   - ☐ ir al Museo Nacional de Antropología.
   - ☐ ir de compras a la Zona Rosa.
   - ☐ ir de compras a un mercado al aire libre.
   - ☐ visitar el Zócalo.
   - ☐ ver el calendario azteca.

2. ¿Adónde prefieres ir a comprar estas cosas, a la Zona Rosa o a un mercado al aire libre?
   Para comprar... prefiero ir a... .

   - ☐ una blusa
   - ☐ jeans
   - ☐ libros usados
   - ☐ una limonada
   - ☐ botas
   - ☐ una corbata
   - ☐ un suéter
   - ☐ un sombrero
   - ☐ un café expreso

A: Allow 1 min. to do activity A **individually.** Then go through the list with the class, asking them to raise their hand if they checked the item off. When the majority agrees, ask why they think that.

Have students prepare *4.1 Demonstrative adjectives* for the first day you work on this **Paso.** Then assign *4.2 Present tense of e → ie and o → ue stem-changing verbs* for the second day.

A. Call on volunteers to answer the questions. Point out that, unlike the Aztec Calendar, the Gregorian calendar, created in 1508 and adopted and used by the western world today, was created 103 years after the Aztec Calendar and needs to be adjusted with a leap year occurring every fourth year (except century years not evenly divisible by 400).

Web TM4-1: Show the color transparency of the **Piedra del Sol** from your Instructor's Resource CD-ROM. Ask students if they can recognize the two flaming, feathered serpents (two outer circles), any of the animals or plants on the twenty-day circle (center circle with twenty different figures), the four directions (four points: north, south, east, and west), the four figures that represent wind, earth, fire, and water (four cubes in the center circles), and the twins in the serpents' mouths (bottom).

¿Eres buen observador?

La roca: monolito volcánico
Diámetro: 3.60 metros (12 pies)
Espesor: 75 cms (aproximadamente 3 pies)
Peso: 25 toneladas
Fecha de creación: 1479
Redescubierto en: 1790

Sede actual: Museo Nacional de Antropología, México, D.F.
Aportación científica: Resultado de siglos de observación astrológica por parte de las civilizaciones mesoamericanas. Representa un complejo sistema de medición circular del tiempo.

Ahora, ¡a analizar!

La Piedra del sol

1. Esta réplica de la Piedra del sol muestra los colores auténticos del calendario azteca. ¿Cuáles de estos colores aparecen en el calendario?

■ azul ■ verde ☐ blanco ■ anaranjado ■ gris

■ rojo ■ rosado ■ negro ■ amarillo ■ crema

2. El calendario azteca tiene dieciocho meses de veinte días cada uno, más cinco días religiosos al final de cada año. ¿Cuántos días hay en el año azteca?

3. Los veinte días de un mes aparecen en el calendario en un círculo con veinte símbolos distintos. Encuéntralos. ¿Cuántas reconoces?

4. Identifica a las dos personas que salen de la boca de dos serpientes. Se llaman los Cuates *(twins)* y representan el día y la noche.

5. ¿Dónde crees que está el símbolo del sol que representa el centro del universo azteca, y al que llaman Tonatiuh?

Al describir obras de arte y expresar preferencias

CD1-28

El/La artista que pintó el cuadro es...
☐ Frida Kahlo.　　　　☐ Diego Rivera.

Frida lleva...
☐ un vestido.　　☐ un pantalón.　　☐ un traje.　　☐ un reboso.

Diego lleva...
☐ un reboso.　　☐ una camisa.　　☐ un pantalón.　　☐ un traje.

Purpose: To introduce vocabulary and structures needed to describe fine works of art and express preferences.

Audio Script: En este retrato de Frida Kahlo vemos a la artista y a su esposo Diego Rivera. Pueden ver cómo la camisa azul de Diego contrasta bien con su traje y pantalón gris y cómo el reboso rojo de Frida contrasta con su vestido verde. ¡Qué elegantes están! Él con ese traje oscuro y ella con ese vestido largo.

Answers: Frida Kahlo; Frida lleva un vestido y un reboso; Diego lleva un pantalón, un traje y una camisa.

Procedure: Have students look at visuals as you read each caption or narrate your own story line. Narrate two or three sentences at a time, pointing to the particular persons or objects being mentioned. Ask comprehension check questions.

Alternative Story Lines: Narrate in the historical present (1) your first visit to a museum or (2) a visit to a foreign country where you did not speak the language.

En este cuadro de Frida Kahlo, titulado *Las dos Fridas*, el cielo oscuro y gris contrasta bien con la blusa blanca de una Frida y la blusa azul y amarilla de la otra Frida. La falda blanca y roja también contrasta con el marrón claro de la otra falda. No obstante, lo más llamativo son los corazones, rojos, rosados y palpitantes, que conectan a las dos Fridas.

A propósito...

En español, al crear una palabra compuesta de dos o más palabras, tenemos que cambiar el deletreo para que se ajuste a las reglas de ortografía: auto + retrato = autorretrato; para + rayos = pararrayos; Puerto + Rico = puertorriqueño. ¿Cuál de estas dos ciudades es de México y cuál de California: Monterey o Monterrey? ¿Qué pasa cuando combinamos dos palabras en español, y la segunda empieza con "r"?

Este cuadro de Diego Rivera se titula *Dos mujeres y un niño*. Las figuras de esas dos mujeres representan a dos mujeres indígenas. Una lleva un vestido rosado, la otra una blusa blanca y una falda azul claro. La figura de las dos mujeres es tan impresionante que el niño casi desaparece en el cuadro.

¿Sabías que...?

La Ciudad de México es la ciudad capital más antigua de las Américas. Originalmente fue fundada en el año 1325 como Tenochtitlán, ciudad capital de los aztecas. En las ruinas de esa gran ciudad, los españoles empezaron la construcción de la ciudad moderna en 1521. Ahora, la población del Distrito Federal es de más de dieciocho millones, treinta millones si se incluyen los alrededores, haciéndola la ciudad capital más grande del mundo.

En tu opinión: ¿Por qué crees que los españoles construyeron la moderna Ciudad de México en las ruinas de Tenochtitlán? ¿A qué se debe la discrepancia sobre el censo, según el cual la población de la Ciudad de México es de dieciocho millones mientras otros dicen que es de treinta millones? ¿Qué motiva a tanta gente a vivir en zonas urbanas tan congestionadas como la Ciudad de México, Nueva York, Tokio, etc.?

Ahora, ¡a hablar!

A. De colores. Según el *¿Qué se dice... ?*, ¿de qué color es la camisa de Diego Rivera? ¿El traje? ¿El reboso de Frida? ¿El vestido?

La camisa es...
☐ azul.   ☐ verde.   ☐ crema.

El traje es...
☐ blanco.   ☐ amarillo.   ☐ gris.

El reboso es...
☐ negro.   ☐ rojo.   ☐ rosado.

El vestido es...
☐ blanco.   ☐ amarillo.   ☐ verde.

B. Retratos. Indica a qué cuadro, *Dos mujeres* (**DM**) o el *Autorretrato entre la frontera* (**A**), corresponden estas oraciones, según el *¿Qué se dice... ?*

DM	A	
☐	☐	1. La falda de esa mujer es de un azul claro.
☐	☐	2. Esos corazones son rojos y palpitantes.
☐	☐	3. Este cuadro no es un autorretrato.
☐	☐	4. El niño no es el centro de este cuadro.
☐	☐	5. Esta blusa es azul y amarilla.

C. ¿Quién es? Identifica a las personas de la clase que tu profesor(a) va a describir.

MODELO   PROFESOR(A):   Esta persona lleva una blusa amarilla.
                TÚ: **Es Elizabeth.**

D. **De paseo en México, D.F.** Tú y dos amigas están de visita en México, D.F. Ahora están tratando de decidir cómo van a pasar el día.

> MODELO ¿Adónde prefieres ir, a la Catedral Metropolitana o al Castillo de Cahapultepec?
> **Prefiero ir al castillo.**   o
> **Quiero ir a la catedral.**

1. ¿Adónde prefieres ir, al Museo Casa de Diego Rivera o al Castillo de Chapultepec?
2. ¿Qué quieren hacer ustedes, visitar el Museo Nacional de Antropología o ir al Mercado de San Juan?
3. ¿Adónde quieres ir, a la Ciudad Universitaria o al Templo Mayor?
4. ¿Qué quieres hacer, ir a otro museo o ir de compras a la Zona Rosa?
5. ¿Adónde prefieren ir, a las pirámides o al cine?
6. ¿Qué quieren hacer, descansar en el hotel todo el día o ir al Museo de Rufino Tamayo?

E. **Primero quiero ver...** En el Museo Nacional de Antropología en la Ciudad de México, muchas personas tienen sus propias preferencias. ¿Qué desean hacer estas personas?

> MODELO yo / querer ver / Calendario Azteca
> **Yo quiero ver el Calendario Azteca.**

1. nosotros / querer ver / tocado *(headdress)* de Moctezuma
2. yo / querer ver / piedra *(stone)* de los sacrificios
3. perdón, mis amigas / no encontrar / a Tláloc, el dios de la lluvia *(rain god)*
4. mi familia / pensar ir / salones de cultura tolteca
5. mi esposa y yo / preferir ir / salones de cultura maya
6. mi padre / querer pasar / todo el día / el salón de códices *(writings)* precolombinos

Y ahora, ¡a conversar!

F. **Los colores hablan.** Sí, es verdad. Pregúntale a cualquier diseñador. Todos dicen que los colores hablan pero, lo importante es saber ¿qué dicen? ¿Qué significado tienen el rojo, amarillo, azul, verde y gris para ti? Indica cuál de estos colores representa cada una de las siguientes características.

la alegría	estimula la mente	el descanso
el sensacionalismo	calma las emociones	el exterior
el entusiasmo	sugiere dignidad	la reflexión
lo conservador		

G. **¿Lleva un suéter?** Selecciona en secreto a una persona de la clase y escribe brevemente los datos de su descripción para recordarla sin tener que mirarla *(to remember without looking at him/her)*. Tu compañero(a) de clase te va a a hacer preguntas hasta descubrir *(discover)* quién es la persona seleccionada. Tú sólo puedes responder «sí» o «no». Tomen varios turnos seleccionando y haciendo preguntas hasta descubrir a diferentes personas. Pueden usar el verbo **llevar** y el vocabulario del Paso 1 de la página 164.

EP 4.2

Smart Classroom: Preselect the Museo Nacional de Antropología website and present it to your students. Show them the different rooms and some of the pieces in those rooms. As a homework assignment, ask students to search the Internet for other museums in Mexico, and to write a brief report on their findings. Ask all students to write a brief report, and bring to the class the addresses of the most interesting sites they found.

EP 4.2 **E.** You might bring a book with photos of the objects mentioned in this exercise, or you might ask a student to research specific items and report to the class.

IRM TM 4-1, Repaso visual, *Día de museo:* Show the transparency to the class and ask several students to describe what people are wearing as you point to various family members.

F. Allow 1 min. for students to decide **individually**. Then, **in groups of 3** have them compare their decisions and report to the class what they all agreed on. Finally tell them that the experts say that red conveys the characteristics in the first column, yellow, the second, blue, the third, and so on.

G. Allow 5–6 mins. Have each **partner** think of several people. **Variation:** Have **one person** select and the rest of the class ask questions to find out who was the person selected. The person can only answer **sí/no** to the questions.

H. Allow 5–6 mins. Circulate, making sure the students are using only Spanish. After 5 mins. check one student's grid by asking the persons whose names appear in squares if they do those things.

H. Alternative: If you find it difficult for students to circulate in the classroom, call on a student to randomly ask who in the class does a particular activity. For example: **¿Quién entiende dos idiomas?** Any student may respond in complete sentences: **Yo entiendo dos idiomas.** Students should then write that student's name on their grid and continue until someone gets a bingo.

H. Encuesta. Pregúntales a tus compañeros de clase si hacen las cosas indicadas en este cuadro. Si contestan afirmativamente, pídeles que firmen el cuadrado apropiado. Recuerda que no se permite que la misma persona firme más de un cuadrado.

MODELO   ¿Tú entiendes dos idiomas?

entender dos idiomas *Firma:* _____	querer visitar Latinoamérica *Firma:* _____	querer ir a otra universidad *Firma:* _____	encontrar el español fácil *Firma:* _____
preferir llevar ropa elegante *Firma:* _____	pensar ir a México este verano *Firma:* _____	poder hablar tres idiomas *Firma:* _____	querer visitar el Museo de Antropología *Firma:* _____
volver a casa tres veces al día *Firma:* _____	dormir en una clase *Firma:* _____	entender español muy bien *Firma:* _____	empezar las clases a las ocho de la mañana *Firma:* _____
encontrar el español difícil *Firma:* _____	tener cuatro clases en un día *Firma:* _____	almorzar a las 11:30 todos los días *Firma* _____	querer ir a bailar esta noche *Firma:* _____

¡Luces! ¡Cámara! ¡Acción!

I and J. Assign or have students select either activity **I** or **J** and allow 4–5 mins. to prepare. Point out that students selecting **I** may read their scripts while those presenting **J** must present without using books or notes. Call on volunteers to present first, then call on the rest of the class. Ask comprehension check questions.

I. ¡Una ciudad fascinante! Estás estudiando en México, y para poder sobrevivir trabajas de recepcionista en un hotel. Un(a) turista quiere información sobre museos, excursiones, lugares interesantes y buenos restaurantes en México. Con un(a) compañero(a), escribe el diálogo que tienen. Luego, lean su diálogo delante de la clase.

J. ¡Esos zapatos son horribles! Tú y tu compañero(a) están en el aeropuerto de México, de vuelta a los EE.UU. Están observando a la gente y haciendo comentarios sobre la ropa que llevan. Dramatiza esta situación con un(a) compañero(a) de clase.

Repasemos. En el Capítulo 3 aprendiste a describir lo que ocurre en una fiesta, a hablar con desconocidos, a mantener una conversación y a describir a alguien que te gusta de verdad. Con tu compañero(a) repasan lo que saben, completando el siguiente texto.

Hablando en una fiesta

TÚ: Hola, yo me llamo _____ [tu nombre]. ¿Y _____ [pronombre personal]?

SARA: Me llamo Sara. Encantada.

TÚ: Encantado(a), Sara. Es una fiesta _____ [superlativo de «aburrido»] ¿no?

SARA: A mí _____ [gustar] la música _____ [superlativo de «mucho»].

TÚ: La música sí _____ [estar] bien. Pero la gente está _____ [superlativo de «triste»].

SARA: No, hay algunos que están _____ [bailar] salsa en el patio. Otros están _____ [hablar] de cosas _____ [superlativo de «interesantes»] en la sala.

TÚ: Y a ti, ¿ _____ _____ [gustar] bailar?

SARA: Sí, pero _____ _____ [presente progresivo de «esperar»] el merengue. La salsa no _____ _____ [gustar] mucho.

Allow students 2–3 minutes to complete this exercise. Then have them share their responses with another student, and ask them to suggest corrections if they detect an inconsistency. Call on several students to read their responses. They will vary.

¿Comprendes lo que se dice?

CD1-29

Estrategias para escuchar: identificar «cognados»

In a previous chapter you learned that identifying cognates when reading helps you to understand better what you read. Recognizing cognates can also help you understand when listening. However, even cognates that are spelled similarly in Spanish and English are frequently not pronounced the same. This is often because accentuation (the emphasis or stress) in Spanish is different from that of English. For example, the word "total" in English is stressed on the first syllable (*TO-tal*) while in Spanish it is stressed on the last syllable (**to-TAL**).

Now listen as your instructor reads the list of cognates below. Note how they are pronounced in Spanish, and draw a circle around the stressed syllable. Then go back and write the English equivalent and underline the syllable that is stressed in the English word. Note how the pronunciation varies.

Spanish	English	Spanish	English
na-cio-nal	_____	ar-qui-tec-to	_____
co-lec-cion	_____	cir-cu-la-cion	_____
an-tro-po-lo-gi-a	_____	con-tem-po-ra-ne-o	_____

Museo Nacional de Antropología. Listen now to a guide in a tour bus talking about the Museo Nacional de Antropología as the bus arrives at the museum. As you listen, check all the facts and places that you hear being mentioned by the guide.

☐ año de construcción   ☐ patio central   ☐ Parque de Chapultepec
☐ nombre del arquitecto   ☐ restaurante del museo   ☐ enorme colección
☐ libros de guía   ☐ arte sudamericano   ☐ fuente
☐ salida del museo   ☐ edificio contemporáneo

Procedure: Read the list of cognates pronouncing each word twice. Note that accent marks are left off the words in the text so that the students must identify the stressed syllable aurally.

Audio Script: Bueno, ya estamos llegando al Museo Nacional de Antropología. Como pueden ver, se trata de un edificio contemporáneo diseñado por el arquitecto Pedro Ramírez Vázquez. Este museo es uno de los más completos del mundo y contiene una enorme colección de arte mesoamericano. Al entrar en el museo, vamos a ver un patio central con una fuente enorme de agua. La circulación del agua en la fuente representa el ciclo continuo de la vida. El museo tiene colecciones arqueológicas y modernas. Hay una tienda donde, al salir, pueden comprar catálogos, libros de guía y reproducciones precolombinas. También hay un restaurante donde pueden comer y tomar refrescos. Vamos a entrar, y cuidado al bajar del autobús.

Answers: nombre del arquitecto; libros de guía; patio central; edificio contemporáneo; enorme colección; fuente; restaurante del museo.

México

Procedure: Divide the class **in 3 groups** of those students who come from a large city, a mid-size city, and a small town. Ask them to name a speaker for each group, who will convey the group's opinions to the class. Have students respond to the questions **individually,** then have them share their opinions with the rest of the group. Allow time for discussion. Finally, have the speakers inform the rest of the class, while you collect their data on the board for everybody's reference.

Capital: México, D.F.
Área: un millón, novecientos veintitrés mil, cuarenta kilómetros cuadrados (1.923.040)
Población: ciento cuatro millones (104.000.000)
Unidad monetaria: peso mexicano
Clima: variado, de tropical a desértico

Antes de empezar, dime...

Contesta estas preguntas para reflexionar un poco sobre las ciudades.

1. ¿Eres de una ciudad grande, mediana o un pueblo pequeño?
2. ¿Tiene tu ciudad o pueblo algún interés histórico, industrial, político, artístico o de otro tipo? Explica tu respuesta.
3. ¿Cuáles son las ventajas o desventanjas de vivir en ese tipo de ciudad o pueblo?
4. ¿Qué cosas hay en tu ciudad o pueblo que no hay en otras más grandes o más pequeñas?
5. ¿Tiene tu ciudad otra ciudad o pueblo que se considera su «rival»? ¿En qué compiten?

El Zócalo, México, D.F., en el siglo XX

El Zócalo de los aztecas, en el siglo XV

El Zócalo

La Ciudad de México, con su población de treinta millones de habitantes, es ahora la ciudad más grande del mundo. Como los otros grandes centros urbanos (Tokio, Londres, Buenos Aires, Nueva York, Moscú y Shanghai), la Ciudad de México ofrece de todo: hoteles elegantes, excelentes museos, cines y teatros innovadores, una tremenda variedad de restaurantes, centros de estudio, establecimientos industriales, tráfico y contaminación.

En el centro de la ciudad está el Zócalo, que es una plaza cuadrada. Todos los edificios de esta plaza representan la rica historia mexicana: los templos sagrados del Tenochtitlán de los aztecas, recientemente desenterrados *(dug up)* por los arqueólogos, como también la catedral y los edificios de gobierno de los tiempos coloniales en la Nueva España.

Antes de llegar los españoles en el siglo XV (quince), Tenochtitlán ya era una gran ciudad muy poblada, y el Zócalo era su centro ceremonial rodeado de pirámides, templos y palacios. Los españoles destruyeron las construcciones aztecas y en el mismo sitio construyeron su catedral y edificios de gobierno. Después de varias transformaciones, el Zócalo es ahora una plaza abierta que permite una vista directa de la catedral, del palacio presidencial y de varios edificios coloniales. Es también el sitio de festivales, reuniones políticas y manifestaciones.

Y ahora, dime...

Contrastes. Compara la Ciudad de México con tu ciudad. Escribe también las cosas que tienen en común.

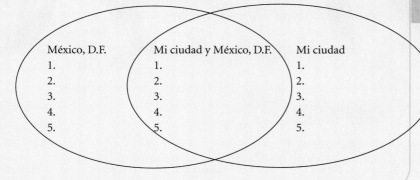

México, D.F.
1.
2.
3.
4.
5.

Mi ciudad y México, D.F.
1.
2.
3.
4.
5.

Mi ciudad
1.
2.
3.
4.
5.

Viajemos por el ciberespacio a... MÉXICO

If you are a cyberspace surfer, try entering one of the following key words to get to many fascinating sites in **México:**

Ciudades coloniales de México

México, D.F.

El Zócalo

Or, better yet, simply go to the *¡Dímelo tú!* website using the following address: http://dimelotu.heinle

There, with a simple click, you can

- learn about the government of the largest city in the world, **la Ciudad de México.**
- stroll through centuries of amazing culture and civilization in Mexico City's **Zócalo.**
- experience the magical beauty of the colonial cities **Mérida, Taxco,** and **Guanajuato** among others.

Smart Classroom: For homework, have students search the Internet and write a brief but specific report on what they learned about the **Zócalo** in Mexico, D.F.. Ask them to provide the addresses of the best websites they visited.

¿Eres buen observador?

Ella

* Chaqueta de algodón a cuadros.
  100% algodón. $999

* Pantalón de mezclilla.
  100% algodón. $699

* Zapatos modelo sandalia.
  Piel. $350

Él

* Blusa de mangas cortas.
  100% rayón
  satinado. $599

* Pantalón de mezclilla.
  100% algodón. $799

* Cinturón de cuero.
  Piel. $399

* Zapatos bajos.
  Piel. $499

Ahora, ¡a analizar!

1. ¿Qué lleva él? ¿Qué lleva ella?

   blusa de mangas cortas   chaqueta de algodón   zapatos modelo sandalia
   pantalones de mezclilla   zapatos bajos   cinturón de cuero

2. ¿Cuánto cuesta la chaqueta? ¿el cinturón? ¿los pantalones de él?

   $999* (novecientos noventa y $279 (doscientos setenta
     nueve pesos)   y nueve pesos)
   $699 (seiscientos noventa $399 (trescientos noventa y nueve pesos)
     y nueve pesos)

---

*At the time this ad came out, one dollar was equal to ten Mexican pesos. Therefore to get the dollar value of $299 pesos, divide by 10 and get $29.9.

¿Qué se dice... ?

Al hablar de precios y hacer comparaciones

Ropa en oferta:

- ☐ faldas
- ☐ blusas de seda
- ☐ vestidos de lana
- ☐ zapatos
- ☐ suéteres
- ☐ impermeables
- ☐ vestidos de algodón
- ☐ blusas de algodón

DEPENDIENTA: ¿Qué se le ofrece, señorita?

MARTINA: Busco suéteres de lana. También necesito un impermeable, pero... ¡qué caros son!

DEPENDIENTA: Los impermeables van a estar en oferta en septiembre. Aquí están los suéteres. Son lindos, ¿no?

MARTINA: Sí, es verdad. Pero, ¿puede decirme por qué cuestan los suéteres de algodón tanto como los de lana? Los de lana siempre son más caros, ¿no?

DEPENDIENTA: Es que los suéteres de lana están en rebaja esta semana; tienen un 25% de descuento.

MARTINA: Ah, ¡con razón!

Purpose: To introduce vocabulary and structures needed for shopping at a department store.

 WEB TM4-2

Audio Script:

DEPENDIENTA: ¿Qué se le ofrece, señor?

SEÑOR: Busco una blusa y falda para mi señora. ¿Puede decirme dónde están?

DEPENDIENTA: Aquí están, señor. Las blusas están en oferta ahora. Son casi tan baratas como las faldas. También tenemos todos los zapatos en oferta ahora. Y los vestidos de lana están rebajos un 50 por ciento. ¡Son una ganga!

A propósito...

Percentages are expressed in Spanish as **...por ciento.** In a store, to be given a percent off is expressed in Spanish as **tener un... por ciento de rebaja o de descuento** or **estar rebajado un... por ciento.** How do you say in Spanish *These pants are 50% off?*

Ask volunteers to translate this and other sentences such as **La chaqueta está rebajada un 30%; Los suéteres tienen un 20% de descuento.**

Answers: las blusas de algodón y de seda; los zapatos y los vestidos de lana.

Procedure: Look at the visuals as you read the captions or narrate your own story line. Ask comprehension check questions.

Alternative Story Lines: 1. Talk about a shopping trip you took recently. 2. Create a story about two students shopping for clothes for a special function.

Have students read silently, then ask several comprehension check questions. Ask if anyone in class is familiar with the Guelaguetza. If so, have them describe it to the class.

Smart Classroom: Preselect a website that includes pictures and information about the Guelaguetza. Point out how men and women are dressed: colors, clothing, hats. As a homework assignment, ask students to search the Internet for information on planning a trip to Oaxaca for the Guelaguetza. Have them focus on finding a plane ticket, a place to stay, and any other accommodation necessary to enjoy the celebration. Have them write a brief but specific report. Ask volunteers to present the websites they visited and their itineraries to the class: when and to what airport are they going to fly, hotels available in Oaxaca, costs, and where to go in Oaxaca to enjoy the Guelaguetza. Ask other students to include in their report the best addresses they found.

Vocabulario activo: Purpose: To provide students with guided practice as they discuss prices and make comparisons.

A. Call on **individual** students. Have the class confirm each response. Do not expect students to use all forms of the conditional at this point.

¿Sabías que...?

La Guelaguetza es una de las fiestas más conocidas de México. Se celebra en Oaxaca las últimas dos semanas de julio.

La Guelaguetza es una versión moderna de la costumbre prehispánica de hacer ofrendas a los dioses, especialmente a la diosa del maíz (Centeotl), para solicitar una cosecha *(harvest)* abundante. Hoy día, cada pueblo o región del estado de Oaxaca manda una delegación para hacer una petición pública del gobernador del estado. Pero antes de hacer su petición (que puede ser pedir la construcción de un puente, una carretera, o un parque,...) los líderes del pueblo le ofrecen al gobernador una «guelaguetza» («regalo» en zapoteca) que siempre consiste en los mejores productos de la región. Luego algunos jóvenes presentan los bailes tradicionales de la región. Los bailadores siempre llevan los hermosos trajes tradicionales de las distintas regiones de Oaxaca. Miles de turistas, no sólo de México sino de todo el mundo, asisten para disfrutar del colorido, la música y esta rica tradición mexicana de gran sabor indígena.

En tu opinión: ¿Por qué crees que en México existen ésta y otras muchas tradiciones claramente prehispánicas? ¿Existen estos tipos de fiestas en tu ciudad o región? ¿Por qué crees que sí o no los hay?

Ahora, ¡a hablar!

A. **La sección de «Ellos».** En el Palacio de Hierro, las rebajas están en efecto ahora. ¿Cuánto pagarías *(would pay)* tú por los siguientes artículos en la sección de «Ellos»?

Modelo un suéter de lana
Pagaría cuatrocientos treinta y nueve pesos.

1. un par de zapatos
2. tres corbatas
3. dos pantalones
4. dos camisas
5. un traje completo
6. un pijama

B. La sección de «Ellas». Alicia decide llevar de compras a Carmen, su amiga esta-dounidense. Van al Palacio de Hierro porque hay rebajas hoy en la sección de «Ellas». ¿Cuánto cuesta la ropa que encuentran?

EP 4.3 ☞ **B.** Have students work **in pairs** first. Allow 2–3 mins. Then call on **individuals** to answer the questions. Ask the class to confirm

MODELO   un suéter de lana
El suéter de lana cuesta cuatrocientos treinta y nueve pesos.

1. una falda de lana
2. una blusa de seda
3. un impermeable
4. un par de botas
5. un traje

C. Comparaciones. Tú estás comparando los precios en el Palacio de Hierro con los de una tienda de ropa de mujer muy popular, Liverpool. ¿Cómo son los precios?

EP 4.4 ☞ **C.** Call on **individual** students. Have the class confirm each response.

MODELO   botas
Liverpool   Palacio de Hierro
$965 $965
Las botas en Liverpool son tan caras como en el Palacio de Hierro.   o
Las botas en Liverpool cuestan tanto como las del Palacio de Hierro.

	Liverpool	Palacio de Hierro
1. impermeable	$1.099	$1.099
2. suéteres	$445	$445
3. pantalones	$475	$475
4. faldas	$289	$289
5. blusas	$435	$435
6. traje de noche	$1.569	$1.569

⌐ IRM TM4-2, **Repaso visual, A la moda:** Have students work **in pairs** to write a brief dialogue illustrating the exchange taking place in one of the illustrations. Tell them to be sure to mention the names, colors, and material of the articles of clothing being discussed.

Y ahora, ¡a conversar!

D. ¿Tú? ¿Tan bueno(a) como...? Compárate con compañeros(as) de clase o con personas famosas. En una hoja de papel, escribe las comparaciones en estas categorías. Puedes exagerar todo lo que quieras.

D. Allow 3 mins. to write. Then allow about 3 mins. to have students read their comparisons to each other. Finally, call on **individuals** to tell you the most interesting comparison they heard a classmate make.

MODELO   **Soy tan guapa como Salma Hayek.**

1. alto
2. bueno
3. simpático
4. guapo

5. listo
6. elegante
7. rico
8. ¿...?

E. Allow 2–3 mins. to write lists. Have students share their lists in **groups of 3 or 4**. Each group will inform the class who the clothes fanatics are in their group.

E. **¡Fanáticos en el vestir!** ¿Eres un(a) fanático(a) en el vestir? Para contestar, primero prepara por escrito una lista de toda la ropa que hay en tu ropero *(closet)*. Se permite exagerar, si deseas. Incluye la cantidad de cada prenda *(number of each item)*. Luego en grupos pequeños, pregúntales a tus compañeros(as) cuántas prendas tienen en su ropero y compara sus respuestas con lo que tú tienes.

MODELO	TÚ:	**¿Cuántos pares de zapatos tienes?**
	COMPAÑERO(A):	**Tengo cuatro pares de zapatos.**
	TÚ:	**Ah, tienes tantos zapatos como yo.** o
		Yo no tengo tantos zapatos como tú.

F. Students should not look at each other's drawings. Allow 5–8 mins. Then call on **individuals** to tell you how the prices compare.

F. **En el escaparate.** Tú estás de compras en la Ciudad de México y quieres comprar todas las prendas de esta lista. Por desgracia, muchas prendas no tienen etiqueta *(price tag)*. Pregúntale a tu compañero(a) los precios que quieres saber y dale los precios que él o ella necesita, basándote en el dibujo en el Apéndice A. El escaparate de tu compañero(a) está en el Apéndice A. No se permite mirar el escaparate de tu compañero(a) hasta terminar esta actividad.

Tú quieres comprar:

1. una blusa para tu mamá
2. una corbata para tu papá
3. zapatos para ti
4. una camisa para tu hermano
5. un sombrero para tu hermana

¡Luces! ¡Cámara! ¡Acción!

G and H. Have students select either activity **G** or **H** and allow 3–4 mins. to prepare. Point out that students selecting **G** may read their scripts while those selecting **H** must present without using books or notes. Call on volunteers to present first, then call on the rest of the class. Ask comprehension check questions.

G. **Día de las Madres.** El Día de las Madres es dentro de una semana y tú tienes que comprar un regalo para tu madre. Vas al almacén y hablas con el (la) dependiente(a) de la sección de ropa de señoras. El (La) dependiente(a) te recomienda varias prendas de ropa de diferentes colores y precios. Tú decides, antes de comprar, cuáles te gustan y cuáles no. Con un(a) compañero(a), escribe el diálogo que tienen. Luego, léanlo delante de la clase.

H. **¡Es guapísimo(a)!** Este fin de semana vas a salir a bailar con una persona muy especial. Decides comprar ropa nueva para esta ocasión, pero tienes un presupuesto *(budget)* limitado. El (La) dependiente(a) del almacén es muy simpático(a) y te ayuda *(helps you)* a comparar varias prendas y calcular los precios. Dramatiza la situación con un(a) compañero(a).

¿Comprendes lo que se dice?

Estrategias para ver y escuchar: reconocer cognados

In the first **Paso** of this **Capítulo 4** you learned to recognize cognates by listening for changes in accentuation. But not all cognates are different. It is important to determine how cognates are pronounced in Spanish and compare them with the way they are pronounced in English. This helps memorizing known cognates or recognizing new ones.

Para reconocer cognados. Mira las siguientes palabras asímilas o cognados que se usan en la narración, y nota cómo la sílaba en negrita *(boldface)* en cada palabra se pronuncia con más énfasis. Nota también que algunas palabras tienen el énfasis sobre la misma sílaba que su equivalente en inglés, mientras otras lo tienen sobre una sílaba diferente.

En la misma sílaba	En una sílaba diferente
público	cultu**ral**
e**jem**plo	restau**ran**tes
teatros	socie**dad**
di**ná**mica	equiva**len**te

México, ¡centro del mundo cultural!

Al ver el video: ¿Comprendes lo que se dice?

Ahora mira el video. Escucha con cuidado la narración. Mientras escuchas escribe en español los «cognados» que reconoces y subraya la sílaba enfatizada. Fíjate *(pay attention to)* si hay variación entre el inglés y el español o no.

Español	Inglés	Español	Inglés
_____	<u>va</u>lley	_____	<u>cul</u>tures
_____	<u>cen</u>ter	_____	in<u>clu</u>ding
_____	ex<u>is</u>ted	_____	<u>fu</u>ture

Después de ver el video

Marca ahora todos los sitios que se mencionan.

- ☐ el valle de México
- ☐ la ciudad más hermosa del mundo
- ☐ las casas indígenas
- ☐ una ciudad cosmopolita
- ☐ el valle del sol
- ☐ la ciudad más grande del mundo
- ☐ una ciudad interesantísima
- ☐ las ruinas de Tenochtitlán
- ☐ museos, mercados, teatros y restaurantes
- ☐ las ruinas de Teotihuacán
- ☐ los edificios modernos

Procedure: Have students read strategies silently. Then have the students apply them by doing the pre-viewing and post-viewing activity. Ask volunteers to read their lists and note their words on the board. Have others add to the list until all cognates have been identified.

Time code: 8:43–10:11

Answers: valle, centro, existió, culturas, incluyendo, futuro.

Answers: el valle de México; una ciudad cosmopolita; la ciudad más grande del mundo; museos, mercados, teatros y restaurantes; las ruinas de Teotihuacán.

Noticiero cultural

México

Antes de empezar, dime...

Contesta estas preguntas para ver cuánto sabes del arte mural.

1. Si un «muro» es una pared (*a wall*), ¿qué es el «arte mural»?

2. ¿Hay ejemplos de arte mural en la ciudad donde vives? ¿Dónde están? ¿Qué tipo de «información» contienen?

3. ¿Como representa Diego Rivera a los Conquistadores españoles en este mural? ¿Posteriormente o negativamente? Y a los indígenas? Justifica tu respuesta.

Detalle del mural de Diego Rivera en el Palacio Nacional de México, D.F.

El muralismo mexicano

El muralismo mexicano fue promovido por José Vasconcelos, Ministro de Educación Pública, durante la presidencia de Álvaro Obregón. Vasconcelos ofreció el espacio mural de los edificios públicos a los artistas como parte de una estrategia de educación popular y propaganda de la revolución de 1910.

Diego Rivera, José Clemente Orozco y David Alfaro Siqueiros son los muralistas más importantes de la época. Estos tres muralistas representan también el activismo político que el gobierno quiere hacer llegar a toda la gente, y no sólo a una élite, como es normalmente el caso de las pinturas en lienzo y caballete *(canvas and easel)*. El aspecto monumental de los murales (se encuentran siempre en edificios y lugares públicos) los hace más accesibles al público, mientras que la pintura de caballete termina normalmente en manos de coleccionistas privados o en museos.

Pero los que financiaron el muralismo no siempre aceptaron los trabajos de los muralistas, y sus obras fueron muchas veces censuradas. Un ejemplo de esta censura es el caso del mural contratado por Nelson Rockefeller a Diego Rivera para el Rockefeller Center de Nueva York. El tema del mural era «La inteligencia humana en control de las fuerzas de la naturaleza» (63 x 17 pies). El 22 de mayo de 1933, cuando todavía trabajaba en el mural, Rivera fue despedido *(was fired)* por colocar una imagen de Lenin, el líder comunista soviético, en el centro del mural. El mural fue cubierto en menos de 30 minutos y más tarde destruido.

Y ahora, dime...

Las artes. Compara la pintura mural con la pintura de caballete. Escribe las cosas que tienen en común y las cosas que las diferencian.

Pintura mural	Mural y de caballete	Pintura de caballete
1.	1.	1.
2.	2.	2.
3.	3.	3.
4.	4.	4.
5.	5.	5.

Viajemos por el ciberespacio a... MÉXICO

If you are a cyberspace surfer, try entering one of the following key words to get to many fascinating sites in **México**:

Diego Rivera

José Clemente Orozco

David Alfaro Siqueiros

muralismo mexicano

Or, better yet, simply go to the *¡Dímelo tú!* website using the following address: http://dimelotu.heinle.com

There, with a simple click, you can

- learn more about the life and work of Diego Rivera and Frida Kahlo.
- visit Mexico's most prestigious art museums.
- Learn more about the art of mural painting.

Allow time for students to complete the diagrams **individually**. Then, **in pairs**, have them compare their diagrams. Call on several pairs to read their listings to the class and have the class add to the lists as necessary.

Smart Classroom: For homework, have students search the Internet and write a brief but specific report on what they learned about two of the following: **Diego Rivera, Frida Kahlo, muralistas mexicanos, murales en los Estados Unidos.** Ask them to provide the addresses of the best websites they visited.

¡Escríbelo!

A. Give the class 3-4 mins. to look over the chapter. Then brainstorm with the class to get them started. Write **México** on the board and ask the class to tell what highlights they think should be mentioned in the ad. Reduce what they suggest to one or two key words and write them on the board around **México.** Tell them to perfect their lists at home before beginning their rough drafts. Remind them to use the websites suggested in the **Viajemos por el ciberespacio a... México** sections, and their favorite search engine.

B.. Have students do this step as homework.

C. Allow 3–4 mins. for students to read and comment on each other's advertisements and recommend any changes. Model the type of comments they need to make and errors they should look for.

D. Have students make all additions, deletions, or corrections as homework.

E. Have students do the final version at home. Ask students to illustrate fully their advertisements. Encourage them to use cutout pictures and graphics from magazines or from the Internet, or they may draw their own.

F. Place the final product on the board and walls for students to view them and to vote on the most attractive to tourists. Ask them to explain why they selected one over the others.

Estrategias para escribir: palabras y frases claves

When writing advertisements, it is necessary to have a list of key words and phrases (**palabras y frases claves**) that must be worked into the advertisement. These key words or phrases usually contain the essence of the message to be conveyed.

Imagina que trabajas en una oficina mexicana de turismo y que necesitas preparar un anuncio sobre México para atraer a turistas.

Ahora, ¡a escribir!

A. **Agrupar ideas.** Con dos o tres compañeros(as) hojea *(scan through)* este capítulo sobre México para buscar datos, palabras y frases claves que representen los aspectos más atractivos de México.

B. **El primer borrador.** Usando tu lista de datos, palabras y frases claves, diseña un primer borrador de tu anuncio sobre las atracciones de México.

C. **Ahora, a compartir.** Comparte tu primer borrador con dos o tres compañeros(as). Si hay errores de ortografía o gramática, menciónalos.

D. **Ahora, a revisar.** Si necesitas hacer cambios basados en los comentarios de tus compañeros(as), hazlos ahora.

E. **La versión final.** Prepara una versión final de tu anuncio y entrégala. Si quieres, puedes usar colores, fotos y dibujos para hacer tu anuncio más atractivo.

F. **Publicación.** Tu profesor(a) va a poner todos los anuncios en la pared. Léelos y con dos o tres compañeros(as) de clase decidan cuál va a atraer a más turistas. Informen a la clase sobre su decisión.

¿Eres buen observador?

Café de la Esquina

¡Barriga llena, corazón contento!

Bebidas

café	$15
chocolate	$15
leche	$10
limonada	$10
té (caliente)	$10
cerveza	$25
vino	$35

Refrescos

de limón	$10
de naranja	$12
de cola	$15
de tamarindo	$10
de manzana	$15

Tortas

de jamón	$40
de queso	$30
de pollo	$35
de jamón con queso	$35

TAREA

Antes de empezar este Paso, estudia la lista de vocabulario en las páginas 164–165 y practícalo al escuchar el surco 35 de tu Text Audio CD #1. Luego estudia *En preparación*.

4.5 Idioms with **tener,** páginas 173–174

4.6 Preterite of **ir, ser, poder,** and **tener,** páginas 174–175

Haz por escrito los ejercicios de *¡A practicar!*

Escucha la sección *¿Qué se dice…?* del Capítulo 4, Paso 3, en el surco 31 del Text Audio CD y haz la actividad correspondiente en la página 158.

Have students prepare *4.5 Idioms with* **tener** for the first day you work on this **Paso.** Then assign *4.6 Preterite of* **ir, ser, poder,** *and* **tener** for the second day.

Ahora, ¡a analizar!

1. ¿Cuáles son tus bebidas preferidas por la mañana? ¿Por la tarde? ¿Por la noche?

2. ¿Cuál es el equivalente a «torta» en inglés? ¿Cuál es tu torta favorita?

3. ¿Qué bebidas no te gustan?

4. ¿Cuándo y dónde bebes vino o cerveza? ¿Crees que es apropiado que los jóvenes universitarios tengan acceso a bebidas alcohólicas? ¿Por qué sí o por qué no?

Have students answer the questions **in pairs** first. Then call on **individuals** asking several students the same questions. Do not require them to justify their preferences, simply state them.

CD1-31

Purpose: To introduce vocabulary and structures needed when ordering in a small café. To facilitate controlled speaking in the past.

WEB TM4-3

Audio Script:

RAMÓN: Hola, papá. ¿Cómo fue el vuelo de Oaxaca?
PADRE: Fue bien, hijo, pero tengo un hambre horrible. No pude comer nada en el vuelo.
RAMÓN: Ay, papá, tú nunca comes mucho. Pero, ¿por qué no pudiste comer? ¿Tan mala fue la comida del avión?
PADRE: No, Ramón, no es eso. Es que en los viajes cortos sólo ofrecen café, té y refrescos, y yo no pude comer antes de salir.
RAMÓN: Y, ¿por qué no una cerveza o una copita de vino durante el vuelo?
PADRE: No. No puedo tomar sin comer algo.
RAMÓN: Bueno, papá, el hambre tiene remedio. Vamos a comer algo al Café de la Esquina. ¿Qué te parece?
PADRE: Qué buena idea, hijo. Vamos.

Answers: café, té, refrescos. Van a comer al Café de la Esquina.

A propósito...

Los nombres de la comida varían mucho de un país de habla hispana a otro. Las «tortas», que son los **sándwiches** en México, se llaman **bocadillos** en España. Las «tapas» de España se llaman **botanas** en México y **boquitas** en Honduras. Las «papas» de las Américas se llaman **patatas** en casi toda España. En tu opinión, ¿tienen los hispanos grandes problemas para entender el menú de otros países hispanohablantes?

Have students read in class silently. Explain that Spaniards and people of other Spanish-speaking countries communicate very easily in Mexico. Point out that the written or oral context always facilitates communication: on a menu, **tortas** clearly refers to sandwiches.

Al pedir algo en el Café de la Esquina

¿Qué ofrecen de beber y de comer en el vuelo de Oaxaca?

☐ café ☐ chocolate ☐ limonada ☐ té ☐ refrescos
☐ cerveza ☐ vino ☐ tortas ☐ hamburguesas ☐ leche

¿Adónde van a comer Ramón y su padre? _____

MESERA: ¿Qué desean tomar?
RAMÓN: Yo no tengo hambre. Sólo quiero algo para beber. ¿Qué me recomienda?
MESERA: Tenemos café, chocolate y té caliente. O si prefiere algo frío, también tenemos limonada, cerveza, vino, leche y, naturalmente, refrescos.
RAMÓN: Un café para mí; tengo un poco de sueño.
MESERA: ¿Y para usted, señor?
PADRE: Pues yo sí tengo mucha hambre. ¿Qué me recomienda para comer?
MESERA: Bueno, las hamburguesas son buenísimas aquí.
PADRE: No me gustan las hamburguesas. Prefiero una torta de pollo y una cerveza, por favor.

¿Sabías que...?

Cuando los españoles llegan a las Américas, una de las cosas que descubren, probablemente de más valor que todo el oro que sacan de la región, es la gran variedad de frutas y vegetales desconocidos en Europa. En México encuentran el maíz, los frijoles, el aguacate, el tomate, las calabazas, el chayote y muchos más. Imagínate a los exploradores españoles comer por primera vez deliciosas frutas como las chirimoyas, mameyes, guanábanas, tunas, guayabas y jícamas. La cocina europea sin duda cambia totalmente con esta fantástica contribución.

🔍 **En tu opinión:** ¿Por qué dicen que la cocina europea cambia totalmente? ¿Puedes pensar en algunos ejemplos? ¿Qué efecto tienen estas frutas y vegetales en la cocina estadounidense?

Ask questions that will lead students to think what Italy might be without the tomato and Ireland without the potato (which originated in Peru), the U.S. without ketchup, etc.

Smart Classroom: Preselect a website that talks about the native foods of the Americas. Show pictures and talk about how some of these products are prepared and whether they can be found in the United States. For homework, divide the class into groups and assign each group a different pre-Columbian civilization. Have students independently search the Internet and write a brief but specific report on the food of the pre-Columbian civilization that you assigned. Ask a volunteer from each group to come to class ready to illustrate the products' economic or cultural importance. Ask all students to write a brief report, and to bring to class the web address of the most interesting sites they found.

Ahora, ¡a hablar!

A. **¿Qué desean?** Contesta estas preguntas según el *¿Qué se dice... ?* de este Paso.

1. ¿Qué ofrece la mesera para beber? ¿Para comer?
2. ¿Qué pide Ramón?
3. ¿Qué pide el padre de Ramón para beber?
4. ¿Qué no le gusta al padre de Ramón?
5. ¿Qué pide el padre de Ramón para comer?
6. Imagínate que estás en el Café de la Esquina, ¿qué pides tú para beber y para comer?

B. **Tengo sed. Quiero un...** Tú y unos amigos están en un café en el aeropuerto de la Ciudad de México. ¿Qué quieren tomar?

MODELO mi amigo / tener prisa / limonada
Mi amigo tiene mucha prisa y sólo quiere una limonada.

		agua sin gas
tú	tener sueño	café negro
mi amigo(a)	tener sed	agua mineral
ellas	tener prisa	café con leche
yo	tener calor	tomar un refresco
nosotros	tener que...	limonada

C. **¿Cuándo?** ¿Cuándo tomas estas bebidas o comes estas comidas en un café o restaurante?

MODELO **Tomo agua cuando tengo sed.**

1. refresco bien frío
2. café
3. té caliente
4. leche
5. torta
6. agua mineral
7. chocolate

a. tener sed
b. tener hambre
c. tener calor
d. tener frío
e. tener prisa
f. tener que tomar una aspirina
g. tener sueño

EP 4.5 🔊 Vocabulario activo: A and B. Call on **individuals**. Have the class confirm each response.

Purpose: To provide guided practice as students begin to produce structures and vocabulary needed when ordering in a café.

EP 4.5 🔊 C. Have students work **in pairs** first. Allow 2–3 mins. Then repeat the exercise with the class by calling on **individuals**.

D. **Turistas.** Son las nueve de la noche. Javier y sus amigos, que están de visita en la Ciudad de México, están en un café de la Zona Rosa hablando de sus actividades durante el día. ¿Qué dicen?

MODELO   nosotros / tener / día / interesante
Nosotros tuvimos un día muy interesante.

1. yo / ir / Museo de Antropología
2. allí / poder ver / tocado de Moctezuma
3. Javier / ir / Palacio Nacional
4. Ángela y Lupe / ir / Mercado de San Ángel
5. todos nosotros / tener / día muy ocupado

E. **¿Cómo fue tu día?** Hazle preguntas a tu compañero(a) para saber cómo fue el día de ayer *(yesterday)*?

MODELO   ir a la biblioteca

TÚ: **¿Fuiste a la biblioteca?**
COMPAÑERO(A):   **Sí, fui a la biblioteca.**   o
No, no fui a la biblioteca, fui al cine.

1. ir a un restaurante
2. tener un examen
3. poder hablar con tus padres
4. ir a todas tus clases
5. poder hacer toda la tarea
6. ir al cine
7. tener que trabajar mucho
8. poder estudiar mucho

Y ahora, ¡a conversar!

F. **¡Tantas cosas que hacer!** Prepara dos listas: una de responsabilidades y obligaciones que tienes para el fin de semana y otra de lo que te gustaría *(you would like)* hacer con tu tiempo libre. En grupos pequeños, comparen sus listas.

MODELO   **Tengo que estudiar para un examen de inglés el domingo.**
Tengo ganas de ir a la playa el domingo.

G. **En un café.** En grupos pequeños, escriban una descripción de esta escena. Mencionen lo que todo el mundo está pensando. Digan también cómo se siente cada persona y lo que probablemente va a decirle al mesero.

G. **Un fin de semana muy productivo.** ¿Cómo fue el fin de semana de tus compañeros de clase? Hazles preguntas para saberlo. Cada vez que respondan afirmativamente, pídeles que firmen en el cuadrado apropiado. Recuerda que no se permite que una persona firme más de un cuadrado.

G. Allow 5–7 mins. Circulate, making sure all are using only Spanish. After 7 mins. check one student's grid by verifying with the persons whose names appear in each square.

MODELO   ir al cine
          TÚ: **¿Fuiste al cine durante el fin de semana?**
COMPAÑERO(A):   **No, no fui al cine.** (No firma.)   o
                    Sí, fui al cine el sábado por la noche. (Firma.)

Ir al cine	Tener que estudiar mucho	Tener que trabajar mucho	Tener mucho sueño todo el fin de semana
_____ Firma	_____ Firma	_____ Firma	_____ Firma
Tener una fiesta en casa	Ir de compras para toda la semana	Ir a comprar ropa	Tener que limpiar su cuarto
_____ Firma	_____ Firma	_____ Firma	_____ Firma
Tener un fin de semana divertido	Tener un fin de semana productivo	Poder descansar mucho	Tener alguna experiencia interesante
_____ Firma	_____ Firma	_____ Firma	_____ Firma
Ser afortunado(a)	Tener un momento difícil	Ser paciente en su trabajo	Ir a un concierto o a un recital
_____ Firma	_____ Firma	_____ Firma	_____ Firma

¡Luces! ¡Cámara! ¡Acción!

H. **¡Estoy muerto!** Tú y dos amigos(as) andan de compras en la Zona Rosa del D.F. Deciden entrar a un café porque tienen sed, calor y mucha hambre. Hablan un poco de su día y cuando el mesero viene, cada uno pide algo de beber y de comer. En grupos de cuatro, escriban primero la conversación que tienen ustedes tres, y luego con el mesero. Después, lean su diálogo delante de la clase. Pídanle a un(a) cuarto(a) compañero(a) que haga el papel de mesero(a).

I. **¿Un refresco?** Es viernes por la tarde. Tú y dos amigos(as) van a un café cerca de la Universidad Autónoma de México. Primero piden algo para tomar y luego hablan un poco de lo que hicieron (*what you did*) durante el día. Dramatiza esta situación con dos compañeros(as) de clase.

H and I. Have students select either activity H or I and allow 3–4 mins. to prepare. Point out that students selecting H may read their scripts while those selecting I must present without using books or notes. Call on volunteers to present first, then call on the rest of the class. Ask comprehension check questions.

Estrategias para leer: ojo a la puntuación

Procedure: Allow students to read this introduction and to respond to the *Prepárate para leer* questions. Call on volunteers to share their opinions with the class. Once this part of the activity has been completed, have students read aloud each paragraph of the introduction and *Como agua para chocolate* reading, paying special attention to rhythm and emphasis. Have students describe how punctuation enhances their comprehension of the text.

In a previous **A propósito*** you learned that Spanish requires upside-down question and exclamation marks in order to make the reader aware when a question or exclamation begins. Think of these marks as a courtesy of the writer to the reader. In addition, commas, colons, semicolons, parentheses and periods help us read smoothly and obtain maximum comprehension of the reading. They act as traffic signs that warn us of curves and obstacles, of the need to speed up, slow down, or stop, or simply to not change lanes, so that our reading produces a safe and fruitful journey.

The following list describes the role of some of the main punctuation marks in Spanish:

Signos de puntuación

Colon (:) (**dos puntos**)	Used to introduce. It can introduce just about anything: a word, a sentence, a phrase, a quotation, or a list. You should always pause after a colon when reading.
Comma (,) (**coma**)	Used primarily to indicate a short pause or to itemize.
Semicolon (;) (**punto y coma**)	Used to connect two ideas or sentences that are relatively close in content. It signals a pause, longer than a comma but shorter than a period.
Period (.) (**punto**)	Used as a stop sign to signal a much longer pause before starting with a new idea.

IRM TM4-4, **Repaso visual,** *Sin puntuación:* Project the transparency and mark punctuation as suggested by the students. Ask for general consensus on each item. Alternatively, print copies of the transparency for students and have them work in pairs to mark punctuation.

Prepárate para leer. The novel *Como agua para chocolate* is based on an old Mexican tradition that required the youngest daughter to remain single until her mother's death, while taking care of her. This is the fate of Tita, the protagonist of the novel. Before you read the text, state your opinion on the following.

1. En tu opinión, ¿es probable que todavía hoy exista esta tradición en México? Explica.

2. Si Tita cuida *(takes care of)* a su mamá, ¿quién cuida a Tita cuando finalmente es independiente?

3. Con dos compañeros(as) de clase, preparen una lectura dramática de este fragmento. Uno(a) lee la parte de Tita, otro(a) la parte de Mamá Elena y el (la) tercero(a) la parte del narrador. Presten mucha atención a los signos de puntuación para saber cómo y cuándo pausar. Presenten su lectura a la clase.

---

*Capítulo 1, Paso 3, pagina 42.

Lectura

Como agua para chocolate, una novela de la escritora mexicana Laura Esquivel, fue llevada a la pantalla (movie screen) por el director mexicano Alfonso Arau. Es la historia de Tita, una joven que es forzada por su madre a abandonar a su novio (boyfriend) y aceptar que él se case (marry) con la hermana mayor de Tita. Esquivel toma el título de su novela de una típica expresión mexicana: «estar como agua para chocolate» que significa «estar furioso(a)».

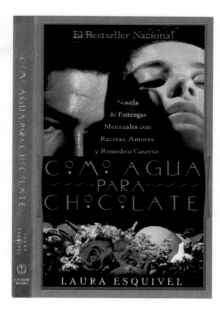

In the fragment on this page, Tita has just told her mother that her boyfriend wants to come talk to her. Her mother responds that if he is coming to ask for Tita's hand in marriage, he is wasting his time.

Como agua para chocolate (fragmento)
por Laura Esquivel

—¿Y de qué me tiene que venir a hablar ese señor?
Dijo Mamá Elena luego de un silencio interminable que encogió el alma de Tita. Con voz apenas perceptible respondió:
—Yo no sé.
Mamá Elena le lanzó una mirada que para Tita encerraba todos los años de represión que habían flotado sobre la familia y dijo:
—Pues más vale que le informes que si es para pedir tu mano, no lo haga. Perdería su tiempo y me haría perder el mío. Sabes muy bien que por ser la más chica de las mujeres a ti te corresponde cuidarme hasta el día de mi muerte.

A ver si comprendiste

Conteste estas preguntas sobre el fragmento.

1. ¿Quién viene a hablar con Mamá Elena?
2. ¿De qué quiere hablar con ella?
3. ¿Por qué dice Mamá Elena que si viene perdería su tiempo?
4. En tu opinión, ¿existen en Estados Unidos tradiciones similares? ¿Qué opciones tiene una persona cuando se le impone una tradición de este tipo?

Vocabulario

CD1-33–1-35

PASO 1

Colores

amarillo(a)	yellow
anaranjado(a)	orange
azul	blue
blanco(a)	white
claro(a)	clear
crema	light brown, beige
gris	gray
negro(a)	black
oscuro(a)	dark
rojo(a)	red
rosado	pink
verde	green

Ropa

blusa	blouse
botas	boots
camisa	shirt
corbata	necktie
falda	skirt
jeans	jeans
pantalones (m.)	pants, trousers
pijama (m.)	pajamas
reboso	Mexican shawl
sombrero	hat
suéter (m.)	sweater
traje (m.)	suit
vestido	dress
zapatos	shoes

Personas

esposo(a)	husband (wife)
figura	figure
gente	people
indígena (m./f.)	indigenous
mujer (f.)	woman

Cultura

artista (m./f.)	artist
autorretrato	self-portrait
bandera	flag
contrastar	to contrast
cuadro	painting
emoción	emotion
ir de compras	go shopping
mercado	market

mercado al aire libre	open-air market
museo	museum
pirámide	pyramid
reflexión	reflection
representar	to represent
retrato	portrait
tradición	tradition

Verbos

almorzar (ue)	to eat lunch
desaparecer	to disappear
dormir (ue)	to sleep
empezar (ie)	to begin
encontrar (ue)	to find
entender (ie)	to understand
llevar	to wear
pensar (ie)	to think
poder (ue)	to be able, can
preferir (ie)	to prefer
querer (ie)	to want
sacar	to take out
subir	to climb, go up
sugerir (ie)	to suggest
ver	to see
visitar	to visit
volver (ue)	to return

Palabras útiles

casi	almost
cielo	sky
impresionante	impressive
mente (f.)	mind
sol (m.)	sun
usado(a)	used
vez (f.)	time, instance

PASO 2

Tienda

caro(a)	expensive
descuento	discount
en oferta	on sale
en rebaja	at a reduced price
escaparate	display window
gastar	to spend
un par	two, one pair

Materiales

algodón (m.)	cotton
cuero	leather
lana	wool
mezclilla	denim
rayón	rayon
seda	silk

Ropa

botones	buttons
chaleco	vest
chaleco de mezclilla	denim vest
impermeable (m.)	raincoat
jeans de mezclilla	jeans
traje de noche	evening gown

Numbers above 200

See page 169.

Palabras y expresiones útiles

¡Con razón!	No wonder!
¿Qué se le ofrece?	How may I help you?
lindo(a)	pretty
listo(a)	smart

PASO 3

Bebidas

agua mineral	mineral water
agua sin gas	uncarbonated water
bebidas	drinks
café con leche	coffee with milk, caffe latte
caliente (m./f.)	hot
cerveza	beer
copa (copita) de vino	glass of wine
frío(a)	cold
leche	milk
limonada	lemonade
té (m.)	tea

Demostrativos y comparaciones

ese(a)	*that*
eso (neuter)	*that*
esos(as)	*those*
este(a)	*this*
esto (neuter)	*this*
estos(as)	*these*
tan... como	*as . . . as*
tanto como	*as much as*
tantos... como	*as many as*

Comidas

botana	*hors d'oeuvre*
hamburguesa	*hamburger*
jamón	*ham, prosciutto*
limón	*lemon*
manzana	*apple*
naranja	*orange*
pollo	*chicken*
queso	*cheese*
tamarindo	*tamarind*
torta	*sandwich*

Modismos

tener calor	*to be hot*
tener éxito	*to succeed*
tener frío	*to be cold*
tener ganas de	*to feel like*
tener hambre	*to be hungry*
tener miedo de	*to be afraid of*
tener prisa	*to be in a hurry*
tener que	*to have to*
tener razón	*to be right*
tener sed	*to be thirsty*
tener sueño	*to be sleepy*
tener suerte	*to be lucky*
tener... años	*to be . . . years old*

Verbos

ofrecer	*to offer*
pedir (i)	*to ask for*
recomendar (ie)	*to recommend*

Palabras y expresiones útiles

¡Buena idea!	*Good idea!*
¿Qué desean?	*What would you like?*
¿Qué te parece?	*What do you think?*
aspirina	*aspirin*
preferido(a)	*preferred*

En preparación 4

4.1 Demonstrative adjectives*

Pointing out specific people, places, events, or things

Masculine		Feminine
este	*this*	esta
estos	*these*	estas
ese	*that*	esa
esos	*those*	esas
aquel	*that (over there)*	aquella
aquellos	*those (over there)*	aquellas

A. Demonstrative adjectives in English and Spanish are used to point out the relative distance of the speaker from a specific person, place, or thing.

1. When the person, place, event, or thing being pointed out is perceived to be at a physically close distance from the speaker, a form of **este** is used.

   Este niño es muy inteligente. — *This child is very intelligent.*
   Estas señoras son guías del museo. — *These ladies are guides in the museum.*

2. When perceived to be a little farther away from the speaker, a form of **ese** is used.

   Esa mujer es mi esposa. — *That woman is my wife.*
   Esos chicos son muy buenos. — *Those youngsters are very good.*

3. Finally, when perceived to be a far distance away from the speaker and the listener, a form of **aquel** is used.

   Aquel hombre es mi profesor de español. — *That man (over there) is my Spanish professor.*

   Aquellas computadoras son muy buenas. — *Those computers (over there) are very good.*

B. In Spanish, demonstrative adjectives must agree in *number* and *gender* with the nouns they modify.

   Esas niñas son altas y delgadas. — *Those girls are tall and slim.*
   Este señor es mi papá. — *This man is my father.*
   Aquella joven baja y hermosa es mi hermana. — *That short and beautiful young woman is my sister.*

---

*Demonstrative pronouns are explained in Appendix G.

C. When referring to an abstract concept, an idea, a previous statement, or a situation—none of which has gender—or to an unknown object, the neuter forms—**esto, eso,** and **aquello**—are used.

Eso es muy interesante.	*That is very interesting. (That idea or what you just said.)*
Esto es para ti.	*This is for you. (The object is intentionally being kept unknown.)*

¡A practicar!

A. ¡Nunca satisfecho! You are traveling in Mexico with a friend who is a constant complainer. What does your friend say when you go into a restaurant to eat?

MODELO **Estos niños son terribles.**

	refrescos son muy caros
Este	sillas no son cómodas
Esta	restaurante es muy caro
Estos	comida está muy fría
Estas	mesero es antipático
	señoras hablan constantemente

B. ¡Mira! You are enrolled in a special summer course at the University of Guadalajara. Now you are giving your parents a guided tour of the campus. What do you say as you point to various people and buildings?

MODELO _____ edificio es la biblioteca.
           Ese edificio es la biblioteca.

1. _____ señor es el profesor de arte maya.
2. _____ estudiantes son mis compañeras de cuarto.
3. _____ casa es la Casa Internacional.
4. _____ personas trabajan en el Club Social.
5. _____ lugar es la administración.
6. Y _____ autobús va a mi casa.

C. ¡Qué guapos somos! Ten-year-old Anita is talking about her pictures during her first show-and-tell report at school. Replace the underlined word with the word in parentheses and make all other necessary changes.

1. Aquel señor es mi <u>papá</u>. Él es alto y simpático. (mamá)
2. Esa <u>chica</u> es mi amiga. Es baja y delgada. (chicos)
3. Aquellas muchachas tan guapas son mis <u>hermanas</u>. (amiga)
4. Esos <u>edificios</u> son muy modernos y originales. (casa)
5. Esta <u>mujer</u> es mi amiga. (hombres)
6. Ese <u>auto</u> rojo es de mi profesora de español. (bicicleta)

4.2 Present tense of *e → ie* and *o → ue* stem-changing verbs

Describing activities

Certain Spanish verbs undergo an **e → ie** or **o → ue** vowel change in all persons, except the **nosotros** and **vosotros** forms, whenever the stem vowel is stressed.

e → ie : cerrar *(to close)*		o → ue: poder *(to be able; can)*	
yo **cie**rro	nosotros(as) cerramos	yo **pue**do	nosotros(as) podemos
tú **cie**rras	vosotros(as) cerráis	tú **pue**des	vosotros(as) podéis
usted **cie**rra	ustedes **cie**rran	usted **pue**de	ustedes **pue**den
él, ella **cie**rra	ellos, ellas **cie**rran	él, ella **pue**de	ellos, ellas **pue**den

Other frequently used stem-changing verbs are the following:

empezar (ie)	*to begin*	almorzar (ue)	*to have lunch*
entender (ie)	*to understand*	contar (ue)	*to count*
pensar (ie)	*to think; to plan*	dormir (ue)*	*to sleep*
perder (ie)	*to lose*	encontrar (ue)	*to find*
preferir (ie)*	*to prefer*	volar (ue)	*to fly*
querer (ie)	*to want*	volver (ue)	*to return*

Note that in this text, stem changes will always appear in parentheses after the verb when listed in the vocabulary section and in the appendix. If two stem changes are indicated in parentheses, the first refers to the stem change in the present tense and the second to the stem change in the preterite tense.

¡A practicar!

A. **¡Qué diferente!** How has your life changed since you began your studies at the **Universidad de Guadalajara?**

> MODELO   Mis clases (empezar) a las ocho de la mañana.
> **Mis clases empiezan a las ocho de la mañana.**

1. Mis profesores (pensar) que soy un buen estudiante.
2. Yo (dormir) tres o cuatro horas al día.
3. Yo (almorzar) sólo un taco o un burrito.
4. En la mañana yo no (encontrar) estacionamiento *(parking)*. Es muy difícil.
5. Por eso, yo (preferir) ir en autobús.
6. Yo (pensar) que mi vida en casa es más fácil.

---

*All **-ir** stem-changing verbs also undergo a one-vowel change **e → i** or **o → u** in the present participle form of the verb: **prefiriendo, durmiendo.**

B. De vacaciones en México. Mr. and Mrs. Acuña are on vacation in Mexico City. Find out what they have planned for the day by completing the paragraph with the correct form of the verbs in parentheses.

Hoy nosotros _____ (pensar) ir al Museo Nacional de Antropología. Yo _____ (querer) aprender algo de la cultura azteca. Mi esposo _____ (preferir) estudiar la cultura de Oaxaca. Él _____ (pensar) que si nosotros _____ (empezar) muy temprano _____ (poder) ver todo lo que deseamos. Él no _____ (entender) que es imposible ver todo en un día. Pero no importa, mañana él _____ (volver) a pasar todo el día aquí en el museo y yo _____ (poder) ir de compras.

C. Somos guías. Get to know Felipe and David, museum guides in Mexico City, by completing the paragraph with the correct form of the verbs in parentheses.

Me llamo Felipe y mi amigo es David; somos guías aquí en el museo. David y yo hablamos inglés, francés y, por supuesto, español. Muchas personas no _____ (entender) español y _____ (preferir) una excursión en otro idioma. Nosotros _____ (empezar) a trabajar a las diez de la mañana. Las visitas _____ (empezar) a las diez y media de la mañana. A las dos de la tarde yo _____ (almorzar) en la cafetería del museo. David no _____ (almorzar) hasta las tres. Nosotros _____ (volver) al trabajo una hora y media después de almorzar. El museo _____ (cerrar) a las seis y media.

Paso 2

4.3 Numbers above 200

🎧 Counting and writing checks

CD1-32

200	doscientos
225	doscientos veinticinco
300	trescientos
400	cuatrocientos
500	quinientos
600	seiscientos
700	setecientos
800	ochocientos
900	novecientos
1.000	mil
1.005	mil cinco
2.000	dos mil
7.000	siete mil
12.045	doce mil cuarenta y cinco
99.999	noventa y nueve mil novecientos noventa y nueve
154.503	ciento cincuenta y cuatro mil quinientos tres
1.000.000	un millón
25.100.900	veinticinco millones cien mil novecientos

A. When the numbers between 200 and 900 precede a feminine noun, they must end in **-as.**

300 camisas   trescient**as** camisas
450 blusas   cuatrocient**as** cincuenta blusas

Remember that the numbers between 30 and 90 always end in -**a.**

ciento treint**a** hombres   cuatrocientos cincuent**a** libros

B. **Mil** means *one thousand* or *thousand.* It is *never* preceded by **un.** Its plural, **miles,** meaning *thousands*, is never used when counting.

1.994   mil novecientos noventa y cuatro
100.000   cien mil

C. An even million is expressed as **un millón.** Two or more million are expressed with the plural form **millones.** When a number in the millions precedes a noun, it is always followed by **de.**

1.000.000   un millón
2.000.000   dos millones
4.000.000 habitantes   cuatro millones **de** habitantes

D. In most Spanish-speaking countries, written numerals use a period where English uses a comma, and vice versa.

1.500 estudiantes   *1,500 students*
79,5 por ciento   *79.5 percent*

As in English, the year in a date is generally written without punctuation. However, where the numbers in a date in English are often expressed in pairs, Spanish uses every number.

1632   *sixteen thirty-two*
1632   **mil seiscientos treinta y dos**

¡A practicar!

A. **¡A pagar cuentas!** Imagine that you are spending your junior year abroad at the **Universidad de las Américas** in Puebla, Mexico. Today you are writing checks to pay your bills. Write out the following amounts.

1. alquiler: 630
2. comida con la Sra. Rocha: 269
3. matrícula *(registration)*: 4.579
4. libros: 315
5. televisión por cable/acceso a Internet: 519
6. préstamo *(loan)* del Banco Nacional: 7.753

B. **¡Presupuesto!** How much do you (or your parents) spend on your education? Work out a budget for an academic school year by indicating how much you spend in each of the following categories. Then write out each number as if you were writing a check to cover that amount. (**¡En español, por supuesto!**)

1. habitación
2. comida
3. auto
4. libros
5. ropa
6. matrícula
7. diversiones

C. **Las fechas.** Write the following dates in numerals.

1. mil quinientos treinta y cinco
2. mil novecientos sesenta y uno
3. dos mil tres
4. mil seiscientos treinta y cuatro
5. mil ochocientos catorce
6. dos mil cincuenta

D. **Años.** Write out the following dates in words.

1. 2004
2. 1939
3. 1961
4. 1927
5. 512
6. 711

4.4 Comparisons of equality

Stating equivalence

Comparisons of equality fall into two categories: comparisons of nouns and comparisons of adverbs or adjectives.

A. **Tanto(a, os, as)... como** *(as much/many . . . as)* is used to compare nouns. In these expressions, **tanto** is an adjective and always agrees with the noun being compared. The noun itself may be expressed or implied.

Pago **tantas** cuentas **como** tú.	*I pay as many bills as you do.*
Pero no pagas **tantas** (cuentas) **como** tu hermano.	*But you don't pay as many (bills) as your brother does.*

B. **Tan... como** *(as . . . as)* is used to compare adjectives or adverbs. **Tan** precedes the adjective or adverb, and **como** follows it.

Esta falda es **tan cara como** la de seda.	*This skirt is as expensive as the silk one.*
Pero en ésta no te ves **tan bien como** en la de seda.	*But in this one you don't look as good as in the silk one.*

C. **Tanto como...** is used to compare actions.

Los pilotos viajan **tanto como** los aviones.	*Pilots travel as much as the airplanes.*

¡A practicar!

A. **¡Somos iguales!** You have found friends at the **Universidad de Guadalajara** who are very much like you. Tell what you have in common with the following people.

MODELO   yo / activo / Juan
               Yo soy tan activo como Juan.

1. María / atlético / yo
2. tus amigos / popular / yo
3. yo / divertido / tus amigos
4. papá / rico / el papá de Isabel
5. mamá / guapo / la mamá de Juana
6. yo / conservador / Antonio

B. **¡Tanto como tú!** María, a new friend of yours at the **Universidad de Guadalajara,** always wants to keep up with her friends. What does she do to be exactly like her friends?

MODELO   María / comprar / zapatos / Carmen
               María compra tantos zapatos como Carmen.

1. María / comprar / ropa / Beatriz
2. María / leer / Isabel
3. María / tener / amigos / José
4. María / trabajar Miguel
5. María / ganar / dinero / Samuel
6. María / organizar / fiestas / Paco

C. **Son gemelas.** The family you are staying with in Guadalajara has identical teenage twins, Tere and Pepa. Compare the two of them.

MODELO   ropa
               Tere tiene tanta ropa como Pepa.
               simpático
               Tere es tan simpática como Pepa.

1. zapatos
2. inteligente
3. rubio
4. alto
5. blusas y faldas
6. libros

Paso 3

4.5 Idioms with *tener*

Expressing feelings, obligations, and age

An idiom is a group of words with a clear meaning in one language that, when translated word for word, doesn't make any sense or sounds strange in another language. For example, in English the expression *to be tied up at the office* means "to be busy" and not "to be tied up with ropes." Many ideas, both in English and in Spanish, are expressed with idioms and simply must be learned. Literal translation does not work with idioms.

Following is a list of idioms with the verb **tener** that are frequently expressed with the verb *to be* in English.

tener calor	*to be hot*
tener éxito	*to succeed, to be successful*
tener frío	*to be cold*
tener hambre	*to be hungry*
tener miedo de	*to be afraid of*
tener prisa	*to be in a hurry*
tener razón	*to be right*
no tener razón	*to be wrong*
tener sed	*to be thirsty*
tener sueño	*to be sleepy*
tener suerte	*to be lucky*
tener... años	*to be . . . years old*

Tengo mucha prisa ahora.　*I'm in a big hurry right now.*
Tenemos mucho calor y los niños　*We're very hot, and the children are*
　tienen mucha sed.　　*very thirsty.*

Other frequently used idioms with **tener** are the following:

tener que + *infinitive*	*to have to (do something)*
tener ganas de + *infinitive*	*to feel like (doing something)*

Tengo que estudiar ahora.　*I have to study now.*
No tengo ganas de comer.　*I don't feel like eating.*

¡A practicar!

A. Asociaciones. Write the **tener** idioms you associate with a friend and each of the following.

MODELO　1 + 4 = 7
　　　No tiene razón.

1. Frankenstein
2. Alaska
3. hamburguesa
4. Puerto Vallarta: 90°F
5. 5 – 5 = 0
6. Las Vegas o Atlantic City
7. dos y media de la mañana

B. ¿Qué les pasa? Select the response that best explains each description.

1. La señora Rivera dice que necesita su suéter inmediatamente.
   a. Tiene frío.
   b. Tiene miedo.
   c. Tiene suerte.

2. El señor González necesita agua bien fría, ¡pronto!
   a. Tiene hambre.
   b. Tiene razón.
   c. Tiene sed.

3. Hace tres días que los niños no comen nada.
   a. Tienen prisa.
   b. Tienen hambre.
   c. Tienen éxito.

4. ¡Mi autobús sale en un minuto!
   a. Tengo que dormir.
   b. Tengo que leer.
   c. Tengo prisa.

5. Mi profesora insiste en que América se descubrió en 1492.
   a. Tiene prisa.
   b. Tiene razón.
   c. Tiene miedo.

6. ¡El señor Peña regresa de Las Vegas con cinco mil dólares!
   a. Tiene sueño.
   b. Tiene suerte.
   c. No tiene ganas.

4.6 Preterite of *ir, ser, poder,* and *tener*

Narrating in past time

The preterite is a past tense in Spanish. It is used to talk about what has already happened.

ir/ser				poder				tener			
yo	fui	nosotros(as)	fuimos	yo	pude	nosotros(as)	pudimos	yo	tuve	nosotros	tuvimos
tú	fuiste	vosotros(as)	fuisteis	tú	pudiste	vosotros(as)	pudisteis	tú	tuviste	vosotros(as)	tuvisteis
usted	fue	ustedes	fueron	usted	pudo	ustedes	pudieron	usted	tuvo	ustedes	tuvieron
él, ella	fue	ellos, ellas	fueron	él, ella	pudo	ellos, ellas	pudieron	él, ella	tuvo	ellos, ellas	tuvieron

Nosotros **fuimos** ayer. — *We went yesterday.*
¿Cuándo **fue** la fiesta? — *When was the party?*
No **pude** ir. — *I wasn't able to go.*
Ellos no **tuvieron** tiempo. — *They didn't have time.*

A. The preterite of **poder, tener,** and most irregular verbs is formed by adding **-e, -iste, -o, -imos, -isteis, -ieron** to their irregular stems: **poder: pud-,** and **tener: tuv-.**

B. The preterite forms of **ser** and **ir** are identical. Context will clarify the meaning.

Anoche Joaquín **fue** a ver la película
   Lo que el viento se llevó.

*Last night Joaquín went
   to see the movie* Gone with the Wind.

Vivien Leigh **fue** la actriz principal.

Vivien Leigh was the leading actress.

¡A practicar!

A. ¡Qué rutina! You had a busy schedule yesterday. How busy was it?

MODELO   Yo (tener) tres clases por la mañana.
Yo tuve tres clases por la mañana.

1. A las ocho _____ (tener / yo) un examen.
2. El examen _____ (ser) largo y muy difícil.
3. Yo no _____ (poder) terminarlo.
4. Por la tarde, yo _____ (ir) a mi trabajo.
5. Mi compañero no _____ (poder) ir a trabajar.
6. Entonces Miguel y yo _____ (tener) que trabajar hasta la noche.
7. ¡_____ (ser) un día terrible!

B. Y ahora... de vacaciones. You just returned from spending two weeks traveling in Mexico with a friend. Now you are sharing your experience with your parents.

Nuestras vacaciones en México _____ (ser) excelentes. _____ (Poder / nosotros) visitar muchos lugares. Cerca de la Ciudad de México, _____ (ir / nosotros) a las ruinas de Teotihuacán. Allí Tomás _____ (poder) sacar fotografías extraordinarias, especialmente de las Pirámides del Sol y de la Luna. Cuando yo _____ (ir) al Museo Nacional de Antropología, _____ (poder / yo) comprar muchos recuerdos *(souvenirs)*. El arte de México es fenomenal.

El barrio «La Recoleta» en Buenos Aires

Un barrio popular de Buenos Aires

CAPÍTULO 5

¡Caminito a... Argentina!

El barrio «La Boca» en Buenos Aires

¡Las fotos hablan!

A. A que ya sabes... En tu opinión, y basándote en estas fotos...

1. ¿En qué barrio crees que vive la mayoría de los estudiantes porteños (de Buenos Aires)?
   ☐ La Recoleta ☐ La Boca ☐ un barrio popular

2. ¿Cuál es el barrio más caro para vivir de estos tres?
   ☐ La Recoleta ☐ La Boca ☐ un barrio popular

3. Si vas a estudiar un semestre a la Argentina, ¿a qué barrio prefieres ir a vivir?
   ☐ La Recoleta ☐ La Boca ☐ un barrio popular

4. Si quieres salir de noche en Buenos Aires, ¿en qué barrio prefieres estar?
   ☐ La Recoleta ☐ La Boca ☐ un barrio popular

B. La vivienda ¿Dónde crees que los estudiantes universitarios de Buenos Aires pueden encontrar lo siguiente, en La Recoleta (**R**), La Boca (**B**) o en un barrio popular (**BP**)?

____ departamentos sin muebles

____ departamentos amueblados

____ edificios de departamentos

____ pensiones

____ casas privadas

____ habitación en casa privada

____ residencias estudiantiles

____ alquiler bajo

____ alquiler caro

In this chapter, you will learn how to . . .

- describe your family.

- inquire about renting an apartment.

- describe an apartment and its furnishings.

- describe how you and people you know have changed.

- compare and contrast personal characteristics.

Allow 1 min. to do activities **A** and **B** individually. Then go through the list with the class, asking them to raise their hand if they checked the item off. When the majority agrees, ask why. In answers expressing preferences, ask students the reason for their selection, and ask others to compare their answers.

¿Eres buen observador?

DEPARTAMENTOS DISPONIBLES

Departamentos: de uno, dos o tres dormitorios, con sala, comedor y cocina; amueblados: sofás, sillones, heladera, mesas, sillas, camas, escritorios, lámparas, cochera

Alquiler: Variable de $800–$2400

Disponibilidad: Inmediata

Condiciones especiales: No se permiten animales domésticos

Ahora, ¡a analizar!

1. Este anuncio es para alquilar / vender / comprar / construir departamentos
2. Los departamentos más grandes tienen _____ habitaciones.
3. Si yo alquilo uno de estos departamentos puedo poner en el living (**L**) y en los dormitorios (**D**) ...

____ el sofá ____ la heladera ____ la silla ____ el escritorio ____ la mesita de noche

____ el sillón ____ la mesa ____ la cama ____ la lámpara ____ el equipo de sonido

4. Si el dólar estadounidense vale cuatro pesos argentinos, ¿cómo se compara el alquiler en Buenos Aires al de tu ciudad?

¿Qué se dice?

Al buscar un departamento en Buenos Aires

CD2-2

- El departamento está / no está disponible.
- El departamento está cerca / lejos de la universidad.
- La parada del colectivo / entrada al subte está cerca de casa.
- Indica en el mapa el lugar donde está el departamento.

DOLORES:	¿Cuántas habitaciones tiene?
SEÑOR P.:	Cuatro: un dormitorio, la sala, el comedor y la cocina... y un baño, por supuesto.
DOLORES:	¿Está amueblado?
SEÑOR P.:	No, no incluye muebles.
DOLORES:	¿Cuánto es el alquiler?
SEÑOR P.:	Es barato, sólo 900 pesos al mes, estacionamiento incluído.
DOLORES:	¿Está desocupado y disponible ahora?
SEÑOR P.:	Sí, puede mudarse a fines de este mes.
DOLORES:	¡Ah! Una pregunta más. ¿Permite animales domésticos? Tengo una linda gatita.
SEÑOR P.:	Lo siento, señorita, pero no permito ni gatos ni perros.
DOLORES:	¿No? Entonces, no me interesa. Gracias por la información, ¡adiós!

Ahora Dolores está con sus amigas Claudia y Beatriz, la hermanastra de Claudia. Dolores está contándoles los problemas que tiene para encontrar un departamento.

DOLORES:	¡Es terrible! Busco y busco y no encuentro nada. Nadie permite tener animales domésticos... y yo no puedo vivir sin mi gatita.
CLAUDIA:	Cálmate, che. No te preocupes. Vas a encontrar algo.
BEATRIZ:	Claudia, ¿y el edificio de departamentos de papá?
CLAUDIA:	¡Tenés razón, Beatriz! Escúchame, che. Mi padrastro siempre tiene departamentos disponibles, y él sí acepta animales domésticos.
DOLORES:	¡Bárbaro! ¡Vamos a llamar enseguida!

Purpose: To introduce new lesson vocabulary and structures needed to describe location and family members and to inquire about renting an apartment.

Audio Script: Dolores Cortázar Donetti quiere alquilar un departamento. Ahora está hablando por teléfono con el señor Pacheco, que tiene un departamento disponible.

SEÑOR P.: ¿Aló?

DOLORES: Buenos días. Estoy interesada en el departamento que se anunció en *La Nación* de esta mañana. ¿Está todavía disponible?

SEÑOR P. Sí, señorita, está disponible.

DOLORES: Mire, yo soy estudiante de la Universidad de Buenos Aires. ¿Está el departamento cerca de la universidad?

SEÑOR P.: En realidad está lejos de la ciudad universitaria, señorita. Pero tiene una parada del colectivo muy cerca de casa.

DOLORES: ¿Cuál es la dirección exacta?

SEÑOR P.: Está en la calle José Pagano, número 167, al lado de la Plaza Rubén Darío.

DOLORES: Ah, sí, conozco esa zona, y me encanta.

SEÑOR P.: ¡Bárbaro, pues!

Answers: está todavía disponible; lejos de; parada del colectivo; al lado de.

WEB TM5-1, Procedure: Have students look at visuals as you read each caption or narrate your own story line and ask comprehension check questions. Avoid using English when providing comprehensible input. Repeat, rephrase, point to, pantomime, and so on as necessary.

Alternative Story Lines: 1. Talk about your last apartment-hunting venture. 2. Describe apartment hunting in your community. 3. Narrate a story line from the landlord's point of view.

¿Sabías que...?

En Argentina y Uruguay, así como en grandes partes de Paraguay, Guatemala, El Salvador, Costa Rica y en ciertas regiones de Nicaragua, Colombia, Chile, Bolivia y Ecuador, se usa el voseo, es decir, el **tú** y sus formas verbales se sustituyen con el pronombre **vos** y sus formas verbales. En estas áreas se dice **vos sos** en lugar de **tú eres**, **vos tenés** por **tú tienes**, **vos venís** por **tú vienes**, y **vos hablás** por **tú hablas,...** En Argentina también se usan expresiones como **che**, que viene del guaraní y significa **hombre** o **mujer**, y **chau**, que viene del italiano y se usa como saludo informal para decir **hasta luego** o **adiós**.

🔍 **En tu opinión:** ¿Cuál será el origen del voseo? ¿Por qué crees que el voseo se usa solamente en ciertas regiones de Latinoamérica y no en otras? ¿Por qué será que los argentinos y uruguayos usan expresiones que vienen del guaraní y del italiano?

Ahora, ¡a hablar!

A. **¿Dónde lo pongo?** Tú y un(a) amigo(a) acaban de alquilar un departamento idéntico al de la página 179. Ahora tienen que decidir dónde poner los muebles. Pregúntense dónde deben poner estos muebles.

MODELO   TÚ: **¿Dónde pongo el sofá?**
COMPAÑERO(A): **En el living, por favor.**

sofá   cama   sillón

escritorio   mesita   mesa

sillas   mesita   lámparas

B. **¿Con qué frecuencia?** Pregúntale a un(a) compañero(a) con qué frecuencia hace estas cosas.

MODELO   ir al banco

                     TÚ: **¿Con qué frecuencia vas al banco?**
        COMPAÑERO(A): **Voy al banco una vez a la semana.**

siempre   todos los días   a veces   nunca

1. organizar fiestas en su casa
2. ir a clase
3. hacer la tarea

4. dormir en la clase
5. estudiar
6. ir a la biblioteca

C. **¿Dónde está la gatita?** Perla, la gatita de los Cortázar Donetti, es muy activa. ¿Puedes decir dónde está ahora?°

Vocabulario útil

a la izquierda / a la derecha   cerca de / lejos de   encima de / debajo de
delante de / detrás de   enfrente de   entre / sobre

MODELO   **La gatita está encima de la nevera.**

1.
2.
3.
4.

5. 6. 7. 8.

EP 5.2 **C.** Have students work in pairs first. Allow 2–3 mins. Then repeat by calling on individuals. Have the class confirm each response.

A propósito…

En los países hispanos es común usar dos apellidos (last names), por ejemplo, Castillo Torres. El primer apellido siempre es el apellido del padre; el segundo, es el apellido de la madre.

Debido a la inmigración europea, un gran porcentaje de la población argentina no tiene apellidos hispanos sino italianos, alemanes e ingleses.

D. **¿Quién es quién?** En la familia de Dolores, ¿cómo están relacionadas las siguientes personas? (La relación indicada entre paréntesis es la de cada persona con Dolores.)

MODELO   Andrés, Mónica y Víctor Hugo
          Andrés y Mónica son hermanos. Andrés es primo de Víctor Hugo.

1. Carlos Javier y Andrés   4. Zunilda y Mónica
2. Marcela y Coya   5. Víctor Hugo y Amelia
3. Beatriz e Irene

Personalize by asking students what their last name would be if they had been born in a Latin American country. Point out how Spanish-speaking Americans often have to drop their mother's last name or hyphenate their two last names to avoid confusion in the United States.

EP 5.2 **D.** Call on individuals. Ask the class to verify each response. **Answers:** 1. Carlos Javier es padre de Andrés, Andrés es hijo de Carlos Javier 2. Marcela es hermana de Coya 3. Beatriz es la abuela de Irene. 4. Zunilda es la tía de Mónica. 5. Víctor Hugo es hermanastro de Amelia.

Extension: Ask students to give the last names of Dolores (Cortázar Donetti), Andrés (Handley Donetti), Coya (Donetti Gunther), and Marcela (Donetti Gunther).

IRM TM5-1, **Repaso visual,** *La familia de Dolores:* Have students tell you how the various people in the family tree are related. You may also want to use this transparency to introduce the following additional family vocabulary: **marido, mujer, esposo(a), suegro(a), yerno, nuera, nieto(a), sobrino(a), cuñado(a), madrastra, padrastro, primo(a) segundo(a).**

E. ¿Mi habitación? Te interesa mucho alquilar un departamento en el edificio donde vive tu compañero(a) de clase. Hazle preguntas para conseguir toda la información que necesitas sobre el departamento.

1. ¿Dónde está el departamento? ¿Cuál es la dirección exacta?
2. ¿Está lejos o cerca de la universidad? ¿y del centro?
3. ¿Está cerca de la parada del colectivo?
4. ¿Cuántos dormitorios tiene?
5. ¿Está amueblado? ¿Qué muebles tiene?
6. ¿Son nuevos o viejos los muebles?
7. ¿Es caro? ¿Cuánto es el alquiler?
8. ¿Está desocupado ahora?
9. ¿Permiten animales domésticos?

Y ahora, ¡a conversar!

F. ¿Mi familia? Usando el vocabulario de las páginas 202 y 203, dibuja el árbol genealógico de tu familia. Sigue el modelo del ejercicio D de la sección anterior. Luego, sin permitir que nadie lo vea, descríbele tu árbol a un(a) compañero(a) mientras él (ella) lo dibuja. Cuando termines de describirlo, compara tu dibujo con el dibujo de tu compañero(a) para ver si lo explicaste bien. Finalmente, repite el proceso pero esta vez tú debes dibujar mientras tu compañero(a) describe su árbol genealógico.

G. Dímelo tú dónde está. Usando tu *¡Dímelo tú!* como referencia, coloca tu lápiz, bolígrafo o teléfono celular (desconectado, ¡por supuesto!) en distintos lugares alrededor *(around)* del libro y pregúntale a tu compañero(a) dónde está cada objeto. Luego alterna con él/ella.

MODELO   TÚ: **¿Dónde está el teléfono?**
             COMPAÑERO(A):   **El teléfono está detrás del libro.**

Vocabulario útil

a la izquierda / a la derecha
delante de / detrás de
cerca de / lejos de
junto a / al lado de
a la izquierda de / a la derecha de
entre / sobre
enfrente de

H. Mi habitación. Dibuja tu habitación. Incluye todos los muebles, ventanas, ropero/armario, televisor, etc. Luego, en una segunda hoja de papel dibuja un esquema *(outline)* de tu habitación e indica el sitio de la cama, nada más. Dale el esquema a tu compañero(a) y mientras tú describes tu habitación, mencionando el sitio de cada objeto, tu compañero(a) va a dibujar todos los muebles en su lugar. Al terminar, compara tu dibujo original con el de tu compañero(a) para ver si explicaste bien. Repitan el proceso, pero esta vez tu compañero(a) describe su habitación y tú dibujas.

I. **¡Es demasiado caro!** Tú y un(a) amigo(a) van a ser estudiantes de la Universidad de Buenos Aires y necesitan un departamento para el próximo semestre. Van a hablar con el dueño de unos departamentos. Hacen muchas preguntas sobre el lugar, el tamaño, los muebles, el precio y la disponibilidad del departamento. En grupos de tres, escriban la conversación que tienen. Luego léanla delante de la clase.

J. **Un perrito encantador.** Un matrimonio (*married couple*) joven en Buenos Aires necesita un departamento para tres: ellos dos y Chuchi, su perrito. En grupos de tres, dramaticen esta situación entre el matrimonio y el (la) dueño(a).

I and J. Have students select either activity **I** or **J** and allow 3–4 mins. to prepare. Point out that students selecting **I** may read their scripts while those selecting **J** must present without using books or notes. Call on volunteers to present first, then call on the rest of the class. Ask comprehension check questions.

Un paso atrás, dos adelante: Capítulo 4

Repasemos. En el **Capítulo 4** aprendiste a describir la apariencia y la personalidad de la gente; aprendiste a expresar preferencias, a discutir precios, a hacer comparaciones, a comprar ropa, a pedir una bebida en un café y a hablar de lo que tú y otros hicieron. Repasa ahora lo que sabes, completando el siguiente texto con las palabras necesarias. Puedes inventar la información.

Allow students 3–4 minutes to complete this exercise. Then have them share their responses with another student, and ask them to suggest corrections if they detect an inconsistency. Call on students to read their responses. They will vary.

En el Palacio de Hierro, en México.

LA DEPENDIENTA: _____ [saludo formal]. ¿En qué _____ [presente del verbo **poder**] ayudarle?

TÚ: _____ [saludo informal]. Sí, _____ [presente progresivo del verbo **buscar**] una blusa _____ [por/para] un regalo.

LA DEPENDIENTA: Usted _____ [expresión idiomática con **tener**] ver estos que tenemos aquí. _____ [por/para] aquí, por favor. Mire, estos _____ [presente del verbo **tener**] el 30% de descuento, y _____ [son/están] de moda.

TÚ: ¿Y _____ [adverbio interrogativo] cuestan?

LA DEPENDIENTA: El precio original es de _____ [699] pesos, pero con el descuento quedan en menos de _____ [500]. ¡Una ganga! Son _____ _____ _____ [comparación de igualdad: baratos] aquellos que, honestamente, están pasados de moda.

TÚ: Sí, yo _____ [pretérito del verbo **tener**] unos así el año pasado.

CD2-3

Estrategias para escuchar: reconocer sufijos

Procedure: Have students read the listening strategies silently and do the listening activity with cognates. Then play the recording once and help students identify the **-ad, -ente, -mente** cognates.

In **Capítulo 4** you learned to listen for stress variations (accents) in English and Spanish cognates. You will recognize more cognates if you learn to listen for corresponding suffixes and common word endings.

Following is a list of three corresponding suffixes or word endings in Spanish and English. Recognizing them makes cognates much easier to understand.

Audio Script:

GUILLERMO: Che, Dolores, ¡Ya tengo nuevo departamento!

DOLORES: ¡Bárbaro! ¿Qué tal es?

GUILLERMO: Es muy lindo. Y el alquiler es muy razonable. Sólo pago 700 pesos.

DOLORES: ¡Qué suerte! Pero decime, ¿dónde está el departamento? ¿Está lejos de la universi**dad**?

GUILLERMO: Bueno, no está exacta**mente** al lado, pero está muy cerca del subte en un barrio muy tranquilo.

DOLORES: ¿Y cómo es el departamento? ¿Es grande?

GUILLERMO: No, no es muy grande, so**lamente** tiene tres habitaciones. Pero está en buenas condiciones — total**mente** renovado. Y el dueño permite animales domésticos.

DOLORES: ¡Excel**ente**! ¡Qué gran oportuni**dad**! Así podés tener tus dos gatitos con vos. ¿Y cuándo te mudás?

GUILLERMO: Bueno, el departamento está disponible, así que puedo mudarme inmediata**mente**. ¿Querés ayudarme?

DOLORES: ¡Claro que sí, che! ¡Vamos!

Answers: universidad, exactamente, solamente, totalmente, excelente, inmediatamente.

Español	Inglés	Español		Inglés
perfecta**mente**	*perfectly*	**-mente**	=	*-ly*
generosi**dad**	*generosity*	**-dad**	=	*-ty*
urg**ente**	*urgent*	**-ente**	=	*-ent*

Reconocer sufijos. Escucha la conversación de Guillermo, un estudiante universitario, con su amiga Dolores. *(With a partner, see how many* **-mente**, **-dad**, *and* **-ente** *cognates you can recognize. Write them down and share your list with the rest of the class.)*

¿Está disponible? Vuelve a escuchar la conversación de Guillermo con su amiga Dolores. Luego compara el lugar donde tú vives ahora con el nuevo departamento de Guillermo. Describe tu alojamiento en la columna de la izquierda, el de Guillermo en la columna de la derecha y lo que tienen en común en la columna del medio.

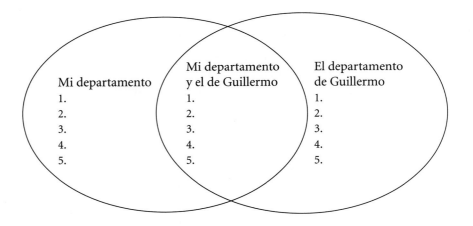

Mi departamento
1.
2.
3.
4.
5.

Mi departamento y el de Guillermo
1.
2.
3.
4.
5.

El departamento de Guillermo
1.
2.
3.
4.
5.

Argentina

Capital: Buenos Aires
Área: 2.736.690 kms^2
Población: 37.812.817 (julio 2002)
Unidad monetaria: el peso argentino
Clima: templado en general, árido en el sureste y sub-antártico en el suroeste

Antes de empezar, dime...

Contesta estas preguntas para reflexionar un poco sobre los Estados Unidos.

1. ¿Cuál es la población de los Estados Unidos? ¿Qué porcentaje (%) de sus habitantes es de origen europeo? ¿de origen indígena?
2. ¿Ha tenido los Estados Unidos un dictador en control del gobierno alguna vez en su historia? Explica tu respuesta.
3. ¿Qué papel (*role*) o control tienen los militares en los Estados Unidos? ¿Imponen su voluntad o fuerza en el gobierno estadounidense? Explica tu respuesta.

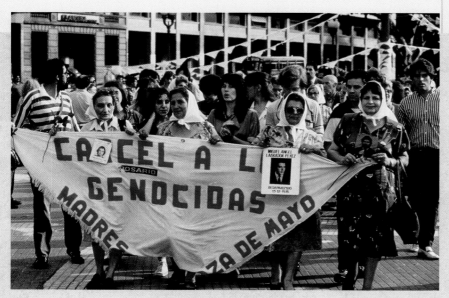

Las madres de la Plaza de Mayo, Buenos Aires

A propósito...

Un grupo de mujeres se reúne todos los jueves en La Plaza de Mayo de Buenos Aires para protestar y recordar a sus esposos, hijos y familiares desaparecidos durante la guerra sucia; son las llamadas Madres de la Plaza de Mayo. Ask students why mothers continue to protest twenty years after the disappearances.

Argentina inmensa

Argentina es un país inmenso, con una superficie de 2.808.602 kms^2 (dos millones, ochocientos ocho mil, seiscientos dos kilómetros cuadrados), cuatro veces más grande que el estado de Texas, y es el país hispanohablante más grande del mundo. Su geografía es muy variada: En el norte están las grandes y ricas llanuras llamadas «las pampas». En el sur se encuentra una enorme meseta llamada Patagonia. En la frontera oeste se encuentran los impresionantes Andes. Argentina tiene una larga costa localizada estratégicamente entre los océanos Atlántico y Pacífico. La distancia entre el norte y el sur es de 3.460 kilómetros, una distancia casi tan grande como la que existe entre Nueva York y Los Ángeles. El país cuenta con 32 áreas protegidas que ocupan alrededor de tres millones y medio de hectáreas, lo que equivale al 1,25% del territorio nacional. Estas áreas representan la mayor parte de la biodiversidad del país. Destacan entre ellos el Parque Nacional Los Glaciares y el de Iguazú, declarados «patrimonio mundial» por la UNESCO en 1981 y en 1984 respectivamente.

La población de Argentina supera los 38.000.000 de habitantes, muchos de ellos descendientes de inmigrantes europeos, que comenzaron a llegar a partir de mediados del siglo XIX. Entre 1880 y 1905 llegaron a Buenos Aires, y a otras ciudades del interior, tres millones de europeos. Más tarde, la inestabilidad europea, tras las dos guerras mundiales y la gran depresión económica de comienzos del siglo XX, motivaron la llegada de otros siete millones de inmigrantes entre 1905 y 1950. La mayoría de estos inmigrantes vinieron de España e Italia. Pero muchos también llegaron de Alemania, Francia, Inglaterra, Polonia, Rusia y Ucrania.

Argentina, políticamente, como la mayoría de los países del continente, sufrió durante su historia postcolonial las consecuencias del enfrentamiento entre liberales y conservadores, y últimamente, una dictadura militar de 1976 hasta 1983. La «guerra sucia» de los militares argentinos contra los opositores fue terrible, con miles de muertos y de desaparecidos. En octubre de 1987 volvió la democracia a Argentina, con la elección de Raúl Alfonsín como presidente.

Viajemos por el ciberespacio a... ARGENTINA

If you are a cyberspace surfer, try enterin one of the following key words to get to many fascinating sites in **Argentina:**

Inmigración en Argentina

Buenos Aires

Parques Nacionales de Argentina

Or, better yet, simply go to the *¡Dímelo tú!* website using the following address: http://dimelotu.heinle.com

There, with a simple click, you can

- learn about Italian immigration to Argentina in the 19th and 20th centuries.
- stroll through some of the most beaut ful **barrios** of Buenos Aires.
- visit some of the most magnificent natural parks in the world.

Smart Classroom: For homework, have students go to the Internet and look up information about two of the following: **Parque Nacional Iguazú, Parque Nacional Los glaciares, La pampa.** Then, have them write a brief but specific report on what they learned. Ask them to report to the class and to provide the addresses of the best websites they visited.

Y ahora, dime...

Con un(a) compañero(a) de clase, preparen un esquema como el siguiente y complétenlo con información de la lectura.

ARGENTINA

Geografía	Población	Gobierno
1. _____	1. _____	1. _____
2. _____	2. _____	2. _____
3. _____	3. _____	3. _____

¡Vos tenés que ver ese departamento, che!

¿Eres buen observador?

¡Mirá, che, nuestros departamentos lucen mejor... !

Departamentos Sosa

- Amplias habitaciones
- Muebles nuevos
- Dormitorios decorados al gusto
- Cocinas modernas
- livings comodísimos

Departamentos Sigüenza

- Habitaciones pequeñas
- Muebles en malas condiciones
- Dormitorios oscuros
- Cocinas sucias
- Salas mal cuidadas

TAREA

Antes de empezar este Paso, estudia la lista de vocabulario en las páginas 202–203 y practícalo al eschuchar el surco 7 de tu Text Audio CD #2. Luego estudia *En preparación.*

5.3 Ser and **estar:** A second look, páginas 206–207

Haz por escrito los ejercicios de *¡A practicar!*

Escucha la sección *¿Qué se dice...?* del Capítulo 5, Paso 2, en el surco 4 del Text Audio CD y haz la actividad correspondiente en la página 188.

Have students prepare *5.2 Ser and estar: A second look* before coming to class.

Ahora, ¡a analizar!

Y vos, che, ¿qué pensás? Sí, ¿qué pensás de los Departamentos Sosa y de los Departamentos Sigüenza?

Call on **individuals.** Have the class indicate whether they agree or disagree.

Bueno, en los Departamentos Sosa...		**Bueno, en los Departamentos Sigüenza...**
los muebles son nuevos	las cocinas están sucias	las habitaciones son pequeñas
las salas están mal cuidadas	las habitaciones son amplias	los dormitorios están decorados al gusto
los dormitorios son oscuros	los livings son comodísimos	los muebles están en malas condiciones

CD2-4

Al describir la habitación

Indica con una **M** si la madre dice lo siguiente y con una **H** si la hija lo dice.

1. _____ ¡Es un desastre!
2. _____ Está sucio.
3. _____ Son de bonitos colores.
4. _____ Son muy cómodos.
5. _____ Están en malas condiciones.
6. _____ ¡Son de plástico!

MADRE: Por Dios, Dolores, este dormitorio es tan pequeño y tan oscuro. ¡No tenés ni una ventana!

DOLORES: Así duermo mejor, mamá.

MADRE: ¡Ay, hija! El baño está muy sucio.

DOLORES: ¡Pero qué difícil estás hoy, mamá! No está sucio. Simplemente es tan viejo que es imposible limpiarlo.

MADRE: Es que no comprendo cómo podés vivir aquí, hija.

DOLORES: Estoy muy cómoda aquí. El departamento está en el centro, cerca de la calle Florida, del subte, cerca de todo. Y mamá, con el dinero que tengo, es imposible alquilar uno mejor.

¿Sabías que...?

La riqueza tradicional de Argentina viene de la exportación de carne (*meat*). Un 52% (por ciento) del país se dedica a la ganadería (*cattle raising*). Argentina es el líder mundial en producción de carne. Los argentinos consumen mucha carne y no hay fiesta sin una buena parrillada (*Argentine barbecue*).

Un subproducto de la carne argentina es el cuero (*leather*), y el lugar donde se puede comprar la última moda en cuero —zapatos, chaquetas, bolsos— es en la calle Florida, en el centro de la ciudad.

🔍 **En tu opinión:** ¿Por qué hay tanto ganado (*cattle*) en Argentina? ¿En qué crees que consiste la parrillada argentina? ¿Crees que son caros los objetos de cuero argentinos?

Point out that early settlers found the Argentine pampa ideal for raising cattle. A typical parrillada includes the best cuts of beef, *filet mignon* and steaks, various innards: heart, kidneys, and the like, and often blood sausage. Leather is reasonably priced in Argentina, more expensive if imported to the U.S.

Ahora, ¡a hablar!

Purpose: To provide students with guided practice as they describe future plans and the condition of apartments.

A. **¡Por Dios, Dolores!** Indica si es la madre (**M**) o Dolores (**D**) quien dice lo siguiente de la habitación de Dolores en el *¿Qué se dice?*

Vocabulario activo: Answers. A. Madre: 1, 3, 6; Dolores: 2, 4, 5, 7, 8, 9

_____ 1. El baño está sucio.

_____ 2. Qué difícil estás.

_____ 3. El dormitorio es oscuro.

_____ 4. Es mejor para dormir.

_____ 5. Simplemente es viejo.

_____ 6. El dormitorio es tan pequeño.

_____ 7. Es imposible limpiarlo.

_____ 8. Estoy cómoda aquí.

_____ 9. El departamento está en el centro.

B. **¡No soporto ni un día más aquí!** Zunilda, una estudiante de la Universidad de Palermo, acaba de alquilar (*just rented*) otro departamento, pero después de una semana, quiere dejarlo porque encuentra muchos inconvenientes. ¿Cuáles son algunos de los problemas? ¿Qué dice el dueño?

EP 5.3 ⊕⊕ B. Call on **individual** students. Make sure the class understands the uses of **ser** or **estar** here.

MODELOS cocina / sucia
La cocina está muy sucia.

alquiler / demasiado caro
El alquiler es demasiado caro.

Zunilda dice:

1. cocina / muy pequeña
2. los cuartos / muy oscuros
3. alfombras / muy feas
4. alquiler / demasiado caro
5. dormitorios / pequeñísimos

El dueño dice:

6. departamento / cerca / supermercado
7. muebles / buenísimas condiciones
8. edificio / cerca / parada del colectivo
9. departamento / cerca de todo
10. todo / muy limpio

Smart Classroom: Preselect a couple of websites dedicated to the type of activities that people practice at **la pampa argentina,** and present them to your students. For homework, have students to search the Internet for information on **la pampa.** Ask volunteers to present their findings to the class, and to be particularly ready to discuss sports and leisure activities that can be practiced there. Have all students write a brief report, supplying the addresses of the most interesting sites they found.

EP 5.3 ⊕⊕ **C.** Allow 3–4 mins. for **pair** work. Then call on **individuals** to tell you about their partner's apartment, dorm room, or house.

▌ IRM TM5-3 Repaso visual, *Dos habitaciones*: Ask students to describe the two bedrooms. Specifically, ask which is **viejo/moderno, más caro/barato, cómodo/incómodo, mejor/peor, grande/pequeño, limpio/sucio ...**

D. Allow 2 mins. to write. In **groups of 3 or 4**, have students read their lists to each other. Call on several groups to read their lists to the class.

E. Allow 4–5 mins. to interview. Then call on **individuals** to describe the type of house their partners want and why.

F. Allow 6–8 mins. to interview and do **group** tabulations. Have each group report its findings.

Variation: While groups are reporting, have two students tabulate the class findings and report on a class average.

C. ¿Y tu departamento/casa? Entrevista a un(a) compañero(a); luego que él/ella te entreviste a ti.

Pregúntale...

1. cómo es su departamento/residencia/casa
2. en qué condiciones está hoy
3. qué muebles hay en su residencia
4. en qué condiciones están los muebles
5. dónde está el departamento/dormitorio/casa
6. qué no le gusta

Y ahora, ¡a conversar!

D. Un nuevo departamento. Tu mejor amigo(a) asiste a otra universidad y tiene su propio departamento. Ahora tú estás hablando por teléfono con él (ella) y tienes muchas preguntas sobre su nuevo departamento. Prepara una lista de las preguntas que le vas a hacer. Compara tu lista con la de dos compañeros(as) y luego combinen sus listas en una y léansela a la clase.

E. ¡Una casa ideal! Trabajas para una agencia de bienes raíces *(real estate)*. Tu compañero(a) está buscando una casa para comprar. Tú quieres encontrar la casa ideal para tu cliente. Para eso, vas a tener que conocer a tu cliente muy bien. Pregúntale sobre su profesión, sus pasatiempos, su personalidad y el tipo de casa que prefiere.

F. Encuesta. Usa el siguiente formulario para entrevistar a cinco compañeros acerca de sus habitaciones. Anota toda la información que te den. Al completar el formulario, formen grupos de cuatro o cinco y comparen sus resultados. Traten de decidir el promedio *(average)* de su grupo en cada categoría e informen a la clase.

MODELO **¿Dónde vives —en un departamento, en una casa o en la residencia?**

Nombre	Habitación	Número de dormitorios	Número de baños	Condición general	Alquiler por mes	Ventajas y desventajas
1.						
2.						
3.						
4.						
5.						

¡Luces! ¡Cámara! ¡Acción!

G. **¡Ay, mis padres!** Tus padres, que vienen a visitarte por primera vez en la universidad, dan su opinión sobre tu departamento. También quieren saber algo de tus actividades y de tus nuevos amigos. Finalmente te preguntan sobre tus planes para el próximo verano. Con dos compañeros(as), escriban la conversación que tienen. Luego, léanla delante de la clase.

H. **El nuevo departamento.** Suena el teléfono. Tú contestas. Es tu mejor amigo(a) que ahora asiste a otra universidad. Él/Ella quiere saber qué estás haciendo ahora, cómo es tu departamento y cómo son tus nuevos amigos. Tú respondes a todo. Dramatiza la conversación con un(a) compañero(a).

G and H. Have students select either activity **G** or **H** and allow 3–4 mins. to prepare. Point out that students selecting **G** may read their scripts while those selecting **H** must present without using books or notes. Call on volunteers to present first, and then call on the rest of the class. Ask comprehension check questions.

¿Comprendes lo que se dice?

Estrategias para ver y escuchar: reconocer cognados por sus sufijos

In the previous **Paso** you learned that the Spanish equivalent of the English suffixes -*ly*, -*ty* and -*ent* is **-mente, -ad,** and **-ente**. There are many other suffixes in English words that have Spanish equivalents, and learning to recognize them will greatly expand your vocabulary and aid your listening comprehension.

For example, note the relationship between the following Spanish and English suffixes:

elev**ado**	elevat**ed**	na**ción**	nat**ion**
cambi**ado**	chang**ed**	combina**ción**	combina**tion**

Reconocer cognados por sus sufijos. Trata de hacer asociaciones entre los sufijos de estas palabras en español e inglés. Piensa primero en el equivalente en inglés de cada palabra en español. Luego busca una palabra en la segunda columna con el mismo sufijo.

1. situada   a. temple
2. ejemplo   b. elevated
3. inspiración   c. petroleum
4. fama   d. revolution
5. museo   e. flame

Procedure: Have students read **Estrategias** silently. Give them 3-4 mins. to identify cognates and their associations. Finally, tell students to apply the same strategies as they view the video and do the **Después de ver el video** activity.

Answers: 1.b, 2.a, 3.d, 4.e, 5.c.

Al ver el video: ¿Comprendes lo que se dice?

Mira ahora el video. Escucha con cuidado la narración. Mientras escuchas, escribe en español los cognados que se relacionan con las palabras de la primera columna en inglés. Luego escribe las palabras en español que se relacionan con las palabras de la segunda columna.

Time code: 10:13–11:46

_____ history	_____ misery
_____ monuments	_____ instruments
_____ inspiration	_____ realization
_____ artists	_____ realists

Answers: historia, monumentos, inspiración, artistas, miseria, instrumentos, realización, realistas

Después de ver el video

Ahora mira el video y marca las expresiones que completen mejor cada oración.

1. Buenos Aires combina... al ritmo de un tango.
   - ☐ música y baile
   - ☐ presente y futuro
   - ☐ barrios y monumentos

2. Los habitantes de Buenos Aires son conocidos como...
   - ☐ emigrantes.
   - ☐ cosmopolitas.
   - ☐ porteños.

3. Por toda la ciudad de Buenos Aires hay...
   - ☐ monumentos.
   - ☐ caminitos.
   - ☐ barrios italianos.

4. La Boca es un barrio de tradición italiana con...
   - ☐ mucha historia.
   - ☐ casas coloridas.
   - ☐ artistas franceses.

5. Buenos Aires es conocida por muchos como...
   - ☐ el París de Sudamérica.
   - ☐ el Pueblo de Río de la Plata.
   - ☐ La Boca.

Mujeres argentinas

Antes de empezar, dime...

1. ¿Tienes un(a) cantante que consideras tu favorito(a)?

2. ¿Es muy popular? ¿Qué tipo de música canta?

3. ¿Crees que es frecuente en los Estados Unidos que los artistas protesten por la pobreza y otros problemas sociales? ¿Por qué sí o no?

4. ¿Crees que es responsabilidad de los artistas el defender a los más débiles de la sociedad? ¿Por qué sí o no?

Procedure: Ask for volunteers to answer the pre-reading questions. Then allow 2 mins. for students to read the first paragraph silently. Ask lots of comprehension check questions. Repeat this procedure with the remaining paragraphs. Then have students complete the post-reading Venn diagram in pairs.

Monumento dedicado a Alfonsina Storni

Mercedes Sosa

Alfonsina Storni y Mercedes Sosa

Argentina es notable por ser un país latinoamericano en el cual las mujeres se han destacado en el campo de las letras, las artes y la política. Podemos mencionar a mujeres liberadas como la poeta Alfonsina Storni; luchadoras por la gente del pueblo como la cantante Mercedes Sosa; cineastas como María Luisa Bemberg, que fue nominada para un Óscar por su obra *Camila;* cuentistas como la atrevida Luisa Valenzuela, quien se enfrenta con políticos tiranos en sus obras; vocalistas y guitarristas como Gabriela Anders; novelistas como Beatriz Guido y Marta Lynch y la lista continúa.

La vida de **Alfonsina Storni** (1892–1938) es un reflejo de los problemas que confrontan las mujeres a principios del siglo XX en una sociedad totalmente dominada por el hombre. Hija de inmigrantes europeos en Argentina, empieza a trabajar desde muy joven como maestra debido a los serios problemas económicos de su familia. Ya en 1912 Alfonsina desafía a la sociedad al ser madre soltera de su único hijo. Publica su primer libro en 1926, *La inquietud del rosal*, que resulta en críticas y escándalo por sus referencias al amor y a la política.

Durante su vida y a través de su obra, Storni habla por las mujeres, diciendo que la relación entre el hombre y la mujer tiene que ser más intelectual y más equilibrada. Lucha constantemente por los derechos de la mujer, incluyendo el derecho al voto, escribiendo muchos artículos al respecto. Storni toca éstos y otros temas sociales muchos años antes del comienzo del Movimiento de Liberación Femenina.

La cantante argentina **Mercedes Sosa** (1935–) nació en Tucumán y vive en Buenos Aires. «La negra» como se le conoce cariñosamente en Argentina, es una de las cantantes latinoamericanas más conocidas y admiradas en todo el mundo. Da la casualidad de que Mercedes Sosa hizo universalmente famosa la canción «Alfonsina y el mar», que habla de la muerte de Alfonsina Storni de un modo conmovedor. Mercedes Sosa también le canta al sol, al altiplano, a las manos de su madre, a la resistencia contra los dictadores, a América...

Su música, comprometida con la causa de los pobres y los más débiles, le costó la prisión al ser arrestada por la policía argentina durante un concierto, en el que también fueron detenidos sus 350 espectadores. Tras esto, Mercedes Sosa decidió exiliarse en Francia y luego en España. Mercedes Sosa, de nuevo en su Argentina democrática pero sufrida de hoy, continúa siendo un modelo para todas las generaciones de argentinos, y una brisa de aire fresco para todo el mundo.

Smart Classroom: For homework, have students g to the Internet and look up two of the following: **Me cedes Sosa, Alfonsina Storni, Luisa Valenzuela.** Then, have them write a specific report on what the learned. Ask them to report to the class and to provid the addresses of the best websites they visited.

Y ahora, dime...

Contrastes. Usa este diagrama Venn para comparar a tu cantante favorito(a) con Mercedes Sosa y a Mercedes Sosa con Alfonsina Storni. Si hay algo en común entre tu cantante favorito(a) y Alfonsina Storni, escribe tu propio círculo.

Mi cantante favorito(a)/ Alfonsina Storni	Alfonsina Storni y Mercedes Sosa	Alfonsina Storni
1.	1.	1.
2.	2.	2.
3.	3.	3.
4.	4.	4.
5.	5.	5.

¡Escríbelo!

Estrategias para escribir: precisar

In the previous chapter you learned that when writing advertisements, it is necessary to have a list of key words and phrases that must be worked into the advertisement. These key words or phrases usually contain the essence of the message to be conveyed. When writing advertisements, especially when writing classified ads, it is very important to be precise. Since space is limited and very costly in newspapers, classified ads must be expressed in very few words.

Estudia estos modelos y luego contesta las preguntas que siguen.

Núñez y Saavedra
ALQUILER NUÑEZ, DPTO 2 ambientes (jardines de libertador) acv. Del libertador 8800. Excelente al fte c/bcon. Dto de excelente categoría c/pileta olímpica, sauna, gimnasio, restaurante, confitería, salón. Amplio (120m²) e impecable. $700, $80 gastos expensas. Comunicarse de lun a vier de 10 a 18 hs al 6881-9939 sr. Eduardo o Karina.

Zona Norte
DPTO ZONA NORTE tipo casa/ alquilo/ gran Buenos Aires/ Villa Martelli, Vte López, Dpto tipo casa entrada individual, 4 ambientes, patio amplio, uso comercial o familiar, sin gastos ni impuestos, sup. 90m² (cubiertos) $ 650. T.e. 15 4800-3804 sólo sáb y dom.

1. ¿Cuál de los dos tiene piscina?
2. ¿Cuál es más pequeño?
3. ¿Cuál tiene un horario más amplio para llamar?
4. ¿Cuál de los dos tiene incluidos los gastos de la casa?
5. ¿Cuál de los dos prefieres? ¿Por qué?

Ahora, ¡a escribir!

A. **Para precisar.** Prepara una lista de toda la información esencial que debes incluir en un anuncio clasificado para alquilar el cuarto o departamento donde vives ahora. Prepara una segunda lista de toda la información esencial que puedes incluir en un anuncio para alquilar tu casa o departamento.

B. **El primer borrador.** Ahora prepara un primer borrador de dos anuncios clasificados: uno para alquilar tu cuarto o departamento, y otro para alquilar la casa o departamento de tus padres. Compara tus anuncios con las listas originales para asegurarte que incluiste toda la información esencial. Para precisar, usa abreviaturas como en los dos modelos.

C. **Ahora, ¡a compartir!** Comparte tu primer borrador con dos o tres compañeros(as). Comenta sobre el contenido y el estilo de los anuncios de tus compañeros(as) y escucha los comentarios de ellos sobre tus anuncios. Si hay errores de ortografía o gramática, menciónalos.

D. **Ahora, ¡a revisar!** Si necesitas hacer unos cambios basados en los comentarios de tus compañeros(as), hazlos ahora.

E. **La versión final.** Prepara la versión final de tus anuncios en limpio y entrégala. Escribe la versión final en la computadora con un estilo periodístico, usando columnas de tres pulgadas (inches).

F. **Publicación.** Cuando ya estén listos, pon tus anuncios en la página de anuncios clasificados que tu profesor(a) va a proveer.

Cambia, ¡todo cambia!*

TAREA

Antes de empezar este Paso, estudia la lista de vocabulario en la página 203 y escucha el surco 8 de tu Text Audio CD #2. Luego estudia *En preparación.*

5.3 Comparisons of inequality, páginas 207–208

5.4 **Por** and **para:** páginas 208–209

Haz por escrito los ejercicios de *¡A practicar!*

Escucha la sección *¿Qué se dice...?* del Capítulo 5, Paso 3 en el surco 5 del Text Audio CD y haz la actividad correspondiente en la página 197.

Have students prepare 5.3 *Comparisons of inequality* for the first day you work on this **Paso.** Then assign 5.4 *Por and para* for the second day.

¿Eres buen observador?

Fito Páez y Cecilia Roth son Buenos Aires... y viceversa

Fito Páez es el cantante argentino que grabó «El amor después del amor» (1992), el disco más vendido en la historia del rock argentino. Cecilia Roth, es la actriz argentina más internacional del momento.

Ahora, ¡a analizar!

Fito Páez es / está más... que Cecilia Roth.

alto(a) / bajo(a)	famoso(a)
atractivo(a)	paciente / impaciente

Have students make the comparisons **in pairs** first. Then call on **individuals.**

Cecilia Roth es / está más... que Fito Páez.

delgado(a)/gordo(a)	elegante
viejo(a) / joven	

---

*Lyrics from a song by Mercedes Sosa. It continues: *Cambia lo superficial, cambia también lo profundo. Cambia el modo de pensar, cambia todo en este mundo...*

¿Qué se dice... ?

Al hablar de cambios físicos o de personalidad

CD 2-5

AEROPUERTO PAJAS BLANCAS
¡Bienvenidos a Córdoba!

Marca la información que sí aparece en el diálogo.

1. _____ Dolores está más delgada ahora.
2. _____ La comida de la universidad es mejor que la de su mamá.
3. _____ Dolores está ya más alta que su hermana Irene.
4. _____ Irene es más gorda que su hermana Dolores.
5. _____ Irene está en el aeropuerto.
6. _____ Irene se fue a la playa.

MADRE:	Como tiene novio, siempre está con él. Y cuando no están juntos, se pasan la vida hablando lunfardo por teléfono. ¡Yo no les entiendo nada!
DOLORES:	¿Así que tiene novio ahora? ¿Quién es?
MADRE:	Es el sobrino de mi amiga Lucía, un buen chico.
DOLORES:	¡Javier! ¿El pibe que trabaja para la compañía de papá? No lo puedo creer. ¡Javier! Si es más feo que un sapo, ¡qué horror!
MADRE:	¡Qué exagerada sos! Para mí, el chico es bastante bien parecido. ¿Y vos? ¿Ya tenés novio?
DOLORES:	No, ¿para qué? Tengo muchos amigos.

Purpose: To introduce vocabulary and structures needed to describe physical changes and personality.

Audio Script: Dolores acaba de regresar de la Universidad de Buenos Aires a Córdoba, para pasar las vacaciones de invierno con su familia.

DOLORES: ¡Qué bueno es estar de nuevo en Córdoba, mamá!

MADRE: Bienvenida, hija. Pero, ¡qué delgada estás!

DOLORES: Un poco. Es porque la comida de la universidad es menos rica que la tuya, mamá.

MADRE: ¡Ya estás más alta que tu hermana mayor!

DOLORES: Tenés razón, mamá, pero Irene es más gorda que yo. ¿Y dónde está Irene? ¿No vino con vos?

MADRE: No, se fue a la playa con su novio. Allá te esperan.

Answers: 1, 3, 4, 6

WEB TM5-3, Procedure: Have students look at the visuals as you read each caption or narrate your own story line. Use various techniques to communicate meaning without translation. Avoid using English when providing comprehensible input. Repeat, rephrase, act out, draw pictures, and so on as necessary.

Alternative Story Lines: 1. Talk about your parents' reaction the first time you returned home from college. 2. Talk about your reactions to your son's/daughter's return from a trip.

A propósito...

El lunfardo es una jerga *(slang)* muy popular entre muchos de los jóvenes argentinos y uruguayos. Algunas palabras del lunfardo, como **mina**—mujer, **guita**—dinero, **pibe**—chico, **morfar**—comer y **pucho**—cigarro, ya han penetrado el habla cotidiana de los porteños.

¿Sabías que... ?

De Argentina son algunos de los músicos y cantantes más prestigiosos del mundo hispanohablante. **Carlos Gardel** (1890–1935) y **Enrique Santos Discépolo** (1901–1951), por ejemplo, son poetas, compositores y cantantes de tango. Gardel es una leyenda venerada por millones de argentinos.

Astor Piazzolla (1921–1990) es otro genio musical que revolucionó el mundo del tango. De origen modesto, consiguió un nivel de preparación musical elevadísimo y combina los elementos más expresivos de la música culta y del jazz. **Atahualpa Yupanqui** (1908–1992) es el gran representante de la música folklórica argentina. Conoce profundamente el interior de la Argentina y trata temas simples de la dura vida rural. **Rodolfo «Fito» Páez** (1963–), es el cantante de rock argentino más popular de todos tiempos.

Mercedes Sosa (1935–), es una de las voces más importantes de Argentina y América Latina, y cantó a la vida y la esperanza mientras la dictadura militar impuso la persecución y la muerte.

 En tu opinión: ¿Qué piensas que quiere decir esto que canta Mercedes Sosa?

«Qué ha de ser de la vida si el que canta
no levanta su voz en las tribunas
por el que sufre, por el que no hay ninguna razón
que lo condene a andar sin manta.»

Ahora, ¡a hablar!

A. **¿Quién?** Según el *¿Qué se dice?*, ¿a quién se refiere esto, a la madre (**M**), a Dolores (**D**), a su hermana Irene (**I**) o al novio de Irene, Javier (**J**)?

_____ 1. Habla lunfardo con su novio.

_____ 2. No tiene novio.

_____ 3. Es exagerada.

_____ 4. Es el pibe que trabaja para papá.

_____ 5. Cree que el chico es bastante bien parecido.

_____ 6. Según Dolores, es más feo que un sapo.

_____ 7. Se pasan la vida hablando por teléfono.

B. **Datos personales.** Usa estos datos personales para comparar a Dolores con su amiga Marisa.

EP 5.3 B. Call on **individuals**. Have the class confirm each response.

MODELO   Carácter: (Dolores) introvertida   (Marisa) extrovertida
más / menos tímida
Dolores es más tímida que Marisa.

Datos Personales	Dolores	Marisa
Fecha de nacimiento:	10.11.77	29.8.75
Estatura:	1 metro 65	1 metro 60
Peso:	54 kilos	57 kilos
Pelo:	castaño	rubio
Ojos:	verdes	negros
Pasatiempos:	tenis	leer
	fútbol	escuchar música
	béisbol	pasear
Carácter:	Le gustan las películas de aventuras	Le gustan las películas de amor

1. joven / mayor
2. alta / baja
3. pesa más / menos
4. claro / oscuro

5. claros / oscuros
6. más / menos activa
7. más / menos romántica

C. **Vamos de compras.** Dolores y su amiga Marisa están hablando de sus planes para el fin de semana. Para saber qué dicen, selecciona **por** o **para**.

EP 5.4 C. Call on **individuals**. Make sure the entire class understands the use of **por/para** in each response.

DOLORES: ¿Por qué no vamos de compras esta tarde?

MARISA: ¡Qué buena idea, che! Si querés, paso (por / para) tu casa a la una y media. ¿Adónde vamos?

DOLORES: Al Patio Bullrich, es mi centro comercial favorito. Sabés cómo llegar, ¿no?

MARISA: Bueno, siempre voy allí (por / para) subte (por / para) evitar el tráfico. Pero, a ver,... (por / para) llegar a Patio Bullrich, primero tenés que pasar (por / para) la Plaza San Martín. Luego si seguís (por / para) la Avenida del Libertador una buena distancia, llegás, ¿no?

DOLORES: No me preguntes a mí. Como no manejo, (por / para) mí, es siempre un misterio cómo llegar allí.

MARISA: Mirá, Dolores, ¿por qué no vamos (por / para) subte? Es más fácil.

D. **A comprar regalos.** Para las próximas fiestas (Navidad, Hannukah, Kwanza,...) tú y tu compañero(a) tienen que comprar los regalos para todos los miembros de su familia. Escriban una lista con los nombres, su relación y el regalo que piensan comprar.

EP 5.4 D. Have students work in **pairs** first. Allow 2–3 mins. Then repeat by calling on **individuals**.

MODELO   Mi hermana María
Para mi hermana María, unos discos compactos.

E. **Vamos a la playa.** Con tu compañero(a), planeen cuándo van a hacer las siguientes actividades.

EP 5.4 E. Have students work in **pairs** first. Allow 2–3 mins. Then repeat by calling on **individuals**.

MODELO   cenar / la noche
Cenamos por la noche.

esquiar / el invierno
nadar / la mañana
visitar a los tíos / las vacaciones

hablar con los amigos / la tarde
ir a una fiesta / la noche
llamar / su cumpleaños

EP 5.4 🔗 F. Have students work in pairs first. Allow 2–3 mins. Then repeat by calling on **individuals.**

⬛ IRM TM5-4, Repaso visual, **Contrastes:** Have students compare the two people. Specifically, ask which is **delgado(a), gordo(a), bien parecido(a), atractivo(a), de estatura alta, baja o regular, de ojos negros/verdes, de pelo rubio/castaño o rizado/lacio,** etc. You may also want to use this transparency to have male students compare themselves to "him" and female students to "her."

G. In pairs, have students tell each other how they have changed. Then call on **individuals** to tell the class how their partners have changed.

H. Allow 1–2 mins. to complete the **Yo** column and another 3–4 mins. to interview classmates. Ask several **individuals** whom they compared themselves with and who is older, taller, more athletic, and so on.

F. ¡Cuánto tiempo! Con tu compañero(a), determinen por cuánto tiempo hacen esto durante el fin de semana. Digan también por cuánto compraron estos productos.

MODELO   estudiar
Estudiamos por dos horas.
gas
Por el gas pagamos 50 dólares.

mirar la televisión	mensualidad de cable / satélite
hacer deporte	mensualidad de acceso a Internet
hablar por teléfono	alquiler y utilidades

Y ahora, ¡a conversar!

G. ¡Qué cambios! ¿Has cambiado mucho desde hace diez años? Piensa un poco y explica cómo has cambiado.

MODELO   **Ahora estoy más delgado(a). También estoy más alto(a) y menos…**

H. ¡Más que yo! Usa este formulario para compararte en detalle con dos compañeros(as) de la clase. Primero completa la primera columna y luego entrevista a dos compañeros(as) para completar las otras dos columnas. Informa a la clase sobre los resultados.

	Yo	Amigo(a) 1	Amigo(a) 2
edad			
estatura			
personalidad			
pasatiempos			
clases			
trabajo			

¡Luces! ¡Cámara! ¡Acción!

I and J. Have students select either activity **I** or **J** and allow 3–4 mins. to prepare. Point out that students selecting **I** may read their scripts while those selecting **J** must present without using books or notes. Call on volunteers to present first, and then call on the rest of the class. Ask comprehension check questions.

I. ¡Qué cambiado(a) estás! Tú estás en una reunión familiar hablando con dos primos. Ustedes reaccionan frente a cambios físicos y de personalidad que notan tanto en varios de los parientes, como en ustedes mismos. Con dos compañeros(as), escriban la conversación que tienen. Luego, léanla delante de la clase.

J. Vacaciones de verano. Tú estás hablando con dos amigos que no ves desde hace más de un año. Primero, ellos comentan cómo has cambiado en un año y tú comentas los cambios físicos que notas en ellos. Luego tú invitas a tus dos amigos a cenar en un restaurante nuevo. Ellos no saben dónde está y tienes que darles instrucciones para llegar allí.

Estrategias para leer: proceso de enlace

When reading poetry in Spanish aloud, it is extremely important to maintain the rhythm the poet intended. This is clearly defined by the widely accepted rules for linking certain words and not others. There are three basic rules:

1. Always link a final consonant with an initial vowel:
   levanta los_ojos_al...

2. Always link a final vowel with an initial vowel:
   con su_amable...

3. Always link identical final and initial consonants:
   Los sueños_sueños_son...

The only exception to these rules is when there is punctuation that requires a pause, such as a comma, a colon or semicolon, and the like.

Now try reading Alfonsina Storni's poem paying close attention to the required linking. You may even want to mark the words that have to be linked.

Lectura

Alfonsina Storni se suicidó en el Mar del Plata en octubre de 1938, después de sufrir de cáncer por un largo período, y de ver morir del mismo tipo de cáncer a una amiga, tras mucho dolor y agonía. Alfonsina Storni termina con su vida caminando hasta el fondo del mar y ahogándose. El camino hacia el mar también lo recorrió poéticamente, como se demuestra en este poema, que mandó al periódico la noche antes de morir y se publicó la mañana de su muerte.

Voy a dormir (fragmento)

Voy a dormir, nodriza mía,
acuéstame
Ponme una lámpara a la
cabecera;
una constelación; la que te
guste;
todas son buenas; bájala un poquito.

Ask volunteers to read the fragment of **Voy a dormir** aloud. Ask students if they know other writers, singers, actors, that have made such a dramatic exit from this life.

A ver si comprendiste

Contesta estas preguntas basándote en el poema de Alfonsina Storni.

1. ¿Cuándo escribe Alfonsina Storni este poema? ¿Qué pasa al día siguiente?
2. ¿Qué significa «Voy a dormir»?
3. ¿Qué tipo de mujer crees que fue Alfonsina Storni? ¿tradicional? ¿austera? ¿religiosa? ¿liberal? Explica.

Vocabulario

CD2-6–2-8

PASO 1

Apartamento/Departamento

amueblado(a)	furnished
armario	closet
cama	bed
cochera (m.)	garage
comedor (m.)	dining room
condición	condition
cuarto de baño	bathroom
desocupado(a)	unoccupied
dirección	address
disponible	available
dormitorio	bedroom
dueño(a)	landlord/lady
entrada	entrance
equipo de sonido	stereo system
espejo	mirror
heladera	refrigerator
lámpara	lamp
living (m.)	living room
mesa	table
mesita de noche	bedside table
mueble (m.)	(piece of) furniture
pensión (f.)	boarding house
pileta	swimming pool
ropero	closet
silla (f.)	chair
sillón	armchair
sofá (m.)	sofa
televisor (m.)	TV set
ventana	window

La familia

abuela	grandmother
abuelo	grandfather
abuelos	grandparents
cuñada	sister-in-law
cuñado	brother-in-law
hermana	sister
hermanastra	stepsister
hermanastro	stepbrother
hermano	brother
hermanos	siblings
hijos	children
madre (f.)	mother
marido	husband
nuera	daughter-in-law
padre (m.)	father
madrastra	stepmother
padrastro	stepfather
pariente (m.)	relative
primo(a)	cousin
tía	aunt
tío	uncle
yerno	son-in-law

Preposiciones

a la derecha de	to the right
a la izquierda de	to the left
al lado de	beside
cerca de	near
debajo de	under
delante de	in front of
después de	after
detrás de	behind
en	on, in
encima de	on top of
enfrente de	facing, opposite
entre	between
junto a	next to, by
lejos de	far from
para	for, (in order) to
por	for, by, through
sin	without
sobre	over, on top of, about

Ciudad

avenida	avenue
barrio	neighborhood
centro	downtown
cuadra	city block
estacionamiento	garage
parada del colectivo	bus stop
parque (m.)	park
zona	area, zone

Verbos

anunciar	to advertise
construir	to construct, build
encontrar (ue)	to find
incluir	to include
interesar	to interest
permitir	to permit
recordar (ue)	to remember

Palabras y expresiones útiles

animal doméstico (m.)	pet
¡Ay!	Oh!
¡Bárbaro!	Great
cosa	thing
gato	cat
mayoría	majority
por supuesto	of course

PASO 2

Apartamento/Departamento

alfombra	carpet
amplio(a)	spacious
barato(a)	inexpensive

La ciudad

calle (f.)	street
centro comercial	shopping center
subte (m.)	underground, metro

Cualidades

cómodo(a)	comfortable
bien/mal cuidado(a)	well/poorly taken care of
decorado(a)	decorated
demasiado(a)	too much
malo(a)	bad
mejor	better
moderno(a)	modern
pequeño(a)	little
plástico	plastic
sucio(a)	dirty
tradicional	traditional
último(a)	last, ultimate
viejo(a)	old

Ganado

carne (f.)	meat
cuero	leather
ganado	cattle
parrillada	barbeque

Dinero

bolso	*purse*
dinero	*money*
riqueza	*wealth*

Expresiones útiles

al gusto	*custom made*
desventaja	*disadvantage*
líder *(m./f.)*	*leader*
moda	*fashion*
¡Por Dios!	*Goodness!*
producción	*production*
¡Qué desastre!	*What a mess*
sólo	*only*
solamente	*only*
ventaja	*advantage*

Verbos

comprender	*to understand*
dedicar	*to dedicate*
poner	*to put*

PASO 3

Aspecto

atractivo(a)	*atractive*
bien parecido(a)	*good-looking*
castaño	*brown*
delgado(a)	*thin*
exagerado(a)	*exaggerated*
famoso(a)	*famous*
feo(a)	*ugly*
gordo(a)	*fat*
personalidad	*personality*

Datos personales

edad	*age*
estatura	*height*
fecha de nacimiento	*birthdate*
joven	*young*
ojos	*eyes*
pasatiempos	*hobbies*
pelo	*hair*
peso	*weight*

Verbos

hacer deporte	*to play sports*
pasarse la vida	*to spend one's life*
perder (ie)	*to lose*
perder peso	*to lose weight*
pesar	*to weigh*

Palabras y expresiones útiles

allá	*over there*
bienvenido(a)	*welcome*
compañía	*firm*
lunfardo	*Argentinean slang*
nada	*nothing*
pibe	*boy in Lunfardo*
película	*movie, film*
¡Qué horror!	*It's horrible!*
sapo	*toad*

En preparación 5

Paso 1

5.1 Adverbs of time

Expressing time and frequency

Adverbs are words that qualify or modify an adjective, a verb, or another adverb. There are many types of adverbs. Some common adverbs of time and frequency are the following:

ahora	siempre
anoche/de noche	tarde
a veces	temprano
nunca	todos los días

Necesito ver la casa **ahora**.   *I need to see the house now.*
Siempre pedimos el alquiler con   *We always ask for the rent one*
    un mes de adelanto.   *month in advance.*

¡A practicar!

A. ¿Cuándo? Answer the following questions telling with what frequency you do these things.

nunca	tarde	a veces
ahora	siempre	temprano

1. ¿Vas al cine?
2. ¿Estudias en la biblioteca?
3. ¿Almuerzas en la universidad?
4. ¿Preparas tu comida?
5. ¿Llamas a tus padres?
6. ¿Preparas tu lección de español?
7. ¿Cuándo regresas a casa después de una fiesta?

B. ¿Cuándo puedo verlo? You will be spending your junior year abroad at the **Universidad de Córdoba** in Argentina. You are there now and have found several apartment possibilities. When can you see them?

1. today at 10:30 A.M.
2. Saturday, early in the morning
3. tonight at 8:30 P.M.
4. tomorrow morning, early
5. late tomorrow night

5.2 Prepositions

Describing the position of things

Prepositions express relationships with respect to time, place, material, and possession, among others. The relationships may be between things or between nouns or pronouns and the adjectives or verbs that refer to them. Following are some of the most commonly used prepositions. Note that compound prepositions are always two or more words, while simple prepositions always consist of one word.

Compound prepositions		Simple prepositions	
a la izquierda (derecha) de	to the left (right)	a	to, at (with time)
al lado de	next to, beside	con	with
antes de	before	de	of, from
cerca de	near	en	in, at
debajo de	under	entre	between
delante de	in front of	para	for, in order to
después de	after	por	for, by
detrás de	behind	sin	without
encima de	on top of	sobre	on, above
enfrente de	facing, opposite		
lejos de	far from		

El departamento está **detrás del** supermercado.   *The apartment is behind the supermarket.*
También está **cerca de la** universidad.   *It's also near the university.*

¡A practicar!

A. A estudiar. Julia, a new friend of yours at the **Universidad de Córdoba**, is walking out of her apartment. To find out what she plans to do, complete this paragraph with appropriate prepositions.

Ahora voy _____ la biblioteca. Voy_____ estudiar _____ Inés. Necesito el libro _____ física que está _____ mi mochila. Por la tarde tengo una hora libre *(free)* _____ la clase de química y la de física. La cafetería está _____ *(far from)* gimnasio pero _____ laboratorio de química. Pero, ¿dónde está la clase de español? ¡Ah! Está _____ el laboratorio de lenguas.

B. ¿Dónde está? You still have not found an apartment in Córdoba. Right now you are calling three apartment owners to find out where their buildings are located. What do they tell you?

1. El edificio está... (*at Corrientes # 162, behind the library and to the right of the supermarket*).
2. El departamento está... (*in front of the tall building at San Isidro # 145, not far from downtown*).
3. La residencia está... (*at Rivadavia # 66, to the left of the new supermarket*).
4. La oficina está... (*to the right, near the park*).
5. El hospital está... (*next to the office*).

Paso 2

5.3 *Ser* and *estar:* A second look

Describing people and things and telling time

A. **Ser** is used

- with adjectives to describe physical traits, personality, and inherent characteristics.
  Tu habitación **es** grande.
  Mamá **es** muy particular.
  Los muebles viejos **son** más cómodos.

- to identify people or things.
  Yo **soy** estudiante de química y éstos **son** mis libros de texto.

- to express origin and nationality.
  Somos de Bariloche; **somos** argentinos.

- to tell of what material things are made.
  ¡Los muebles **son** de plástico!

- to tell time.
  ¡Ya **son** las nueve!

- with impersonal expressions.
  ¿**Es** necesario vivir aquí?

B. **Estar** is used

- with adjectives to describe temporal evaluation of states of being, behavior, and conditions.
  Hijo, **estás** imposible hoy. *(behavior)*
  El baño **está** sucio. *(condition)*

- to indicate location.
  El departamento **está** cerca del centro.

- to form the progressive tense.
  Carlos **está limpiando** el departamento.

¡A practicar!

A. **¡Pobre Eva!** Complete the following paragraph with the appropriate form of **ser** or **estar** to see why Eva is so miserable today.

Eva y Ramón _____ en la cafetería. _____ hablando de su vida en Buenos Aires. Ellos _____ de Rosario, pero ahora _____ en la capital. Ellos _____ estudiantes de la universidad. Eva _____ inteligente y generalmente ella _____ muy simpática pero hoy _____ antipática. Eva _____ furiosa porque Ramón _____ muy ocupado y no puede salir con ella esta noche. Ramón tiene un examen importante mañana y él _____ muy nervioso. ¡Pobre Eva!

B. ¡Qué desastre! Connect the items on the left with the verbs and the items on the right to see who Mario is and what is he doing now.

Mario		muy sucia
Él	**es**	limpiando la casa
Mario hoy	**está**	muy ocupados
Ahora	**están**	muy nervioso
Mario y sus compañeros	**son**	las diez de la mañana
Todos		de Mendoza
La casa		un estudiante de filosofía

Paso 3

5.4 Comparisons of inequality

Comparing and contrasting

A. With the exception of four irregular forms, comparisons are made with **más** and **menos** in Spanish. **Más** is the comparative of superiority, and **menos** is the comparative of inferiority.

más / menos + (adjective / noun / adverb) + **que**

Mi hermana es **más alta que** yo.	*My sister is taller than I.*
Tú pagas **menos alquiler que** nosotros.	*You pay less rent than we do.*
Sí, pero tu departamento está **más cerca que** el de nosotros.	*Yes, but your apartment is closer than ours.*

Note that **más** and **menos** always precede the adjective, noun, or adverb being used to compare.

B. There are four adjectives with irregular comparatives.

mayor *older*	menor *younger*
mejor *better*	peor *worse*

¿Conoces a mi hermano **menor**?	*Do you know my younger brother?*
Este departamento es **peor** que el otro.	*This apartment is worse than the other one.*
¿Quién es **mayor**, tú o yo?	*Who's older, you or I?*

¡A practicar!

A. Sudamérica. Complete the following comparisons of South American countries. You may want to refer to the map in the front of your textbook.

1. Venezuela es _____ grande _____ Ecuador.
2. Bolivia está _____ al norte _____ Paraguay.
3. En Colombia hay _____ plantaciones de café _____ en Perú.
4. La población de Uruguay es _____ numerosa _____ la población de Argentina.
5. El número de indígenas en Perú es _____ grande _____ el número de indígenas en Argentina.
6. En Chile hay _____ islas _____ en Perú.

B. **Mi departamento.** Compare the apartment or house where you live now to your parent's apartment or house.

MODELO   ¿Cuál es más pequeño?
Mi departamento (casa) es más pequeño(a) que la casa de mis padres.

1. ¿Cuál es más grande?
2. ¿Cuál está menos desordenado?
3. ¿Cuál es más cómodo?
4. ¿Cuál es más moderno?
5. ¿Cuál está más limpio?

5.5 *Por* and *para*

Expressing direction and means

The prepositions **por** and **para** have many English equivalents, including *for*. **Por** and **para** are not interchangeable, however. Study the following English equivalents of **por** and **para**.

Por

- *By, by means of*
  ¿Mando la carta **por** avión?   *Should I send the letter by air?*

- *Through, along*
  ¿Pasa el tren **por** aquí?   *Does the train pass through here?*

- *Because of*
  Estuvieron tristes **por** su amiga.   *They were sad because of their friend.*

- *During, in*
  Fueron allí **por** el verano.   *They went there for the summer.*

- *For: in place of, in exchange for*
  ¿Quién fue **por** ella?   *Who went in her place?*

- *For: for a period of time*
  Siempre jugamos **por** tres horas.   *We always play for three hours.*

Para

- *In order to*
  Para ganar, hay que practicar.   *In order to win, it is necessary to practice.*

- *For: compared with, in relation to others*
  Para ser futbolista, no es muy agresivo.   *For a soccer player, he is not very aggressive.*

- *For: intended for, to be given to*
  Compré las entradas **para** tus padres.   *I bought the tickets for your parents.*

- *For: in the direction of, toward*
  De aquí se fueron **para** Lima.   *From here they left for Lima.*

- *For: by a specified time*
  Vamos a tener los resultados **para** mañana.   *We'll have the results by tomorrow.*

- *For: in one's opinion*
  Para nosotros, Maradona es el mejor.   *For us, Maradona is the best.*

¡A practicar!

A. Los planes de Amalia. Amalia estudia en Asunción y el próximo fin de semana va a visitar a sus padres que viven en Mendoza. ¿Qué planes hace? Para saberlo, llena los espacios con **por** o **para.**

1. El sábado voy _____ la casa de mis padres.
2. _____ la mañana voy a salir temprano de casa.
3. ¿Por qué? Porque primero debo comprar un regalo _____ mi madre. Es su cumpleaños.
4. También voy a pasar _____ la pastelería.
5. Sí, por supuesto, _____ comprar una rica torta.
6. Pero ¡qué pena! El domingo _____ la tarde, ya debo regresar a mi casa _____ prepararme _____ los exámenes finales.

B. En diciembre, ¡vacaciones! María Teresa es de Tucumán, pero estudia en Buenos Aires. Veamos lo que hace antes de sus vacaciones de verano, completando este párrafo con **por** o **para.**

Hoy debo estudiar _____ dos exámenes y el fin de semana voy a escribir mi composición _____ la clase de filosofía, y después de eso... ¡vacaciones! Salgo _____ mi casa el lunes _____ la mañana, y esta vez voy _____ avión. Ahora voy a estar con mi familia _____ todo el verano. ¡Qué suerte!

C. ¡Viajes! Fernando has family all over Argentina. How does he keep in touch with everyone? To find out, complete his ideas with **por** or **para.**

1. _____ ir a visitar a mis primos en Mendoza, _____ mí, es mejor ir _____ tren.
2. Tengo primas que viven cerca de la Universidad de Buenos Aires. El camino _____ ir a su casa es más corto si no paso _____ la Plaza de Mayo.
3. Tengo que comunicarme _____ teléfono con mis padres. Ellos viven en Córdoba.
4. _____ mis padres es más fácil viajar _____ avión (*airplane*) cuando vienen a visitarme.
5. _____ mis tíos, el viaje es más fácil. Ellos sólo necesitan tomar el subte _____ llegar a mi departamento.

D. Paso por ahí. How does Mónica get to the **Catedral Metropolitana?** Answer the question by completing this paragraph with **por** or **para.**

_____ llegar a la catedral tomo el autobús que pasa _____ la Avenida Santa Fe. Siempre viajo _____ autobús porque es más barato que manejar (*driving*). Después de bajarme del autobús tengo que pasar _____ la Plaza San Martín. Tomo el autobús en la Avenida del Libertador y continúo caminando _____ la calle Rivadavia hasta llegar a la catedral.

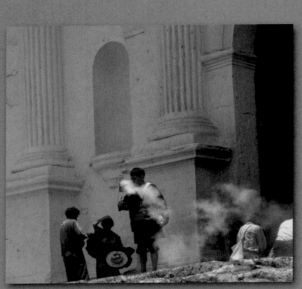

Ofrenda maya frente a la iglesia de Santo Tomás
en Chichicastenango

Antigua, Guatemala

CAPÍTULO 6

Guatemala: nación maya en el siglo XXI

Indígena maya quiché teje un huipil

¡Las fotos hablan!

A. A que ya sabes... Selecciona lo que crees que es cierto.

☐ 1. En la iglesia de Santo Tomás de Chichicastenango, los indígenas mayas hacen ofrendas a los
dioses mayas y al Dios cristiano.

☐ 2. La ciudad de Antigua fue la antigua capital de
Guatemala.

☐ 3. Los indígenas mayas modernos mantienen las
tradiciones de sus antepasados.

☐ 4. El huipil (blusa maya) y la falda de las indígenas
mayas representan la categoría y el estado social
de la persona.

☐ 5. En Guatemala, el español es la lengua oficial, pero
el gobierno reconoce más de veinte lenguas,
como el kerchi, el cakchiquel, el tzotzil, el
yucateco y el tabasco entre otras.

B. Guatemala, país de la eterna primavera... Indica si, en
tu opinión, es posible hacer esto en Guatemala.

Sí   No   1. escuchar a la gente hablar en más
de quinientas lenguas

Sí   No   2. comprar un maravilloso huipil

Sí   No   3. subir al cráter de un volcán

Sí   No   4. conocer a Rigoberta Menchú, una
guatemalteca maya-quiché universal

Sí   No   5. participar en fiestas religiosas
cristianas llenas de color y de sabor
indígena.

**In this chapter, you will learn
how to . . .**

- talk about activities performed in the
past.

- talk about the news and discuss what
you read in the newspaper.

- tell what happened in your favorite TV
program.

- prepare want ads.

Answers: A. Sí: 1, 2, 3 and 5; No: 4. El huipil y la falda representan
la comunidad y región de donde viene la persona. **B.** Sí: 2, 3, 4, 5;
No: 1. Actually, there are 20 languages, as seen in activity A.

¡Por fin en Guatemala!

TAREA

Antes de empezar este Paso, estudia la lista de vocabulario en la página 235 y practícalo al escuchar el surco 13 de tu Text Audio CD #2. Luego estudia *En preparación.*

6.1 Preterite of regular verbs, páginas 236–237

Haz por escrito los ejercicios de *¡A practicar!*

Escucha la sección *¿Qué se dice...?* del Capítulo 6, Paso 1, en el surco 9 del Text Audio CD y haz la actividad correspondiente en la página 213.

Have students prepare *6.1 Preterite of regular verbs* for the first day you work on this **Paso.**

Allow 2–3 min. for students to answer **in pairs** first. Then call on **individuals** and have the class comment on each response.

Answers: 1. b 2. c 3, 4. *Answers will vary.*

¿Eres buen observador?

Una ruta inolvidable

Ahora, ¡a analizar!

1. ¿Qué ruta crees que cubre este viaje?
   a. la ruta azteca
   b. la ruta maya
   c. la ruta incaica

2. Qué países están incluidos en esta ruta?
   a. los EE.UU. y México
   b. México y Guatemala
   c. Guatemala y El Salvador

3. En tu opinión, ¿cuáles de estos sitios son los más interesantes del viaje? Explica tu respuesta.

4. ¿Crees que se viaja por avión a todos los sitios de esta ruta? Si no, ¿a cuales no?

Antigua	Tikal	Chichen Itza
Lago Atitlán	Palenque	Mérida
Cancún	Cozumel	

¿Qué se dice...?

Al hablar de los días pasados en Guatemala

CD2-9

Escucha el mensaje que Kimberly les envió por Internet a sus padres en Los Ángeles. Luego marca la respuesta correcta.

- Kimberly llegó un martes / viernes / sábado.

- Su nueva familia tiene dos / tres / cuatro miembros, además de ella.

- Kimberly visitó el Mercado Central sola / acompañada.

- Compró uno / dos / tres huipiles.

Ayer visité el Lago Atitlán, uno de los lagos más hermosos del mundo. Me acompañaron Rosa y Rafael. Comimos en un restaurante cerca del lago, que, por cierto, está rodeado de volcanes y de doce pueblos que llevan el nombre de los doce apóstoles. Disfruté de hermosas vistas y de un fascinante paseo por el lago.

Por la tarde fuimos a Antigua, una ciudad colonial maravillosa. En el camino vimos tres volcanes: el volcán Agua, que también se ve desde la capital, el volcán Fuego y el volcán Acatenango. De regreso a Guate, visitamos el mercado de Chichicastenango donde las indígenas mayas siempre van vestidas de huipiles y faldas con los colores tradicionales de sus pueblos. Por la noche, después de la cena, regresamos a Guate.

Purpose: To introduce new lesson vocabulary and structures needed to talk about activities performed in the past.

Audio Script:
Queridos papás:
Llegué al aeropuerto de Guate, como los guatemaltecos llaman a la capital, hace tres días, el sábado. Estoy muy contenta. Rosa, mi mamá guatemalteca, vino al aeropuerto a esperarme. El primer día fue muy interesante porque conocí mi nueva casa y a toda la familia: a mi nuevo papá, Rafael y a mi nuevo hermano, Miguel Ángel. Rosa, mi mamá, es una persona encantadora. El domingo por la mañana fuimos al Mercado Central y vimos unos huipiles de colores maravillosos. Compré dos, uno para ti, mamá, y otro para mí.

Answers: sábado, cuatro, acompañada, dos

WEB TM6-1, Procedure: Have students look at the visuals as you read each caption or narrate your own story line. Narrate two or three sentences at a time, pointing to the particular persons or objects being mentioned. Ask comprehension check questions.

Alternative Story Lines: 1. Talk about your own visit to Guatemala. 2. Describe a letter you received from a friend/son/daughter/relative visiting Guatemala.

A propósito...

Nota que un cambio de acento puede cambiar no sólo la persona que habla sino el tiempo de presente a pasado, y viceversa: **hablo** (I speak), **habló** (he/she/you spoke). Para estudiar con detalle las reglas de acentuación en español, consulta el Apéndice B.

Have students read silently the **A propósito.** Then ask comprehension check questions. Ask students to explain the difference between **estudio/estudió, trabajo/trabajó,** and so on.

¿Sabías que... ?

Tikal, las ruinas arqueológicas de los mayas en la parte norte de Guatemala, es uno de los sitios más impresionantes de las Américas. Hay más de 3.000 templos, casas y otras construcciones allí, entre ellas, cinco hermosas pirámides de más de veinte pisos que destacan entre la selva guatemalteca. Este centro maya tuvo *(had)* su comienzo 600 años antes de Cristo y llegó a su apogeo 900 años después de Cristo.

En tu opinión: ¿Cómo fue posible para los mayas el construir sin máquinas de construcción modernas y sin la rueda? ¿Cuánto tiempo duró el imperio maya? ¿Cuánto tiempo ha existido los EE.UU. como país? ¿Crees que va a durar tanto como el imperio maya? ¿Por qué sí o por qué no?

Ahora, ¡a hablar!

A. **El viaje.** Indica si estas oraciones son ciertas (**C**) o falsas (**F**), según el mensaje que Kimberly les envió a sus padres por Internet en el *¿Qué se dice... ?* Si son falsas, corrígelas.

C F 1. Kimberly no conoció a su nueva familia.
C F 2. El primer día en Guatemala, Kimberly compró regalos para ella, su mamá y su papá.
C F 3. Kimberly visitó Antigua el sábado.
C F 4. En el lago Atitlán encontraron un restaurante para comer.
C F 5. En Chichicastenango observó a muchas personas vestidas con ropa tradicional.

B. **Yo también fui.** Tú también visitaste Guatemala y ahora le cuentas a tu compañero(a) lo que hiciste. ¿Qué dices?

MODELO ayer tarde / yo / visitar / las ruinas de Tikal
Ayer tarde visité las ruinas de Tikal.

1. mi vuelo / llegar / a Guate / por la noche
2. el lunes / mi mamá y yo / comprar / ropa / en Chichicastenango
3. esta mañana / yo / escuchar / música / por las calles de Guate
4. el sábado / yo / fotografiar / unos edificios coloniales impresionantes en Antigua
5. mis amigos y yo / leer / mucho sobre *La ruta maya*
6. Rafael / manejar / hasta el lago Atitlán

C. **Hechos importantes.** La historia de Guatemala cuenta con eventos importantes. ¿Cuáles identificas?

MODELO **Los mayas edificaron Tikal.**

	escribir	Tikal
los mayas	arrasar	Tikal patrimonio de la
la UNESCO	usar	humanidad en 1979
un terremoto	ser	la Antigua Guatemala
la civilización maya	declarar	el cero antes que otras civilizaciones
Rigoberta Menchú	recibir	el premio Nobel de la paz
	edificar	grandes astrónomos y matemáticos
		su biografía

D. Cálculos mayas. En tu viaje a Guatemala aprendiste a contar usando los números mayas, y ahora tienes la oportunidad de demostrarlo. Con tu compañero(a), digan estas oraciones (en el pretérito) con sus números correspondientes. Usen como referencia esta tabla que representa los números del 1 al 20.

1. El vuelo de Los Ángeles a Guatemala _____ (durar) ▬ horas.
2. El viaje _____ (ser) más largo de lo que pensamos; llegamos a las •••• de la tarde.
3. Yo _____ (celebrar) mi ☰ cumpleaños en Guatemala.
4. Nosotros ••• _____ (ir) a Atitlán.
5. Ellas _____ (tener) que cambiar ⬭ dólares por 160 quetzales.

Y ahora, ¡a conversar!

E. ¿Y tú? Imagina que estás estudiando en Guatemala. Habla con tu compañero(a), que también está allí, de tus actividades durante el fin de semana pasado.

1. ¿Dónde pasaste el fin de semana? ¿Con quién lo pasaste?
2. ¿Visitaste algún lugar famoso?
3. ¿Alguien te visitó? ¿Te llamó?
4. ¿Visitaste a algunas personas? ¿Llamaste a alguien?
5. ¿Saliste el viernes o el sábado por la noche? ¿Con quién?
6. ¿A qué hora regresaste a tu casa el sábado por la noche?
7. ¿...?

F. Amigos desde Guatemala. Tú y tu compañero(a) regresaron de su viaje de estudios a Guatemala y ahora tienen que escribir un comentario para el periódico de su universidad en Estados Unidos. Colaboren para escribir su comentario. Pueden usar toda la información sobre Guatemala que se encuentra en este capítulo. Incluyan los siguientes datos:

▪ su experiencia general
▪ los lugares que visitaron y sus atractivos
▪ ¿Qué aprendieron de la cultura de Guatemala?
▪ ¿Recomiendan este viaje a otros estudiantes? ¿Por qué?

G. Diferencias. Tú y tu compañero(a) vivieron experiencias muy diversas en Guatemala. Habla con él/ella y describan su experiencia a base de opuestos. Sean creativos e inventen muchas diferencias.

MODELO   Tú: **Yo viví con una familia.**
     Tú Compañero(a):   **Pues yo viví con otros estudiantes.**

EP 6.1 ⊕ **D.** Have students work in pairs first. Allow 2–3 mins. Then repeat the exercise, calling on **individuals**.

Smart Classroom: Preselect a couple of websites dedicated to the Mayan civilization and address areas in which the Mayas stand out: writing, mathematics, and astronomy, among others. As a homework assignment, ask students to search the Internet for **civilización maya**. Ask them to write a brief but detailed report on one of those areas. Ask volunteer students to come to class prepared to present their findings. All students should bring the addresses of the most interesting sites they found.

IRM TM6-1, Repaso visual, Itinerarios: Ask students what the name of the **aeropuerto** is, what **aerolínea** Kimberly is interested in, and which **vuelo** she is likely to take. Also ask why several **vuelos** leave at the same time. Could they be the same **vuelo**? Ask why there is no **llegada** time indicated for the **Ruta maya** flight. Have the class tell you what flights leave in the **mañana** and arrive in the **tarde** or **noche**. Ask if any flights leave **por la tarde** or **por la noche**. Finally, ask what flight they would take if they were on a **viaje** through Guatemala.

E. Students answer in **pairs** first, then call on **individuals** to tell how their partners answered the questions.

F. Allow 3–5 mins. to answer. Then have each student gather information from two classmates. Provide **groups of 6 or 8** with butcher paper, scissors, and tape and have them put together a class newsletter by selecting the most interesting news items.

G. Have students work **in pairs**. Allow 2–3 mins. Then call on **individuals**.

A propósito...

The word **pues** has many uses. In this case, it is used to reinforce the contrast between the two speakers.

¡Luces! ¡Cámara! ¡Acción!

H and I. Have students select either activity **H** or **I** and allow 4–5 mins. to prepare. Point out that students selecting **H** may read their scripts while those selecting **I** must present without using books or notes. Call on volunteers to present first, and then call on the rest of the class. Ask comprehension check questions.

H. Entrevista. Tú trabajas para el periódico de la universidad y ahora tienes que entrevistar a un(a) compañero(a) que acaba de regresar (*just returned*) de su viaje de estudios en Guatemala. Con tu compañero(a) haz esta entrevista con muchas preguntas y respuestas interesantes.

I. ¿Cómo pasaste el día? Son las ocho de la noche y regresas a tu casa en Antigua. Tu nueva familia (papá, mamá, hermano o hermana) quiere saber cómo pasaste el día y tú quieres saber cómo pasaron ellos el día. Dramatiza la conversación con tres compañeros(as) de clase.

Un paso atrás, dos adelante: Capítulo 5

Allow students 2–3 min. to complete the exercise. Then have them share their responses **in pairs** and ask them to suggest corrections if they detect an inconsistency. Call on several students to read their responses. Some will vary.

Repasemos. En el Capítulo 5 aprendiste a hablar de tu familia y de cómo la gente cambia, así como a comparar las cualidades y las características de las personas. Aprendiste también a informarte sobre el alquiler de un apartamento y a describir el apartamento y sus muebles. Repasa lo que sabes, completando el siguiente texto con las palabras necesarias. Puedes inventar la información.

El dueño del apartamento

El apartamento _____ [verbo **ser/estar**] en excelentes condiciones. Está situado _____ [preposición: a poca distancia] del centro de la ciudad. _____ [presente del verbo **tener**] _____ [número total de habitaciones] habitaciones. El alquiler es _____ [cantidad] dólares. Mucho _____ _____ _____ [comparación: barato] otros en esta misma zona.

Tú

Yo _____ [verbo **querer**] vivir allí con mi _____ [miembro de mi familia], que tiene una gatita. ¿Acepta usted _____ [gatos, perros, etc.]?

El dueño del apartamento

No _____ [verbo **haber**] problema. ¿_____ [verbo **poder**] ustedes venir a verlo mañana _____ [pronto por la mañana], antes de las _____ [9]?

Estrategias para escuchar: identificar pausas lógicas

CD2-10

When speaking, especially when providing extensive information as in news reports, the speaker must decide where to stop to take a breath. The words that are said before the speaker pauses to take a breath are called "breath groups." Learning to form logical breath groups is central to speech in all languages.

Identificar pausas lógicas. As you hear the following news, listen to the breath groups the speakers form as they stop, sometimes at the end of sentences, or at other times in the middle of sentences. Do you note any logic as to where the speakers stop to take a breath as they report the news?

Noticiero especial. Escucha este noticiero especial de Radio Nacional con noticias sobre movimientos sociales en Guatemala. Luego selecciona la frase que mejor complete cada oración.

1. Sonia Zúñiga y Paco Lomelí son...
   a. miembros de un movimiento ambientalista.
   b. miembros de un comité de derechos humanos.
   c. locutores de Radio Nacional.

2. Según el noticiero, miembros de la UTQ...
   a. protestaron por el aumento de salario de los diputados.
   b. protestaron por el aumento de medicinas en los hospitales.
   c. protestaron por el excesivo número de médicos en los hospitales.

3. El foro de Guatemala **no** presentó propuestas sobre...
   a. desarrollo rural.
   b. cuestiones ambientales y ecológicas.
   c. mujeres.

4. _____ integrantes del movimiento ambientalista *Madre Selva* protestaron contra la concesión petrolera del área cerca del Río Sarstún, en Izabal.
   a. Más de cien
   b. Menos de cien
   c. Cien mil

Procedure: Have students read the listening strategies silently. Then play the recording twice and allow students time to do the completion sentences. Check their answers.

Audio Script:

SONIA ZÚÑIGA: Buenas tardes, señores radioyentes, les habla Sonia Zúñiga...

PACO LOMELÍ: ... y Paco Lomelí.

SONIA ZÚÑIGA: La Unión de Trabajadores de Quetzaltenango, UTQ, realizó un plantón frente al Hospital regional de Occidente en protesta por el aumento de salario que se otorgaron los diputados del Congreso de la República. Señalan que este aumento es injustificado, ya que los hospitales no cuentan con medicinas, ni suficiente equipo médico.

PACO LOMELÍ: El Foro de Guatemala presentó diversas propuestas a los candidatos presidenciales que abarcan temas económicos, desarrollo rural, mujeres, acceso a la justicia, seguridad, derechos humanos, pueblos indígenas, transparencia y el combate a la corrupción.

SONIA ZÚÑIGA: Más de 100 integrantes del movimiento ambientalista Madre Selva realizaron una protesta contra la concesión petrolera del área cerca del Río Sarstún, en Izabal. Exigen al Congreso de la República declarar la zona área protegida.

Answers: 1. c 2. a 3. c 4. b

Guatemala

Ask for volunteers to answer the pre-reading questions. Then allow 2 mins. for students to read the first paragraph silently. Ask lots of comprehension check questions. Repeat this procedure with the remaining paragraphs. Then have students answer the post-reading questions in **pairs**.

Capital: Guatemala
Área: 108,890 km²
Población: 12,974,361 (July 2001)
Unidad monetaria: quetzal
Clima: tropical, cálido y húmedo en las zonas bajas; fresco en zonas elevadas

Antes de empezar, dime...

1. ¿Adónde en los Estados Unidos se puede viajar para conocer el pasado indígena del país? ¿el pasado colonial?

2. ¿Hay una población indígena en los Estados Unidos actualmente? ¿Son los indígenas un porcentaje muy alto de la población de los Estados Unidos?

3. ¿Hay inmigrantes recién llegados de otros países en el estado donde vives? ¿De qué países son?

4. ¿Cómo clasificas el nivel de vida de los inmigrantes recién llegados en tu estado? Explica tu clasificación.
   - ☐ lujoso
   - ☐ muy cómodo
   - ☐ cómodo
   - ☐ difícil
   - ☐ muy difícil
   - ☐ pésimo

Indígenas maya-quiché de Guatemala

Tikal, Guatemala

El país más bello

Guatemala reúne tres elementos que lo hacen uno de los países más hermosos de las Américas: su patrimonio arqueológico, su riqueza natural y su cultura viva.

La República Democrática de Guatemala es una tierra riquísima en contrastes y colorido. Su superficie, de 108. 890 km², incluye montañas que se elevan hasta los 12.000 pies de altura, volcanes activos, selvas vírgenes, ricas planicies, ríos y lagos.

El clima de Guatemala varía con la altitud. En general, sólo tiene dos estaciones: seis meses de lluvia y seis meses en los que no llueve.

Guatemala limita al norte con México y Belice, al sur con El Salvador y Honduras; al sureste con el océano Pacífico y al oeste con el Atlántico.

Casi el 70% de los habitantes de Guatemala son descendientes de los mayas, y mantienen vivas las tradiciones y costumbres de sus antepasados. Esto se ve en todas sus comunidades, pueblos y ciudades.

Cada pueblo tiene su propio diseño y colores con los trajes de los hombres y mujeres y la mayoría se dedica a la agricultura o a la artesanía, como hacían sus antepasados (*ancestors*). Esto, tanto como las impresionantes ruinas precolombinas de la cultura maya, sigue fascinando a arqueólogos y a turistas.

Entre los guatemaltecos más ilustres destacan Miguel Ángel Asturias (1899–1974), escritor que recibió el Premio Nobel de literatura en 1967, y Rigoberta Menchú Tum, que recibió el Premio Nobel de la Paz en 1992. Los dos, cada uno desde su campo de acción y con sus medios, hicieron de la lucha por el reconocimiento de las raíces indígenas de Guatemala, la tarea más importante de su vida. Y los dos lo consiguieron, aunque la lucha debe continuar, porque todavía la situación de los indígenas de Guatemala es muy precaria.

Desgraciadamente, al igual que en otras muchas comunidades indígenas, las condiciones de vida en el campo son muy duras, por lo que muchos emigran a la ciudad e incluso a otros países, como México y los EE.UU. En la ciudad, ya sea en su propio país o en otros países, los indígenas con frecuencia encuentran una vida aún más difícil debido al choque cultural, a las barreras lingüísticas y al racismo.

Y ahora, dime...

Con un(a) compañero(a) de clase, completa los cuadros para agrupar los maravillosos atractivos de Guatemala. Usen la información de esta lectura y del resto del Capítulo 6, dedicado a Guatemala.

Guatemala

Su patrimonio arqueológico	Su riqueza natural	Su cultura viva
1.	1.	1.
2.	2.	2.
3.	3.	3.
4.	4.	4.
5.	5.	5.

Smart Classroom: For homework, have students go to the Internet and look up one of the following: **geografía de Guatemala, historia de Guatemala, historia de la civilización maya.** Then, have them write a specific report on what they learned. Ask them to report to the class and to provide the addresses of the best websites they visited.

¿Eres buen observador?

Ahora, ¡a analizar!

1. ¿Cómo se llama este periódico?
2. ¿Cuántas secciones principales tiene? ¿Cuáles son?
3. ¿Cuál es la diferencia entre las noticias de la primera plana y las de la sección internacional?
4. ¿En qué sección podrías encontrar información sobre lo siguiente?
   eventos en otros países
   el partido de fútbol de anoche
   casas en venta
   la cotización del dólar estadounidense frente al quetzal
5. ¿Te sorprenden las noticias principales en alguna de las secciones? ¿Por qué?

Al leer el periódico del día

CD2-11

Purpose: To introduce in context the vocabulary and structures students will need when discussing what they read in the newspaper.

Audio Script:

KIMBERLY: ¡Qué desastre! ¿Leyeron qué ocurrió un accidente de avión ayer, cerca del lago Atitlán? ¡Fue terrible! Debió ser poco después de nuestra visita.

RAFAEL: Sí. ¡Qué triste! Oye, hoy comenzaron unas gangas fantásticas en el Mercado Nacional de Artesanías. ¿Quieren acompañarme?

MIGUEL ÁNGEL: Yo voy contigo porque acabo de leer que la venta de boletos para el recital de Ricardo Arjona empezó la semana pasada y ya no hay más boletos.

ROSA: ¡Ay, qué interesante! Dos alpinistas guatemaltecos y una hondureña alcanzaron la cima del volcán Tolimán en menos de seis horas, pero cuando los reporteros los buscaron, no los encontraron por ninguna parte.

Indica lo que estas personas afirmaron o preguntaron.

Kimberly:	¿_____ que ocurrió un accidente de avión ayer?
Rafael:	Hoy _____ unas gangas fantásticas.
Miguel Ángel:	La venta para los boletos para el recital de Ricardo Arjona _____ la semana pasada.
Rosa:	Tres alpinistas _____ la cima del vocán Tolimán.

Answers: Kimberly: Leyeron; Rafael: comenzaron; Miguel Ángel: empezó; Rosa: alcanzaron

Alternative Story Lines: 1. Talk about what you read in this morning's paper. 2. Talk about what happened last year. 3. Create a story line about your family or friends reading the newspaper.

▌ WEB TM6-2, **Procedure:** Have students look at the visuals as you read each caption or narrate your own story line. Narrate two or three sentences at a time, pointing to the particular persons or objects being mentioned. Ask comprehension check questions.

Rosa tiene mucho interés en saber quién marcó los tres goles en el partido de fútbol anoche. Pero a Kimberly le interesa más saber si el presidente de Guatemala llegó a los Estados Unidos a tiempo para la reunión de Jefes de Estado, y si lo recibieron bien. Mientras tanto Miguel Ángel buscó y buscó hasta que encontró el cine donde dan su película favorita, *Los machos no lloran*. En cambio, Rafael no oyó nada porque no puede pensar en nada más que en las buenas gangas de las tiendas. A él le gusta comprar, comprar y comprar.

¿Sabías que... ?

El *Popol Vuh* es el libro más importante de la literatura maya. Es un libro mágico y poético que describe la mitología quiché con respecto a la formación del mundo, los dioses, los héroes y el hombre del pueblo quiché. El nombre **quiché** viene del nombre del lugar donde vivían: el bosque. El sacerdote español fray Francisco Ximénez copió el *Popol Vuh* en el idioma original del quiché. Luego, en columnas paralelas, también lo tradujo a una versión en español. El original de fray Francisco se conserva actualmente en la Biblioteca Newberry de Chicago.

🔍 **En tu opinión:** ¿Por qué crees que el original está en una biblioteca de Chicago y no en un museo de Guatemala? ¿Qué opinas de la costumbre de sacar tesoros históricos como el *Popol Vuh* de su país de origen? ¿Cómo reaccionarías si un museo en Guatemala tuviera *La Declaración de Independencia* de los Estados Unidos?

Ahora, ¡a hablar!

A. ***Prensa libre.*** Indica qué consiguieron estas personas en el *¿Qué se dice... ?* Luego di si tú conseguiste algo parecido.

MODELO   dos alpinistas / yo
Dos alpinistas guatemaltecos llegaron a la cima del volcán Tolimán. Yo llegué a la cima de una montaña en Colorado, pero en coche.

1. los reporteros / yo
2. un futbolista guatemalteco / yo
3. el presidente de Guatemala / yo
4. una estudiante guatemalteca / yo

B. **Secciones.** Indica a qué sección crees que pertenece cada una de estas noticias.

Deportes   Nacional   Internacional   Buena Vida   Económicas   Entretenimiento

1. El equipo local ganó por tres goles a cero.
2. Disminuyeron los casos de cáncer en Aguadulce.
3. El presidente de Guatemala participó en la cumbre de la OEA.
4. *Los machos no lloran* se presenta en el cine Tikal Futura 6.
5. Grandes rebajas en Ermenegildo Zegna.

C. **Una historia interesante.** ¿Cuáles fueron algunas de las cosas que ocurrieron a lo largo de la historia de Guatemala? Identifícalas.

MODELO   1524 / Pedro de Alvarado / iniciar / la conquista de Guatemala
En 1524 Pedro de Alvarado inició la conquista de Guatemala.

1. 1523 se / fundar / la primera capital del Reino de Guatemala que se / extender / desde Yucatán hasta Panamá
2. 1821 / Guatemala / lograr / su independencia de España
3. 1899 / los hermanos Hurtado / dar / un concierto de marimba con el vals «Xelajú» en su repertorio

5. 11 de febrero de 1934 / el General Jorge Ubico / instituir / la Monja Blanca como la flor nacional de Guatemala
6. 1944 / los guatemaltecos / derrocar / al dictador derechista Jorge Ubico
7. 1944 / los guatemaltecos / tener / sus primeras elecciones en la historia y / elegir / al Dr. Juan José Arévalo Bermejo
8. 1955 / el presidente / declarar / la ceiba el árbol nacional de Guatemala
9. 1992 / recibir / Premio Nobel de la Paz / guatemalteca Rigoberta Menchú
10. 2003 / el presidente Alfonso Portillo / entregar / a la Academia de Lenguas Mayas de Guatemala el canal 5 de televisión

D. **¡Qué día más terrible!** Ayer Kimberly pasó un día extraño. Completa este párrafo por escrito para saber por qué.

Ayer _____ (ser) terrible. Todo _____ (comenzar) mal. Yo _____ (empezar) a leer el periódico, pero sólo _____ (leer) noticias malas. Dejé de leer y _____ (buscar) algo de comer, pero no _____ (encontrar) nada. Tampoco _____ (almorzar) en la universidad porque no _____ (poder) encontrar mi cartera. Luego _____ (tener) que estudiar para un examen de español. Aunque _____ (estudiar) mucho, _____ (sacar) una mala nota. Yo _____ (tratar) de preguntarle al profesor si él _____ (leer) todas mis respuestas con cuidado, pero no _____ (querer) hablar conmigo en ese momento. Por fin yo _____ (llegar) a casa, de mal humor y con mucha hambre.

Y ahora, ¡a conversar!

E. **De la niñez.** En Guatemala conociste a un(a) estudiante que quiere saber algo de tu origen y de tu vida en general. Entrevista a un(a) compañero(a) sobre su niñez y adolescencia. Anota todas sus respuestas. Responde con oraciomes completas.

1. ¿Dónde naciste? ¿En qué año naciste?
2. ¿En qué año empezaste la escuela primaria? ¿Dónde?
3. ¿Dónde viviste los diez primeros años de tu vida?
4. ¿Dónde buscaste trabajo la primera vez?
5. ¿En qué año empezaste a manejar? ¿Cuál fue el primer coche que compraste?
6. ¿En qué año comenzaste tus estudios universitarios?

F. **El tiempo pasa.** Un(a) amigo(a) curioso(a) quiere saber un poco de Guatemala y de su historia. Tú quieres ayudarlo(la). Usa el material de este capítulo para explicarle cómo es Guatemala, cómo se gobierna, cómo es la civilización maya, etc. El/La compañero(a) te pregunta y tú le respondes.

G. **¡Noticias sensacionalistas!** Tú y dos amigos(as) están haciendo prácticas para un periódico Guatemalteco que se dedica a reportar noticias sensacionalistas (tipo *Enquirer*). Preparen los títulos de primera plana para la próxima edición.

EP 6.2 D. Ask several students to write the correct verbs on the board as the rest of the class write at their desk. Have the class confirm the correct spelling of these verbs.

IRM TM6-2, Repaso visual, *La Prensa de hoy*: Ask students ¿Cuáles son los **titulares** en la **primera plana**? ¿Cómo se llama el **equipo** que salió primero? ¿Quién ganó el **partido** ayer en Antigua? ¿Creen que los Rojos o las Comunicaciones van a **ganar** el **campeonato**? ¿Se puede considerar **Deporte total** una **revista**? ¿En qué sección aparecen las **noticias nacionales**? ¿Las noticias **locales**? ¿Cuáles son las **noticias** más interesantes en tu opinión?

E. Allow 3–4 mins. for **pair** work. Have pairs alternate asking and answering questions.

A propósito...

Para decir *with me* o *with you*, en español se dice **conmigo** o **contigo**. Para decir **con otras personas**, simplemente se dice **con él, con ella, con ustedes...**

F. Allow 2–3 mins. to prepare. Then have the students read their descriptions to another **group** and report to the class those events that appeared on both lists.

G. Allow 2–3 mins. to prepare headlines. Then call on several **groups** to read their headlines to the class.

H and I. Have students select either activity **H** or **I** and allow 3–4 mins. to prepare. Point out that students selecting **H** may read their scripts while those selecting **I** must present without using books or notes.

H. **¿Leíste las noticias de hoy?** Tú y dos amigos(as) hablan de las noticias en el periódico de hoy. Escojan un artículo que les parezca interesante y escriban un resumen breve. Luego, léanle su resumen a la clase.

I. **¿Yo, reportero?** Tú trabajas para la revista *Hola*. Hoy vas a entrevistar al cantante guatemalteco, Ricardo Arjona. Quieres saber muchas cosas de su pasado. En parejas dramaticen esta situación.

¿Comprendes lo que dice?

Procedure: Have students read the strategies and do the previewing activity in **pairs** first. Then call on **individuals** and have the class confirm each response. Then call on individuals to tell what visual or oral evidence they found. Have the class indicate if they agree or if they found other evidence supporting each statement.

Estrategias para ver y escuchar: anticipar a base del título

In Chapters 3 and 5, you learned that you can always get a good idea of what to expect to hear and see on a video by reading the questions at the end of the viewing section before you view the video. Another good way to anticipate what you will hear and see is by reading the title of the video and carefully looking at any photos or drawings that accompany it.

Anticipar en base al título. Lee el título de este video y escribe dos cosas que estás seguro(a) que se van a mencionar en el video y dos cosas que estás seguro(a) que vas a ver en el video. Luego estudia la foto de esta sección y, a base de lo que ves, escribe dos cosas más que crees que vas a ver en el video y dos cosas que crees que vas a escuchar. Vuelve a estas listas después de ver el video para confirmar si anticipaste correctamente o no.

Lo que vas a escuchar	Lo que vas a ver
1.	1.
2.	2.
3.	3.
4.	4.

Time code: 11:48–13:55

Guatemala, ¡el corazón de la cultura maya!

Después de ver el video

Ahora di en tus propias palabras qué evidencia visual u oral hay en el video para confirmar estos comentarios.

1. Guatemala es un país de bellos contrastes.
2. Guatemala es el corazón de la cultura maya.
3. Algunas fiestas religiosas combinan las tradiciones cristianas con las costumbres indígenas.

Rigoberta Menchú Tum

Antes de empezar, dime...

Contesta estas preguntas sobre personas marginadas en tu país.

1. ¿Qué grupos o instituciones conoces que ayudan a las personas marginadas?
2. ¿Conoces a personajes históricos marginados que lucharon con éxito por alguna causa? Nómbralos y explica.
3. ¿Conoces a alguna persona en la actualidad que se dedique a ayudar a personas marginadas? Explica.
4. ¿Participas tú en algún tipo de causa o trabajo voluntario? Explica.

Procedure: Have students answer the anticipatory questions in **pairs** first. Call on students to read aloud **one at a time**. Ask comprehension check questions after each student reads. Have students do the post-reading activity **in pairs**. Then, **in larger groups**, have them compare charts.

Rigoberta Menchú Tum

Rigoberta Menchú Tum

Rigoberta Menchú Tum, indígena maya-quiché, nació el 9 de enero de 1959, en un pueblo llamado Chinel, al norte de Guatemala.

Al igual que todos los campesinos pobres, desde muy niña empezó a trabajar con sus padres en las cosechas de algodón y café, ganando un salario bajísimo. Más tarde, siguiendo la tradición de muchas mujeres de las zonas rurales, se trasladó a la capital para trabajar en el servicio doméstico.

Pero muy pronto la vida de Rigoberta cambió radicalmente. La muerte violenta de sus padres y un hermano, crímenes atribuidos a las fuerzas militares del gobierno guatemalteco, la hicieron reaccionar y continuar la tarea social comenzada por su familia. Rigoberta se dedicó entonces a defender a su gente, los indígenas y los de las clases menos favorecidas.

Por esta intensa labor, Rigoberta recibió el Premio Nobel de la Paz en 1992, premio que le permitió crear una fundación que apoya su causa en Guatemala.

Como todas las personas famosas, Rigoberta Menchú Tum no ha escapado a la controversia. Pero sea como sea, su persona sirvió para darle voz a un sector de la población marginada por mucho tiempo.

Viajemos por el ciberespacio a... GUATEMALA

If you are a cyberspace surfer, try entering one of the following key words to get to many fascinating sites in **Guatemala:**

Fundación Rigoberta Menchú

Rigoberta Menchú

Indígenas Quiché

Or, better yet, simply go to the *¡Dímelo tú!* website using the following address: http://dimelotu.heinle.com

There, with a simple click, you can

* experience the diverse cultures of Guatemala.
* inform yourself about what is taking place in Guatemala in its struggle for social justice.
* learn about the many aspects of Guatemalan history on human rights.

Y ahora, dime...

Usa un diagrama de Venn como éste para hacer un paralelo entre la vida de Rigoberta Menchú y la de un personaje histórico de los Estados Unidos, como Martin Luther King, Jr. o César Chávez, que dedicó su vida a defender los derechos de la gente marginada.

Rigoberta Menchú Tum	Ambas personas	(Nombre)
1.	1.	1.
2.	2.	2.
3.	3.	3.
4.	4.	4.
5.	5.	5.

Smart Classroom: For homework, have students go to the Internet and look up **derechos humanos en Guatemala.** Then, have them write a specific report on what they learn. Ask them to report to the class and to provide the addresses of the best websites they visited.

¡Escríbelo!

Estrategias para escribir: establecer el orden cronológico

Una manera de organizar una autobiografía es narrarla en orden cronológico, es decir, escribiendo los eventos de la niñez primero, luego los de la juventud, y por último los de la vida como adulto. Nota que la breve biografía de Rigoberta Menchú Tum está narrada en orden cronológico. Prepárate ahora para escribir tu autobiografía en orden cronológico.

Have students read the *Estrategias* silently. Ask them to look at the Rigoberta Menchú Tum reading and ask them **¿Qué se mencionó primero?** «Su nacimiento.» **¿Y luego?** «Su niñez.» and so on.

Ahora, ¡a escribir!

A. En preparación. Decide cuáles fueron los eventos más importantes de tu vida. Escribe sobre todos los eventos que podrías incluir, por ejemplo, datos de nacimiento, dónde vivió tu familia durante los primeros años, escuela primaria, etc. Prepara una lista de todos los eventos principales de tu vida desde tu nacimiento hasta el presente.

A. Brainstorm with the entire class. Ask **¿Cuáles son los eventos más importantes en la vida de cualquier persona?** Tell students to use any of the ideas on the board and to add to them as necessary.

B. El primer borrador. Ahora organiza la información de la lista que preparaste en la actividad A en orden cronológico y prepara un primer borrador de tu autobiografía. Incluye toda la información de tu lista que consideres relevante.

B. Have students do this step as homework.

C. Ahora, a compartir. Comparte el primer borrador con dos o tres compañeros(as). Comenta sobre el contenido y el estilo de las composiciones de tus compañeros(as) y escucha los comentarios de ellos sobre tu autobiografía.

C. Have students comment only on content and style at this time.

D. Ahora, a revisar. Si necesitas hacer cambios basados en los comentarios de tus compañeros, hazlos ahora. Antes de preparar la versión final de tu autobiografía, comparte el borrador con dos compañeros(as) de clase para que te digan si hay errores de ortografía, gramática o puntuación. Presta atención particular al uso del pretérito.

D. Tell students to focus on preterite verb endings.

E. La versión final. Prepara la versión final de tu autobiografía y entrégala. Escribe la versión final en la computadora siguiendo las instrucciones de tu instructor(a).

E. Have students do this step as homework.

F. Publicación. En grupos de cinco o seis, junten sus autobiografías en un volumen. Elijan *(choose)* un título creativo para su volumen, por ejemplo: «Autobiografías de seis estudiantes extraordinarios» o «Cómo llegar a la universidad: seis versiones».

F. Provide colored paper or broad-tip markers for students to create both a title page and a table of contents as they bind their autobiographies.

Vocabulary: People; time: expressions; sports

Grammar: Verbs: preterite; preterite (irregular)

Phrases: Expressing time relationships; talking about past events; writing an introduction

Canal Tres presenta...
Los misterios de Tikal

TAREA

Antes de empezar este Paso, estudia la lista de vocabulario en la página 235 y practícalo al escuchar el surco 15 de tu Text Audio CD #2. Luego estudia *En preparación.*

6.3 Preterite of **estar, decir,** and **hacer,** páginas 238–239

6.4 The pronoun *se*: Special use, página 239

Haz por escrito los ejercicios de *¡A practicar!*

Escucha la sección *¿Qué se dice...?* del Capítulo 6, Paso 3, en el surco 12 del Text Audio CD y haz la actividad correspondiente en la página 229.

¿Eres buen observador?

A mí ya me conocen. Soy Susana, la mala.	**A ella la llaman Susana, la buena.**

¿Y saben qué tenemos en común?
Las dos los entretenemos
cinco días a la semana de 7:30 a 8:30 P.M.
en la telenovela más exitosa y divertida de la temporada...
Los misterios de Tikal
Canal 3, el Super Canal

Have students prepare *6. 3 Preterite of* **estar, decir,** *and* **hacer** for the first day you work on this **Paso.** Then assign *6.4 The pronoun* **se** *: Special use* for the second day.

Answers: All items should be checked, as all of these clichés are likely to appear.

Ahora, ¡a analizar!

Los clichés. Las telenovelas, aunque pueden ser muy interesantes y entretenidas, están llenas de clichés. ¿Cuáles de estos clichés creen que aparecen en *Los misterios de Tikal?* Decídelo con dos compañeros(as) y luego añadan (*add*) algunos más.

- ☐ 1. Una es buena, la otra es mala.
- ☐ 2. Una es fea, la otra hermosa.
- ☐ 3. Una es rica, la otra pobre.
- ☐ 4. Una mató a un hombre, la otra fue injustamente acusada.
- ☐ 5. Una estudió una carrera, la otra no pudo estudiar porque trabajó toda su vida.
- ☐ 6. El protagonista ama a una, la otra quiere destruir ese amor.
- ☐ 7. Una tuvo un hijo ilegítimo, la otra sabe todo lo que ocurrió y quiere sobornarla.

¿Qué se dice...?

Al hablar de tu telenovela favorita

CD2-12

Indica lo que sí aparece en el diálogo:

1. Rafael descubrió una oferta de libros.
2. Rosa no pudo ver la telenovela el día anterior.
3. Kimberly no pudo ver la telenovela tampoco.
4. Miguel Ángel no está interesado en las rebajas de libros ahora.
5. Susana, la fea, mató a Susana la hermosa.

ROSA: ¿Pero cómo? ¿Qué hizo la pobre Susana?

KIMBERLY: Ella fue la que asesinó a don Roberto en el rancho, según lo que su hermana, Susana la fea, le dijo a la policía.

ROSA: ¡No es posible! Estoy segura de que es inocente.

RAFAEL: Se busca carpintero a media jornada, hijo. Debes solicitar este trabajo. Siempre dices que necesitas más dinero.

MIGUEL ÁNGEL: Papá, ¡ahora no! ¡No ves que estamos mirando la tele!

Purpose: To introduce in context vocabulary and structures needed to tell what happened in your favorite TV programs.

Audio Script:

ROSA: ¡Qué pena! Ayer me perdí la telenovela. ¿Sabe alguien lo qué pasó ayer en *Los misterios de Tikal*?

KIMBERLY: Yo la vi. ¡Fue espectacular! La policía arrestó a la pobre Susana, la buena, que siempre vende huipiles en el mercado de artesanías.

RAFAEL: Se venden libros a mitad de precio en la librería universitaria. Debes ir, hijo.

MIGUEL ÁNGEL: Por favor, papá, ahora no.

Answers: 1; 2; 4

WEB TM6-3, **Procedure:** Have students look at the visuals as you read each caption or narrate your own story line.

Alternative Story Lines: 1. Talk about an appropriate episode from your favorite soap opera. 2. Describe an incident that was recently reported in the local news. 3. Talk about a particular scene in a movie or TV program.

A propósito...

El verbo **deber** se puede usar para indicar deuda (*debt*) y también obligación. En este último sentido significa *to be obligated*. Cuando es seguido por un infinitivo, con frecuencia se traduce como *must, should* o *ought to*: **Debes solicitar trabajo** (*You should apply for a job*). **Debo hacerlo ahora** (*I must do it now*).

Have students read silently. Then ask comprehension questions. Ask students to translate several phrases using **deber**.

ROSA:	Susana, la hermosa, no lo mató. Ella ni estuvo en el rancho el día del asesinato.
KIMBERLY:	Sí, el problema es que, como Susana la hermosa sólo habla quiché, la policía no comprendió lo que dijo. La llevaron directamente a la cárcel. ¡Qué pena!
RAFAEL:	Mmm, hay una buena oferta de ropa en...
MIGUEL ÁNGEL:	¡Ay! ¿Otra vez? ¡Por Dios, papá!

¿Sabías que...?

Guatemala está profundamente orgullosa de sus tradiciones y de su entorno natural. Este orgullo se refleja en la designación de sus símbolos nacionales: la marimba es el instrumento nacional; la ceiba, el árbol nacional; el quetzal, el ave nacional; la monja blanca, la flor nacional.

El huipil, aunque no se designó todavía como el vestido típico nacional, representa muy bien a Guatemala. Es bellísimo, con unos colores y patrones *(patterns)* que reflejan el estilo del artista que lo tejió, así como el lugar de donde proviene la persona que lo lleva. No hay dos huipiles iguales, sin embargo, cada pueblo tiene una serie limitada de patrones entre los que los artistas eligen su diseño. Un huipil bien hecho y de buena calidad puede durar de 20 a 30 años.

En tu opinión: ¿Por qué es importante para los indígenas guatemaltecos el que los patrones de sus huipiles los identifiquen con sus lugares de procedencia? ¿Hay en los Estados Unidos algunas comunidades que se pueden distinguir por sus ropas?

Ahora, ¡a hablar!

A. **En tus propias palabras.** Di, en tus propias palabras, algo que estas personas dijeron en el *¿Qué se dice... ?*

MODELO   Susana la hermosa
   Pero, señor policía, yo soy inocente.

1. la madre
2. el hijo
3. Susana la fea
4. la hija
5. el padre
6. Susana la hermosa

B. **Testigo.** En el siguiente episodio de *Los misterios de Tikal*, el inspector Humanes interroga a dos testigos sobre el asesinato del que acusaron a Susana, la hermosa. ¿Qué dicen los dos testigos?

MODELO   TESTIGO 1:   yo / ver / todo lo que / pasar
   Yo vi todo lo que pasó.

1. un coche / parar / enfrente de / la casa
2. una mujer hermosa / entrar / en la casa
3. nosotros / escuchar / un disparo
4. la mujer hermosa / salir / de la casa
5. unas mujeres / comenzar / a gritar en la casa

MODELO   TESTIGO 2:   no / ser / así
   No, no fue así.

6. dos coches / parar / enfrente de / la casa
7. dos hombres / entrar / en la casa
8. nosotros / escuchar / dos disparos
9. los dos hombres / salir / de la casa
10. una mujer / comenzar / a gritar en la casa

C. **El sábado.** El inspector interroga ahora a Susana la fea, que explica su coartada *(alibi)* del día del asesinato.

   MODELO   **En la mañana dormí hasta tarde, hice ejercicio, fui al supermercado, limpié la casa, estudié y...**

   1. En la mañana:
      salir a correr / tomar café / escribir cartas / ir al centro / mandar cartas / limpiar la casa / no hacer ejercicio / descansar / llamar a mis padres / ...
   2. En la tarde:
      ir de compras / caminar a.../ hacer la tarea / mirar deportes en la televisión / escuchar la radio / dormir un poco / practicar deportes / ir a la biblioteca /...
   3. En la noche:
      ir a una fiesta / salir con amigos / mirar televisión / leer una novela / comer en un restaurante / ir a un concierto / alquilar un video / invitar a unos amigos a casa / ir al cine /...

D. **Buena impresión.** Susana la hermosa tiene que someterse a un juicio por el caso del asesinato ¿Sabes qué se debe o no se debe hacer para dar una buena impresión ante el tribunal?

   MODELO   llevar blue jeans
      No se lleva blue jeans.

   1. dar la impresión de estar aburrido
   2. hablar mal de la víctima
   3. contradecir otros testimonios
   4. interrumpir al juez
   5. hablar claramente
   6. decir mentiras
   7. hablar mientras hablan los testigos

E. **¡Necesitamos dinero urgentemente!** Necesitamos recolectar dinero para la defensa de la injustamente acusada. ¿Qué puedes hacer? Una solución es vender algunas cosas que no necesitamos. Prepara unos anuncios de cosas que quieres vender.

EP 6.3 ⟐ C. Have students work **in pairs.** Tell them to alternate saying what they did in the morning, afternoon, and evening.

EP 6.4 ⟐ D. Call on **individuals.** Have the class confirm each response.

EP 6.4 ⟐ E. Have a flea market. Give students 3-by-5-inch cards to write their ads. Circulate for all to read and buy/sell.

IRM TM6-3, **Repaso visual,** *Sucesos:* Have students in groups of three come up with a story explaining the drawing. Then point to the appropriate individuals as you ask students: ¿Dónde están (**en un juicio**)? ¿Quién es él (**abogado**)? ¿A quién está **acusando** (**a la testigo**)? ¿De qué crees que la está **acusando**? ¿Crees que ella le **disparó** al señor? Si no, ¿quién lo **asesinó**...?

Y ahora, ¡a conversar!

F. Tell the class the purpose is to give as much information about the secret person as possible without giving the identity away. Ask **individuals** to describe their secret person to the class.

G. Allow 3–4 mins. for students to write. In **groups of 3 or 4**, have them read their screenplays. Ask volunteers to read theirs to the whole class.

F. **¿Quién es?** En grupos de tres o cuatro, escojan una persona famosa del mundo de la política o del mundo del espectáculo que hizo algo por lo que fue acusado(a) y juzgado. El resto de la clase tiene que adivinar quién es. Se permite hacer preguntas para saber más detalles.

G. **¿Y tú?** Ahora tu propia vida va a servir de guión *(screenplay)* para una telenovela. En grupos de tres o cuatro, escriban el guión sobre un día dramático que tuviste.

¡Luces! ¡Cámara! ¡Acción!

H and I. Have students select either activity **H** or **I** and allow 3–4 mins. to prepare. Point out that students selecting **H** may read their scripts while those selecting **I** must present without using books or notes. Call on volunteers to present first, and then call on the rest of the class. Ask comprehension check questions.

H. **¡Se vende!** Ustedes trabajan en el departamento de la publicidad de la estación de televisión XELO. En grupos de cuatro o cinco, preparen un proyecto de publicidad para su producto favorito.

I. **Palacio de Justicia...** Ustedes se encuentran en un juicio donde uno de ustedes es el (la) acusado(a), otro un(a) testigo, otro el (la) abogado(a) defensor(a), y otro el (la) fiscal *(prosecutor)*. Dramaticen esta situación hasta alcanzar un veredicto.

El rincón de los lectores

Estrategias para leer: reconocer las pistas del contexto

Procedure: Have students read the **Estrategias** silently and do the **Pistas del contexto** activity **in pairs**. Then call on **individuals** and have the class confirm their answers. Begin by reading the first half of the selection aloud as the class follows along. To check comprehension, ask several yes/no, either/or questions as you go along. Then call on volunteers to read one or two sentences at a time. Continue to ask comprehension check questions.

A good reader uses a variety of problem-solving techniques. Using context clues when you don't know the meaning of a specific word is one such strategy. The context referred to here is the sentence in which the unknown word occurs. Although there is no easy formula to help you always guess the correct meaning of unknown words, the following suggestions can be very helpful:

1. Use the meaning of the rest of the sentence to reduce the number of meanings the unknown word may have.

2. Be satisfied with getting at the general meaning of unfamiliar words. More often than not, the exact meaning is not necessary in order to get the gist of what you are reading.

3. Look for help in punctuation and grammar. Knowing the relationship between various parts of a sentence can help you understand the sentence.

4. Don't feel you have to know the meaning of every unfamiliar word. Learn to recognize key words needed to understand the sentence, and don't worry about other unfamiliar words.

Pistas del contexto. Busca las palabras de la columna A en la lectura (todas aparecen en negrita) y estudia el contexto de las oraciones donde las encuentres. Luego selecciona según el contexto la palabra o palabras de la columna B que mejor definan las de la columna A. No olvides que la gramática y la puntuación también ayudan a entender el contexto de la oración.

A	B	
1. ladino	a. siempre pensamos	
2. politeístas	b. que inspira profunda veneración	
3. sagrado	c. parientes que anteceden	
4. no hay que desperdiciar	d. persona que ha adoptado el habla y las costumbres europeas	
5. antepasados	e. objetos procesados con máquinas	
6. nunca se le quita de pensar	f. que no se debe mal usar, malgastar	
7. cosas compuestas	g. personas que creen en varios dioses	

Me llamo Rigoberta Menchú y así me nació la conciencia (Selección)

Desde niños recibimos una educación diferente de la que tienen los blancos, los **ladinos.** Nosotros, los indígenas, tenemos más contacto con la naturaleza. Por eso nos dicen politeístas. Pero, sin embargo, no somos **politeístas**... o, si lo somos, sería bueno, porque es nuestra cultura, nuestras costumbres. De que nosotros adoramos, no es que adoremos, sino que respetamos una serie de cosas de la naturaleza, las cosas más importantes para nosotros, por ejemplo, el agua es algo **sagrado**... la explicación que nos dan nuestros padres desde niños es que **no hay que desperdiciar** el agua... El agua es algo puro, es algo limpio y es algo que da vida al hombre. Sin el agua no se puede vivir, tampoco hubieran podido vivir nuestros **antepasados.** Entonces, el agua la tenemos como algo sagrado y eso está en la mente desde niños y **nunca se le quita a uno de pensar** que el agua es algo puro... tenemos la tierra. Nuestros padres nos dicen «Hijos, la tierra es la madre del hombre porque es la que da de comer al hombre». Y más nosotros, que nos basamos en el cultivo. Nosotros los indígenas comemos maíz, frijol y yerba del campo y no sabemos comer, por ejemplo, jamón o queso, **cosas compuestas** con aparatos, con máquinas. Entonces se considera que la tierra es la madre del hombre. Y de hecho nuestros padres nos enseñan a respetar esa tierra.

Call on **individual** students to answer the first 3 questions. Then allow 2–3 mins. to do the Venn diagram activity. In **groups of 3 or 4**, have students compare each other's diagrams.

A ver si comprendiste

Contesta estas preguntas a base de la selección que leíste.

1. ¿Cuál es la diferencia entre la educación de los indígenas y la de los demás?
2. ¿Qué significa el agua para los indígenas?
3. ¿Por qué dicen los padres indígenas que no hay que desperdiciar el agua?
4. Usa este diagrama de Venn para comparar tus actitudes y acciones con respecto a la madre naturaleza con las de los indígenas guatemaltecos.

Mis actitudes
y acciones

1.
2.
3.

Lo que tenemos
en común

1.
2.
3.

Las actitudes
y acciones de
los indígenas

1.
2.
3.

Vocabulario

PASO 1

Momentos del día

anoche	last night
ayer	yesterday
durante	during
esta mañana/tarde/ noche	this morning/after- noon/evening

Lugares

lago	lake
volcán (m.)	volcano

Viajar

aeropuerto	airport
avión (m.)	airplane
esperar	to wait
llegar	to arrive
manejar	to drive
ruta	route
viaje (m.)	trip
vuelo	flight

Palabras útiles

arrasar	to destroy
celebrar	to celebrate
entrevista	interview
experiencia	experience
gobierno	government
maravilloso(a)	wonderful
recibir	to receive
regalo	gift
siglo	century
vida	life

PASO 2

Acciones

alcanzar	to reach
comenzar (ie)	to begin
dar	to give

dejar	to leave behind
derrocar	to overthrow
describir	to describe
elegir (i, i)	to elect
entregar	to deliver; to hand over
fundar	to found; to establish
lograr	to get; to achieve
nacer	to be born
ocurrir	to occur
reaccionar	to react

Deportes

alpinista (m./f.)	mountain climber
deporte (m.)	sport
equipo	team
ganar	to win
marcar	to score
partido	game

Periódicos

local	local
nacional	national
noticias (pl.)	news
primera plana	front page
revista	magazine

Palabras útiles

coche (m.)	car
escuela primaria	elementary school
fantástico(a)	fantastic
interés (m.)	interest
vez (f.)	time

PASO 3

Acciones

deber	to be obliged, must, should
decir	to say; to tell

entrar	to enter
gritar	to cry out; to shout
mandar	to send
parar	to stop
perder (ie)	to lose
solicitar	to apply

Expresiones

ir de compras	to go shopping
mitad de precio	half price
¡Qué pena!	What a pity!

El derecho

abogado	lawyer
acusar	to accuse
asesinar	to murder
disparar	to fire (a gun)
juez (m.)	judge
juicio	trial
testigo (m./f.)	witness
testimonio	testimony
veredicto	verdict
víctima (m./f.)	victim

Personas

hombre (m.)	man
mujer (f.)	woman

Palabras útiles

anuncio	advertisement, classified ad
carrera	career
espectacular	spectacular
espectáculo	show
pobre	poor
mentira	lie

En preparación 6

6.1 Preterite of regular verbs

Providing and requesting information about past events

Spanish has two simple past tenses: the preterite and the imperfect. In this chapter you will study various uses of the preterite. Following are the preterite verb endings for regular verbs.

Preterite: *-ar* verb endings				Preterite: *-er, -ir* verb endings			
hablar				**comer**			
yo	habl-**é**	nosotros(as)	habl-**amos**	yo	com-**í**	nosotros(as)	com-**imos**
tú	habl-**aste**	vosotros(as)	habl-**asteis**	tú	com-**iste**	vosotros(as)	com-**isteis**
Ud.	habl-**ó**	Uds.	habl-**aron**	Ud.	com-**ió**	Uds.	com-**ieron**
él, ella	habl-**ó**	ellos, ellas	habl-**aron**	él, ella	com-**ió**	ellos, ellas	com-**ieron**

encontrar		vender		recibir	
encontr**é**	encontr**amos**	vend**í**	vend**imos**	recib**í**	recib**imos**
encontr**aste**	encontr**asteis**	vend**iste**	vend**isteis**	recib**iste**	recib**isteis**
encontr**ó**	encontr**aron**	vend**ió**	vend**ieron**	recib**ió**	recib**ieron**
encontr**ó**	encontr**aron**	vend**ió**	vend**ieron**	recib**ió**	recib**ieron**

A. The preterite is used to describe an act that has already occurred; it focuses on the beginning, the end, or the completed aspect of an act. The preterite is translated in English as the simple past or as *did* + verb.

Encontré los boletos.	*I found the tickets. / I did find the tickets.*
¿**Vendiste** el coche?	*You sold the car? / Did you sell the car?*

B. Note that the first- and third-person singular endings of regular verbs *always* require a written accent in the last vowel in the preterite.

Regresé a eso de las once.	*I returned at about 11:00.*
La policía lo **arrestó** anoche.	*The police arrested him last night.*

C. Note also that the first-person plural endings, the **nosotros(as)** forms, of **-ar** (and **-ir**) verbs are identical to the present indicative endings. Context determines whether the verb is in the past, the present, or the future.

Mañana **jugamos** en Ocós.	*Tomorrow we play in Ocós.*
Ayer **jugamos** en Antigua.	*Yesterday we played in Antigua.*

D. All stem-changing **-ar** and **-er** verbs in the present tense are *regular* in the preterite. Stem-changing **-ir** verbs in the preterite will be discussed in **Capítulo 10.**

Encontraron el avión en Petén.	*They found the plane in Petén.*
¿**Entendiste** las noticias?	*Did you understand the news?*
Perdieron el campeonato, ¿verdad?	*They lost the championship, right?*

¡A practicar!

A. Noticias. Paula está leyéndole las noticias a su esposo mientras él prepara el desayuno. ¿Qué le dice ella? Al contestar, completa estas oraciones con el pretérito.

1. La policía _____ (arrestar) al ladrón.
2. El presidente y su esposa _____ (recibir) al presidente de Guatemala.
3. Unos niños _____ (encontrar) un millón de dólares.
4. Una actriz _____ (vender) sus diamantes.
5. El equipo de Antigua _____ (perder) anoche.

B. Me interesan los detalles. El marido de Paula está muy interesado en lo que ella dice y pide más información. ¿Qué le pregunta a Paula?

1. ¿Dónde _____ (encontrar) la policía al ladrón?
2. ¿Cuándo _____ (llegar) los representantes de Guatemala?
3. ¿Dónde _____ (descubrir) los niños tanto dinero?
4. ¿Quién _____ (ganar), *Tododiesel* o *Gelatinas Castilla*?
5. ¿Es la misma actriz que _____ (dejar) a su esposo el mes pasado?
6. ¿Contra quién _____ (jugar) el equipo de Antigua?

Paso 2

6.2 Preterite of verbs with spelling changes

Describing in past time

A. To maintain the consonant sound of the infinitive, verbs that end in **-car, -gar,** and **-zar** undergo a spelling change in the preterite in the first person singular. (These rules apply not only to verbs in the preterite but to verbs in any tense whenever the following circumstances occur.)

1. Ending in **-car: c** changes to **qu** in front of **e**
   sacar: sa**qué,** sacaste, sacó...
   buscar: bus**qué,** buscaste, buscó...

2. Ending in **-zar: z** changes to **c** in front of **e**
   empezar: empe**cé,** empezaste, empezó...
   comenzar: comen**cé,** comenzaste, comenzó...

3. Ending in **-gar: g** changes to **gu** in front of **e**
   llegar: lle**gué,** llegaste, llegó...
   jugar: ju**gué,** jugaste, jugó...

B. Whenever an unstressed **i** occurs between two vowels, it changes to **y.** Note that these verbs require a written accent in all persons except the third-person plural.

leer		creer		oír	
leí	leímos	creí	creímos	oí	oímos
leíste	leísteis	creíste	creísteis	oíste	oísteis
leyó	leyeron	creyó	creyeron	oyó	oyeron
leyó	leyeron	creyó	creyeron	oyó	oyeron

¡A practicar!

A. ¡Qué día! Ayer Angélica tuvo un día terrible. ¿Qué pasó?

Ayer yo _____ (empezar) el día con el pie izquierdo (*left foot—wrong side of the bed*). Cuando _____ (comenzar) a preparar un café, _____ (oír) sonar el teléfono. Era mi mamá. Ella _____ (hablar) más de una hora. Luego _____ (buscar) las llaves (*keys*) de mi auto pero no las _____ (encontrar). Las (buscar) en todas partes pero sin suerte (*luck*). Finalmente yo _____ (decidir) tomar el autobús, pero _____ (llegar) muy tarde a la parada. Yo _____ (regresar) a casa y no _____ (salir) el resto del día.

B. Norberto. Por lo general, Norberto lleva una vida muy aburrida. ¿Qué pasó ayer en su vida?

Ayer Norberto _____ (llegar) tarde a clase. Después de clase _____ (practicar) fútbol por dos horas. Cuando _____ (volver) a casa, _____ (preparar) la cena y _____ (leer) el periódico. Por la noche no _____ (empezar) a hacer su tarea hasta que _____ (llegar) su amigo Ricardo. Norberto y Ricardo _____ (estudiar) dos o tres horas. De repente (*Suddenly*), Ricardo _____ (oír) un ruido (*noise*). Norberto _____ (buscar) por todas partes pero no _____ (encontrar) a nadie. ¡Parece que Ricardo tiene una imaginación muy activa!

6.3 Preterite of *estar, decir,* and *hacer*

Narrating about the past

Estar		decir		hacer	
estuve	estuvimos	dije	dijimos	hice	hicimos
estuviste	estuvisteis	dijiste	dijisteis	hiciste	hicisteis
estuvo	estuvieron	dijo	dijeron	hizo	hicieron
estuvo	estuvieron	dijo	dijeron	hizo	hicieron

Note that these irregular verbs do not have written accents in the preterite.

¿Quién **hizo** eso?
Te **dije** que yo lo **hice** ayer
  cuando **estuve** aquí.

Who did that?
I told you I did it yesterday when
  I was here.

¡A practicar!

A. En busca de empleo. Completa el párrafo que sigue para saber qué pasó cuando Martín visitó Guatemala.

El verano pasado _____ (estar) dos meses en Guatemala. Yo les _____ (decir) a mis padres: «Voy a vender mi carro, necesito dinero porque quiero conocer Centroamérica». _____ (hacer) mis planes y el itinerario con un agente de viajes para pasar un mes en Centroamérica. Pero finalmente _____ (estar) por mucho más tiempo.

Mi amigo Hernán me _____ (decir): «No puedes visitar Guatemala sin (*without*) conocer Antigua. ¡Es impresionante!» La verdad es que tiene razón. _____ (Estar/yo) en Antigua casi un mes completo. ¡La vegetación, la naturaleza, las ruinas de Tikal y la gente son excelentes! Ellos me _____ (hacer) muchas comidas locales, y todas exquisitas. El próximo verano, definitivamente, tengo que volver, pero, ¿qué carro voy a vender ahora?

B. Cumpleaños. Según Alicia, ¿cómo celebraron el cumpleaños de Jaime?

Ayer _____ (ser) el cumpleaños de Jaime. Jorge, su compañero de cuarto, _____ (organizar) una fiesta para él. Marta y yo _____ (ir) a la tienda para comprar champán. Carmen _____ (hacer) un pastel delicioso. Isabel y Juana _____ (hacer) unos sándwiches. Todos nosotros _____ (ir) a la casa de Jorge y esperamos a Jaime. Cuando Jaime _____ (llegar) todos le _____ (decir): «¡Felicitaciones!» La fiesta _____ (ser) estupenda. Jaime _____ (decir): «Fue la mejor fiesta de cumpleaños de mi vida».

6. 4 The pronoun *se*: Special use

Making announcements

When writing notices such as classified ads, placards, recipes, and signs on windows or walls, the pronoun *se* is used in Spanish.

Se alquilan bicicletas.	*Bicycles for rent.*
Se necesita secretaria.	*Secretary wanted.*
Se habla inglés	*English spoken here.*
Se prohíbe estacionar.	*No parking.*

Note that the verb form following **se** is in the third-person singular when followed by a singular noun or an infinitive (**secretaria, estacionar**) and in the third-person plural when it is followed by a plural noun (**bicicletas**).

¡A practicar!

A. Anuncios. Imagínate que trabajas en el departamento de anuncios clasificados en las oficinas de un periódico de tu ciudad. Prepara algunos anuncios.

MODELO   vender / bicicleta nueva
        Se vende bicicleta nueva.

1. vender / televisor en buen estado
2. buscar / apartamento en el centro
3. vender / casa grande
4. necesitar / dos mecánicos
5. buscar / camarero competente

B. Ventas. Martín está leyendo los anuncios clasificados en *Prensa Libre*. ¿Qué dicen los anuncios?

1. vender / casa en lago Atitlán
2. necesitar / alquilar casa cerca de Tolimán
3. comprar / todo tipo de artesanía maya-quiché
4. buscar / habitación para dos estudiantes en Antigua
5. reparar / coches

Mona Lisa de Fernando Botero

¡Cinco grammys para Juanes!

CAPÍTULO 7

Enamorados de... ¡Colombia!

Joyas de la naturaleza colombiana

In this chapter, you will learn how to . . .

- ask for a date.
- accept or refuse a date.
- express preferences.
- express emotions.

¡Las fotos hablan!

A. A que ya sabes...

1. ¿Cuál de los siguientes escultores es colombiano?
   a. Michelangelo Buonarroti
   b. Auguste Rodin
   c. Fernando Botero
2. ¿Cuál de los siguientes escultores representa siempre en sus esculturas a personajes gordos?
   a. Michelangelo Buonarroti
   b. Fernando Botero
   c. Auguste Rodin
3. ¿Cuáles de los siguientes cantantes son colombianos?
   a. Juanes
   b. Ricky Martin
   c. Shakira
4. ¿Cuál de ellos recibió siete nominaciones para los premios «Grammy» con su álbum *Fíjate bien*?
   a. Madonna
   b. Sting
   c. Juanes
5. ¿Qué tipo de flor es la de la foto, la cual se cultiva en Colombia en grandes cantidades?
   a. la rosa
   b. la orquídea
   c. la flor de banano

B. Indica si viajando a Colombia puedes hacer lo siguiente:

Sí No 1. Saborear un exquisito café, cultivado y tostado en Colombia.

Sí No 2. Disfrutar del Caribe, de la costa pacífica, de la selva amazónica y de los Andes, sin salir de Colombia.

Sí No 3. Admirar las voluminosas esculturas de Fernando Botero y el realismo mágico de Gabriel García Márquez.

Sí No 4. Gozar del clima fresco de Bogotá, a más de 2.600 metros sobre el nivel del mar.

Sí No 5. Esquiar todo el año en Bogotá.

PASO 1

¡Bogotá de noche!

TAREA

Antes de empezar este Paso, estudia la lista de vocabulario en la página 267 y practícalo al escuchar el surco 20 de tu Text Audio CD #2. Luego estudia *En preparación.*

7.1 Direct-object nouns and pronouns, páginas 268–269

7.2 Irregular *-go* verbs, páginas 269–270

Haz por escrito los ejercicios de *¡A practicar!*

Escucha la sección *¿Qué se dice... ?* del Capítulo 7, Paso 1, en el surco 16 del Text Audio CD y haz la actividad correspondiente en la página 243.

Have students prepare *7.1 Direct-object nouns and pronouns* for the first day you work on this **Paso.** Then assign *7.2 Irregular -go verbs* the second day.

¿Eres buen observador?

Ahora, ¡a analizar!

Allow 2–3 mins. to answer **in pairs.** Then call on **individuals** and have the class confirm each response.

Esta noche piensas salir por primera vez con una persona que te gusta mucho y a quien quieres impresionar. ¿Adónde van y qué van a hacer?

Para los jóvenes

1. ¿A quién vas a invitar?
2. ¿La vas a llevar a ver *Taxi* o a escuchar *Seis por ocho*? ¿Por qué?
3. ¿La vas a recoger o te va a recoger ella?
   ¿A qué hora?
4. ¿Vas a llevarla a cenar antes o después de la función?

Para las jóvenes

1. ¿A quién vas a invitar?
2. ¿Lo vas a invitar a ver *Taxi* o a escuchar *Seis por ocho*? ¿Por qué?
3. ¿Lo vas a recoger o te va a recoger él?
   ¿A qué hora?
4. ¿Vas a llevarlo a cenar antes o después de la función?

Al invitar a una persona a salir

CD2-16

Horacio quiere invitarla a un partido de fútbol / a un concierto.
Javier quiere invitarla a un partido de fútbol / a un concierto.
En tu opinión, ¿qué invitación va a aceptar Angélica? ¿Por qué?

JAVIER: Oye, guapa. Me vas a acompañar al estadio el sábado para ver el partido del equipo de Medellín, ¿verdad? Mira, aquí traigo dos boletos de entrada. ¿Qué me dices? ¿Vienes conmigo?

ANGÉLICA: Muchas gracias, pero no puedo. Tengo otros planes. Además, este sábado no voy a estar en Bogotá. Salgo para Cali para visitar a mis primos.

JAVIER: No importa, preciosa. En ese caso puedes acompañarme al Teatro Nacional el viernes para ver *Taxi*. ¿Qué te parece?

ANGÉLICA: No, gracias.

HORACIO: Hola, Angélica. ¿Puedo ayudarte con los libros?

ANGÉLICA: Gracias, Horacio.

HORACIO: Angélica, si estás libre el viernes quiero invitarte al concierto *Seis por ocho* en la Biblioteca Luis Ángel Arango. Y después, podemos ir a cenar a Casa Vieja, en la avenida Jiménez.

ANGÉLICA: ¡Cómo no! Me encantaría acompañarte. ¿A qué hora me pasas a buscar?

HORACIO: Después te digo. ¿Te puedo llamar esta noche, como a las nueve?

ANGÉLICA: Claro que sí. Puedes llamarme a eso de las nueve. Te espero.

Purpose: To introduce new lesson vocabulary and structures needed to ask for a date and to accept or refuse a date.

HORACIO: Mira, Javier, aquí viene Angélica. ¡Quiero invitarla al concierto de Seis por ocho este sábado en la Biblioteca Luis Ángel Arango!

JAVIER: Lo siento, Horacio, pero vas a tener que esperar tu turno. Pienso invitarla el sábado al partido de fútbol del equipo de Medellín. Y estoy seguro de que va a aceptar.

Answers: Horacio quiere invitar a Angélica a un concierto. Javier quiere invitarla a un partido de fútbol.

WEB TM7-1, Procedure: Have students look at visuals as you read each caption or narrate your own story line. Narrate two or three sentences at a time, pointing to the particular persons or objects being mentioned. Ask comprehension check questions.

Alternative Story Lines: 1. Talk about characters dating in your favorite soap opera. 2. Talk about your own first date or that of a relative or friend. 3. Describe a movie or TV dating scene.

A propósito...

Ir and **venir** are used according to the location of the speaker in relation to the place or event of reference. You say **Janet viene a casa** if you are home or **Janet va a (la) casa** if you are not at the house mentioned. Where are you when you say: **¿Vienes a la fiesta esta noche? ¿No vas al cine esta noche?**

Have students read silently. Then call on **individuals** to tell the class the meaning of the various phrases.

¿Sabías que...?

Bogotá, la capital de Colombia, ofrece una vida cultural totalmente diversa. Cuenta con impresionantes rascacielos *(skyscrapers)* futurísticos, varias universidades, hermosas iglesias coloniales y una gran variedad de museos. Hay más de cincuenta museos en la ciudad. Entre los principales está el Museo del Oro, con una colección de más de 30.000 objetos de oro que representan las principales culturas precolombinas de Colombia. El Museo Arqueológico también tiene una gran variedad de artefactos precolombinos. El Museo Nacional ocupa una cárcel del siglo XIX y cuenta con todo tipo de arte, desde el precolombino hasta el contemporáneo. En Bogotá hay, además, museos de arte moderno, arte colonial, arte religioso, artes y tradiciones populares, de desarrollo urbano, de trajes regionales y muchos más.

En tu opinión: ¿Por qué crees que el Museo del Oro usa objetos de oro para representar las culturas precolombinas? ¿Por qué tiene tantos museos Bogotá?

Ahora, ¡a hablar!

A. El guapo y el intelectual. Indica si es cierto o falso según lo que escuchaste en el *¿Qué se dice...?*

C F   1. Uno quiere invitarla al concierto *Seis por ocho.*
C F   2. Otro quiere invitarla a una corrida de toros.
C F   3. Uno de ellos quiere invitarla a un partido de fútbol.
C F   4. Ella acepta la invitación de los dos.
C F   5. Los dos se ofrecen para ayudarla con los libros.

B. ¿Y tú? Habla con tu compañero(a) para saber si hicieron lo siguiente la última vez que salieron en una cita. Tomen turnos para preguntar y responder.

MODELO   Tú: ¿Invitaste a tu amigo(a) personalmente o por teléfono?
     COMPAÑERO(A):   **Lo (La) invité personalmente.**

1. ¿Fuiste a buscar a tu amigo(a) a su casa?
2. ¿Llevaste a tu amigo(a) al cine?
3. ¿Invitaste a tu amigo(a) a cenar?
4. ¿Sacaste a tu amigo(a) a bailar?
5. ¿Acompañaste a tu amigo(a) a su casa?

C. ¡Quieres salir! Alguien te invita a salir por primera vez y te propone algunas actividades. ¿Qué le contestas tú?

MODELO   AMIGO(A):   ¿Quieres ver la nueva película?
     Tú: **Sí, la quiero ver.** o
        No, no quiero verla.

1. ¿Puedo llamarte esta noche?
2. ¿Puedo pasar a buscarte a las 8:00, el viernes?
3. ¿Quieres visitar mi restaurante favorito?
4. ¿Quieres ver mi película favorita?
5. ¿Quieres conocer a mis padres?

D. **Buenos modales.** Los colombianos, como la mayoría de los hispanos, siempre son muy educados y saben impresionar a todo el mundo. ¿Eres tú como los colombianos? ¿Qué haces para impresionar a otras personas?

MODELO   Los jóvenes colombianos hacen muchas cosas para impresionar a sus novias.
   Yo también hago muchas cosas para impresionar a mi novia(o). [o]
   Pues yo no hago nada para impresionar a mi novia(o).

1. Los colombianos siempre llevan bebidas o comida a las fiestas.
2. Ellos siempre dicen la verdad.
3. Los jóvenes colombianos hacen todo con sus amigos.
4. Ellos nunca ponen los pies *(feet)* en la mesita.
5. Ellos son muy puntuales. Nunca llegan tarde.
6. Los jóvenes colombianos son muy corteses.

E. **Costumbres.** Habla con tu compañero(a) para saber cómo se comportan en las citas. Tomen turnos para preguntar y responder.

MODELO   ¿Sales durante la semana, o sólo los fines de semana?
   Salgo sólo los fines de semana.

1. ¿Dices siempre todo lo que piensas?
2. ¿Traes a otros amigos a tus citas?
3. Si van a casa, ¿oyen música o miran la televisión?
4. ¿Pones flores y velas en tu casa?
5. ¿Haces café u otra bebida especial para él/ella?

Y ahora, ¡a conversar!

F. **¡Paso a paso!** Tú y tu compañero(a) están hablando por primera vez. Conversen un poco para llegar a conocerse. Toman turnos para preguntar y responder.

1. ¿Cuáles son sus deportes favoritos? ¿Con qué frecuencia los practican?
2. ¿Cómo pasan el tiempo libre? ¿Qué hacen?
3. Si ven la tele con frecuencia, ¿cuáles son sus programas favoritos? ¿Con qué frecuencia los ven?
4. ¿Qué tipo de música escuchan? ¿Quiénes son sus artistas favoritos?
5. ¿Visitan a sus familiares con frecuencia? ¿Los visitan cada fin de semana? ¿Una vez al mes?

G. **Actividades.** ¿Qué hacen tus compañeros(as) de clase cuando salen con su novio(a)? Para saberlo, entrevístalos usando este cuadro. Encuentra a compañeros(as) que puedan contestar afirmativamente cada pregunta y pídeles que firmen en el cuadrado apropiado. No olvides que una persona no debe firmar más de un cuadrado.

EP 7.2   D. Call on **individuals**. Have the class confirm each response.

IRM TM7-1, **Repaso visual,** *Tu media naranja*: Make copies of the transparency for every student in the class. Allow 3 min. to fill it out individually. Tell them to be sure not to put their name on it. Then collect all the forms and redistribute them, making sure no one gets their own form. In groups of 4 or 5, have them read the profiles they have been handed and decide if anyone in their group would be a match. If so, have them announce it to the class, making sure to always keep the identity of the person that wrote the profiles a secret.

EP 7.2

A propósito...

Cuando estás de acuerdo con algo afirmativo que dice otra persona, tú dices: «yo también»; cuando estás de acuerdo con algo negativo que dice el otro, dices: «yo tampoco»; cuando el otro dice algo negativo y tú no estás de acuerdo, dices: «pues yo sí...»; cuando el otro dice algo afirmativo y tú no estás de acuerdo, dices: «pues yo no...». ¿Cómo respondes a la siguientes frases? «Yo salgo todos los domingos.» «A mí no me gusta el humo del cigarro.» «Yo no puedo dormir la siesta.»

F. Allow 2–3 mins. to ask questions. Then ask **individuals** to tell the class what they found out about their partner.

G. Allow 8–10 minutes for students to circulate and interview each other. When someone completes the grid or when time runs out, find out who came closest to finishing and check his/her grid by calling on those who signed it.

Antes de salir	Durante la cita	Antes de despedirse
Invita a la otra persona sin pensarlo mucho. _____ *Firma*	Lo paga todo. _____ *Firma*	Invita a su amiga(o) a tomar un café en casa. _____ *Firma*
Siempre acepta invitaciones para salir. _____ *Firma*	Controla la conversación. _____ *Firma*	Siempre está contento(a) de terminar la cita. _____ *Firma*
Es tímido(a). Necesita mucho para tomar la iniciativa. _____ *Firma*	Nunca habla de cosas personales. _____ *Firma*	Siempre promete llamar al día siguiente. _____ *Firma*
Decide qué actividades hacer. _____ *Firma*	Toma bebidas alcohólicas. _____ *Firma*	Siempre se despide *(says good-bye)* con un beso. _____ *Firma*

H. Allow 2–3 mins. to prepare lists. Then in **groups of 3 or 4,** have students read their lists to each other and decide who is most polite in the group. Ask the most polite person to read his/her list to the class.

I. Allow 6–7 mins. Call on **individuals** to identify the differences they found. Have the class verify answers.

H. **Y tú, ¿qué dices?** ¿Quiénes son los estudiantes más corteses *(polite)* de la clase? Para saberlo, haz dos listas: una de lo que dicen para impresionar a su novio(a) y una de lo que dices para impresionar a la familia de su novio(a).

I. **¿Cuáles son las diferencias?** Tú debes usar este dibujo y tu compañero(a) el dibujo en el Apéndice A. Ambos son similares, pero no son idénticos. Describan sus dibujos para descubrir las diferencias. No mires el dibujo de tu compañero(a) hasta descubrir todas las diferencias.

¡Luces! ¡Cámara! ¡Acción!

J. **En mi lugar favorito.** Estás en un café u otro lugar favorito. Ves a una persona que deseas conocer. Con un(a) compañero(a) que hace el papel de la otra persona, escribe el diálogo que tienen y léanselo a la clase.

K. **¿Qué les digo?** Tú, tu novio(a) y dos amigos están imaginándose la primera visita de tu novio(a) a la casa de tus padres. Dramatiza esta situación con tres compañeros(as). Tus compañeros(as) de clase deben decirle a tu novio(a) qué puede hacer para impresionar a tus padres. También deben hablar de temas de conversación apropiados y no apropiados para tu novio(a) y tus padres.

J and K. Have students select either activity **J** or **K** and allow 3–4 mins. to prepare. Point out that students selecting **J** may read their scripts, while those selecting **K** must present without using books or notes. Call on volunteers to present first, and then call on the rest of the class. Ask comprehension check questions.

Un paso atrás, dos adelante: Capítulo 6

Repasemos. En el Capítulo 6 aprendiste a hablar y a discutir sobre las noticias de prensa, de lo que pasó en tu programa de televisión favorito, y a preparar y a leer anuncios clasificados. Repasa lo que sabes, completando el siguiente texto con las palabras necesarias. Puedes inventar la información.

Allow students 2–3 minutes to complete this exercise. Then have them share their responses with another student, and ask them to suggest corrections if they detect an inconsistency. Call on several students to read their responses. They may all vary.

Como en las películas

EL POLICÍA: ¿Qué _____ [pretérito del verbo **pasar**] aquí?

PROTAGONISTA: _____ [saludo formal], señor agente. Yo _____ [pretérito del verbo **llamar**] porque _____ [pretérito del verbo **oír**] unos ruidos terribles en el dormitorio de la criada y cuando _____ [pretérito del verbo **llegar**], _____ [pretérito del verbo **encontrar**] a la víctima en la cama, _____ [adjetivo: sin vida].

EL POLICÍA: ¿_____ [presente del verbo **haber**] alguien más en la casa ahora?

PROTAGONISTA: No. _____ [pretérito del verbo **estar**] yo sola toda la tarde.

EL POLICÍA: Y después de ver la situación, ¿qué _____ [pretérito del verbo **hacer**] usted?

PROTAGONISTA: _____ [pretérito del verbo **ir**] a avisar a los vecinos. _____ [pretérito del verbo **gritar**], pero nadie me _____ [pretérito del verbo **oír**].

¿Comprendes lo que se dice?

Estrategias para escuchar: distinguir patrones de entonación

Procedure: Have students read the listening strategies silently, then demonstrate the intonation patterns for questions. Play the recording once and allow students time to classify the questions. Check their answers. Play the recording a second time and allow students time to do the completion sentences.

In previous chapters you learned to listen for stress variations in English and Spanish cognates. Listening to intonation, that is, the rise and fall of a speaker's voice, can be very helpful when distinguishing between questions and statements in Spanish. Questions in Spanish usually have one of the following two intonation patterns.

1. In questions requiring yes/no answers, the voice rises on the last word of the question.

   ¿Quieres venir conmigo?

   ¿Viven cerca de aquí?

2. In questions that begin with an interrogative word and request information, the speaker's voice usually drops on the last word of the question.

Answers: 3 Sí/No; 4 Que piden información

   ¿Qué vas a hacer el sábado?

   ¿A qué hora vienes por mí?

Being aware of these intonation patterns for questions will help you better understand a conversation.

Audio Script:

MANOLO: ¡Hola, Carmen! ¿Cómo estás?

CARMEN: Bien, ¿y tú?

MANOLO: Bien. Mmmm... ¿Qué vas a hacer el sábado por la noche? ¿Vas a estudiar?

CARMEN: Voy a querdarme en casa a ver televisión. Y tú, ¿qué planes tienes?

MANOLO: Pues,... yo... pensaba salir a comer a un restaurante y después ir al cine... Mmmm... ¿Te gustaría ir conmigo?

CARMEN: Me encantaría acompañarte.

MANOLO: ¿De veras? ¡Qué bien! Entonces paso a buscarte a las siete en punto.

CARMEN: ¡Perfecto! ¡Adiós!

MANOLO: *(A sí mismo)* ¡No lo puedo creer! Una cita con Carmen, la chica más bonita e inteligente de la universidad...

Answers to *Después de escuchar*:
1. ver televisión 2. ir al cine 3. la invita 4. lo acepta 5. a las seis

Para distinguir patrones de entonación. Escucha la conversación entre Manolo, un joven muy tímido, y Carmen, una chica muy atractiva. *(As you listen the first time, indicate how many yes/no questions you hear and how many information questions are asked.)*

_____ Sí/No

_____ Que piden información

Después de escuchar

Vuelve a escuchar la conversación de Manolo y Carmen e indica con un círculo las palabras que mejor completen cada frase.

El sábado por la noche

1. Carmen piensa...	estudiar.	ver televisión.	visitar a una amiga.
2. Manolo piensa...	estudiar.	ver televisión.	ir al cine.
3. Manolo...	la invita.	la acepta.	no la acepta.
4. Carmen...	lo invita.	lo acepta.	no lo acepta.
5. Manolo va por Carmen...	a las seis.	a las siete.	a las siete y diez.

Colombia

Antes de empezar, dime...

Contesta estas preguntas para reflexionar un poco sobre algunas de las características más sobresalientes *(outstanding)* de tu país.

1. ¿A cuántos océanos tiene salida los EE.UU.? ¿Cuáles son?
2. ¿Cuántas cadenas montañosas que cruzan los EE.UU. puedes nombrar?
3. En tu opinión, ¿cuáles son los productos más importantes de los Estados
   Unidos? ¿Por qué? Explica tu respuesta.
4. ¿Cuáles son algunas de las atracciones más grandes de la capital de los
   Estados Unidos?
5. ¿Por qué crees que tantos turistas visitan los Estados Unidos cada año?
   ¿Qué los atrae?

Procedure: Ask for volunteers to answer the pre-reading questions. Then
allow 2 mins. for students to read the
first paragraph silently. Ask lots of
comprehension check questions.
Repeat this procedure with the
remaining paragraphs. Then have
students answer the post-reading
questions in pairs.

Colombia: La esmeralda de Sudamérica

Colombia es el único país del continente que tiene salida al océano Pacífico y al Atlántico (Caribe). Además, tres cadenas montañosas, una de ellas la cordillera de los Andes, cruzan el país de norte a sur.

Colombia tiene cuatro zonas climáticas: la costa del océano Pacífico, el altiplano de los Andes, los llanos y la costa del mar Caribe. Gracias a su clima subtropical, los principales productos del país son su sabrosísimo café, una gran variedad de flores —entre ellas, las hermosas orquídeas—, bananos y caña de azúcar. De fama mundial son también las esmeraldas que se producen en el país —de allí el nombre de «Colombia, la esmeralda de Sudamérica».

La capital, Bogotá, tiene todo lo que se espera de una ciudad moderna: rascacielos, hoteles lujosos, oficinas elegantísimas, tiendas fascinantes, excelentes restaurantes y una gran diversidad de actividades culturales. Allí y en los alrededores puedes visitar, entre otras maravillas, la Catedral de Sal y el famoso Museo del Oro, que es un verdadero tesoro de colecciones del oro prehispánico.

He aquí otros datos interesantes sobre Colombia:

- Si estás interesado(a) en las esmeraldas, las puedes conseguir a muy buen precio en las joyerías, pero se pueden comprar más baratas a los mineros de los departamentos de Boyacá y Cundinamarca (cercanos a Bogotá).
- En Colombia se encuentran diferentes ciudades cuyo clima varía muy poco, con una eterna primavera en muchísimas ciudades o el clima fresco de Bogotá o Manizales.
- Los ritmos más populares de Colombia son la cumbia y el vallenato, pero también son muy populares la salsa y el merengue.
- El llamado Eje Cafetero, formado por los departamentos de Risaralda, Caldas y Quindio principalmente, es excelente para el turismo rural. Allí se pueden alquilar casas y haciendas cafetaleras a buenos precios, desde donde se puede disfrutar del hermoso paisaje formado por los cafetales.

En tu próxima visita a Sudamérica... ¡Colombia te espera!

Viajemos por el ciberespacio a... COLOMBIA

If you are a cyberspace surfer, try enterin one of the following key words to get to many fascinating sites in **Colombia:**

Geografía de Colombia

Catedral de Sal

Museos de Colombia

Or, better yet, simply go to the *¡Dímelo tú!* website using the following address: http://dimelotu.heinle.com

There, with a simple click, you can

- discover the four principal geographic areas of Colombia: **la costa del océan Pacífico, el altiplano de los Andes, los llanos** and **la costa del mar Caribe.**
- see some of the 33,000 gold objects of the **Museo del Oro** currently on displa in Bogotá and other Colombian cities
- Listen to Colombian **cumbias, vallenatos, salsa,** and **merengue.**

Y ahora, dime...

Contesta estas preguntas con un(a) compañero(a) de clase.

1. Explica el título de esta lectura.
2. Prepara un esquema como el siguiente y complétalo con información de la lectura.

COLOMBIA

Geografía	Economía	Otros datos
1.	1.	1.
2.	2.	2.
3.	3.	3.
4.	4.	4.

Smart Classroom: For homework, have students go to the Internet and look up one of the following: **las cuatro regiones geográficas principales de Colombia, el Museo del oro, las esmeraldas colombianas.** Then, have them write a specific report on what they learned. Ask them to report to the class and to provide the addresses of the best websites they visited.

Una cita... ¡en Bogotá!

¿Eres buen observador?

¿te conviene el @mor por internet?

Ahora que todo es virtual...¿un ligue a través de la Red también tiene que serlo? ¿Y qué hay detrás?

DESVENTAJAS DEL AMOR EN LA RED ¡AGUAS!

• No sabes con quién estás tratando. Es decir, ni siquiera sabes si es hombre o mujer, vaya. ¿La foto? Se puede truquear, ¿no?
• No puedes conocer nada de su vida, más que lo que él o ella te cuenta. A lo mejor no es quien dice ser, o está casado (a), o no tiene la edad que dice, o es un delincuente o un maniático (o maniática) sexual.
• Como no hay lenguaje corporal y no puedes verle, tampoco puedes saber si te está diciendo la verdad.
• Hay gente que usa esta vía para buscar posibles víctimas de secuestro, así que aguas con contarle demasiado de cómo vives.
• Aun si te rajas y no quieres que te encuentre, hay forma de averiguar tu dirección a través de tu dirección electrónica.
• Tú puedes clavarte, y él o ella estar sólo jugando.
• A lo mejor no está siendo sincero (a) contigo, y sólo te está dando el avión para que te claves, mostrándose falsamente de acuerdo con tus ideas e ideales, buscando que te identifiques con él o con ella.

Ahora, ¡a analizar!

1. Según este anuncio, conviene o no conviene el amor por la Red? ¿Por qué dices eso?
2. ¿Con cuáles de las desventajas estás de acuerdo? ¿Con cuáles no? ¿Por qué?
3. Este artículo sólo menciona las desventajas. ¿Cuáles son algunas de las ventajas que tú crees que tiene buscar el amor en Internet? Prepara una lista de las ventajas con un(a) compañero(a).
4. ¿Tuviste tú, o alguien que conoces, algún romance por Internet? ¿Cómo acabó, bien o mal?
5. Este artículo usa varias expresiones típicas de los jóvenes. ¿Cuál es su significado? Empareja las frases con su traducción.

_____ ¡Aguas!	a. *if you chicken out*
_____ si te rajas	b. *you can fall in love*
_____ puedes clavarte	c. *he's just leading you on*
_____ te está dando el avión	d. *Darn it!*

TAREA

Antes de empezar este Paso, estudia la lista de vocabulario en la página 267 y practícalo el escuchar el surco 21 de tu Text Audio CD #2. Luego estudia *En preparación.*

7.3 Present tense of *e → i* stem-changing verbs, páginas 270–271

Haz por escrito los ejercicios de *¡A practicar!*

Escucha la sección *¿Qué se dice... ?* del Capítulo 7, Paso 2, en el surco 18 del Text Audio CD y haz la actividad correspondiente en la página 252.

Have students prepare *7.3 Present tense of e → i stem-changing verbs* for the first day you work on the **Paso.**

Allow 2–3 mins. for students to answer **in pairs**. Then call on **individuals**. Have the class indicate if they agree or disagree. For No. 3 have one pair read their list aloud and ask the class to comment on it and to add to it as appropriate.

Answers: ¡Aguas! = *Darn it!*; si te rajas = *if you chicken out*; puedes clavarte = *you can fall in love*; te está dando el avión = *he's just leading you on*

¿Qué se dice?

Al salir con tu novio(a)

Purpose: To introduce in context the vocabulary and structures students will need to express preferences.

Audio Script:

HORACIO: ¿Qué quieres hacer esta noche? Podemos ver televisión en mi casa, o si quieres, consigo boletos para *Taxi*. Las reseñas que recibió son excelentes.

ANGÉLICA: ¡Qué buena idea! Y después del teatro, si nos vestimos elegantemente, podemos comer algo en Los Sauces. Sirven una comida excelente.

HORACIO: ¡Chévere!

Answers: Horacio recomienda ver televisión o conseguir boletos para el teatro. Angélica sugiere comer en un restaurante elegante.

WEB TM7-2, Procedure: Have students look at visuals as you read each caption or narrate your own story line. Narrate two or three sentences at a time, pointing to the particular persons or objects being mentioned. Ask comprehension check questions.

Alternative Story Lines: 1. Tell how teens today go about deciding what to do on a date. 2. Talk about a movie or TV show about dating.

A propósito...

Lo no siempre es un pronombre de objeto directo, como estudiaste en el paso anterior. Cuando se usa con adjetivos, es un pronombre personal neutro y se traduce en inglés como «the + adjective + thing». ¿Cómo traduces al inglés «lo mismo», «lo importante», «lo tradicional», «lo más interesante»?

Horacio sugiere...
- ☐ ver televisión.
- ☐ conseguir boletos para Taxi.
- ☐ ir a un partido de fútbol.
- ☐ Angélica sugiere...
- ☐ comer en un restaurante elegante.
- ☐ comer en un resturante informal.

HORACIO:	Aquí viene el mesero. ¿Qué deseas pedir, mi amor?
ANGÉLICA:	¿Sirven buenos mariscos aquí?
HORACIO:	Sí, cómo no, todo es bueno aquí.
ANGÉLICA:	Entonces prefiero un cóctel de camarones, para empezar.
HORACIO:	¿No pides una copita de vino?
ANGÉLICA:	No. Prefiero una gaseosa. ¿Y tú? ¿Qué vas a pedir?
HORACIO:	¿Yo? Lo mismo, el cóctel de camarones. Y para beber, pues un tinto, ¡claro!
ANGÉLICA:	¿Cóctel de camarones con tinto? Ay, ay, ay...

¿Sabías que...?

Colombia tiene muchas comidas deliciosas. Un plato típico colombiano es el **ajiaco** —un estofado de pollo *(chicken stew),* crema, maíz y vegetales. La **bandeja paisa** es otro plato típico, con varios carnes *(meats).* Otro plato bastante conocido es la **carne esmechada,** que lleva carne, tomates y pimientos verdes y rojos. Por último, una bebida muy popular es el **tinto,** café colombiano muy fuerte y con mucho azúcar.

🔍 **En tu opinión:** ¿Crees que un restaurante elegante como Los Sauces sirve platos típicos colombianos como **ajiaco, bandeja paisa, carne esmechada**? ¿Por qué sí o por qué no? ¿Cuáles son tres platos típicos de comida estadounidense? ¿Dónde los sirven?

Ahora, ¡a hablar!

A. **Una cita... en Bogotá.** Si, finalmente, Horacio y Angélica consiguen cumplir sus planes del *¿Qué se dice... ?,* ¿qué hacen?

- ☐ 1. Van a cenar al restaurante La Marina.
- ☐ 2. Horacio consigue los boletos para *Taxi.*
- ☐ 3. Van al teatro.
- ☐ 4. Visten informalmente.
- ☐ 5. Disfrutan de la comida que sirven en Los Sauces.

B. **¿Qué dicen?** Ester y Elías, y Carmen y Paco, son dos parejas que están haciendo planes para salir juntos esta tarde ¿Qué dice cada pareja que prefiere hacer?

MODELO Elías: cenar en un restaurante
Elías prefiere cenar en un restaurante.

1. Carmen y Paco: ir al parque
2. Ester y Elías: ir al cine
3. Carmen y Paco: nadar en la playa de noche
4. Ester y Elías: ver una obra de teatro
5. Tú: bailar en una terraza
6. Ester y Elías: visitar un museo

C. **¡Aquí sirven bebidas riquísimas!** Tú, tu compañero(a) y Ester y Elías celebran tu cumpleaños en el restaurante favorito de Ester y Elías, La Embajada Antioqueña. ¿Qué hacen todos? Tomen turnos mientras describen lo que hacen.

MODELO **Elías pide las bebidas.**

Vocabulario útil

conseguir	pedir	querer	traer
decir	preferir	servir	

1. Yo...
2. Ester...
3. Tú...
4. Ester y Elías...
5. Tú y yo...

EP 7.3 ⊕⊕ **D.** Have students work
in **pairs**. Allow 2–3 mins. Then repeat by calling on **individual** students.

▌ IRM TM7-2, **Repaso visual,**
Amigos: Show the transparency
to the class and tell them to assume
that they are out on a date with one of
these persons. Tell them to select the
person and answer the following
questions with that person in mind:
¿Qué va a *pedir* la persona que
seleccionaste? ¿Qué van a *pedir* las
otras personas? ¿Qué vas a *pedir*
tú? ¿Qué te gusta de la persona que
seleccionaste? ¿Qué *te molesta* de
esa persona? ¿Hay algo que no
soportas? ¿*Te molesta* el peinado
de Ester? ¿el *fumar* de Paco? ¿las
cervezas de Elías?

E. Allow 3–4 mins. for interviews.
Then repeat with the class, asking
individuals the same questions about
their partners.

F. Allow 3–4 mins. for individual
tests. Have students score themselves
using the following scale.

2 puntos para las respuestas a
1 punto para las respuestas b
0 para las respuestas c

Ask them to raise their hand if they
agree with the result.

D. **Somos diferentes.** Tu compañero(a) y tú se comparan con Ester y Elías, para saber si hacen las mismas cosas o si hacen cosas diferentes.

MODELO Ester y Elías siempre consiguen boletos para el teatro.
Nosotros conseguimos boletos para un concierto de rock. o
Nosotros también conseguimos boletos para el teatro.

1. Ester y Elías salen muchas veces con otras parejas.
2. Ester y Elías siempre se visten elegantemente.
3. Ester y Elías consiguen salir casi todas las noches.
4. Ester y Elías piden pizza por teléfono los sábados por la noche.
5. Ester y Elías siguen hablando dos horas en el restaurante después de cenar.
6. Ellos repiten la misma actividad todos los domingos.

Y ahora, ¡a conversar!

E. **Entrevístense.** Entrevista a un(a) compañero(a) y luego que él/ella te entreviste a ti.

1. ¿Con qué frecuencia sales con tu pareja? ¿Salieron el fin de semana pasado? ¿Adónde fueron?
2. ¿A qué hora salen generalmente? ¿A qué hora salieron la última vez?
3. ¿Qué días prefieres salir normalmente?
4. ¿Prefieres salir solamente con tu pareja, o con otras parejas y amigos(as)?
5. ¿Qué prefieres hacer cuando salen? Nombra tres actividades favoritas. Luego nombra tres actividades que hicieron la última vez.
6. Por lo general, ¿quién paga? ¿Pagaste tú la última vez?

F. **¿Eres buen(a) amigo(a)?** ¿Cómo actúas con tus amigos? ¿Eres egoísta? ¿Generoso(a)? ¿Demasiado bueno(a)? Toma este examen primero. Luego tu profesor(a) te va a decir cómo sumar *(add up)* los puntos para que puedas determinar qué tipo de amigo(a) eres.

1. Cuando un(a) amigo(a) tiene problemas con su tarea, tú...
   a. la haces por él/ella.
   b. explicas cómo llegar a la solución.
   c. no le dices nada. No es tu problema.

2. Cuando dos de tus amigos se pelean *(fight)*, tú...
   a. tratas de reconciliarlos.
   b. ayudas al más débil *(weak)*.
   c. no haces nada. No es tu problema.

3. Cuando alguien te acusa de algo que tú no hiciste *(did)* pero que uno de tus amigos hizo *(did)*, tú...
   a. lo aceptas sin protestar.
   b. hablas con la persona responsable y la obligas a decir la verdad.
   c. dices que no eres la persona responsable y delatas a tu amigo(a).

4. Cuando un(a) amigo(a) te dice un secreto, tú...
   a. no lo revelas.
   b. lo revelas solamente a tu mejor amigo(a).
   c. lo revelas a todo el mundo.

5. Cuando tu amigo(a) quiere comprar un libro pero no tiene suficiente dinero, tú...
   a. lo (la) ayudas y no esperas que te pague.
   b. lo (la) ayudas, pero esperas que te pague.
   c. no lo (la) ayudas en absoluto.

6. Cuando un(a) amigo(a) te cuenta sus problemas, tú...
   a. lo (la) ayudas.
   b. lo (la) escuchas.
   c. prefieres hablar de tus problemas.

10 o más puntos: Eres un(a) amigo(a) excelente. Siempre ayudas a tus amigos. **¡Ojo!** Alguien puede abusar de tu gentileza.

5–9 puntos: Normalmente piensas primero en ti, después en los otros; a veces ayudas a tus amigos.

0–4 puntos: Das la impresión de que los amigos no son importantes para ti. **¡Ojo!** Puedes perderlos.

G. **Quejas.** Todos tenemos cosas que no soportamos *(we can't stand)* o nos molestan mucho. Habla con tu compañero(a) sobre las cosas que no les gustan o no soportan de su pareja, o de la persona con la que salen. Traten de determinar si no soportan las mismas cosas.

    Modelo   No soporto cuando fuma.
                  Yo tampoco lo soporto. o **Yo sí lo soporto.**

G. Have students work in pairs. Allow 2–3 mins. Then repeat by calling on individual students.

¡Luces! ¡Cámara! ¡Acción!

H. **La primera vez.** Tú y un(a) compañero(a) de clase van a salir por primera vez con una persona. Escriban el diálogo que tienen para decidir cuándo van a salir, adónde van a ir, qué van a hacer, cómo van a ir, quién va a buscar a quién, cuánto dinero van a necesitar y a qué hora piensan regresar. Luego lean su conversación delante de la clase.

I. **¡Esta noche!** Vas a salir esta noche con una persona muy especial. Ahora estás hablando con tus dos compañeros(as) de cuarto. Ellos(as) quieren saber con quién vas a salir y qué planes tienes. Contesta sus preguntas con muchos detalles.

H and I. Have students select either activity H or I and allow 3–4 mins. to prepare. Point out that students selecting H may read their scripts while those selecting I must present without using books or notes. Call on volunteers to present first, and then call on the rest of the class. Ask comprehension check questions.

¿Comprendes lo que se dice?

Estrategias para ver y escuchar: usar imágenes visuales para interpretar el contenido

In **Capítulo 2** you learned to use visual images to anticipate the content of a reading selection. Because video always consists of rich visual images to illustrate what is being said they frequently also help you understand words that you may not know. As you watch the video, pay close attention to the images, especially when you hear narrative that you do not understand. More often than not, the images being shown will aid your comprehension considerably. Apply this strategy as you view the segment on Colombia. Then use this and other listening strategies you have learned to help you understand the segment on Fernando Botero.

Interpretar el contenido aprovechando las imágenes visuales

Mira el video que tu profesor(a) va a poner sin volumen *(mute)*, para que puedas prestar atención a las imágenes. Al verlo, escribe cinco cosas que crees que el video trata. Luego confirma con otro(a) compañero(a) las cosas en las que ambos coinciden.

El video trata de...

1. _____
2. _____
3. _____
4. _____
5. _____

Al ver el video: ¿Comprendes lo que se dice?

As you watch the video with sound now, select the topics that are covered in the video using both visual and verbal cues. Compare these items to the ones you anticipated above.

Sí	No	
Sí	No	1. La naturaleza en Colombia
Sí	No	2. La situación geográfica de Colombia
Sí	No	3. Las montañas de Colombia
Sí	No	4. Los productos colombianos
Sí	No	5. Las ciudades colombianas
Sí	No	6. El problema del narcotráfico en Colombia

Colombia, ¡Puerta a Sudamérica!

Después de ver el video

Ahora mira la segunda selección sobre **Fernando Botero.** Luego, selecciona la frase que mejor responde a la información del video.

1. Los personajes de Botero representan...
   a. a la gente corriente de Colombia.
   b. a la élite Colombiana.
   c. a los extranjeros que viven en Colombia.

2. En pintura, Botero usa el óleo, la acuarela y...
   a. el mármol.
   b. el granito.
   c. el acrílico.

3. Botero, además de pintar, hace...
   a. edificios.
   b. libros.
   c. esculturas.

4. La calidad pintoresca y el estilo temático hacen de Botero uno de los artistas...
   a. más elitistas del planeta.
   b. más difíciles de comprender.
   c. más reconocidos del mundo.

Fernando Botero

Antes de empezar, dime...

Contesta estas preguntas sobre tus gustos artísticos.

1. ¿Conoces mucho sobre arte?
2. ¿Qué tipo de arte te gusta?
3. ¿Tienes un(a) artista favorito(a)?
4. ¿Cuál es la obra más famosa de tu artista favorito(a)?

Fernando Botero frente a uno de sus cuadros

Retrato oficial de la junta militar, 1971

Fernando Botero: «Arte es siempre una versión diferente de lo mismo.»

Al hablar de arte contemporáneo es imposible no mencionar al talentoso artista colombiano Fernando Botero. Nació en Medellín, el 19 de abril de 1932. Botero recuerda sus años de juventud como duros, porque con la muerte de su padre, su familia quedó en una situación económica bastante complicada. Fue un período triste y difícil, pero a la vez bueno y positivo porque la frugalidad y dificultades le enseñaron a apreciar todo con más intensidad.

Botero demostró desde niño su habilidad para el arte, contando siempre con el apoyo y motivación de su madre. En 1952, con el dinero que recibió al ganar el segundo lugar en una exposición en el salón Nacional de Artistas, en Bogotá, decidió viajar a Europa. Estudió durante un año en la Academia de Bellas Artes de San Fernando, en Madrid, donde cuenta que vio sólo una vez a su maestro. Más tarde decidió trasladarse a Italia donde estudió en la Academia San Marco, en Florencia.

Según Botero, al principio él quería unirlo todo: el color de Matisse, la estructura de Picasso, las pinceladas de Van Gogh. Pero, como él mismo dice, el tiempo le enseñó que uno puede obtener más usando menos elementos.

Después de vivir por un tiempo en México, donde recibió la influencia de los grandes muralistas, tomó su gran decisión: hacer de Latinoamérica su tema. Según él, América Latina es importante, admirable y digna de ser observada. En ella, dice, todo es importante. Fernando Botero cree que un artista es honesto y válido cuando muestra sus propias raíces en su trabajo.

Y ahora, dime...

1. ¿Qué opinas del cuadro de Botero? ¿Cómo refleja este cuadro lo que acabas de leer de Botero?
2. ¿Crees que este cuadro lleva algún mensaje o fue la intención de Botero simplemente divertir *(amuse)* a su público? Explica la respuesta.
3. Sigue este modelo al resumir los datos *(facts)* más importantes de la vida de Fernando Botero.

DATOS IMPORTANTES

Datos personales	Datos profesionales
1.	1.
2.	2.
3.	3.

¡Escríbelo!

Estrategias para escribir: dar consejos por escrito

Cartas con consejos. Cuando escribimos cartas que dan sugerencias o consejos *(advice)*, hay que usar ciertas estructuras. La más sencilla es usar ciertos verbos que ya conoces en el infinitivo, tanto afirmativa como negativamente.

necesitar + infinitivo	**Necesitas ser** más activa.
(no) deber *(should)* **+** infinitivo	**(No) Debes hablar** con tu novia.
(no) tener que + infinitivo	**(No) Tienes que decidir** en este momento.

Ahora piensa en un(a) amigo(a) que tiene problemas sentimentales y prepara una lista de sus problemas. Incluye lo que dice tu amigo(a) y lo que dice su pareja. Si no tienes un(a) amigo(a) con problemas, invéntalo(la).

Ahora, ¡a escribir!

A. Ahora, a organizar. Prepárate para escribirle una carta a tu amigo(a) con problemas sentimentales. Empieza por crear un grupo de ideas para sugerir y aconsejar *(advise)*. Escribe todas tus ideas usando ciertos verbos más otros en el infinitivo. Agrupa tus ideas para que puedan organizarse en párrafos.

B. El primer borrador. Ahora prepara un primer borrador de tu carta de consejo. Incluye la información de la lista de ideas que preparaste en la sección previa.

C. Ahora a compartir. Comparte tu primer borrador con dos o tres compañeros(as). Haz comentarios sobre el contenido y el estilo de las cartas de consejo de tus compañeros(as) y escucha los comentarios de ellos sobre tu carta. ¿Están claros los consejos? ¿Hay bastantes consejos o necesitan más? ¿Es lógica la organización de la carta?

D. El segundo borrador. Haz los cambios necesarios, basándote en los comentarios de tus compañeros de clase. Luego prepara un segundo borrador.

E. A compartir, una vez más. Comparte tu segundo borrador con dos o tres compañeros(as). Esta vez haz comentarios sobre los errores de estructura, ortografía o puntuación. Concéntrate específicamente en cómo dan los consejos. ¿Dan sugerencias y consejos usando **necesitar, deber** y **tener que** correctamente? Indica todos los errores de las cartas de tus compañeros(as), y luego decide si necesitas hacer cambios en tu carta basándote en los errores que ellos te indiquen a ti.

F. La versión final. Prepara la versión final de tu carta y entrégala. Escribe la versión final en la computadora, siguiendo las instrucciones recomendadas por tu instructor(a).

G. Publicación. En grupos de cuatro o cinco, lean sus cartas y decidan cuál da los mejores consejos. Léanle esa carta a la clase.

Novelas colombianas

¿Eres buen observador?

Ahora, ¡a analizar!

1. ¿A cuántas de estas personas conoces? ¿Quiénes son?
2. ¿Sabes de dónde es Celia Cruz y si todavía vive?
3. ¿Qué sabes de J.Lo y de Shakira? ¿Quiénes son? ¿De dónde son? ¿Por qué son famosas?
4. ¿Sabes quiénes son Itatí y Camil? ¿Qué hicieron en Brasil?
5. ¿Conoces a Lucía Méndez? ¿Sabes si es cantante, artista o actriz? ¿Cómo lo sabes?

¿Qué se dice... ?

Al expresar emociones

Angélica...

- ☐ lo ama.
- ☐ lo odia.
- ☐ lo quiere.
- ☐ lo invita a tomar café.

Horacio...

- ☐ la adora.
- ☐ está loco por ella.
- ☐ la invita a tomar café.
- ☐ la detesta.

ANGÉLICA: ¿Conoces a mi amiga Margarita?

HORACIO: ¿La de Medellín? No la conozco muy bien, pero sé que es hermosísima.

ANGÉLICA: ¡A veces te odio, Horacio!

HORACIO: Digo que la conozco y la admiro; no digo que la amo. ¡Tú sabes que sólo te amo a ti!

HORACIO: ¿Quién es ese muchacho que está contigo en la foto?

ANGÉLICA: ¿Cuál? Ah, ése. Es tu amigo Javier Maleza.

HORACIO: ¿Cómo? ¡Javier Maleza? ¡No es amigo mío!

ANGÉLICA: Ay, Horacio, ¿por qué eres tan celoso? Tú sabes que te amo.

HORACIO: Sí, sí,... y yo te adoro.

Purpose: To introduce in context vocabulary and structures used to express emotions.

Audio Script:
ANGÉLICA: ¡No sabes cuánto te quiero, Horacio! ¡Estoy completamente enamorada de ti! Te amo con todo el corazón.
HORACIO: ¡Y yo estoy loco por ti, más de lo que te puedes imaginar! Te adoro.
ANGÉLICA: ¿Por qué no pasas a tomar un tinto?

Answers: Angélica lo ama; lo quiere, lo invita a tomar un café. Horacio la adora; está loco por ella.

◤ **WEB TM7-3, Procedure:** Have students look at the visuals as you read each caption or narrate your own story line. Use various techniques to communicate meaning without translation.

Alternative Story Lines: 1. Talk about love/hate relationships in your favorite soap opera. 2. Talk about an interesting love/hate relationship you know. 3. Describe a movie or TV show dealing with love/hate relationships.

A propósito...

Los adjetivos posesivos **mío, -a, -os, -as; tuyo, -a, -os, -as; suyo, -a, -os, –as; nuestro, -a, -os, -as; vuestro, -a, -os, -as** y **suyo, -a, -os, -as** pueden funcionar como pronombres: **Esa casa es mía.** Si acompañan al nombre, van siempre después de él, como en este caso: **No es amigo mío.**

¿Sabías que... ?

Colombia, además de haber dado al mundo grandes escritores y artistas, ha tenido un gran impacto en el mundo musical internacional. Año tras año, los premios *Grammy* siguen yendo a grandes músicos colombianos como Shakira, los Aterciopelados, Carlos Vives, Charlie Zaa, Los Trío y Juanes. Es fácil entender por qué Colombia continúa teniendo un gran prestigio internacional: las influencias de los ritmos caribeños y del Pacífico, mezclados con los ritmos europeos e indígenas, hacen de Colombia un país de enorme creatividad musical.

En tu opinión: ¿Por qué crees que tantos músicos excelentes vienen de Colombia? ¿Sabes de dónde viene grandes músicos latinos en los Estados Unidos como Ricky Martin, Gloria Estefan, Jon Secada,... ? ¿Qué tienen en común los países de origen de estos grandes músicos?

Ahora, ¡a hablar!

A. **¿Horacio o Angélica?** Según el *¿Qué se dice...?,* ¿qué dicen Horacio y Angélica?

1. Horacio dice que...
   a. conoce a Margarita.
   b. no la conoce muy bien.

2. Horacio sabe que....
   a. Margarita es hermosa.
   b. la ama.

3. Angélica...
   a. odia a veces a Horacio.
   b. lo odia siempre.

4. Angélica...
   a. ama también a Horacio.
   b. no lo conoce en absoluto.

5. Horacio...
   a. detesta a Angélica.
   b. adora a Angélica.

B. **Sentimientos.** ¿Qué sientes tú hacia estas personas y cosas?

MODELO mamá
Yo la amo.

Vocabulario útil

admirar	amar	ignorar	resolver
adorar	detestar	odiar	respetar

1. mejor amigo(a)
2. compañeros(as) de cuarto
3. novio(a)
4. universidad
5. tarea

6. políticos
7. policía
8. profesores
9. los problemas

C. **¡Soy tu ideal!** Tienes un(a) novio(a) que te gusta mucho. Tú quieres convencerlo(la) de que eres la persona ideal para él (ella). ¿Qué le dices?

EP 7.5 ⚏ C. Call on **individuals**. Have the class confirm each response.

MODELO   escribir poemas de amor
         Yo sé escribir poemas de amor en español.

yo sé/conozco   muchos lugares interesantes de Colombia
                 expresar mis sentimientos en español
                 bailar la cumbia muy bien
                 a muchos colombianos famosos
                 cocinar unos deliciosos platos colombianos

D. **Noticias.** Su amiga Natalia acaba de escribirles esta carta describiendo a su familia. Con tu compañero(a), decidan cuál es el verbo correcto en cada caso.

EP 7.5 ⚏ D. **Answers:** sé; saben; conozco; saben; conocen; sé; saben

◤ IRM TM7-3, **Repaso visual,** *¿Qué opinas?:* Show the transparency to the class and ask various individuals: **¿Qué opinas de... (los políticos)? ¿de... (las comidas)? ¿de... (la música)?** If necessary, lead them to use object pronouns and expressions such as: **adoro, odio, detesto, admiro, amo, me encanta, me fascina** in their answers.

Queridos amigos: No **sé/conozco** si **saben/conocen** que vivo en Colombia desde hace dos meses. Decidí venir aquí porque **sé/conozco** a varias personas que me recomendaron este país. Como **saben/conocen,** hay bastantes problemas de violencia, pero yo estoy muy contenta. Tengo muchos amigos que **saben/conocen** muy bien la ciudad, y siempre salimos juntos. No **sé/conozco** exactamente cuándo regreso a los Estados Unidos. Y ustedes, **¿saben/conocen** si finalmente vienen a visitarme a Colombia?

Y ahora, ¡a conversar!

E. **Datos personales.** Entrevista a un(a) compañero(a) para obtener algunos datos personales.

E. Students work **in pairs**. Allow 2–3 mins. for interviews. Both partners take turns asking and answering questions. Then have everyone write a paragraph about his/her partner's feelings.

1. ¿Es fácil o difícil para ti expresar tus sentimientos? ¿Por qué?
2. ¿Quién es la persona qué más admiras? ¿Que más amas? ¿Por qué?
3. ¿Odias a alguna persona? ¿Por qué?
4. ¿Quién es la persona que más te ama?
5. ¿Eres una persona básicamente sociable o no? ¿Por qué?
6. ¿Qué se necesita para tener una relación ideal?

F. **Compañeros(as) de cuarto.** Tú y tu compañero(a) de cuarto están hablando de sus novias(os). Tu compañero(a) dice que tiene un problema: no sabe si su pareja lo (la) ama realmente o no. ¿Qué preguntas puedes hacerle para ayudarlo(la) a solucionar su problema?

F. Allow 2–3 mins. for students to write questions. Then have students work **in pairs,** asking their questions. Ask **individuals** what was the best question they were asked.

MODELO   **¿Te invita a su apartamento?**
         ¿Acepta tus invitaciones?

G. **¿Tienes una buena personalidad?** Para saberlo, contesta estas preguntas y sigue el orden de las flechas hasta llegar al final.

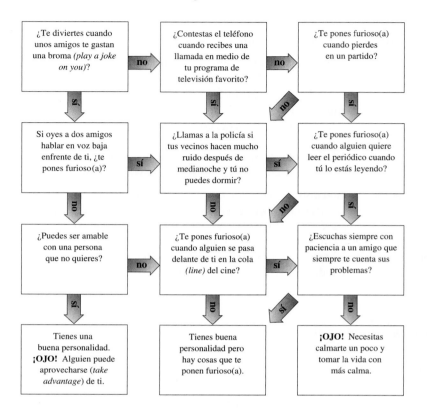

¿Te diviertes cuando unos amigos te gastan una broma (*play a joke on you*)?

no

¿Contestas el teléfono cuando recibes una llamada en medio de tu programa de televisión favorito?

no

¿Te pones furioso(a) cuando pierdes en un partido?

Si oyes a dos amigos hablar en voz baja enfrente de ti, ¿te pones furioso(a)?

sí

¿Llamas a la policía si tus vecinos hacen mucho ruido después de medianoche y tú no puedes dormir?

sí

¿Te pones furioso(a) cuando alguien quiere leer el periódico cuando tú lo estás leyendo?

¿Puedes ser amable con una persona que no quieres?

no

¿Te pones furioso(a) cuando alguien se pasa delante de ti en la cola (*line*) del cine?

sí

¿Escuchas siempre con paciencia a un amigo que siempre te cuenta sus problemas?

Tienes una buena personalidad. **¡OJO!** Alguien puede aprovecharse (*take advantage*) de ti.

Tienes buena personalidad pero hay cosas que te ponen furioso(a).

¡OJO! Necesitas calmarte un poco y tomar la vida con más calma.

¡Luces! ¡Cámara! ¡Acción!

H. **¡Ay, amor!** Tú estás completamente enamorado(a) de tu pareja pero no sabes si él/ella todavía te ama a ti. Acabas de saber que salió con otra persona. Decides pedirle consejos a tu mejor amigo(a). Tu amigo(a) te hace algunas preguntas sobre tu novio(a) y también sobre tus propios sentimientos. Con un(a) compañero(a) que hace el papel de tu mejor amigo(a), escribe el diálogo que tienen y luego léanselo a la clase.

I. **Telenovela.** En grupos de tres o cuatro, dramaticen una escena de su telenovela favorita. Puede ser un triángulo amoroso o dos parejas que tienen una relación que vacila entre el amor y el odio.

El rincón de los lectores

Estrategias para leer: pistas del contexto

Procedure: Have students read the **Estrategias** silently and do the **Prepárate para leer** activity **in pairs**. Check their answers.

In the previous chapter you learned several techniques for recognizing context clues including

1. using the meaning of the rest of the sentence.
2. being satisfied with the generalized meaning.
3. looking for help in punctuation and grammar.
4. learning to recognize key words and ignoring others.

Prepárate para leer. Practica usando las técnicas que ya sabes para reconocer las pistas de contexto en esta selección. Busca las palabras de la columna A en la lectura y estudia el contexto de las oraciones donde las encuentres. Luego selecciona según el contexto las palabras de la columna B que tienen el mismo significado de cada palabra de la columna A.

A	**B**
1. alcalde	a. poniendo brillante
2. muela	b. usa una pistola o revólver
3. puliendo	c. expresarse en voz alta
4. salita de espera	d. tranquilamente
5. gritar	e. un diente de la parte de atrás de la boca
6. pega un tiro	f. silla grande
7. sin apresurarse	g. oficial principal del pueblo o de la ciudad
8. sillón	h. cuarto donde esperan los pacientes

Do this activity as a readers' theater. Have students prepare to do the reading in groups of five: one student reads the son's lines, another the dentist's lines, a third the military man's lines, and the fourth and fifth alternate reading the narrator's lines. Allow 2–3 mins. to prepare before calling the first group to read their parts in front of the class. Then call on the other groups. Ask comprehension check questions after each group.

Lectura

Gabriel García Márquez nació en Colombia en el año 1928. En 1961 se fue a vivir a México donde tuvo la idea para una de sus novelas más famosas, *Cien años de soledad*. Publicó esta novela en el año 1967. La mayoría de los críticos consideran esta novela la más importante de la literatura española de la época por su temática y técnica creativa. Además de novelas, Gabriel García Márquez ha escrito excelentes colecciones de cuentos y guiones para películas. En 1982 recibió el Premio Nobel de Literatura.

En «Un día de estos», Gabriel García Márquez expresa su oposición a los militares de Colombia. Es el cuento de un militar que va al dentista del pueblo porque tiene un absceso. El dentista odia a los militares y no quiere atenderlo, pero el militar amenaza con matarlo si no le saca la muela. Al final, el dentista le saca la muela al militar, pero no usa anestesia.

Un día de estos (Fragmento)

—Papá.

—Qué.

—Dice el alcalde que si le sacas una muela.

—Dile que no estoy aquí.

Lo retiró... *He held it at an arm's distance*

Estaba puliendo un diente de oro. Lo retiró a la distancia del brazo° y lo examinó con los ojos a medio cerrar. En la salita de espera volvió a gritar su hijo.

—Dice que sí estás porque te está oyendo.

El dentista siguió examinando el diente. Sólo cuando lo puso en la mesa con los trabajos terminados, dijo:

—Mejor.

fresa... *dentist's drill* / **cajita de...** *cardboard box* / **puente...** *dental bridge*

Volvió a operar la fresa.° De una cajita de cartón° donde guardaba las cosas por hacer, sacó un puente° de varias piezas y empezó a pulir el oro.

—Papá.

—Qué.

Aún no había cambiado de expresión.

—Dice que si no le sacas la muela te pega un tiro.

gaveta... *drawer* / **venga a...** *Tell him to come and shoot me*

Sin apresurarse, con un movimiento extremadamente tranquilo, dejó de pedalear en la fresa, la retiró del sillón y abrió por completo la gaveta° inferior de la mesa. Allí estaba el revólver. —Bueno —dijo—. Dile que venga a pegármelo.°

A ver si comprendiste

Contesta basándote en la selección de «Un día de estos» que leíste.

Call on **individuals** to answer the first question. Then allow 3 mins. for students to do the mapping activity. **In pairs,** tell students to compare their lists and borrow from each other.

1. Haz comentarios sobre el diálogo en este fragmento. ¿Cómo indica el autor que una persona deja de hablar y otra empieza? En tu opinión, ¿por qué no hay signos de interrogación cada vez que el dentista dice «Qué»?
2. Esta escena es muy dramática. Hay mucha tensión. ¿Qué crees que está pensando cada personaje mientras ocurre este diálogo? Escribe los pensamientos del hijo, del dentista y del militar.

Pensamientos del hijo:

Pensamientos del dentista:

Pensamientos del militar:

Vocabulario

CD2-20–2-22

PASO 1

Acciones

atraer	to attract
conocer	to know; to be acquainted
gozar	to enjoy
poner	to put
saborear	to savor
traer	to bring

En las citas

a eso de...	at about
cita	date
función (f.)	function
impresionar	to impress
prometer	to promise
puntual	punctual
recoger	to pick up
salir	to leave; to go out

Descripciones y personas

cortés	courteous
escultor(a)	sculptor
familiares (m./pl.)	family members
gordo(a)	fat
precioso(a)	precious

Palabras útiles

corrida de toros (f.)	bullfight
oro	gold
turno	turn
vela	candle
verdad (f.)	truth

PASO 2

Acciones

convenir	to suit one's interest
delatar	to denounce
disfrutar	to enjoy
fumar	to smoke
molestar	to bother
obligar	to oblige; to compel; to force
protestar	to protest
repetir (i, i)	to repeat
revelar	to reveal
soportar	to support; to tolerate
tratar de	to try to

En el restaurante

camarón (m.)	shrimp
cóctel (m.)	cocktail
copita	small glass
gaseosa	carbonated drink
pedir (i, i)	to ask for; to order
servir (i, i)	to serve

Saliendo al teatro

boleto	ticket
reseña	review
vestir (i, i)	to dress

Palabras útiles

alguien	someone; anyone
¡Chévere!	Cool!
débil	weak
desventaja	disadvantage
ventaja	advantage

PASO 3

El amor

admirar	to admire
adorar	to adore
amar	to love
corazón (m.)	heart; darling
enamorado(a) de	in love with
respetar	to respect
sentimientos (m. pl.)	feelings

El odio

celoso(a)	jealous
odiar	to hate
odio	hate

Palabras útiles

conmigo	with me
contigo	with you
ignorar	to ignore
resolver	to resolve
saber	to know (facts)

7.1 Direct-object nouns and pronouns

Agreeing and disagreeing, accepting and refusing

A. Direct-object nouns and pronouns answer the questions *Whom?* or *What?* in relation to the verb of the sentence.

I'll see her tonight.	*(Whom will I see? Her.)*
They have my tickets.	*(What do they have? My tickets.)*

Identify the subjects and direct objects in the following sentences and check your answers.

1. She doesn't know my address.
2. Can you hear them now?
3. Shall I put flowers on this table?
4. Bring it tomorrow.

B. In Spanish, whenever the direct object is a specific person or persons, an **a** is *always* placed before it. This personal **a** is never translated into English.

No conozco **a** tus padres.	*I don't know your parents.*
Pero sí conozco Bogotá.	*But I do know Bogotá.*
Siempre traen **a** Gloria.	*They always bring Gloria.*

C. Direct-object pronouns replace direct-object nouns. The direct-object pronouns in Spanish are shown below.

Singular		Plural	
me	me	**nos**	us
te	you *(fam.)*	**os**	you *(fam.)*
lo/la	you *(formal, m./f.)*	**los/las**	you *(formal, m./f.)*
lo	him, it *(m.)*	**los**	them *(m.)*
la	her, it *(f.)*	**las**	them *(f.)*

D. Direct-object pronouns must be placed *directly* in front of a conjugated verb.

Te amo.	*I love you.*
¿Sabes cuánto **me** quiere?	*Do you know how much she loves me?*
Yo ni **la** conozco.	*I don't even know her.*

E. The direct-object pronoun may follow and be attached to an infinitive or a present participle.

Voy a traer**los** mañana.	
Los voy a traer mañana.	*I'm going to bring them tomorrow.*
Me está esperando ahora.	
Está esperándo**me** ahora.	*He's waiting for me now.*

Note that when a direct-object pronoun is attached to a present participle, a written accent is required to maintain the original stress: **esperando → esperándome.**

Answers: 1. *subject:* She / *direct object:* address 2. *subject:* you / *direct object:* them 3. *subject:* I / *direct object:* flowers 4. *subject:* (you) / *direct object:* it

¡A practicar!

A. Examen. Juanita is taking the placement exam at the **Universidad Nacional de Colombia.** How does she answer the examiner's questions?

PROFESOR: ¿Me ves bien de allí?
JUANITA: Sí, profesor. _____ veo bien.
PROFESOR: ¿Tienes un lápiz Núm. 2?
JUANITA: Sí, _____ tengo.
PROFESOR: ¿Escuchas bien la cinta *(tape)*?
JUANITA: Sí, _____ escucho muy bien.
PROFESOR: ¿Me escuchas bien a mí y a la profesora Salas?
JUANITA: Sí, _____ escucho muy bien a los dos.
PROFESOR: ¿Entiendes bien las instrucciones?
JUANITA: Sí, sí, _____ entiendo.
PROFESOR: Bien, entonces empecemos.

B. ¡Qué casualidad! Two people have just met at a party and realize that they both come from the same city in Colombia, Cartagena. What do they ask each other? How do they respond?

MODELO Gloria Gutiérrez
—**¿Conoces a Gloria Gutiérrez?**
—**Sí, la conozco muy bien.** o **No, no la conozco.**

1. Lucas Trujillo
2. Josefa y Elodia Ledesma
3. el padre Francisco
4. los señores Villegas
5. mi hermana Delia Cortés
6. los Díaz

C. ¿Qué hacen ustedes? You and your date are classmates at the **Universidad Nacional de Colombia.** Do you do any of the following things together? Answer using direct-object pronouns.

MODELO ¿Ven videos? ¿Dónde?
Sí, los vemos en mi... [apartamento]. o
No, no los vemos.

1. ¿Ven la televisión? ¿Dónde?
2. ¿Escuchan discos? ¿Dónde?
3. ¿Leen novelas o periódicos? ¿Dónde?
4. ¿Preparan comidas? ¿Dónde?
5. ¿Hacen las tareas? ¿Dónde?
6. ¿Lavan el auto? ¿Dónde?

7.2 Irregular *-go* verbs

Telling what people do, say, or hear

In **Capítulo 2,** you learned the irregular verbs **tener, salir,** and **venir.** Following are several other Spanish verbs that have the same irregular ending in the **yo** form in the present tense: **-go.** Note that some of these verbs also have stem changes.

hacer	traer	poner	decir	oír
to do, make	*to bring*	*to put*	*to say, tell*	*to hear*
hago	traigo	pongo	digo	oigo
haces	traes	pones	dices	oyes
hace	trae	pone	dice	oye
hacemos	traemos	ponemos	decimos	oímos
hacéis	traéis	ponéis	decís	oís
hacen	traen	ponen	dicen	oyen

¡A practicar!

A. ¡No hay como un buen tinto colombiano! In Colombia, **un tinto** refers to small cup of black coffee. What does this person do when he is feeling a little depressed? To find out, complete the following paragraph with the appropriate form of the verb in parentheses.

Cuando yo estoy deprimido, siempre _____ (tener) mucho sueño y por eso generalmente me _____ (hacer) un buen tinto. Todo el mundo _____ (decir) que el café no es bueno para la salud *(health),* pero nosotros, los colombianos, _____ (decir) que el tinto es ideal para la depresión. Yo nunca _____ (poner) demasiada azúcar *(sugar)* en mis tintos. Cuando yo _____ (invitar) a café a mis amigos, siempre _____ (oír) lo que dicen todos: —¡Mmm! ¡Está delicioso!

B. Buena impresión. Raúl is from Medellín, the city of eternal spring, where flowers are abundant year round. María is dating Raúl. To find out what a typical date is like from her point of view, complete the following statements with the appropriate form of the verb in parentheses.

1. Cuando Raúl _____ (venir) a nuestra casa, siempre le _____ (traer) unas orquídeas a mi mamá.
2. Mamá siempre _____ (decir) que las orquídeas son lindísimas.
3. Yo siempre las _____ (poner) en un florero y luego _____ (poner) el florero en la mesa.
4. Mi mamá y mi abuelo _____ (hacer) su refresco preferido, ponche.
5. Mi papá _____ (decir) que es obvio que nosotros queremos impresionarlo.

C. ¡Qué caballero! Now complete the following paragraph with the appropriate form of the verb in parentheses to see Raúl's point of view.

Cuando yo _____ (venir) a tu casa siempre _____ (hacer) todo lo posible para impresionar a tu familia. Generalmente _____ (traer) orquídeas a tu mamá. A veces hasta le _____ (traer) algo a tu papá. Yo creo que ellos lo agradecen *(appreciate)* porque _____ (oír) sus comentarios. Yo siempre _____ (decir) que la cortesía es muy importante.

Paso 2

7.3 Present tense of *e* → *i* stem-changing verbs

Stating what people do

In **Capítulo 4,** you learned that some Spanish verbs have an **e** → **ie** or an **o** → **ue** vowel change whenever the stem vowel is stressed. A number of **-ir** verbs have an **e** → **i** vowel change.

pedir		seguir	
to ask for		*to follow*	
pido	pedimos	sigo	seguimos
pides	pedís	sigues	seguís
pide	piden	sigue	siguen

Other frequently used **e** → **i** stem-changing verbs are **decir** *(to say, tell),* **repetir** *(to repeat),* **vestir** *(to dress),* and **servir** *(to serve).* Note that derivatives of these verbs will also be stem-changing: **conseguir** *(to get, obtain)* and **despedir** *(to fire, dismiss).* Remember that all **-ir** stem-changing verbs undergo a one-vowel change in the present participle:

e → ie	o → ue	e → i
divirtiendo	durmiendo	pidiendo
prefiriendo	muriendo	siguiendo
sintiendo		diciendo

¡A practicar!

A. Dietas. What do these people think about dieting?

1. Yo siempre _____ (pedir) fruta, nunca _____ (pedir) postres.
2. Yo _____ (seguir) una dieta que me permite comer de todo.
3. Mi médico _____ (repetir) constantemente: «No es necesario estar a dieta, pero sí es necesario hacer ejercicio».
4. Pues yo sólo voy a restaurantes donde _____ (servir) comida vegetariana.
5. Yo no _____ (seguir) los consejos de nadie. ¡Yo como lo que quiero, cuando quiero!

B. En un café de Cali. Justin, who has been spending his junior year studying in Cali, Colombia, has invited several of his friends for a farewell reunion as the school year comes to an end. Complete the following paragraph with the appropriate form of the verb in parentheses to find out what they do when they get to their favorite café.

Nosotros _____ (seguir) a Justin a una mesa grande. Él _____ (conseguir) sillas para todos y _____ (pedir) cervezas para Pedro y María. Él, Carmen y yo _____ (decir) que preferimos un refresco. Cuando la mesera _____ (servir) las bebidas, todos nosotros _____ (decir): —¡Salud!

C. Una noche con Miguel. Virginia Salazar always enjoys going out with Miguel, a Colombian friend. Complete the following paragraph with the appropriate form of the verb in parentheses to find out why.

Cuando Miguel y yo _____ (salir), siempre es divertido. Él siempre se _____ (vestir) elegantemente. Nosotros nunca _____ (repetir) las mismas actividades; siempre _____ (hacer) algo diferente. Por ejemplo, a veces vamos a un restaurante colombiano que _____ (servir) comida exquisita. Él _____ (pedir) unos platos colombianos deliciosos. Todos los meseros conocen a Miguel y _____ (servir) la comida inmediatamente.

Paso 3

7.4 Review of direct-object nouns and pronouns

Referring to people and things indirectly

A. Direct-object nouns answer the question *Whom?* or *What?* in relation to the verb. Identify the subjects and direct objects in the following sentences.*

1. Te adoro, Rodolfo. Y tú, ¿me amas?
2. Yo no lo puedo creer. Dice que ya no me quiere.

B. Direct-object pronouns are always placed directly in front of a conjugated verb, but may be attached to the end of an infinitive or a present participle. They are always attached to an affirmative command. Identify the direct-object pronouns in the following sentences.†

---

* Answers: 1. *subjects:* Yo / tú; *direct objects:* Te / me; 2. *subjects:* yo / Él (or Ella); *direct objects:* lo / me

† Answers: 1. Las 2. me 3. nos / los / Lo

1. ¿Bebidas alcohólicas? ¡Las detesto!
2. Mis abuelos me quieren mucho pero no me permiten salir de noche.
3. —Llámanos al llegar, por favor.
   —Sí, los llamo. Lo prometo.

Note that, as with the case of present participles, when a direct-object pronoun is attached to an affirmative command, a written accent is required to maintain the original stress: **Llama → Llámanos.**

¡A practicar!

A. ¿Quién va a traerlos? Your Spanish teacher is throwing a party this weekend for everyone in your class. Of course, all of you volunteered to help out! Answer these questions by telling who in your class is doing these things.

MODELO ¿Quién va a traer los discos? (Francisco)
Francisco va a traerlos. [o]
Francisco los va a traer.

1. ¿Quién va a traer la bandeja paisa?
2. ¿Quién va a hacer el ajiaco?
3. ¿Quiénes van a preparar el tinto?
4. ¿Quién va a tocar la guitarra?
5. ¿Quiénes van a comprar los refrescos?
6. ¿Quiénes van a limpiar la casa después de la fiesta?

B. ¿Qué piensan de ti? How do the following people feel about you?

Vocabulario útil

admirar	no querer
adorar	odiar
amar	querer
detestar	respetar

1. tus padres
2. tus hermanos
3. tu perro o gato
4. tu profesor(a) de español
5. tu novio(a)
6. tu abuelo(a)

7.5 The verbs *saber* and *conocer*

Stating what you know and who or what you are acquainted with

saber		conocer	
to know (how)		*to know, to be acquainted with*	
sé	sabemos	conozco	conocemos
sabes	sabéis	conoces	conocéis
sabe	saben	conoce	conocen

A. Saber is used when speaking of knowing specific, factual information. When followed by an infinitive, **saber** means *to know how to do something.*

No **sé** cómo se llama pero **sé** que **sabe** bailar cumbia muy bien.

I don't know her name but I know that she knows how to dance cumbia very well.

B. Conocer is used when talking about knowing a person or being familiar with a place or a thing. When speaking of knowing people, **conocer** is always followed by the personal **a**.

Conozco varias obras de García
    Márquez pero no lo **conozco a** él.

*I know several of García Márquez's works
    but I don't know him.*

¡A practicar!

A. ¿Quién es? Justin is trying to find out as much as he can about the new Colombian girl in his history class. Complete the following sentences with the appropriate form of **saber** or **conocer** to find out what his friends say.

NATALIA: Yo no la _____ pero _____ que vive en la residencia.
VÍCTOR: Mi novia _____ a su hermana.
ROSA: Julio y Roberto _____ su número de teléfono.
GLORIA: Mis padres _____ a sus padres.
ROBERTO: Yo no _____ quién es pero ella _____ bailar cumbia muy bien.
ANTONIO: Si quieres _____, te la puedo presentar.

B. ¡No conozco a nadie! Justin has been in Cali a month now, but he still doesn't know a lot of people. What does he say if he doesn't know who the following people are?

MODELO   Pablo y Antonio
            ¿Quiénes son esos chicos? No los conozco.

1. Jacobo
2. Ángela y Matilde
3. tú
4. Esteban y Luisa
5. Víctor, Mario y tú
6. Luz María

C. ¡Lo siento, pero...! What do these people say when asked for specific information?

MODELO   **Sí, yo conozco a su hermana, pero no sé su nombre.**

1. Yo la _____ muy bien, pero no _____ su número de teléfono.
2. Yo _____ la casa de Andrés, pero desafortunadamente, no _____ su dirección.
3. Lo siento, yo _____ francés, pero no _____ Francia.
4. Nosotros no _____ Medellín muy bien, pero _____ dónde está ese restaurante.
5. Mamá no _____ cómo se llama el último libro de Gabriel García Márquez.
6. Ustedes _____ Cartagena, ¿verdad? ¿_____ cuáles son las mejores playas?

De la uva al vino en Chile

La industria pesquera es sumamente importante en Chile.

CAPÍTULO 8

Chile exporta... pasión

Un mercado tradicional chileno

¡Las fotos hablan!

A. A que ya sabes. Indica si las siguientes oraciones describen a Chile (**Ch**) o California (**Ca**). Puedes seleccionarlos a los dos, si crees que los describe a los dos.

Ch Ca	1.	Produce una gran variedad de vino.
Ch Ca	2.	Produce y exporta una gran variedad de fruta.
Ch Ca	3.	Produce y exporta una gran cantidad de verduras.
Ch Ca	4.	Tiene una gran industria de pescado y marisco.
Ch Ca	5.	Tiene un clima ideal para la agricultura.

B. Indica si, en tu opinión, es posible hacer esto en Chile.

Sí No	1.	Elegir entre más de 5000 islas e islotes para visitar, entre ellos la legendaria Isla de Pascua *(Easter Island)*.
Sí No	2.	Disfrutar de distintas zonas climáticas que van desde el clima desértico al clima polar.
Sí No	3.	Comer un magnífico pescado y mariscos, con unas frutas deliciosas como postre.
Sí No	4.	Admirar más de 2000 volcanes en actividad.
Sí No	5.	Disfrutar de una de las ciudades de América Latina con más vida cultural y artística.

Answers: **A.** 1. Ch y Ca; 2. Ch y Ca; 3. Ch y Ca; 4. Ch; 5. Ch y Ca
B. Sí: 1, 2, 3, 4, 5; No: 4

A cenar... en Viña del Mar

TAREA

Antes de empezar este Paso, estudia la lista de vocabulario en las páginas 302–303 y practícalo al escuchar el surco 27 de tu Text Audio CD #2. Luego estudia *En preparación.*

8.1 Indirect-object nouns and pronouns, páginas 305–306

8.2 Review of *gustar*, página 306

Haz por escrito los ejercicios de *¡A practicar!*

Escucha la sección *¿Qué se dice...?* del Capítulo 8, Paso 1, en el surco 23 del Text Audio CD y haz la actividad correspondiente en la página 277.

Have students prepare *8.1 Indirect-object nouns and pronouns* for the first day you work on this **Paso.** Then assign *8.2 Review of gustar* for the second day.

A propósito...

Mozo/moza is the word used in Chile for *waiter/ waitress.* In Mexico and most of Latin America they say **mesero/mesera,** and in Spain, **camarero/ camarera.**

¿Eres buen observador?

Restaurante Pacífico
Menú

Entradas
Cebiche de camarones
Calamares fritos
Coctel de camarones
Ensalada de mariscos
Mariscos al pil pil
Quesos caseros

Segundo plato
Bife a lo pobre
Cazuela de pollo con champiñones
Cordero de la Patagonia al palo
Corvina frita con salsa verde
Pastel de choclo
Salmón con gotitas de vodka y salsa de naranja
Trucha rellena con champiñones silvestres

Postres
Flan con salsa de manjar
Helados caseros
Humitas
Leche asada
Panqueque de manzana quemado al ron
Torta mil hojas

Propietario: Patricio Álvarez
Chef: Álvaro Chacón
Dirección: Av. Chile España 821
Martes a sábado: Cena
Domingo: Almuerzo

Allow 2–3 mins. for students to work **in pairs** first. Then role-play the waiter (waitress) at *Restaurante Pacífico* and take everyone's order in the class.

Ahora, ¡a analizar!

En grupos de tres o cuatro, decidan qué va a pedir cada uno de entrada, segundo plato y postre. Si necesitan ayuda, vean el vocabulario al final del capítulo o en el glosario. Su profesor(a) va a hacer el papel de mozo(a).

Al llegar a un restaurante

CD2-23

¿Para cuántos tienen reservación?

☐ para tres   ☐ para cuatro   ☐ no tienen reservación

¿A quién deciden no esperar?

☐ a la hija   ☐ al tío   ☐ al hijo

¿Qué piden para beber?

☐ vino tinto y limón   ☐ pisco sour y un refresco   ☐ café y pisco sour

Purpose: To introduce new lesson vocabulary and structures needed to get a table at a restaurant.

Audio Script:

DUEÑO: Buenas noches y bienvenidos al Restaurante Pacífico. ¿Tienen reservación?

SR. ROJAS: Sí. Para cuatro, a nombre de Rojas, por favor. Es que mi hijo viene más tarde.

DUEÑO: ¿Desean esperarlo en el bar o prefieren sentarse ahora mismo?

SR. ROJAS: Preferimos sentarnos, pero nos puede servir bebidas en la mesa, ¿no?

DUEÑO: Sí, señor. ¿Qué desean beber?

SR. ROJAS: Un pisco sour para mi señora y para mí. Mi hija quiere un refresco de limón.

Answers: Tienen reservación para cuatro; esperan al hijo; pisco sour y un refresco.

Web TM8-1, Procedure: Have students look at the visuals as you read each caption or narrate your own story line. Narrate 2 or 3 sentences at a time, pointing to the particular persons or objects being mentioned. Ask comprehension check questions.

Alternative Story Lines: 1. Talk about arriving at a local restaurant with friends or family. 2. Role-play greeting and seating arriving guests at *Restaurante La Clase.*

DUEÑO: ¿Dónde prefieren sentarse?

SR. ROJAS: Si es posible, en la mesa del rincón, por favor.

LOLA: Es que la última vez que estuvimos aquí, nos sentamos en la mesa del rincón, cerca de la ventana.

DUEÑO: Sí, los recuerdo. Les puedo preparar la mesa del rincón enseguida. Si son tan amables de esperarme un momento, por favor.

A propósito...

«Es que...» aquí, equivale, más o menos, a *The reason is.*

Have students read silently. Then ask:
¿Cómo se dice *avocado* **en Chile?**
¿en Honduras?, and so on. Indicate that names of fruits and vegetables vary for a variety of reasons, for example, the influence of the indigenous languages of the region (**ananá, choclo, cacahuate**) or of the people that settled the region (**melocotón, arvejas, papa**). Many examples can be given on variations of American English in the various regions as well as in American vs. British English.

Smart Classroom: Preselect a couple of websites dedicated to Chilean wine or wineries. Point out how sophisticated the Chilean wine industry is, by showing the beautiful design of each winery's labels as well as the rich content of those websites. As homework, ask students to write a brief but detailed report on Chilean wines. Ask students to compare the names of the Chilean wines with wines from the United States. Ask volunteer students to come to class prepared to present their findings to the class, and to suggest great websites with specific information. All students should bring to the class the addresses of the most interesting sites they found.

Vocabulario activo: A. Call on **individual** students to read one sentence at a time and indicate whether the information is correct or not. Have the class verify each correction.

Vocabulario activo: B. Have students work **in pairs** first. Allow 2–3 mins. Then repeat the exercise calling on **individuals.**

A propósito...

«Como + verbo conjugado...» es otro modo de introducir una explicación en español. Equivale al inglés *Since . . . Given that . . .*

¿Sabías que... ?

Hay mucha variedad en los nombres de las comidas en distintas regiones de las Américas, por ejemplo, entre México y Centroamérica y entre los países del Cono Sur: Chile, Argentina, Uruguay y Paraguay. A continuación aparecen algunos ejemplos.

Frutas y verduras	México y Centroamérica	El Cono Sur
avocado	aguacate	palta
beans	frijoles	porotos
string beans	ejotes	porotos verdes
chili pepper	chile	ají
corn	maíz	choclo
peach	durazno	durazno/melocotón
peanut	cacahuate	maní
peas	chícharos	arvejas
pineapple	piña	ananá
potato	papa	papa/patata

En tu opinión: ¿Por qué crees que varían tanto los nombres de frutas y verduras en el mundo hispano? ¿Ocurre algo similar en inglés? ¿Puedes dar algunos ejemplos?

Ahora, ¡a hablar!

A. **Sinopsis.** Esta sinopsis de lo que se cuenta en el *¿Qué se dice...?* contiene varios errores o imprecisiones. Corrígelos y prepárate para leerla en voz alta, sin errores.

El señor Rojas, su esposa y sus dos hijos llegan al Restaurante Atlántico a eso de las ocho de la noche para cenar. Nadie los atiende. Como no tienen reservación, se sientan en el bar para esperar una mesa. Los mayores piden un pisco sour, los menores un refresco de naranja. Cuando deciden sentarse, piden una mesa en el centro del restaurante, lejos de la ventana. Afortunadamente, el dueño los puede sentar inmediatamente.

B. **¿Frutas y verduras chilenas?** En invierno, la mayoría de las frutas y verduras de los supermercados de los Estados Unidos viene de Chile. Usando el vocabulario, pregúntale a tu compañero(a) si comió alguna vez estos productos de Chile.

MODELO   manzana
         Tú: **¿Comiste alguna vez manzanas chilenas?**
     COMPAÑERO(A):   **Sí, las comí ayer.** o
                 No, nunca las comí.

Frutas	Verduras
fresa	apio
manzana	col
durazno	lechuga
melón	papa
piña	rábano
plátano	tomate
naranja	zanahoria

C. **Cumpleaños.** ¿Recuerdas la última vez que hiciste algo especial para el cumpleaños de un(a) amigo(a)? ¿Qué hiciste para esa persona?

EP 8.1 ⊕⊕ C. Call on **individuals**. Have the class confirm each response.

MODELO   preparar una fiesta
           Le preparé una fiesta.

1. preparar una cena especial
2. hacer un pastel
3. regalar un libro de información turística sobre Chile
4. desear «Feliz cumpleaños»
5. comprar un CD de Víctor Jara
6. sacar muchas fotos
7. regalar un libro de poemas de Pablo Neruda
8. servir el pastel

D. **Preferencias.** A todos nos gustan las mismas comidas. En grupos de cuatro, decidan a quiénes les gustan o no les gustan estas comidas e informen a la clase sobre los gustos del grupo.

EP 8.1, EP 8.2 ⊕⊕ D. In **groups of 4,** have students tell what foods they don't like. Then ask **individuals** if the group likes specific foods and have them respond as in the model.

MODELO   **A todos nos gustan los calamares menos a (nombre).** [o]
           A nadie le gustan los calamares.

Productos lácteos	Pescados y mariscos	Carnes y fiambres
leche	pulpo	carne de puerco
helado	langosta	pollo
mantequilla	camarón	jamón
queso	calamar	salchicha
huevos	salmón	pavo

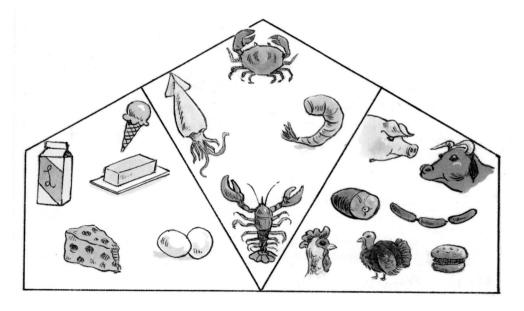

E. **Promesas.** Carmen y Francisco, dos estudiantes de la Universidad de Chile, son novios y piensan casarse pronto. ¿Qué le pregunta Carmen a su futuro esposo? ¿Qué le pregunta él a ella? ¿Qué contesta cada uno?

MODELO   preparar el desayuno
     CARMEN: **¿Vas a prepararme el desayuno todas las mañanas?**
     ROBERTO: **Sí, te voy a preparar el desayuno.** [o]
                 No, no te voy a preparar el desayuno.

Carmen a Francisco

1. traer flores de vez en cuando *(from time to time)*
2. comprar el pan por las mañanas
3. hacer un postre especial los fines de semana
4. ¿...?

Francisco a Carmen

5. decir siempre cosas románticas
6. hacer tortillas de maíz una vez a la semana
7. preparar platos especiales
8. ¿...?

Y ahora, ¡a conversar!

F. **¿Comes bien?** Tú eres estudiante de la Universidad de Chile y tienes un(a) compañero(a) de cuarto que sigue una dieta especial por razones de salud. Pregúntale por su dieta.

1. ¿Sigues una dieta específica? ¿Comes mucha proteína? ¿Limitas los hidratos de carbono?
2. ¿Tomas leche? ¿Comes huevos? ¿Cuántas veces por semana?
3. ¿Tomas agua? ¿Cuántos vasos por día?
4. ¿Comes muchos productos con fibra? ¿Cuáles?
5. ¿Cuánto pescado comes durante la semana? ¿Comes marisco? ¿Cuánto pan comes generalmente?
6. ¿Cuánta fruta comes durante la semana? ¿Desayunas, almuerzas y cenas todos los días?

G. **¿Qué recomiendas?** Santiago, tu compañero de cuarto, sabe mucho sobre alimentación. ¿Qué tipo de alimentación les recomienda a las siguientes personas?

MODELO   Elena es vegetariana.
              Santiago le recomienda a Elena comer alimentos ricos en proteínas.

1. Pablo sufre de hipertensión.
2. Enrique es diabético.
3. Victoria y yo tenemos hambre todo el día.
4. Tú eres alérgica a la lactosa.
5. Elías hace mucho ejercicio y quema *(he burns up)* muchas calorías.

H. Hábitos culinarios. Para saberlo, completa el cuadro que sigue, con información sobre lo que comiste ayer. Luego, en grupos de tres comparen sus formularios.

H. Allow 2–3 mins. to prepare. Then **in groups of 3 or 4,** have students answer the questions and analyze their data. Ask them to give a summary of their findings to the class.

	¿Qué comiste?	¿Dónde comiste?	¿Con quién comiste?	¿De qué hora a qué hora?
desayuno				
almuerzo				
cena				
entre comidas				

1. ¿Cuál es la comida más común para el desayuno? ¿el almuerzo? ¿la cena? ¿entre comidas (snacks between meals)?
2. ¿Dónde y con quién comen con más frecuencia?
3. ¿Cuánto tiempo toman para desayunar? ¿almorzar? ¿cenar?
4. ¿Cuál es la hora más popular para comer entre comidas?

¡Luces! ¡Cámara! ¡Acción!

I. **Buenas noches, señores.** Están en un restaurante muy elegante de Santiago. Preparen el diálogo que tienen con el (la) mozo(a) para explicarle que tienen reservación y decirle dónde prefieren sentarse. Luego léanle el diálogo a la clase.

J. **Bienvenidos.** Tú y un(a) amigo(a) llegan a un restaurante. Tienen una reservación pero llegan media hora atrasados, y el (la) mozo(a) dice que ya no hay mesas. Dramaticen la situación en grupos de tres.

I and J. Have students select either activity **I** or **J** and allow 3–4 mins. to prepare. Point out that students selecting **I** may read their scripts, while those selecting **J** must present without using books or notes. Call on volunteers to present first, and then call on the rest of the class. Ask comprehension check questions.

Un paso atrás, dos adelante: Capítulo 7

Repasemos. En el Capítulo 7 aprendiste a proponer y a decir que no a una cita. También aprendiste a expresar tus preferencias y tus emociones. Repasa lo que sabes, completando el siguiente texto con las palabras necesarias. Puedes inventar la información.

Allow students 2–3 minutes to complete the exercise. Then have them share their responses in pairs and ask them to suggest corrections if they detect an inconsistency. Call on several students to read their responses. Some will vary.

Una cita en la biblioteca

TU AMIGO(A): ¿El libro, ya no _____ [pron. objeto directo] necesitas más?

TÚ: No, ya no lo _____ [necesitar]. Aquí está.

TU AMIGO(A): Gracias. Oye, _____ [pron. objeto directo] molesta si te _____ [decir] una cosa?

TÚ: No, no _____ [pron. objeto directo] molesta.

TU AMIGO(A): _____ [tener] dos entradas para el recital de Shakira del sábado y quiero _____ [invitar + pron. objeto directo].

TÚ: El sábado sí. Normalmente _____ [hacer] mi tarea los sábados. Pero _____ [preferir] ir a ver a Shakira.

TU AMIGO(A): Yo no _____ [saber/conocer] dónde queda la Biblioteca Luis Ángel Arango. ¿Tú _____ [pron. objeto directo] _____ [saber/conocer]?

TÚ: Yo sí _____ [pron. objeto directo] _____ (saber/conocer). Creo que _____ [ser/estar] en la calle 11.

¿Comprendes lo que se dice?

CD2-24

Procedure: Have students read the listening strategies silently. Then play the tape twice and allow students time to indicate who does what. Check their answers.

Audio Script:

Mozo: ¿Está bien esta mesa o prefieren una más cerca de la ventana?

Elena: Aquí está bien, gracias.

Mozo: Muy bien. ¿Desean algún aperitivo, un vino blanco, una cerveza...?

Elena: Para mí agua mineral con hielo.

Claudio: Pues yo sí quisiera una copa de vino. Pero no blanco, tinto.

Mozo: Excelente. Vuelvo enseguida con sus bebidas.

Claudio: ¿Qué quieres pedir de entrada? Tienen una ensalada de zanahorias y...

Elena: ¡Huy! Ya sabes que no me gustan las zanahorias, y tampoco tengo mucha hambre. ¿Cómo son las sopas aquí?

Claudio: Me imagino que son muy buenas. La sopa del día es de mariscos.

Elena: Vamos a esperar al mozo. Seguro que él nos puede recomendar algo.

Answers 1. M 2. M 3. M 4. E 5. C 6. C 7. E 8. C

Estrategias para escuchar: enlace de sonidos

Linking is the combining of the final sound of one word with the beginning sound of the word that follows. Linking is common to all languages. In English, for example, "What did you eat?" becomes something similar to "Whadjeet?" when final and initial word sounds are linked. This perfectly normal phenomenon can make listening comprehension difficult for the beginning student. In Spanish, linking occurs most frequently under the following conditions.

1. Linking always occurs when a word ends with a vowel or consonant sound identical to the vowel or consonant sound that begins the following word.

   La_hamburguesa estuvo deliciosa.
   No me gustan las_zanahorias.

2. Linking also occurs when a word ends with a vowel sound and the following word begins with a vowel sound.

   No tengo_hambre.
   Vuelvo_enseguida con sus bebidas.
   ¿Desean algún aperitivo, un vino blanco_o_una cerveza?

3. It is also natural to link the "n" at the end of a word with the first vowel of the following word.

   Para mí, agua mineral con_hielo.
   ¿Desean_algún_aperitivo, un vino blanco o una cerveza?

Understanding linking can help you distinguish individual words within a breath group. Now pay particular attention to linking as you listen to Claudio Téllez and Elena Contreras, who have just arrived at their favorite restaurant in Santiago.

¿Un aperitivo? Claudio Téllez y Elena Contreras, dos estudiantes de la Universidad de Santiago, están celebrando su primer aniversario de novios en Delicias del Mar, un restaurante en Viña del Mar. Escucha su conversación, y luego indica qué hace cada una de estas personas: el mozo (**M**), Elena (**E**) o Claudio (**C**).

1. Los lleva a una mesa.
2. Pregunta si prefieren una mesa cerca de la ventana.
3. Ofrece un aperitivo.
4. Pide un vaso de agua.
5. Pide un vino tinto.
6. Sugiere una ensalada de zanahorias.
7. Dice que no le gustan las zanahorias.
8. Imagina que la sopa es buena.

Chile

Antes de empezar, dime...

Con tu compañero(a), mirando el mapa de Chile en la contracubierta de *¡Dímelo tú!*, traten de calcular la extensión de Chile, tanto a lo largo como a lo ancho. Comparen con el mapa de Estados Unidos como referencia.

1. ¿Cuánto mide de largo? Expliquen su respuesta.
   ☐ 12.000 kms.　　☐ 4.000 kms.　　☐ 600 kms.

2. ¿Cuánto mide de ancho? Expliquen su respuesta.
   ☐ 12.000 kms.　　☐ 2.000 kms.　　☐ 140 kms.

3. Mirando el mapa, ¿cuántas islas e islotes creen que tiene Chile, aproximadamente?
   ☐ 58　　　　　　☐ 580　　　　　☐ 5.800

4. ¿Qué creen que significa el nombre de Chile? Expliquen su respuesta.
   ☐ picante para la salsa　☐ confines (límites)　☐ cobre y mineral
   　　　　　　　　　　　　　　　　　　　　　de la tierra

5. ¿Qué productos, entre otros, creen que importamos de Chile? Expliquen su respuesta.
   ☐ el café　　　　☐ las aves tropicales　☐ muchos productos
   　　　　　　　　　　　　　　　　　　　　　agrícolas

Procedure: Ask for volunteers to answer the pre-reading questions. Then allow 2 mins. to read the first paragraph silently. Ask lots of comprehension check questions. Repeat this procedure with the remaining paragraphs. Then have students do the comparison of Chile and the United States in **pairs**.

Answers 1. 4.000 kms. 2. 140 kms. 3. 5.800 4. los confines de la tierra 5. muchos productos agrícolas

Un paraíso alto y largo

Chile se encuentra en el extremo suroeste de Sudamérica. Su nombre viene de la palabra aymará «chilli» que significa «confines de la tierra», porque está prácticamente aislado del resto de Sudamérica por la cordillera de los Andes. Chile ocupa una larga y angosta franja de tierra de más de 4.000 kms. de largo entre Arica, en el norte, y Puerto Williams, la ciudad más al sur del país y del mundo. El promedio de anchura del país es de sólo 140 kms. Su geografía es accidentada y montañosa con sólo un 20% de territorio llano.

Chile tiene más de 5.800 islas e islotes, incluyendo la enigmática Isla de Pascua que se encuentra a casi 4.000 kms. de distancia de Valparaíso, en la costa chilena.

Por estar situado en una zona de gran inestabilidad geológica, Chile sufre frecuentes terremotos y tiene una gran actividad volcánica, cuenta con más de 2.000 volcanes, unos 50 de ellos en actividad.

El volcán Osorno

Chile tiene más de 15 millones de habitantes, de los cuales un 6% son indígenas aymarás y atacameños, en el norte, mapuches (también llamados araucanos durante la época colonial) en el sur, rapa nui en la Isla de Pascua, y alacalufes y yaganes en las islas del extremo sur. Sus tierras, así como su cultura, se encuentran protegidas por la Ley Indígena chilena.

El resto de la población es mestiza o proveniente de la inmigración española y europea en general, aunque ésta nunca alcanzó las dimensiones de la de Brasil o Argentina.

Debido a su extensa zona costera junto al océano Pacífico, Chile produce una gran variedad de pescados y mariscos. Actualmente este país se encuentra entre los mayores exportadores de salmón, ocupando el segundo lugar en el mundo. También exporta grandes cantidades de corvina (sea bass) y harina (flour) de pescado para procesamiento de otros alimentos derivados del pescado.

Hasta la década de los setenta, la economía de Chile dependió principalmente de la exportación del cobre y nitratos. Gracias a una exitosa estrategia económica durante la década de los ochenta, el país pasó a depender de las exportaciones de una variedad de productos agrícolas: frutas, verduras y vino, entre otros. Gracias a las diferencias de estaciones climáticas, el mercado de estos productos chilenos se extiende ahora a los Estados Unidos y Europa, entre otras muchas regiones del mundo.

Chile destaca también en Latinoamérica por tener gobiernos constitucionales democráticos y civiles a lo largo de su historia moderna, excepto en dos ocasiones. La más reciente en 1973, cuando el General Augusto Pinochet, apoyado por la CIA, derrocó al presidente electo Salvador Allende, quien murió durante el ataque de las fuerzas armadas de Pinochet al palacio presidencial. En 1988 Pinochet perdió un referéndum y en 1990 asumió el poder un presidente elegido democráticamente, Patricio Aylwin. A principios de este siglo asumió la presidencia el socialista Ricardo Lagos.

Viajemos por el ciberespacio a... CHILE

If you are a cyberspace surfer, try enterin one of the following key words to get to many fascinating sites in **Chile:**

Salvador Allende y Augusto Pinochet

Los volcanes y lagos de Chile

La isla de Pascua

Or, better yet, simply go to the *¡Dímelo tú!* website using the following address: http://dimelotu.heinle.com

There, with a simple click, you can

- learn about Chile's many geographica paradises.
- visit the Chilean-Polynesian Easter Island, an open-air museum with amazing landscapes, beautiful beache and puzzling archaeological sites.
- find out how Chileans feel about thei recent troubled history and their promising future.

Y ahora, dime...

Con un(a) compañero(a) de clase haz la siguiente comparación.

	Chile	Los Estados Unidos
1. Geografía		
2. Población indígena		
3. Historia democrática		
4. Sistema de gobierno actual		
5. Productos de exportación		

¿Qué se les ofrece... en Viña del Mar?

¿Eres buen observador?

Casa de la Cena

Se la prepara a su gusto...

Ensalada	*Camarones*	*Pollo*	*Bistec*
verde	un cóctel	frito	a la parrilla
mixta	fritos	a la cazuela	con champiñones
de mariscos	a la plancha	asado	con cebolla salteada en vino tinto
de frutas	al ajillo	en una salsa de vino blanco	

y se la sirve con elegancia...

servilletas de lino fino [*fine linen napkins*]
cucharas, cuchillos y tenedores de plata
copas y vasos de cristal

TAREA

Antes de empezar este Paso, estudia la lista de vocabulario en las páginas 302–303 y practícalo al escuchar el surco 28 de tu Text Audio CD #2. Luego estudia *En preparación*.

8.3 Double object pronouns, páginas 307–308

Haz por escrito los ejercicios de *¡A practicar!*

Escucha la sección *¿Qué se dice...?* del Capítulo 8, Paso 2, en el surco 25 del Text Audio CD y haz la actividad correspondiente en la página 286.

Have students prepare *8.3 Double object pronouns* before coming to class.

Ahora, ¡a analizar!

Imagina que tú y tres amigos están en la Casa de la Cena. ¿Qué contestan cuando el mozo les hace las siguientes preguntas?

1. Una ensalada... ¿y cómo se la preparamos?
2. Camarones... ¿y cómo se los preparamos?
3. El pollo... ¿y cómo se lo preparamos?
4. Un bistec... ¿y cómo se lo preparamos?

Ahora describan la mesa. ¿Cuántas servilletas hay? ¿De qué constan los cubiertos? ¿De cuántas cucharas, cuchillos, tenedores? ¿Cuántas copas para vino, para agua?

Allow 2–3 mins. to do this activity **in groups of 4** first. Then call on **individual** students and ask them what each person in their group ordered.

Al pedir la comida

Purpose: To introduce in context the vocabulary and structures students will need when ordering a meal at a restaurant.

WEB TM8-2, Procedure: Have students look at the visuals in their books as you read each caption or narrate your own story line. Narrate 2 or 3 sentences at a time, pointing to the particular persons or objects being mentioned. Ask comprehension check questions.

Audio Script:

Mozo: A sus órdenes. ¿Están de visita en Viña?

SRA. ROJAS: Hmmm. No, somos de aquí.

Mozo: Ah, entonces seguro que saben qué pedir. ¿Qué desea la señora?

SRA. ROJAS: ¿Qué nos sugiere esta noche?

Mozo: Esta noche les recomiendo los camarones fritos o la cazuela de pollo. O si desean algo más fuerte, les sugiero bistec a la parrilla.

SRA. ROJAS: La cazuela de pollo, por favor. Y tráigame un vaso de agua sin gas también, si es tan amable.

Mozo: Sí, cómo no, señora. Para servirle.

Answers: el mozo recomienda: los camarones fritos, la cazuela de pollo, el bistec a la parrilla; la señora Roja decide pedir: la cazuela de pollo y un vaso de agua mineral sin gas.

Indica con un círculo lo que el mozo recomienda:

bistec con champiñones	cazuela de pollo	ensalada de mariscos
bistec a la parrilla	camarones fritos	pollo frito

La señora Rojas decide pedir:

bistec a la parrilla	cazuela de pollo	vino tinto
agua mineral con gas	vino blanco	agua mineral sin gas

Alternative Story Lines: 1. Continue to talk about eating at local restaurants with friends or family. 2. Continue to talk about eating at a restaurant in a Spanish-speaking country. 3. Set the classroom up as a restaurant and role-play taking orders at several tables.

Mozo:	¿Y usted, señorita?
Lola:	Algo ligero, por favor. Tal vez un coctel de camarones... o, mejor, la ensalada de mariscos.
Mozo:	Y a ustedes, señores, ¿qué les puedo servir?
Sr. Rojas:	Para mí, el pollo asado, por favor.
Pepe:	Y yo quiero probar los camarones al ajillo.
Sr. Rojas:	Y para beber, una botella de vino blanco de Maipo para nosotros dos, y agua mineral sin gas para todos, si me hace el favor.
Mozo:	A sus órdenes.

SR. ROJAS: *(A la hija)* La sal y la pimienta, hija. ¿Me las pasas, por favor? Y, mozo, necesito un tenedor limpio, por favor.

SRA. ROJAS: Y un cuchillo para la mantequilla, por favor. Y una cuchara para el café.

LOLA: ¡Ay! Me puede traer una servilleta limpia, por favor.

MOZO: ¡Cómo no, señorita! Se la traigo con mucho gusto.

¿Sabías que...?

Aunque no de manera oficial, el pisco *sour* es, sin duda alguna, la bebida nacional de los adultos en Chile. Aunque el pisco tiene su origen en Perú, los chilenos desarrollaron su propia versión, hecha de la uva moscatel. Los chilenos están muy orgullosos de las varias marcas de pisco que producen y exportan a todas partes del mundo. Para preparar esta exquisita bebida, hay que combinar tres partes de pisco bien frío con una parte de jugo de limón, media cucharadita de azúcar en polvo y la clara de un huevo. Se mezclan bien en una coctelera con unos cubitos de hielo y... ¡salud!

En tu opinión: ¿Hay alguna bebida similar al pisco sour en los Estados Unidos? ¿Cuál es? ¿Cuál es la bebida nacional de los Estados Unidos? ¿Por qué crees eso?

Ahora, ¡a hablar!

A. **¿Qué les puedo servir?** Toda la familia está en Coco Loco, un restaurante muy de moda en Santiago. Tú pides para todos. ¿Qué dices?

MODELO a mi hermana / pollo frito
A mi hermana le trae el pollo frito, por favor.

1. a mi padre / camarones al ajillo
2. a mi madre / bistec bien hecho
3. al bebé / un vaso de leche tibia
4. a mí / carne asada
5. a mis primos / sopa de camarones
6. a todos / agua mineral sin gas

B. **¡Le falta sabor!** Trabajando en parejas, pregúntale a tu compañero(a) qué le pone a estas comidas cuando les falta sabor (*they lack flavor*).

MODELO   papas fritas   sal y salsa de tomate

                    TÚ: **¿Qué les pones a las papas fritas?**

        COMPAÑERO(A):   **Les pongo sal y salsa de tomate.**

1. huevos   mayonesa o mostaza
2. papas fritas   sal y pimienta
3. hamburguesa   azúcar o leche
4. té   mantequilla o margarina
5. pescado frito   salsa picante
6. pan francés   limón
7. tacos de cerdo o res   salsa de tomate

C. **¡Por favor!** Tú y tus amigos están comiendo, pero tú necesitas que tus amigos te pasen varias cosas. ¿Qué les dices?

MODELO   una amiga / la sal

            Cristina, la sal... ¿me la pasas, por favor?

1. un amigo / el pan
2. una amiga / la cuchara
3. una amiga / las papas
4. un amigo / la servilleta
5. un amigo / los huevos
6. una amiga / la pimienta

D. **Gustos particulares.** El padre de Margarita, una amiga chilena que conociste en la Universidad de Chile, es muy particular y siempre insiste en que le preparen la comida de cierta manera. ¿Cómo se la preparan?

MODELO   el pescado / a la parrilla

            Siempre se lo preparan a la parrilla.

1. los huevos / revueltos
2. los camarones / al ajillo
3. el bistec / a la parrilla
4. la carne / asada
5. el pollo / frito
6. la pasta / «al dente»

IRM TM8-2, Repaso visual, *Examen final*: Make a copy of the transparency for every 2 students in the class. Tell them to assume they are students at the **Colegio culinario Emilio** and that working **in pairs**, they are taking the written final exam today. Their task is to create an interesting, enticing menu with attention-getting dishes and engaging, detailed descriptions of how each dish is to be prepared. Allow 5 mins. to prepare the menus, then have them get together **in 4 large groups** and take turns reading their menus. Have each group select the most appetizing menu.

E. Allow 2–3 mins. for **pair work**. Check to make sure students are using **tú** forms in their questions. Then call on **individuals** and ask about their partner's eating habits.

Y ahora, ¡a conversar!

E. **Entrevista.** ¿Cuáles son algunos de los hábitos que tiene tu compañero(a) al comer? Pregúntale a tu compañero(a)...

1. a qué hora desayuna, almuerza y cena.
2. si le gusta comer entre comidas. ¿Qué come?
3. cuándo tiene más hambre.
4. cuándo come más.
5. si come cuando estudia, en el trabajo o viendo televisión.
6. si come alimentos congelados (*frozen food*). ¿Con qué frecuencia?

F. Lo que más te gusta. Indica lo que más te gusta en cada categoría. Luego en grupos pequeños, prepárense para decirle a la clase si tienen algunos gustos en común.

1. Entremeses:
   a. cóctel de mariscos   b. jamón   c. queso   d. otro:

2. Ensalada:
   a. de papas   b. verde   c. mixta   d. otra:

3. Sopa de:
   a. pollo   b. verduras   c. pescado   d. otra:

4. Segundo plato:
   a. bistec   b. pollo   c. pescado   d. otro:

5. Bebidas:
   a. café   b. vino   c. leche   d. otra:

6. Postre:
   a. helado   b. fruta   c. pastel   d. otro:

F. Allow 1–2 mins. for students to record preferences **individually** and another 2–3 mins. to compare answers **in groups.** Then have one member report the group findings to the class.

G. ¡Cuatro estrellas! Clasifica cinco restaurantes de la ciudad donde está tu universidad usando esta escala de cuatro estrellas. Compara los resultados con los del resto de la clase. Empieza por dar el nombre del restaurante.

Restaurante	Tipo de comida	Especialidad	Calidad	Servicio
_____	americana	_____	_____	_____
_____	mexicana	_____	_____	_____
_____	china	_____	_____	_____
_____	francesa	_____	_____	_____
_____	italiana	_____	_____	_____
_____	otra	_____	_____	_____

****Excelente   ***Muy bueno   **Bueno   *Aceptable

G. Allow 2–3 mins. for students to record **individual** preferences. Then call on one student to name a restaurant on his or her list and tell how he or she rated it in each category. Ask others in the class who rated the same restaurant to give their ratings. Have 1 or 2 students keep a class tally for each restaurant mentioned.

¡Luces! ¡Cámara! ¡Acción!

H. ¡Mozo! Tú y dos amigos(as) están en su restaurante favorito, estudiando el menú y tratando de decidir qué van a pedir. Por escrito, preparen el diálogo que tienen mientras deciden qué pedir. Incluyan lo que le dicen al mozo. Luego, léanle el diálogo a la clase.

I. ¡A comer! Tú y dos amigos(as) están comiendo en un restaurante pero cada uno necesita que los otros le pasen algunas cosas (la sal, un tenedor, por ejemplo). También tienen que pedirle al (a la) mozo(a) que les traiga varias cosas. Dramaticen la situación.

H and I. Have students select either activity **H** or **I** and allow 3–4 mins. to prepare. Point out that students selecting **H** may read their scripts, while those selecting **I** must present without using books or notes. Call on volunteers to present first, and then call on the rest of the class. Ask comprehension check questions.

H and I Extension: Bring plastic or paper plates and silverware to the classroom. Bring napkins and any other item to help you simulate a restaurant. Have students pass real objects around.

¿Comprendes lo que se dice?

Estrategias para ver y escuchar: anticipar información específica

Procedure: Have students read **Estrategias** silently. Allow time to write anticipatory questions. Then tell them to apply the strategy as they view the video and do the **Antes de ver** and the **Después de ver el video** activities. Ask several students to tell how they completed each sentence.

Answers: Sí 1, 2, 3, 5, 6, 7.

Anticipar información específica. Lee las preguntas en **Al ver el video** y **Después de ver el video.** Luego, usa esa información para indicar si crees que se van a mencionar en el video estas categorías. Vuelve a estas preguntas después de ver el video para confirmar si anticipaste correctamente o no.

Sí	No	1. Lugar de origen		Sí	No	4. Economía
Sí	No	2. Su familia		Sí	No	5. Historia reciente de Chile
Sí	No	3. Política				

Al ver el video: ¿Comprendes lo que se dice?

As you watch the video for the first time, mark any of the following sentences that you hear. Compare the ones you checked with the lists of other students. How many did all of you mark?

Time code: 17:35–20:58

Sí   No   1. Soy básicamente chilena, aunque no nací en Chile.

Sí   No   2. Los chilenos somos todos muy orgullosos.

Sí   No   3. La razón por la que salí de Chile es porque me gusta más vivir en Los Estados Unidos.

Sí   No   4. Salvador Allende era mi padre.

Sí   No   5. La teoría oficial es que Salvador Allende se suicidó, pero la gente no lo cree.

Sí   No   6. El vicio de contar cuentos empezó muy tarde en mi vida, a los 40 años.

Sí   No   7. Yo me pasé la vida leyendo, leyendo cuentos infantiles y también literatura de adultos.

Answers: 1. Sí; 2. No; 3. No; 4. No; 5. Sí; 6. No; 7. Sí; 8. No

Sí   No   8. Si tuviera que escoger uno de mis libros... sería *La casa de los espíritus.*

Isabel Allende: Contadora de cuentos

Después de ver el video

Ahora marca lo que aprendiste viendo el video

Answers: 1. b; 2. a; 3. a

1. Isabel Allende salió de Chile la primera vez para evitar *(avoid)*...
   a. conocer otros países.
   b. vivir bajo el terror de una dictadura.
   c. escribir libros.

2. Salvador Allende, elegido democráticamente...
   a. murió en 1973.
   b. escribió un libro en 1973.
   c. provocó un golpe de estado en 1973.

3. Isabel Allende...
   a. leyó mucho en su infancia.
   b. escribió muchos libros en su infancia.
   c. nació en Chile.

Isabel Allende

Antes de empezar, dime...

Imagina por un momento que tienes problemas políticos o de otro tipo en los Estados Unidos y que tienes que irte exiliado(a). Considera las siguientes hipótesis, y responde a las preguntas.

1. Algo ocurrió en los Estados Unidos que te hizo decidir abandonar el país. ¿Qué ocurrió?
2. Al abandonar los Estados Unidos, te vas a vivir a otro país. ¿A qué país? ¿Qué haces allí para ganarte la vida?
3. ¿Qué haces para no olvidar tu país natal y para no pensar demasiado en él?

Procedure: Have students answer the anticipatory questions **in pairs** first. Call on students to read aloud one at a time. Ask comprehension check questions after each student reads. Call on volunteers to answer the first post-reading question. Then allow 2–3 mins. to do the Venn diagram on page 292. Have them compare their diagrams **in groups of 3 or 4.**

Isabel Allende

Isabel Allende

Nació en 1942 en Lima, Perú, por casualidad *(by chance),* como ella misma dice. Esta escritora chilena empezó su vida profesional como periodista a los diecisiete años. Trabajó en televisión, escribió crónicas sobre diversos temas y por muchos años tuvo un artículo humorístico, «Civilice a su troglodita», en la revista femenina *Paula.*

Isabel Allende abandonó Chile junto con su familia, después del derrocamiento y fallecimiento de su tío, el presidente Salvador Allende, a consecuencia de un golpe militar en 1973. Vivió por muchos años en Venezuela, donde según dice, creó su segunda patria.

Cuando emigró de Chile, dice que tomó un puñado de tierra de su país que más tarde usó para plantar un nomeolvides *(forget-me-not),* planta que creció como creció su nostalgia. Como producto de esa nostalgia escribió una carta, que se transformó más tarde en su primera gran novela, *La casa de los espíritus* (1982). Esta obra, muy representativa de un movimiento literario latinoamericano llamado el realismo mágico, fue llevada a la pantalla en los EE.UU. con el título *House of Spirits.*

Actualmente reside en los EE.UU., y es una de las novelistas más leídas de Latinoamérica. Sus obras, muchas traducidas a diferentes lenguas, incluyen *De amor y de sombra* (1984), *Eva Luna* (1987), *El plan infinito* (1991), *Paula* (1995), *Afrodita* (1997), *Hija de la fortuna* (1999), *Retrato en sepia* (2000) y el polémico *Mi País Inventado: Un Paseo Nostálgico por Chile* (2003).

«En mis libros», dice Isabel Allende, «he querido contar la tragedia de este torturado continente y la esperanza de los hombres y mujeres que, como Salvador Allende y muchos otros, desean un mundo mejor.»

Viajemos por el ciberespacio a... CHILE

If you are a cyberspace surfer, try entering one of the following key words to get to many fascinating sites in **Chile:**

Literatura chilena

Los desaparecidos y exiliados chilenos

Isabel Allende

Or, better yet, simply go to the *¡Dímelo tú!* website using the following address: http://dimelotu.heinle.com

There, with a simple click, you can

- learn about Isabel Allende's latest novel.
- enjoy reading fragments of Isabel Allende's work, and the work of other prestigious Chilean writers.
- get to know the turbulent recent history of Chile, and the promising democratic future.

Smart Classroom: For homework, have students go to the Internet and look up one of the following: **Isabel Allende, dictadura de Pinochet, escritores chilenos.** Then, have them write a specific report on what they learned. Ask them to report to the class and to provide the addresses of the best websites they visited.

Y ahora, dime...

Contesta esta pregunta y haz las actividades basándote en lo que leíste de Isabel Allende.

1. ¿Por qué tuvieron que abandonar Chile Isabel Allende y su familia?
2. Usa un diagrama de Venn, como éste, para comparar la vida de Isabel Allende en Chile con su vida en el exilio. Luego, en grupos de tres o cuatro, compara tu diagrama con el de tus compañeros.

Vida en Chile	Lo que tienen en común	Vida en el exilio
1.	1.	1.
2.	2.	2.
3.	3.	3.
4.	4.	4.
5.	5.	5.
6.	6.	6.

¡Escríbelo!

Estrategias para escribir: descripción de un evento

Orden cronológico. Las descripciones normalmente incluyen muchos detalles y se hacen siguiendo el orden cronológico del evento. Este tipo de descripción es importante particularmente en algunas profesiones como las de los policías, los abogados y los periodistas.

La lista que sigue incluye todos los detalles de un incidente que ocurrió en Coco Loco, un restaurante chileno muy elegante. Ocurrió cuando el reportero de la serie «Los mejores restaurantes de Santiago» fue a cenar allí. El problema es que la lista no está en orden cronológico. Reorganízala, numerando las oraciones de 1 a 8, para que esté en el orden apropiado. La primera oración ya está numerada.

Vocabulary: Food: appetizers; meals; drinks; restaurant; table setting

Grammar: Personal pronoun direct, indirect; verbs: **gustar**; preterite

Phrases: Appreciating food; asking the price; expressing an opinion

  1   a. Anoche

  ___   b. Decidí irme.

  ___   c. Le pregunté por Ernesto, la persona que normalmente sirve en el restaurante, al mozo.

  ___   d. «Ernesto está enfermo», me dijo.

  ___   e. En ese momento recordé mi cumpleaños y regresé para celebrar con mis amigos del Coco Loco.

  ___   f. Llegué al restaurante a las 8 de la noche.

  ___   g. Antes de salir, escuché la música del piano, y vi a Ernesto con un gran sombrero mexicano cantando «¡Cumpleaños feliz!».

  ___   h. Entonces le pedí la carta, pero me dijo «Hoy cerramos en cinco minutos».

Procedure: Have students read the **Estrategias** silently. Then ask them to do the ordering activity individually. Go over correct answers with the class.

Answers: 1. a 2. f 3. c 4. d 5. h 6. b 7. g 8. e

Ahora, ¡a escribir!

A. **Ahora, a precisar.** El periódico estudiantil de tu universidad va a publicar una serie sobre los mejores restaurantes de la ciudad. Vas a contribuir con la narración de tu visita al que consideras el mejor restaurante de la ciudad. Escribe sobre el tipo de comida que te sirvieron, cómo estuvo el servicio, cuánto pagaste, y todo lo que consideras de interés para tus lectores. Empieza por hacer una lista de ideas sobre todo lo que puedes decir de tu restaurante favorito, teniendo en cuenta el orden en que ocurrieron las cosas.

A. Have students brainstorm **individually**. Circulate to see if any need help.

B. **El primer borrador.** Ahora prepara un primer borrador de tu artículo. Incluye la información en la lista de ideas que preparaste en la sección previa.

B. Have students do this step as homework.

C. **Ahora, a compartir.** Comparte tu primer borrador con dos o tres compañeros(as). Haz comentarios sobre el contenido y el estilo de la descripción de tus compañeros(as) y escucha los comentarios de ellos sobre tu descripción. ¿Comunican bien sus ideas? ¿Hay bastantes detalles o necesitan más? ¿Es lógica la organización del artículo?

C. Have students comment only on content and style at this time.

D. **El segundo borrador.** Haz los cambios necesarios basándote en los comentarios de tus compañeros(as) de clase. Luego prepara un segundo borrador.

D. This step may be assigned as homework.

E. Have students focus on object-pronoun errors.

E. **A compartir, una vez más.** Comparte tu segundo borrador con dos o tres compañeros(as). Esta vez haz comentarios sobre errores de estructura, ortografía o puntuación. Concéntrate específicamente en el uso de los complementos directos e indirectos. ¿Los usan cuando deben usarlos? ¿Los ponen frente al verbo o los conectan con infinitivos, mandatos o participios de presente? Indica todos los errores de los artículos de tus compañeros(as) y luego decide si necesitas hacer cambios en tu artículo basándote en los errores que ellos te indicaron.

F. Have students do this as homework.

F. **La versión final.** Prepara la versión final de tu artículo y entrégalo. Escribe la versión final en la computadora siguiendo las instrucciones recomendadas por tu instructor(a).

Extensión: Provide colored paper or broad-tip markers for students to create both a title page and a table of contents as they bind their articles. Have a few of the selected articles read to the class.

G. **Publicación.** En grupos de seis, preparen una página titular que diga «Los mejores restaurantes de (su ciudad)» y guarden todas las descripciones allí. Decidan entre ustedes cuál de las descripciones va a convencer más al público y léansela a la clase.

Humitas chilenas... ¡para chuparse los dedos!

¿Eres buen observador?

Restaurante Pacífico

Mariscos · · · Aves · · · Carnes
San Martín 323 · · Tel. 970 433
Viña del Mar

Nº Mesa _____ Fecha _____

CDAD.	CONCEPTO	IMPORTE PESOS	CTS.
1	ensalada de mariscos	3,975	
1	camarones al ajillo	6,125	
1	cazuela de pollo	5,365	
1	bistec a la parrilla	8,450	
1	humitas	8,250	
1	vino Maipo	5,225	
4	agua s.g.	3,72	
2	café	3,72	

Sistema de Control. S. A. V 813592

Sub total _____
IVA* 18% _____
Propina _____
TOTAL _____

Ahora, ¡a analizar!

1. Si un dólar estadounidense equivale a 500 pesos chilenos, ¿cuánto costó la ensalada de mariscos? ¿Cuánto costaron los camarones al ajillo y las humitas? ¿La cazuela de pollo? ¿El bistec? ¿El vino? ¿El agua mineral? ¿El café?
2. ¿Cuánto crees que deben dejar de propina?
3. ¿Cuál fue el costo total de la cena para cuatro personas? ¿Cómo se compara este precio al de una comida similar en los Estados Unidos?

TAREA

Antes de empezar este Paso, estudia la lista de vocabulario en las páginas 302-303 y practícalo al escuchar el surco 29 de tu Text Audio CD #2. Luego estudia *En preparación.*

8.4 Review of **ser** and **estar**, páginas 309–310

8.5 The verb **dar**, páginas 310–311

Haz por escrito los ejercicios de *¡A practicar!*

Escucha la sección *¿Qué se dice... ?* del Capítulo 8, Paso 3, en el surco 26 del Text Audio CD y haz la actividad correspondiente en la página 296.

Have students prepare *8.4 Review of **ser** and **estar*** for the first day you work on this **Paso.** Then assign *8.5 The verb **dar*** for the second day.

A propósito...

El IVA, o Impuesto al Valor Agregado, es un impuesto similar al *sales tax* de los Estados Unidos. Es normalmente del 16% al 18%. Existe en muchos países latinoamericanos y en España.

Allow 2–3 mins. for **pair work.** Then call on **individual** students and have the class confirm each response.

¿Qué se dice...?

CD2-26

Purpose: To introduce in context vocabulary and structures needed to describe food and your favorite restaurant.

Audio Script: La señora le dice a su hijo que siente no poder probar los camarones por su alergia a los mariscos. La señora también le dice al mozo que está a dieta y no puede comer postre. También rechaza el café diciendo que si toma café no puede dormir. Pero Lola, al contrario, está satisfecha con todo. Le dice al mozo que las humitas que pidió para el postre están ¡para chuparse los dedos!

Answers: 1. M 2. H 3. M 4. M

Al hablar de la comida

¿Quién hizo estos comentarios: la madre (**M**) o la hija (**H**)?

____ 1. Soy alérgica a los mariscos.
____ 2. Las humitas están riquísimas.
____ 3. No puedo comer postres; estoy a dieta.
____ 4. ¡Ay, no! Si tomo café, no puedo dormir.

WEB TM8-3, Procedure: Have students look at the visuals in their books as you read each caption or narrate your own story line. Use various techniques to communicate meaning without translation.

Alternative Story Lines: 1. Continue talking about eating at a local restaurant with friends or family. 2. Continue talking about eating at a restaurant in a Spanish-speaking country. 3. Role-play having dinnertime conversation with several students.

Avoid using English when providing comprehensible input. Repeat, rephrase, act out, draw pictures, and so on as necessary.

El señor Rojas hace una señal y llama al mozo diciendo «¡Señor! La cuenta, por favor». Luego la señora Rojas le pregunta a su esposo «¿Cuánto le diste de propina?» Él dice que no le dio nada porque, en el restaurante Pacífico, la propina siempre va incluida en la cuenta.

Al salir del restaurante los Rojas se encuentran con sus amigos, los Ordaz. La señora Ordaz le pregunta a la señora Rojas qué opina de la comida del restaurante. La señora Rojas le dice que la comida es pésima, la ensalada no es fresca y la cazuela de pollo no tiene sabor. Pero Lola le cuenta a su amiga que las ensaladas son fresquísimas. También le recomienda el cóctel de camarones, las humitas *(sweet corn cakes)* y el vino blanco de Maipo. «En efecto —dice—, hasta los mozos, uno en particular, están exquisitos.»

Have students read silently. Then ask comprehension check questions. Explain that the high quality of life in Chile together with, until very recently, governments that have been very supportive of education and the arts in particular, have made Chile one of the most prolific Latin American countries in terms of literary creation.

Smart Classroom: As a homework assignment, ask students to write a brief but detailed report on Chilean writers. Ask students to search the Internet for information on one of the writers mentioned in this **¿Sabías que...?** Ask them to look for a poem, a short story or fragment of a novel that they can include with their report. Ask volunteer students to come to class prepared to present their findings to the class, and to suggest websites with specific information. All students should bring the addresses of the most interesting sites they found.

Ahora, ¡a hablar!

A. **¿Cierto o falso?** Indica si, según el *¿Qué se dice... ?*, los siguientes comentarios son ciertos o falsos. Si son falsos, corrígelos.

C	F	1.	La señora Rojas es alérgica al pollo.
C	F	2.	La señora Rojas está a dieta.
C	F	3.	El café no deja dormir al señor Rojas.
C	F	4.	Lola dice que el mozo está ¡para chuparse los dedos!
C	F	5.	El Sr. Rojas hace una señal y dice «¡psst, psst!» para llamar la atención del mozo.
C	F	6.	La señora Rojas le pide la cuenta al mozo.
C	F	7.	El señor Rojas decide no dejar propina.
C	F	8.	Lola y la señora Rojas dicen que el Pacífico es un excelente restaurante.

Vocabulario activo: A. Allow time to do **individually**. Then call on individuals and have the class confirm each response.

Answers: 1. F–Es alérgica a los camarones. 2. C 3. F–No deja dormir a la señora Rojas. 4. F–Dice que las humitas están ¡para chuparse los dedos! 5. F–El Sr. Rojas dice, «Señor, por favor.» 6. F–El Sr. Rojas la pide. 7. C 8. Lola lo dice, no la señora Rojas.

B. **¿Y para ti?** Para ti, ¿cómo son los siguientes platos?

EP 8.4 **B.** Call on **individuals** and have the class confirm each response.

MODELO   el cangrejo
          Me gusta mucho. Es sabroso.

Vocabulario útil

pésimo	bueno	sabroso	exquisito
no muy bueno	buenísimo	delicioso	riquísimo

1. la sopa de pollo
2. la carne de cerdo
3. el pollo
4. el pescado

5. el café
6. los calamares
7. el arroz
8. el apio

EP 8.4 **C.** Have students work **in pairs** first. Tell them to use the absolute superlative of each adjective. Then repeat the exercise with the **entire class.**

C. ¡Está riquísimo! Estás en el restaurante Los Adobes de Argomedo, en Santiago, con Lola, una nueva amiga de Valparaíso. ¿Qué le dice Lola al mozo cuando le pregunta cómo está la comida?

> **MODELO** vino / rico
> **El vino está riquísimo.**

1. sopa / rica
2. pescado / sabroso
3. postre / exquisito

4. calamares / sabrosos
5. langosta / fresca
6. arroz / bueno

EP 8.4 **D.** Have students work **in pairs** first. Allow 2–3 mins. Then repeat the exercise with the **entire class.**

D. ¡Hoy es una excepción! Hoy, tú y Lola están desayunando en Bote Salvavidas, el restaurante favorito de Lola en Valparaíso. ¿Qué opina Lola cuando le preguntas sobre lo que le sirven?

> **MODELO** el jugo de naranja
> TÚ : **¿Qué te parece el jugo de naranja de este restaurante?**
> COMPAÑERO(A): **Generalmente es riquísimo, pero hoy está pésimo.**

1. los camarones
2. el vino de la casa
3. los huevos revueltos

4. las salchichas
5. el postre
6. el salmón ahumado

A propósito...

«Qué te parece» se traduce al inglés como *What do you think of . . . ?* ¿Cómo traduces al inglés lo siguiente? «¿Qué te parece el pan?» «¿Qué te parecen los mozos?» «¿Qué te parezco yo?»

EP 8.5 **E.** Call on **individuals.** Have the class confirm each response.

E. Propinas. ¿Quién les da propina a estas personas?

> **MODELO** mi padre / el peluquero (*hairdresser*)
> **Mi padre le da propina a su peluquero.**

1. yo / taxistas
2. mi abuela / chófer de autobús
3. mi hermano / maletero (en el aeropuerto o en un hotel)
4. nosotros / dependientes
5. ustedes / mozos(as)
6. mi padre / niños que distribuyen el periódico
7. mi abuelo / barbero
8. mi madre / cartero
9. tú / el personal de limpieza de un hotel

IRM TM8-3, Repaso visual, *¡Una de cangrejos!:* Show the transparency to the class and call on **individual** students to tell you what are the professions of the various people you point to and describe what they are eating and how they are enjoying it. Have the class confirm each response.

Y ahora, ¡a conversar!

F. Allow 3–4 mins. for students to interview each other. Then ask **individuals** how their partners responded to the questions.

F. Entrevístense. Entrevista a un(a) compañero(a) y luego que él/ella te entreviste a ti.

1. ¿Eres alérgico(a) a algún tipo de comida? ¿A cuál?
2. ¿Sabes cocinar? ¿bien? ¿mal?
3. ¿Para quién te gusta cocinar?
4. ¿Qué platos prefieres preparar?
5. ¿Cuál es tu especialidad?
6. ¿Te gusta comer en restaurantes o prefieres comer en tu casa? ¿en la casa de tus padres?
7. ¿Te gusta comer en restaurantes de «comida rápida» (*fast food*)? ¿Por qué sí o por qué no?

G. Adivinanzas. ¿Puedes identificar estas bebidas y comidas? Hazlo con dos o tres compañeros(as). Cuando terminen, díganselo a su profesor(a).

1. un líquido que se toma caliente con cuchara y puede ser de verdura, de pescado, de carne, de pollo...
2. un líquido transparente que no tiene sabor ni olor
3. un líquido que se toma caliente y a muchos no los deja dormir
4. una fruta tropical, amarilla, larga y dulce
5. una bebida caliente que los ingleses toman frecuentemente y a la misma hora
6. un marisco grande, rojo y bastante caro
7. un plato de lechuga, tomate y cebolla

G. Have students compete **in groups of 3 or 4.** Give a prize to the group that gets 7 correct answers first. **Answers:** 1. sopa 2. agua 3. café 4. banana 5. té 6. langosta 7. ensalada

H. La Buena Gente. Tú y tu compañero(a) son dueños del restaurante La Buena Gente. Su restaurante es muy popular porque ofrece un menú nuevo todas las semanas. Ahora tienen que preparar el menú para la semana próxima. Incluyan cuatro opciones en cada categoría.

H. Encourage students to be creative but reasonable. Allow 5–6 mins. to prepare. **In small groups,** have them share their menus. Ask each group which menu they liked best and why.

La Buena Gente

Entremeses

_____   _____
_____   _____

Platos principales

_____   _____
_____   _____
_____   _____

Bebidas

_____   _____
_____   _____

Postres

_____   _____
_____   _____

I. ¿Son generosos? ¿Son generosos tus amigos? Pregúntale a tu compañero(a) a quién le da estas cosas y en qué circunstancias.

I. Have students work **in pairs** first. Then repeat the activity with the **entire class.**

MODELO   flores
          TÚ: **¿A quién le das flores y cuándo se las das?**
COMPAÑERO(A):   **Se las doy a mi mamá el Día de las Madres.**

1. dinero
2. propina
3. consejos
4. regalos
5. tu palabra de honor
6. la hora

¡Luces! ¡Cámara! ¡Acción!

J–K. Have students select either activity **J** or **K** and allow 3–4 mins. to prepare. Point out that students selecting **J** may read their scripts, while those selecting **K** must present without using books or notes. Call on volunteers to present first, and then call on the rest of the class. Ask comprehension check questions.

J. **¡Exquisito(a)!** Tú y un(a) amigo(a) chileno(a) están cenando en Santiago, en el Restaurante Torres. Hacen comentarios sobre la comida y el servicio, y tratan de decidir cuánta propina van a dejar. Con un(a) compañero(a), escriban el diálogo que tienen y luego léanselo a la clase.

K. **¡A cenar!** Tus padres vienen a visitarte a la universidad. Tú y tu mejor amigo(a) los llevan a cenar a un restaurante elegante. Dramatiza la situación con cuatro compañeros(as). Decidan quién va a hacer el papel de mamá, papá, hijo(a), mejor amigo(a) y mozo(a). Cada persona debe pedir una comida completa y el (la) mozo(a) debe contestar sus preguntas sobre los diferentes platos.

El rincón de los lectores Pablo Neruda

Estrategias para leer: uso de la puntuación para interpretar la poesía

Procedure: Have students read the **Estrategias** silently and do the **Prepárate para leer** activity **in pairs.** Check their answers. Call on volunteers to read one sentence at a time; assign several readers to the last, long sentence. Stop after each reader and ask questions to check comprehension.

Answers: 1. Four sentences. Each begins with a capital letter and ends with a period. 2. First sentence: the sun is like a big tomato. Second sentence: in the summertime, the tomato is everywhere. Third sentence: the tomato is majestic. Fourth sentence: the tomato's use in preparing a salad and its overall greatness. 3. *Answers will vary.*

En el Capítulo 5 aprendiste a interpretar la puntuación en la poesía. En este poema, el poeta chileno Pablo Neruda usa comas, dos puntos, signos de exclamación y puntos. Observa esa puntuación ahora para ayudarte a entender este poema.

Prepárate para leer. Contesta estas preguntas basándote en el poema de Pablo Neruda, «Oda al tomate».

1. ¿Cuántas oraciones *(sentences)* completas tiene el poema? ¿Cómo lo sabes?
2. ¿Cuál es el tema de cada oración?
3. ¿Hay un mensaje específico en cada oración? Si así es, ¿cuál es?

Lectura

Pablo Neruda, poeta y diplomático chileno (Premio Nóbel de Literatura, 1971) nació en Parral el 12 de julio de 1904. Su madre murió cuando él tenía un mes de edad. A los diez años escribió sus primeros poemas. En 1924 publicó *Veinte poemas de amor y una canción desesperada,* una de sus obras más leídas.

Paralelamente a su labor de poeta, se desempeñó como diplomático. En 1927 empezó su carrera como cónsul en Asia y posteriormente en Europa. Entre 1935 y 1936 trabajó como diplomático en España, donde se hizo gran amigo de otros famosos poetas. Neruda, con ideas opuestas a Franco, tuvo que renunciar a su trabajo en España. Pablo Neruda murió el 23 de septiembre de 1973, pocos días después del golpe militar en Chile que resultó en la muerte de su buen amigo, el presidente Salvador Allende.

Oda al tomate

La calle
se llenó de tomates,
mediodía,
verano,
la luz
se parte
en dos
mitades
de tomate,
corre
por las calles
el jugo.
En diciembre
se desata°   *is turned loose*
el tomate,
invade
las cocinas,
entra por los almuerzos,
se sienta
reposado°   *relaxed*
en los aparadores,°   *cupboards*
entre los vasos,
las mantequilleras,
los saleros azules.
Tiene
luz propia,
majestad benigna.
Debemos, por desgracia,°   *por... unfortunately*
asesinarlo:
se hunde°   *sinks*
el cuchillo
en su pulpa viviente,°   *pulpa... living pulp*
es una roja
víscera,
un sol
fresco,
profundo,
inagotable,°   *inexhaustible*
llena las ensaladas
de Chile,
se casa alegremente
con la clara cebolla,

y para celebrarlo
se deja
caer
aceite,
hijo
esencial del olivo,
sobre sus hemisferios entreabiertos,°   *half-open*
agrega°   *adds*
la pimienta
su fragancia,
la sal su magnetismo:
son las bodas°   *weddings*
del día,
el perejil°   *parsley*
levanta
banderines,°   *little flags*
las papas
hierven° vigorosamente,   *boil*
el asado
golpea
con su aroma
en la puerta,
es hora
¡vamos!
sobre
la mesa, en la cintura°   *waist*
del verano
el tomate,
astro° de tierra,   *star*
estrella repetida y fecunda,
nos muestra
sus circunvoluciones,
sus canales,
la insigne plenitud°   *insigne... remarkable fullness*
y la abundancia
sin hueso,°   *bone*
sin coraza,°   *shell*
sin escamas ni espinas,°   *inexhaustible/escamas... scales nor fishbone*
nos entrega
el regalo
de su color fogoso°   *spirited*
y la totalidad de su frescura.

A ver si comprendiste

Contesta según el poema «Oda al tomate» del poeta chileno Pablo Neruda.

1. ¿En qué mes del año hay más tomates en Chile, según el poeta?
2. ¿Por qué el poeta dice que «Debemos, por desgracia, asesinarlo»?
3. ¿Qué se prepara con el tomate y la cebolla: una sopa, una ensalada o una salsa?
4. ¿A qué se refiere el poeta cuando habla de «la cintura del verano»?
5. ¿Con qué elementos de la naturaleza (*nature*) compara el poeta al tomate?
6. ¿Con qué parte del cuerpo (*body*) humano compara el poeta al tomate?

Allow 2–3 mins. for **pair work.** Then call on **individual** students. Have the class confirm each response.

Extension: Ask students to work **in pairs** and make their own "**Oda a (su fruta favorita)."** They can choose their favorite fruit and make an ingenious **oda** to celebrate it. Have them read their **odas** to the class.

Vocabulario

CD2-27–2-29

PASO 1

Bebidas

pisco sour	alcoholic drink made from muscatel grapes, lime juice, sugar, and egg whites
vino blanco	white wine
vino tinto	red wine

Carnes y aves

carne (f.)	meat
carne de cerdo	pork
carne de res (f.)	beef
pavo	turkey
salchicha	sausage

Frutas

durazno	peach
fresa	strawberry
fruta	fruit
melón (m.)	melon
piña	pineapple
plátano	banana

Pescados y mariscos

calamar (m.)	squid
langosta	lobster
marisco	shellfish
pescado	fish
pulpo	octopus
salmón (m.)	salmon

Verduras

apio	celery
col (f.)	cabbage
lechuga	lettuce
papa	potato
rábano	radish
tomate (m.)	tomato
zanahoria	carrot

Palabras relacionadas con comida

alimento	food
alimentar	to nourish
cenar	to dine; to eat dinner

desayunar	to eat breakfast
desayuno	breakfast
espagueti (m.)	spaghetti
fibra	fiber
helado	ice cream
hidrato de carbono	carbohydrate
huevo	egg
lactosa	lactose
mantequilla	butter
pan (m.)	bread
pastel (m.)	cake
plato	plate
postre (m.)	dessert
proteína	protein
vaso	glass

Palabras y expresiones útiles

amable	kind
cantidad (f.)	quantity
enseguida	at once, immediately
de vez en cuando	from time to time
delgado(a)	slim; thin
isla	island
islote (m.)	small island, islet
por favor	please
reservación (f.)	reservation
rincón (m.)	corner
vanidad (f.)	vanity

Verbos

exportar	to export
quemar	to burn
sentarse (ie)	to sit down

PASO 2

Comida y condimentos

azúcar (m.)	sugar
bistec (m.)	steak
cebolla	onion
corvina	sea bass
ensalada	salad
entremés (m.)	appetizer
huevos revueltos	scrambled eggs
margarina	margarine
mayonesa	mayonnaise
mostaza	mustard
pimienta	pepper

pollo	chicken
sal (f.)	salt
salsa	sauce
sopa	soup

Preparación y condición de comidas

a la cazuela	casserole style
a la parrilla	grilled
a la plancha	grilled
al ajillo	sautéed in garlic
asado(a)	roasted
bien hecho(a)	well-done
frito(a)	fried
mixto(a)	mixed
picante	spicy, hot, piquant
tibio(a)	warm

Objetos y cubiertos

botella	bottle
copa	glass
cristal (m.)	crystal
cuchara	spoon
cuchillo	knife
servilleta	napkin
tenedor (m.)	fork

Palabras y expresiones útiles

A sus órdenes.	At your service.
calidad (f.)	quality
faltar	to lack
fino(a)	fine
fuerte	strong
ligero(a)	light
limpio(a)	clean
lino	linen
mozo(a)	waiter, waitress
plata	silver
recordar	to remember
sabor (m.)	flavor

PASO 3

Comida y bebida

arroz (m.)	rice
cangrejo	crab
humita	sweet corn cake
jugo	juice

En el restaurante

cuenta	*bill*
estar satisfecho(a)	*to be satisfied; full*
exquisito(a)	*exquisite*
fresco(a)	*fresh*
para chuparse los dedos	*finger-licking good*
pésimo(a)	*very bad*
propina	*tip*
sabroso(a)	*tasty; delicious*

Personas

barbero	*barber*
cartero(a)	*mail carrier*
chófer *(m.)*	*chauffeur*
dueño(a)	*proprietor; owner*
maletero	*porter*
peluquero(a)	*hairstylist*
taxista *(m./f.)*	*taxi driver*

Palabras útiles

alergia	*allergy*
alérgico(a)	*allergic*
consejo	*advice*
generoso(a)	*generous*
incluir	*to include*
limpieza	*cleaning*
rechazar	*to reject*

En preparación 8

8.1 Indirect-object nouns and pronouns

Stating to whom and for whom people do things

A. You learned in **Capítulo 7** that direct objects answer the question *Whom?* or *What?* in relation to the verb of the sentence. Indirect objects answer the questions *To whom/what?* or *For whom/what?* in relation to the verb.

Identify the direct and indirect objects in the following sentences. Note that in English the words *to* and *for* are often omitted. Check your answers below.*

1. She doesn't want to tell me the price.
2. No, I will not buy any more bones for your dog!
3. We'll write you a letter.
4. Give us the keys and we'll leave the door open for you.

Now identify the indirect objects in the following Spanish sentences. Check your answers below.†

5. Bueno, ¿van a traernos el menú, o no?
6. Me puedes traer un café.
7. ¿Te sirvo algo más?
8. Voy a pedirte un aperitivo, ¿está bien?

B. Study this chart of indirect-object pronouns in Spanish.

Indirect-object pronouns			
me	*to me, for me*	**nos**	*to us, for us*
te	*to you, for you* (familiar)	**os**	*to you, for you* (familiar)
le	*to you, for you* (formal) *to her, for her* *to him, for him*	**les**	*to you, for you* (formal) *to them, for them*

In Spanish, both the indirect-object pronoun and the indirect-object noun may be included in a sentence for *emphasis* or for *clarity* when using **le** or **les**. The preposition **a** always precedes the indirect-object noun.

¿**Le** pido más café **al mozo**?	*Shall I ask the waiter for more coffee?*
A ustedes les voy a servir un postre muy especial.	*I'm going to serve you a very special dessert.*

---

*ANSWERS: 1. D.O.: price / I.O.: me; 2. D.O.: bones / I.O.: dog; 3. D.O.: letter / I.O.: you; 4. D.O.: keys, door / I.O.: us, you

†ANSWERS: 5. nos; 6. Me; 7. Te; 8. te

C. Like direct-object pronouns, indirect-object pronouns in Spanish are placed in front of conjugated verbs. They may also be attached to the end of infinitives and present participles. Note the placement of the object pronouns in the following sentences and indicate if a change in word order is possible. Check your answers below.*

1. ¿Qué puedo servirle, señorita?
2. Les recomiendo la sopa de mariscos. ¡Está exquisita!
3. Están preparándonos algo muy especial.
4. ¿Nos puede traer una botella de vino tinto, por favor?

When object pronouns are used with affirmative commands, they also follow and are attached to the verb, which usually requires a written accent to keep the original stress of the verb.

Pregúntele si quiere café o té.   *Ask him/her if he/she wants coffee or tea.*
Dígame si quiere más.   *Tell me if you want more.*

¡A practicar!

A. En Viña del Mar. La familia Carrillo está en Armandita, su restaurante preferido en Viña del Mar. ¿Qué les sirve la camarera?

MODELO   a nosotros / empanadas
          Nos sirve empanadas.

1. a mí / camarones al ajillo
2. a mi papá / sopa de mariscos
3. a mis hermanos / pescado frito
4. a todos / café helado
5. a mi mamá / calamares fritos
6. a mis hermanas / ensalada de camarones

B. En el viaje al norte. Ramón acaba de regresar de un viaje al Valle de Elqui, en el norte de Chile, y trae regalos para todos sus familiares y amigos. ¿Qué les trae?

MODELO   a Paloma / pulsera de plata *(silver bracelet)*
          A Paloma le trae una pulsera de plata.

1. a mamá / cerámicas
2. a ustedes / discos compactos
3. a ti / charango *(small Andean guitar)*
4. a mí / libro de la historia de Chile
5. a su papá / botella de pisco «Control»
6. a Pepe y a Paco / discos compactos

---

*ANSWERS: 1. **¿Qué le puedo servir...?** 2. No change 3. **Nos están preparando...** 4. **¿Puede traernos...?**

C. **¿Y en el viaje al sur?** ¿Qué les compró Ramón a todos en su viaje a la Región de Lagos, en el sur de Chile?

MODELO a Paloma / chaqueta de lana
A Paloma le compró una chaqueta de lana.

1. a mamá / ramo de copihues (*Chilean national flower*)
2. a ustedes / ponchos
3. a ti / suéter de lana
4. a mí / libro de la Patagonia
5. a su papá / otra botella de pisco
6. a Pepe y a Paco / camisetas de Puerto Montt

8.2 Review of *gustar*

Talking about likes and dislikes

Remember that the verb **gustar** means *to be pleasing to* and is the Spanish equivalent of *to like*. The forms of **gustar** are *always preceded* by an indirect-object pronoun.

Me gusta la sopa, pero no **me gustan** las hamburguesas.	*I like soup but I don't like hamburgers.* (*Soup is pleasing to me, but hamburgers are not.*)

If what is liked is an action (**cantar, leer, trabajar,** etc.) or a series of actions, the singular form of **gustar** is generally used.

Me **gusta** hacer ejercicio.	*I like to exercise.*
Nos **gusta** correr y caminar rápido.	*We like to run and walk fast.*

¡A practicar!

A. **¡Qué rico!** ¿A todos les gusta la comida que les sirven en el restaurante del Hotel Pérez Rosales en Puerto Montt?

MODELO a nosotros / mariscos
Nos gustan mucho los mariscos. o **No nos gustan los mariscos.**

1. a mí / carne de cerdo
2. a nosotros / salchicha
3. a mi mejor amigo(a) / calamares
4. a mis compañeros(as) de cuarto / ensalada de zanahorias
5. a mi mamá / pescado frito
6. a mis hermanos / ensalada

B. **Gustos.** ¿Conoces los gustos de tus familiares y amigos? ¿Y qué no les gusta?

MODELO abuela: postre sí, verduras no
A mi abuela le gusta el postre. No le gustan las verduras.

1. hermano: jugar al fútbol sí, estudiar no
2. hermana: el verano sí, el invierno no
3. papá: el tomate sí, la lechuga no
4. mamá: las flores sí, el vino no
5. mejor amigo(a): lavar platos sí, cocinar no
6. ¿y a mí?: los postres sí, el pescado no

Paso 2

8.3 Double object pronouns

Referring indirectly to people and things

A. When both a direct- and an indirect-object pronoun are present in a sentence, a specific word order must be maintained. The two pronouns must always be together, with the indirect-object pronoun preceding the direct-object pronoun. *Nothing may separate them.* As with single object pronouns, the double object pronouns are placed directly in front of conjugated verbs, or may be attached to infinitives, present participles, and affirmative commands.

Te lo recomiendo.	*I recommend it to you.*
Ella va a traér**noslo.**	*She is going to bring it to us.*

Remember that the first pronoun in the sentence is not always the subject of the verb. As subject pronouns are often not stated in Spanish, the first pronoun in a sentence may well be the object of the verb.

Translate the following sentences. Check your answers below.*

1. Prefiero la sopa del día, pero me la sirve caliente.
2. Y la cuenta, ¿cuándo nos la van a traer?
3. ¿Es posible? ¿Todavía están preparándotelo?
4. ¿Puedes pasármelos, por favor?

Notice in examples 3, 4, and 5 that whenever two object pronouns are attached to a present participle or an infinitive, the original stress of the verb form is maintained by a written accent, which is always necessary.

Indicate where written accents need to be placed on the italicized verb forms of the following sentences. Check your answers below.†

1. ¿Piensas *devolvernoslo* esta tarde?
2. ¿Están *preparandomelo* ahora mismo?
3. Estoy *pensandomelo* bien.

B. In Spanish, whenever two object pronouns beginning with the letter **l** occur together in a sentence, the indirect-object pronoun (**le, les**) changes to **se.**

$$\textbf{se} \begin{cases} \text{lo} \\ \text{la} \\ \text{los} \\ \text{las} \end{cases} \quad \textbf{se} \begin{cases} \text{lo} \\ \text{la} \\ \text{los} \\ \text{las} \end{cases}$$

—El vino «Casillero del diablo» es exquisito.
—~~Les~~ lo recomiendo. → **Se** lo recomiendo.
—¿Vas a comprar dos botellas?
—Sí, voy a regalár ~~le~~ las a papá. → Sí, voy a regalár**se**las a papá.

---

* ANSWERS: 1. I prefer the soup of the day, but serve it to me hot. 2. And the bill, when are they going to bring it to us? 3. Is it possible? They are still preparing it for you? 4. Can you pass them to me, please?

† ANSWERS: 1. devolvérnoslo; 2. preparándomelo; 3. pensándomelo

Since **se** may refer to **le** or **les**, it is often necessary to use the preposition **a** plus a noun or prepositional pronoun to clarify its meaning.

Voy a regalár**selas** **a papá.**   *I'm going to give them to Dad.*
Se lo recomiendo **a ustedes.**   *I recommend it to you.*

¡A practicar!

A. **Tenemos hambre.** Tú y tus amigos están en el café Bravísimo de Viña del Mar. ¿Qué hace el mozo?

MODELO   servir arroz a Mariano
El mozo le sirve arroz a Mariano.
El mozo se lo sirve a Mariano.

1. traer el menú a nosotros
2. traer los entremeses a Mariano y a Juanita
3. traer jamón a mí
4. servir vino blanco a nosotros
5. servir ensalada a Juanita
6. servir sopa de verduras a Mariano y a mí

B. **¡Ay, qué sabroso!** El mozo del restaurante Los Adobes de Argomedo, en Santiago, conoce bien los gustos de cada miembro de la familia Gamboa. ¿A quiénes les recomienda estos platos?

MODELO   el pescado frito / al señor Gamboa
Se lo recomienda al señor Gamboa.

1. la cazuela de pollo / a papá y a mí
2. los calamares / a mi hermana mayor
3. los huevos fritos / a mi hermanito
4. el arroz blanco / a toda la familia
5. las empanadas de queso / a mí
6. el helado / a mi hermana menor

C. **¿Tantos regalos?** Paquito, el hermanito menor de Ramón, quiere saber para quién son todos los regalos. ¿Qué le dice Ramón?

MODELO   ¿Para quién son los discos compactos? ¿Para Paloma?
Sí, se los traigo a Paloma.

1. ¿Para quién son los capihues? ¿Para mamá?
2. ¿Para quién son las camisetas? ¿Para mí?
3. ¿Para quién son las dos botellas de pisco? ¿Para papá?
4. ¿Para quién es el libro? ¿Para Miguel?
5. ¿Para quiénes son los ponchos? ¿Para nosotros?
6. ¿Para quién es el suéter? ¿Para él?

Paso 3

8.4 Review of *ser* and *estar*

Describing, identifying, expressing origin, giving location, and indicating change

A. **Ser** is used

- with adjectives to describe physical attributes, personality, and inherent characteristics.
- to identify people or things.
- with impersonal expressions.
- to tell time.
- to express nationality.

With **de**

- to express origin.
- to tell what material things are made of.

B. **Estar** is used

- with adjectives to describe temporal evaluation of states of being, behavior, and conditions.
- to indicate location.
- to form the progressive tense.

¡A practicar!

A. **Nuevos amigos.** Rebeca es de Antofagasta, en el norte de Chile. Ahora está estudiando en la Universidad de Chile en Valparaíso. Completa esta carta con la forma correcta de **ser** o **estar** para saber qué les escribe a sus padres.

Queridos papás:

    ¿Cómo _____ ustedes? Recibí su carta y yo _____ muy contenta porque vienen a visitarme este domingo. Hace tres semanas que vivo en el nuevo apartamento y mis compañeras _____ simpatiquísimas. Rosa _____ alta y morena como yo; siempre nos preguntan si _____ hermanas. Marina siempre _____ ocupada porque _____ una estudiante muy diligente. Toni, el hermano de Marina, y Rosa _____ novios. Él _____ muy tímido y cuando nos visita siempre _____ muy nervioso.

    Me despido ahora porque Marina y Rosa me _____ diciendo: «Rebeca, tú _____ muy perezosa hoy. ¿Cuándo vas a preparar la comida?»

Hasta pronto,
Rebeca

B. ¡En Santiago! Ahora Rebeca está en Santiago durante las vacaciones de primavera. Completa la carta que le escribe a su prima Lorena con la forma correcta de **ser** o **estar.**

Querida prima:

¿Cómo _____ tú? Yo _____ muy bien y _____ contentísima aquí en Santiago. La gente en general _____ muy simpática. Casi todos _____ amistosos y siempre dicen que _____ impresionados conmigo porque yo estudio y también trabajo en una tienda. Bueno, tú sabes, el dinero... no me gusta pedirles tanto a mis padres. Y ahora, unos amigos y yo _____ estudiando inglés y el curso es caro. Todos _____ estudiantes de un instituto privado. ¡Ah! ¿Te gusta Ricky Martin? Él _____ aquí en Santiago ahora. Ayer lo vi. ¡Él _____ guapísimo! No _____ mi cantante favorito, pero canta muy bien y baila... ¡uuuh!

Bueno, ya casi _____ las dos de la mañana y yo_____ muy cansada. Buenas noches y hasta pronto.
Rebeca

8.5 The verb *dar*

Telling what people give

The verb **dar** is irregular in both the present tense and in the preterite.

Present tense		Preterite tense	
dar *(to give)*		**dar** *(to give)*	
doy	damos	di	dimos
das	dais	diste	disteis
da	dan	dio	dieron
da	dan	dio	dieron

¡A practicar!

A. La propina. Tú y unos amigos salieron a cenar juntos al restaurante del Hotel Ohiggins en Viña del Mar. Ahora están decidiendo cuánto deben dejarle de propina al mozo. ¿Cuánto le da cada uno?

MODELO Antonio / $1,25
Antonio le da un dólar y veinticinco centavos.

1. Pablo / $1,00
2. María y Juan / $1,50
3. Yo / $1,50
4. Ana / $1,75
5. Carmen y Pedro / $1,25
6. En total, / ¿...?

B. Navidad. Es el 25 de diciembre y Rebeca está pasando las vacaciones de verano en Antofagasta, en casa de sus padres. ¿Qué regalos se dieron todos en la Nochebuena (24 de diciembre), para las Navidades?

MODELO   tú / papá
Yo le di una botella de pisco a papá. Él me dio una blusa.

Vocabulario útil

una camisa	un perfume	un teléfono
una corbata	un perro	un televisor
unas flores	una pipa	unas vacaciones
un pastel	un suéter	un vestido

1. mamá / papá
2. tú / hermano(a)
3. tú y tus hermanos / abuelos
4. tú / mamá
5. tu mejor amigo(a) / tú

La Calle Misión, en San Francisco, California

Knowledge is Power, Mural en Chicago del artista puertorriqueño Dzine

CAPÍTULO 9

¡Qué buen día para... los hispanos en los Estados Unidos!

La Calle Ocho de la Pequeña
Habana, en Miami, Florida

¡Las fotos hablan!

A. A que ya sabes. Completa estas oraciones y explica por qué seleccionaste cada respuesta.

1. La primera foto probablemente se sacó en una ciudad de...
   a. los EE.UU.   b. México.   c. Sudamérica.
2. La segunda foto probablemente es de un...
   a. cuadro de   b. póster   c. mural
      Botero.   cubano.   puertorriqueño.
3. La tercera foto es de...
   a. una manifestación hispana en Los Ángeles.
   b. una celebración cubana en Miami.
   c. un desfile puertorriqueño en Nueva York.

B. Ahora, a ver si sabes. Trata de completar estas oraciones. Si no estás seguro(a), adivina.

1. Según el censo del año 2000, los hispanos en los EE.UU. representan un _____ de la población.
   a. 5,5%   b. 12,5%   c. 24,5%
2. El mismo censo indica que 76,3% de los hispanos en los EE.UU. residen en el _____ del país.
   a. oeste   b. sur   c. sur y oeste
3. En el estado de Nuevo México, _____ de la población es hispana.
   a. 21%   b. 41%   c. 61%
4. En Los Ángeles, California, viven más de _____ de hispanos.
   a. 4 millones   b. 14 millones   c. 24 millones

In this chapter, you will learn how to . . .

• discuss the weather and how it affects you.

• describe your daily routine.

• ask for and give directions.

• describe a typical weekend.

Answers: A. Expect students to give good reasons for the answers they selected. Then point out that photo #1 is of Mission Street in San Francisco, #2 is of a mural in Chicago titled *Knowledge Is Power* by Puerto Rican artist Dzine, and #3 is of a celebration on **Calle Ocho** in the Miami area known as **la Pequeña Habana.**

B. 1. b, 2. c, 3. b, 4. a

¡Hace frío por todo el suroeste de los EE.UU.!

¿Eres buen observador?

TAREA

Antes de empezar este Paso, estudia la lista de vocabulario en la página 339 y practícalo al escuchar el surco 34 de tu Text Audio CD #2. Luego estudia *En preparación.*

9.1 Weather expressions, página 340

9.2 **Mucho** and **poco**, página 341

Haz por escrito los ejercicios de *¡A practicar!*

Escucha la sección *¿Qué se dice...?* del Capítulo 9, Paso 1, en el surco 30 del Text Audio CD y haz la actividad correspondiente en la página 315.

Have students prepare *9.1 Weather expressions* for the first day you work on this **Paso.** Then assign *9.2 Mucho and poco* for the second day.

Monitor Atmosférico

Norteamérica	MAX	MIN
Chicago	28	17
Dallas	38	26
Denver	35	16
Houston	37	26
Las Vegas	41	26
Los Angeles	27	18
Miami	32	26
Montreal	23	14
Nueva York	28	21
Orlando	33	24
San Antonio	38	25
San Diego	23	19

	MAX	MIN
San Francisco	18	13
Toronto	26	14
Tucson	37	25
Vancouver	20	13
Washington D.C.	29	22
Latinoamérica		
Buenos Aires	22	8
Bogotá	19	8
Caracas	31	25
Guatemala	24	16
La Habana	30	23
Lima	18	11
Managua	32	23

	MAX	MIN
Montevideo	21	10
Panamá	33	24
Quito	22	9
Rio de Janeiro	22	14
San José, C.R.	30	21
San Salvador	32	24
Santiago	15	11
Santo Domingo	33	25
Europa		
Amsterdam	23	14
Atenas	37	24
Berlin	26	17
Copenague	24	14

	MAX	MIN
Estocolmo	21	14
Ginebra	29	16
Lisboa	30	17
Londres	23	10
Madrid	36	18
Moscú	24	12
París	26	14
Roma	30	21
Asia/Oceanía		
Hong Kong	31	26
Jerusalem	34	19
Sydney	20	12
Tokio	32	26

Ahora, ¡a analizar!

Allow 2–3 mins. to answer in **pairs.** Then call on **individual** students and have the class confirm each response.

1. Hay sol con un poco de nubes en Del Río, Texas. Nombra otras ciudades donde hay sol con un poco de nubes.
2. Llueve en Ciudad Juárez. ¿En qué ciudad de los EE.UU. llueve? ¿Llueve en la Ciudad de México?
3. ¿En qué ciudades de Norteamérica hace frío de noche? ¿En qué ciudades de Latinoamérica hace frío de día y de noche?
4. ¿En qué ciudad de Europa y de Asia hace más calor de día? ¿Más frío de noche?

¿Qué se dice...?

Al hablar del clima

CD2-30

___ 1. Phoenix
___ 2. Los Ángeles
___ 3. Las montañas
___ 4. San Francisco

a. Está nevando.
b. Hace frío y hay neblina.
c. Está nublado con llovizna.
d. Hace calor y está despejado.

Hoy en Cuba hay sol, pero en el este vemos que hace mucho viento y se acerca una tormenta impresionante. En la Florida ya está lloviendo fuertemente.

Purpose: To introduce new lesson vocabulary and structures needed to talk about the weather.

Audio Script: Hoy en San Francisco hay neblina y hace bastante frío. En las montañas alrededor del lago Tahoe está nevando. En Los Ángeles el cielo está nublado y está lloviznando. Pero en toda el área de Phoenix hasta el norte de México, se encuentra despejado, con temperaturas de 95 grados Fahrenheit.

Answers: 1. d; 2. c; 3. a; 4. b

WEB TM9-1, Procedure: Have students look at the visuals as you read each caption or narrate your own story line. Narrate two or three sentences at a time, pointing to the particular persons or objects being mentioned. Ask comprehension check questions.

Alternative Story Lines: 1. Talk about today's or tomorrow's weather report. 2. Have a phone conversation about the weather with someone in Chile. 3. Pretend to be a weather reporter on a local radio or TV station.

A propósito...

¡Ojo! Al hablar del tiempo, no olvides que **nieve** y **lluvia** son sustantivos. Los verbos son **nieva** y **llueve** en presente y **nevó** y **llovió** en pretérito. Recuerda también que para hacer pronósticos del tiempo, puedes usar el verbo **ir** + infinitivo, por ejemplo: **va a nevar** o **va a llover**.

Ask four students to go to the board and write sentences with **nieve, lluvia, nieva,** and **llueve**.

¿Sabías que...?

Según el censo del año 2000, los EE.UU. tienen una población de 281,4 millones de los cuales 35,3 millones (un 12,5%) son hispanos. Este número representa un crecimiento del 57,9%, sobre los 22,4 millones de habitantes hispanos en 1990. El mismo censo indica que el 43,5% de los hispanos en los EE.UU. reside en el oeste del país y el 32,8% en el sur. También revela que el 42,1% de la población total del estado de Nuevo México es de origen hispano y que en Los Ángeles, California, viven más de 4 millones de hispanos.

En tu opinión: ¿Por qué crees que aumentó tanto el número de hispanos en los EE.UU. durante 1990 y 2000? ¿Por qué escoge la mayoría de hispanos el oeste y el sur de los EE.UU. para vivir? ¿Qué porcentaje (%) de hispanos residen en tu estado? ¿Por qué crees que hay tantos o no hay más?

Ahora, ¡a hablar!

A. **KXYZ Los Ángeles.** Según el pronóstico del *¿Qué se dice... ?* ¿qué tiempo hace en los siguientes lugares y, en tu opinión, es representativo del lugar o no? Explica tu respuesta.

MODELO   San Francisco
Hace calor y está despejado. Pero en San Francisco usualmente hace frío y hay neblina.

1. Phoenix
2. el lago Tahoe
3. Los Ángeles
4. Cuba
5. la Florida
6. la República Dominicana

B. **¿Qué tiempo hace?** ¿Qué tiempo hace generalmente donde vives en los siguientes días de fiesta?

MODELO   Navidad *(Christmas)*
En Navidad hace frío.

1. Pascua Florida *(Easter)*
2. Día de Acción de Gracias
3. Navidad
4. Día de San Valentín
5. el 4 de julio
6. Día de las Madres
7. el día de tu cumpleaños

C. **Actividades.** ¿Qué te gusta hacer... ?

MODELO   cuando está nevando
Cuando está nevando me gusta esquiar.

Vocabulario útil:

- ☐ esquiar
- ☐ pasear por el parque
- ☐ permanecer en casa
- ☐ pasear por el campo
- ☐ volar mi papalote *(kite)*
- ☐ montar en bicicleta
- ☐ ir de compras
- ☐ ir a la playa
- ☐ estar cerca de la chimenea

1. cuando está lloviendo
2. cuando hace sol
3. cuando hay neblina
4. cuando hace mucho viento
5. cuando hace buen tiempo
6. si hace mucho frío
7. después de nevar mucho
8. si hace muchísimo calor

EP 9.1 ⬤⬤ C. Have students work in pairs first. Allow 2–3 mins. Then ask **individuals** what they like to do.

D. **¿Cómo se siente?** Di dónde están estas personas y qué tiempo hace.

MODELO   **El señor está en el desierto y hace mucho calor.**

EP 9.1, 9.2 ⬤⬤ D. Allow 2–3 mins. for **pair work.** Then call on **individuals** to describe each picture to the class.

1.   2.   3.

4.   5.   6.

▶ IRM TM9–1, Repaso visual, *El tiempo:* Show one drawing at a time of the transparency and rapidly call on **individuals** in the class to describe it. Each person gives one sentence and then you call on another student. Continue until the description is completed. If necessary, guide the students by asking: **¿Quiénes son ellos? ¿Cuál es la profesión de él? ¿Por qué se mueven los árboles... ?**

Y ahora, ¡a conversar!

E. **Preferencias.** Entrevista a un(a) compañero(a) para saber algo sobre sus preferencias.

1. ¿Qué tiempo prefieres?
2. ¿Cuál es tu estación favorita? ¿Por qué?
3. ¿Qué mes te gusta más?
4. ¿En qué estación es tu cumpleaños? ¿Qué tiempo hace generalmente ese día?
5. ¿Cuáles son tus deportes favoritos para cada estación?

E. Have students work in **pairs** first. Allow 2–3 mins. Then ask **individuals** to describe their partner's weather preferences.

F. Have students work in **pairs** first. Allow 2–3 mins. Then call on **individuals** to tell what people are wearing in each drawing.

F. **Bien vestidos.** ¿Cómo van vestidos los personajes de los dibujos de la página 317? Usa este vocabulario útil y el vocabulario que aprendiste en el capítulo 4, en la página 164, para describirlos.

MODELO   **Este señor lleva pantalones de mezclilla y camisa.**

Vocabulario útil

el abrigo   la bufanda   el impermeable

el paraguas   las botas

el gorro   los guantes

G. Have students work in **pairs** first. Allow 2–3 mins. Then ask **individuals** what their partners would wear under the various circumstances.

G. **¡Abrígate bien!** ¿Qué ropa llevas cuando... ?

MODELO   está nevando
Llevo un abrigo, una bufanda, guantes y botas.

1. está lloviendo
2. hace mucho calor y hay sol
3. hace calor, pero el cielo está nublado y parece *(it seems)* que va a llover
4. hace mucho viento y la temperatura está a 45 grados Fahrenheit
5. es un día estupendo porque no hace ni frío ni calor

H. Allow 2–3 mins. to prepare **individually.** Then in **groups** of 4 or 5, have each student give his or her weather report. Circulate from group to group.

H. **Pronóstico.** Con el clima que hace en este momento como referencia, escribe el pronóstico del tiempo para mañana, el día siguiente y el fin de semana.

¡Luces! ¡Cámara! ¡Acción!

I. **El pronóstico del oeste.** Tú y dos compañeros(as) trabajan para la estación de radio de la universidad. Son meteorólogos. Cada uno de ustedes va a informar al público sobre una de estas regiones de EE.UU. Escriban el pronóstico del día para su región para presentarlo a la clase. No olviden incluir las presentaciones y saludos típicos de los meteorólogos.

La costa del oeste   El noroeste   El suroeste

J. **El pronóstico del este.** Tú y dos compañeros(as) trabajan para la estación de radio de su universidad. Son meteorólogos. Cada uno de ustedes va a informar al público sobre una de estas regiones de los EE.UU. Preparen su parte del pronóstico. Luego preséntenselo a la clase. No olviden incluir las presentaciones y saludos típicos de los meteorólogos.

La costa del este   El noreste   El sudeste

I and J. Have students select either **I** or **J** and allow 3–4 mins. to prepare. Point out that students selecting **I** may read their scripts, while those selecting **J** must present without using books or notes. Call on volunteers to present first, and then call on the rest of the class. Ask comprehension check questions.

Smart Classroom: Check out the current weather and forecast for your area on the Internet to see which student guessed the closest with his/her forecast. Compare your area's current weather and forecast with the one for Buenos Aires or another South American city. Remind students of the difference in seasons in the two hemispheres.

Un paso atrás, dos adelante: Capítulo 8

Repasemos. En el Capítulo 8 aprendiste a pedir una mesa en un restaurante y a ordenar algo para comer. También aprendiste a hablar de tus comidas favoritas. Repasa lo que sabes, completando el siguiente texto con las palabras necesarias. Puedes inventar la información.

Una cita, un banquete

TU AMIGO(A): ¿_____ _____ [gustar] la sopa de mariscos?

TÚ: Me _____ [encantar]. ¿Y a ti?

TU AMIGO(A): A mí también _____ _____ [gustar] muchísimo. ¿_____ [pron. objeto indirecto] pasas la sal, por favor?

TÚ: _____ [pron. objeto directo] tienes ahí, al lado del vaso.

TU AMIGO(A): Ah sí, gracias. Oye, estos camarones al ajillo _____ [ser / estar] fríos, ¿no?

TÚ: Sí, un poco, pero están sabrosísimos.

TU AMIGO(A): ¡Mozo! Por favor, ¿_____ [poder] usted _____ _____ [traer + pron. objeto indirecto] un poco de pan?

MOZO: Enseguida. ¿Puedo _____ [traer + pron. objeto indirecto] algo más?

TÚ: Sí, si ya tiene lista la langosta puede _____ [traer + pron. objeto indirecto + directo].

MOZO: Creo que ya _____ [ser / estar] lista. Creo que _____ [pron. objeto indirecto] va a _____ [gustar] mucho. ¡Se ve deliciosa!

Allow students 2–3 mins. to complete the exercise. Then have them share their responses in **pairs** and ask them to suggest corrections if they detect inconsistencies. Call on several students to read their responses. Some will vary.

CD2-31

Estrategias para escuchar: escuchar «de arriba hacia abajo»

Procedure: Have students read silently the listening strategies and the description of San Francisco weather. Then play the CD twice and allow students time do the matching activity. Check their answers.

If you are thoroughly familiar with the subject of a conversation and can anticipate what will be said, you are able to listen casually to the general flow, picking out the occasional specific words that convey the gist of what is being said and letting your knowledge of the topic fill in the blanks on everything else. This approach is known as listening "from the top down."

To familiarize yourself with San Francisco summer weather, read the following paragraph about a typical summer day in San Francisco, then listen "from the top down" to understand the forecast for July 15.

Audio Script: Y ahora el pronóstico para mañana, 15 de julio, para San Francisco y el área de la bahía: Por la mañana, neblina en buena parte de la ciudad y una temperatura máxima de 10 grados centígrados. A mediodía, al desaparecer la neblina, la temperatura máxima puede alcanzar los 30 grados, con cielos claros y mucho sol. Por la tarde, nuevamente neblina, con temperaturas en torno a los 20 grados. De noche, vientos fuertes con temperaturas alrededor de los 15 grados.

Si has viajado a San Francisco en verano, seguro que notaste que un día típico empieza con neblina, especialmente en los barrios cerca del mar. Más tarde, a mediodía, la neblina se disipa y la temperatura puede ser muy agradable bajo cielos despejados. No obstante, alrededor de las cuatro de la tarde, la neblina reaparece, y ya por la noche puede hacer bastante frío y viento. En efecto, puede hacer tanto frío que Mark Twain dijo que el invierno más frío de su vida fue un verano en San Francisco.

Pronóstico para San Francisco. Escucha el pronóstico del tiempo en San Francisco para el 15 de julio. Luego, con un(a) compañero(a), decidan cómo la información de la columna B se combina con la información de la columna A según el pronóstico que escucharon.

Answers: 1. c; 2. d; 3. b; 4. a.

A
1. por la mañana
2. a mediodía
3. alrededor de las cuatro de la tarde
4. por la noche

B
a. viento
b. más neblina
c. neblina
d. sol

Noticiero cultural

Los hispanos en los Estados Unidos

Antes de empezar, dime...

Contesta estas preguntas para ver cuánto sabes de los hispanos en los EE.UU.

1. ¿De qué países viene la mayoría de los hispanos que hay en los EE.UU.?
2. ¿Qué porcentaje de la población de los EE.UU. representan los hispanos en este país?
3. ¿Qué influencia han tenido los hispanos en la cultura estadounidense? Da ejemplos.

Procedure: Ask for volunteers to answer the pre-reading questions. Then allow 2 mins. to read the first paragraph silently. Ask lots of comprehension check questions. Repeat this procedure with the remaining paragraphs. Then have students do the matching activity in pairs.

Los hispanos... ¿quiénes son?

Cuando se habla de los «hispanos» en los EE.UU. no se habla de un solo grupo ni de una sola cultura. Los hispanos en los EE.UU. representan un gran número de grupos y una gran variedad cultural. Los tres grupos más grandes son los mexicoamericanos (63%), los puertorriqueños (12%) y los cubanoestadounidenses (5%). También hay miles de nicaragüenses, salvadoreños, guatemaltecos, hondureños, dominicanos... Cada uno de estos grupos tiene sus propias costumbres y su propia cultura: comida, manera de hablar, influencias indígenas o africanas, música, literatura.

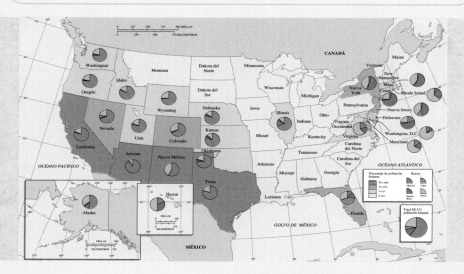

La influencia de la población hispana en los los EE.UU. se hace notar en todos los aspectos de la vida de este país: en la arquitectura, la pintura, la literatura, la música, la cocina, la moda y el cine, entre otros. Los hispanos estadounidenses participan activamente en el arte, la política y áreas fundamentales de la administración del país.

El impacto de novelistas como Rudy Anaya, Ricardo Aguilar Melantzón, Julia Álvarez, Rolando Hinojosa Smith, Óscar Hijuelos y Sandra Cisneros, de poetas como Alurista, Lorna Dee Cervantes, Jorge Argueta y Francisco Alarcón, y de dramaturgos como Luis Valdez y Gregorio Nava, se ha sentido tanto en los EE.UU. como en las Américas y Europa.

La música creada por hispanos es incomparable y ha alcanzado enorme popularidad. Todo el mundo conoce la música de Cristina Aguilera, Carlos Santana, Gloria Estefan, Ricky Martin, Rubén Blades, Shakira y Marc Anthony por nombrar sólo a unos cuantos cantantes hispanos. Los actores de origen hispano también están conquistando al público de los EE.UU. en el cine y en la televisión. Junto a grandes estrellas consagradas como Anthony Quinn, César Romero, Raúl Julia, Rita Moreno, Andy García y Edward James Olmos, estamos viendo a nuevos actores hispanos como a Salma Hayek, Cameron Díaz, Emilio Estévez, Jennifer López, Jimmy Smits, Penélope Cruz y muchos más.

En el mundo del deporte destacan Fernando Valenzuela, Nancy López, Chi Chi Rodríguez, Sammy Sosa, Roberto Clemente, los Alomar, Lee Treviño, Tony López, Óscar de la Hoya, Mary Jo Fernández...

Podemos seguir nombrando a hispanos sobresalientes en las artes visuales, la arquitectura, la moda, la cocina, los deportes y otros campos.

Los hispanos de los EE.UU., para concluir, son un grupo multicolor, cada vez con más relevancia y confianza en un futuro mejor y en su capacidad de poder unir como en un arco iris *(rainbow)* cultural, lo mejor de los EE.UU. y el mundo de habla hispana.

Viajemos por el ciberespacio a... LOS ESTADOS UNIDOS

If you are a cyberspace surfer, try entering one of the following key words to get to many fascinating sites in **los Estados Unidos:**

Hispanos famosos

Or, better yet, simply go to the *¡Dímelo tú!* website using the following address: http://dimelotu.heinle.com

There, with a simple click, you can

- visit **el Museo del Barrio** in New York, the only Latino museum in the United States entirely devoted to Puerto Rican, Caribbean, and Latin American art.
- learn about famous Latino figures in U.S. history and elsewhere in the world.
- enjoy a stroll through beautiful **barrio** in many U.S. cities.

Y ahora, dime...

Con un(a) compañero(a) de clase indica cuál es la actividad o profesión que tienen estos famosos hispanos estadounidenses.

1. Anthony Quinn
2. Gloria Estefan
3. Francisco Alarcón
4. Sandra Cisneros
5. María Echaveste
6. Salma Hayek
7. Sammy Sosa
8. Rolando Hinojosa Smith
9. César Chávez
10. Edward James Olmos
11. Rubén Blades
12. Cristina Aguilera

a. cantante/músico
b. líder sindical
c. poeta
d. actor/actriz de televisión
e. actor/actriz de cine
f. novelista
g. deportista

¡Mi rutina en San Francisco, California!

¿Eres buen observador?

TAREA

Antes de empezar este Paso, estudia la lista de vocabulario en la página 339 y practícalo al escuchar el surco 35 de tu Text Audio CD #2. Luego estudia *En preparación.*

9.3 Reflexive verbs, páginas 342–344

Haz por escrito los ejercicios de *¡A practicar!*

Escucha la sección *¿Qué se dice... ?* del Capítulo 9, Paso 2, en el surco 32 del Text Audio CD y haz la actividad correspondiente en la página 324.

Have students prepare 9.3 *Reflexive verbs* before coming to class.

A propósito...

Como ya sabes, hay muchas palabras del español incorporadas al inglés (plaza, rodeo, corral...). También hay palabras del inglés incorporadas al español (champú, jeans, béisbol...) y otras como **escuela alta** *(high school)*, **biles** *(bills)*, **bas** *(bus)*,... Las palabras en esta última categoría sólo son aceptables en ciertas regiones donde el inglés está en continuo contacto con el español.

Make sure they understand the distinction between acceptable borrowed words and unacceptable ones. Then ask students if they can think of other examples of English-to-Spanish or Spanish-to-English borrowed words. If they come up with unacceptable examples, be sure to point out the existing acceptable word or words.

Ahora, ¡a analizar!

1. ¿A quién crees que va dirigido este anuncio? Explica tu respuesta.
   ☐ a los hombres   ☐ a las mujeres   ☐ a los niños
2. ¿Qué crees que es un rastrillo? ¿Para qué se usa un rastrillo?
3. ¿Estás de acuerdo con que el rastrillo es una cosa del pasado? ¿Por qué sí o por qué no?
4. ¿Qué crees que rasura mejor, el rastrillo o la rasuradora (afeitadora) eléctrica? ¿Por qué?
5. ¿Qué crees que significa la expresión «un afeitado más al ras»?
   ☐ que corta mucho más pelo   ☐ corta poco pelo   ☐ no corta pelo
6. Conecta estos artículos de higiene personal con su uso.
   1. la rasuradora   a. para lavarme el pelo
   2. la ropa   b. para peinarme
   3. el cepillo de dientes c. para ducharme
   4. el peine   d. para afeitarme
   5. la regadera   e. para cepillarme los dientes
   6. el champú   f. para vestirme

CD2-32

Al describir la rutina diaria

____ Se afeita. ____ Se levanta. ____ Se peina. ____ Lee el periódico.

____ Se despierta. ____ Se ducha. ____ Se viste. ____ Oye el despertador.

Generalmente su mamá le prepara el desayuno. Pero hoy no desayuna porque tiene prisa. Su primera clase es a las siete.

Después de las clases, Mario llega a casa muy cansado. Primero se quita el suéter y los pantalones y se pone unos jeans para estar más cómodo. Después de cenar se sienta a ver la televisión un rato. Se acuesta a eso de las once y se duerme en seguida.

¿Sabías que...?

La llegada y las condiciones de vida de los distintos grupos latinos en los EE.UU. varían mucho de acuerdo al origen de cada grupo. Algunos inmigran a los EE.UU. por razones económicas, como es el caso de la mayoría de los puertorriqueños. Otros lo hacen por razones políticas, como fue el caso de la primera ola de cubanos, por lo general, de clase media o alta en su país, y con una buena preparación académica. En contraste con los nicaragüenses, salvadoreños, guatemaltecos y dominicanos, que también inmigraron a los EE.UU. por razones políticas, los cubanos recibieron mucha ayuda del gobierno federal. Un caso especial es el de los chicanos, habitantes de las tierras que Estados Unidos arrebató militarmente a México, y que pasaron de ser ciudadanos mexicanos en su propia tierra a inmigrantes en los EE.UU., con todas las dificultades políticas y socio-económicas que eso implica.

🔍 **En tu opinión:** ¿Por qué crees que el gobierno estadounidense favorece a los inmigrantes cubanos por ser inmigrantes políticos, y no a los centroamericanos, muchos de ellos también inmigrantes políticos? ¿Cuáles son algunas de las dificultades políticas, lingüísticas y socio-económicas de los mexicanos/chicanos en este país?

Point out that a tendency of the U.S. government seems to be to accommodate the better educated immigrants, the ones with professional skills, and not be too concerned with the less educated, the less skilled. Ask if they don't think the opposite should be the case. Remind students that Mexicans living in the Southwest suddenly found themselves being Mexican-Americans, without ever moving. The U.S. government however, treated them like immigrants although they were some of the original occupants of the region.

Smart Classroom: As a homework assignment, ask students to write a brief but detailed report on Latin American immigrants to the United States. Where do they live? How do they live? What are their common interests? Ask students to search the Internet for information using the nationality + **en los Estados Unidos.** Some of these nationalities have a nickname (**guanacos, nicas, chapines, ticos...**); ask students to look up these names to identify their nationalities. Ask volunteer students to come to class prepared to present their findings, and to suggest great websites with specific information.

Ahora, ¡a hablar!

A. **Dos rutinas.** Compara tu rutina diaria con la rutina de Mario en el *¿Qué se dice...?* ¿Hacen las mismas cosas o hay algunas que él hace que tú no haces y viceversa? ¿Hacen todo en el mismo orden o se organizan de distintas maneras?

Vocabulario activo: **A.** Call on **individual** students to explain similarities and differences. Insist that they be detailed in their explanations.

B. **Un sábado típico.** La rutina de Toñi y Gregory durante el fin de semana depende del clima. ¿Qué hacen los sábados por la mañana, dependiendo del tiempo, según Toñi?

EP 9.3 ⬡⬡ **B.** Call on **individual** students. Have the class confirm each response.

MODELO   hacer buen tiempo / levantarse a las 7 A.M.
          Si hace buen tiempo nos levantamos a las 7 de la mañana.

1. llover / quedarse en la cama hasta las 11 A.M.
2. no llover / levantarse a las 7:00 A.M.
3. hacer buen tiempo / desayunar en la terraza
4. hacer mal tiempo / quedarse en la casa
5. hacer calor / bañarse en la playa
6. hacer frío / irse al cine a ver una película

EP 9.3 ⊕⊕ C. Work in **pairs** first. Allow 2–3 mins. Repeat the exercise by calling on **individuals**.

A propósito...

«Levantarse temprano» significa normalmente levantarse, a las 5, las 6 o las 7 de la mañana. Levantarse tarde significa levantarse a una hora más tarde de lo habitual. ¿Te levantas normalmente temprano, o tarde?

EP 9.3 ⊕⊕ D. Do this exercise with the **entire class** by calling on individuals.

C. **Planes.** Ángela tiene planes para este fin de semana en San Francisco. ¿Qué va a hacer?

MODELO   levantarse tarde
Va a levantarse tarde. o Se va a levantar tarde.

1. despertarse tarde
2. vestirse informalmente
3. desayunar en Just Desserts en la calle Church
4. bañarse en la playa si no hace mucho frío
5. irse de compras a la calle Castro
6. salir con sus amigos
7. divertirse mucho en una discoteca en la Misión
8. acostarse tarde

D. **Con frecuencia.** ¿Con qué frecuencia haces lo siguiente durante la semana?

MODELO   despertarse temprano
Me despierto temprano todos los días.

Vocabulario útil

todos los días	tres veces por semana	dos veces por semana	una vez por semana	nunca
●	●	●	●	●
a todas horas	tres veces al día	dos veces al día	una vez al día	nunca

1. bañarse en la regadera
2. peinarse
3. afeitarse
4. acostarse muy tarde
5. dormirse mirando la televisión
6. sentarse a hacer la tarea
7. levantarse muy temprano

EP 9.3 ⊕⊕ E. Work in **pairs** first. Allow 2–3 mins. Then ask **individuals** when their partners do these things.

E. **¿Mi rutina?** Tu compañero(a) quiere saber algo sobre tu rutina cuando estás de vacaciones. ¿Qué te pregunta y qué le contestas? Usa el vocabulario útil del ejercicio anterior.

MODELO   despertarse temprano todos los días
COMPAÑERO(A): **¿Te despiertas temprano todos los días?**
TÚ: **No, no me despierto temprano nunca. o**
Me despierto tarde todos los días.

1. levantarse tarde
2. leerse toda la prensa
3. irse de fiesta todas las noches
4. acostarse temprano
5. juntarse con los amigos
6. divertirse los fines de semana con su pareja

EP 9.3 ⊕⊕ F. Work in **pairs** first. Allow 2–3 mins. Then call on **individual** students to direct the question to another student in the class. Have the class confirm each response.

F. **Ir y venir.** Tu nueva vida en la universidad es bastante dura. Explícale a tu compañero(a) lo que haces normalmente (puedes exagerar).

MODELO   dormir / mucho
COMPAÑERO(A): **¿Duermes mucho?**
TÚ: **Duermo sólo cuatro horas todos los días.**

1. cuándo / irse / a la universidad / por las mañanas
2. qué / ropa / ponerse / cuando hace frío
3. dormirse / en las clases
4. adónde / ir / para estudiar
5. cuándo / irse / a casa por las noches

⌐ IRM TM9-2, Repaso visual, *Actividades diarias*: Show the transparency to the class and call on various individuals to tell what is happening in each drawing.

Ahora, ¡a conversar!

G. **¿Qué haces tú?** Hazle preguntas a un(a) compañero(a) de clase para saber cómo pasa el fin de semana.

Pregúntale...

1. a qué hora se acuesta los viernes por la noche. ¿Y los sábados? ¿Y los domingos?
2. a qué hora se levanta los domingos por la mañana. ¿Qué hace después de levantarse? ¿Y de ducharse?
3. si desayuna los sábados y domingos, ¿qué come? ¿Quién le prepara el desayuno?
4. si generalmente se queda en casa los sábados y domingos o si sale con sus amigos. ¿Qué hace durante el día?
5. qué hace de noche.

H. **Consejos.** Eres muy desorganizado(a) y un poco perezoso(a). Quieres cambiar pero no puedes. Ahora hablas con un(a) consejero(a). Dile tus problemas para que te dé consejos.

MODELO   TÚ: **Me levanto muy tarde todos los días.**
           COMPAÑERO(A): **Debes levantarte más temprano. ¿A qué hora te acuestas?** etc.

I. **Un buen fin de semana.** Contesta las preguntas en la primera columna de este formulario y luego entrevista a dos compañeros(as) de clase para saber cuáles son sus actividades favoritas. Anota sus respuestas en las columnas apropiadas.

	Yo	Estudiante 1	Estudiante 2
¿Qué haces un sábado por la mañana cuando hace un tiempo maravilloso?	1. 2. 3.	1. 2. 3.	1. 2. 3.
¿Qué haces un sábado si llueve y hace mucho frío durante el día?	1. 2. 3.	1. 2. 3.	1. 2. 3.
¿Y por la noche?	1. 2. 3.	1. 2. 3.	1. 2. 3.
¿Cuáles son tus actividades favoritas de un día de verano en una ciudad de playa?	1. 2. 3.	1. 2. 3.	1. 2. 3.
¿Qué haces durante un fin de semana si el lunes tienes tres exámenes difíciles?	1. 2. 3.	1. 2. 3.	1. 2. 3.
(Haz una pregunta original.)	1. 2. 3.	1. 2. 3.	1. 2. 3.

G. Allow 2–3 mins. for **pair** work. Then have the students who asked the questions give a brief summary of their partner's weekend routine.

H. Allow 2–3 mins. for **pair** work. Tell **consejeros** to make numerous suggestions, not just one. Ask those getting advice to tell the class what advice they were given.

I. Allow 2 mins. for students to answer questions **individually** and 3–4 mins. for them to interview classmates. Then in **groups** of 4, have students compare their surveys and report to the class any weekend activities that they all do.

¡Luces! ¡Cámara! ¡Acción!

J and K. Have students select either **J** or **K** and allow 3–4 mins. to prepare. Point out that students selecting **J** may read their scripts, while those selecting **K** must present without using books or notes. Call on volunteers to present first, and then call on the rest of the class. Ask comprehension check questions.

J. **¡De vacaciones!** Tú y dos amigos están de vacaciones en la Florida durante las vacaciones de primavera. Hace cuatro días que están allí y decides llamar a tus padres por teléfono. Ellos te hacen muchas preguntas acerca de tu rutina diaria y la de tus amigos. Con un(a) compañero(a) que hace el papel de tu padre o madre, escribe la conversación que tienen. Luego, léanle el diálogo a la clase.

K. **¡Dificilísimo!** Tú estás tratando de convencer a un(a) amigo(a) de que la vida en tu universidad es más difícil que la vida en su universidad. Dramatiza esta situación con un(a) compañero(a). Comparen su rutina diaria al hacerlo.

¿Comprendes lo que se dice?

Estrategias para ver y escuchar: ver y escuchar «de arriba hacia abajo»

Procedure: Have students read the **Estrategias** silently and complete the pre-viewing exercise. Then call on **individuals** to tell you the words that could replace the underlined words. Have the class confirm each response. Then view the San Diego video selection and do the **Después de ver y escuchar** activity. Ask several students to tell what they learned and what they already knew. Then view the Texas video selection.

In the previous **Paso** you learned that, if you are thoroughly familiar with the subject, you can listen casually to the general flow of a conversation, picking out the occasional specific words that convey the gist of what is being said and letting your knowledge of the topic fill in the blanks on everything else. This approach, known as "listening from the top down," works the same way when viewing a video on a very familiar topic.

Even if you've never been to San Diego, you probably know quite a bit about it. Use that knowledge you already have to determine the meaning of the underlined words, by selecting the word that could replace it.

Answers: 1. b; 2. a; 3. a; 4.a

1. San Diego, California, está situada en el extremo sur de la costa pacífica a sólo unas dieciocho millas de la <u>frontera</u> con México.
   a. casa
   b. línea
   c. federación

2. <u>Los habitantes</u> de San Diego están muy orgullosos de su interesante ambiente artístico.
   a. La gente
   b. Los políticos
   c. La policía

3. <u>La influencia</u> española-mexicana se puede experimentar en *Old Town*, un barrio animado y pintoresco.
   a. La herencia
   b. El destino
   c. La política

4. Casa Bandini es el muy premiado restaurante donde pueden <u>probar</u> una auténtica comida mexicana.
   a. comer
   b. visitar
   c. ver

Marca la palabra o frase de cada grupo que no se escucha en el video.

1. **ciudad**
   a. habitantes
   b. barrio
   c. edificio
   d. calle

2. **actividades**
   a. comprar recuerdos
   b. encontrar muestras de artesanía mexicana
   c. visitar el museo Guggenheim
   d. visitar el café Coyote

3. **lugares**
   a. La Joya
   b. San Diego Zoo
   c. Mission Bay Park
   d. Golden Gate Bridge

Texas, ¡el segundo estado más grande!

Después de ver el video

Anota tres cosas que aprendiste que no sabías antes, y tres que ya sabías.

Time code: Part 1: 21:00–26:36

SAN DIEGO

Lo que no sabía	Lo que ya sabía
1.	1.
2.	2.
3.	3.

Después de ver el video. Ahora mira la selección del video sobre Texas y anota tres cosas que aprendiste que no sabías antes, y tres que ya sabías.

Time code: Part 2: 26:40–28:19

TEXAS

Lo que no sabía	Lo que ya sabía
1.	1.
2.	2.
3.	3.

Noticiero cultural

GENTE... Gloria y Emilio Estefan, Sandra Cisneros y Ricky Martin

Procedure: Call on volunteers to answer the anticipatory questions. Then have students read aloud one at a time. Ask comprehension check questions after each student reads. Have students do the Venn diagram **individually.** Then have them compare their diagram with that of anyone else in the class who selected the same people.

Antes de empezar, dime...

Contesta estas preguntas sobre hispanos famosos de los EE.UU.

1. ¿Has leído *(Have you read)* un libro o cuento de un autor hispano de los EE.UU.? ¿Cuál? ¿Te gustó? ¿Por qué?
2. ¿Tienes algún cantante hispano favorito? ¿Quién es? ¿Cuál es tu disco favorito de este cantante?
3. ¿Quiénes son tus actores hispanos favoritos? ¿En qué películas actuaron?

Cuatro hispanos sobresalientes en los EE.UU.

Gloria y Emilio Estefan

Ésta es, sin duda, la pareja hispana del nuevo milenio. Juntos, han creado uno de los imperios musicales más impresionantes del mundo entero: él con su banda Miami Sound Machine, ella con sus dos Grammys y los dos con la venta de más de 60 millones de discos. Han establecido una fundación que ayuda a los más necesitados y han servido de mentores a grandes estrellas latinas como Shakira, Jennifer López, Jon Secada y Ricky Martin.

Sandra Cisneros

Esta poeta y cuentista chicana escribe en inglés, pero incorpora mucho español en sus cuentos y en su poesía. Su libro *The House on Mango Street* recibió el premio «American Book Award» en 1985. Como la mayoría de sus cuentos y su poesía, este libro está lleno de humor y trata de la realidad de una joven chicana. Sandra vive en San Antonio, Texas.

Ricky Martin

Este cantante puertorriqueño fue uno de los grandes ídolos de los jóvenes latinoamericanos durante los años 80, cuando era uno de los cantantes del grupo popular puertorriqueño Menudo. Más tarde se hizo actor y actuó en la telenovela estadounidense *General Hospital,* y en Broadway, en la obra *Les Misérables.* Publicó su primer álbum musical en 1991 y dos años más tarde el segundo. En 1995 apareció su tercer álbum, con una mezcla de estilos como flamenco y salsa. En 1999 sacó su primer álbum en inglés. Con títulos como «María, María», «La copa de la vida» y «La vida loca», Ricky Martin definitivamente ha dado el salto a la fama internacional.

Y ahora, dime...

Usa un diagrama Venn como éste para comparar a uno de estos latinos sobresalientes con tus escritores, cantantes o músicos favoritos.

Gloria Estefan, Sandra Cisneros o Ricky Martin	Lo que tienen en común	Mi escritor(a) cantante o músico favorito(a)
1.	1.	1.
2.	2.	2.
3.	3.	3.
4.	4.	4.
5.	5.	5.

Smart Classroom: For homework, have students go to the Internet and look up one of the following: **artistas latinos famosos, música latina, poesía chicana.** Then, have them write a specific report on what they learned. Ask them to report to the class and to provide the addresses of the best websites they visited.

¡Escríbelo!

Estrategias para escribir: organización de una biografía

A. **La biografía.** Una biografía es la historia de la vida de una persona. Puede estar organizada en forma cronológica desde el nacimiento hasta los últimos años, o puede estar organizada destacando algunas actividades importantes de la vida de la persona que se describe. Es fácil ver la organización de una biografía al ver las preguntas que la biografía contesta. Por ejemplo, la biografía de Ricky Martin (en la página 331) contesta las siguientes preguntas.

1. ¿Quién es Ricky Martin?
2. ¿Dónde nació?
3. ¿Por qué es famoso?
3. ¿Cómo empezó su carrera musical?
4. ¿Canta en inglés o en español?
5. ¿Cuáles son sus álbumes más conocidos?

Trabajando con un(a) compañero(a), vuelvan a las breves biografías de Gloria y Emilio Estefan y Sandra Cisneros y preparen una lista de las preguntas que esas biografías contestan.

B. **Preguntas clave.** Ahora, con tu compañero(a), preparen una lista de las preguntas que debe contestar una persona que piensa en escribir una biografía.

Ahora, ¡a escribir!

A. **En preparación.** Piensa en alguien sobre quien te gustaría escribir una biografía. Puede ser una persona de tu familia, un(a) cantante, escritor(a) o actor (actriz) con una historia interesante, la cual quieres contar a los demás estudiantes. Para empezar, basándote en las preguntas anteriores, escribe una lista de la información que vas a necesitar para escribir una biografía que destaca la cronología y las actividades más importantes de la persona.

B. **El primer borrador.** Ahora usa toda esa información para formar la base de la historia. Tu biografía debe seguir el orden de las preguntas que hiciste: (Nombre) nació el..., en... Vivió sus primeros años en... Estudió en... y en... Hizo sus estudios superiores en... Cuando terminó sus estudios se dedicó a... Después...

C. **Ahora, a compartir.** Intercambia tu biografía con la de dos o tres compañeros(as). Haz comentarios sobre el contenido y el estilo de las biografías de tus compañeros(as) y escucha los comentarios de ellos sobre tu biografía. Si hay errores de ortografía o de gramática, menciónalos.

D. **Ahora, a revisar.** Agrega a tu biografía la información que consideres necesaria, basada en los comentarios de tus compañeros(as). Revisa los errores de gramática, de puntuación y de ortografía.

E. **La versión final.** Escribe ahora la última versión de tu historia y entrégasela a tu profesor(a).

F. **Publicación.** En grupos de cuatro o cinco, lean las biografías que les devuelva su profesor(a) y decidan cuál es la más interesante. Descríbansela a la clase, mencionando las actividades más importantes de la persona que aparece en ella.

Sidebar (left column)

Vocabulary: Dreams & aspirations; professions; time: calendar

Grammar: Verbs: **llegar** a **ser, hacerse;** preterite & imperfect

Phrases: Talking about habitual actions; talking about past events

Have students read the **Estrategias** silently. Do the listing of questions answered in the three biographies with the **entire class.** Then in **pairs,** have students add to that list to include all questions that should be answered.

A. Have students brainstorm **individually.** Circulate to see if any need help.

B. Have students do this step **individually** as homework.

C. Have students comment only on content and style at this time.

D. This step may be assigned as homework.

E. Have students do this **individually** as homework. Tell students they may want to attach a photograph of the person they described or draw a picture of him or her.

F. Distribute biographies so that no one is hearing his or her own read in the group. Circulate the ones selected by each group for a week or so and encourage others to read them to get more ideas for good biography writing.

ATAJO

De visita en Santa Fe, Nuevo México

¿Eres buen observador?

Santa Fe, Nuevo México

Paseo de Peralta

N

Sheridan
Lincoln
Washington
San Francisco
Cathedral
Palace Avenue
Peralta
Trail
Santa Fe
de
Paseo
Don Gaspar

7 2 6 1 5 4 8 9 10 3

Paseo de Peralta

CENTRO DE LA CIUDAD ● **Lugares de interés**

1. Centro histórico
2. Palacio de los Gobernadores
3. Capitolio
4. La iglesia y la casa más antigua de los EE.UU. continentales
5. La Catedral de San Francisco
6. Zapatería Robles
7. Museo de Bellas Artes
8. Supermercado Garduño
9. Librería El Lector
10. Café Paloma Blanca

TAREA

Antes de empezar este Paso, estudia la lista de vocabulario en la página 339 y pratícalo al escuchar el surco 36 de tu Text Audio CD #2. Luego estudia *En preparación.*

9.4 Affirmative **tú** commands, páginas 344–345

Haz por escrito los ejercicios de *¡A practicar!*

Escucha la sección *¿Qué se dice...?* del Capítulo 9, Paso 3, en el surco 33 del Text Audio CD y haz la actividad correspondiente en la página 334.

Have students prepare *9.4 Affirmative **tú** commands* before coming to class.

Ahora, ¡a analizar!

1. Si en una zapatería se venden zapatos, ¿qué se vende en una frutería? ¿Una librería? ¿Una carnicería? ¿Una papelería? ¿Una perfumería? ¿Una tabaquería? ¿Una tortillería? ¿Una panadería?
2. Si el Museo de Bellas Artes está a la izquierda del Palacio de los Gobernadores, ¿qué está a la derecha del Palacio de los Gobernadores?
3. ¿Dónde está el Centro Histórico, enfrente o detrás del Palacio de los Gobernadores?
4. ¿Dónde está el Supermercado Garduño, enfrente o detrás de la Librería El Lector? ¿Y el Café Paloma Blanca?
5. ¿Está lejos o cerca del Capitolio la iglesia más antigua de los EE.UU.? ¿Y la casa más antigua? ¿La Catedral de San Francisco?
6. ¿Qué calle va alrededor de casi toda la ciudad?

Call on **individuals.** Have the class confirm each response.

CD2-33

Si deseas saber cómo llegar a...

Purpose: To introduce in context vocabulary and structures needed to give and understand directions.

Audio Script:

MEMO: ¿Puedes decirme cómo llegar a la Catedral de San Francisco?
PEPE: Sí, ¡cómo no! Sigue por esta calle hasta la parada de autobús que está a dos cuadras de aquí, a la derecha. Allí toma el autobús número 3. Es el autobús que pasa por el Palacio de los Gobernadores.

Answer: b. Tomar el autobús número 3

▶ WEB TM9-3

Procedure: Have students read the **A propósito** silently. Then give them an example of an informal command and a formal command, to make sure they understand the difference.

Alternative Story Lines: 1. Draw a map of your community on the board and describe how to get from one place to another. 2. Describe an incident involving directions while traveling abroad. 3. Role-play giving directions to several lost students on your campus.

Memo, para llegar a la Catedral de San Francisco, debe...

    a. seguir caminando hasta el Palacio de Gobernadores.
    b. tomar el autobús número tres.
    c. llamar un taxi.

A propósito...

¡Ojo! En este capítulo estás aprendiendo a usar mandatos (*commands*) afirmativos informales. Más adelante, en el Capítulo 12, vas a aprender a usar los mandatos negativos informales y en el Capítulo 13, los mandatos formales y afirmativos como negativos.

  MEMO: ¿Y cómo sé en qué parada bajarme?
    PEPE: Bájate en la parada que está al lado del Palacio. Es un edificio muy grande, blanco.
  MARTA: No, no. El autobús no te deja al lado del Palacio; te deja detrás del Palacio, en la calle Marcy.
    PEPE: Tiene razón. Sigue mejor por la calle Marcy hasta la calle San Francisco. Dobla a la derecha y la catedral está allí, a una cuadra.

¿Sabías que...?

Santa Fe, la capital de Nuevo México, fue colonizada por los españoles en 1595 y nombrada capital de la provincia en 1610. Hoy en día, como capital del estado, Santa Fe es un centro, no solamente político, sino también cultural. En esta ciudad de unos setenta y tres mil habitantes, se aprecia una interesantísima fusión de la cultura indígena, española, mexicana y anglosajona. Basta con señalar que hasta la arquitectura, protegida por la ley desde 1958, sólo permite tres estilos o cualquier combinación de estos estilos: el español colonial, el español pueblo o el indígena pueblo. El Palacio de los Gobernadores, que todavía está en uso, fue construido en 1610.

En tu opinión: ¿Protegió el gobierno de los EE.UU. todos los derechos de todos los «americanos» del estado número 47? Explica tu respuesta. ¿Por qué crees que todavía continúa la fusión de la cultura indígena, la española y la anglosajona en Santa Fe? ¿Qué crees que aporta a la ciudad esta fusión?

Ask comprehension check questions. Ask students if they know when the *Mayflower* arrived at Plymouth Rock (1620). Also have them compare the date of the founding of Santa Fe with the date the thirteen colonies declared their independence (1776).

Smart Classroom: Preselect the City of Santa Fe official website (search by: city of Santa Fe New Mexico) and find out what the real appeal of the city is. Ask students why they think the city chose "the city different" as its motto. As a homework assignment, ask students to write a brief but detailed report on Santa Fe. Ask students to look for the attractions, holidays, celebrations and any other information they find interesting. Ask volunteer students to come to class prepared to present their findings.

Ahora, ¡a hablar!

A. **¿Dónde estás ahora?** Mira el mapa en el *¿Eres buen observador?* y di dónde estás después de seguir estas direcciones.

MODELO   Empieza en el número 1, el centro histórico. Sigue a la derecha una cuadra y media en la avenida Palace. En la Catedral dobla a la derecha y camina por dos cuadras y media. ¿Dónde estás ahora?
Estoy en el número cinco, en la Catedral de San Francisco.

1. Acabas de llegar a Santa Fe y decides caminar por el Paseo de Peralta hasta llegar a la calle Don Gaspar, cerca del capitolio. Camina por Don Gaspar hacia el centro de la ciudad hasta llegar a la calle San Francisco. En San Francisco dobla a la derecha y sigue media cuadra. ¿Dónde estás ahora?
2. Acabas de tomarte un cafecito en el número 10, el Café Paloma Blanca. Camina media cuadra y dobla a la derecha en Don Gaspar. Camina una cuadra y dobla a la izquierda en Paseo de Peralta. Camina un poco más de una cuadra. ¿Dónde estás ahora?
3. Acabas de salir del número 5, la Catedral de San Francisco, y caminas a la derecha hasta llegar a la calle San Francisco. Dobla a la izquierda y camina dos cuadras hasta la calle Lincoln. Allí dobla a la izquierda y camina hasta la esquina de Lincoln con la avenida Palace. ¿Dónde estás ahora?

B. **¿Cómo llego?** Ricardo, un estudiante de la Universidad Estatal de Nuevo México en Las Cruces, va a ir a la casa de Patricia, pero no sabe dónde vive. ¿Qué instrucciones le da Patricia?

MODELO   llamar antes de venir
Llama antes de venir.

1. tomar el autobús #5
2. bajarse en la parada de la calle Espina
3. doblar a la izquierda
4. caminar unas tres cuadras
5. entrar en el edificio 34
6. subir al tercer piso
7. tocar a la puerta B

Vocabulario activo: A. Call on **individuals** and have the class confirm each response.

A. Answers: 1. número 1, el centro histórico 2. número 3, el Capitolio 3. número 7, el Museo de Bellas Artes

A. Extension: Print out copies of the map of Santa Fe. Working in pairs, have one student trace the road on the map as the other gives him/her the directions to their destination. Repeat, reversing roles, with number 2 and number 3.

EP 9.4 **B.** Call on **individuals.** Have the class confirm each response.

C. **Consejos de un buen amigo.** Tu amigo José estudia contigo en la Universidad de Nuevo México y es muy tímido. Ahora está triste porque no conoce a ninguna chica con quien salir. ¿Qué consejos le das?

MODELO comprarse ropa a la moda
Cómprate ropa a la moda.

1. cortarse / el pelo
2. vestirse / más informalmente
3. preocuparse / por tu imagen
4. interesarse / por los otros
5. divertirse / mucho

D. **Y tú...** Están organizando una fiesta para celebrar el comienzo del curso académico en la universidad y tú y tu compañero(a) están organizándolo todo. ¿Qué les piden a sus amigos? Tomen turnos dando instrucciones.

MODELO Marcelo / ir / comprar las sodas
Marcelo, ve a comprar las sodas, por favor.

1. Adela / comprar / la comida en el supermercado
2. Pamela / traer / los discos de tu casa
3. Bárbara / ir / buscar el pan de la panadería
4. Anselmo / limpiar / las sillas de la terraza
5. Cristina / salir / recibir a los invitados
6. ¿...?

IRM TM9-3, *Repaso visual, Mi pueblo*: Show the tranparency to the class and ask various students to come up to the transparency and point to several shops and tell what they are (**frutería, zapatería, iglesia,...**). Vary by asking: **¿Dónde venden tortillas/pan/perfume...?**

Procedure: Have students read the **A propósito** silently. Then ask them to tell the class some sentences using one of these idioms.

Y ahora, ¡a conversar!

E. **Cuídalo, por favor.** Tú y tu compañero(a) se van de viaje el fin de semana, y antes de salir le dan instrucciones a su compañero(a) de apartamento sobre lo que tiene que cuidar en la casa. ¿Qué le dicen?

MODELO cambiarle el agua / al pez
Cámbiale el agua al pez.

1. bañar / al perro
2. ponerle agua / las plantas
3. abrir / las ventanas de día
4. cerrar / las ventanas de noche
5. ponerle comida / al canario
6. contestar / el teléfono
7. darle de comer / al gato

A propósito...

En español hay varias expresiones idiomáticas con el verbo **dar**. Algunas de las más frecuentes son **dar de comer** (to feed), **dar un paseo** (to take a walk) y **dar una mano** (to help).

F. **Lugar misterioso.** El instructor va a dibujar o va a traer un plano de una comunidad. Luego te va a dar instrucciones para llegar a un lugar misterioso. Sigue sus instrucciones y marca con una X el lugar misterioso.

G. **Problemas anónimos.** Comparte con la clase un problema que tienes (o uno imaginario). El resto de la clase va a darte consejos para solucionar el problema. Escribe tu problema en una hoja de papel, pero no la firmes. Todos los problemas van a ser anónimos.

¡Luces! ¡Cámara! ¡Acción!

H. **¿Podría decirme...?** Tú vas caminando por tu ciudad cuando un(a) nuevo(a) estudiante te pide información para llegar a algún lugar. Con un(a) compañero(a), escriban el diálogo que tienen. Luego, dramatícenlo delante de la clase.

I. **Ven a casa.** Tú y un(a) amigo(a) necesitan preparar un proyecto para la clase de español este fin de semana. Tú invitas a tu amigo(a) a estudiar en tu casa pero él (ella) no sabe dónde vives. Tienes que explicarle cómo llegar a tu casa. Dramatiza la situación con un(a) compañero(a).

H and I. Have students select either activity **H** or **I** and allow 3–4 mins. to prepare. Point out that students selecting **H** may read their scripts, while those selecting **I** must present without using books or notes. Call on volunteers to present first, and then call on the rest of the class. Ask comprehension check questions.

El rincón de los lectores

Estrategias para leer: mantener la lógica de la puntuación en la poesía moderna

En la poesía tradicional siempre encontramos una puntuación que sigue las reglas tradicionales de la sintaxis. La poesía moderna, sin embargo, no siempre tiene puntuación. Algunos poetas como Francisco X. Alarcón, el poeta chicano que escribió el poema que sigue, nunca usa puntuación. Sin embargo, todos sus poemas tienen oraciones completas —sólo les falta la puntuación. Si la falta de puntuación te hace más difícil entender el poema, ponle la puntuación mentalmente mientras lo lees.

Falta de puntuación. En parejas, lean el poema y decidan dónde falta la puntuación. Pongan las letras mayúsculas que faltan, los puntos finales, las comas y las comillas. Si es necesario, escriban el poema de nuevo.

Procedure: Have students read the **Estrategias** silently and do the punctuation activity in **pairs**. Check their answers. Then read the poem aloud to the class. Then ask volunteers to read it aloud a second time. Point out that Alarcón was born in the United States but raised in Guadalajara, Mexico. He is now a professor at the University of California, Davis. His parents currently live in Los Angeles. His four brothers are all professionals now: a doctor, an architect, one is a priest, and the other a lawyer. The sister who said "no" is a dentist. Have students answer the post-reading questions in **pairs** first. Then go over the correct answers with the class.

Lectura

El poeta **Francisco Xavier Alarcón** nació en Wilmington, California, pero se crió en los EE.UU. y en México. Totalmente bilingüe, se educó en escuelas primarias y secundarias en el Este de Los Ángeles y en Guadalajara, México. Empezó sus estudios universitarios en la Universidad Comunitaria del Este de los Ángeles y terminó su licenciatura en la Universidad Estatal de California en Long Beach. Hizo sus estudios graduados en la Universidad de Stanford. Poeta, crítico y editor chicano, ha publicado diez colecciones de poemas: *Tattoos* (1985); *Ya vas, Carnal* (1985); *Quake Poems* (1989); *Body in Flames / Cuerpo en llamas* (1990); *Loma Prieta* (1990); *Snake Poems* (1992); *Poemas zurdos* (1992); *No Golden Gate for Us* (1993); *From the Other Side of Night / Del otro lado de la noche* (2002). También ha publicado una serie de libros de poemas bilingües para niños: *Laughing Tomatoes and Other Spring Poems / Jitomates risueños y otros poemas de primavera* (1997); *From the Bellybutton of the Moon and Other Summer Poems / Del ombligo de la luna y otros poemas de verano* (1998); *Angels Ride Bikes and Other Fall Poems / Los Ángeles andan en bicicleta y otros poemas del otoño* (1999); *Iguanas in the Snow and Other Winter Poemas / Iguanas en la nieve y otros poemas de invierno* (2001). Actualmente es catedrático de la Universidad de California en Davis.

Una pequeña gran victoria

platos

decir

no le gustaron

tener que servir

thunder
movió

momento incómodo

delantal *(apron)*

sink

esa noche de verano
mi hermana dijo
no
ya nunca más
se iba a poner ella
a lavar los trastes°
mi madre sólo
se le quedó viendo
quizás deseando
haberle dicho°
lo mismo
a su propia madre
ella también había odiado°
sus tareas de «mujer»
de cocinar limpiar siempre
    estar al tanto°
de sus seis hermanos
y su padre
un pequeño trueno°
sacudió° la cocina
cuando silenciosos
nosotros recorrimos
con los ojos la mesa
de cinco hermanos
el repentino aprieto°
se deshizo cuando
mi padre se puso
un mandil° y abrió
la llave del agua
caliente en el fregadero°

A ver si comprendiste

Contesten estas preguntas en parejas.

1. ¿Dónde se encuentra el poeta esa «noche de verano»? ¿Quiénes lo acompañan? ¿Cuántos miembros tiene la familia en total?
2. ¿Quién dijo no? ¿A qué y a quiénes dijo no? ¿Por qué crees que lo dijo?
3. ¿Cómo reaccionó la madre? ¿Por qué cree el poeta que su madre reaccionó de esa manera? ¿Estás de acuerdo *(in agreement)* con el poeta? ¿Por qué?
4. Explica por qué el poeta menciona a seis hermanos y luego a cinco hermanos. ¿Es un error?
5. ¿Cómo se solucionó el problema? ¿Quién lavó los platos al final? ¿Qué opinas de eso? ¿Puede ocurrir esta situación en tu familia? ¿Por qué?
6. Explica el título del poema.

Vocabulario

PASO 1

Clima

cielo	sky
clima	weather
estar despejado	to have clear skies
grado	degree
hacer calor	to be hot
hacer frío	to be cold
hacer sol	to be sunny
hacer viento	to be windy
hay sol	it is sunny
llover (ue)	to rain
llovizna	drizzle
lloviznar	to drizzle, rain lightly
lluvia	rain
meteorólogo(a)	meteorologist
neblina	fog
nevar (ie)	to snow
nieve (f.)	snow
nube (f.)	cloud
nublado(a)	cloudy
pronóstico	forecast
temperatura	temperature
tiempo	weather
tormenta	storm

Profesiones

actor (m.)	actor
actriz (f.)	actress
cantante (m./f.)	singer
deportista (m./f.)	athlete
músico (m./f.)	musician
novelista (m./f.)	novelist
poeta (m./f.)	poet
político(a)	politician

Ropa

abrigo	coat
bufanda	scarf
gorro	cap
guante (m.)	glove

Palabras útiles

alrededor de	around
bajo	under
chimenea	fireplace
desierto	desert
lugar (m.)	place
mediodía (m.)	midday, noon
papalote (m.)	kite

paraguas (m. s.)	umbrella
poco	little

Verbos

acercarse	to approach
montar en bicicleta	to ride a bicycle
parecer	to seem
pasear	to go for a walk, to stroll
sentirse (ie)	to feel

PASO 2

Rutina diaria

acostarse (ue)	to go to bed
afeitarse	to shave
bañarse	to bathe
cepillarse	to brush
despertarse (ie)	to wake up
divertirse (ie)	to have a good time, enjoy oneself
dormirse (ue)	to fall asleep
ducharse / bañarse en la regadera	to shower, take a shower
levantarse	to get up
peinarse	to comb one's hair
quitarse	to take off
sentarse (ie)	to sit down
vestirse (i, i)	to dress oneself, get dressed

Otros verbos

cortarse	to cut oneself
juntarse	to join, get together
leer la prensa	to read newspapers
quedarse	to stay; to fit
oír	to hear

Adverbios

diario	daily
generalmente	generally
lentamente	slowly
nunca	never
temprano	early

Palabras útiles

cama	bed
cómodo(a)	comfortable
despertador (m.)	alarm clock
diente (m.)	tooth

pelo	hair
prensa	press
rato	while
regadera	shower
rutina	routine

PASO 3

Lugares

capitolio	capital building
carnicería	butcher shop
catedral (f.)	cathedral
esquina	corner
frutería	fruit store
iglesia	church
lugar (m.)	place
panadería	bakery
papelería	stationery store
parada de autobus	bus stop
perfumería	perfume store
piso	floor
supermercado	supermarket
tabaquería	tobacco store
terraza	terrace
tortillería	tortilla shop
zapatería	shoe store

Verbos

acabar de	to have just
aportar	to contribute
bajarse	to get off
cuidar	to take care of
dar de comer	to feed
doblar	to turn
preocuparse	to worry
proteger	to protect
regar	to water
subir	to get on
tocar	to knock (at a door); to ring (a doorbell)

Palabras y expresiones útiles

alrededor de	around
antiguo(a)	antiquated, old, old-fashioned
comienzo	beginning
hoy en día	nowadays
imagen (f.)	image
medio(a)	half
soda	carbonated beverage

En preparación 9

Paso 1

9.1 Weather expressions

Talking about the weather

A. In Spanish, **hacer, estar,** and the verb form **hay** are commonly used to describe weather conditions.

¿Qué tiempo **hace** hoy?	*What's the weather like today?*
Hace mucho frío.	*It's very cold.*
Sí, pero no **hace** viento.	*Yes, but it's not windy.*
Está despejado.	*It's clear.*
En el norte **está** nublado.	*In the north it's cloudy.*
¿**Hay** neblina hoy?	*Is it foggy today?*
No, pero **hay** mucha contaminación.	*No, but there is a lot of pollution (smog).*

B. The verb **tener** is used to describe how a person feels as a result of the weather conditions.

¿No **tienes** frío?	*Aren't you cold?*
No, en realidad, **tengo** mucho calor.	*No, actually, I'm very hot.*

C. The verb **estar** can also be used to describe a person's condition as a result of the weather.

Estoy congelado.	*I'm frozen.*
Están sudando.	*They are perspiring/sweating.*
Estamos empapados.	*We are soaking wet.*

¡A practicar!

A. ¿Qué tiempo hace? Unos amigos quieren saber qué tiempo hace en diferentes partes de los EE.UU. ¿Qué les dices tú?

1. verano en Phoenix, Arizona
2. invierno en Buffalo, Nueva York
3. primavera en Des Moines, Iowa
4. otoño en Boston, Massachusetts
5. todo el año en Chicago, Illinois
6. todo el año en Seattle, Washington

B. ¿Es igual? Y veamos ahora qué tiempo hace en diferentes lugares del mundo, en las siguientes fechas.

1. la Navidad en San Francisco
2. la Navidad en Buenos Aires
3. el 4 de julio en California
4. el 4 de julio en Alaska
5. el Año Nuevo en París
6. el Año Nuevo en Santiago de Chile

9.2 *Mucho* and *poco*

Expressing indefinite quantity

A. **Mucho** and **poco** may modify a noun or a verb. When the former is the case, **mucho** and **poco** act as adjectives and must agree in number and gender with what is being modified.

Hay **pocos** carros pero **mucha** contaminación.	*There are few cars but a lot of pollution.*
Hay **mucha** nieve pero hace **poco** frío.	*There is a lot of snow, but it's not very cold.*

B. When **mucho** and **poco** modify a verb, they are adverbs and do not vary in form.

Nieva **mucho** en el invierno.	*It snows a lot in the winter.*
Llueve **poco** aquí en el verano.	*It rains very little here in the summer.*

C. **Muy** is never used to modify **mucho.** Use the word **muchísimo** instead.

Hay **muy poca** nieve pero **muchísima** lluvia.	*There is very little snow but a lot of rain.*

¡A practicar!

A. **Así es mi vida.** Completa el párrafo con **mucho** o **poco** según tu propio *(your own)* estilo de vida.

Yo tengo _____ amigas y _____ amigos y por eso salgo _____ .
Este semestre estudio _____ porque tengo _____ clases. Trabajo
_____ y gano *(earn)* _____ dinero. Tengo _____ tiempo libre.
En mi tiempo libre practico _____ deportes y miro _____ la televisión.
En mi ciudad hay _____ cosas que hacer.

B. **Problemas de un estudiante.** ¿Cómo se prepara Rafael, un estudiante de la Universidad de Nuevo México en Albuquerque, para empezar las clases, después de las vacaciones de verano? Para saberlo, completa el párrafo con **mucho** o **poco.**

El semestre empezó esta semana y yo tuve que comprar _____ libros. ¡Ay, qué caros son! Por eso, ahora yo tengo muy _____ dinero. ¡Estoy pobre! Además, tengo _____ clases, pero _____ energía. Debo organizar mi vida. Necesito trabajar _____ horas y pasar _____ tiempo en la biblioteca. Este semestre voy a tener _____ tarea y _____ tiempo. ¡Qué horror!

Paso 2

9.3 Reflexive verbs

Talking about what people do for themselves

lavarse			
to wash			
I wash (myself)	**me** lavo	**nos** lavamos	we wash (ourselves)
you wash (yourself) informal	**te** lavas	**os** laváis	you wash (yourselves)
you wash (yourself) formal	**se** lava	**se** lavan	you wash (yourselves)
he/she/it washes (himself/ herself/itself)	**se** lava	**se** lavan	they wash (themselves)

A. A verb is called *reflexive* when the subject does the action to or for himself, herself, themselves, and so on; that is, when the subject receives the action of the verb. A reflexive pronoun always accompanies such a verb; it agrees in person and number with the subject of the verb. Reflexive pronouns precede a conjugated verb.

Los niños **se bañan** de noche.   *The children bathe (themselves) at night.*
Yo siempre **me acuesto** a las once.   *I always go to bed at eleven.*

B. Reflexive verbs appear in vocabulary lists with the reflexive pronoun **-se** attached to the infinitive ending. The following is a list of frequently used reflexive verbs. Some of these verbs have been used in previous chapters nonreflexively.

acostarse (ue)	*to go to bed*
afeitarse	*to shave*
bañarse	*to take a bath, bathe*
despertarse (ie)	*to wake up*
divertirse (ie, i)	*to have a good time, enjoy oneself*
dormirse (ue, u)	*to fall asleep*
ducharse	*to shower, take a shower*
lavarse	*to wash oneself*
levantarse	*to get up; to stand up*
llamarse	*to be named, be called*
peinarse	*to comb one's hair*
ponerse	*to put on (clothing)*
quitarse	*to take off (clothing)*
sentarse (ie)	*to sit down*
sentirse (ie, i)	*to feel*
vestirse (i, i)	*to get dressed*

The reflexive pronoun is necessary only when the subject does something to or for itself.

Mamá **se despierta** primero y luego **despierta** a los niños.   *Mom wakes up first and then wakes up the children.*
Primero **me baño** y luego **baño** a los niños.   *First I bathe, and then I bathe the children.*

C. Reflexive pronouns, like direct- and indirect-object pronouns, are always placed directly in front of conjugated verbs. They are attached to the end of infinitives, present participles, and affirmative commands. As with object pronouns, a written accent is often necessary to keep the original stress of present participles and affirmative commands when reflexive pronouns are attached.

Siempre **me** afeito antes de duchar**me**.	*I always shave before taking a shower.*
No vamos a levantar**nos** hasta el mediodía.	*We're not going to get up until noon.*
Los jóvenes están divirtiéndo**se** muchísimo.	*The young people are enjoying themselves very much.*
Quíta**te** la ropa y acuést**ate** en seguida.	*Take your clothes off and go to bed right away.*

D. Making a verb reflexive can change its meaning. These are some common examples. Some of these words may have other meanings not included here.

Verbo normal		Verbo reflexivo	
acordar	*to agree, to decide*	acordarse	*to remember*
bajar	*to go down*	bajarse	*to get off*
callar	*to be quiet*	callarse	*to become quiet*
dormir	*to sleep*	dormirse	*to fall asleep*
ir	*to go*	irse	*to go away*
llevar	*to carry*	llevarse	*to take away*
marchar	*to march*	marcharse	*to leave*
poner	*to put*	ponerse	*to put on, to wear*
salir	*to leave*	salirse	*to leave unexpectedly*

¡A practicar!

A. **Todos los días...** ¿Cuál es la rutina en casa de los Chávez según Marta, la hija mayor?

1. Yo (levantarse) a las 6:30.
2. Yo (ducharse) rápidamente pero no (lavarse) el pelo todos los días.
3. Papá (afeitarse) después de (ducharse).
4. Mamá (peinarse) y luego (peinar) a mi hermanita.
5. Mi hermana y yo (vestirse) rápidamente.

B. **¡Un pájaro raro!** La rutina del profesor Gamboa es muy interesante. Para saber por qué, completa el párrafo con la forma apropiada de los verbos que están entre paréntesis.

Por lo general, el profesor Gamboa (acostarse) muy temprano, a eso de las 9:30 o las 10:00 de la noche. ¿Por qué tan temprano? Porque (levantarse) cuando todo el mundo está durmiendo, a las 4:00 de la mañana. ¿Qué hace a esa hora? Pues, primero (prepararse) una taza de café. Luego (sentarse) a trabajar frente a la computadora. No (bañarse) ni (afeitarse) hasta las 11:30 porque no tiene que ir a la universidad hasta el mediodía. Ah, ¡y nunca (peinarse)! Es un pájaro raro *(rare bird)*.

C. **¿Y tú?** Responde a las siguientes preguntas sobre tu propia rutina diaria.

1. ¿A qué hora te despiertas diariamente?
2. ¿Prefieres ducharte o bañarte?
3. ¿Cuántas veces al día te peinas?
4. ¿A qué hora te levantas los fines de semana?
5. ¿A qué hora te acuestas todos los días?

D. **Una nueva rutina extraordinaria.** Manuel habla con sus padres de su rutina y su vida en su nueva universidad, la Universidad del Estado en Sacramento. Para saber qué les dice, decide cuál de los verbos completa correctamente estas frases.

1. Marta y yo acordamos / nos acordamos reunirnos todos los sábados para estudiar.
2. En esta ciudad, como hace mucho frío, ponemos / nos ponemos una chaqueta de cuero en verano.
3. Yo me duermo / duermo todos los días a las 10 de la noche.
4. Quiero participar en la banda de la universidad para marcharme / marchar en el estadio.
5. Los dos presidentes acordaron / se acordaron reunirse otra vez.
6. Cuando venimos de la universidad, Marta y yo bajamos / nos bajamos en la parada enfrente del Capitolio.

Paso 3

9.4 Affirmative *tú* commands

Giving orders and directions

Commands are used to order someone to do or not to do something. **Tú** commands are used with people with whom you are familiar or whom you address as **tú.** There are different forms for affirmative and negative **tú** commands. In this chapter, you will learn only affirmative **tú** commands.

A. In general, the affirmative **tú** command is identical to the third-person singular of the present indicative.

Infinitive	Command
tomar	**Toma** café.
leer	**Lée**lo.
dormirse	**Duérme**te.

Habla con el profesor y **explíca**le tu problema.
Talk to the professor and explain your problem to him.
Trae el mapa.
Bring the map.

B. There are eight irregular affirmative **tú** command forms. Note that most are derived from irregular first-person singular forms ending with **-go.**

Infinitive	*yo* present tense	*tú* command
decir	digo	**di**
poner	pongo	**pon**
salir	salgo	**sal**
tener	tengo	**ten**
venir	vengo	**ven**
hacer	hago	**haz**
ir	voy	**ve**
ser	soy	**sé**

C. Object and reflexive pronouns always follow and are attached to affirmative commands. The placement of pronouns follows this order: (reflexive), indirect, direct.

Tráe**melas.**   *Bring them to me.*
Acuésta**te.**   *Go to bed.*
Lléva**selo.**   *Take it to him.*

Notice that whenever pronouns are added to a verb, accents are often necessary in order to maintain the original stress.

¡A practicar!

A. ¡Organízate! El hermano menor de Olga es muy desorganizado. ¿Qué consejos le da Olga a su hermano?

MODELO   acostarse / más temprano
                Acuéstate más temprano.

1. levantarse / más temprano
2. vestirse / rápidamente
3. poner / la ropa en tu cuarto
4. salir / antes de las 7:30
5. ir / directamente a clase
6. hacer / tu tarea todas las noches

B. ¡Por favor! Tú decides establecer un poco de orden en el uso del baño en tu casa o apartamento. Dile a tu hermano(a) o a tu compañero(a) de cuarto lo que tiene que hacer para evitar que todos quieran usar el cuarto de baño a la vez. Usa mandatos en la segunda persona (**tú**).

1. levantarse temprano
2. ducharse rápidamente
3. vestirse en su cuarto
4. lavarse el pelo por la noche
5. peinarse rápidamente
6. ¿...?

C. ¡Dímelo tú! El título de este libro de texto tiene dos significados según el contexto dentro del cual se usa: *You tell me (it)!* o *You don't say!* Explica la estructura del título en base a las reglas que acabas de aprender —la forma del verbo, el acento, los pronombres, etc.

Lago y volcán en Nicaragua

Managua: resultado del terromoto de 1972

CAPÍTULO 10

Nicaragua... tierra de lagos, volcanes, terremotos y poetas

Militares nicaragüenses

¡Las fotos hablan!

A. A que ya sabes. Mirando las fotos, trata de completar estas afirmaciones.

1. El volcán en la primera foto es uno de _____ que rodean Managua, la capital de Nicaragua.
   a. tres   b. cinco   c. veinticinco

2. La destrucción del edificio de gobierno en la segunda foto probablemente fue causada por...
   a. un temblor.   b. un golpe   c. un huracán.
                        militar.

3. En la tercera foto, los militares, que forman parte de:
   a. el ejército   b. un grupo   c. la guardia nacional
      de Nicaragua.   guerrillero.   nicaragüense.

B. Indica si viajando a Nicaragua puedes hacer lo siguiente:

Sí No 1. Recorrer la misma ruta que muchos americanos recorrieron en busca del oro de California, desde el este de los Estados Unidos hasta San Francisco.

Sí No 2. Recorrer las primeras millas de un canal transoceánico, anterior al de Panamá.

Sí No 3. Disfrutar de un día de sol en la playa de un lago, en el cráter de un volcán.

Sí No 4. Visitar las ruinas de la ciudad de Managua, destruida y nunca reconstruida después del terremoto de 1972.

Sí No 5. Escalar un volcán joven, con algo más de 150 años de edad.

TAREA

Antes de empezar este Paso, estudia la lista de vocabulario en la página 371 y practícalo al escuchar el surco 8 de tu Text Audio CD #3. Luego estudia *En preparación.*

10.1 Adverbs derived from adjectives, páginas 372–373

Haz por escrito los ejercicios de *¡A practicar!*

Escucha la sección *¿Qué se dice... ?* del Capítulo 10, Paso 1, en el surco 2 del Text Audio CD y haz la actividad correspondiente en la página 349.

Have students prepare 10.1 Adverbs derived from adjectives before beginning this **Paso.**

¿Eres buen observador?

Frutas Nicaragüenses, S.A.

Qué hacer en caso de una emergencia...
Si tiene que proporcionar primeros auxilios:

- Manténgase tranquilo y sereno.
- Coloque al paciente en posición cómoda.
- No levante a la persona sin que le hayan aplicado los primeros auxilios.
- No le ponga alcohol en ninguna parte del cuerpo.
- No le dé líquidos.
- Siempre debe darles prioridad a las lesiones que pongan en peligro la vida, en base al siguiente orden:
  1. Fuertes hemorragias
  2. Paro cardio-respiratorio
  3. Estado de shock
  4. Intoxicaciones y quemaduras
  5. Las demás lesiones

Have students answer questions in **pairs** *first. Then call on* **individual** *students and have the class confirm each response.*

Ahora, ¡a analizar!

1. ¿Para quién específicamente es esta información?
2. ¿Cómo se dice «primeros auxilios» en inglés?
3. ¿Estás de acuerdo con los pasos que recomiendan para dar primeros auxilios? Si no, ¿por qué no?
4. ¿Qué es una lesión? ¿Qué lesiones consideras tú las más serias? ¿Cuáles de éstas sabes tratar?

¿Qué se dice... ?

En caso de emergencia

Indica los adverbios que sí escuchaste en este diálogo:

- ☐ inmediatamente
- ☐ posiblemente
- ☐ sinceramente
- ☐ exactamente

- ☐ desgraciadamente
- ☐ sencillamente
- ☐ rápidamente
- ☐ urgentemente

La grúa llegó en aproximadamente veinticinco minutos y los llevó a Managua, donde recibieron un nuevo vehículo. Elías, afortunadamente, siempre lleva su teléfono celular. El teléfono celular es especialmente importante cuando estamos de viaje, porque puede ponernos en contacto con los servicios de emergencia instantáneamente.

Purpose: To introduce new lesson vocabulary and structures needed when reporting an emergency situation.

Audio Script:

Srta. Orozco: Orense Rent a Car, buenas tardes. Le habla Alejandra Orozco. ¿En qué puedo ayudarle?

Elías: Buenas tardes, señorita. Mire, nosotros acabamos de alquilarles un carro y estamos aquí, de camino a Managua. No funciona. Sinceramente, no sabemos qué hacer.

Srta. Orozco: No hay problema. Estamos aquí para ayudar. ¿Cuál es su nombre?

Elías: Elías López Lara.

Srta. Orozco: Muy bien, señor López. Necesito saber exactamente dónde se encuentran para enviarles urgentemente la grúa.

Elías: Estamos en la carretera Norte, a 25 kilómetros de Managua.

Srta. Orozco: Muy bien, no hay problema. La grúa sale inmediatamente. Llega en menos de media hora.

Answers: inmediatamente; exactamente; sinceramente; urgentemente

WEB TM10-1

Alternative Story Lines: 1. Talk about a recent emergency with which all are familiar. 2. Talk about an emergency or disaster you have experienced or observed. 3. Describe an emergency situation you viewed recently on a favorite TV program.

A propósito...

Los pronombres personales **yo** y **tú** cambian a **mí** y **ti** después de una preposición (para mí, de ti...).

¿Sabías que...?

Después de terminar con la dictadura de los Somoza en 1979, los revolucionarios se dedicaron a erradicar otra lacra de Nicaragua: el analfabetismo. En menos de un año, lograron reducir el índice nacional de analfabetismo del 53% al 13%. Para conseguirlo, se necesitó la movilización de unos 90.000 voluntarios nicaragüenses, de los cuales el 60% fueron mujeres. Por esta fantástica labor, la UNESCO otorgó a Nicaragua el premio «Nadezhda Kruspkaya», que es la máxima distinción que puede recibir un país por su lucha en favor de la alfabetización.

🔍 **En tu opinión:** ¿Conoces otros países latinoamericanos que hicieron una labor importante para erradicar el analfabetismo? ¿Piensas que el índice de analfabetismo de los Estados Unidos es comparable con el de Nicaragua u otros países de América Latina? ¿Cómo crees que el gobierno revolucionario pudo bajar el índice de analfabetismo del 53% al 13% en menos de un año? ¿Crees que es verdad o sólo propaganda del antiguo gobierno?

Ahora, ¡a hablar!

Vocabulario activo

A. **¿Qué debes hacer?** Según el *¿Eres buen observador?*, ¿cuáles de estas cosas debes hacer si tienes que proporcionar primeros auxilios?

☐ 1. No cambiar la posición del paciente

☐ 2. Darle agua al paciente, si es posible

☐ 3. Estar siempre tranquilo

☐ 4. No usar alcohol para nada

☐ 5. Mover al paciente a un sitio cómodo

☐ 6. Prestar atención inmediatamente a fuertes hemorragias

☐ 7. No preocuparse por intoxicaciones ni quemaduras

☐ 8. Esperar a los médicos en caso de paro cardio-respiratorio o *shock*

EP 10.1 ⚙️

B. **Problemas y soluciones.** Según el *¿Qué se dice... ?*

1. La grúa llegó...
   a. relativamente pronto.
   b. tardísimo.
   c. no llegó.

2. Elías contactó a la compañía de alquiler de carros y ésta...
   a. no respondió.
   b. respondió inmediatamente.
   c. respondió después de insistir mucho.

3. El teléfono celular...
   a. es aconsejable de noche.
   b. no es aconsejable.
   c. es especialmente aconsejable para viajes.

C. **Supervivencia.** ¿Sabes algo sobre casos de emergencia? Decide si lo siguiente es cierto o falso. Si es falso, corrígelo, usando el vocabulario de emergencias.

1. Una persona que no respira por más de seis minutos puede morirse.
2. Los ataques cardíacos son la causa principal de la muerte de los adultos mayores de 38 años.
3. Es importante darle mucha leche a una persona que sufre de envenenamiento *(poisoning)*.
4. Si una persona sufre un ataque cardíaco, lo primero es darle respiración artificial.
5. En caso de dosis excesiva de alguna medicina, debes llamar inmediatamente al servicio de emergencia.
6. Si una persona bebe demasiado alcohol, puede entrar en coma.

D. **¿Qué debo hacer?** Pregúntale a tu compañero(a), que es un(a) experto(a) en protección civil, lo que debes hacer en estos casos de emergencia.

MODELO
Una persona está inconsciente: despertarla / inmediato
TÚ: **¿Qué hago si una persona está inconsciente?**
COMPAÑERO(A): **Despiértala inmediatamente.**

1. Una persona es víctima de un choque *(shock)* eléctrico: verificar si la víctima respira / normal
2. Una persona sufre de ataque cardíaco: llamar al servicio de emergencia / urgente
3. Una persona se está ahogando *(drowning)*: sacarla del agua y empezar a administrarle respiración artificial / rápido
4. Una persona sufre de lesiones en la cabeza: observar si hay hemorragia / cuidado
5. Una persona es víctima de envenenamiento y está inconsciente: llamar al Centro de Información de Emergencias Químicas y hablar / lento y claro

E. **¿Cómo?** ¿Cómo haces tú las siguientes cosas?

MODELO   manejar (rápido o lento)
          Manejo rápidamente.

1. hablar español (rápido o lento)
2. levantarte por la mañana (rápido o lento)
3. estudiar (frecuente o raro)
4. ducharte (diario o semanal)
5. pagar los impuestos (trimestral o anual)
6. comunicarse con los padres (frecuente o raro)
7. cortarte el pelo (semanal o mensual)
8. resolver problemas financieros (rápido o lento)

EP 10.1 🔁 **C.** Allow 2–3 mins. for students to do the exercise **individually** first. Then call on individual students. Have the class confirm each response.

C. **Answers:** 1. C; 2. C; 3. F: Es mejor no darle nada de comer ni beber hasta cuando llega un médico. 4. F: Primero se debe llamar al servicio de emergencia. 5. C; 6. C.

EP 10.1 🔁 **D.** Allow 2 mins. for **pair** work. Then ask **individuals** what they think should be done in each emergency.

EP 10.1 🔁 **E.** Call on **individuals.** Have the class confirm each response.

A propósito…

The ordinal numbers—**primero, segundo, tercero, cuarto, quinto, sexto, séptimo, octavo, noveno, décimo**—are adjectives and must agree in number and gender with the nouns they modify, as in **primeros auxilios.** When preceding a singular masculine noun, **primero** and **tercero** become **primer** and **tercer.** When used with **lo,** they are translated as "the first, second, third . . . thing."

A propósito...

How do you translate this into English?: **Lo primero que debes hacer es descansar bien. Lo segundo, visitar a tus padres.**

Have students repeat the ordinal numbers for pronunciation practice. Then ask them **¿Cómo se llama la tercera persona en esta fila? ¿la novena? ¿la primera?...**

▶ IRM TM10-1, Repaso visual, *En caso de una de estas emergencias...*: Show one drawing at a time of the transparency and rapidly call on individuals in the class to describe what emergency it represents.

G. Allow 2–3 mins. for **pair** work. Then ask **individuals** to tell what they learned about their partners.

H. Have students work in **pairs** first. Allow 2–3 mins. Then call on volunteers to tell the class what they would do in each situation.

I and J. Have students select either activity **I** or **J** and allow 3–4 mins. to prepare. Point out that all students must present without using books or notes. Call on volunteers to present first, and then call on the rest of the class. Ask comprehension check questions.

F. **Incendio.** Di en qué orden y cómo debe hacerse lo siguiente si hay un incendio.

MODELO llamar a los bomberos / inmediato
Primero, se debe llamar a los bomberos inmediatamente.

1. ver si la puerta está caliente / inmediato
2. poner una toalla *(towel)* húmeda debajo de la puerta / rápido
3. caminar por el pasillo *(hall)* / lento
4. buscar la salida más cercana / tranquilo
5. bajar por la escalera *(stairs)* / cuidado
6. ayudar a otras personas / cortés

Y ahora, ¡a conversar!

G. **Precauciones.** Entrevista a tu compañero(a) para saber si alguna vez ha usado un servicio de emergencia y si está preparado para futuras emergencias.

Pregúntale si...

1. ha usado alguna vez un servicio de emergencia. ¿Cuál?
2. te puede explicar en detalle cuál fue el caso de emergencia.
3. necesitó esperar mucho. ¿Cuánto? ¿Por qué?
4. está preparado(a) para ayudar a la víctima de un accidente. ¿Qué tipo de accidente? ¿Cómo?
5. está preparado(a) en caso de incendio en su casa o en un edificio.
6. tiene un extintor que funciona. ¿Dónde está?
7. sabe por dónde puede salir de su casa en caso de incendio.
8. su casa está asegurada. ¿Con qué compañía? ¿Por cuánto?

H. **Accidentes.** Dile a un(a) compañero(a) lo que debe hacer en estas situaciones de emergencia.

MODELO chocar el carro con una bicicleta
Si chocas con una bicicleta debes parar el carro inmediatamente y ayudar a la víctima.

1. comer algo contaminado
2. ver a una persona ahogándose
3. caerse de una escalera *(fall from a ladder)*
4. romperse *(break)* una pierna o un brazo
5. recibir un choque *(shock)* eléctrico
6. quemarse

¡Luces! ¡Cámara! ¡Acción!

I. **¡Incendio!** Tú y otros(as) dos compañeros(as) van a vivir juntos en Nicaragua por un semestre, y, como hacen siempre en todos los lugares, quieren prepararse para posibles emergencias. Cada uno inventa una posible emergencia (terremoto, huracán, fuego...) y los demás dan consejos sobre cómo reaccionar. Dramaticen la situación delante de la clase.

J. **¡Auxilio!** Tú y un(a) amigo(a) asisten a una clase de primeros auxilios y mañana tienen un examen. En preparación para el examen, tu compañero(a) inventa varias situaciones de emergencia para ver si sabes qué hacer. Dramatiza la situación con un(a) compañero(a).

Repasemos. En el Capítulo 9 aprendiste a hablar del tiempo y de cómo el clima te afecta. Aprendiste también a hablar de tus costumbres y de tu rutina diaria, así como a pedir y dar instrucciones sobre cómo llegar a los lugares. Finalmente, aprendiste a describir un fin de semana típico. Repasa lo que sabes, completando el siguiente texto con las palabras necesarias. Puedes inventar la información.

Allow students 2–3 mins. to complete the exercise. Then have them share their responses in pairs and ask them to suggest corrections if they detect inconsistencies. Call on several students to read their responses. Some will vary.

Una cita, un banquete

Tu amigo(a):	¡Qué _____ (20°F) hace hoy!
Tú:	Sí, yo _____ [ser / estar] congelado(a).
Tu amigo(a):	Este clima no es normal _____ [por / para] mayo, ¿no?
Tú:	Sí, es que con el cambio climático, el clima _____ [ser / estar] un poco loco.
Tu amigo(a):	Si quieres podemos _____ [sentarse] ahí, al sol.
Tú:	Sí, es una gran idea. _____ tú [traer *command*] los libros y podemos estudiar _____ (por / para) el examen de español.
Tu amigo(a):	_____ [pensar *command*] que la semana próxima vamos a estar en Argentina, con ese clima tan bueno.
Tú:	Pues no _____ [saber / conocer], porque allí ahora es _____ [season southern hemisphere].
Tu amigo(a):	_____ [ser *command*] positivo(a) y _____ [considerar *command*] lo bien que lo vamos a pasar.

¿Comprendes lo que se dice?

CD3-3

Estrategias para escuchar: escuchar «de abajo hacia arriba»

In **Capítulo 9** you learned that listening is easier when you know something about the subject. However, this is often not the case. When you know nothing about what you are listening to, it is helpful and sometimes necessary to listen for grammatical and linguistic structures that you already know. For example, listening to verb endings can tell you not only who is carrying out the action, but when it is occurring. Listening for adverbs derived from adjectives can tell you how the action is carried out. This method is known as listening "from the bottom up."

¿Qué pasó? Escucha este noticiero especial de Radio Managua. Luego con un(a) compañero(a) hagan una lista de por lo menos cuatro cosas que ocurrieron y expliquen, con un adverbio o en breves palabras, cómo ocurrió cada cosa.

Audio Script: Buenas tardes señoras y señores, les saluda Mireya Humanes Rodríguez, de Radio Managua. Esta tarde, en el tradicional barrio de San Antonio, en el centro de la ciudad, los bomberos trabajaron tenazmente para sofocar un fuego declarado en un edificio de apartamentos. Afortunadamente no se lamentaron desgracias personales, y el fuego se controló rápidamente. Al parecer, el fuego se debió al hecho de que un vecino, imprudentemente, dejó la estufa de gas encendida mientras salió a comprar el periódico. Mientras tanto, en el Barrio Santa Rosa, la policía respondió urgentemente a la llamada de un vecino con problemas cardíacos. Desgraciadamente, el ataque resultó mortal y los equipos médicos de la ciudad lucharon inútilmente por reanimarlo.

Answers: Four of the following: 1. los bomberos trabajaron tenazmente; 2. Afortunadamente no se lamentaron desgracias personales; 3. controlaron el fuego rápidamente; 4. un vecino, imprudentemente, dejó la estufa de gas encendida; 5. la policía respondió urgentemente a la llamada; 6. Desgraciadamente, el ataque resultó mortal.

Nicaragua

Capital: Managua
Área: 129,494 km²
Población: 5,128,517 (julio de 2003)
Unidad monetaria: córdoba oro
Clima: tropical, cálido y húmedo en la zonas bajas; fresco en las zonas más elevadas

Antes de empezar, dime...

1. Nombra tres bellezas naturales de los EE.UU.
2. ¿Qué tipo de desastres naturales ocurren en los EE.UU.?
3. Haz una lista de los lugares que más sufren desastres naturales en los EE.UU. y al lado de ellos, el tipo de desastre.
4. ¿Por qué sigue viviendo la gente en esos sitios?

Un paraíso recién hecho

Nicaragua recibió su nombre del cacique Nicarao, jefe indígena de la tribu que en época precolombina pobló las orillas del Cocibolca, el actual Lago de Nicaragua (3000 kms²). Es el país más grande de América Central, y, con Belice, el menos poblado, con algo más de 4.000.000 de habitantes.

Desde el punto de vista del clima, Nicaragua está la mayor parte del año bajo la influencia de los vientos alisios, que provienen de las Azores y las Bermudas. Estos vientos arrastran masas de aire cálido y húmedo del mar Caribe hacia Nicaragua, penetrando por la costa Atlántica hacia el interior del territorio.

La gran mayoría de la población nicaragüense es mestiza, con un sector en la costa del Atlántico de herencia africana. La población indígena predominante es la de los indígenas misquitos. El 60% de la población de Nicaragua tiene menos de 17 años.

Nicaragua ocupa una de las zonas más geológicamente inestables y jóvenes de la tierra: el istmo centroamericano, una gran depresión de casi 600 kms. que separa América del norte y América del sur. Nicaragua está también llena de volcanes, de tal modo que en un día despejado es posible ver entre veinte y veinticinco volcanes desde el centro de la capital, Managua, de los cuales el más joven es el Cerro Negro (de 350 metros) que surgió en 1850. A sólo dieciséis kilómetros de Managua se halla el cráter del volcán Xiloá, con un hermoso lago donde se puede nadar, pescar y pasear en bote.

Los terremotos son muy frecuentes, y en algunos casos terribles, como los de 1931 y 1972, destruyeron prácticamente Managua. Nicaragua es también muy susceptible a los huracanes, y, de hecho, fue castigada terriblemente por el huracán Mitch en 1998.

Viajemos por el ciberespacio a... NICARAGUA

If you are a cyberspace surfer, try entering one of the following key words to get to many fascinating sites in **Nicaragua**:

Lago de Nicaragua

Terremotos de Nicaragua

Geografía de Nicaragua

Or, better yet, simply go to the *¡Dímelo tú!* website using the following address: http://dimelotu.heinle.com

There, with a simple click, you can

- visit the magnificent **Lago de Nicaragua.**
- learn about the many earthquakes that regularly shake this small yet beautiful country.
- enjoy the magical volcanic **Archipelago of Solentiname.**

Y ahora, dime...

Con un(a) compañero(a), preparen dos listas: una con los atractivos de Nicaragua que descubrieron en este capítulo (pueden repasar también los Pasos 2 y 3) y otra con los inconvenientes naturales que tiene Nicaragua, según esta lectura.

Smart Classroom: For homework, have students go to the Internet and look up one of the following: **el lago de Nicaragua, desastres naturales en Nicaragua, Solentiname.** Then, have them write a specific report on what they learned. Ask them to report to the class and to provide the addresses of the best websites they visited.

¡Cuando el accidente ocurre... en Managua!

TAREA

Antes de empezar este Paso, estudia la lista de vocabulario en la página 371 y practícalo al escuchar el surco 9 de tu Text Audio CD #3. Luego estudia *En preparación.*

10.2 Irregular verbs in the preterite, páginas 373–374

10.3 Negative and indefinite expressions, páginas 374–375

Haz por escrito los ejercicios de *¡A practicar!*

Escucha la sección *¿Qué se dice... ?* del Capítulo 10, Paso 2, en el surco 4 del Text Audio CD y haz la actividad correspondiente en la página 357.

Have students prepare 10.2 Irregular verbs in the preterite for the first day you work on this Paso. Then assign 10.3 Negative and indefinite expressions for the second day.

¿Eres buen observador?

Ahora, ¡a analizar!

*Have students answer the questions in **pairs** first. Then call on **individual** students and have the class confirm each response.*

1. ¿Cuáles de estas señales de tráfico reconoces? Explícale el significado de diez señales a tu compañero(a) y escucha mientras tu compañero(a) te explica otras diez. ¡Háganlo en español, por supuesto!

2. ¿Qué creen ustedes que significan las siguientes señales: Glorieta, Puente angosto, Vado, Alto, Ceda el paso?

3. Pídele a tu compañero(a) que te explique las que no entiendes. Si no puede, pregúntale a la clase.

Cuando ocurre un accidente automovilístico

Purpose: To introduce in context the vocabulary and structures students will need when describing an accident.

Audio Script:

POLICÍA: ¿Qué pasó aquí?

ELÍAS: Se reventó una llanta y tuve que frenar rápidamente; la señorita me chocó por detrás.

SEÑORITA: Hice todo lo posible por frenar a tiempo, pero no pude hacer nada. Quise evitarlo pero detuvo el carro inesperadamente delante de mí.

ELÍAS: Yo no tuve la culpa; me chocó por detrás.

SEÑORITA: La culpa es mía. Pero no fue nada; un accidente tonto nada más, lo siento.

Answers: 1. SJ; 2. SJ; 3. E; 4. E; 5. SJ.

¿Quién hizo lo siguiente, Elías (**E**) o la señorita joven (**SJ**)?

____ 1. Chocó contra otro carro por detrás.
____ 2. Trató de frenar.
____ 3. No tuvo la culpa, lo chocaron por detrás.
____ 4. Se le reventó una llanta.
____ 5. Admitió su culpabilidad.

WEB TM10-2, Procedure: Have students look at the visuals in their books as you read each caption or narrate your own story line. Narrate two or three sentences at a time, pointing to the particular persons or objects being mentioned. Ask comprehension check questions.

Alternative Story Lines: 1. Talk about a car accident in which you were involved or one you saw. 2. Talk about a car accident in which a friend was involved. 3. Talk about a recent car accident described in the newspaper or on TV.

Afortunadamente no se trató de nada grave. La señorita admitió que se distrajo, se dieron los datos del seguro, y se desearon suerte. En caso de accidente, es importante asegurarse de que no haya ningún herido y de que los carros accidentados no pongan en peligro a los otros. Aunque en nuestra historia no ocurrió así, las compañías de seguro recomiendan no aceptar nunca culpabilidad en caso de accidente, y tampoco discutir sobre el accidente ni perder la calma.

A propósito...

Además de usar **se** con verbos reflexivos, **se** también se puede usar para indicar que una acción es recíproca: En inglés, generalmente, se traduce cómo *each other*. ¿Cómo traduces «se dieron los datos y se desearon suerte»?

Point out that the sharks and sword-fish in Lake Nicaragua have evolved naturally to be fresh water fish. Plans to build a transoceanic canal were halted with the decision to build the Panama Canal. There are plans underway to expand the number of transoceanic canals.

Smart Classroom: Preselect a website on **Lago Nicaragua** and **Isla de Omepete.** Show some of the many pictures of the lake found online. As a homework assignment, ask students to write a report on what they would like to do if they had a chance to visit the lake next week, by searching the Internet and finding out what attractions the lake has to offer. Ask volunteer students to present their plans to the class, and to suggest websites with specific information.

Vocabulario activo: A. Call on **individual** students. Have the class confirm each response

Answers: Sí 2, 5

EP 10.2 ▣▣ B. Call on **individual** students. Have the class confirm each response.

A propósito...

Chofer is spelled here without an accent. In many Spanish-speaking countries, it is also acceptable to stress the first syllable, making an accent mark necessary. For a complete reference to Spanish accentuation, see Appendix B.

EP 10.2 ▣▣ C. Have students work in **pairs** first. Allow 2–3 mins. Repeat the exercise by calling on **individuals.**

¿Sabías que...?

El lago Nicaragua, en el sudoeste del país, es el lago más grande de Centroamérica y el décimo del mundo en tamaño. Éste es el único lago de agua dulce (*fresh water*) que posee vida animal oceánica, incluyendo tiburones (*sharks*) y peces espada (*swordfish*). En varias ocasiones, este lago se ha considerado el mejor lugar para construir un segundo canal para conectar el océano Pacífico con el océano Atlántico.

🔍 **En tu opinión:** ¿Cómo es posible tener tiburones y peces espada en agua dulce? ¿Crees que es buena idea construir un segundo canal? ¿Por qué sí o por qué no?

Ahora, ¡a hablar!

A. **Incidencias.** Indica lo que sí se dice en el *¿Qué se dice... ?*

   ☐ 1. Elías y la señorita joven tuvieron un accidente muy grave.
   ☐ 2. Los daños fueron pequeños.
   ☐ 3. Ni Elías ni la señorita aceptaron su culpabilidad.
   ☐ 4. Los carros terminaron completamente destruidos.
   ☐ 5. Las compañías de seguro recomiendan no discutir después del accidente.

B. **¡Un accidente!** Hubo un accidente en la Avenida Bolívar, una de las calles principales de Managua. ¿Qué dijeron los choferes cuando llegó la policía a investigar? Cambia los verbos entre paréntesis al pretérito.

   Chofer #1: Yo no tuve la culpa porque...

   1. no (poder) ver el otro carro.
   2. no (tener) tiempo para frenar.
   3. (hacer) todo lo posible por evitar el accidente.

   Chofer #2: El otro chofer tuvo la culpa porque...

   4. (perder) el control del carro.
   5. (chocarme) por detrás.
   6. (decir) que no me (ver).

C. **¿Qué pasó aquí?** Hubo un accidente de tres carros en la Avenida Central de León, la hermosa ciudad colonial fundada en 1524. ¿Qué dicen los choferes y los testigos?

   MODELO   yo / querer parar / pero / no poder parar
            Yo quise parar pero no pude.

   Choferes

   1. yo / hacer todo lo posible / pero / no poder frenar
   2. ella / parar el carro de repente / y / yo / chocarla
   3. yo / perder el control del carro / y / pegarle por detrás

   Testigos

   4. el chofer del carro rojo / tener la culpa / porque / no frenar a tiempo
   5. el impacto / no ser muy fuerte / no haber heridos
   6. yo / ver el accidente / y / venir a ayudar inmediatamente

D. **La última vez.** ¿Mantiene tu compañero(a) su carro en buen estado para evitar accidentes? Pregúntale cuándo fue la última vez que hizo lo siguiente.

EP 10.2 D. Have students work in **pairs** first. Allow 2–3 mins. Then ask **individuals** to describe their partner's car maintenance habits.

MODELO　　　　　　　　llevar el carro al mecánico
　　　　　TÚ:　**¿Cuándo fue la última vez que llevaste el carro al mecánico?**
COMPAÑERO(A):　**Lo llevé en octubre.**

1. cambiar el aceite
2. revisar *(check)* el motor
3. poner agua en el radiador
4. inflar las llantas *(tires)*
5. revisar la batería
6. llenar *(fill)* el tanque de gasolina
7. rotar las llantas
8. ¿...?

E. **¿Yo? ¡Nunca!** ¿Es tu compañero(a) un(a) conductor(a) modelo? Pregúntale si alguna vez hizo lo siguiente.

EP 10.3 E. Have students work in **pairs** first. Allow 2–3 mins. Then ask **individuals** how often their partners do those things.

MODELO　　　　　　　　dejar la licencia en casa
COMPAÑERO(A):　**¿Dejaste la licencia en casa alguna vez?**
　　　　　TÚ:　**Yo nunca la dejo en casa.** [o]
　　　　　　　Yo la dejo en casa de vez en cuando.

1. manejar borracho(a)
2. recibir alguna multa *(ticket)* por exceso de velocidad
3. estacionar siempre en zonas permitidas
4. decir alguna mentira a la policía de tránsito
5. tener algún accidente
6. ser testigo(a) de algún accidente leve
7. ser testigo(a) de algún accidente grave
8. ¿...?

IRM TM10-3 y 10-4, Repaso visual, *¡No prestó atención!*: Show the transparency to the class and, in groups of three or four, have them write a brief narration of what happpend. Tell them to be sure to mention who was to blame, what injuries resulted, what damages resulted, and who will have to pay for them.

Y ahora, ¡a conversar!

F. **Mi primer carro.** ¿Recuerdas tu primer carro? Entrevista a un(a) compañero(a). Pregúntale sobre su primer carro y háblale del tuyo.

F. Allow 2–3 mins. for **pair** work. Then ask students to describe their partner's first car.

1. ¿En qué año obtuviste tu licencia de manejar? ¿Dónde la obtuviste?
2. ¿Cuál fue tu primer carro? ¿Cuánto costó?
3. ¿En qué año compraste tu primer carro? ¿Quién lo pagó, tú o tus padres?
4. ¿Por cuánto tiempo lo tuviste?
5. ¿Tuviste algún accidente con ese carro? ¿Qué pasó?
6. ¿Todavía tienes ese carro?

G. **Nueva póliza de seguros.** Daniel(a), un(a) estudiante de la Universidad Autónoma de Nicaragua en León, necesita un seguro para su carro. Ahora está con un(a) agente de seguros que necesita esta información de Daniel(a). Tú eres el (la) agente. Entrevista a un(a) compañero(a), que va a hacer el papel de Daniel(a). Pueden inventar todos los datos.

G. Allow 2–3 mins. to interview. Then call on **individuals** to tell the class the personal statistics of the person they interviewed.

1. edad
2. dirección
3. empleo
4. tipo de carro
5. multas previas: ¿cuántas y por qué?
6. accidentes: ¿cuántos? ¿culpable o no?
7. ¿...?

¡Luces! ¡Cámara! ¡Acción!

H and I. Have students select either activity **H** or **I** and allow 3–4 mins. to prepare. Point out that all students must present without using books or notes. Call on volunteers to present first, and then call on the rest of the class. Ask comprehension check questions.

H. **¡Yo no tuve la culpa!** Hubo un accidente de dos carros (o dos bicicletas). Los choferes tienen opiniones muy distintas de cómo ocurrió y quién es el (la) culpable. Tú viste todo y puedes resolver la discusión. Con dos compañeros(as) que hacen el papel de los choferes, escriban el diálogo que tienen los tres y luego dramaticen la situación delante de la clase.

I. **¡Idiota!** Hubo un accidente entre un carro y una moto. No hubo heridos, pero la moto está destrozada. El (La) motociclista está furioso(a). La policía llega y los dos choferes cuentan su versión de lo que pasó. Dramatiza la situación con dos compañeros(as).

¿Comprendes lo que se dice?

Procedure: Have students read the **Estrategias** pre-viewing activity silently. Check their work by calling on **individuals**. Have the class comment on each response. Then play the video twice and have students do the viewing and post-viewing activities. Call on **individuals** and have the class confirm their responses.

Answers: A. 4; B. 3; C. 3

Estrategias para ver y escuchar: ver y escuchar «desde abajo hacia arriba»

In **Paso 1** of this chapter, you learned that listening "from the bottom up," or listening for grammatical and linguistic structures that you already know, can greatly help comprehension when you know nothing about the material you are listening to.

Desde abajo hacia arriba. Marca en estas listas una de las palabras de cada grupo que no se relacionan con las otras tres.

A	B	C
1. enorme	1. comida	1. hermosa
2. grande	2. menú	2. bonita
3. gigantesco	3. carretera	3. pobre
4. rápido	4. plato	4. magnífica

Al ver el video: ¿Comprendes lo que se dice?

Answers: 1. d; 2. e; 3. a; 4. b; 5. c

Practice listening from the bottom up as you match the adjectives in the first column with the people, places, or concepts they describe in the second column.

1. enorme   a. Rubén Darío
2. colonial   b. centro
3. nicaragüense   c. pasado
4. intelectual   d. catedral
5. grande   e. país

Time code: 28:20–31:12

Nicaragua, ¡en la búsqueda de un futuro mejor!

Después de ver el video.

Explica ahora la relación que hay entre lo siguiente.

1. caballos / carros
2. León / Rubén Darío, la catedral metropolitana de León / Latinoamérica
3. el mercado de León / la iguana
4. Managua / tráfico, estatuas / guerra civil nicaragüense
5. el anochecer / la diversión en Managua

Nicaragua

Antes de empezar, dime...

1. ¿Qué tipo de relación han tenido los EE.UU. con Nicaragua a lo largo de la historia? ¿Puedes nombrar algún evento concreto?
2. ¿Por qué crees que los españoles, los ingleses y los estadounidenses invadieron Nicaragua en distintos momentos de su historia? En tu opinión, ¿qué provocó estas invasiones?
3. ¿Es la historia de los Estados Unidos una historia turbulenta en tu opinión? ¿Por qué crees que sí o que no?

Procedure: Call on volunteers to answer the anticipatory questions. Then have students read aloud one at a time. Ask comprehension check questions after each student reads. Then have students do the follow-up activities.

La turbulenta historia de Nicaragua

La historia de Nicaragua está marcada por luchas internas y las invasiones extranjeras, en las que participaron tanto europeos (españoles e ingleses) como estadounidenses, estos últimos en tres distintas ocasiones.

La colonización española se enmarcó en el proceso general colonizador de todas las Américas. La invasión inglesa de la costa este nicaragüense estuvo motivada por el interés en construir un canal interoceánico, similar al que se construyó más tarde en Panamá.

Para el gobierno estadounidense, el tránsito de aventureros con destino a California, movidos por la fiebre del oro, mostró la importancia estratégica de Nicaragua. La ruta más popular fue de Nueva York a San Juan del Norte (Greytown) en Nicaragua, de ahí por el río San Juan, hasta el Lago de Nicaragua, y desde San Jorge navegar hasta San Francisco, en California.

La última invasión estadounidense unió a los eternos enemigos, liberales y conservadores nicaragüenses, contra el invasor estadounidense en una alianza de resistencia armada. Sin pertenecer a esta alianza, Augusto C. Sandino también hizo la guerra contra los estadounidenses, que acabaron por salir de Nicaragua.

En 1934, el militar Anastasio Somoza García ordenó asesinar a Sandino y en 1937 se proclamó presidente tras unas elecciones llenas de irregularidades. Con Anastasio se inició la dinastía de los Somoza, que consideraron Nicaragua como una finca de su propiedad. Los Somoza aterrorizaron a la población nicaragüense por casi 50 años y a lo largo de este tiempo tuvieron el apoyo de los Estados Unidos.

En 1972 se fundó el grupo guerrillero Frente Sandinista de Liberación Nacional (FLSN), que consiguió derrocar a Anastasio Somoza Debayle en julio de 1979. Con el triunfo de la revolución comenzó un nuevo período de ilusión pero también de dificultades: miembros del antiguo ejército de Somoza atacaron Nicaragua desde Honduras y Costa Rica (la famosa Contra) apoyados de nuevo por los Estados Unidos.

Durante las elecciones de 1990, fue elegida presidenta doña Violeta Barrios de Chamorro y la victoria de su partido trajo con el tiempo la pacificación del país.

En 1996 unas nuevas elecciones dieron la victoria a Arnaldo Alemán (del derechista Partido Liberal) quien gobernó hasta 2002. En 2002 le sucedió en el cargo Enrique Bolaños. La nueva y democrática Nicaragua no parece dispuesta a permitir los abusos del pasado, y en 2004 se condenó al ex-presidente Arnaldo Alemán (1997–2002) a 20 años de cárcel por lavado de dinero y robo del tesoro público.

Y ahora dime...

Usa este diagrama de Venn para escribir con tu compañero(a) los acontecimientos positivos y negativos de la historia de Nicaragua. En el centro, escribe aquéllos acontecimientos, que sin ser positivos ni negativos (o siendo positivos y a la misma véz negativos), también influyeron en la historia de Nicaragua. Puedes usar información de esta lectura o de otras en este capítulo sobre Nicaragua.

Eventos positivos	Eventos positivos y negativos	Eventos negativos
1.	1.	1.
2.	2.	2.
3.	3.	3.
4.	4.	4.
5.	5.	5.
...	...	...

Viajemos por el ciberespacio a... NICARAGUA

If you are a cyberspace surfer, try entering one of the following key words to get to many fascinating sites in **Nicaragua:**

Historia de Nicaragua

Contra nicaragüense

Ruta a California por Nicaragua

Or, better yet, simply go to the *¡Dímelo tú!* website using the following address: http://dimelotu.heinle.com

There, with a simple click, you can

- get to know better Nicaragua's recent history.
- find out how Nicaragua is challenging the odds and venturing into a future of peace and justice.
- read the up-to-the-minute news of Nicaragua and the rest of Latin America by accessing Nicaraguan newspapers online.

Smart Classroom: For homework, have students go to the Internet and look up two of the following: **historia reciente de Nicaragua, los derechos humanos en Nicaragua, la contra nicaragüense.** Then have them write a specific report on what they learned. Ask them to report to the class and to provide the addresses of the best websites they visited.

¡Escríbelo!

Estrategias para escribir: conseguir información

A. **En preparación.** Una composición es un trabajo escrito que requiere dos cosas:

1. conseguir información sobre el tema y
2. comunicar esa información por escrito de una manera clara y organizada.

Para conseguir la información necesaria puedes usar varias fuentes de información: entrevistas, libros de referencia como una enciclopedia, revistas, periódicos, etc. Para comunicar la información de una manera clara y organizada debes seguir el proceso de redacción *(writing)* que has usado en los trabajos escritos desde el principio.

Una buena composición siempre contesta preguntas específicas sobre el tema. En este capítulo has leído dos composiciones en las secciones de *Noticiero cultural*, una sobre Nicaragua, su gente, su clima y su geografía y otra sobre la turbulenta historia de Nicaragua. Mira cómo la composición sobre Nicaragua, su gente, su clima y su geografía contesta ciertas preguntas específicas.

1. ¿Dónde está Nicaragua?
2. ¿Cómo es?
3. ¿Cómo afecta su clima, geografía y su historia reciente la realidad de Nicaragua?

B. **Preguntas clave.** Ahora, con un(a) compañero(a), preparen una lista de las preguntas que contestan la composición sobre la turbulenta historia de Nicaragua.

Procedure: Have students read the **Estrategias** silently. Then, in **pairs,** have them write a list of the questions answered in the composition about Managua. Have volunteers read their questions to the class.

Vocabulary: Countries; nationality; geography

Grammar: Adverbs ending in -**mente**; verbs: preterite (irregular)

Phrases: Describing places; describing weather; describing the past

Ahora, ¡a escribir!

A. **La idea principal.** Piensa ahora en un tema relacionado con Latinoamérica que te gustaría investigar para escribir una composición. Puede ser sobre un país, una ciudad o región, una persona o un evento histórico. Prepara preguntas apropiadas a tu tema que crees que debes contestar en tu composición. Si necesitas ayuda, mira como guía las preguntas que contesta la composición sobre Nicaragua y las que preparaste sobre la historia de Nicaragua. Usa varias fuentes para encontrar la información necesaria para contestar tus preguntas sobre el tema.

B. **El primer borrador.** Usa la información que preparaste en **A** para escribir un primer borrador. Pon toda la información relacionada con la misma pregunta en un párrafo.

C. **Ahora, a compartir.** Comparte tu primer borrador con dos o tres compañeros(as). Comenta sobre el título, el contenido y el estilo de las composiciones de tus compañeros(as) y escucha los comentarios de ellos sobre tu composición. Si hay errores de ortografía o de gramática, menciónalos.

D. **Ahora, a revisar.** Si necesitas cambiar algo a partir de los comentarios de tus compañeros(as), hazlo ahora.

E. **La versión final.** Prepara una versión final de tu composición y entrégala.

F. **Publicación.** En grupos de cuatro o cinco, lean las composiciones que les dará su profesor(a) y decidan cuál es la más interesante. Descríbansela a la clase, mencionando la información más importante que aparece en ella.

A. Have students decide on a topic **individually.** Circulate to see if anyone needs help.

B. Assign this step as **individual** homework.

C. Have students comment only on content and style at this time.

D. This step may be assigned as **individual** homework.

E. Assign as **individual** homework. Tell students that final drafts must be typed.

F. Distribute compositions so that no one is hearing his or her own read in the group. Have one person in each group read the selected composition aloud to the entire class.

TAREA

Antes de empezar este Paso,
estudia la lista de vocabulario
en la página 371 y praticalo al
escuchar el surco 8 de tu Text
Audio CD #3. Luego estudia
En preparación.

10.4 Preterite of stem-changing
-ir verbs, páginas 375–376

10.5 *Hacer* in time expressions,
páginas 376–377

Haz por escrito los ejercicios de
¡A practicar!

Escucha la sección *¿Qué se
dice... ?* del Capítulo 10, Paso 3,
en el surco 5 del Text Audio CD y
haz la actividad correspondiente
en la página 365.

Have students prepare *10.4 Preterite
of stem-changing -ir verbs* for the first
day you work on this **Paso.** Then
assign *10.5 Hacer in time expressions*
for the second day.

¿Eres buen observador?

Roberto Esquivel

Edad:
57 años.

Tiempo en la corporación:
23 años.

Grado:
Suboficial.

Adscripción:
Dirección General de Investigaciones.

Hecho destacado:
Captura seis narcotraficantes.

TELEFONOS DE EMERGENCIA	
Grupo Amigos	265 28 18
Centro de Integración Juvenil	244 34 34
Neuróticos Anónimos	249 25 84
Bomberos	279 37 00
Locatel	269 11 11
Cruz Roja	266 57 57
Centro Antirrábico	269 42 94
Radiopatrullas	18
Robos, asaltos, riñas	19
Alcohólicos Anónimos	249 15 93

Have students answer the questions
in **pairs** first. Then call on **individual**
students and have the class confirm
each response.

Ahora, ¡a analizar!

1. ¿Por qué fue nombrado Roberto Esquivel «Policía de la semana»? ¿Qué hizo?

2. ¿Es joven o mayor de edad? ¿Cuántos años tiene? ¿Cuánto tiempo ha servido como policía?

3. ¿Qué número de emergencia llamarías en caso de incendio *(fire)*? ¿En caso de abuso de drogas? ¿De problemas con un joven delincuente? ¿Si necesitaras una ambulancia? ¿En caso de violencia doméstica?

4. ¿Bajo qué situación o circunstancias llamarías al Centro Antirrábico? ¿Al Grupo Amigos? ¿A los Bomberos? ¿A Alcohólicos Anónimos?

Al reportar objetos perdidos

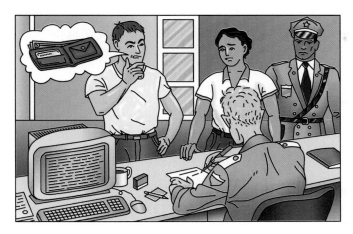

CD3-5

Purpose: To introduce in context vocabulary and structures needed to describe a robbery.

Audio Script:

ANTONIO: Buenas tardes, Señor. Vinimos a reportar que perdí mi billetera con toda mi documentación.
POLICÍA: ¿Cuándo y cómo, señor?
ANTONIO: Esta mañana, en un restaurante del centro. Mi amigo Elías y yo terminamos de desayunar, pagué, y al salir dejé la billetera encima de la mesa.
POLICÍA: ¿Y ya regresaron para ver si la encontraron los trabajadores del restaurante?
ANTONIO: Sí, allí estuvimos hace un momento, pero nos dijeron que no vieron nada.
ELIAS: Ahora que recuerdo, Antonio: creo que te vi con la billetera hace unas horas, cuando pagaste el autobús.
ANTONIO: Pues sí, tenés razón, eso fue después del restaurante. Lo siento señor, mejor lo pienso bien, para ver si recuerdo dónde la puse.
POLICÍA: Está bien. Buenas tardes.

Answers: 1. b; 2. e; 3. d; 4. c; 5. a

Indica el orden en que ocurrieron los hechos.

_____ a. fueron a la comisaría de policía
_____ b. estuvieron desayunando en el restaurante
_____ c. fueron al restaurante para preguntar por la billetera
_____ d. tomaron el autobús
_____ e. pagaron el desayuno

WEB TM10-3, Procedure: Have students look at the visuals in their books as you read each caption or narrate your own story line. Use various techniques to communicate meaning without translation.

Alternative Story Lines: 1. Talk about an item you or a friend or relative lost while traveling. 2. Talk about an item you thought had been stolen only to find you had it all the time.

ANTONIO: ¿Por qué no repites lo que hiciste hoy, para ver si recuerdas dónde la pusiste?
ELÍAS: Sí, a ver. Después del restaurante fuimos al mercado Huembes, donde compramos el cuadro primitivista de Solentiname. Ahí pagué yo.
ANTONIO: Sí, luego nos fuimos al hotel. Vos hiciste ejercicio y yo salí a comprar el periódico. Recuerdo que saqué cincuenta córdobas de la billetera, pero no la llevé.
ELÍAS: Luego dormimos la siesta.
ANTONIO: No, no, no. Antes de dormir la siesta almorzamos. Y ya sé dónde está: la dejé en el restaurante del hotel. Recuerdo que la puse encima de la mesa, y, probablemente, cuando nos despedimos del cocinero, la olvidé.
ELÍAS: ¡Sí! Llamá, llamá, que seguro que la tienen allí.

A propósito...

Como aprendiste en el Capítulo 5, en Nicaragua se usa mucho el voseo, sobre todo entre personas que tienen mucha familiaridad. ¿Cuántos usos del voseo hay en este diálogo? ¿Cuáles son?

¿Sabías que...?

Nicaragua es conocida en Latinoamérica como «la tierra de los poetas». Ser poeta en este país es como ser médico o profesor universitario. Uno de los poetas más reconocidos de las letras hispanas de todos los tiempos es el nicaragüense Rubén Darío (1867–1916). Fue el líder del movimiento literario hispanoamericano conocido como el modernismo, que floreció hacia principios del siglo XX. Entre sus obras más famosas se cuentan *Azul* (1888) y *Prosas profanas y otros poemas* (1895).

En tu opinión: ¿Por qué crees que hay tanto respeto hacia los poetas en Nicaragua? En general, ¿qué opina la gente de los poetas en los EE.UU.? ¿Se considera una buena profesión? ¿Por qué sí o por qué no? ¿En qué crees que consiste el modernismo? ¿Por qué crees eso?

Ahora, ¡a hablar!

A. **Lo que hicimos.** Pon en el orden apropiado los siguientes hechos narrados en el **¿Qué se dice?**

- ☐ a. durmieron la siesta
- ☐ b. fueron a desayunar al restaurante
- ☐ c. uno hizo ejercicio y el otro salió a comprar el periódico
- ☐ d. almorzaron en el hotel
- ☐ e. fueron al mercado Huembes

B. **¿Qué pasó aquí?** Antonio está contando que perdió su billetera, y todos sus compañeros de clase tuvieron alguno que otro incidente en sus viajes. ¿Qué dicen?

MODELO   Rafael / perder / el pasaporte / en la discoteca
        Rafael perdió el pasaporte en discoteca.

1. Isabel y Francisco / perder / el billete de avión para regresar de Nicaragua
2. Ana / dormirse / en el tren / y / seguir / hasta Chichigalpa
3. Enrique / sentir / un terremoto de 5 puntos en su visita a Managua
4. Susana y Javier / dormir / en la calle / porque / perder / la llave del apartamento
5. Teresa / sentirse / mal / en su escalada al volcán Momotombo

C. **Hace siglos.** Pregúntale a tu compañero(a) cuánto tiempo hace que **no hace** estas actividades. Tomen turnos para preguntar y responder.

| un siglo | un año | un mes | una semana | un día | una hora | (nunca) |

MODELO   encontrar dinero en la calle
           TÚ: **¿Cuánto tiempo hace que no encuentras dinero en la calle?**
TU COMPAÑERO(A): **Hace dos meses que encontré veinte dólares. Nunca encontré dinero en la calle.**

1. bañarte en un río
2. dormir al aire libre
3. bañarte de noche en la playa
4. perderte en la ciudad
5. dormir 15 horas
6. despertarse a las 4 de la tarde

A propósito...

«Hace un siglo que (no)...» no significa necesariamente que hace cien años. Es una expresión que se usa para indicar que hace muchísimo tiempo que hacemos o no hacemos una cosa. También se usa «hace una eternidad...» o «hace siglos».

D. **Mi amigo(a).** Hazle estas preguntas a un(a) compañero(a) para saber algo más de él (ella). Luego tu compañero(a) te va a hacer las mismas preguntas a ti.

1. ¿Dónde vives? ¿Cuánto tiempo hace que vives allí?
2. ¿Tienes carro? ¿Cuánto tiempo hace que lo tienes?
3. ¿Tienes novio(a)? ¿Cuánto tiempo hace que lo (la) conoces?
4. ¿Trabajas? ¿Dónde? ¿Cuánto tiempo hace que trabajas allí?
5. ¿Practicas algún deporte? ¿Cuál? ¿Hace cuánto tiempo que lo practicas?
6. ¿Cuánto tiempo hace que estudias en esta universidad? ¿Qué estudias?

Y ahora, ¡a conversar!

E. **¿Alguna vez?** Ser completamente honesto no es siempre fácil. Entrevista a un(a) compañero(a) y decide si es completamente honesto(a) o si sólo lo es de vez en cuando.

nunca   **una vez**   **varias veces**

MODELO   mentir en una declaración de impuestos *(tax return)*
            TÚ: **¿Mentiste en la declaración de impuestos el año pasado?**
    COMPAÑERO(A): **No. Yo nunca mentí.** [o]
            Sí, mentí una vez. [o]
            Sí, mentí varias veces.

1. mentir en una solicitud *(application)* de trabajo alguna vez
2. pedirle dinero a un(a) amigo(a) y luego no pagarle alguna vez
3. hacer trampa *(cheat)* en un examen alguna vez
4. faltar al trabajo alguna vez
5. inventar pretextos para no salir con una persona alguna vez
6. inventar rumores sobre una persona alguna vez
7. hablar mal de un(a) amigo(a) alguna vez
8. repetir un secreto importante alguna vez

F. **Extraño.** ¿De vez en cuando haces algo totalmente fuera de lo normal? Comparte estos momentos con tus compañeros, en grupos de tres o cuatro.

MODELO   dormir... horas
        Generalmente duermo ocho horas, pero un día dormí quince horas porque...

1. no mentir
2. pedir dinero
3. reírse en clase
4. seguir a una persona
5. tener mucho miedo
6. vestirse de manera extravagante
7. ¿...?

¡Luces! ¡Cámara! ¡Acción!

G. **Denuncia.** Tú y tu amigo(a) acaban de descubrir que no tienen la billetera con su dinero y sus tarjetas de crédito. Ahora ustedes le están explicando a un policía cómo la perdieron. Con dos compañeros(as), escriban el diálogo que ocurre entre los tres y luego dramaticen la situación delante de la clase.

H. **¡Qué bochorno!** Tú y tu amigo(a) están en un restaurante muy lujoso y cuando tienen que pagar, descubren que no tienen la billetera. ¿Qué hacen? Dramaticen la situación.

EP 10.5 **D.** Have students work in **pairs** first. Then ask **individual** students how long their partners have been doing …

Make copies of the handout for half the class. Have students work in **pairs** and give one copy to each pair. Tell them to select (or you assign) either the **mochila, maletín, bolso o maleta** and prepare a short role play with one student claiming to have lost the item with an X through it. The hotel clerk will help the hotel guest retrace his/her steps to try to figure out where he/she may have lost the item.

E. Allow 2–3 mins. for **pair** work. Then ask **individuals** if their partners did some of these things.

F. Allow 3–4 mins. for **group** work. Ask each group to tell the most interesting behavior reported in the group.

G and H. Have students select either activity **G** or **H** and allow 3–4 mins. to prepare. Point out that all students must present without using books or notes. Call on volunteers to present first, and then call on the rest of the class. Ask comprehension check questions.

Estrategias para leer poesía: versos y estrofas

Procedure: Have students read the **Estrategias** silently and do the **Prepárate para leer** activity in groups. Check their answers.

A. **Versos y estrofas.** Un verso es una línea de un poema. Una estrofa es una agrupación de versos dentro de un poema.

1. ¿Cuántos versos tiene el poema de Gioconda Belli ¿*Qué sos Nicaragua?*
2. ¿Cuántas estrofas tiene el poema?
3. ¿Cuántos versos hay en cada estrofa?

B. Answers: 1. un verso; 2. tres estrofas; 3. dos versos

B. **Prepárate para leer.** Un verso puede ser una oración completa, así como una estrofa lo puede ser también. En algunos poemas una oración puede ocupar varios versos y hasta varias estrofas.

1. ¿Hay versos en *¿Qué sos Nicaragua?* que forman una oración completa? Explica.
2. ¿Hay estrofas que formen una oración completa? Explica.
3. ¿Cuántas oraciones completas hay en el poema? ¿Cuáles son?

C. Answers: 1. b; 2. a; 3. a; 4. a; 5. a; 6. b

C. **Vocabulario en contexto.** Para ayudarte con el vocabulario del siguiente poema, ¿en cuál de las siguientes frases se puede sustituir lo subrayado *(underlined)* por la palabra en negrita *(bold)* según la definición?

1. **liso(a):** *que no tiene aristas ni gránulos.*
   a. La carretera tiene muchas <u>curvas.</u>
   b. El tacto de la bola de cristal es <u>suave.</u>

2. **puntudos:** *que tienen punta.*
   a. El pirata mantiene sus cuchillos <u>con una punta muy fina.</u>
   b. La señora tiene <u>sentido del humor.</u>

3. **amenazantes:** *que amenazan o hacen sentir miedo.*
   a. El volcán hace ruidos <u>que provocan terror.</u>
   b. Estos volcanes no tienen actividad, están muy <u>pacíficos</u> últimamente.

4. **enmarañado(a):** *todo mezclado y sin orden.*
   a. En su oficina está todo bastante <u>desordenado.</u>
   b. Sara es muy <u>organizada.</u>

5. **puño crispado:** *La mano cerrada.*
   a. Con el rostro <u>tenso,</u> ella escuchó las malas noticias.
   c. Ella se <u>relaja</u> cuando va a la playa.

6. **gritos... de parto:** *voces de dolor de la mujer que está teniendo un bebé.*
   a. Josefa tuvo a su hija casi sin <u>dolor.</u>
   b. En la sala de maternidad del hospital se oyeron los <u>lamentos de las mujeres al tener a sus hijos.</u>

Lectura

Gioconda Belli (Managua, 1948), poeta, ensayista y narradora, participó activamente en la lucha contra la dictadura de Somoza. Tuvo que exiliarse en 1975 en Costa Rica y regresó a Nicaragua después del triunfo revolucionario en 1979. Participó en el gobierno del Frente Sandinista de Liberación Nacional (FSLN), hasta que en 1986 decidió dedicar todo su tiempo a su trabajo como escritora. Posteriormente, en 1994, descontenta con el FSLN como partido, lo abandonó. Actualmente vive en Santa Mónica, California.

Su obra literaria incluye «Sobre la grama» (1974), «Línea de fuego» (1978), «Truenos y arcoiris» (1982), «De la costilla de Eva» (1986) y «Apogeo» (1997), y las novelas *La mujer habitada,* publicada en los Estados Unidos como *The Inhabited Woman* (1988), *Sofía de los presagios* (1990) y sus memorias, *El país bajo mi piel* (2003).

Procedure: Read the poem to the class as students read along silently. Then call on **individuals** to read one stanza at a time and ask several questions to check comprehension. Call on volunteers to read the complete poem. Call on **individuals** to answer the questions.

¿Qué sos° Nicaragua?

eres

¿Qué sos
sino un triangulito de tierra
perdido en la mitad del mundo?

¿Qué sos
sino un vuelo de pájaros
guardabarrancos°   el ave nacional de Nicaragua
cenzontles°   *mockingbirds*
colibríes°?   *hummingbirds*

¿Qué sos
sino un ruido de ríos
llevándose las piedras pulidas° y brillantes   *polished*
dejando pisadas° de agua por los montes?   *footsteps*

¿Qué sos
sino pechos° de mujer hechos de tierra,   *breasts*
lisos, puntudos y amenazantes?

¿Qué sos
sino cantar de hojas en árboles gigantes
verdes, enmarañados y llenos de palomas?

¿Qué sos
sino dolor y polvo° y gritos en la tarde,   *dust*
«gritos de mujeres, como de parto»?

¿Qué sos
sino puño crispado y bala en boca°?   *bullet ready to be used*

¿Qué sos, Nicaragua
para dolerme tanto?

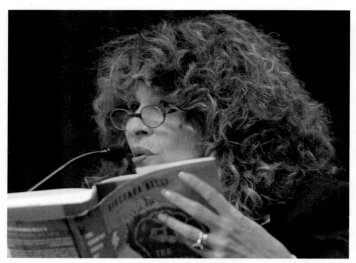
Gioconda Belli lee su poesía.

A ver si comprendiste

1. ¿Cómo define el poema a Nicaragua?

2. ¿Con qué palabras identificas estas imágenes o metáforas?

   A. pisadas de agua por los montes
   B. pechos de mujer hechos de tierra
   C. dolor y polvo y gritos en la tarde
   D. puño crispado y bala en boca
   E. cantar de hojas en árboles gigantes

   a. volcanes
   b. lagos
   c. guerra
   d. revolución
   e. viento

3. ¿Por qué crees que las opiniones de la poeta son tan fuertes?

4. Explica el título de este poema.

Vocabulario

PASO 1

Emergencias

accidente (m.)	accident
ahogarse	to drown
ataque cardíaco (m.)	heart attack
caerse	to fall down
choque eléctrico (m.)	electric shock
descarga eléctrica (f.)	electric shock
emergencia	emergency
envenenamiento	poisoning
fuego	fire
hemorragia	hemorrhage
huracán (m.)	hurricane
incendiar	to burn
incendio	fire
inconsciente	unconscious
intoxicación (f.)	intoxication; poisoning
lesión (f.)	injury
morirse	to die
muerte (f.)	death
paro cardíaco	heart failure
quemadura	burn
quemarse	to burn (up)
romperse	to break, shatter
sufrir	to suffer
terremoto	earthquake
urgente	urgent
venenoso(a)	poisonous
víctima (m./f.)	victim

Auxilios

auxilio	help
bombero(a)	firefighter
evitar	to avoid
extintor (m.)	fire extinguisher
médico(a)	physician
paciente (m./f.)	patient
prestar atención	to pay attention
primeros auxilios (m. pl.)	first aid
proporcionar	to provide
respirar	to breathe
verificar	to verify

Automóvil

asegurado(a)	insured
auto	car
automóvil (m.)	automobile
carretera	highway
carro	car

chocar	to crash; to collide
funcionar	to function, work; to run (a motor)
grúa	tow truck

Partes del cuerpo

brazo	arm
cabeza	head
cuerpo	body
pierna	leg

Palabras útiles

aconsejable	advisable
cambiar	to change
caso	case
cortés	courteous
escalera	stairs, staircase
húmedo(a)	wet, humid
insistir	to insist
lento(a)	slow
pasillo	hall, hallway
rápido(a)	fast
responder	to answer; to respond
sitio	site
toalla	towel

PASO 2

Accidente automovilístico

culpa	fault
culpabilidad (f.)	guilt
daño	damage
destruir	to destroy
herido(a)	wounded, injured
multa	fine (ticket)
pegar	to hit
peligro	danger
policía (f.)	police force; police woman; (m.) policeman
reventarse (ie)	to blow out
seguro	insurance

Manejar un automóvil

asegurarse	to make sure
conductor(a)	driver
distraerse	to be distracted
estacionar	to park
frenar	to brake
señal (f.)	sign; traffic signal

Mantenimiento del auto

aceite (m.)	oil
batería	battery
gasolina	gas
inflar	to inflate
llanta	tire
mecánico(a)	mechanic
radiador (f.)	radiator
revisar	to check
rotar	to rotate
tanque (m.)	tank

Palabras y expresiones útiles

a menudo	often
admitir	to admit
de repente	suddenly
discutir	to discuss
grave	grave, serious
leve	light; slight

PASO 3

Al viajar

billete de avión (m.)	airline ticket
tren (m.)	train

Palabras y expresiones policíacas

abuso de drogas	drug abuse
ambulancia	ambulance
comisaría de policía	police station
violencia doméstica	domestic violence
hacer trampa	to cheat
joven delincuente	juvenile delinquent
mentir	to lie

Objetos personales

billetera	billfold
llave (f.)	key

Palabras útiles

descubrir	to discover
escalar	to climb
faltar al trabajo	to miss work
impuesto	tax
líder (m./f.)	leader
reírse	to laugh
seguir (i)	to follow
siesta	nap
solicitud (f.)	application

En preparación 10

10.1 Adverbs derived from adjectives
Expressing how an event happened

In **Capítulo 5** you learned that adverbs are words that qualify or modify an adjective, a verb, or another adverb. In this chapter you will learn how to form adverbs from adjectives.

A. Adverbs are commonly formed from adjectives by adding **-mente** to the feminine singular form of the adjective. This is equivalent to adding *-ly* in English. Written accents on adverbs formed this way are required only if they appear on the adjective form.

tranquilo(a)	**tranquilamente**	*calmly*
lento(a)	**lentamente**	*slowly*
rápido(a)	**rápidamente**	*fast*

B. Adjectives that do not have a separate feminine form add **-mente** to the singular form.

total	**totalmente**	*totally*
cortés	**cortésmente**	*courteously*
fuerte	**fuertemente**	*strongly, loudly*

C. With certain adjectives that have noun counterparts, like **cuidadoso** and **calmado,** it is possible to use the preposition **con** + *(noun)* instead of the adverb with a **-mente** ending: **con cuidado, con calma.**

D. When two or more adverbs occur in a series, only the last one takes the **-mente** ending; the others use the feminine (or the singular) form of the adjective.

Yo caminaba **silenciosa y lentamente** cuando lo vi.	*I was walking silently and slowly when I saw him.*

E. Remember that adverbs are normally placed *before* adjectives or *after* the verb they modify.

El tren es **bastante** rápido.	*The train is quite fast.*
Llamamos **insistentemente.**	*We called insistently.*

¡A practicar!

A. **¡Es buenísimo!** ¿Por qué dicen todos que Ernesto Trujillo es el mejor policía de Managua? Al contestar, cambia los adjetivos entre paréntesis por adverbios.

1. Ernesto trabaja _____ (serio).
2. Cuando hay una emergencia él llega _____ (inmediato).
3. Se dedica _____ (total) a su trabajo.
4. Ernesto siempre sabe _____ (exacto) qué hacer en una emergencia.
5. Hace _____ (rápido) todo lo que sus jefes le piden.
6. Siempre habla con el público muy _____ (cortés).
7. Él siempre piensa _____ (cuidadoso y lógico) antes de actuar.
8. En una emergencia, Ernesto actúa _____ (inteligente y eficaz).

B. **¡Qué susto!** Completa las oraciones con el adverbio apropiado para leer lo que dice un periodista sobre un accidente en una céntrica calle de Managua.

Un vehículo frenó _____ (rápido) y los otros intentaron parar _____ (inmediato). No fue posible, y muchos chocaron _____ (violento). Algunos testigos llamaron a la ambulancia, que llegó _____ (urgente). No hubo heridos graves, _____ (afortunado), aunque muchos de los conductores salieron de los vehículos _____ (nervioso) y se sentaron a esperar a la policía _____ (paciente).

Paso 2

10.2 Irregular verbs in the preterite

Describing what already occurred

In **Capítulo 4,** you learned the preterite of **ir, ser, poder,** and **tener,** and in **Capítulo 6** you learned the preterite of **estar, decir,** and **hacer.** The following is a more complete list of irregular verbs in the preterite. Note that all have irregular stems, as well as unstressed first- and third-person singular verb endings.

i-stem verbs	
hacer:	**hic-***
querer:	**quis-** } -e, -iste, -o, -imos, -isteis, -ieron
venir:	**vin-**

venir	
vine	**vin**imos
viniste	**vin**isteis
vino	**vin**ieron
vino	**vin**ieron

u-stem verbs	
andar:	**anduv-**
estar:	**estuv-**
haber:	**hub-°**
poder:	**pud-** } -e, -iste, -o, -imos, -isteis, -ieron
poner:	**pus-**
saber:	**sup-**
tener:	**tuv-**

saber	
supe	**sup**imos
supiste	**sup**isteis
supo	**sup**ieron
supo	**sup**ieron

j-stem verbs	
conducir:	**conduj-**
decir:	**dij-**
producir:	**produj-** } -e, -iste, -o, -imos, -isteis, -eron
traducir:	**traduj-**
traer:	**traj-**

traer	
traje	**traj**imos
trajiste	**traj**isteis
trajo	**traj**eron
trajo	**traj**eron

A. Note that any verb whose stem ends in **j** drops the **i** in the third-person plural ending of the preterite: **dijeron, produjeron,** and so on.

B. The preterite of **hay** is **hubo** (*there was, there were*). As in the present indicative, it has only one form for both singular and plural.

Hubo un accidente en la carretera esta mañana.	*There was an accident on the highway this morning.*
¿**Hubo** muchos heridos?	*Were there many injured?*
Afortunadamente, no **hubo** heridos.	*Fortunately, no one was injured.*

*Remember that the **c** changes to **z** in the third-person singular to maintain the proper sound.

°Normally, only the third-person singular form (**hubo**) of the verb **haber** is used.

¡A practicar!

A. ¡Hubo un accidente! ¿Cómo ocurrió? Para saber lo que ocurrió en el pueblo de San Juan del Sur, completa estas oraciones con el pretérito de los verbos entre paréntesis.

Elena y Esteban _____ (tener) un accidente ayer. Esteban _____ (perder) el control del carro y no _____ (poder) parar a tiempo. Ellos _____ (chocar) con otro carro. Cuando la policía _____ (llegar), _____ (decir) que el otro chofer no había tenido la culpa *(had not been at fault)*. Por suerte no _____ (haber) heridos. Ellos _____ (tener) que dejar el carro allí y _____ (andar) a casa.

B. ¡Fue terrible! Ahora Esteban está explicándole a su agente de seguros cómo ocurrió el accidente. Cambia los verbos entre paréntesis al pretérito para saber qué le dice Esteban.

¡_____ (Ser) terrible! El chofer que iba delante de mí _____ (parar) de repente. Yo _____ (hacer) todo lo posible para evitarlo pero no _____ (poder) parar a tiempo. _____ (Yo / perder) totalmente el control del carro. La policía _____ (decir) que fue por mi culpa. Mi señora _____ (estar) muy nerviosa por varios días después. Ah, _____ (yo / traer) la descripción del accidente que nos pidió escribir.

10.3 Negative and indefinite expressions

Denying information and referring to nonspecific people and things

Negative and indefinite expressions			
nada	*nothing*	algo	*something, anything*
nadie	*no one, nobody*	alguien	*someone, anyone*
ninguno	*none, not any*	alguno	*some, any*
nunca	*never*	alguna vez	*sometime, ever*
jamás	*never*	siempre	*always*
tampoco	*neither*	también	*also*
ni... ni	*neither . . . nor*	o... o	*either . . . or*

A. **Alguno** and **ninguno** are adjectives and therefore must agree with the words they modify. As with all numbers ending in **-uno,** the **-uno** ending becomes **-ún** when it precedes a masculine singular noun: **algún, ningún.**

¿Tiene usted **algunos** amigos bomberos?   *Do you have any friends who are firefighters?*
No, no tengo **ningún** amigo bombero.   *No, I don't have any friends who are firefighters.*
¿Conoce usted **alguna** persona en   *Do you know anyone in this photo?*
   esta foto?

B. Unlike English, a double negative construction is used in Spanish quite often. Whenever a negative word follows the verb, another negative word (usually **no**) must precede the verb.

Ni oí **nada, ni** vi a **nadie.**   *I neither heard anything nor did I see anyone.*
No recuerdo **ningún** momento.   *I don't remember (even) one moment.*
Nadie está en la casa.   *No one is in the house.*
No hay **nadie** en la casa.   *There isn't anyone in the house.*

¡A practicar!

A. Primeras informaciones. Temprano en la mañana hubo un gran incendio en Granada, ciudad que está a orillas del lago de Nicaragua. Para saber cuáles fueron las primeras preguntas que hicieron los bomberos, completa estas preguntas con las expresiones indefinidas y negativas apropiadas.

1. ¿Hay _____ en el interior?
2. ¿Está seguro que no hay _____ persona en el interior?
3. ¿Hay aquí _____ testigo?
4. Señor, ¿usted vio a _____ sospechoso?
5. ¿Está seguro que no vio a _____ sospechoso?
6. Señora, ¿está segura que no vio a _____ ladrón?

B. ¡Contradicciones! El problema con los testigos es que con frecuencia se contradicen *(they contradict each other)*. ¿Cómo contradice Salvador a Lupe? ¿Qué dice?

LUPE: Vi a alguien cerca de la casa.
SALVADOR: Yo no vi a _____.
LUPE: Noté algo extraño.
SALVADOR: _____.
LUPE: Vi a algunas personas en la calle.
SALVADOR: _____.
LUPE: Yo sé que hay algunos testigos.
SALVADOR: _____.
LUPE: Oí algo extraño a las diez y media.
SALVADOR: _____.
LUPE: Vi a un hombre o a un muchacho entrar en el edificio.
SALVADOR: _____.

Paso 3

10.4 Preterite of stem-changing -ir verbs

Talking about past events

In **Capítulo 6,** you learned that **-ar** and **-er** stem-changing verbs in the present indicative tense are regular verbs in the preterite. However, all **-ir** verbs whose stems change in the present indicative also have a stem change in the *second-person* formal and the *third-person* singular and plural forms of the preterite. In these verbs, there is only a single-vowel change: $e \rightarrow i$ or $o \rightarrow u$.

seguir $(e \rightarrow i)$		dormir $(o \rightarrow u)$	
seguí	seguimos	dormí	dormimos
seguiste	seguisteis	dormiste	dormisteis
siguió	**siguieron**	**durmió**	**durmieron**
siguió	**siguieron**	**durmió**	**durmieron**

Following are some frequently used stem-changing **-ir** verbs. Note that the present-tense stem change is given first, followed by the preterite stem change.

conseguir (i, i)	*to obtain*	preferir (ie, i)	*to prefer*
despedir (i, i)	*to fire, discharge*	reírse (i, i)*	*to laugh*
divertirse (ie, i)	*to have a good time*	repetir (i, i)	*to repeat*
dormir (ue, u)	*to sleep*	seguir (i, i)	*to follow, continue*
mentir (ie, i)	*to lie*	sentir (ie, i)	*to feel, to hear*
morir (ue, u)	*to die*	servir (i, i)	*to serve*
pedir (i, i)	*to ask (for)*	vestirse (i, i)	*to get dressed*
perseguir (i, i)	*to pursue*		

¡A practicar!

A. ¡Con el pie izquierdo! Jaime, un estudiante de la Universidad Politécnica de Nicaragua, dice que ayer se levantó con el pie izquierdo. Veamos qué dice él...

MODELO   anoche / acostarme / muy tarde
Anoche me acosté muy tarde.

1. no / dormir / muy bien
2. casi / no conseguir / descansar
3. por la mañana / no oír / despertador
4. vestirse / rápidamente
5. preferir / ir / universidad / autobús
6. llegar / tarde a la parada y / perder / autobús
7. cuando / llegar / finalmente / ver / que era sábado
8. cuando / regresar / casa / compañeros / reírse / de mí

B. ¡Un día fatal! A veces es mejor no levantarse por la mañana. Ayer fue uno de esos días para Francisco, otro estudiante de la Universidad Politécnica de Nicaragua. Completa el párrafo con la forma correcta del verbo entre paréntesis para saber por qué.

Anoche Francisco _____ (dormir) muy mal. Por la mañana _____ (perder) el autobús para ir al trabajo y no _____ (conseguir) un taxi hasta las nueve y media. Obviamente, _____ (llegar) tarde al trabajo. Después de un día dificilísimo, al regresar a casa un ladrón *(thief)* lo _____ (seguir) y le _____ (pedir) la billetera. Se la _____ (llevar) con todo su dinero y sus documentos de identidad. Francisco casi _____ (morirse) de miedo.

C. ¡Sí, hay justicia! Ahora la policía está interrogando al ladrón que le robó la billetera a Francisco. Completa el párrafo con la forma correcta del verbo entre paréntesis para saber qué dice el ladrón.

¡Fue facilísimo! Yo _____ (repetir) lo que siempre hago cuando se presenta la oportunidad. _____ (Yo / seguir) al señor por dos cuadras. Como no había *(there was)* nadie en la calle, le _____ (decir) que tenía una pistola y le _____ (pedir) la billetera. Cuando él _____ (sentir) mi pistola en su espalda, casi se muere de miedo. Yo _____ (reírme) de lo fácil que fue y _____ (despedirme) cortésmente. Desafortunadamente, ustedes _____ (seguirme) y aquí estoy.

10.5 *Hacer* in time expressions

Describing what has been happening

To describe an action that began sometime in the past and is still going on, Spanish uses the formula that follows.

---

*Note that **reír** drops an **e** in the third-person singular and plural: **rió, rieron**.

hace + *(length of time)* + **que** + *(present tense verb)*

Hace dos horas **que** esperamos.   *We have been waiting for two hours.*
Hace mucho tiempo **que** viven aquí.   *They have been living here for a long time.*

Note that the English equivalent is *to have been* + *(-ing* verb) + (length of time).

Expressing time relationships with *ago*

To describe the time that has elapsed since an event occurred, Spanish uses a different formula.

hace + *(time expression)* + **que** + *(past tense/preterite verb)*

Hace dos horas **que comí.**   *I ate two hours ago.*
Hace un mes **que** ellos **llegaron.**   *They arrived a month ago.*

Note that the English equivalent is the past tense + (length of time) + *ago*.

¡A practicar!

A. **¡Tenemos prisa!** Una mesera del restaurante Laguna de Xiloá, un lugar popularísimo en Managua, le explica al cocinero cuánto tiempo hace que unos clientes están esperando una mesa. ¿Qué le dice?

    MODELO   la señora Cárdenas: 35 minutos
                Hace treinta y cinco minutos que ella espera.

    1. el señor Santiago Domínguez y su familia: una hora
    2. Miguel y Teresita Alarcón: 25 minutos
    3. el señor Téllez y sus dos hijos: media hora
    4. los señores Apodaca: 45 minutos

B. **¿Cuánto tiempo hace?** ¿Cuánto tiempo hace que tú haces o no haces estas cosas?

    MODELO   no llamar a tu novio(a)
                Hace ocho horas que no llamo a mi novio(a).

    1. estudiar español
    2. hablar inglés
    3. no recibir dinero de tus padres
    4. no visitar a tus padres

C. **¡Hace poco!** Últimamente trabajas y estudias tanto que tus amigos empiezan a creer que no haces otra cosa. ¿Qué les dices cuando te hacen estas preguntas?

    MODELO   ¿Cuándo fue la última vez que fuiste al cine? (dos semanas)
                Hace dos semanas que fui al cine.

    1. ¿Cuándo fue la última vez que saliste a comer con tus amigos? (dos meses)
    2. ¿Cuándo fue la última vez que invitaste a tus amigos a beber una cerveza? (dos días)
    3. ¿Cuándo fue la última vez que fuiste a cenar con tus amigos? (tres meses)
    4. ¿Cuándo fue la última vez que viste la televisión? (una semana)

D. **¿Y cuánto tiempo hace que...?** ¿Cuánto tiempo hace que hiciste lo siguiente?

    MODELO   llegar a esta ciudad
                Hace un año que llegué a esta ciudad.

    1. graduarse de la escuela secundaria   3. aprender a conducir
    2. comenzar a trabajar   4. empezar a estudiar en esta universidad

Jóvenes costarricenses aprenden a proteger los bosques.

Otro volcán entra en erupción

CAPÍTULO 11 | Costa Rica... naturalmente mágica

Una de 850 especies de pájaros en Costa Rica

¡Las fotos hablan!

A. A que ya sabes. Indica si los siguientes datos, referentes a Costa Rica, son ciertos (**C**) o falsos (**F**). Si no estás seguro(a), puedes adivinar.

C F 1. Tiene más de 800 especies de pájaros.
C F 2. Tiene más de 50 volcanes.
C F 3. Dedica más del 50% de su superficie a reservas biológicas.
C F 4. Tiene treinta parques nacionales.
C F 5. Tiene más de mil especies de orquídeas.

B. Sólo en Costa Rica! Indica si, en tu opinión, es posible hacer esto en Costa Rica.

Sí No 1. Subir al cráter de un volcán.
Sí No 2. Pasear por debajo y por encima del dosel *(canopy)* en un bosque lluvioso.
Sí No 3. Caminar millas y millas en bosques lluviosos y ver una flora y una fauna maravillosa.
Sí No 4. Subir la pirámide más alta del mundo.
Sí No 5. Ver bandadas de pájaros silvestres y exóticos en San José.

In this chapter, you will learn how to . . .

- describe what you and others used to do.

- discuss your youth.

- narrate past experiences.

- talk about what you have or have not done.

A. Answers: 1. T 2. T 3. F 4. T 5. T

B. Answers: 1 Sí, 2 Sí, 3 Sí, 4 No, 5 Sí

TAREA

Antes de empezar este Paso, estudia la lista de vocabulario en la página 403 y practícalo al escuchar el surco 13 de tu Text Audio CD #3. Luego estudia *En preparación.*

11.1 Imperfect of regular verbs, página 404

11.2 Uses of the imperfect, página 405

11.3 Imperfect of **ser**, **ir**, and **ver**, páginas 405–406

Haz por escrito los ejercicios de *¡A practicar!*

Escucha la sección *¿Qué se dice... ?* del Capítulo 11, Paso 1, en el surco 9 del Text Audio CD y haz la actividad correspondiente en la página 381.

Have students prepare *11.1 Imperfect of regular verbs* and *11.2 Uses of the imperfect* for the first day you work on this **Paso.** Then assign *11.3 Imperfect of ser, ir, and ver* for the second day.

A. Call on **individual** students. Have the class confirm each response.

B. Call on several students to answer the question. Ask if anyone in the class disagrees.

¿Eres buen observador?

¡Recupera la juventud!

Cuando soñar con lo que eras y lo que hacías ya no es suficiente,

Una sola pastilla al día de

FUENTE DE LA JUVENTUD®

te devuelve a la edad más hermosa

Ahora, ¡a analizar!

A. **Nostalgia.** Estos dos ancianos recuerdan lo que podían hacer en su juventud. Indica cuáles de estas actividades hacía **él** y cuáles hacía **ella.**

él ella 1. Montaba en bicicleta.
él ella 2. Jugaba al fútbol.
él ella 3. Trabajaba en una tienda.
él ella 4. Bailaba.
él ella 5. Tocaba el saxofón en una banda.

B. **¿Es posible?** ¿Crees que las pastillas *Fuente de la Juventud* van a ayudar a estas personas, de verdad, a recobrar su juventud? ¿Por qué sí o por qué no?

C. **Juventud eterna.** En tu opinión, ¿qué debe hacer una persona mayor para sentirse joven?

Al hablar del pasado

CD3-9

Purpose: To introduce new lesson vocabulary and structures needed when talking about the past.

Audio Script:

QUICO: Cuando era estudiante de secundaria vivíamos en San José. Era estudiante en el Colegio Claretiano. Estudiaba mucho, no faltaba a mis clases y hacía mi tarea a tiempo; siempre sacaba buenas notas. Jugaba al fútbol para nuestro equipo y trabajaba de reportero para el periódico de la escuela.

Era buen estudiante porque...
1.
2.
3.
4.

También era muy activo porque...
5.
6.

Answers: 1. estudiaba mucho 2. no faltaba a clases 3. hacía sus tareas 4. sacaba buenas notas 5. jugaba al fútbol 6. escribía para el periódico de la escuela

▶ **Web TM11-1, Procedure:** Have students look at the visuals in their books as you read each caption or narrate your own story line. Narrate two or three sentences at a time, pointing to the particular persons or objects being mentioned. Ask comprehension check questions.

Alternative Story Lines: 1. Describe your own high school years. 2. Describe what your children/brothers/sisters used to do when they were younger.

Avoid using English when providing comprehensible input: draw pictures, point to, mimic, act out, and so on as necessary.

QUICO: Mis hermanos y yo teníamos una banda de música rock que se llamaba los Tico Ticos. Yo tocaba la batería (tambores y címbalos) y mi hermano mayor tocaba la trompeta. Mi hermana Graciela tocaba el clarinete y el saxofón y Érica, mi hermana menor, cantaba. A veces cuando practicábamos de noche, volvíamos locos a los vecinos con el ruido que hacíamos.

A propósito...

Recuerda que aunque el imperfecto no tiene un equivalente exacto en inglés, el inglés con frecuencia usa las expresiones *used to* o *would* para expresar lo que en español se expresa con el imperfecto.

QUICO: Casi nunca veía la tele por la noche porque cuando no tenía que jugar al fútbol, iba a trabajar en la tienda de mi padre.

¿Sabías que...?

En Costa Rica, país con un territorio equivalente a más o menos la mitad del estado de Ohio, se encuentra el 5 por ciento de todas las especies de plantas y animales del mundo, en total, entre 500.000 y un millón de especies de flora y fauna. Esto incluye 50.000 especies de insectos, 1.000 especies de orquídeas, más especies de helechos *(ferns)* que en todo México y Norteamérica, 208 especies de mamíferos, 850 especies de pájaros y 200 especies de reptiles. Además, tiene unos 55 volcanes, varios de ellos todavía activos.

En tu opinión: ¿Por qué crees que hay tanta variedad en la flora y fauna de Costa Rica? ¿Cuántas especies de helechos conoces? ¿Más o menos, cuántas especies de pájaros hay en tu estado? ¿de reptiles? ¿Cómo crees que sería tu estado si el 5% de todas las especies de flora y fauna del planeta creciera allí?

Ahora, ¡a hablar!

A. **Antes yo...** Indica si los siguientes comentarios son ciertos (**C**) o falsos (**F**) según el *¿Qué se dice... ?*

Cuando era estudiante de secundaria, Quico...

C	F	1. tocaba la trompeta en una banda.
C	F	2. estudiaba en el Colegio Claretiano.
C	F	3. faltaba a clases con frecuencia.
C	F	4. sacaba muy buenas notas.
C	F	5. escribía para el periódico escolar.
C	F	6. veía televisión todas las noches.

B. **¡Sigue mi ejemplo!** Uno de los directores de ASBANA, la Asociación de Bananeros Costarricenses, le está explicando a su hijo cómo llegó a ser director. ¿Qué dice que hacía cuando estaba en la escuela secundaria?

MODELO   estudiar / cuatro horas / todo / días
Yo estudiaba cuatro horas todos los días.

1. pasar / mucho tiempo / con / familia
2. siempre / ayudar / mamá / por / noche
3. no / salir / con / amigos / fines / semana
4. no / tomar / bebidas / alcohólicas
5. leer / muchos / libros
6. jugar / muchos / deportes / y / tocar / banda / mi escuela
7. no / fumar / ni usar / drogas

EP 11.1, 11.2 B. Call on **individual** students. Have the class confirm each response.

C. **Recuerdos.** Durante los años de la escuela secundaria generalmente se vive una vida muy activa. ¿Con qué frecuencia hacían tú y tus amigos lo siguiente?

MODELO   hablar por teléfono
Nosotros hablábamos por teléfono todos los días.

1. jugar videojuegos
2. ir a ver partidos al estadio o a la cancha
3. ver deportes en la televisión
4. hablar horas y horas por teléfono
5. hacer las compras para la semana
6. irse de vacaciones fuera de la ciudad

EP 11.1, 11.2, 11.3 C. Work in **pairs** first. Then ask **individuals** with what frequency they used to do each activity.

D. **En la primaria.** Cuando estabas en la escuela primaria, tu vida era diferente. Compara tu vida actual con la de tu infancia.

MODELO   Ahora trabajo mucho.
Antes no trabajaba nunca.

1. Ahora sufro de estrés.
2. Ahora tengo muchas responsabilidades.
3. Ahora tengo que ganar dinero.
4. Ahora duermo [...] horas.
5. Ahora soy muy responsable.
6. Ahora veo poca televisión.

EP 11.1, 11.2, 11.3 D. Work in **pairs** first. Then call on **individuals.** Have the class confirm each response.

IRM TM11-1, **Repaso visual,** *un día de descanso:* Print out the transparency and call on individual students to tell which of these activities they used to do when they went to a park or on a picnic. You may also want to just ask students what these people are doing (to review the present indicative), what they did last weekend (to review the preterite), and what they used to do on weekends (to review the imperfect tense).

Y ahora, ¡a conversar!

E. **Años.** Pregúntale a tu compañero(a) qué hacía cuando era más joven...

1. si estudiaba mucho y si era buen estudiante.
2. si participaba en muchas actividades. ¿Cuáles?
3. si le gustaban los deportes y cuáles practicaba.
4. si le gustaba la música y si tocaba algún instrumento.
5. Si trabajaba para tener un poco de dinero.
6. Si hacía quehaceres domésticos, y cuáles eran.

E. Allow 2–3 mins. for students to work in **pairs** first. Make sure they use the **tú** forms to address each other. Then ask individuals to tell what they learned about their partners.

F. **Y tú, ¿qué hacías?** La vida cambia constantemente. ¿Qué pasaba en tu vida hace unos tres o cuatro años? Escribe cinco cosas que hacías y compártelas con un(a) compañero(a).

MODELO **En 1999 yo asistía a la escuela secundaria. Vivía en Trenton y trabajaba en un supermercado los fines de semana...**

G. **Me recuerda...** Para la próxima clase, trae un objeto que te recuerda tus años de la escuela secundaria. Puede ser un objeto, un osito de peluche *(teddy bear)*, una joya, un artículo de ropa, una foto, un libro, etc. Si es necesario, puedes describir el objeto en vez de traerlo a la clase.

En grupos de tres o cuatro...

- presenten su objeto.
- descríbanlo en detalle.
- expliquen cuántos años tenían cuando lo obtuvieron.
- expliquen qué importancia tenía para ustedes.

¡Luces! ¡Cámara! ¡Acción!

H. **¿Mis padres?** Tú y tu mejor amigo(a) están hablando de los buenos tiempos de la infancia. Hablan de las cosas divertidas que hacían y de cómo eran sus padres. Con un(a) compañero(a) escriban el diálogo que tienen y después preséntenselo al resto de la clase.

I. **¡Yo nunca hacía eso!** Ahora eres padre o madre y le quieres dar un buen ejemplo a tu hijo(a). Le dices lo que hacías cuando asistías a la universidad. Acuérdate que tienes que darle un buen ejemplo; exagera lo bueno si es necesario y no hables de lo malo. Dramatiza la situación con un(a) compañero(a) de clase.

Un paso atrás, dos adelante: Capítulo 10

Repasemos. En el Capítulo 10 aprendiste a hablar de la seguridad y la prevención de accidentes. Aprendiste a pedir ayuda en caso de emergencia, a describir un accidente de automóvil y a denunciar objetos perdidos. Repasa lo que sabes, completando el siguiente texto con las palabras necesarias. Puedes inventar la información.

Un buen susto

TU AMIGO(A): ¡Estoy todavía _____ [adverbio = completo] impresionado(a) con el accidente!

TÚ: ¿Y qué _____ [pretérito de pasar]?

TU AMIGO(A): Un carro delante de mí _____ [pretérito de cambiar] de línea _____ [adverbio = inesperado] y me _____ [pretérito de hacer] perder el control de mi carro.

TÚ: ¿Y tú _____ [pretérito de conseguir] recuperar el control?

TU AMIGO(A): No, _____ [pretérito de hacer] todo lo que _____ [pretérito de poder], pero terminé fuera de la carretera. Por suerte no _____ [pretérito de tener] problemas porque no encontré _____ *(negative expression)* vehículo a mi derecha.

TÚ: ¿Y cuánto tiempo _____ [hacer] que ocurrió todo esto?

TU AMIGO(A): _____ [hacer] media hora.

Estrategias para escuchar: reconocer las terminaciones de verbos

In **Capítulo 10** you learned that when you come upon people who are already having a conversation, you may have to employ the "bottom up" method of listening until you discover the topic of their conversation and are able to join in. Take a moment to review the new verb endings you studied in **En preparación 11.1.** Then, as you listen to Quico talking with three friends, identify the conversations that talk about the past.

Tres conversaciones. Ahora, con un(a) compañero(a) escuchen estas tres conversaciones. Luego indiquen si las conversaciones hablan del pasado o no.

	Habla del pasado	**No habla del pasado**
Conversación 1	☐	☐
Conversación 2	☐	☐
Conversación 3	☐	☐

¿De qué hablan? Ahora, con un(a) compañero(a) escuchen otra vez las conversaciones. Luego escriban un resumen de cada conversación.

Conversación 1 _____

Conversación 2 _____

Conversación 3 _____

Procedure: Have students read the **Estrategias** silently. Then play each conversation twice all the way through. Ask students to do the comprehension check activities in **pairs**. Go over the correct answers with the class.

Audio Script:
Conversación 1

QUICO: Hola Federico, ¿qué tal? Oye, ayer te vi en el parque con Paula. Me extrañó porque pensé que tenías que estudiar para el examen de inglés.

FEDERICO: Pues si miraste bien, seguro que viste que estudiábamos. Mientras Paula me preguntaba palabras para repasar el vocabulario, yo le decía las conjugaciones de los verbos.

Conversación 2

MARISOL: Eh, Quico, ¿cómo estás?

QUICO: Hola Marisol, muy bien, gracias. ¿Y vos?

MARISOL: Muy bien, gracias. ¿Tenés ganas de tomarte un café conmigo?

QUICO: Por supuesto. No tengo mucho tiempo porque debo llevar a mi mamá a la clínica, pero podemos tomar un cafecito.

Conversación 3

PACO: Eh, Pepe, ¿cómo estás?

PEPE: Hola Paco, he visto que te compraste un carro nuevo.

PACO: Sí, ya estaba cansado de ese carro viejo cargado de problemas.

PEPE: ¿Cuántos años tenía tu carro viejo?

PACO: Veinticinco años, Pepe. ¡Veinticinco!

PEPE: Más o menos la misma edad que yo.

PACO: Pues sí.

Answers: 1. pasado 2. presente 3. pasado

Answers: 1. estudiar ayer en el parque 2. ir a tomar un café 3. un nuevo carro y lo viejo que era el viejo.

Costa Rica

Antes de empezar, dime...

1. ¿Por qué crees que el país se llama «Costa Rica»?
2. En tu opinión, el nombre de «Rica», ¿a qué tipo de riqueza podía originalmente referirse, al oro, a la riqueza natural o a la riqueza cultural?
3. Inventa nombres para tres o cuatro estados de los Estados Unidos, a los que se puede aplicar el adjetivo «rico(a)» por diferentes razones. Explica las razones.

Un paraíso natural

La República de Costa Rica se sitúa en la parte meridional de América Central, y tiene a Nicaragua al norte, el mar Caribe al este, Panamá al sudeste y el océano Pacífico al sur y al oeste.

Costa Rica tiene una superficie de 51.100 kms^2 y cuenta con más de cuatro millones de habitantes. La capital del país es San José. La presencia humana en Costa Rica se remonta a hace más de 8.000 años, pero los indígenas de Costa Rica no fueron muy numerosos, ni alcanzaron un gran desarrollo.

Cristóbal Colón bautizó Costa Rica con este nombre en 1502, cuando se detuvo por 17 días en la costa y contempló la riqueza de las joyas de algunos de los indígenas que, amistosamente, se acercaron a saludarlos.

Los españoles regresaron por el oro que había visto Colón, pero encontraron poco oro, y algunas poblaciones indígenas que ya no les resultaron tan amistosas.

La mayor riqueza de Costa Rica es la diversidad de su flora y fauna. A pesar de contar con sólo el 0,03% del territorio mundial, Costa Rica posee el 5% de todas las especies del planeta con más de 9.000 variedades de plantas, entre ellas más de 1.300 especies de orquídeas. En Costa Rica viven 850 especies de aves, más que en Estados Unidos y Canadá juntos. En Costa Rica viven también 209 especies de mamíferos, 383 especies de reptiles y anfibios, y unas 2.000 especies de mariposas.

El sistema de Parques Nacionales se extiende a casi todos los ecosistemas de Costa Rica, y ocupa el 24% del territorio del país.

Costa Rica se define a sí misma en su constitución de 1949 como una república democrática. A esta vocación democrática se une la voluntad pacifista al disolver al ejército en 1948.

Viajemos por el ciberespacio a... COSTA RICA

If you are a cyberspace surfer, try entering one of the following key words to get to many fascinating sites in **Costa Rica:**

Historia de Costa Rica

Parques Nacionales de Costa Rica

Avifauna de Costa Rica

Or, better yet, simply go to the *¡Dímelo tú!* website using the following address: http://dimelotu.heinle.com

There, with a simple click, you can

- visit the National Parks of Costa Rica, one indication of the strong national commitment toward the preservation of existing habitats for plant and animal life.
- stroll through a country that is home to thousands of varieties of plants, hundreds of species of mammals and birds, and 383 types of amphibians and reptiles.

Y ahora, dime...

Usa este diagrama Venn para comparar Costa Rica con los EE.UU. Indica las diferencias y lo que tienen en común.

Costa Rica
1.
2.
3.
4.
5.
6.

Costa Rica y los Estados Unidos
1.
2.
3.
4.
5.
6.

Los Estados Unidos
1.
2.
3.
4.
5.
6.

Smart Classroom: For homework, have students go to the Internet and look up one of the following: **los Parques Nacionales de Costa Rica, la flora y fauna costarricense.** Then, have them write a specific report on what they learned. Ask them to report to the class and to provide the addresses of the best websites they visited.

Estaba lloviendo ceniza cuando llegué... a San José

TAREA

Antes de empezar este Paso, estudia la lista de vocabulario en la página 403 y practícalo al escuchar el surco 14 de tu Text Audio CD #3. Luego estudia *En preparación.*

11.4 Preterite and imperfect: Completed and continuous actions, páginas 407–408

11.5 Preterite and imperfect: Beginning/end and habitual/customary actions, páginas 408–409

Haz por escrito los ejercicios, de *¡A practicar!*

Escucha la sección *¿Qué se dice... ?* del Capítulo 11, Paso 2, en el surco 11 del Text Audio CD y haz la actividad correspondiente en la página 389.

Have students prepare *11.4 Preterite and imperfect: Completed and continuous actions* for the first day you work on this **Paso.** Then assign *11.5 Preterite and imperfect: Beginning/end and habitual/customary actions* for the second day.

Have students answer the questions silently. Then call on **individual** students; have the class confirm each response. Point out that Irazú Volcano really did erupt during President Kennedy's visit to Costa Rica in March 1963. Ash rained on San José for several months.

¿Eres buen observador?

¡Irazú entra en erupción! Estaba lloviendo ceniza cuando el Presidente de los EE.UU., John F. Kennedy, llegó a San José.

¡Monos aulladores! Caminábamos por la selva lluviosa cuando vimos a los monos aulladores.

Ahora, ¡a analizar!

1. ¿Qué volcán entró en erupción cuando el presidente Kennedy llegó a Costa Rica?
2. ¿Qué pasaba en las calles de San José?
3. ¿Qué animales vieron los turistas mientras caminaban en la selva lluviosa en Costa Rica?
4. Si aullar es hacer un ruido fuerte de animal, ¿por qué crees que esos monos se llaman así?
5. ¿Ocurrió algo interesante cuando estabas de vacaciones este verano? Si así es, ¿qué ocurrió?

Al hablar de lo que pasó

CD3-11

1. Quico pensaba estudiar con unos amigos, pero...
   a. no se despertó a tiempo.
   b. su carro no funcionó.

2. Mientras Quico se bañaba,...
   a. su mamá preparó el desayuno.
   b. sonó el teléfono.

QUICO: La semana pasada no pude comprar el manual de ciencias porque no tenía suficiente dinero. ¡Cuesta 31.871 colones! Llamé a la profesora inmediatamente para quejarme del precio, pero no estaba. Por eso no fui a la clase.

QUICO: El lunes de la semana pasada me llamó mi amiga Gabriela para invitarme a una fiesta el sábado. Pero le dije que no podía aceptar porque ya tenía planes de ir al cine con Abelardo. No era verdad y terminé pasando el sábado solo y aburrido en casa mirando la televisión.

Purpose: To introduce in context the vocabulary and structures students will need when describing past events.

Audio Script:

QUICO: Como le decía, doctor, era muy buen estudiante cuando estaba en el Colegio Claretiano. Pero ahora que asisto a la Universidad de Costa Rica, tengo excusas para todo y no hago nada. Por ejemplo, ayer por la mañana pensaba estudiar con unos amigos para un examen importantísimo de inglés, pero no me desperté a tiempo. Luego, mientras me bañaba, llamaron mis padres. Les dije que no me sentía bien y que falté a todas mis clases.

Answers: 1. a 2. b

WEB TM11-2, Procedure: Have students look at the visuals in their books while you read each caption or narrate your own story line. Narrate two or three sentences at a time, pointing to the particular persons or objects being mentioned. Ask comprehension check questions. Point out that the price of the book is in **colones** and that $1 = **425 colones,** therefore **31.871 colones** = $75 dollars.

Alternative Story Lines: 1. Discuss some aspect of your high school years. 2. Talk about what your children (or your parents) used to do when they were young.

Have students read silently the **A propósito.** Then ask them to find examples in the dialogue that illustrate what they read.

A propósito...

Recuerda que cuando hablas del pasado y mencionas una acción que interrumpe otra, la acción que es interrumpida se expresa en el imperfecto y la que interrumpe se expresa en el pretérito. ¿Cómo traduces las siguientes frases? **Yo estaba saliendo de casa cuando sonó el teléfono; El ladrón entró mientras el dueño de la casa dormía profundamente.**

¿Sabías que...?

La mayoría de los costarricenses vive hasta los 78 años, o sea que tiene más longevidad que los estadounidenses y los europeos. Costa Rica fue el primer país del mundo en tener la educación obligatoria y gratis para todos. En 1949 Costa Rica disolvió el ejército y dedicó esa parte del presupuesto a la educación. El índice de alfabetismo del país es del 98%. Este índice es mejor que el de los Estados Unidos y el de la mayoría de los países europeos.

En tu opinión: ¿Por qué crees que la longevidad de los costarricenses es tan buena? ¿Hasta qué edad crees que vive la mayoría de estadounidenses? ¿Cómo explicas el excelente índice de capacidad de leer y escribir de los costarricenses? ¿Cuál crees que es el índice de los estadounidenses?

Ahora, ¡a hablar!

A. **¡Excusas!** Indica qué excusa, en la segunda columna, dio Quico en el ¿*Qué se dice...* ? para no hacer las actividades de la primera columna.

____ 1. No estudió con sus amigos porque...
____ 2. No fue a ninguna de sus clases porque...
____ 3. Faltó a la clase de ciencias porque...
____ 4. No fue a la fiesta con Gabriela porque...
____ 5. Pasó el sábado sólo mirando la televisión porque...

a. no tenía dinero para comprar el manual.
b. no le dijo la verdad a Gabriela.
c. dijo que estaba enfermo, pero no lo estaba.
d. no se despertó a tiempo.
e. dijo que iba al cine con Abelardo.

B. **¡No dormí en toda la noche!** Marcos, un estudiante de la Universidad de Costa Rica, faltó a todas sus clases esta mañana. Para saber por qué, selecciona el verbo correcto en cada oración.

1. Anoche yo (dormí / dormía) cuando un sonido muy fuerte me (despertó / despertaba).
2. El sonido que (oí / oía), (fue / era) la sirena de un coche de policía.
3. Como (tuve / tenía) que trabajar al día siguiente, (intenté / intentaba) dormirme cuando (sonó / sonaba) el teléfono.
4. Me (levanté / levantaba) para contestar el teléfono pero la llamada no (fue / era) para mí.
5. Como (tuve / tenía) mucho sueño, me (acosté / acostaba) otra vez.
6. Luego, el perro de mi vecino (empezó / empezaba) a hacer ruido y me (desperté / despertaba) otra vez.
7. Cuando (sonó / sonaba) el despertador, no lo (oí / oía) porque para entonces (dormí / dormía) profundamente.

C. **Interrupciones.** Ernesto, el mejor amigo de Marcos en la Universidad de Costa Rica, tenía la intención de hacer muchas cosas ayer, pero las interrupciones no lo dejaron terminar nada. Según Ernesto, ¿qué pasó?

EP 11.4 ⊕⊕ C and D. Work in **pairs** first. Allow 2–3 mins. Repeat each exercise by calling on **individuals**.

MODELO estudiar / historia / cuando / teléfono / sonar veinte veces
Yo estudiaba historia cuando el teléfono sonó veinte veces.

1. buscar / información / Internet / cuando / perder (yo) la conexión por el resto de la noche
2. ordenar / cuarto / cuando / amigo / llegar para irnos al centro
3. leer / libro muy interesante / cuando / novia / llamarme para hablar de muchas cosas
4. manejar / tienda / cuando / llanta *(tire)* / pincharse
5. preparar / cena / cuando / amigos / invitarme a comer
6. nosotros mirar / televisión / cuando / electricidad / cortarse

D. **¡No era perfecto!** Jaime era un adolescente por lo general responsable, pero, como todos los jóvenes, también cometía errores. ¿Qué hacía generalmente? ¿Qué errores cometió?

EP 11.5 ⊕⊕

MODELO Generalmente (estudiar) mucho antes de un examen, pero una vez no (abrir) el libro hasta después del examen.
Generalmente estudiaba mucho antes de un examen, pero una vez no abrió el libro hasta después del examen.

1. Siempre (ser) buen estudiante, pero un día (sacar) una F.
2. Siempre (respetar) el límite de velocidad, pero un día (recibir) una multa por exceso de velocidad.
3. Normalmente no (faltar) a clase, pero una semana (decidir) faltar a clase sin razón alguna.
4. Siempre (decir) la verdad, pero una vez (mentir) para salir de un problema.
5. Nunca (tomar) bebidas alcohólicas, pero una noche (tomarse) dos cervezas.

A propósito...

Hay algunas expresiones idiomáticas que, cuando se refieren al pasado, prefieren el uso del imperfecto: «para entonces» *(by then)*; «por aquel entonces» *(back then)*; «mientras» *(while)*. ¿Cómo traduces al inglés estas frases?: «Ella me llamó, pero para entonces yo ya no estaba en casa.» «Por aquel entonces yo tenía pocos amigos.» «Mientras preparaba la comida, sonó el teléfono.»

Have students read silently the **A propósito**. Then ask them to find examples in the dialogue that illustrate what they read.

EP 11.5 ⊕⊕

E. **¡No fue culpa mía!** Juanito tiene mucho que mejorar, pero siempre tiene excusas. ¿Qué dijo que le pasó la semana pasada?

MODELO lunes: llegar tarde / la llanta / reventarse *(to blow up)*
El lunes llegué tarde porque la llanta del coche se reventó.

1. lunes / llegar tarde / el despertador / no sonar
2. martes / no ir a trabajar / estar enfermo
3. miércoles / no pagar los recibos del mes / no encontrar los cheques
4. jueves / no sacar el perro a pasear / no tener tiempo
5. viernes / no limpiar la casa / no encontrar los útiles de limpieza

F. **¿Qué hicieron ayer?** Marcos no fue a la clase de inglés ayer. Le pregunta a Estela, su amiga, qué hicieron en la clase. ¿Qué le dice su amiga?

EP 11.4, 11.5 ⊕⊕ F. Call on **individual** students to read one sentence at a time. Have the class confirm each response.

▌ IRM TM11-2, **Repaso visual, ¡Imposible!:** Print out the transparency and call on individual students to tell why they were not able to do these activities. Tell them to make up any excuse that might sound reasonable.

Para empezar, el profesor _____ (perder) el autobús y _____ (llegar) con veinte minutos de retraso. ¡Él _____ (estar) furioso! Pero _____ (enojarse) más cuando _____ (ver) que _____ (faltar) muchos estudiantes de la clase. Entonces _____ (darnos) un examen muy difícil. Por suerte, mientras nosotros _____ (tomar) el examen, el profesor _____ (tranquilizarse) y _____ (decidir) excusarnos del examen a los estudiantes que _____ (estar) allí, y dárselo el próximo día a los estudiantes que _____ (faltar) ayer.

G. Assign two situations to each **group**. Allow 2–3 mins. for group work. Then ask volunteers to tell the class the excuses their group created.

H. Tell students to alternate as they narrate the story to each other. Then call on **individuals** randomly to narrate the story to the class.

Variation: Tell students to imagine that they work for an ultramodern magazine and have been asked to do a far-out, contemporary version of *La Cenicienta.* Suggest they might begin by saying: **Había una vez una chica muy hermosa que se llamaba Cenicienta, pero todos la llamábamos Ceni. Vivía en Beverly Hills y...**

G. **¿Mejores excusas?** ¿Qué excusas dan ustedes? Trabajando en grupos de tres, preparen una lista de posibles excusas para estas situaciones.

MODELO   ¿Por qué no fuiste al laboratorio ayer?
Estaba demasiado cansado. Tuve que preparar un trabajo (*paper*) **para la clase de inglés.**

1. ¿Por qué faltaste al trabajo ayer?
2. ¿Por qué no asististe a clase anteayer?
3. ¿Por qué perdiste el avión el domingo?
4. ¿Por qué no fuiste a visitar a tu familia el sábado?
5. ¿Por qué faltaste al último examen?

H. *La Cenicienta.* Los siguientes dibujos narran parte del famoso cuento de hadas (*fairy tale*), *La Cenicienta.* Narra el cuento completo con la ayuda de tu compañero(a), el cual tiene en el Apéndice A los dibujos que faltan.

Vocabulario útil

la calabaza	*pumpkin*	la madrastra	*stepmother*
la carroza	*carriage*	el paje	*valet*
la chimenea	*fireplace*	el príncipe	*prince*
el cristal	*glass, crystal*	probar (ue)	*to try on*
la escalera	*stairway*	los ratoncitos	*mice*
el hada madrina	*fairy godmother*	de rodillas	*kneeling*
la hermanastra	*stepsister*	la zapatilla	*slipper*

1. Había una vez una muchacha que se llamaba Cenicienta...

3. La Cenicienta no...

5. El hada madrina dijo...

7. Cuando la Cenicienta...

I. Assign as homework. Ask students to write a half- to full-page autobiography. In class, allow 3–4 mins. for students to read their autobiographies to each other in **groups** of four.

I. **Ésta es mi vida.** Tu vida va a servir de base para un cuento moderno. Escribe tu versión personal de tu propia vida. Luego compártela con un(a) compañero(a).

MODELO   **Había una vez un(a) muchacho(a) que se llamaba... Vivía en...**

J. **¡No pude ir!** Ayer hubo una fiesta, pero decidiste no ir. Ahora te encuentras con un(a) amigo(a) que te pregunta por qué no estabas en la fiesta. Le das una buena excusa por la cual no fuiste y también le haces muchas preguntas sobre la fiesta: ¿Quiénes fueron? ¿Qué hicieron? ¿Si fue...? ¿Qué hizo esa persona? ¿Con quién bailó?... Con un(a) amigo(a) escriban el diálogo que tienen y preséntenselo a la clase.

K. **¡Pobre amigo(a) mío(a)!** Ayer fue el cumpleaños de una persona importante para ti y lo olvidaste completamente. ¡No lo (la) llamaste! ¡No le mandaste ni una tarjeta! Sabes que se sintió muy mal. Ahora hablas con ella (él) por teléfono para explicarle por qué no llamaste ayer. Dramatiza la situación con tu compañero(a).

J and K. Have students select either activity **J** or **K** and allow 3–4 mins. for them to prepare. Point out that all students must present without using books or notes. Call on volunteers to present first, and then call on the rest of the class. Ask comprehension check questions.

¿Comprendes lo que se dice?

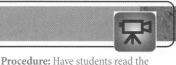

Estrategias para ver y escuchar: anticipar lo que vas a ver y a escuchar

In **Capítulo 2** you learned that anticipating what you are going to hear or see makes it much easier to understand. When listening to or viewing a video in Spanish, you should always try to predict what you will hear or see.

Anticipar. Before viewing **Costa Rica, ¡tierra de bosques y selvas, paz y armonía!** write down three things that you think you will hear or see on this video.

Lo que anticipo ver y escuchar:

1.
2.
3.

Procedure: Have students read the **Estrategias** silently and complete the pre-viewing exercise. Ask them what strategies they used to predict. Then play the video twice and allow students time to write down the notes of what they see and hear. Call on individuals to tell what they wrote and have class confirm their responses. Have them complete the post-viewing exercise. Finally, have them go back to their predictions to see if they anticipated correctly.

Al ver el video: Comprendes lo que se dice?

Watch the video now and write as many notes as you can of what you see and hear. Compare what you write here with what you anticipated in the pre-viewing exercise. Write on a different paper if necessary.

1.
2.
3.
4.
5.

Time code: 31:16–34:40

Costa Rica, ¡tierra de bosques y selvas, paz y armonía!

Después de ver el video

Ahora mira la selección del video sobre Costa Rica y explica el significado o la importancia de lo siguiente.

1. áreas protegidas
2. Sarchí
3. carretas de madera
4. taller Eloy Alfaro e hijos
5. Finca de Mariposas

Costa Rica

Capital: San José
Área: 51.100 km^2
Población: 3.896.092 (Julio 2003)
Unidad monetaria: colón
Clima: tropical y subtropical con una estación seca (de diciembre a abril) y otra de lluvias (de mayo a noviembre)

Antes de empezar, dime...

1. ¿Qué opinas de la pena de muerte *(death penalty)*? ¿Crees que puede eliminarse en civilizaciones avanzadas o no? ¿Por qué?
2. ¿Hasta qué edad es gratuita *(free)* la educación en los EE.UU.? ¿Crees que debe aumentarse esa edad? ¿Por qué?
3. En tu opinión, ¿es posible la democracia sin un ejército para defenderla? ¿Hay países sin ejército donde se practica la democracia? ¿Cuáles?
4. ¿Hay algunas ventajas en no tener ejército? Explica tu respuesta.
5. ¿Qué es el Premio Nobel de la Paz? ¿Puedes nombrar a alguien que lo recibió recientemente?

Un país que vive la democracia

El sistema de gobierno y la constitución de Costa Rica son algunos de los aspectos que hacen muy diferente este país de otros países hispanos y de los EE.UU. En un mundo de violencia, este pequeño país, situado entre Nicaragua y Panamá, le da lecciones de democracia a todo el mundo.

Costa Rica siempre ha sido un país progresista, un líder entre las naciones democráticas. En 1882 eliminó la pena de muerte. En 1948 eliminó el ejército, y en la constitución de 1949 estableció la educación obligatoria y gratuita *(free)* para todos los costarricenses y usó los fondos obtenidos de la abolición del ejército para financiarla. A pesar de la inestabilidad de los países vecinos, Nicaragua y El Salvador, Costa Rica sigue siendo la única democracia sin ejército en Norte, Centro y Sudamérica.

El mejor ejemplo del importante papel que tiene la democracia en este pequeño país es que en el año 1987, el Presidente de Costa Rica ganó el Premio Nobel de la Paz. El señor Óscar Arias Sánchez ganó la notable distinción por sus esfuerzos por lograr la paz en Centroamérica. El presidente Arias fue autor del llamado «Plan para la paz en Centroamérica», que fue firmado por las cinco repúblicas centroamericanas en 1987, considerado como uno de los mayores intentos para eliminar la violencia y el terrorismo en Centroamérica.

A fines del siglo pasado la tranquilidad del país fue desafiada debido a cierta inestabilidad económica. El gobierno respondió interviniendo en algunos negocios privados. Esto forzó, en 1994, la cancelación de un préstamo a Costa Rica de cien millones de dólares del Fondo Monetario Internacional. En 1998, ganó las elecciones presidenciales Miguel Ángel Rodríguez. Bajo su control, la economía del país se estabilizó.

En 2004 fue elegido presidente Abel Pacheco de la Espriella, quien en su primer discurso como presidente indicó que su compromiso era contra la corrupción, a favor de los marginados y de aquéllos que no tienen esperanza.

Viajemos por el ciberespacio a... COSTA RICA

If you are a cyberspace surfer, try entering one of the following key words to get to many fascinating sites in **Costa Rica:**

Historia de Costa Rica

Desmilitarización de Costa Rica

Óscar Arias Sánchez

Or, better yet, simply go to the *¡Dímelo tú!* website using the following address: http://dimelotu.heinle.com

There, with a simple click, you can

- learn how **Costa Rica** functions as a demilitarized country, and is committed to disarmament and peace.
- learn about Óscar Arias Sánchez and his peace foundation.
- access Costa Rican newspapers and read about what is making headlines there today.

Y ahora, dime...

Usa este diagrama Venn para comparar Costa Rica con los EE.UU. e indica las diferencias y lo que tienen en común.

Costa Rica
1.
2.
3.
4.
5.
6.

Costa Rica y los Estados Unidos
1.
2.
3.
4.
5.
6.

Los Estados Unidos
1.
2.
3.
4.
5.
6.

Smart Classroom: For homework, have students go to the Internet and look up one of the following: **Historia de Costa Rica, Desmilitarización de Costa Rica, la educación en Costa Rica.** Then, have them write a specific report on what they learned. Ask them to report to the class and to provide the addresses of the best websites they visited.

¡Escríbelo!

Estrategias para escribir: discernir los hechos específicos

Reportaje. En el capítulo anterior aprendiste que las composiciones siempre contestan ciertas preguntas claves. Lo mismo ocurre con el reportaje periodístico. Para escribir un reportaje periodístico es necesario partir de hechos específicos. Es importante que el reportaje conteste siempre las siete preguntas esenciales: ¿qué?, ¿cuándo?, ¿dónde?, ¿cómo?, ¿quiénes?, ¿cuánto tiempo? y ¿cuáles fueron los resultados?

Ahora, ¡a escribir!

A. **La idea principal.** Elige un incidente reciente apropiado para reportar en el periódico de tu universidad. Puede ser un accidente, un partido, una fiesta, un incidente en una clase, en la biblioteca, en la cafetería, en la residencia, etc.

B. **Al discernir.** Pensando en el incidente que vas a reportar, contesta las siete preguntas de reportaje mencionadas en las estrategias. Luego añádele otra información pertinente a cada respuesta.

C. **El primer borrador.** Usa la información que preparaste en **B** para escribir un primer borrador. Pon toda la información relacionada con la misma idea en un párrafo. No te olvides de poner un título que informe sobre lo que va a decir tu artículo.

D. **Ahora, a compartir.** Comparte tu primer borrador con dos o tres compañeros(as). Haz comentarios sobre el contenido y el estilo de los reportajes de tus compañeros(as) y escucha los comentarios de ellos (as) sobre tu noticia. Fíjate, en particular, en cada uso del pretérito y del imperfecto. Si hay errores, menciónalos.

E. **Ahora, a revisar.** Si necesitas hacer cambios, basados en los comentarios de tus compañeros(as), hazlos ahora.

F. **La versión final.** Prepara una versión final de tu composición y entrégala.

G. **Publicación.** Preparen un periódico con todos los artículos de sus compañeros(as) de clase y háganlo circular en la clase para que todo el mundo pueda leerlo.

Hemos hecho un poco de todo... en Costa Rica

¿Eres buen observador?

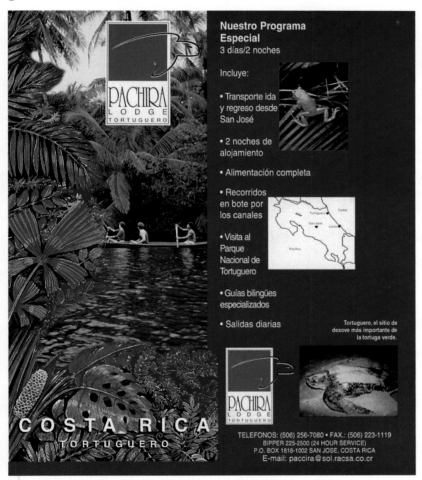

Nuestro Programa Especial
3 días/2 noches

Incluye:

• Transporte ida y regreso desde San José

• 2 noches de alojamiento

• Alimentación completa

• Recorridos en bote por los canales

• Visita al Parque Nacional de Tortuguero

• Guías bilingües especializados

• Salidas diarias

Tortuguero, el sitio de desove más importante de la tortuga verde.

PACHIRA LODGE TORTUGUERO

COSTA RICA TORTUGUERO

TELEFONOS: (506) 256-7080 • FAX.: (506) 223-1119
BIPPER 225-2500 (24 HOUR SERVICE)
P.O. BOX 1818-1002 SAN JOSE, COSTA RICA
E-mail: paccira@sol.racsa.co.cr

TAREA

Antes de empezar este Paso, estudia la lista de vocabulario en la página 403 y practícalo al escuchar el surco 15 de tu Text Audio CD #3. Luego estudia *En preparación*.

11.6 Present perfect, páginas 409–411

Haz por escrito los ejercicios de *¡A practicar!*

Escucha la sección *¿Qué se dice... ?* del Capítulo 11, Paso 3, en el surco 12 del Text Audio CD y haz la actividad correspondiente en la pagina 398.

Have students prepare 11.6 Present perfect before coming to class.

Ahora, ¡a analizar!

Beto y Arturo son dos estadounidenses que están de vacaciones en Costa Rica. Acaban de hacer el programa especial de Pachira Lodge en Tortuguero. Indica si han hecho lo siguiente o no.

Call on volunteers to answer these questions. Have the class confirm each response.

sí	no	1. Han pasado dos noches y tres días en Tortuguero.
sí	no	2. Han jugado al golf en el campo de golf de Pachira Lodge.
sí	no	3. Han recibido tres comidas al día en el Lodge.
sí	no	4. Han escuchado a guías bilingües en sus salidas diarias.
sí	no	5. Han visitado el Parque Nacional de Tortuguero.
sí	no	6. Han recibido transporte gratis de ida y regreso al aeropuerto de San José.

¿Qué se dice... ?

CD3-12

Al hablar de lo que (no) has hecho

Purpose: To introduce in context vocabulary and structures needed to talk about what you have or have not done.

Audio Script:
Quico: Como le decía, doctor, era muy buen estudiante cuando estaba en el Colegio Claretiano. Pero ahora que asisto a la Universidad de Costa Rica, tengo excusas para todo y no hago nada. Por ejemplo, ayer por la mañana pensaba estudiar con unos amigos para un examen importantísimo de inglés, pero no me desperté a tiempo. Luego, mientras me bañaba, llamaron mis padres. Les dije que no me sentía bien y que falté a todas mis clases.

Answers: 1. b, 2. b, 3. a

WEB TM11-3, Procedure: Have students look at the visuals in their books as you read each caption or narrate your own story line. Use various techniques to communicate meaning without translation.]

Alternative Story Lines: 1. Talk about what your friends have done for you. 2. Talk about how a son/daughter or friend has done in school. 3. Talk about what you have done to improve yourself.

Avoid using English when providing comprehensible input. Repeat, rephrase, act out, draw pictures, and so on as necessary.

¿Cómo han reaccionado las personas según lo que dice Quico?

1. Gabriela...
   a. se ha enamorado de él. b. se ha enojado con él.
2. Abelardo...
   a. ha llamado varias verces hoy. b. ha dejado de llamarlo.
3. Sus otros amigos...
   a. han dicho que Quico es muy aburrido.
   b. se han enamorado de Gabriela.

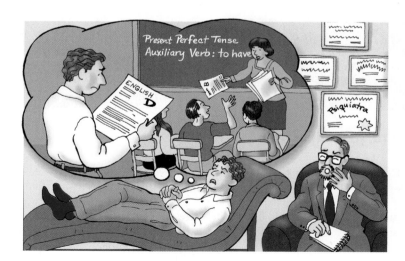

Quico: Le confieso que he recibido una mala nota por primera vez en mi vida. Mi profesora de inglés me ha dado una D y los otros profesores me han amenazado con malas notas también si sigo faltando a mis clases. Dicen que no puedo continuar así.

A propósito...

En inglés, muchas veces para reafirmar o enfatizar una idea usamos una pregunta corta como *Right? True? Isn't it?* En español las preguntas cortas más comunes son **¿verdad? ¿no? ¿cierto?**

Ask **individual** students to create sentences in Spanish with a confirmation tag question at the end.

QUICO: ¡Caramba, doctor! No sé qué me pasa. Para alguien que ha estudiado tanto, ha trabajado como un animal, ha cumplido con todo lo que tenía que hacer y ha sido amable con todo el mundo, las cosas no me van demasiado bien, ¿verdad?

¿Sabías que...?

Franklin Chang-Díaz, un costarricense, fue el primer astronauta hispanoamericano en viajar en el transbordador espacial *Challenger*. Franklin nació en San José, Costa Rica, en una familia humilde: su padre era jefe de construcción, su madre ama de casa. En 1968, a los dieciocho años, Franklin viajó a los EE.UU. con solamente cincuenta dólares en el bolsillo y sin saber inglés, y en 1977 ya había terminado un doctorado en física del plasma en el Instituto de Tecnología de Massachusetts (MIT). Después de mucho esfuerzo personal, en 1981 logró ser astronauta. Fue el primer director latino del Laboratorio de Propulsión en el Centro Espacial Johnson, en Houston. Ha estado en órbita más de mil horas y ha igualado el récord mundial de salidas del planeta con su misión a bordo del *Endeavor*. Por ser un excelente ejemplo para todas las nuevas generaciones de ticos en el mundo, Costa Rica lo ha premiado con el título de «ciudadano de honor».

En tu opinión: ¿Por qué crees que Franklin Chang-Díaz decidió ir a los EE.UU.? ¿Cómo crees que logró ser astronauta? ¿Qué tuvo que hacer? En tu opinión, ¿qué responsabilidades tiene como primer astronauta hispano?

Have students read about Franklin Chang-Diaz silently. Then ask several comprehension check questions. Point out that he probably came to the U.S. because he realized that's where he had to be if he was ever to achieve his dream to be an astronaut. Only hard work as a student got him to his goal. He probably is a role model for many young Latinos.

Ahora, ¡a hablar!

Vocabulario activo: A. Call on individuals and have the class confirm each response.

A. Consecuencias. ¿Qué han hecho estas personas para tener estos problemas?

MODELO   Marcos está deshidratado porque no (beber) nada en mucho tiempo.
Marcos está deshidratado porque no ha bebido nada en mucho tiempo.

1. Marcos está enfermo porque (comer) demasiado.
2. Patricio está molesto porque sus amigos no lo (invitar) a la fiesta.
3. Josefina no tiene electricidad en su apartamento porque no (pagar) la cuenta.
4. Alejandra está muy triste porque se le (morir) su mascota.
5. La policía no le cree al bandido porque éste (decir) muchas mentiras.
6. Mis compañeros de cuarto están enojados porque yo no (hacer) los quehaceres hoy.

EP 11.6 ᴏ·ᴏ B and C. have students work in **pairs** first. Allow 2-3 mins. per exercise. Then repeat the activities with the class.

B. ¡Falta tiempo! Es diciembre en San José y Ana María y Rafael están disfrutando de los últimos días de su visita a Costa Rica. ¿Qué dicen que les falta hacer antes de regresar a los Estados Unidos?

MODELO   visitar el volcán Poás
Todavía no hemos visitado el volcán Poás.

1. ver el Museo Nacional
2. ir al Museo del Jade
3. pasear por el Parque Nacional Braulio Carrillo
4. estar en la Plaza de la Cultura
5. hacer la ruta del río Pacuare en canoa
6. escribir postales a los amigos de los Estados Unidos

EP 11.6 ᴏ·ᴏ

C. ¿Qué has hecho hoy? Pregúntale a un(a) compañero(a) si ha hecho lo siguiente.

MODELO   desayunar
TÚ: **¿Ya has desayunado?**
COMPAÑERO(A):   **No, todavía no he desayunado.**

1. hacer ejercicio
2. almorzar
3. hacer la cama
4. oír las noticias
5. leer el periódico
6. hacer las compras

EP 11.6 ᴏ·ᴏ D. Have students work in **pairs** first. Allow 2–3 mins. Then ask **individuals** what fascinating things their partner has done.

D. ¡Inolvidable! Hay experiencias que dejan una impresión más profunda que otras. ¿Qué has hecho este año que consideras inolvidable? Puedes elegir entre las actividades de esta lista, o añadir otras.

MODELO   leer
He leído *El ingenioso hidalgo, Don Quijote de la Mancha.*

conocer	hacer	viajar
leer	aprender	terminar
ver	ir	olvidar

IRM TM11-3, Repaso visual, *¿Seguro que lo has hecho?*: Print out the transparency and point to the various actions taking place and ask students to say if they have done each action today.

Y ahora, ¡a conversar!

E. **Y tú, ¿qué has hecho?** Trata de recordar todo lo que has hecho esta semana. Prepara una lista y luego léesela a dos compañeros(as). Escriban en la pizarra todo lo que ustedes hayan hecho en común.

F. **Lo que hemos hecho.** Trabajando en grupos de tres o cuatro, hablen de lo que cada uno ha hecho hasta descubrir algo que uno(a) ha hecho y que nadie más en el grupo ha hecho.

E. Allow 2 mins. for students to write and allow another 2 mins. for **group** work. Tell students to write on the board everything that they did. Correct any errors on the board.

F. Allow 4–5 mins. for **group** work. Ask each group to tell the most interesting behavior reported in the group.

¡Luces! ¡Cámara! ¡Acción!

G. **¡Eres famoso(a)!** Tú has llegado a ser una persona muy famosa. Ahora un(a) reportero(a) te va a entrevistar para saber los secretos de tu éxito. Cuéntale cómo has llegado a ser tan famoso(a). Con un(a) compañero(a), escriban la entrevista que tienen. Luego, dramatícenla delante de la clase.

H. **¡Tres medallas!** Tú has ganado tres medallas de oro en los últimos Juegos Olímpicos. Un(a) reportero(a) de una revista de deportes te entrevista sobre lo que has hecho para prepararte para esta competencia. Con un(a) compañero(a), preparen el diálogo que tienen y luego preséntenlo delante de la clase.

G and H. Have students select either activity **G** or **H** and allow 3–4 mins. for them to prepare. Point out that all students must present without using books or notes. Call on volunteers to present first, and then call on the rest of the class. Ask comprehension check questions.

El rincón de los lectores

Estrategias para leer: encontrar la idea principal

Generalmente, cada párrafo comunica una idea principal. Con frecuencia esa idea se expresa en la primera oración del párrafo y se desarrolla con más detalle en las oraciones que siguen. «La leyenda de Iztarú» tiene cuatro párrafos. A continuación, expresamos en pocas palabras la idea principal del primer párrafo y del último. Lee las primeras oraciones del segundo y tercer párrafo y escribe brevemente la idea principal de esos dos párrafos. Luego lee la leyenda completa y verifica si identificaste las ideas principales correctamente.

Procedure: Have students read the **Estrategias** silently. Ask comprehension check questions. Then allow 2–3 mins. for students to identify the main idea in paragraphs 2 and 3.

Párrafo 1: Los líderes indígenas del norte y del sur de Costa Rica vivían en conflicto.

Párrafo 2: _____.

Párrafo 3: _____

Párrafo 4: Los habitantes de Guarco reciben una maldición *(curse)*.

Procedure: Have students read one paragraph at a time silently. Ask comprehension check questions after each paragraph. **Point out:** On March 19, 1963, Irazú erupted and spewed ash on President John F. Kennedy and the heads of state of the six Central American nations who, for the first time in history, were meeting together in San José, Costa Rica.

Lectura

Esta hermosa leyenda, parte del rico folclore de Costa Rica, trata de explicar un fenómeno natural del país, el volcán Irazú.

La leyenda de Iztarú

Hace muchos años, antes de la llegada de los españoles a Costa Rica...

La parte Norte era gobernada por un cacique llamado Coo, de gran poder y experto agricultor. La parte Sur la gobernaba Guarco, cacique déspota invasor.

Guarco y Coo sostenían una lucha por el dominio de todo el territorio (Valle Central del Guarco). La lucha fue grande; poco a poco, Guarco iba derrotando° la resistencia de Coo, hasta que éste murió y dejó el mando° a Aquitaba, un enérgico y fuerte guerrero. Cuando Aquitaba vio que iba a ser derrotado por Guarco, tomó a su hija Iztarú, la llevó al monte más alto de la parte Norte de la región y la sacrificó a los dioses, implorando la ayuda para la guerra.

Estando en una dura batalla con Guarco, Aquitaba imploró la ayuda de Iztarú sacrificada. Del monte más alto salió fuego, ceniza, piedra° y cayeron sobre los guerreros de Guarco que huyeron°. Del costado° del monte salió un riachuelo° que se convirtió en agua caliente destruyendo los palenques° de Guarco.

Una maldición cundió° y se decía que los habitantes de Guarco trabajarían la tierra, haciendo con ella su propio techo° (teja); el pueblo se llamó luego Tejar de Cartago, la región Norte Cot, y el monte alto volcán Irazú.

defeating

el control

stone
ran away / lado / *río pequeño*
defensive fences
se extendió sobre

tile

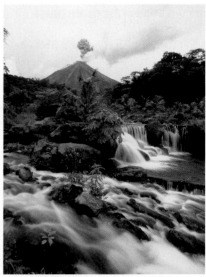
Uno de los muchos volcanes de Costa Rica.

A ver si comprendiste

1. Compara a los tres personajes principales.

Coo	Guarco	Aquitaba
1.	1.	1.
2.	2.	2.
3.	3.	3.
4.	4.	4.
5.	5.	5.

2. ¿Quién era Iztarú? ¿En qué se transformó?
3. ¿Qué efecto tuvo esa transformación en los habitantes de Guarco?
4. La leyenda explica la existencia de ciertos lugares en la Costa Rica moderna. ¿Cuáles son esos lugares?

Vocabulario

PASO 1

La ecología

anfibio	*amphibian*
bosque (bosque lluvioso) *(m.)*	*forest (rain forest)*
especie *(f.)*	*species*
flora y fauna	*plant and animal life*
helecho	*fern*
insecto	*insect*
mamífero	*mammal*
orquídea	*orchid*
pájaro	*bird*
reptil *(m.)*	*reptile*
selva	*jungle*
tierra	*land*

La música

banda	*band*
batería	*drums, percussion*
címbalos	*cymbals*
clarinete *(m.)*	*clarinet*
instrumento	*instrument*
saxofón *(m.)*	*saxophone*
tambor *(m.)*	*drum*
trompeta	*trumpet*

El deporte

bicicleta	*bicycle*
cancha	*court*
estadio	*stadium*
montar	*to ride (on)*

Responsabilidades

nota	*grade*
quehacer doméstico *(m.)*	*chore, task*
responsabilidad *(f.)*	*responsibility*
sacar buenas notas	*to get good grades*

Otros verbos

faltar a clase	*to miss class*
recuperar	*to recuperate*
soñar (ue)	*to dream*
sufrir de estrés	*to be under stress*
volver loco	*to drive crazy*

Palabras y expresiones útiles

ejército	*army*
inesperado(a)	*unexpected*
joya	*jewel*
por suerte	*fortunately*
reportero(a)	*reporter*
ruido	*noise*
vecino(a)	*neighbor*
videojuego	*video game*

PASO 2

La economía

cheque *(m.)*	*check*
gratis	*free*
precio	*price*
recibo	*bill; receipt*

Fechas

anteayer *(m.)*	*the day before yesterday*
pasado mañana *(m.)*	*the day after tomorrow*

Ruidos

sirena	*siren*
sonido	*sound*
sonar (ue)	*to ring*

Emociones

enojarse	*to get angry*
quejarse	*to complain*
sentirse (ie, i)	*to feel*
tranquilizarse	*to calm down, relax*

La televisión

episodio	*episode*
telenovela	*TV soap opera*

Verbos

aceptar	*to accept*
asistir	*to attend*
excusar	*to excuse*
intentar	*to attempt, to try*
pasear	*to go for a walk*

pasear el perro	*to walk the dog*
pinchar(se)	*to puncture; to get a flat tire*

Palabras y expresiones útiles

allí	*there*
conexión *(f.)*	*connection*
democracia	*democracy*
erupción *(f.)*	*eruption*
había una vez	*once upon a time*
mientras	*while*
osito de peluche *(m.)*	*teddy bear*
Premio Nobel	*Nobel Prize*
siguiente	*following, next*
útiles de limpieza *(m. pl.)*	*cleaning materials*

PASO 3

Animales

mascota	*pet, mascot*
tortuga	*turtle*

Verbos

confesar (ie)	*to confess*
cumplir	*to carry out, realize*
dejar de	*to stop (doing something)*
abandonar	*to abandon*
amenazar	*to threaten*

Palabras y expresiones útlies

bandido(a)	*bandit*
canoa	*canoe*
¡caramba!	*good heavens!*
ciudadano(a)	*citizen*
deshidratado(a)	*dehydrated*
electricidad *(f.)*	*electricity*
enojado(a)	*angry*
estar molesto	*to be bothered, upset*
medalla	*medal, medallion*
postal *(f.)*	*postcard*

En preparación 11

Paso 1

11.1 Imperfect of regular verbs

Talking about past events

In **Capítulos 4, 6,** and **10,** you learned about the preterite. In this chapter, you will learn about another aspect of the past tense: the imperfect. You will also learn how to distinguish between the preterite and imperfect.

-ar verb endings	trabajar
-aba	yo trabaj**aba**
-abas	tú trabaj**abas**
-aba	usted trabaj**aba**
-aba	él, ella trabaj**aba**
-ábamos	nosotros(as) trabaj**ábamos**
-abais	vosotros(as) trabaj**abais**
-aban	ustedes trabaj**aban**
-aban	ellos, ellas trabaj**aban**

-er, -ir verb endings	saber	escribir
-ía	yo sab**ía**	escrib**ía**
-ías	tú sab**ías**	escrib**ías**
-ía	usted sab**ía**	escrib**ía**
-ía	él, ella sab**ía**	escrib**ía**
-íamos	nosotros(as) sab**íamos**	escrib**íamos**
-íais	vosotros(as) sab**íais**	escrib**íais**
-ían	ustedes sab**ían**	escrib**ían**
-ían	ellos, ellas sab**ían**	escrib**ían**

Note that the first and third person singular endings are identical. Also, *all* the imperfect **-er** and **-ir** endings require a written accent.

A. There are no stem-changing verbs in the imperfect.

B. The imperfect of **hay** is **había** *(there was/were, there used to be),* from the infinitive **haber.**

C. There are only three irregular verbs in the imperfect: **ser, ir,** and **ver.** They are presented in section 11.3.

11.2 Uses of the imperfect

Talking about what we used to do

A. The imperfect has several English equivalents.

Trabajaba todos los días.

⎧ *I worked every day.*
⎨ *I used to work every day.*
⎨ *I was working every day.*
⎩ *I would work every day.*

B. Like the preterite, the imperfect is used to talk about an act that has already occurred. However, the imperfect focuses on the continuation of an act or an act in progress rather than on the completed act. Continuation includes repeated habitual action, background action, actions in progress, and certain physical, mental, or emotional states.

Repeated habitual action

Viajaba mucho en el invierno.
Nunca **dormía** más de ocho horas al día.

I would travel a lot in the winter.
I never slept more than eight hours a day.

Actions in progress

El bebé **dormía** en el otro cuarto.
Escuchaba mi disco favorito mientras **limpiaba** la casa.

The baby was sleeping in the other room.
I was listening to my favorite record while I cleaned the house.

Background action

Hacía mucho calor, pero todos **estaban** trabajando.

It was very hot, but everyone was working.

Physical, mental, or emotional states

En esos días **estábamos** muy enamorados.
Me **gustaban** mucho las exhibiciones de arte.

In those days we were very much in love.
I used to like art exhibits a lot.

11.3 Imperfect of *ser*, *ir*, and *ver*

Describing how you used to be, where you used to go, what you used to see

There are three irregular verbs in the imperfect.

ser		ir		ver	
yo era	nosotros(as) éramos	iba	íbamos	veía	veíamos
tú eras	vosotros(as) erais	ibas	ibas	veías	veíais
usted era	ustedes eran	iba	iban	veía	veían
él, ella era	ellos, ellas eran	iba	iban	veía	veían

¡A. practicar!

A. Hace diez años. ¿Quiénes en el pasado hacían lo siguiente: tus padres, tú, tú y tus hermanos, etc.?

1. _____ vivía con mis padres.
2. _____ no estudiábamos en la universidad.
3. _____ mayor trabajaba en un supermercado.
4. _____ me daban dinero.
5. _____ no conducía el coche de mis padres.
6. ¿Y _____ ? ¿Qué hacías hace diez años?

B. Gente famosa. Las personas famosas no tienen vida privada. Todos sabemos lo que hacen y dicen a cada minuto. ¿Qué hacían estas personas hace unos años?

MODELO   1950 / Ronald Reagan / filmar películas
En mil novecientos cincuenta Ronald Reagan filmaba películas.

1. 1960 / Martin Luther King, Jr. / protestar contra / discriminación racial
2. 1965 / los Beatles / cantar por todo el mundo
3. 1969 / Richard Nixon / dirigir el país
4. 1969 / Neil Armstrong / trabajar en la NASA
5. 1989 / alemanes / celebrar / la unidad de Alemania
6. 1990 / sudafricano Nelson Mandela / viajar / como hombre libre
7. 1991 / ejército de los Estados Unidos / estar / golfo Pérsico
8. 1996 / Bill Clinton / servir de / presidente de EE.UU.

C. ¡Cómo nos cambia la vida! Completa los espacios en blanco para saber cómo era la vida de Ana Rosa, una estudiante de la Universidad Latina en Costa Rica.

Antes, cuando _____ (yo / vivir) con mis padres en Puntarenas, todo _____ (ser) más fácil. Primero, _____ (yo / ser) una buena estudiante y nunca _____ (tener) problemas de dinero. Tampoco _____ (tener) que trabajar. Bueno, es verdad que ahora nada es fácil, pero también sé que ahora soy una persona muy responsable.

D. ¡Cuántos sacrificios! Marta y Ramiro Roque se conocieron en la Universidad de Costa Rica. Lee lo que ellos dicen y completa las oraciones con los verbos en imperfecto, para saber cómo era su vida estudiantil en la universidad.

Nosotros _____ (ser) estudiantes de medicina y _____ (trabajar) en la Clínica Santa Rita en San José. Marta _____ (ser) estudiante de ginecología, y yo _____ (estudiar) cirugía. Nosotros _____ (ir) a la clínica dos o tres veces por semana pero no nos _____ (ver) mucho porque _____ (trabajar) en diferentes secciones. A pesar de que _____ (ser) novios, no _____ (poder) salir mucho juntos porque _____ (tener) que estudiar día y noche.

Paso 2

11.4 Preterite and imperfect: Completed and continuous actions

Describing completed actions and actions in progress in the past

You have learned that both the preterite and the imperfect are used to talk about the past, but there is a difference in how the two tenses are used. Compare the following.

A. The preterite is used to describe completed past actions.

La conferencia **duró** dos horas.   *The lecture lasted two hours.*
Hablé con mis padres anoche.   *I spoke with my parents last night.*

B. The imperfect is used to focus on continuation or actions in progress and background actions. It is also used to tell time in the past.

Siempre **charlábamos** por horas.   *We always used to chat for hours.*
El teléfono **sonaba** continuamente.   *The phone would ring continuously.*
Eran las seis.   *It was 6:00.*

C. When the preterite and imperfect are used in the same sentence, the imperfect often describes a continuous background action that is interrupted by a completed action expressed in the preterite.

Miraba televisión cuando **llamaste.**   *I was watching television when you called.*
Nos lo **dio** mientras **comíamos.**   *He gave it to us while we were eating.*

D. The imperfect may be used to focus on a future event related to a situation planned in the past.

Debo irme. Tita dijo que la clase   *I must leave. Tita said the class would begin*
　empezaba a las ocho.   　*(was going to begin) at 8:00.*

¡A practicar!

A. **¡Qué día!** Marcela Freire, una estudiante del Instituto Centroamericano para Asuntos Internacionales, tuvo un día muy malo ayer. Según ella, ¿qué le pasó? Para saberlo, pon los verbos entre paréntesis en pasado.

Ayer _____(ser) un día terrible. Para empezar, yo _____ (estar) furiosa porque mi novio no me _____ (llamar) la noche anterior. Luego, cuando yo _____ (salir) de casa, _____ (estar) lloviendo a cántaros. _____ (Buscar) mi paraguas pero no lo _____ (encontrar). Luego, _____ (perder) el autobús y _____ (tener) que esperar el siguiente. Cuando finalmente _____ (llegar) a clase, la secretaria _____ (anunciar) que la profesora _____ (estar) enferma. ¡Qué día!

En preparación 11

B. ¡No más! Tomás decidió no ir a clase de práctica en la Sinfónica Nacional de Jóvenes. Para saber por qué, pon los verbos en el pasado.

1. ya / ser tarde / cuando / despertarme
2. preparar / desayuno / cuando / teléfono / sonar
3. mientras / bañarse / agua / cortarse
4. cuando / salir / casa / gato / escapar
5. estar manejando / de repente / llanta / pincharse
6. mientras / cambiar / llanta / empezar a / llover
7. finalmente / decidir / regresar / casa

C. ¿De veras? Martín, estudiante de la Universidad Latinoamericana, también tuvo muchos problemas. Completa con los verbos en pasado, para saber qué le pasó y qué le dice a su mejor amigo.

Anoche mi computadora _____ (dejar) de funcionar. _____ (Ser) las diez y yo _____ (estar) preparando la tarea cuando _____ (sonar) el teléfono. _____ (Ser) mi madre, y nosotros _____ (hablar) por una hora, más o menos. Cuando _____ (regresar) a la computadora, no _____ (haber) imagen en la pantalla. _____ (Oprimir) varias teclas *(keys)* pero sin ningún resultado. No _____ (descubrir) hasta esta mañana que mi compañero de cuarto la había desconectado.

11.5 Preterite and imperfect: Beginning/end and habitual/customary actions

Describing the beginning or end of actions and habitual past actions

In section 11.4 you learned that the preterite focuses on completed actions and the imperfect focuses on actions in progress.

A. Since the preterite focuses on completed actions, it often emphasizes the beginning or end of an act.

Cuando **vi** a Carlota, **corrí** a saludarla.	*When I saw Carlota, I ran to greet her.*
Salieron corriendo.	*They left running. (They took off running.)*
Me **sentí** muy mal después de la clase de informática.	*I felt very sick after computer science class. (But I got over it.)*

B. The imperfect is used to describe habitual or customary actions or events in progress.

Siempre **daba** la misma excusa.	*I always gave the same excuse.*
Yo nunca **iba** a la biblioteca de noche.	*I never used to go to the library at night.*

408 cuatrocientos ocho ◆ Capítulo 11: En preparación 11

¡A practicar!

A. ¡Excusas! José Carlos no trata bien a su novia, pero siempre tiene una excusa. ¿Qué le dice a su novia?

1. Esta mañana cuando tú (llamaste / llamabas) yo no (contesté / contestaba) porque (estuve / estaba) en el baño.
2. Yo no te (llamé / llamaba) la semana pasada porque me (desconectaron / desconectaban) el teléfono.
3. La llanta del coche (se pinchó / se pinchaba) y por eso (llegué / llegaba) tarde.
4. Anoche (trabajé / trabajaba) hasta tan tarde que (decidí / decidía) no llamarte para no despertarte.
5. El sábado pasado no (fui / iba) a tu casa porque el coche no (funcionó / funcionaba).
6. Ayer no te (invité / invitaba) a la fiesta porque tú no (conociste / conocías) a nadie.

B. ¿Qué le voy a decir? Mauricio Parra, estudiante del Instituto Monteverde en San José, no fue ayer a su clase de química. ¿Por qué? Para saberlo, pon los verbos en el pasado.

¡Qué horror! No (acostarme) hasta muy tarde anoche. Esta mañana cuando (despertarme), ya (ser) las diez menos cinco. Mi clase de química (empezar) en cinco minutos. (Decidir) no ir a clase. Más tarde (hablar) con un compañero de clase y él (decirme) que el profesor (estar) furioso porque yo no había ido a clase. Ahora no sé qué le voy a decir al profesor.

C. ¡Aguafiestas! Pon los verbos entre paréntesis en el pasado para saber lo que ocurrió el sábado pasado en la fiesta de Enrique, en Cartago.

El sábado pasado Enrique _____ (organizar) una fiesta en su casa. Sus padres no _____ (estar) y él _____ (invitar) a muchísima gente. Todos nuestros amigos _____ (ir) y también _____ (llegar) gente desconocida. _____ (Haber) mucha comida y mucha cerveza. Todos _____ (bailar) y _____ (cantar) cuando a eso de la una de la mañana unos vecinos _____ (llamar) a la policía. La policía nos _____ (obligar) a terminar la fiesta. Enrique no les _____ (decir) nada a sus padres.

Paso 3

11.6 Present perfect

Talking about what people have or haven't done

As in English, the present perfect tense in Spanish is a compound past tense. It is formed by combining the present indicative of the auxiliary verb **haber** (*to have*)* with the past participle.

Present indicative	
haber (*to have*)	
yo he	nosotros(as) hemos
tú has	vosotros(as) habéis
usted ha	ustedes han
él, ella ha	ellos, ellas han

Present perfect tense	
sentir (*to feel*)	
he sentido	hemos sentido
has sentido	habéis sentido
ha sentido	han sentido
ha sentido	han sentido

*Do not confuse the auxiliary verb **haber** with the verb **tener,** which is used to express possession.

A. The past participle of most verbs in English is formed by adding *-ed* to the verb; for example, *to travel → traveled, to study → studied, to open → opened.* In Spanish, past participles are formed by adding **-ado** to the stem of **-ar** verbs, and **-ido** to the stem of **-er** and **-ir** verbs.

viajar	**querer**	**sentir**
viaj**ado** *traveled*	quer**ido** *wanted*	sent**ido** *felt*

B. As in English, some Spanish verbs have irregular past participles; the following are those most frequently used.

abrir	**abierto**	poner	**puesto**
cubrir	**cubierto**	resolver	**resuelto**
decir	**dicho**	romper	**roto**
escribir	**escrito**	ver	**visto**
hacer	**hecho**	volver	**vuelto**
morir	**muerto**		

Note that the past participles of verbs related to those listed are also irregular: **descubrir** *(to discover)* → **descubierto; reescribir** *(rewrite)* → **reescrito; devolver** *(to return something)* → **devuelto;** and so on.

C. In general, the use of the present perfect tense in Spanish parallels its use in English.

No me **he sentido** bien.	*I haven't felt well.*
Han estado muy enfermos.	*They have been very sick.*
Todavía no **se ha levantado.**	*He hasn't gotten up yet.*
No **hemos devuelto** los libros a la biblioteca.	*We haven't returned the books to the library.*

Note that when used in the present perfect, the past participle is invariable; it does not agree in number or in gender with the noun. Reflexive and object pronouns are always placed before the conjugated form of the verb **haber.**

D. With few exceptions, **haber** functions only as an auxiliary verb. The verb **tener** is used to indicate possession or obligation.

No **me he sentido** nada bien.	*I haven't felt well at all.*
Tengo que llamar al médico.	*I have to call the doctor.*

¡A practicar!

A. ¡Qué organizado! Cuando una persona organizada viaja, siempre prepara listas de lo que le queda por hacer. ¿Qué dice esta persona de lo que todavía no ha hecho?

MODELO   escribirles a mis tíos en Puerto Limón
Todavía no les he escrito a mis tíos en Puerto Limón.

1. ver el Jardín Lankaster
2. ir al Parque Bolívar, el zoológico de San José
3. sacar fotos del Teatro Nacional
4. viajar a Cartago
5. hacer compras en el Mercado Nacional de Artesanía
6. visitar el Museo del Jade

B. ¡No he hecho nada! Inevitablemente cuando llega el domingo por la tarde, descubrimos que no hemos hecho algunas cosas que pensábamos hacer durante el fin de semana. Pon los verbos en presente perfecto para ver unos ejemplos típicos.

1. Miguel no _____ (ir) de compras.
2. José no _____ (hacer) la tarea.
3. Yo no les _____ (escribir) a mis padres.
4. Miguel y José no _____ (lavar) la ropa.
5. Nosotros no _____ (poder) limpiar el garaje.
6. Yo no _____ (abrir) los libros para estudiar.
7. Tú no _____ (limpiar) tu cuarto.
8. Ustedes no _____ (llamar) a sus padres.

Decoración descubierta en las
Tumbas Reales de Sipán

Terrazas de Machu Picchu

CAPÍTULO 12 | Por los caminos del Inca... en Perú

La fortaleza de Sacsahuamán en Cuzco

¡Las fotos hablan!

A. A que ya sabes. Estas fotos vienen de un folleto que la agencia de viajes le mandó a Enrique y Olga Montoya para familiarizarlos con algunos sitios que van a visitar en su viaje a Perú. Indica si Enrique y Olga harán lo siguiente.

Sí No 1. Visitarán las Tumbas Reales de Sipán.

Sí No 2. Caminarán por la fortaleza de Sacsahuamán.

Sí No 3. Asistirán a un partido de fútbol en Lima.

Sí No 4. Viajarán a Machu Picchu.

Sí No 5. Comprarán réplicas de los ornamentos de oro y turquesa de Sipán.

B. Excelentes arquitectos, artesanos y agricultores. Indica si crees que los incas hacían estas cosas.

Sí No 1. Hacían ornamentos de oro y turquesa.

Sí No 2. Vivían en enormes edificios de más de 150 metros de altura.

Sí No 3. Usaban terrazas en lo alto de las montañas para tener competiciones deportivas.

Sí No 4. Construían fortalezas con rocas gigantescas.

Sí No 5. Cultivaban productos agrícolas en lo alto de las montañas.

In this chapter, you will learn how to . . .

- describe what you will do on vacation.

- describe what you will do in the future.

- talk about what you would do if . . .

- give advice and instructions.

- give orders.

A. Answers: 1. Sí 2. Sí 3. No 4. Sí 5. Sí

B. Answers: 1. Sí 2. No 3. Sí 4. Sí 5. Sí

¡Mañana empezaremos el camino inca!

TAREA

Antes de empezar este Paso, estudia la lista de vocabulario en la página 437 y practícalo al escuchar el surco 20 de tu Text Audio CD #3. Luego estudia *En preparación*.

12.1 Future tense of regular verbs, páginas 438–439

12.2 Future tense of verbs with irregular stems, páginas 439–440

Haz por escrito los ejercicios de *¡A practicar!*

Escucha la sección *¿Qué se dice...?* del Capítulo 12, Paso 1, en el surco 16 del Text Audio CD y haz la actividad correspondiente en la página 414.

Have students prepare 12.1 Future tense of regular verbs for the first day you work on this Paso. Then assign 12.2 Future tense of verbs with irregular stems for the second day.

¿Eres buen observador?

Palacio Arzobispal, Lima

Cuzco

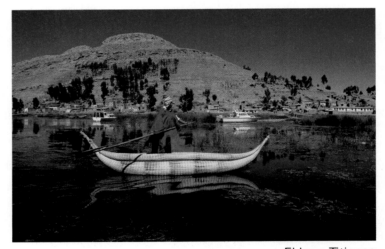

El lago Titicaca

Get students to infer this information.

Answers: 1. no 2. sí 3. sí 4. sí 5. sí

Ahora, ¡a analizar!

El imperio inca. Éstas son fotos de otros sitios que Enrique y Olga Montoya visitarán en su viaje a Perú. Indica si harán lo siguiente.

sí	no	
sí	no	1. Tendrán una audencia con el Papa en Lima.
sí	no	2. Irán a palacios coloniales.
sí	no	3. Se pasearán en el lago Titicaca.
sí	no	4. Conocerán la antigua capital de los incas.
sí	no	5. Visitarán la moderna capital de Perú.

¿Qué se dice... ?

Al hablar de lo que harás en las vacaciones

¿Quién o quiénes hacen esto, Enrique (**E**), Olga (**O**) o ambos (**A**)?

____ 1. Piensa que el hotel es carísimo.

____ 2. Tomará una lancha en el lago Titicaca.

____ 3. Pasará todo el día sacando fotos.

____ 4. Tendrá que cargar miles de recuerdos.

ENRIQUE: Y después de Cuzco, ¿a Lima dijiste? ¿Será caro el hotel donde nos alojaremos? ¿Tendrá agua caliente?

OLGA: ¡Por supuesto, Enrique! ¿No te dije que vamos a estar en un hotel de cinco estrellas? Además, Lima es la capital y es una ciudad fabulosa y muy cosmopolita.

ENRIQUE: ¿Y qué comeremos? Ya no quiero comer más cuy. ¡No me importa si es el plato nacional!

OLGA: Enrique, en Lima hay montones de buenos restaurantes y muy baratos donde no tendrás que comer cuy.

Purpose: To introduce new lesson vocabulary and structures needed when talking about what you will do while on vacation.

Audio Script:
OLGA: ¡Arequipa es fantástica! Si el resto de Perú es igual de interesante, estoy segura de que nos encantará todo.
ENRIQUE: Pues yo ya estoy harto de tanto caminar. Y a propósito, ¡este hotel es carísimo! ¿Adónde vamos mañana?
OLGA: Mañana estaremos todo el día en Puno y en el lago Titicaca. Comeremos en un restaurante lindísimo; tomaremos una lancha para ver la puesta del sol, ¡será divino!
ENRIQUE: Me imagino que pasarás el día entero sacando fotos. Y comprarás miles de recuerdos que yo tendré que cargar. Y después, ¿qué?
OLGA: Después viajaremos por tren a Cuzco y a Machu Picchu.

Answers: 1. E, 2. A, 3. O, 4. E

Procedure: Narrate using visuals and check comprehension by asking a lot of yes/no, either/or questions.

Alternative Story Lines: 1. Tell where you will go on your next trip and why. 2. Describe what you will do on your next trip.

Web TM12-1, Procedure: Have students read silently, then ask several comprehension check questions. Ask students why they think many Quechuas and Aymaras speak Spanish as well as their own native languages.

A propósito...

La palabra «montón» significa «mucho(s)» ¿Cómo traduces al inglés esta frase? **Hace un montón de tiempo que no te veo.**

El **cuy** es un conejillo de Indias (*guinea pig*) que se come frito o asado a la parrilla.

¿Sabías que...?

Debido a que Cuzco está a 3.399 metros (11.155 pies) sobre el nivel del mar, muchos turistas sufren de soroche *(altitude sickness)* durante su visita a la ciudad. En el aeropuerto de Cuzco hay tanques de oxígeno puro para los viajeros que llegan, y los hay también en la mayoría de los grandes hoteles. Los hoteles también sirven té de coca *(coca leaf tea)* 24 horas al día, que es lo que los indígenas beben para evitar el soroche.

🔍 **En tu opinión:** ¿Por qué será necesario proveer té de coca en la mayoría de los grandes hoteles? ¿Hay ciudades importantes en los EE.UU. construidas a la altura de Cuzco? ¿Cuáles? ¿Qué efecto tendrá el té de coca en el cuerpo humano?

Ahora, ¡a hablar!

A. Compañeros de viaje. Según Enrique y Olga Montoya en el *¿Qué se dice...?*, quién dice lo siguiente, **él** o **ella**.

él	ella	1. Mañana estaremos todo el día en Puno.
él	ella	2. Ya estoy harto de tanto caminar.
él	ella	3. Me imagino que pasarás el día entero sacando fotos.
él	ella	4. Viajaremos por tren a Cuzco y Machu Picchu.
él	ella	5. Podrás recuperarte en Lima.

B. ¡Cuzco! Enrique está muy preocupado y quiere saber todos los detalles de lo que harán en Cuzco. ¿Qué le dice Olga?

MODELO   domingo: levantarnos muy temprano
El domingo nos levantaremos muy temprano.

1. lunes: llegar a las 17:30 / y / dormir dos o tres horas / porque / ser necesario para evitar el soroche
2. lunes: por la tarde / caminar por la ciudad
3. martes: visitar la catedral y conocer el Palacio de Manco Cápac
4. martes: por la tarde viajar a la fortaleza de Sacsahuamán
5. miércoles: despertarse a las seis / y / viajar en tren a Lima otra vez

C. ¡Machu Picchu! Ahora Enrique y Olga están conversando sobre sus planes para Machu Picchu. ¿Qué dice Olga que harán ellos?

MODELO   llegar por la tarde / ir al hotel
Llegaremos por la tarde e iremos al hotel.

1. quedarse dos días / Hotel Turistas
2. caminar por las ruinas / ver cómo los incas construían terrazas para cultivar la tierra
3. subir a Huayna Picchu / observar todas las ruinas desde arriba
4. el guía / explicarnos / historia de Machu Picchu
5. comer en el restaurante del hotel / escuchar música andina

D. **Mis próximas vacaciones.** Entrevista a un(a) compañero(a) de clase para saber cómo y dónde pasará las próximas vacaciones.

1. ¿Adónde irá? ¿Cómo viajará? ¿en avión? ¿en tren? ¿en auto?
2. ¿Viajará solo(a)?
3. ¿Dónde se quedará? ¿Cuánto pagará por el alojamiento (*housing*)?
4. ¿Cuánto tiempo estará de vacaciones? ¿Se quedará en el mismo lugar o viajará a otros sitios?
5. ¿Dónde comerá? ¿Comerá en restaurantes de comida típica?
6. ¿Qué hará durante el día? ¿y de noche?
7. ¿Sacará fotos? ¿Comprará muchos recuerdos?
8. ¿Llevará la cámara de video?

E. **¡Qué futuro!** El futuro está siempre lleno de promesas, de proyectos y de sueños. ¿Cómo ves tu propio futuro? ¿Cuáles son tus proyectos? ¿Será tu vida mejor que ahora? Con un(a) compañero(a), compara tu vida de ahora con la que piensas tener dentro de diez años.

MODELO   trabajo
> **Ahora trabajo sólo de mesero; dentro de diez años seré el dueño del restaurante.**

1. trabajo
2. estudios
3. familia
4. esposo(a) e hijos
5. vivienda (casa o apartamento)
6. bienes (coches, casas, propiedad, etc.)

Y ahora, ¡a conversar!

F. **Resoluciones.** En enero siempre empezamos el año con resoluciones y proyectos. ¿Cuáles serán tus resoluciones para el año próximo? Discútelas con un(a) compañero(a) y escucha mientras él (ella) te dice las suyas.

G. **Bola de cristal.** Tú y tus compañeros(as) trabajan para un periódico que se dedica a las noticias extravagantes e increíbles. Ésta es la edición de fin de año y, como hacen todos los años, tienen que predecir el futuro más improbable para personas en estos campos. En grupos de tres escriban sus predicciones. Compártanlas con otro grupo de tres.

1. en el mundo político
2. en el mundo del espectáculo
3. en el mundo de los deportes
4. en el mundo del arte

H. **¡El año 2015!** ¿Qué te traerá el futuro? En grupos de tres o cuatro, digan qué creen que estarán haciendo en el año 2015. Decidan quién tendrá el futuro más interesante y cuéntenselo a la clase.

EP 12.1 ⬛⬛, 12.2 ⬛⬛ D. Work in **pairs** first. Allow 2–3 mins. Remind students to use the **tú** form when addressing each other. Then ask individual students to describe their partner's vacation.

EP 12.1 ⬛⬛, 12.2 ⬛⬛ E. Allow 2–3 mins. for **pair** work. Then repeat the exercise by calling on **individual** students.

▌ IRM TM12-1, Repaso visual, *¡Nos vamos al Perú!*: Print out the transparency and tell students to answer the following questions based on the assumption that they are planning a trip to Peru during spring break. **¿Qué lugares visitarán? ¿Dónde se quedarán en Lima? ¿Cuzco? ¿Machu Picchu? ¿Qué harán en Sacsahuamán? ¿en el lago Titicaca? ¿en Machu Picchu? ¿Cuánto tiempo estarán en Perú? ¿Dónde sacarán las mejores fotos? ¿Subirán Huayna Picchu?** etc.

F. Allow 2–3 mins. for **pair** work. Then have everyone go to the board and write the most interesting resolution his/her partner mentioned.

G. Allow 3–4 mins. for students to write, then allow 2–3 mins. for them to share with another group. Encourage students to create fanciful predictions.

Variation: Assign one topic to each group and have students write as many predictions as possible.

H. Allow 3–4 mins. for **group** work. Then call on each group to report.

¡Luces! ¡Cámara! ¡Acción!

I and J. Have students select either activity I or J and allow 3–4 mins. for them to prepare. Point out that all students must present without using books or notes. Call on volunteers to present first, and then call on the rest of the class. Ask comprehension check questions.

I. **Quiromancia.** Tú sabes practicar el arte de la quiromancia *(palm reading)*. Tu amigo(a) quiere saber lo que le espera en el futuro: en el trabajo, el amor, la salud y la familia. Lee su palma y cuéntale el futuro. Con un(a) compañero(a), escriban el diálogo que tienen y luego dramaticen la situación delante de la clase.

J. **Compañeros(as) de cuarto.** Tú y tu compañero(a) han decidido compartir una casa. Ahora necesitan organizar su vida en común. Entre los (las) dos, planeen lo que cada uno(a) hará para contribuir a la armonía de la casa.

Un paso atrás, dos adelante: Capítulo 11

Allow students 2–3 mins. to complete the exercise. Then have them share their responses in pairs and ask them to suggest corrections if they detect inconsistencies. Call on several students to read their responses. Some will vary.

Repasemos. En el Capítulo 11 aprendiste a hablar de cuando eras más joven, a narrar cosas de pasado y a hablar de lo que has hecho o no has hecho recientemente. Repasa lo que sabes, completando el siguiente texto con las palabras necesarias. Puedes inventar la información.

Una semana loca

TU AMIGO(A): ¿Dónde _____ [imperfecto de estar] cuando te _____ [pretérito de llamar] la semana pasada?

TÚ: _____ [pretérito de ir] al Museo Nacional; _____ [imperfecto de haber] una exhibición de mariposas vivas del Valle Central. Se _____ [imperfecto de llamar] «El Jardín Secreto» y me _____ [pretérito de gustar] muchísimo.

TU AMIGO(A): ¿Y por qué no me _____ [pretérito de invitar]?

TÚ: Te _____ [pretérito de buscar] por todo el barrio, pero todo el mundo me _____ [imperfecto de decir] lo mismo: «No _____ [presente perfecto de estar] aquí en toda la semana»; «no lo _____ [presente perfecto de ver] desde hace días»... de verdad, no te _____ [pretérito de encontrar] por _____ [*negative expression*] parte.

TU AMIGO(A): Sí, _____ [presente perfecto de estar] muy ocupado(a).

Estrategias para escuchar: interpretar las pistas no verbales del contexto

CD3-17

Interpreting what you hear often requires knowing more than just the meaning of individual words. For example, if you hear the words **Me siento horrible** without knowing the circumstances that prompted the speaker to say them, then you can't know whether the speaker feels horrible owing to illness or because something unfortunate happened. To understand fully the meaning of a conversation you must use numerous nonlanguage cues as well as individual word meaning. In the remaining chapters you will be asked to interpret what you hear based not only on the meaning of the words, but on your own experience and cultural knowledge as well.

Pronto estaremos en el hotel. Ahora escucha la primera parte del diálogo y trata de contestar estas preguntas. Luego escucha el resto del diálogo y anota cuatro cosas que van a hacer las personas que hablan.

Primera parte

¿Quiénes hablan? _____.

¿Dónde están? _____.

¿Qué están haciendo? _____.

¿Qué quiere hacer la mujer que habla? _____.

¿Por qué se queja el hombre? _____.

Segunda parte

1. _____

2. _____

3. _____

4. _____

This is a critical thinking activity. Several valid interpretations will be possible for most questions. Olga and Enrique may be in Cuzco, Machu Picchu, or still in Arequipa. Enrique may be tired from walking too much, from waiting for Olga to take pictures, from carrying Olga's purchases, or he may be suffering from **soroche.** Encourage students to describe the situation and justify their interpretations. The first part of this exercise may be done as a homework writing assignment.

Audio Script:

ENRIQUE: *(Exhausted and sick from having walked too much)* Ay... ay... ooh... ay.

OLGA: ¿Ándale viejo, que te pasa ahora?

ENRIQUE: Ya no puedo más. Ay... ay... ya no... ya no, ay.

OLGA: Siéntate un poco. Podemos descansar un rato aquí.

ENRIQUE: Ay... ¿Cuánto más? ¿Cuánto más? Ay, ay, ay.

OLGA: Ya nos falta poco.

ENRIQUE: Ay... ay.

OLGA: Espérame aquí. Quiero sacar una foto más con el sol atrás.

ENRIQUE: Ay, Dios mío. Ay, ay, ay. *[Pause]*

OLGA: Ya. Ésta me va a salir muy bien. ¿Ya podemos continuar?

ENRIQUE: Ay, todavía me siento horrible.

OLGA: Pues ya pronto estaremos en el hotel. Allí te sentirás mejor. Esta noche comeremos una buena cena en el restaurante del hotel. Podrás darte un baño bien caliente. Mientras tanto yo puedo comprar unos recuerdos en la tienda de al lado. Y si tengo tiempo, les escribiré unas tarjetas postales a nuestros amigos Paco y Carla en México. Y después de tu baño, puedes acostarte temprano. Estoy segura que dormirás muy bien esta noche.

ENRIQUE: ¡Ojalá! Porque ahora me siento horrible.

Noticiero cultural

Perú

Procedure: Ask for volunteers to answer the pre-reading questions. Then allow 2 mins. for students to read the first paragraph silently. Ask lots of comprehension check questions. Repeat this procedure with the remaining paragraphs. Then have students do the comprehension check activity in pairs. Ask volunteers to read their lists to the class.

Capital: Lima
Área: 1.285.220 km^2
Población: 28.409.897 (julio 2003)
Unidad monetaria: nuevo sol
Clima: tropical en el este y desértico en el oeste. De templado a frío en los Andes

Antes de empezar, dime...

1. ¿Crees que en los Estados Unidos hubo civilizaciones indígenas tan desarrolladas como en México, Guatemala o Perú?
2. ¿Por qué crees que sí o no las hubo?
3. ¿Crees que con el antecedente de una civilización indígena importante, el presente de los Estados Unidos sería diferente? ¿En qué sería diferente? Nombra algunas cosas que serían diferentes y cómo serían: la lengua, el arte, la antigüedad y estructura de las ciudades, monumentos arqueológicos, ...

Perú, donde la altura y la profundidad se fusionan

Cuando los españoles llegaron a Perú en 1531, los quechuas (también llamados incas) controlaban la cordillera andina desde Ecuador hasta Argentina. Los quechuas llamaban a su rey o emperador «el inca». La sociedad quechua o incaica estaba dividida en cuatro clases: los gobernantes, los nobles, la gente común y los esclavos. Esta sociedad mantuvo grandes ejércitos muy organizados, construyó edificios impresionantes y estableció un sistema de carreteras que se extendía de un extremo al otro del imperio incaico. Actualmente, sus descendientes viven en el altiplano de Ecuador, de Bolivia y de Perú, donde la lengua quechua todavía se habla extensamente.

Perú tiene tres lenguas oficiales: el español, el quechua y el aymará. La mayoría de la gente que vive en la sierra habla quechua, la lengua de los incas. El aymará se habla a orillas del lago Titicaca. El español se habla en todas las ciudades grandes. Muchos de los indígenas que hablan quechua o aymará también hablan español. El quechua en particular, ha influido bastante el español de toda la región andina. Algunos ejemplos son el uso de «choclo» por maíz, «porotos» por frijoles, «palta» por aguacate y «guagua» por bebé.

Perú, además de ser un país riquísimo en historia, cultura y civilización, cuenta con preciosas joyas arqueológicas y naturales. La UNESCO ha declarado *Patrimonio de la Humanidad* a varios de estos sitios, entre otros:

- **Machu Picchu**, la enigmática ciudad escondida de los incas.
- **La Zona Arqueológica de Chan Chan**, una enorme ciudad de barro con una extensión de más de 20 kilómetros en la que habitaron más de 100.000 personas, es la mayor ciudad precolombina de Sudamérica.
- **El Parque Nacional y la Reserva de la Biosfera del Manú.** Un paraíso ecológico que va desde la cálida y húmeda selva amazónica hasta las frías y secas alturas andinas.
- **El Parque Nacional del Río Abiseo.** Un impresionante sitio con 132 especies de aves y 980 especies de flores, de las cuales 13 son nuevos registros para la ciencia.
- **El Parque Nacional de Huascarán.** Reserva de la biosfera que se halla en la Cordillera Blanca, en Ancash, en la Sierra Central del Perú. El Huascarán es la cima más alta del Perú, con 6.768 metros. El parque cuenta con montes que superan los 6.000 metros de altura y que se alzan entre ruinas precolombinas de la cultura Chavín.

Viajemos por el ciberespacio a... PERÚ

@

Si eres aficionado a navegar por el ciberespacio, usa una de las siguientes palabras clave para llegar a estos sitios fascinantes de **Perú**:

Zona Arqueológica de Chan Chan

Reserva de la Biosfera del Manú

El Parque Nacional del Río Abiseo

El Parque Nacional del Huascarán

O mejor aún, simplemente ve directamente al sitio de la Red *¡Dímelo tú!* Allí, usa la siguiente dirección: http://dimelotu.heinle.com

Haz un *click* en las direcciones correspondientes para que puedas...

- conocer más sobre la gran civilización incaica
- familiarizarte con los indígenas peruanos, su presente y su futuro.
- disfrutar de las bellezas naturales y arqueológicas de Perú.

Smart Classroom: For homework, have students go to the Internet and look up two of the following: **parques naturales del Perú, los incas, historia del Perú.** Then, have them write a specific report on what they learned. Ask them to report to the class and to provide the addresses of the best websites they visited.

Y ahora, dime...

Usa este diagrama Venn para comparar el Perú con los EE.UU. Indica las diferencias y lo que tienen en común.

los EE.UU.	Ambos	Perú
1.	1.	1.
2.	2.	2.
3.	3.	3.
4.	4.	4.
5.	5.	5.

Zona arqueológica de Chan Chan

¡Imagínate… nosotros en Lima!

TAREA

Antes de empezar este Paso, estudia la lista de vocabulario en la página 437 y practícalo al esuchar el surco 21 de tu Text Audio CD #3. Luego estudia *En preparación.*

12.3 Conditional of regular and irregular verbs, páginas 440–442

Haz por escrito los ejercicios de *¡A practicar!*

Escucha la sección *¿Qué se dice… ?* del Capítulo 12, Paso 2, en el surco 18 del Text Audio CD y haz la actividad correspondiente en la página 423.

Have students prepare *12.3 Conditional of regular and irregular verbs* before coming to class.

¿Eres buen observador?

Plaza Mayor

Plaza de San Martín

Catedral de Lima

El barrio de Miraflores

Allow 2–3 mins. for students to answer the questions in **pairs** first. Then call on **individual** students and have the class confirm each response.

Ahora, ¡a analizar!

De visita en Lima. A Enrique y Olga Montoya les falta hacer varias cosas en Lima. ¿Adónde (podrían / deberían / tendrían que) ir para hacer lo siguiente?

1. comprar un suéter de alpaca
2. sacar fotos de la estatua de San Martín
3. ver los hermosos balcones coloniales
4. comprar recuerdos de Lima
5. asistir a un servicio religioso
6. observar a los guardias militares frente a los edificios municipales

¿Qué se dice... ?

Al hablar de lo que harías

Purpose: To introduce in context the vocabulary and structures students will need when describing what they would do.

Audio Script:
OLGA: Vamos ya, Enrique. Me gustaría comprar un suéter de alpaca y quiero volver al barrio Miraflores donde vimos todas esas joyerías y tiendas de artesanía.
ENRIQUE: Ay, si no es un suéter de alpaca, es un collar de plata u oro. Si no es un collar, son unas máscaras de indios u otros recuerdos. Si no son recuerdos, son rollos para sacar más fotos de la Plaza San Martín. Con el dinero que estás gastando me vas a dejar en bancarrota.
OLGA: ¿Y qué debería hacer entonces? ¿No tomar ni una sola foto, ni comprar ningún recuerdo de Lima? Dime, Enrique, ¿qué harías tú con todo ese dinero que ahorraríamos?
ENRIQUE: ¿Yo? Me compraría una nueva computadora. Así, podríamos viajar por el ciberespacio a todas partes sin salir de nuestra casa.

Answers: un collar de plata, unos rollos para fotos, un suéter de alpaca, unos recuerdos de Lima

A. ¿Qué le gustaría comprar a Olga?

____ una pintura de la Plaza San Martín
____ un collar de plata
____ unos rollos para fotos
____ un vestido lindo

____ un suéter de alpaca
____ unos recuerdos de Lima
____ unos zapatos de cuero
____ unas tarjetas postales

B. En tu opinión, ¿qué le gustaría hacer a Enrique?

_____   _____

_____   _____

_____   _____

Web TM12-2, Procedure: Have students look at the visuals in their books as you read each caption or narrate your own story line. Narrate two or three sentences at a time, pointing to the particular persons or objects being mentioned. Ask comprehension check questions.

Alternative Story Lines: 1. Talk about a trip that you would like to take in the near future. 2. Talk about what your students would see if they went to ... 3. Describe what you would buy if you went to Peru.

OLGA: ¿Qué me dijiste que harías con todo ese dinero que ahorraríamos?

ENRIQUE: Que me quedaría en casa, descansando y viajando a cientos de ciudades virtuales, y que ni sufriría soroche ni me dolerían los pies, ni agotaría mi tarjeta de crédito.

OLGA: Pues está bien. Cómprate la computadora y disfruta de tus ciudades virtuales. Yo prefiero gozarlas en persona.

Have students read silently. Point out that the potato, because of the many varieties developed by the Incas, is considered by many to be the future solution to world hunger. The hamburger is probably the greatest U.S. culinary contribution as it has reached all corners of the world.

Smart Classroom: Ask students to plan a visit to Peru by finding different places they would like to visit. They may focus their search on archeological sites, natural parks or reserves, museums, historical cities, nightlife and other things of interest. Ask them to write a concise report on their findings. Ask volunteer students to come to class prepared to present their findings, and to suggest websites with specific information.

Vocabulario activo: A. Answers:
1. E 2. O 3. O 4. E 5. O

EP 12.3 🔊🔊 B and C. Call on **individual** students. Have the class confirm each response.

A propósito...

En las actividades **B** y **C** vas a ver verbos que terminan en **-ara** y **-iera**. Esta forma es el pasado del subjuntivo y se usa con frecuencia con el condicional. Se explica en el Apéndice **F**.

Have students find the past subjunctive verbs in activities **B** and **C** and ask them what they think they mean.

EP 12.3 🔊🔊

¿Sabías que...?

La papa fue, tal vez, la contribución más importante y más valiosa de los incas al mundo entero. Los incas en Perú conocían unas 255 especies de papa que todavía usan en platos típicamente peruanos: chuño o papa seca (*a freeze-dried potato*), papa ocopa (papa con una salsa de maní), papa a la huancaína (papa con queso y ají)... Otros platos típicos peruanos son el **cuy**, un conejillo de Indias (*guinea pig*) que se come frito o asado a la parrilla, y los **anticuchos**, que se preparan con corazón de res, ají, achiote y vinagre.

🔍 **En tu opinión:** ¿Cómo es posible que la papa sea la contribución más importante y valiosa cuando los españoles sacaron tanto oro y plata de Perú? ¿Cuál dirías que ha sido la contribución culinaria más importante y valiosa de los EE.UU. al mundo? ¿Por qué crees eso? ¿Cuáles son otros platos típicos de los EE.UU.?

Ahora, ¡a hablar!

A. **¿Quién?** Indica quién haría esto en el *¿Qué se dice... ?*, Enrique (**E**) u Olga (**O**).

E O 1. Visitaría cientos de ciudades virtuales.
E O 2. Compraría máscaras, collares, etc.
E O 3. Prefiere visitar las ciudades en persona.
E O 4. Tomaría vacaciones sin salir de casa.
E O 5. Querría comprar un suéter de alpaca.

B. **¡Perú mágico!** Carla y César, los amigos de Enrique y Olga, sueñan con hacer su primer viaje a Perú. Según ellos, ¿qué harían si estuvieran en Perú?

MODELO   César: visitar los museos de arqueología
César visitaría los museos de arqueología.

1. Carla: navegar en el lago Titicaca
2. Carla: salir todas las noches a bailar
3. Carla y César: explorar las ruinas de Machu Picchu
4. César: comer chuño
5. César: hacer mucho andinismo / alpinismo (*mountain climbing*)
6. César y Carla: aprender a hablar quechua
7. Carla: ir a los mercados de artesanías
8. Carla y César: divertirse mucho

C. **¿Compañeros de viaje ideales?** ¿Son Enrique y Olga compañeros de viaje ideales? Decide después de completar este párrafo, poniendo los verbos entre paréntesis en el condicional.

Enrique dice que la compañera de viaje ideal _____ (hacer) todas las reservaciones, _____ (sacar) todas las fotos y no _____ (comprar) nada. Olga dice que el compañero de viaje ideal _____ (poder) caminar todo el día sin problemas, no _____ (sufrir) de soroche y nunca _____ (quejarse) de nada. Enrique también dice: «Yo _____ (ser) el compañero de viaje ideal si no tuviera que viajar con Olga». Olga dice que ella _____ (viajar) muy bien con Enrique si él no se quejara tanto. Olga dice que los dos no _____ (tener) problemas si Enrique no fuera tan tacaño con su dinero.

D. **Mis vacaciones.** Carla y César dicen que si se ganaran la lotería *(lottery)*, se comprarían una casa en Perú. ¿Qué harías tú? ¿Cómo cambiaría tu vida?

MODELO   dar   **Yo les daría dinero a todos los miembros de mi familia.**

1. ir	4. invertir / ahorrar	7. comprar
2. construir	5. hacer	8. ayudar
3. no tener que	6. viajar	

EP 12.3 ⊕⊕ D. Work in pairs first. Allow 2–3 mins. Then ask **individuals** how their partner's life would change.

E. **La verdadera amistad.** La verdadera amistad es difícil de encontrar. Pregúntale a tu compañero(a) si cree que los verdaderos amigos harían lo siguiente.

MODELO   deber llamarse todos los días

　　　TÚ: **¿Crees que los verdaderos amigos deberían llamarse todos los días?**

COMPAÑERO(A):   **Sí, creo que deberían llamarse todos los días.** o
　　　　　　　No, creo que no sería necesario llamarse todos los días.

1. escucharse siempre con paciencia
2. visitarse cuando están enfermos
3. enviarse un mensaje de texto cada vez que tienen alguna pregunta o duda
4. escribirse correos electrónicos varias veces al día
5. decirse todos los secretos
6. ayudarse ante todas las dificultades

EP 12.3 ⊕⊕ E. Allow 2–3 mins. for **pair** work. Then repeat the exercise by asking **individuals** what their partners said.

Y ahora, ¡a conversar!

F. **Enrique y Olga.** Enrique y Olga no son los compañeros de viaje ideales, pero podrían serlo. En tu opinión, ¿cómo tendrían que cambiar para poder viajar juntos sin problemas? Por escrito, prepara una lista de cuatro o cinco cambios que cada uno tendría que hacer. Luego compara tu lista con la de dos compañeros(as) de clase e infórmenle a la clase lo que tenían en común sus listas.

IRM TM12-2, Repaso visual, *¡Si yo fuera rico!*: Print out the transparency and call on **individual** students to tell what they would do if they were multimillionaires.

F. Allow 2–3 mins. to write lists and for **pair** work. Then have various groups report their findings.

G. **Debate.** En la historia de las Américas ha habido pocas mujeres presidentas: Isabel Perón en Argentina, Lydia Gueiler Tejada en Bolivia y Violeta Barrios de Chamorro en Nicaragua. Los Estados Unidos nunca ha tenido a una mujer como presidenta. ¿Debería una mujer llegar a ser presidenta de este país? ¿Qué podría hacer una mujer presidenta? ¿Actuaría de forma diferente a un hombre presidente? Trabajando en grupos de cuatro, cada pareja debe tomar una posición opuesta y defenderla.

G. Allow 3–4 mins. for students to debate. Then ask each **group** to report the most convincing arguments for and against having a woman president.

H. **¿Qué harías si...?** Cuando viajamos, con frecuencia nos vemos en situaciones difíciles debido a las limitaciones de un presupuesto fijo *(fixed budget)*. Trabajando en grupos de tres o cuatro, decidan qué harían ustedes en las siguientes situaciones y por qué. Comparen sus respuestas con las de los otros grupos.

H. Allow 2–3 mins. for **group** work. Then ask several groups what they would do in each instance.

1. Tú y unos(as) amigos(as) están de vacaciones de primavera en Fort Lauderdale. Después de los primeros cuatro días ustedes ya han gastado *(you've spent)* todo su dinero y las vacaciones no terminan hasta la semana siguiente.

2. Viste una chaqueta que quieres comprarte, pero tu mejor amigo(a) tiene que comprarle un regalo especial a su madre porque, al regresar, es su cumpleaños. Tu amigo(a) ya no tiene dinero y te pide un préstamo *(loan)*. Si le prestas el dinero, no vas a poder comprarte la chaqueta.

3. Tú y un(a) amigo(a) están de vacaciones en Lima. Ahora están en un restaurante muy elegante celebrando el cumpleaños de tu amigo(a). Pensabas que tenías suficiente dinero pero él (ella) decidió pedir el plato más caro y no te va a alcanzar el dinero. Desafortunadamente, tu amigo(a) no trajo su billetera porque dijiste que tú pagarías.

¡Luces! ¡Cámara! ¡Acción!

I. **¡Ay, qué vacaciones!** Tú y tu compañero(a) están imaginándose lo que harían durante las vacaciones del verano si el dinero no fuera problema. Escriban la conversación que tienen y luego dramatícenla delante de la clase.

J. **¡Viaje por el tiempo!** Tú y tu compañero(a) están hablando de la idea de viajar en el tiempo. Si pudieran viajar en el tiempo, ¿a qué época del tiempo viajarían? ¿Viajarían al futuro o al pasado? ¿Cómo sería el mundo que encuentran? ¿Cómo sería la sociedad? Dramaticen la conversación que tienen delante de la clase.

¿Comprendes lo que se dice?

Estrategias para ver y escuchar: ver y escuchar «de arriba hacia abajo»

In **Capítulo 9, Paso 2,** you learned that your previous knowledge of a topic can help you fill in the blanks when the topic of the video you are viewing is very familiar. This approach is known as listening "from the top down." Take a moment to write down what you know about the Andes and share it with other students.

1. _____ 4. _____
2. _____ 5. _____
3. _____

Al ver el video: ¿Comprendes lo que se dice?

You might not know a great deal about the Andes Mountains, but you are certainly familiar with them. Use the knowledge you already have as you view **Los Andes, ¡donde lo nuevo y lo antiguo se entrelazan!** In your own words tell what the underlined words in the following sentences probably mean.

1. Los Andes corren desde el <u>occidente</u> de Venezuela hasta el sur de Chile.
2. Los Aymarás viven de la papa, un <u>alimento</u> nativo de los Andes.
3. Desde Quito se puede ver el <u>Pichincha</u> cubierto de nieve.
4. En los Andes, lo nuevo y lo antiguo se <u>entrelazan</u>.

Time code: 34:41–36:48

Los Andes, ¡donde lo nuevo y lo antiguo se entrelazan!

Después de ver el video

Ahora vuelve a mirar la selección del video sobre los Andes y anota tres cosas que aprendiste que no sabías antes y tres que ya sabías.

LOS ANDES

Lo que no sabía	Lo que ya sabía
1.	1.
2.	2.
3.	3.

Cuzco

Antes de empezar, dime...

1. ¿Cuál fue el centro de la cultura indígena en los EE.UU. antes de la llegada de los europeos? ¿Hubo más de uno? ¿Existen ruinas de esa época? ¿Dónde? ¿Cómo son? Descríbelas.
2. ¿Cuál es la ciudad más antigua de los EE.UU.? ¿Cuál es el origen y el significado de su nombre?
3. En los EE.UU. hay muchos rascacielos *(skyscrapers)* impresionantes. ¿Cuánto tiempo crees que van a durar *(last)*? ¿Cuántas personas trabajan para construir uno de esos edificios? ¿Qué maquinaria y herramientas usan?

Los incas fueron expertos en la talla de la piedra.

Cuzco, ¡el corazón del imperio inca!

La zona de Cuzco, la capital del imperio de los incas, está situada en las mesetas andinas, al sureste de Lima, en el «corazón» mismo del antiguo imperio. Debido a su importancia, esta antigua capital incaica está rodeada de una gran riqueza arqueológica. Cuzco es una palabra quechua que significa ombligo *(navel)* en español y hace referencia a su localidad en el centro del universo. La ciudad tiene sus principios a comienzos del siglo XII pero no es hasta el siglo XV que se establece como capital del imperio inca. Cuzco, a una altura de 3.399 metros (11.155 pies) sobre el nivel del mar, era una capital difícil de alcanzar y por la misma razón, un lugar muy incómodo para los españoles.

La ciudad y sus alrededores contienen innumerables ruinas preincaicas e incaicas que incluyen fortalezas como Sacsahuamán y el Templo del Sol. En la construcción de estas fortalezas se observa un ejemplo incomparable de cantería *(stone cutting):* los bloques de granito están colocados uno sobre el otro sin haber utilizado cemento. Los expertos en el tema han llegado a decir que no existe otro tipo de construcción similar que pueda compararse con ésta en cuanto a su calidad.

La ciudad concentra tanta belleza que, en 1978, la VII Convención de Alcaldes de Grandes Ciudades del Mundo acordó declararla *Patrimonio Cultural del Mundo.* En 1983, la UNESCO la declaró *Patrimonio Cultural de la Humanidad* y la constitución política del Perú de 1993 la declaró como su *Capital Histórica.*

Viajemos por el ciberespacio a... PERÚ

@

Si eres aficionado a navegar por el ciberespacio, usa una de las siguientes palabras clave para llegar a estos sitios fascinantes de **Perú:**

Cuzco

Machu Picchu

Sacsahuamán

Templo del Sol

O mejor aún, simplemente ve directamente al sitio de la Red *¡Dímelo tú!* Allí, usa la siguiente dirección: http://dimelotu.heinle.com

Haz un *click* en las direcciones correspondientes para que puedas...

- aprender más sobre Cuzco y su papel en la historia de Perú.
- disfrutar de un paseo virtual por las alturas del Machu Picchu, y sentir su magia y su esplendor.

Y ahora, dime...

1. ¿Qué quiere decir «Cuzco» en español? Explica su significado.
2. Usa este diagrama Venn para comparar Cuzco con la capital de los EE.UU. o la capital de tu propio estado. Indica las diferencias y lo que tienen en común.

La fortaleza de Sacsahuamán

Capital de los EE.UU.	Ambas capitales	Cuzco: capital del imperio incaico o de mi propio estado
1.	1.	1.
2.	2.	2.
3.	3.	3.
4.	4.	4.
5.	5.	5.
6.	6.	6.

Smart Classroom: For homework, have students go to the Internet and look up about the following: **Cuzco, Machu Picchu.** Then, have them write a specific report on what they learned. Ask them to report to the class and to provide the addresses of the best websites they visited.

¡Escríbelo!

Estrategias para escribir: punto de vista

A. Punto de vista. Cuando escribimos, es importante pensar cuidadosamente en el punto de vista que vamos a desarrollar. El punto de vista afecta muchísimo el resultado final de lo que escribimos. Por ejemplo, ¿crees que el chófer responsable del accidente va a describir el accidente de la misma manera que el chófer víctima, o que algún espectador? ¡Es dudoso! Lo más probable es que va a haber tres versiones distintas y los tribunales tendrán que decidir el caso.

Ahora vuelve al **Noticiero cultural** del **Paso 2** de este capítulo, «Cuzco, ¡el corazón del imperio inca!». ¿Desde qué punto de vista se escribió esta lectura? ¿Quién es el narrador?

B. Cambiando el punto de vista. Piensa cómo cambiaría esa lectura si el punto de vista fuera distinto. Por ejemplo, indica en una o dos oraciones cómo crees que las siguientes personas describirían la conquista de Cuzco. Luego compara tu trabajo con el de dos compañeros(as) de clase.

Un conquistador español	Un indígena quechua en Perú ahora	Atahualpa, el último emperador de los incas
1.	1.	1.
2.	2.	2.
3.	3.	3.
4.	4.	4.
...	...	...

Procedure: Have students read the **Estrategias** silently. Discuss the point-of-view question with the entire class. Then allow time for individual work in changing the point of view and for group sharing.

Vocabulary: Geography; direction & distance; violence

Grammar: Verbs: conditional; future; preterite & imperfect

Phrases: Describing people; describing places; expressing an opinion

Ahora, ¡a escribir!

A. Ahora, a planear. Prepara una lista con tres características de Cuzco. Luego descríbelas desde el punto de vista de un conquistador español, de un quechua en Perú ahora o de Atahualpa, el emperador inca.

A. Have students describe characteristics **individually** first. Then allow time for them to share their descriptions in small **groups.**

Características	Punto de vista de un conquistador	Punto de vista de un quechua en en Perú ahora o de Atahualpa
1.	1.	1.
2.	2.	2.
3.	3.	3.

B. El primer borrador. Usa la información que preparaste en la actividad anterior para decidir si vas a escribir sobre Cuzco desde el punto de vista de un conquistador español, de Atahualpa, el último emperador de los incas, o de un indígena quechua de Perú ahora. Escribe el primer borrador de una breve composición titulada «Cuzco: El centro del universo inca». No olvides que todo lo que relates tiene que ser desde el punto de vista de tu personaje.

B. Assign as homework.

C. **Ahora, a compartir.** Comparte tu primer borrador con dos o tres compañeros(as). Haz comentarios sobre el contenido y el punto de vista de las composiciones de tus compañeros(as) y escucha sus comentarios sobre tu trabajo. ¿Es lógico y consistente el punto de vista?

D. **El segundo borrador.** Haz los cambios necesarios basándote en los comentarios de tus compañeros(as) de clase. Luego prepara un segundo borrador.

E. **A compartir, otra vez.** Comparte tu segundo borrador con dos o tres compañeros(as). Esta vez haz comentarios sobre los errores de estructura, ortografía o puntuación. Fíjate específicamente en el uso del pretérito, del imperfecto, del futuro y del condicional. Indica todos los errores de tus compañeros(as) y luego decide si necesitas hacer cambios en tu composición, teniendo en cuenta los errores que ellos te indiquen a ti.

F. **La versión final.** Prepara la versión final de tu composición y entrégasela a tu profesor(a). Escribe la versión final en la computadora, siguiendo las instrucciones recomendadas por tu instructor(a).

G. **Publicación.** En grupos de cuatro o cinco, junten sus lecturas en un volumen titulado «Cuzco: Varios puntos de vista». Su profesor(a) va a guardar estos libros en la sala de clase para que todos puedan leerlos cuando tengan tiempo libre.

¡No te diviertas demasiado... en Cuzco!

¿Eres buen observador?

ADUANAS EN INTERNET

La Superintendencia Nacional de Aduanas, lo invita a descubrir vía Internet el fascinante mundo de la ADUANA PERUANA.

Descubra los avances de su proceso de sistematización, enterándose de la información más actualizada del Comercio Exterior y todas sus Normas Legales.

Comunícate con nosotros vía correo electrónico.
Internet: www.aduanas.gob.pe

ADUANAS
SUPERINTENDENCIA NACIONAL DE ADUANAS

TAREA

Antes de empezar este Paso, estudia la lista de vocabulario en la página 437 y practícalo al escuchar el surco 22 de tu Text Audio CD #3. Luego estudia *En preparación.*

12.4 **Tú** commands: A second look, páginas 442–443

Haz por escrito los ejercicios de *¡A practicar!*

Escucha la sección *¿Qué se dice... ?* del Capítulo 12, Paso 3, en el surco 19 del Text Audio CD y haz la actividad correspondiente en de la página 432.

Have students prepare *12.4 **Tú** commands: A second look* before coming to class.

Ahora, ¡a analizar!

Indica si este anuncio te dice que hagas o no hagas lo siguiente.

sí	no	
sí	no	1. Visita la Superintendencia Nacional de Aduanas.
sí	no	2. Usa el correo electrónico para comunicarte con la Superintendencia Nacional de Aduanas.
sí	no	3. Recibe la información más reciente del Comercio Exterior por Internet.
sí	no	4. Solicita empleo en la Superintendencia Nacional de Aduanas.
sí	no	5. Descubre Aduana Peruana en Internet.
sí	no	6. Respeta las normas legales de Internet.

Call on volunteers to respond. Have the class confirm each response.

Answers: 1. no 2. sí 3. sí 4. no 5. sí 6. no

CD3-19

Purpose: To introduce in-context vocabulary and structures needed to give advice and to give orders.

Audio Script:
OLGA: Escucha, Enrique. Tenemos que comprarle un regalo a tu hermana, y aún no le hemos enviado ninguna tarjeta postal a nadie. Por favor, ve a aquel kiosko que vimos y cómprame unas tarjetas mientras termino mi limonada.
ENRIQUE: Déjame en paz, Olga. Quiero disfrutar de esta vista tan bonita de Belén, la Venecia del Perú. Además, ya hemos comprado demasiado.
OLGA: No seas tacaño, Enrique. ¿Cuánto pueden costar unas tarjetas? Cómprame dos: una de la Casa de Hierro en Iquitos y otra del Parque Quistococha.
ENRIQUE: Anda. Termina tu limonada y yo te acompaño. Podemos comprar algo para mi hermana. ¡Pero no gastes mucho dinero!

Answers: 1. O, 2. E, 3. O, 4. E, 5. E, 6. O, 7. E

Web TM12-3, Procedure: Have students look at the visuals as you read each caption or narrate your own story line.

Alternative Story Lines: 1. Talk about giving orders to your travel companion. 2. Talk about giving orders to your children or your students. 3. Talk about instructions you give friends who are planning to travel.

A propósito...

«¡Qué va!» se usa en español para expresar total desacuerdo con lo que dice la otra persona, o para responder de una forma absoluta y negativa a una pregunta. También se usa para expresar sorpresa. ¿Cómo traduces al inglés las siguientes preguntas y respuestas? — ¿Tienes mucho dinero? — ¡Qué va!, tengo solamente un par de dólares. —¿Vienes conmigo? — ¡Qué va!, no puedo. — ¿Sabes que Ana María ganó el premio Nobel? — ¡Qué va! ¡No puedo creerlo!

Al hablar de lo que otras personas deben hacer

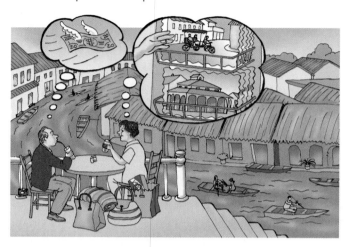

¿Quién dice esto, Enrique (**E**) u Olga (**O**)?

_____ 1. Escucha.
_____ 2. No gastes mucho dinero.
_____ 3. No seas tacaño.
_____ 4. Termina tu limonada.
_____ 5. Te acompaño.
_____ 6. Cómprame unas tarjetas.
_____ 7. Déjame en paz.

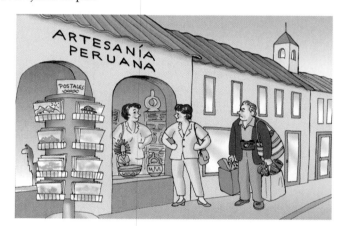

OLGA: Por lo menos no he aumentado de peso. ¡Con toda la buena comida que hemos comido!, ¿no es un milagro, Enrique?

ENRIQUE: ¡Qué va! Con la cantidad de kilómetros que hemos caminado... y yo siempre cargado con tus cosas.

OLGA: No te quejes más, Enrique. Seguramente tu corazón te lo está agradeciendo. Creo que con tanto caminar hasta hemos perdido un poco de peso. ¿Qué te parece, Enrique?

ENRIQUE: No te hagas ilusiones, Olga. Estamos igual.

¿Sabías que...?

El escritor peruano Mario Vargas Llosa nació en Arequipa, Perú, en el año 1936, pero no logró su fama hasta 1963 cuando escribió su gran novela *La ciudad y los perros* que fue traducida inmediatamente a más de veinte idiomas y recibió el Premio Biblioteca Breve y el Premio de la Crítica (1963). En el año 1966 publicó su segunda gran obra, *La casa verde*. Últimamente ha publicado *La fiesta del chivo* (2000) y *El paraíso en la otra esquina* (2003). Vargas Llosa, aparte de ser un escritor que ha alcanzado gran fama internacional, también ha tenido una participación activa en la vida política de Perú. Fue candidato a la presidencia en las elecciones de 1990, en las cuales triunfó el ingeniero Alberto Fujimori.

🔍 **En tu opinión:** Empezó a escribir en los años cincuenta. ¿Por qué crees que el célebre Vargas Llosa perdió las elecciones cuando compitió con el desconocido Alberto Fujimori?

Point out that many writers do not begin writing until later in life when they can draw from their life's experiences. Note that a more populist Fujimori was better at communicating with the people and unpredictably beat Vargas Llosa.

Smart Classroom: Ask students to research the recent history of Perú, especially the figure of Alberto Fujimori, his rise to power, his populist politics, and his ultimate escape from the country. Students may also research the Japanese population of Peru. Ask them to write a concise report on their findings. Ask volunteer students to present their findings to the class, and to suggest websites with specific information.

Ahora, ¡a hablar!

A. **Dos jefes.** Organiza lo que dicen Enrique y Olga en el *¿Qué se dice...?*

___ 1. No te hagas	a. tacaño.
___ 2. Termina tu	b. mucho.
___ 3. Cómprame	c. limonada.
___ 4. No seas	d. ilusiones.
___ 5. No compres	e. dos tarjetas.

Vocabulario activo: A. Answers: 1. No te hagas ilusiones. 2. Termina tu limonada. 3. Cómprame dos tarjetas. 4. No seas tacaño. 5. No compres mucho.

B. **¡Por fin a Perú!** Tú vas a estudiar en la Universidad de San Marcos en Lima, y la oficina de estudios en el extranjero de tu universidad te da algunas recomendaciones sobre seguridad. ¿Qué te recomienda?

EP 12.4 ◑◐ B and C. Call on individuals and have the class confirm each response.

MODELO   llamar a los Estados Unidos una vez por semana
Llama a los Estados Unidos una vez por semana.

1. salir siempre con otros amigos(as) y regresar con ellos(as)
2. mantener informada a tu familia de dónde y cómo estás
3. no tomar taxis de noche solo(a)
4. hacer la tarea todos los días y practicar tu español en todo momento
5. ser prudente y respetuoso(a)
6. divertirse y no comparar constantemente

C. **¡No gastes nada!** Tu familia también tiene consejos que darte (un poquito más radicales). ¿Qué te dice?

EP 12.4 ◑◐

MODELO   no beber el agua
No bebas el agua.

1. no salir solo(a) de noche
2. no ir a las discotecas
3. no acostarse tarde
4. no caminar por las calles solo(a) de noche
5. no gastar dinero
6. Llamar, escribir y enviar correos electrónicos todos los días

EP 12.4 ⊖⊖ **D.** Have students work in **pairs** first. Then repeat the activity with the class.

▶ **IRM TM12-3, Repaso visual, *¡Qué desastre!*:** Print out the transparency, point to the various actions taking place, and ask students to tell the children to do or not to do what is illustrated.

E. Allow 2 mins. for **pair** work. Then ask **individuals** what advice they gave.

F. Allow 3–4 mins. When two **pairs** have finished, have them check each other's answers to the questions.

G. Allow 1–2 mins. to write lists. Then have students compare them in **pairs**. Call on **individuals** to read their partner's list to the class.

D. ¡Qué vida! Tu mejor amigo(a) también tiene consejos para ti.

> MODELO   trabajar
> **Trabaja mucho.** o
> **No trabajes demasiado. Diviértete.**

1. ser responsable
2. comprar un teléfono celular
3. salir con un(a) chico(a) peruano(a)
4. divertirte
5. ir a clase todos los días
6. escribir(me) en español
7. no comparar Perú con Estados Unidos.

Y ahora, ¡a conversar!

E. ¡Cuídate! Un amigo que viaja contigo en Cuzco se enferma y quiere saber qué debe hacer para mejorarse. Aconséjalo.

> MODELO   No comer nada sólido   **No comas nada sólido.**

Sugerencias

beber té caliente	no salir del cuarto
llamar al médico	pedir sopa de pollo
no beber agua sin purificar	tomar una aspirina

F. Viaje a Machu Picchu. Tú y un(a) compañero(a) están viajando por Sudamérica, visitando y explorando diferentes lugares. Ahora están en las famosas cataratas de Iguazú y quieren viajar por Uruguay, Argentina, Chile y Bolivia para llegar a Machu Picchu. Piensan hacer ocho escalas *(stopovers)* en su viaje. ¿Quién va a llegar primero? Para avanzar una escala, tienes que contestar la pregunta de tu compañero(a) correctamente. Tus preguntas están aquí, las de tu compañero(a) están en el Apéndice A.

1. ¿Cuál es la capital de Bolivia?
2. ¿Cuál es la capital de Ecuador?
3. Nombra tres países atravesados por la cordillera de los Andes.
4. Nombra dos países que tienen frontera con Colombia.
5. ¿De qué nacionalidad era Eva Perón?
6. ¿Quién escribió *¡Dímelo tú!*? Nombra uno de los autores.
7. ¿Cuántos países de habla hispana hay en Centroamérica?
8. ¿Cómo se llama la capital de Perú?
9. ¿Cuál es el país de habla hispana más pequeño de Sudamérica?
10. Nombra dos culturas indígenas de México.
11. Nombra el país en el que se intentó construir un canal similar al de Panamá.
12. Nombra cinco países de Sudamérica y sus capitales.

G. ¡Lima de noche! Durante tu visita a Lima, conoces a un(a) persona de tu edad que ofrece enseñarte Lima de noche. Antes de salir, tu familia peruana te da varios consejos. ¿Qué te dicen?

H. Turista profesional. Tú acabas de regresar de tu viaje al Perú y ahora todos tus amigos te consideran un(a) experto(a) en esa área. Tu mejor amigo(a) piensa visitar el mismo lugar que visitaste y te pide consejos. Con un(a) compañero(a), escriban el diálogo. Luego dramatícenlo delante de la clase.

I. El menor. Un(a) amigo(a) ha dicidido regresar a la universidad después de trabajar unos años en una compañía privada. Felicítalo(a) por la decisión y dale consejos para evitar problemas, disfrutar de la experiencia y tener éxito. Dramatiza la situación con un(a) compañero(a).

H and I. Have students select either activity **H** or **I** and allow 3–4 mins. for students to prepare. Point out that all students must present without using books or notes. Call on volunteers to present first, and then call on the rest of the class. Ask comprehension check questions.

El rincón de los lectores

Estrategias para leer: usar las pistas del contexto

En un capítulo previo aprendiste a usar pistas de contexto *(context clues)* cuando no sabes el significado de una palabra. Aprendiste que varias cosas te pueden ayudar a entender una palabra clave desconocida.

- el contenido de la oración
- no preocuparse por saber el significado específico; basta con tener una idea general del significado
- fijarse en la puntuación y la estructura
- identificar las palabras clave y no preocuparse por palabras desconocidas que no sean clave

Ahora lee las dos oraciones que siguen.

Una teoría dice que sirvió de refugio a los últimos incas que huían de la dominación española. Sea cual fuere su origen, la ciudad fue construida en las cumbres de la cordillera de los Andes.

1. Haz una lista de las palabras desconocidas en cada oración. ¿Cuáles son?
2. ¿Hay algunas palabras clave entre las palabras desconocidas? ¿Cuáles son? ¿Por qué crees que son clave?

¡A descifrar! Con la ayuda de un(a) compañero(a), trata de descifrar las palabras desconocidas de las dos listas. Si sabes el significado de las de su lista, no se lo digas. Simplemente ayúdale a adivinar siguiendo uno de los procesos mencionados.

Procedure: Have students read the **Estrategias** silently. Discuss the questions about unknown and key words with the entire class. Then allow time for students to get at the meaning of the unknown words while working in pairs.

Machu Picchu

Machu Picchu: La ciudad escondida de los incas

Procedure: Have students read one paragraph at a time silently. Ask comprehension check questions after each paragraph. Then call on individuals to answer the post-reading questions. Have the class confirm each response.

No se sabe con certeza cuándo fue construida Machu Picchu. Una teoría dice que la ciudad fue anterior a los incas y desconocida por ellos. Otra dice que fue construida por los incas, pero abandonada antes de la llegada de los españoles. Aun otra teoría dice que sirvió de refugio a los últimos incas que huían de la dominación española. Sea cual fuere su origen, la ciudad fue construida en las cumbres de la cordillera de los Andes a una altura de 1.400 pies sobre el río Urubamba.

No se sabe con seguridad si Machu Picchu fue encontrada por los conquistadores españoles. Si llegaron a conocerla, pronto la olvidaron porque permaneció escondida en las montañas por más de cuatro siglos. En 1911 Hiram Bingham, un profesor de historia de la Universidad de Yale, hizo una expedición al Perú en la que descubrió las ruinas de la ciudad. Desde ese momento aumentó el interés por conocer a fondo los elementos de la cultura incaica.

Algunos investigadores creen que Machu Picchu fue construida como una fortaleza para defenderse del ataque enemigo. Otros piensan que fue un santuario de gran importancia religiosa para los incas. También se cree que fue un convento donde las mujeres trabajaban fabricando la ropa que vestía el inca. Lo más probable es que fuera un centro religioso donde se practicaban sacrificios en honor a los dioses.

Machu Picchu es también un laboratorio de la cultura incaica. Allí puede observarse su método de cultivo por medio de terrazas, las cuales permitían una mejor explotación del terreno montañoso. Hay también un sistema de canales para la irrigación agrícola y el consumo humano. Pero lo más impresionante de todo es el empleo de la piedra labrada en la construcción de las casas, templos y otros edificios. El resultado es una arquitectura en armonía con la naturaleza que la rodea. Todo en ella nos hace recordar el esplendor y el rigor de una gran civilización perdida.

A ver si comprendiste

1. ¿Cuáles son las varias teorías sobre el origen y el propósito de Machu Picchu? ¿Cuál es la más probable, en tu opinión? Explica tu respuesta.
2. ¿Por qué se dice que Machu Picchu es un laboratorio de la cultura incaica? Explica con detalle.
3. ¿Qué es lo más impresionante de Machu Picchu para ti? ¿Por qué?

Vocabulario

PASO 1

Lugares

capital (f.)	capital
palacio	palace
ruinas (f. pl.)	ruins

Viajar

agente de viajes (m./f.)	travel agent
alojamiento	lodging
alojarse	to be lodged to stay overnight
cargar	to load; to carry
fortaleza	fortress
lancha	boat
puesta del sol	sunset
recuerdo	souvenir
turista (m./f.)	tourist
volar (ue)	to fly

Viajar en Perú

conejillo de indias	guinea pig
cuy (m.)	guinea pig
plato nacional	national dish
soroche (m.)	altitude sickness
té de coca (m.)	coca leaf tea

Adjetivos

ambos(as)	both
andino(a)	Andean
cosmopolita	cosmopolitan
divino(a)	divine
mismo(a)	same
seguro(a)	safe
estar seguro	to be sure, certain
Seguro que...	It's for sure that . . .
situado(a)	situated
típico(a)	typical

Verbos

cultivar	to cultivate
estar harto(a) de (algo)	to be fed up with (something)
explicar	to explain
observar	to observe
proveer	to provide

Palabras y expresiones útiles

a propósito	by the way
además	besides, furthermore
de arriba...	from top . . .
desde	since, from
detalle (m.)	detail
estrella	star
igual	equal
igual de	equally, the same
Es igual de interesante...	It's as interesting as . . .
montón de (m.)	a lot of . . .
nivel del mar (m.)	sea level
resto	rest

PASO 2

Ir de compras en Perú

artesanía	handicrafts
collar (m.)	necklace
estatua	statue
gastar	to spend
joyería	jewelry store
máscara	mask
pintura	painting
rollo	roll (of film)
suéter de alpaca (m.)	wool (alpaca) sweater
tarjeta postal	postcard
tienda de artesanía	arts and crafts store

Verbos

agotar	to exhaust
ahorrar	to save
doler (ue)	to hurt
invertir	to invest
navegar	to navigate
olvidar	to forget

Palabras útiles

alpinismo/ andinismo	mountain climbing
bancarrota	bankruptcy
duda	doubt
guardia (m./f.)	guard
tacaño(a)	stingy

PASO 3

Viajar

aduana	customs
discoteca	discotheque
kiosko	kiosk

Verbos

agradecer	to be grateful
enfermarse	to get sick
dejar en paz	to leave alone, in peace
ilusionarse	to build one's hopes up
purificar	to purify

Palabras y expresiones útiles

a pesar de	in spite of
ilusión (f.)	illusion
milagro	miracle

En preparación 12

Paso 1

12.1 Future tense of regular verbs

Talking about the future

A. In English, the future is usually expressed with the auxiliary verbs *will* or *shall: I will/shall see you later.* The future tense in Spanish is formed by adding the endings **-é, -ás, -á, -emos, -éis,** and **-án** to the infinitive of most **-ar, -er,** and **-ir** verbs.

estar	
estaré	estaremos
estarás	estaréis
estará	estarán
estará	estarán

ser	
seré	seremos
serás	seréis
será	serán
será	serán

ir	
iré	iremos
irás	iréis
irá	irán
irá	irán

Este verano no **viajaré.**
En el invierno **iremos** a hacer andinismo en Perú.

This summer I will not travel.
In the winter we will go mountain climbing in Peru.

B. There are other ways to talk about future time in Spanish. Remember that the present indicative and **ir a** + *infinitive* are also used to express future time.

Carlos **llega** mañana a las diez.
Te **veo** más tarde.
Vamos a verla esta noche.
Ella **va a** traerlos.

Carlos will arrive tomorrow at ten.
I'll see you later.
We are going to see her tonight.
She is going to bring them.

¡A practicar!

A. ¡Qué planes tengo! Andrés acaba de graduarse y antes que nada quiere pasar las vacaciones en Perú. ¿Qué planea hacer?

MODELO   yo / pasar / vacaciones / Perú
Yo pasaré las vacaciones en Perú.

1. primero, yo / ir a descansar / playas / Santa María
2. estar / Lima / dos semanas
3. divertirme / todas las noches / discotecas
4. visitar Cuzco / donde poder ver / fortaleza de Sacsahuamán
5. caminar / toda la ciudad / y ver / mucho de la antigua capital
6. regresar / los EE.UU. / agosto

B. **¡Me escaparé!** Unos amigos peruanos están hablando de lo que harán después de graduarse. Cambia los verbos al futuro para saber lo que dicen.

1. Yo _____ (ir) a visitar las ruinas de Chan Chan en el norte del país.
2. Alicia y yo _____ (descansar) y _____ (tomar) sol en las playas de Paracas.
3. Gloria y María _____ (viajar) a Machu Picchu.
4. José _____ (quedarse) aquí para descansar.
5. Cecilia y Roberto _____ (volver) a Arequipa durante el verano.
6. Fernando dice que _____ (visitar) a sus parientes en Ica. _____ (Estar) allá todo un mes.

12.2 Future tense of verbs with irregular stems

Talking about the future

The future tense of the following verbs is formed by adding the future tense endings to irregular stems.

Future tense: Irregular verbs		
decir:	**dir-**	
haber:	**habr-**	
hacer:	**har-**	
poder:	**podr-**	-é
poner:	**pondr-**	-ás
querer:	**querr-**	-á
saber:	**sabr-**	-emos
salir:	**saldr-**	-éis
tener:	**tendr-**	-án
valer:	**valdr-**	
venir:	**vendr-**	

poder	
podré	podremos
podrás	podréis
podrá	podrán
podrá	podrán

Note that a majority of the irregular stems are derived by eliminating the vowel of the infinitive ending or replacing it with a **d.**

Tendremos que visitar Chan Chan. *We will have to visit Chan Chan.*
Los invitados **vendrán** de todas partes. *The guests will come from all over.*
¿Quiénes **harán** el chuño? *Who will make chuño?*

¡A practicar!

A. ¡Hay tanto que hacer! Eva y Adolfo piensan hacer su primer viaje a Perú dentro de un mes. Ahora, Eva está explicándole a su mejor amiga lo que todavía le queda por hacer. ¿Qué dice Eva? Para saberlo, pon los verbos en el futuro.

Yo _____ (tener) que comprar los boletos de vuelo muy pronto. Adolfo, nuestros padres y yo _____ (hacer) la lista de todos los lugares que vamos a visitar.
Mamá _____ (ponernos) en contacto con unos parientes en Lima.
Mis tías _____ (darme) una lista de regalos que quieren que les compre.
Adolfo _____ (poder) visitar a unos amigos suyos en Cuzco. Y mis abuelos dicen que _____ (venir) a despedirnos el día de nuestra salida.

B. ¡Los días pasan volando! La mejor amiga de Eva tiene algunas ideas de cómo ayudarla. Pon los verbos entre paréntesis en el futuro para saber qué le sugiere.

Yo _____ (poder) ir contigo a comprar los boletos. Podemos ir mañana por la tarde porque yo _____ (salir) del trabajo a las dos de la tarde. También nosotras _____ (tener) tiempo de ir a casa a cenar. Te _____ (hacer) una cena especial. Probablemente no _____ (haber) otra oportunidad de estar asolas antes de tu viaje.

Paso 2

12.3 Conditional of regular and irregular verbs

Stating what you would do

A. The conditional is used to state conditions under which an action may be completed. In English, the conditional is expressed with *would: I would go if . . .* In Spanish, the conditional is formed by adding the endings **-ía, -ías, -ía, -íamos, -íais,** and **-ían** to the infinitive of most **-ar, -er,** and **-ir** verbs.

estar		ser		ir	
estaría	estaríamos	sería	seríamos	iría	iríamos
estarías	estaríais	serías	seríais	irías	iríais
estaría	estarían	sería	serían	iría	irían
estaría	estarían	sería	serían	iría	irían

Yo **iría** a un concierto de la peruana Tania Libertad.
I would go to one of the concerts of the Peruvian Tania Libertad.
Allí **podría** escuchar la música de Ciro Hurtado también.
There I would also be able to listen to Ciro Hurtado's music.

B. The conditional of the following verbs is formed by adding the conditional endings to irregular stems. Note that the irregular stems of these verbs are identical to those of the irregular future tense verbs.

Conditional: Irregular verbs		
decir:	**dir-**	
haber:	**habr-**	
hacer:	**har-**	
poder:	**podr-**	-ía
poner:	**pondr-**	-ías
querer:	**querr-**	-ía
saber:	**sabr-**	-íamos
salir:	**saldr-**	-íais
tener:	**tendr-**	-ían
valer:	**valdr-**	
venir:	**vendr-**	

hacer	
har**ía**	har**íamos**
har**ías**	har**íais**
har**ía**	har**ían**
har**ía**	har**ían**

Haría todo lo posible por conseguir entradas al concierto.

I would do everything possible to get tickets to the concert.

Tú **podrías** ir conmigo.

You could go with me.

¡A practicar!

A. **¡Yo lo haría así!** Tu mejor amigo(a) desea viajar este verano pero no tiene la mínima idea adónde. Quiere saber adónde irías tú y qué harías en el viaje. ¿Qué le dices?

MODELO   primero, buscar información por Internet*
           Primero, buscaría información por Internet.

1. sin duda, yo decidir viajar a Perú
2. llamar a varias agencias de viaje
3. empezar a trabajar más horas
4. de esa manera, ahorrar más dinero
5. también tomar una clase de historia de Cuzco o de Perú
6. luego, comprar mis boletos
7. hacer mis maletas
8. irme a Perú por todo un mes

B. **¡Me encantaría ir contigo!** Ahora que todos los planes están hechos, tu mejor amigo(a) insiste en que hagas el viaje a Perú con él (ella). ¿Qué tendrían que hacer para poder viajar juntos(as)?

MODELO   Los (Las) dos (tener) que trabajar más horas.
           Los (Las) dos tendríamos que trabajar más horas.

1. Mi amigo(a) y yo (hablar) con nuestros amigos peruanos.
2. Los (Las) dos (tener) que organizar nuestro presupuesto *(budget)*.
3. Los (Las) dos (poder) tomar la clase de historia de Perú juntos(as).
4. Yo definitivamente (tomar) otra clase de español.
5. Mi amigo(a) y yo (practicar) español veinticuatro horas al día.
6. Yo (saber) exactamente qué lugares visitar.

*The word **Internet** is used in Spanish with either the masculine article **el** or the feminine article **la** or with no article at all, as is the case in *¡Dímelo tú!*

C. **¡Nunca!** Como es la primera vez que tu amigo(a) viaja tan lejos, sus padres están un poco preocupados. Tú los llamas para convencerlos. Completa los espacios con los verbos en condicional para saber qué les dices.

¡ _____ (Ser) una excelente oportunidad para hacernos bilingües! Nosotros(as) _____ (practicar) más que nunca. _____ (Hablar) continuamente con los miembros de la familia donde nos vamos a hospedar y también _____ (tener) amplia oportunidad de hablar con la gente en la calle, porque _____ (tener) que tomar el autobús a la universidad todos los días. Claro, que ya estando allí, _____ (viajar) a Bolivia y a Ecuador, y si nuestro presupuesto lo permitiera, _____ (ir) también al Cono Sur, a Chile, Argentina y Uruguay.

Paso 3

12.4 *Tú* commands: A second look

Requesting, advising, and giving orders to people

A. In **Capítulo 9,** you learned that affirmative **tú** commands are identical to the third-person singular of the present indicative.

Llama a la agencia de viajes.	*Call the travel agency.*
Haz las reservaciones.	*Make the reservations.*
Pide información sobre Sipán.	*Ask for information about Sipán.*

You have also learned that there are eight irregular affirmative **tú** commands: **di, pon, sal, ten, ven, haz, ve,** and **sé.**

B. To form a negative **tú** command, drop the final **-o** from the first-person singular of the present indicative and add **-es** to **-ar** verbs and **-as** to **-er** and **-ir** verbs.

Negative *tú* commands			
tomar:	tomo	No **tomes** cerveza.	*Don't drink beer.*
comer:	como	No **comas** nada.	*Don't eat anything.*
dormir:	duermo	No **duermas** aquí.	*Don't sleep here.*
salir:	salgo	No **salgas** hoy.	*Don't go out today.*

C. Reflexive and object pronouns must precede the verb in negative commands and follow and be attached to the verb in affirmative commands. When two pronouns are present in a sentence, the reflexive pronoun always comes first, and the indirect-object pronoun always precedes the direct-object pronoun.

Llámanos cuando lleguen y no **te olvides** de llamar a tus abuelos.	*Call us when you arrive and don't forget to call your grandparents.*
¡Ah, el pasaporte! **Tráemelo,** por favor.	*Oh, the passport! Bring it to me, please.*

¡A practicar!

A. **¡El soroche!** Es tu primer día en Cuzco y tu amigo(a) sufre de soroche. ¿Qué consejos le das?

1. quedarte / en casa
2. no comer / nada
3. tomar / té de coca
4. descansar / todo el día
5. no salir / y / no hacer nada en la casa
6. acostarte / y / no levantarte
7. dormir / todo el día
8. si suena el teléfono / no contestarlo

B. **¡Está enfermo(a)!** Ahora tu compañero(a) de cuarto está hablando por teléfono con su mamá. ¿Qué le dice ella?

1. no comer / nada
2. no mirar / televisión
3. no leer / mucho
4. no tomar / cerveza
5. no salir / al frío
6. no hacer / ejercicios pesados

C. **¡Instrucciones!** Los padres de tu compañero(a) tienen instrucciones muy específicas para ti. ¿Qué te dicen?

MODELO servirle sopa de pollo dos veces al día
      Sírvele sopa de pollo dos veces al día. o
      Sírvesela dos veces al día.

1. tomarle la temperatura cada cuatro horas
2. no hablarle si se siente cansado(a)
3. darle una aspirina cada seis horas
4. no despertarlo(la) si suena el teléfono
5. prepararle té calientito todo el día
6. servirle un vaso de agua fresca cada media hora

El Canal de Panamá

Una indígena cuna

CAPÍTULO 13

¡Puente entre las Américas... Panamá!

La Ciudad de Panamá

Las fotos hablan!

A. A que ya sabes. Completa los siguientes comentarios sobre Panamá basando tus respuestas en estas fotos.

1. Panamá es una combinación de...
   a. lo moderno y lo industrial.
   b. lo industrial y lo indígena.
   c. lo moderno, industrial e indígena.
2. La Ciudad de Panamá es una ciudad muy...
   a. moderna.
   b. antigua.
   c. colonial.
3. Los indígenas cunas...
   a. construyeron el Canal de Panamá.
   b. se han asimilado totalmente a la sociedad panameña moderna.
   c. mantienen muchas de sus tradiciones.
4. El Canal de Panamá...
   a. sirve a la mayoría de necesidades de los indígenas.
   b. probablemente es la mayor industria de Panamá.
   c. ya perdió toda su importancia en la economía global.

A. Answers: 1. c 2. a 3. c 4. b

B. ¿Por qué? Indica si los comentarios que siguen explican el porqué de los cuatro comentarios correspondientes a la actividad A.

Sí No 1. El Canal de Panamá trajo la industrialización y modernidad a Panamá sin alterar las culturas indígenas del país.

Sí No 2. La Ciudad de Panamá es uno de los centros financieros más importantes de las Américas.

Sí No 3. Los indígenas cunas mantienen vivas sus tradiciones culturales en medio de la sociedad moderna de Panamá.

Sí No 4. El Canal de Panamá se inauguró en 1914, con el control de los Estados Unidos por cien años.

B. Answers: 1. Sí 2. Sí 3. Sí 4. No

¡Panamá recomienda que hagamos más ejercicio!

TAREA

Antes de empezar este Paso, estudia la lista de vocabulario en la página 471 y practícalo al escuchar el surco 27 de tu Text Audio CD #3. Luego estudia *En preparación.*

13.1 Present subjunctive: Theory and forms, página 472

13.2 Subjunctive with expressions of persuasion, página 473

Haz por escrito los ejercicios de *¡A practicar!*

Escucha la sección *¿Qué se dice... ?* del Capítulo 13, Paso 1, en el surco 23 del Text Audio CD y haz la actividad correspondiente en la página 447.

Have students prepare *13.1 Present subjunctive: Theory and forms* for the first day you work on this **Paso.** Then assign *13.2 Subjunctive with expressions of persuasion* for the second day.

¿Eres buen observador?

Te invitamos a hacerte socio de la Asociación Estudiantil Masculina ZTE

Allow 2–3 mins. for students to discuss their answers. Then discuss with the class.

Ahora, ¡a analizar!

Consejos. Los socios de la Asociación Estudiantil Masculina ZTE hacen varias actividades, algunas muy buenas para la salud, otras no tan buenas. ¿Qué consejos les puedes dar para que sigan haciendo lo saludable y dejen de hacer lo que no es bueno para su salud?

Les recomiendo / sugiero / aconsejo / insisto en / digo que...

tomen más agua	descansen más	consuman muchas
no fumen	bajen de peso	verduras
no tomen bebidas alcohólicas	controlen su peso	coman más pescado
coman más verduras	practiquen más deportes	corran más

Al dar consejos

CD3-23

Purpose: To introduce new lesson vocabulary and structures needed when giving advice about health.

Audio Script:
NARCISO: ¿Y qué te dijo el médico?
DAVID: Bueno, más o menos estoy bien de salud, pero... Me recomienda que siga una dieta sin carne y que evite la grasa. Dice también que coma más verduras y que tome ocho vasos de agua al día. Y que no fume ni beba. Además, me aconseja que corra, o que por lo menos camine una hora al día. Dice que, definitivamente, tengo que bajar de peso.

El médico recomienda que...

_____ 1. tome mucha leche.
_____ 2. no fume.
_____ 3. coma muchas verduras.
_____ 4. baje de peso.
_____ 5. no tome bebidas con alcohol.
_____ 6. no coma tanta carne ni grasa.
_____ 7. no duerma tanto.
_____ 8. camine o corra todos los días.
_____ 9. tome mucha agua.
_____ 10. coma pollo y pescado.

Answers: 2, 4, 5, 6, 8, 9

Ask volunteers what recommendations/suggestions were given. Have the class confirm each response.

Web TM13-1, **Procedure:** Have students look at the visuals as you read each caption or narrate your own story line. Narrate 2 or 3 sentences at a time, pointing to the particular persons or objects being mentioned. Ask comprehension check questions.

Alternative Story Lines: 1. Talk about health advice you have recently received. 2. Talk about an article or TV program on health advice. 3. Talk about health advice you have had to give a sibling or roommate.

NARCISO: A ver, nada de alcohol, nada de fumar, litros de agua, mucha verdura, correr y caminar. Parece la dieta ideal... para caballos. ¿Pero, cuál te dijo que era el diagnóstico?

DAVID: Nada, dice que tengo un poquito de depresión.

NARCISO: ¿Depresión? Pues ya sabes lo que tienes que hacer. Tienes que hacerme caso, te lo he dicho muchas veces.

DAVID: Sí, ya lo sé.

NARCISO: Pues ánimo: fuera el tabaco, fuera las horas ante el televisor, fuera la pereza; y viva la salud, el ejercicio, el optimismo, la energía... y a disfrutar del maravilloso sol de Panamá.

A propósito...

Hacer caso significa prestar atención.

A propósito...

El subjuntivo siempre se usa en oraciones con dos cláusulas, es decir, dos oraciones conectadas por una conjunción. Cada cláusula tiene su propio sujeto y verbo. Cuando se usa el subjuntivo los dos sujetos siempre se refieren a distintas personas. ¿Cuáles son los dos sujetos y verbos en las actividades A y B? ¿Cuál de los dos verbos requiere el subjuntivo?

¿Sabías que...?

Algunos críticos dicen que Panamá solamente es famoso por tres razones: el canal, los sombreros de Panamá y el general Noriega. Y añaden que el canal perteneció a los Estados Unidos hasta hace muy poco tiempo; los sombreros de Panamá no se hacen en Panamá sino en Ecuador; y el ex presidente Noriega está en una prisión en los Estados Unidos. Pero, bromas aparte, Panamá es mucho más. Con una fascinante mezcla de indígenas, españoles, africanos, chinos, rusos, franceses y mestizos y mulatos, este país es un centro internacional de negocios y transporte. Además, cuenta con algunas de las playas más hermosas del mundo, y en las islas San Blas viven los cunas, unos indígenas que después de quinientos años, todavía mantienen su cultura y su autonomía.

🔍 **En tu opinión:** ¿Por qué creen que ha habido tanta influencia extranjera en Panamá? ¿Cuál ha sido el interés principal de los Estados Unidos en Panamá? ¿Por qué creen que hay una mezcla de tantas razas en Panamá? ¿Será porque Panamá, como los Estados Unidos, atrae a refugiados políticos de otros países? ¿Tienen los Estados Unidos grupos de indígenas que, como los cunas, mantienen su cultura y su autonomía?

Ahora, ¡a hablar!

A. ¡Estoy rendido! Adrián es estudiante de la Tecnológica. Ahora está cansado de tanto estudiar y trabajar. ¿Qué recomiendas para que se relaje? Haz por lo menos ocho recomendaciones originales.

MODELO	Recomiendo que haga un viaje.

	hacer un viaje
	olvidar el trabajo
aconsejar	descansar todo el domingo
insistir en	organizar una fiesta
sugerir	salir más
recomendar	relajarse más
	no preocuparse tanto
	evitar el estrés

B. El primer semestre. El primer semestre en la universidad puede ser una experiencia algo traumática para algunas personas. ¿Qué consejos tienes para un(a) nuevo(a) estudiante que acaba de entrar a la universidad?

MODELO   estudiar un poco todos los días
Recomiendo que estudie todos los días un poco.

1. participar activamente en las clases
2 limitar su vida social
3. entregar los trabajos a tiempo
4. organizar grupos de estudio
5. administrar su tiempo
6. leer muchísimo
7. mantener una vida sana

C. **¡El primer coche!** Jaime, un joven panameño, acaba de recibir su licencia de manejar. Según él, ¿qué consejos recibe de su familia?

EP 13.1 ☞, EP 13.2 ☞

MODELO mamá insistir en / siempre / manejar con precaución
Mi mamá insiste en que yo siempre maneje con precaución.

1. padres / recomendar / siempre usar / cinturón de seguridad
2. papá / insistir en / siempre observar / los límites de velocidad
3. hermano mayor / recomendar / siempre poner / coche / garaje
4. hermana / insistir en / nunca / beber alcohol / si tener que manejar
5. papá / recomendar / lavar / coche / con frecuencia
6. padres / insistir en / siempre tener / llanta de repuesto

IRM TM13-1, **Repaso visual,** *¡Únete a nosotros!*: Print out the transparency and call on **individual** students to make specific reccomendations and suggestions as well as tell what they advise as you point to each scene.

Y ahora, ¡a conversar!

D. **Doctor Sabelotodo.** Tú y tu compañero(a) trabajan para el doctor Sabelotodo, un señor que da consejos en un periódico de su comunidad. ¿Qué consejos puede darles a estas personas? Sugieran varios consejos para cada situación.

D. Assign one problem to each **pair.** Allow 2–3 mins. Then ask **individuals** to tell what problem they were addressing and what advice they gave.

Vocabulario útil

aconsejar	permitir	recomendar
insistir	preferir	sugerir

1. Una pareja de recién casados quiere saber cómo se puede tener un matrimonio feliz.
2. Una joven de dieciocho años necesita conseguir un buen trabajo inmediatamente.
3. Tres compañeros de cuarto quieren saber cómo obtener buenas notas. ¡Es urgente!
4. Dos amigos quieren vivir juntos; necesitan consejos para poder vivir sin problemas.
5. Un(a) joven acaba de divorciarse. Está muy deprimido(a).

E. **¿Nosotros? ¿Consejeros?** Todos tenemos problemas: de salud, de dinero, de trabajo o de lo que sea. En grupos de tres, preparen una descripción por escrito de dos o tres problemas típicos de estudiantes universitarios y dénsela a su profesor(a). Él (Ella) va a redistribuir las listas para que cada grupo haga varias recomendaciones para solucionar los problemas de su nueva lista.

E. Allow 2 mins. for students to write the list. Then allow another 2–3 mins. for group recommendations. Call on several groups and have the class comment on their recommendations.

F. **Sueños.** Todos tenemos sueños que queremos realizar algún día. Con un(a) compañero(a) comparte tus sueños. Tu compañero(a) va a darte algunos consejos que te ayudarán a lograr *(attain)* lo que quieras.

F. Have students work **in pairs** first. Allow 2–3 mins. Then call on **individuals** to talk about their aspirations and the advice they received to help attain them.

MODELO TÚ: **Yo quiero vivir en una mansión grande y elegante.**
COMPAÑERO(A): **Sugiero que trabajes mucho y ahorres *(save)* mucho dinero o que te cases con un(a) millonario(a).**

¡Luces! ¡Cámara! ¡Acción!

G and H. Have students select either activity **G** or **H** and allow 3–4 mins. for students to prepare. Point out that all students must present without using books or notes. Call on volunteers to present first, and then call on the rest of the class. Ask comprehension check questions.

G. **¿Qué me recomiendas?** Es la última semana de exámenes y un(a) amigo(a) que está sufriendo de mucho estrés viene a hablar contigo y con tu mejor amigo(a). ¿Qué consejos le dan ustedes? Con dos compañeros(as), escriban su diálogo y dramatícenlo delante de la clase.

H. **Consejos.** Tú y tu compañero(a) de cuarto están hablando con un(a) amigo(a) que tiene problemas serios debido al exceso de alcohol (drogas o cigarrillos). ¿Qué consejos le dan? Dramatiza la situación con dos compañeros(as) de clase.

Un paso atrás, dos adelante: Capítulo 12

Allow students 2-3 mins. to complete the exercise. Then have them share their responses **in pairs** and ask them to suggest corrections if they detect inconsistencies. Call on several students to read their responses. Some will vary.

Repasemos. En el Capítulo 12 aprendiste a hablar de lo que harás en el futuro en general o durante unas vacaciones en particular; aprendiste también a hablar de lo que harías en diferentes situaciones, y a dar consejos y órdenes a los demás. Repasa lo que sabes, completando el siguiente texto con las palabras necesarias. Puedes inventar la información.

Un plan emocionante

TU AMIGO(A): Entonces, ¿cuándo _____ [futuro de tomar] las vacaciones este año? Yo las _____ [futuro de tomar] en agosto.

TÚ: Y yo también. Y creo que _____ [futuro de ir] a Perú. ¿Y tú?

TU AMIGO(A): Yo no lo _____ [presente perfecto de pensar] todavía, pero sí, creo que también me _____ [condicional de gustar] ir a Perú.

TÚ: Si quieres podemos ir juntos; _____ [command de pensar] una fecha y podemos comprar el billete para ir juntos.

TU AMIGO(A): Muy bien. ¿Y qué _____ [condicional de querer] visitar en Perú? Yo no _____ [condicional de perderse] Machu Picchu por nada del mundo.

TÚ: Ni yo; además, mi profesor me _____ [presente perfecto de hablar] muy bien de la reserva de la biosfera del Manú.

TU AMIGO(A): Muy bien, pues la _____ [futuro de visitar] también.

TÚ: ¡Perfecto! _____ [command de llamar] cuando encuentres unos billetes a buen precio. _____ [command de recordar] que soy vegetariano(a) y que prefiero la ventana al hacer la reserva del avión.

TU AMIGO(A): De acuerdo, lo _____ [futuro de recordar].

¿Comprendes lo que se dice?

Estrategias para escuchar: interpretar las palabras clave

CD3-24

In **Capítulo 12** you learned that understanding what you hear can involve more than just the words you hear; nonverbal cues are as essential as specific words. Often, little of the necessary meaning of a speech event is encoded in the words and grammar alone. Rather, the linking together of certain key words (**palabras clave**) with your prior knowledge and experience becomes essential to the process of understanding. This is especially important when you don't recognize every word you hear.

The dialogue you will now hear portrays expectant parents returning from a prenatal parenting class in Panama City. This dialogue contains some vocabulary with which you will not be familiar. Use the various listening strategies you have learned: listen for cognates and let what you know about prenatal classes help you. Also, using these strategies, try to guess at the meaning of any words that you feel are important but do not understand.

¿Y después de traerlo a casa? Escucha este diálogo con un(a) compañero(a). Mientras escuchen, escriban en una hoja de papel todas las palabras clave que no entiendan y que consideren necesarias para poder interpretar el diálogo. Luego escuchen el diálogo otra vez y traten de identificar el significado de esas palabras basándose en cognados que reconocen y en lo que ya saben de clases para futuros padres. Finalmente, preparen un resumen de todo lo que los nuevos padres aprendieron en sus clases.

Procedure: Have students read the **Estrategias** silently. Then play the recording twice all the way through. Ask students to do the comprehension check activities **in pairs.** Call on several pairs to read their lists of unknown words and their interpretation, and have the class confirm the interpretations.

Audio Script:
EVANGELINA: Hola, doña Josefina, ya estamos.
RICARDO: ¿Qué tal, doña Josefina? ¿Cómo está?
JOSEFINA: Muy bien, gracias, Ricardo. Hola, Evangelina. ¿Qué tal? ¿Qué aprendieron esta vez?
EVANGELINA: Pasaron media hora explicándonos cómo cargar al bebé. Como si fuera tan difícil.
RICARDO: Sí. Recomiendan que siempre sostengamos la cabeza con la mano. Dicen que es muy importante.
JOSEFINA: ¿Y eso es todo?
RICARDO: No, no, no. Nos explicaron varias posiciones. La posición balón, la cuna, sobre los hombros, éstas son las básicas.
EVANGELINA: Ah, y le enseñaron a Ricardo a cambiar al bebé.
JOSEFINA: ¿A Ricardo? ¿Le vas a permitir a Ricardo que lo cambie?
EVANGELINA: ¡Cómo no! Hoy día es preferible que el hombre participe tanto como la mujer.
JOSEFINA: Pero si los hombres no saben nada.
EVANGELINA: Por eso vamos a las clases, doña Josífina.
RICARDO: Pero sí yo soy un experto en el cambio de pañales. Sé todo lo que hay que saber sobre los desechables y los de tela. Ahora sugieren que usemos los de tela porque son más ecológicos.
JOSEFINA: *(Con ironía)* Me tienes impresionada. Y tú, Evangelina, ¿no piensas hacer nada después de traerlo a casa?
EVANGELINA: Alimentarlo, doña Josefina. Darle el pecho; que eso sí que los hombres no lo pueden hacer.

Panamá

Capital: Panamá
Área: 1.285.220 km^2
Población: 2.960.784 (julio de 2003)
Unidad monetaria: balboa y U.S. dólar
Clima: tropical, cálido y húmedo, con una larga temporada de lluvias
(de mayo a enero)

Antes de empezar, dime...

1. ¿Cómo puede influir la situación geográfica de un país en su destino o en su futuro? ¿Puedes dar ejemplos de esto?
2. ¿Qué influencia ha tenido en los Estados Unidos el hecho de que México sea el vecino inmediato en la frontera del sur y Canadá en la frontera del norte? ¿Qué influencia ha tenido esta situación geográfica en México y Canadá?
3. ¿Dónde hay fortificaciones antiguas en los Estados Unidos.? ¿Cuándo fueron construidas? ¿A quiénes protegían estas fortificaciones?

Procedure: Ask for volunteers to answer the pre-reading questions. Then allow 2 mins. to read the first paragraph silently. Ask lots of comprehension check questions. Repeat this procedure with the remaining paragraphs. Then have students do the comprehension check activity **in pairs.** Ask volunteers to read their comparison to the class.

Panamá, ¡puente del Atlántico al Pacífico!

Panamá es un istmo, o sea, una franja de tierra angosta que une dos continentes. Es un país pequeño; de este a oeste mide unas 480 millas y de sur a norte varía entre 28 y 120 millas. El futuro de Panamá se determinó en el año 1513 cuando Balboa vio por primera vez el Pacífico. Reconocido muy pronto como el cruce más importante del Atlántico al Pacífico, el destino de este país ha sido determinado en gran parte por su situación geográfica.

La población de Panamá es de aproximadamente 2.755.000 habitantes. Está compuesta por comunidades europeas, indígenas, negras y una minoría de origen asiático. La población de Panamá crece anualmente un 2,2 por ciento.

Su capital, la Ciudad de Panamá, es una impresionante metrópoli de rascacielos modernos (grandes edificios) que actualmente tiene una población de 1.200.000 habitantes. Fundada en 1519, fue de gran importancia para los españoles, siendo el puerto principal de donde salían las expediciones de la Conquista. En el año 1673, esta ciudad tuvo que ser reconstruida después de ser saqueada por el pirata inglés Henry Morgan. Al ser reconstruida, fue fortificada tan efectivamente por los españoles que nunca más pudo ser atacada con éxito por el enemigo. Esta fortificación se conserva hasta hoy en la sección de la ciudad llamada «Casco Viejo», uno de los hermosos ejemplos de la arquitectura antigua del mundo hispano. Debido a su situación geográfica estratégica, en la ciudad se encuentran sucursales de todos los principales bancos del mundo y cientos de compañías multinacionales.

Y ahora, dime...

Explica con un(a) compañero(a) cómo influyó la situación geográfica de la Ciudad de Panamá en su pasado y cómo sigue influyendo en su presente.

INFLUENCIA DE SITUACIÓN GEOGRÁFICA

Pasado	Presente
1.	1.
2.	2.
3.	3.
4.	4.

Viajemos por el ciberespacio a... PANAMÁ

Si eres aficionado a navegar por el ciberespacio, usa las siguientes palabras clave para llegar a estos fascinantes sitios de **Panamá**:

Panamá

Ciudad de Panamá

Indígenas de Panamá

O mejor aún, simplemente ve hasta el sitio de la Red *¡Dímelo tú!* usando la siguiente dirección: http://dimelotu.heinle.com

Haz un *click* en las direcciones correspondientes para que puedas...

- estudiar la historia contemporánea de Panamá, un país que, como dice su lema nacional: *Pro Mundi Beneficio,* ha transformado su economía en una que beneficia al mundo entero.
- conocer y disfrutar de la histórica Ciudad de Panamá.
- visitar el archipiélago de San Blas, lugar de origen de los indígenas cunas y de las fascinantes molas.

A tonificar el cuerpo... en la Cuidad de Panamá

TAREA

Antes de empezar este Paso, estudia la lista de vocabulario en la página 471 y practícalo al escuchar el surco 28 de tu Text Audio CD #3. Luego estudia *En preparación.*

13.3 **Usted** and **ustedes** commands, páginas 473–474

13.4 **Ojalá** and present subjunctive of irregular verbs, paginas 474–475

Haz por escrito los ejercicios de *¡A practicar!*

Escucha la sección *¿Qué se dice... ?* del Capítulo 13, Paso 2, en el surco 25 del Text Audio CD y haz la actividad correspondiente en la página 455.

Have students prepare *13.3 Usted and ustedes commands* for the first day you work on this **Paso.** Then assign *13.4 Ojalá and present subjunctive of irregular verbs* for the second day.

Call on **individual** students. If they say it is a command that would be used, have them demonstrate the exercise to the class. Have the class confirm each response and exercise.

Answers: All but the following would be used in an aerobics class: **Caminen por 20 minutos, Corran alrededor del cuarto., Tomen un refresco.**

¿Eres buen observador?

Ahora, ¡a analizar!

Indiquen cuáles de éstas son instrucciones que Nico Rada usaría en su clase de ejercicios aeróbicos.

☐ Levanten los brazos.

☐ Doblen las rodillas.

☐ Estiren las piernas.

☐ Respiren profundamente.

☐ Salten en un pie.

☐ Levanten y bajen la cabeza.

☐ Sigan el ritmo de la música.

☐ Caminen por 20 minutos.

☐ Corran alrededor del cuarto.

☐ Tomen un refresco.

☐ Den vuelta a las manos.

☐ Suban la pierna izquierda.

Al hablar de tonificar el cuerpo

CD3-25

Doblen	en un pie.
No respiren	vuelta a las manos.
Estiren	el ritmo.
Den	por la boca.
Salten	los brazos.
Sigan	las rodillas.

Purpose: To introduce in context the vocabulary and structures students will need when doing aerobic exercise and when describing how they feel afterward.

Audio Script:
INSTRUCTORA: Primero, respiren profundamente. Adentro, afuera, otra vez, adentro, afuera. Bien, bien, ahora, doblen las rodillas, pero mírenme. Quiero que lo hagan correctamente. Así es, uno, dos, tres, cuatro. Ahora ustedes, uno, dos, tres... Bueno. Estiren los brazos y den vuelta a las manos diez veces, uno, dos, tres... A ver, usted, joven, levante la cabeza. No respire por la boca; es por la nariz. Y estire los brazos un poco más. Así es. Ahora todos, salten en un pie y sigan el ritmo de la música. Uno, dos, tres, cuatro. Uno,... Bien. ¡Fantástico! Ahora relájense un poco. Así es. Muy bien, es todo por hoy.

Answers: Doblen las rodillas. No respiren por la boca. Estiren los brazos. Den vuelta a las manos. Salten en un pie. Sigan el ritmo.

WEB TM13-2, Procedure: Read each caption or narrate your own story line. Narrate two sentences at a time; point to the person being mentioned and model the aerobic activity. Ask comprehension questions.

Alternative Story Lines: 1. Talk about your exercise class. 2. Talk about a friend's exercise class. 3. Describe a typical scene in an aerobics class. Have students look at the visuals as you narrate. Ask lots of comprehension check questions.

LETICIA:	¡Huy! Estoy muerta. Ojalá que sea más fácil mañana.
NARCISO:	Estoy molido.
DAVID:	Yo también. Estoy hecho polvo.
IRENE:	¡Ay, qué flojos están todos! Ya saben que tienen que sufrir un poco si quieren tonificar el cuerpo. Ojalá mañana pongan más esfuerzo.
TODOS:	¡Bu! ¡Ay, ay, ay! ¡Vaya! ¡A otro perro con ese hueso!

A propósito...

En español usamos expresiones como «estoy muerto(a)», «estoy molido(a)», «estoy hecho(a) polvo», «estoy rendido(a)», para indicar que estamos muy cansados.

Explain what these expressions mean literally, and then ask 4 students to use these expressions in complete sentences.

La expresión **ojalá** viene de una expresión árabe que invocaba al Dios Alá. La influencia árabe en la lengua y cultura española abunda porque los musulmanes (*Moslems*) controlaron grandes partes de España por casi ochocientos años (711–1492). Cuando dos lenguas conviven por un extenso período de tiempo, la una acaba por influir en la otra y viceversa. Por ejemplo, un gran número de sustantivos que empiezan con **al-** en español vienen directamente del árabe: **alfombra, almohada** (*pillow*), **alhaja** (*jewel*), **algodón** (*cotton*), **alfalfa, alberca, álgebra, alquimia, alcalde** (*mayor*), **alguacil** (*sheriff*)...

En tu opinión: Ojalá en árabe es *ua xa Alah.* ¿Qué crees que significa? ¿Por qué crees que tantas palabras en español de origen árabe empiezan con **al**? Algunas de estas palabras pertenecen a categorías temáticas como artículos de lujo: alfombra, almohada, y alhaja. ¿Puedes identificar otras categorías temáticas en las palabras de origen árabe que aparecen aquí? ¿Por qué crees que esas palabras de origen árabe llegaron al español? ¿Cuáles son algunos ejemplos de palabras que han llegado al inglés del español?

Ahora, ¡a hablar!

A. **Instructor(a) de aeróbicos.** Maité es instructora de ejercicios aeróbicos en el Club Deportivo Azuero. ¿Qué les dice a sus alumnos al empezar?

MODELO   relajarse / respirar profundamente
          Relájense; respiren profundamente.

1. con el ritmo de la música / levantar los brazos / luego bajarlos
2. todos juntos / doblar la cintura lentamente a la izquierda / y luego la derecha
3. lentamente / subir la pierna izquierda / y luego bajarla
4. con energía / levantar los brazos / luego dar vuelta a las manos
5. sin perder el ritmo de la música / subir los hombros / y luego bajarlos

B. **Anatomía.** En una escuela primaria en la Zona del Canal de Panamá, los niños están completando una lección de anatomía. ¿Cómo crees que contestan cuando la profesora les pide que, en parejas, digan para qué sirven las siguientes partes del cuerpo?

MODELO   **La boca sirve para comer y para hablar.**

1. las manos
2. la nariz
3. los oídos
4. los dedos
5. los pies
6. los brazos
7. los ojos
8. la boca
9. las piernas
10. ¿...?

Give students other examples of Arabic influence on the Spanish language: **aceituna, almacén, naranja, alfiler, alcoba, albóndiga, almanaque, azul, alquiler, laúd, jazmín.** «Ojalá» has derived from the Arabic phrase "May God grant." In Arabic, **al** is the definite article "the." Some catagories are luxury items: **almohada, alfombra;** agricultural terms: **algodón, alfalfa.** During the occupation of Spain, the Arabs excelled in the production of luxury items, the sciences, the administration of justice, as well as in the field of agriculture.

Vocabulario activo
A. Call on **individuals.** Have the class confirm each response by actually doing the exercise movement called for each time.

A propósito...

Recuerda que, en español no nos referimos a las partes del cuerpo con pronombres posesivos. En su lugar, usamos verbos reflexivos o pronominales. En español decimos: «Me lavo las manos» (*I wash my hands*) o «Me duelen los dedos» (*My fingers hurt*).

B. Allow 2–3 mins. for **pair work.** Then call on **individuals** to give the purpose of each body part and have the class confirm each response.

ojo
nariz
diente
boca
mentón
garganta
mano
pecho
estómago
rodilla
tobillo
pie
pierna
cabeza
oído
oreja
cuello
hombro
codo
brazo
cintura
dedo

Smart Classroom: For homework, ask students to search the Internet to extend their knowledge of the vocabulary related to the **cuerpo humano** in Spanish. Ask students to search the Internet by "**salud y cuerpo humano**" and to go on from there. Allow students to follow different tracks and to establish different connections: common origin of the words, in Spanish and English, different illnesses, etc. Ask them to write a concise report on their findings. Ask volunteer students to come to class prepared to present their findings and to suggest websites with interesting information.

C. **¡Excesos!** Los excesos son malos para la salud. ¿Qué daño *(damage)* causan estos malos hábitos? ¿Qué les aconsejas a estas personas?

MODELO El señor Vidal fuma dos paquetes de cigarrillos al día.
   Fumar es malo para la garganta y los pulmones.
   No fume tanto. [O, simplemente] **No fume.**

1. La señorita Ramírez toma mucho café.
2. El profesor Durán grita mucho.
3. La señorita Carrillo corre sin zapatos.
4. El doctor Ruiz levanta cosas pesadas.
5. La señora Rodríguez lee con poca luz.
6. El señor Humanes bebe mucho licor.
7. El señor Durán pasa muchas horas frente a la computadora.
8. La profesora Gertel escucha música a todo volumen.

EP 13.3 **C–D.** Have students work **in pairs** first. Allow 2–3 mins. Then repeat with the **entire class.**

D. **¡Ya no aguanto!** Después de la clase de aeróbicos en el Club Deportivo Azuero, Martín está molido. ¿Qué está pensando?

MODELO espalda *(back):* ojalá no ser nada grave
   ¡Ay la espalda! Ojalá no sea nada grave.

1. cuello: ojalá no tener que ir al médico
2. piernas: ojalá poder ir a bailar esta noche
3. cabeza: ojalá / instructora tener una aspirina
4. pies: ojalá no estar hinchados *(swollen)*
5. brazos: ojalá poder abrir la puerta del coche
6. mano: ojalá no me impedir que escribir mi trabajo esta tarde

EP 13.4

IRM TM13-2, Repaso visual, *¡Vamos, ánimo!:* Print out the transparency and call on **individual** students to give a command for each exercise and to tell what part(s) of the body benefits from each. Have the class confirm each response.

E. Allow 2–3 mins. for each **group** to design an exercise program. Then ask several groups to describe their programs to the class.

F. Allow 2–3 mins. for interviews and another 2–3 mins. to give advice. Ask several individuals what advice they gave their partners.

E. «**¿Teleadicto?**» Hay personas no muy activas que prefieren mirar televisión todo el día en vez de hacer ejercicio. ¿Pueden tú y dos compañeros(as) crear un programa de ejercicio diseñado especialmente para ese tipo de gente? Sean creativos al diseñar ejercicios «aeroteleadictos».

F. **La salud y el ambiente.** El ambiente en el que vives y trabajas afecta mucho la salud. Entrevista a un(a) compañero(a) sobre el ambiente en el que vive y trabaja. Usa este cuestionario y anota sus respuestas. Luego aconséjalo(la) acerca de lo que debe hacer o no hacer para mantenerse en forma.

1. ¿Cuáles son los problemas ambientales del lugar donde vives?
   - ☐ pesticidas
   - ☐ polen
   - ☐ asbestos
   - ☐ carcinógenos
   - ☐ gases
   - ☐ humo diesel

2. Lugar de residencia:
   - ☐ campo
   - ☐ suburbio
   - ☐ ciudad

3. Calidad del agua de tu área:
   - ☐ potable
   - ☐ contaminada
   - ☐ muy contaminada
   - ☐ no sé

4. Nivel de ruido (*noise*):
   - ☐ muy bajo
   - ☐ un poco bajo
   - ☐ muy alto

5. Tipo de ruido:
   - ☐ niños
   - ☐ perros
   - ☐ tráfico
   - ☐ música
   - ☐ trenes
   - ☐ aviones

6. ¿Trabajas? Si dices que sí, ¿qué tipo de trabajo haces?
   - ☐ oficina
   - ☐ intelectual
   - ☐ profesional
   - ☐ casa
   - ☐ manual
   - ☐ no trabajo

7. Nivel de crimen:
   - ☐ no existente
   - ☐ muy poco
   - ☐ mucho

8. Lugar de trabajo:
   - ☐ casa
   - ☐ fábrica
   - ☐ oficina
   - ☐ hospital
   - ☐ otro

9. Área donde trabajas:
   - ☐ fumadores
   - ☐ no fumadores

10. Nivel de estrés:
    - ☐ regular
    - ☐ alto
    - ☐ altísimo

11. Horas frente a la computadora:
    - ☐ 1–3 horas al día
    - ☐ 4–6 horas al día
    - ☐ 7 o más

G. **¡Ohm, ohm!** Tú crees en la medicina natural y en la meditación. Uno(a) de tus estudiantes tiene problemas, tanto mentales como físicos. Le explicas qué ejercicios debe hacer para tonificar el cuerpo y para encontrar la paz interior. Con un(a) compañero(a), escriban su diálogo y dramatícenlo delante de la clase. Tu profesor(a) va a insistir en que el (la) estudiante haga todos los ejercicios para confirmar que los entiende.

H. **¡Estoy hecho pedazos!** Tú y un(a) amigo(a) acaban de terminar su primera clase de ejercicios aeróbicos y los dos están hechos pedazos. Están tan cansados que ahora debaten si deben continuar o no con la clase. Dramatiza la situación con un(a) compañero(a). Hablen de cómo se sienten y de si deben continuar o no.

G and H. Have students select either activity **G** or **H** and allow 3–4 mins. for students to prepare. Point out that all students must present without using books or notes. Call on volunteers to present first, and then call on the rest of the class. Ask comprehension check questions.

¿Comprendes lo que se dice?

Estrategias para ver y escuchar: interpretar las palabras clave

In the previous **Paso** you learned that linking together certain key words (**palabras clave**) with your prior knowledge and experience can be essential to the understanding process when listening to unfamiliar language. The same is true when listening to unfamiliar language as you view a video. Draw on knowledge you already have about Panama and share it with other students.

Procedure: Have students read the strategies silently and complete the pre-viewing exercise. Have students share what they know, and ask volunteers to report to the class. To complete the viewing exercise, call on individuals to interpret the words in bold and have the class confirm each response. Then have them do the post-viewing activity individually. Call on several individuals to tell the class what they learned and what they already knew.

Al ver el video: ¿Comprendes lo que se dice?

1. _____
2. _____
3. _____
4. _____
5. _____

Mientras ves el video, explica el significado de las palabras en negrilla *(bold)*. Usa toda la información sobre Panamá que has aprendido en esta clase o en otros lugares al interpretar estas palabras.

1. La república de Panamá **une** Norteamérica con Sudamérica.
2. El Canal de Panamá es una de las **vías marítimas** más importantes del mundo.
3. Miles de **embarcaciones** pasan de un océano a otro por el Canal de Panamá.
4. En la Ciudad de Panamá hay mucha actividad económica de día y una **palpitante** actividad musical de noche.

Time code: 36:50–38:42

Panamá, ¡moderno país que no olvida sus tradiciones!

Después de ver el video

Ahora vuelve a mirar la selección del video sobre Panamá y anota cuatro cosas que aprendiste que no sabías antes y tres que ya sabías.

PANAMÁ

Lo que no sabía		Lo que ya sabía	
1.	3.	1.	3.
2.	4.	2.	4.

Rubén Blades

Antes de empezar, dime...

Artistas multitalentosos. Piensa en los grandes artistas de cine, teatro, arte, música o baile que tú conoces al contestar estas preguntas.

1. ¿Te gustaría seguir la carrera de artista? ¿Por qué? Explica tu respuesta.
2. ¿Por qué será que muchas veces cuando los jóvenes deciden seguir la carrera de artista, ya sea como músico, actor o actriz, pintor o bailarín, sus padres se oponen a que sigan esa carrera?
3. ¿Cuántos artistas puedes nombrar que fueron no sólo artistas sino también grandes políticos? ¿Por qué crees que se interesan los artistas en seguir carreras políticas? ¿Resultan ser buenos políticos los artistas, en tu opinión? Explica tu respuesta.

Procedure: Call on volunteers to answer the anticipatory questions. Then have students read silently one paragraph at a time. Ask comprehension check questions after each paragraph. Have students do the follow-up activities **in pairs** first. Then have one **group** describe their comparison to the class and have other groups comment on it.

Rubén Blades

Willie Colón

Rubén Blades: Salsero, político y panameño «de corazón»

Rubén Blades, abogado, músico, actor y político, nació en Panamá en 1948. Sus padres también se dedicaban a la música pero no deseaban ese futuro, a veces difícil, para su hijo. Así que lo animaron para que se licenciara en leyes en la Universidad de Panamá y después para que se especializara en derecho internacional en la universidad de Harvard en los Estados Unidos, pero sin dejar de lado su otra pasión, la música. Cuando Blades decidió salir de Panamá e irse a Nueva York en plan de desarrollar esa pasión musical, además de abogado ya era un «salsero» reconocido en su propio país.

En Nueva York, como les ocurre a tantos que vienen del extranjero a esta gran ciudad, la vida no le fue fácil al comienzo, pero con el tiempo fue haciendo buenos contactos hasta llegar a trabajar «mano a mano» con uno de los grandes: Willie Colón y su orquesta. Fue así, trabajando con Colón, que llegó a ser bien conocido no sólo en los Estados Unidos sino en la comunidad hispana del mundo entero.

Entre sus numerosos éxitos, se destaca uno en especial, «Pedro Navaja», apellido que alude al compositor y cantante mismo. Esta canción se encuentra en su disco de salsa *Siembra,* y presenta un tema de crítica social, un tema ampliamente conocido en los barrios latinoamericanos y que ha servido de inspiración a muchas canciones, películas y obras de teatro.

Esta preocupación por lo social, junto a su formación en derecho, lo llevaron a participar en la política de su país en 1993, cuando fue candidato a la presidencia. Aunque no ganó las elecciones, el fervor con el cual sigue sus metas nos da una visión de lo que es importante en la vida de este salsero, político y panameño «de corazón», como él dice.

Como si su fama de salsero y político no fuera suficiente, Blades también es conocido como excelente actor de cine. Entre sus muchas películas están *The Super* con Joe Pesci, *Fatal Beauty* con Whoopi Goldberg, *The Two Jakes* con Jack Nicholson, *The Milagro Beanfield War* con Freddie Fender, *Cradle Will Rock* con John Cusack, y la película que lanzó a Rubén al cine, *Crossover Dreams,* el drama de las experiencias de un salsero neoyorquino.

Y ahora, dime...

Con un(a) compañero(a) de clase indica los hechos más importantes en la vida de Rubén Blades antes y después de mudarse a Nueva York.

RUBÉN BLADES

Antes de Nueva York	Después de Nueva York
1.	1.
2.	2.
3.	3.

Viajemos por el ciberespacio a... PANAMÁ

Si eres aficionado a navegar por el ciberespacio, usa las siguientes palabras clave para llegar a estos fascinantes sitios de **Panamá:**

Rubén Blades

Música panameña

O mejor aún, simplemente ve hasta el sitio de la Red *¡Dímelo tú!* usando la siguiente dirección: http://dimelotu.heinle.com

Haz un *click* en las direcciones correspondientes para que puedas...

- conocer más sobre Rubén Blades, su genio musical y sus aspiraciones políticas.
- escuchar la música de Rubén Blades y otros artistas panameños.
- escuchar la Radio de Panamá para mantenerte al día de toda la actualidad panameña a través del Internet.

Smart Classroom: For homework, have students go to the Internet and look up about the following: **Rubén Blades, música panameña.** Then, have them write a specific report on what they learned. Ask them to report to the class and to provide the addresses of the best websites they visited.

¡Escríbelo!

Procedure: Have students read the **Estrategias** silently. Then allow 2–3 mins. for **group work**. Do a brainstorming activity on the board with each group's suggestions.

Vocabulary: Body parts; food: drinks; health: diseases & illnesses

Grammar: Verbs: imperative **usted(es)**; subjunctive with **que**

Phrases: Agreeing & disagreeing; expressing an opinion; writing an essay

Estrategias para escribir: persuadir

A. Persuadir. Muchas veces necesitamos escribir un artículo o un pequeño ensayo para dar información sobre un tema, y al mismo tiempo para persuadir a los lectores sobre el aspecto positivo o negativo de nuestras ideas. Al escribir este tipo de ensayo necesitamos presentar ambos argumentos, el positivo y el negativo, y después indicar por qué uno tiene más valor *(validity)* que el otro. Normalmente los temas más controvertidos son los que inspiran este tipo de escritura.

Con dos compañeros, haz una lista de temas de actualidad que sean interesantes en el momento de escribir este tipo de composición. Algunas sugerencias son: los efectos de fumar, de beber bebidas alcohólicas, la controversia sobre la eutanasia, etc.

B. Las dos caras de la moneda. Ahora en los mismos grupos, hablen sobre algunas razones a favor y en contra de dos de los temas en la lista que acaban de hacer y escríbanlas.

Ahora, ¡a escribir!

A. Allow 2–3 mins. for students to prepare charts **individually.** Then allow another 2–3 mins. for them to share their charts with each other in **groups of 3.**

A. En preparación. De los dos temas seleccionados en el ejercicio anterior decide cuál te interesa más defender o atacar. Basándote en las respuestas dadas a favor o en contra, organiza la explicación de cada argumento. Cuando termines tendrás cuatro listas: una que da razones a favor y una que explica el porqué, y otra que da razones en contra y una cuarta que también explica el porqué. Por ejemplo:

Fumar

A favor	¿Por qué?	En contra	¿Por qué?
1. Bueno para la imagen.	1. Es algo más adulto. Muestra independencia.	1. Malo para la salud.	1. Causa cáncer. Puedes morir.
2. Conformidad con el grupo.	2. Todos los amigos fuman.	2. Molesta a muchas personas.	2. No se permite en muchos lugares. Afecta dónde puedes sentarte.
3. ...	3. ...	3. ...	3. ...

B. **El primer borrador.** Basándote en la lista que tienes del ejercicio anterior decide cuál es tu opinión personal sobre el tema. Ahora organiza la información que tienes en párrafos, enfatizando la parte que tú crees que tiene más valor. Agrega una oración como conclusión al final de la composición para resumir lo que has escrito y convencer una vez más al lector de tu posición. Puedes usar frases como las siguientes:

- Para terminar yo creo que...
- Antes de terminar quiero repetir que...
- Personalmente no me cabe la menor duda de que...
- Tenemos que tener conciencia sobre...
- Lo más importante es aceptar que...

B. Have students do this step as homework.

C. **Ahora, a compartir.** Intercambia tu composición con dos compañeros(as) para saber su reacción. Cuando leas las de tus compañeros(as) dales sugerencias sobre posibles cambios para mejorar sus argumentos. Si encuentras errores, menciónalos.

C. Have students comment on content and style first, and then on grammar and spelling.

D. **Ahora, a revisar.** Agrega la información que consideres necesaria para tu composición. No te olvides de revisar los errores que mencionaron tus compañeros(as).

D. This step may be assigned as homework.

E. **La versión final.** Ahora que tienes todas las ideas revisadas y las correcciones hechas, saca una copia en limpio en la computadora y entrégasela a tu profesor(a).

E. Have students do this as homework. Tell students that final drafts must be done on the computer.

F. **Mesa redonda.** Formen grupos de cinco o seis estudiantes y lean en voz alta las redacciones. Seleccionen la composición que, en su opinión, mejor logró la meta de persuadir.

F. Distribute compositions so that no one is hearing his or her own read in the group. Have the ones selected by each group read to the class, one or two each day until all the selected ones have been read.

Estamos en Panamá...
¡corramos por sus playas!

TAREA

Antes de empezar este Paso, estudia la lista de vocabulario en la página 471 y practícalo al escuchar el surco 29 de tu Text Audio CD #3. Luego estudia *En preparación.*

13.5 Subjunctive with expressions of emotion, páginas 475–476

13.6 Subjunctive with impersonal expressions, páginas 476–477

Haz por escrito los ejercicios de *¡A practicar!*

Escucha la sección *¿Qué se dice... ?* del Capítulo 13, Paso 3, en el surco 26 del Text Audio CD y haz la actividad correspondiente en la página 465.

Have students prepare *13.5 Subjunctive with expressions of emotion* for the first day you work on this **Paso.** Then assign *13.6 Subjunctive with impersonal expressions* for the second day.

¿Eres buen observador?

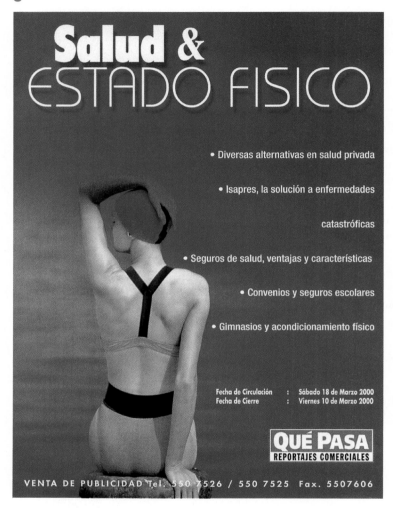

Salud & ESTADO FISICO

- Diversas alternativas en salud privada
- Isapres, la solución a enfermedades catastróficas
- Seguros de salud, ventajas y características
- Convenios y seguros escolares
- Gimnasios y acondicionamiento físico

Fecha de Circulación	:	Sábado 18 de Marzo 2000
Fecha de Cierre	:	Viernes 10 de Marzo 2000

QUÉ PASA
REPORTAJES COMERCIALES

VENTA DE PUBLICIDAD Tel. 550 7526 / 550 7525 Fax. 5507606

Allow time for students to think through their own opinions. Then call on **individuals.** Ask if anyone else agrees after each response.

Ahora, ¡a analizar!

¿Cuál es tu reacción a esta revista?

	debo aprovecharme de los gimnasios
Es interesante que...	Isapres no va a solucionar todas las enfermedades
Me sorprende que...	catastróficas
Temo que...	ofrezcan diversas alternativas en salud privada
Es evidente que...	incluyan convenios y seguros escolares
	expliquen las ventajas y características de los seguros de salud

¿Qué se dice... ?

Al sugerir y recomendar

CD3-26

Purpose: To introduce in-context vocabulary and structures needed to make suggestions and recommendations.

Leticia ve que _____.

Narciso necesita _____.

Narciso dice que o come algo o _____.

Audio Script:
IRENE: Los veo un poquito cansados, amigos. ¿Ha sido demasiado duro para ustedes?
NARCISO: Yo estoy molido. Y si no como algo, puede ocurrir alguna desgracia.
LETICIA: Me sorprende verlos tan débiles, amigos. Parece que va a ser necesario que les demos la respiración artificial.
NARCISO: Déjense de bromas. Repito que es urgente que comamos algo, o me moriré aquí mismo. Esta dieta no es humana.

Web TM13-3, Procedure: Have students look at the visuals as you read each caption or narrate your own story line. Use various techniques to communicate meaning without translation.

Answers: Leticia ve que están un poco cansados. Narciso necesita comer algo. Narciso dice que o come algo o se morirá.

Alternative Story Lines: 1. Talk about your own dieting adventures. 2. Talk about your family's or friends' dieting efforts.

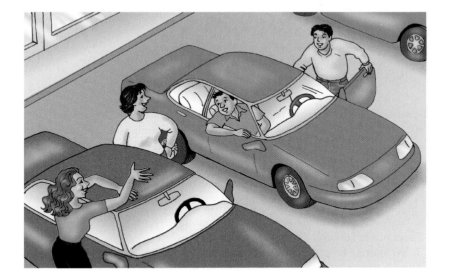

DAVID: El problema es que Narciso sólo come lechuga y tomate... Me sorprende que haya conseguido terminar la serie de ejercicios.

IRENE: Así es imposible que tenga ganas de hacer un ejercicio vigoroso.

LETICIA: Está bien, ya dejen de quejarse. Es obvio que necesita comer algo nutritivo. Vamos a Balboa, mi restaurante favorito.

NARCISO: Me alegro de que empiecen a hablar con sentido común. Adiós dieta. Bienvenidas las empanadas de carne.

> ### A propósito...
>
> La expresión **dejar de + infinitivo** significa «parar de hacer» o «ya no hacer» algo. En inglés se traduce por *to quit* o *to stop.* ¿Cómo traduces al español?: **Quiero dejar de fumar; Mi hermana no puede dejar de hablar.**

¿Sabías que...?

El distrito bancario de la Ciudad de Panamá es uno de los más modernos de toda Latinoamérica. Allí se encuentran unos 110 bancos internacionales que sirven de base para unas 100 mil compañías y un 10 por ciento de la flota mercante marítima del mundo entero. En esta zona de grandes rascacielos, se encuentran tiendas con las últimas modas europeas, cines con las más recientes películas de todo el mundo y restaurantes que ofrecen comida de todas partes del mundo.

En tu opinión: ¿Por qué crees que tantos bancos internacionales se han establecido en Panamá? ¿Dónde en los Estados Unidos hay una conglomeración parecida? ¿Qué atrae a la flota mercante marítima a Panamá? En tu opinión, ¿qué ciudades de los Estados Unidos son como la Ciudad de Panamá?

Ahora, ¡a hablar!

A. **Emociones.** Tus padres son muy emotivos. ¿Qué emoción sienten cuando saben esto de ti?

MODELO   haces ejercicios todos los días: mis padres alegrarse
Mis padres se alegran de que haga ejercicios todos los días.

1. sales a correr todos los días: mi padre estar feliz
2. vas al médico: mi madre sorprenderse
3. no comes carne: mi padre preocuparse
4. tomas vitaminas: mis padres estar contentos
5. no dejas de fumar: mi padre estar furioso
6. bajas de peso: mi madre temer

B. **¡Lo sentimos!** Alfonso acaba de empezar sus estudios en la Universidad de Panamá. Ahora que vive lejos de su familia y de sus amigos, todos reaccionan de manera diferente a su ausencia. Según Alfonso, ¿cuál es la preocupación y la reacción de cada uno?

MODELO   mi papá / tener miedo / no dedicarme bastante a los estudios
Mi papá tiene miedo de que no me dedique bastante a los estudios.

1. mis padres / temer / salir de noche demasiado
2. mi novia / esperar / escribirle todos los días
3. mi mamá / tener miedo / enfermarme
4. mi hermano / alegrarse / yo ya no estar en casa
5. mi hermanita / sentir / yo no poder jugar con ella
6. mi mejor amigo / temer / yo cambiar demasiado

C. Recomendaciones. Marcos Betancourt trabaja en el Centro Médico Paitilla, considerado como uno de los mejores de todo Centroamérica. ¿Qué les aconseja a sus pacientes cuando se presentan con estos problemas? Selecciona la recomendación más apropiada para cada problema indicado aquí.

EP 13.6

Problemas	Recomendaciones
1. estrés	a. No es bueno que coma mucha carne.
2. cáncer	b. Es necesario que coma más verduras.
3. alta presión	c. Es importante que tome ocho vasos de agua al día.
4. ataque al corazón	d. Es malo que trabaje demasiado.
5. necesitar bajar de peso	e. Es bueno que corra o camine al menos una hora al día.
6. problemas respiratorios	f. Es peligroso que fume.
	g. Es urgente que deje de tomar bebidas alcohólicas.

D. ¡Necesitas un cambio! ¿Qué le sugieres a un(a) amigo(a) que está deprimido(a) y que sufre mucho de estrés?

EP 13.6

MODELO   ser necesario: buscar un nuevo trabajo
Es necesario que busques un nuevo trabajo.

1. ser bueno: no pensar tanto en las responsabilidades
2. ser obvio: deber pedir unas vacaciones
3. ser importante: empezar un programa de ejercicio
4. ser evidente: no dormir lo suficiente
5. ser urgente: hacer meditación
6. ser cierto: necesitar divertirse más
7. ser increíble: no salir más los fines de semana

E. ¡No puedo hacerlo! No estamos siempre dispuestos a hacer sacrificios, ni siquiera cuando se trata de mejorar nuestra salud. Con un(a) compañero(a), decidan qué les pueden aconsejar a estas personas que dicen que no pueden cambiar.

EP 13.6   E. Have students work **in pairs first.** Then call on **individuals** to tell you what they recommended for a specific situation. Repeat with all situations.

MODELO   No puedo tomar ocho vasos de agua cada día. ¡No me gusta el agua!
Es necesario que tomes ocho vasos de agua al día. También sugerimos que le pongas un poco de limón al agua.

1. No me gusta hacer ejercicio. Prefiero ver la televisión.
2. No puedo comer verduras. ¡Las detesto!
3. No puedo seguir una dieta rígida. ¡Me encanta comer!
4. No puedo correr. Hace demasiado calor en el verano y demasiado frío en el invierno.
5. No puedo hacer ejercicio regularmente. Estoy muy ocupado. Simplemente no tengo tiempo.
6. No puedo dormir ocho horas al día. Tengo muchas obligaciones sociales.

IRM TM13-3, **Repaso visual,** *¡Estamos molidos!:* Print out the transparency and call on individual students to describe what each person is thinking. Lead them to use expressions such as **Es probable, Es cierto, Es obvio,…** and so forth.

F. **Para mejorar.** Ahora, en los mismos grupos de tres, denle consejos a cada persona en su grupo según los problemas indicados en la entrevista del ejercicio anterior. Hagan varias recomendaciones sobre lo que pueden hacer para mejorar su condición física.

G. **Problemas sociales.** Somos animales sociales y como tales a veces tenemos problemas con la gente que nos rodea *(surrounds us)*. ¿Qué problemas tienes con las siguientes personas? Comparte tus problemas con dos compañeros(as). Tus compañeros(as) van a analizar la situación y te van a dar consejos.

> **MODELO**   jefe
> TÚ: **Mi jefe es una persona muy difícil. Es imposible satisfacerlo(a).**
> AMIGO(A):   **Es obvio que tu jefe es un(a) dictador(a). Tememos que un día explotes en la oficina. Es mejor que cambies de trabajo o que pidas cambiar de oficina.**

1. compañeros de trabajo
2. padres
3. esposo(a) o novio(a)
4. profesores
5. ¿...?

H. **¡Ayúdenme!** Estás aburrido(a) de todo: tus clases, tu trabajo, tus amistades, la vida familiar y universitaria... Les pides consejos a tus amigos. Con dos compañeros(as), escriban su diálogo y dramatícenlo delante de la clase.

I. **Problemas matrimoniales.** Dos amigos que sólo llevan tres meses de casados te confiesan que ya están cansados de la rutina del matrimonio. Escucha sus problemas y aconséjalos.

El rincón de los lectores

Estrategias para leer: esquemas

A. Generalmente cuando leemos información histórica, tratamos de recordar lo que leímos. Los esquemas nos ayudan a entender y recordar lo que leemos.

La forma más fácil de hacer un esquema de información histórica es sacar una lista de los acontecimientos más importantes y debajo de cada acontecimiento anotar los hechos más importantes relacionados con el acontecimiento. Por ejemplo, un esquema de la información en los dos primeros párrafos de esta lectura podría ser el siguiente.

I. Historia de Panamá

   A. Colonización española

      1. Vasco Núñez de Balboa (1510–1514)
      2. Pedro Arias Dávila (Pedrarias)
         a. fundó la Ciudad de Panamá
         b. transformó la región en zona de transporte de mercaderías
         c. mucha actividad de piratas británicos
      3. 1751 Panamá depende de Bogotá, Colombia

   B. Independencia de España

      1. 1821 como parte de la Nueva Granada (Ecuador, Colombia, Panamá y Venezuela)
      2. 1830 Panamá hace tres intentos sin éxito de independizarse de Colombia

B. **Esquema de la lectura.** Prepara ahora un esquema del resto de la lectura. Luego compara tu esquema con el de dos compañeros(as) y según lo que ellos tienen en su esquema, haz cualquier cambio que te parezca necesario en el tuyo.

Panamá: Historia de un canal y una nación

La primera colonización española del istmo de Panamá tuvo éxito con Vasco Núñez de Balboa (1510–1514), siendo éste reemplazado por Pedro Arias Dávila (Pedrarias) en 1514. Pedrarias fundó la Ciudad de Panamá, transformando el istmo en una zona de transporte de mercaderías, tanto desde España como desde las colonias. Esto atrajo la atención de los piratas británicos, quienes devastaron la costa panameña hasta alrededor de 1688. En 1751, Panamá pasó a depender de Santa Fe de Bogotá, Colombia.

Panamá proclamó su independencia de España en 1821, cuando Simón Bolívar liberó la llamada Nueva Granada (en la actualidad Ecuador, Colombia, Panamá y Venezuela). En 1830 Panamá hizo tres intentos de separación de Colombia, sin mayor éxito.

La fiebre del oro de California, en 1849, trajo gran prosperidad a Panamá, ya que muchos preferían la ruta panameña en vez de la ardua ruta americana por ferrocarril. Así, el Sistema de Ferrocarriles de Panamá fue inaugurado en 1855, con financiamiento de los Estados Unidos, lo que llevó también a la creación de la ciudad de Colón. Al mismo tiempo, una compañía francesa, con Ferdinand de Lesseps a la cabeza, ganó en 1879 la concesión para la construcción de un canal a través del istmo, construcción que quedó paralizada más tarde, en 1889.

Los intereses estadounidenses aumentaron con el comienzo del nuevo siglo. Cuando el Senado de Colombia no respaldó la ratificación del tratado del canal, los Estados Unidos dieron su apoyo al Movimiento Separatista Panameño, reconociendo la insurrección panameña del 6 de noviembre de 1903. Pocos días más tarde se confirmó el tratado Hay-Bunau Varilla del canal, que le concedía a los Estados Unidos el control de la Zona del Canal a perpetuidad.

El Canal de Panamá fue inaugurado en 1914. En todas estas negociaciones, el presidente de los Estados Unidos, Theodore Roosevelt, tuvo una gran participación y así, citando un proverbio árabe al hablar de política internacional, dijo que había que: «...hablar suavemente llevando un grueso bastón».

La situación en los años que siguieron a la Segunda Guerra Mundial se tornó bastante difícil en Panamá. Las manifestaciones y revueltas anti-norteamericanas fueron en aumento. En 1968, la Guardia Nacional, bajo el mando del Coronel Omar Torrijos Herrera, llevó a cabo un exitoso golpe de estado. Torrijos renegoció en 1977 el Tratado del Canal de Panamá, bajo el cual Panamá asumía la jurisdicción de la antigua zona norteamericana del canal, pero con el cual la responsabilidad de las operaciones del canal mismo quedaban bajo el control de los Estados Unidos, hasta el año 1999.

Este último acuerdo del Tratado del Canal de Panamá, se llevó a efecto en diciembre de 1999, con la presencia y firmas de los mandatarios de ambos países.

A ver si comprendiste

Contesta las siguientes preguntas.

1. ¿Cuáles son los acontecimientos más importantes en la historia de Panamá? Tal vez quieras usar tu esquema al contestar.
2. ¿Qué papel tuvo el canal en la historia de Panamá?
3. ¿Cuál es el significado del lema «...hablar suavemente llevando un grueso bastón»? ¿Cómo se aplica a Panamá?
4. En tu opinión, ¿qué opinan los panameños de los Estados Unidos? Explica tu respuesta.

Vocabulario

PASO 1

Consejos

aconsejar	*to advise*
consejo	*advice*

Salud

depresión *(f.)*	*depression*
deprimido(a)	*depressed*
diagnóstico	*diagnosis*
dieta	*diet*
estrés *(m.)*	*stress*
médico *(m./f.)*	*doctor*
pereza	*laziness*
relajarse	*to relax*
rendido(a)	*exhausted, worn out*
salud *(f.)*	*health*
sano(a)	*healthy*

Verbos

consumir	*to consume*
mantener	*to maintain*
medir (i, i)	*to measure*

Palabras y expresiones útiles

caballo	*horse*
franja *(f.)*	*stretch*
fuera...	*out with . . .*
grasa	*grease*
precaución *(f.)*	*precaution*
¡Pues, ánimo!	*Well, chin up!*
repuesto	*spare part*
verdura	*vegetable*

PASO 2

Salud

cáncer *(m.)*	*cancer*
estar hecho polvo	*to be exhausted*
estar molido(a)	*to be exhausted*
estar muerto(a)	*to be dead*

Ejercicio

adentro	*in, inside*
afuera	*out, outside*
aguantar	*to endure, stand*
bajar	*to go down; to lower*
dar vuelta	*to turn*
doblar	*to bend*
esfuerzo	*effort*
estirar	*to stretch*
flojo(a)	*lazy*
levantar	*to raise; to lift*
saltar	*to jump*
subir	*to lift*
tonificar	*to tone; to strengthen*

El cuerpo

boca	*mouth*
cintura	*waist*
cuello	*neck*
dedo	*finger*
espalda	*back*
garganta	*throat*
hombro	*shoulder*
mano *(f.)*	*hand*
nariz *(f.)*	*nose*
oído	*inner ear*
pie *(m.)*	*foot*
pulmones *(m. pl.)*	*lungs*
rodilla	*knee*

Palabras y expresiones útiles

ojalá	*would that, I hope, I wish*
profundamente	*profoundly, deeply*
ritmo	*rhythm*
teleadicto(a)	*couch potato*

PASO 3

Salud

ataque al corazón *(m.)*	*heart attack*
enfermedad *(f.)*	*illness*
fiebre	*fever*
presión	*pressure*
vitamina	*vitamin*

Adjetivos

cierto(a)	*certain, true*
duro(a)	*hard*
evidente	*evident*
increíble	*incredible, unbelievable*
obvio(a)	*obvious*
vigoroso(a)	*vigorous*

Verbos

alegrarse	*to be happy*
aprovechar	*to take advantage*
temer	*to fear*

Palabras útiles

broma	*joke*
desgracia	*misfortune*
empanada	*pie, pastry*

Paso 1

13.1 Present subjunctive: Theory and forms

Giving advice and making recommendations

A. The tenses you have learned up to now—present, present progressive, present perfect, preterite, imperfect, future, and conditional—are all part of the indicative mood. The indicative mood is used in statements or questions that reflect factual knowledge or certainty.

B. A second system of tenses, the subjunctive mood, is used for statements or questions that reflect doubt, desire, emotion, or uncertainty. The subjunctive is so named because it is usually *subjoined* or *subservient* to another dominating idea. Because of their subservient nature, the subjunctive tenses normally occur in a secondary or dependent clause (a group of words with a subject and a verb) of a sentence, and are often introduced by **que.** The verb in the main clause is usually in the indicative.

> main clause (indicative) + **que** + dependent clause (subjunctive)
>
> Mamá quiere **que** ustedes **coman** con nosotros esta noche.

C. To form the present subjunctive, personal endings are added to the stem of the **yo** form of the present indicative. The present subjunctive of **-ar** verbs take endings with **-e,** while **-er** and **-ir** verbs take endings with **-a.**

ar	preparar		-er, -ir	correr	asistir
-e	prepare		-a	corra	asista
-es	prepares		-as	corras	asistas
-e	prepare		-a	corra	asista
-emos	preparemos		-amos	corramos	asistamos
-éis	preparéis		-áis	corráis	asistáis
-en	preparen		-an	corran	asistan

D. Since the personal endings of the present subjunctive are always added to the stem of the **yo** form of the present indicative, verbs that have an irregular stem in the first person (e.g., **conozco, digo, hago, oigo, pongo, salgo, tengo, traigo, vengo, veo**) maintain that irregularity in all forms of the subjunctive.

tener	venir	conocer	ver
tenga	venga	conozca	vea
tenga	vengas	conozcas	veas
tenga	venga	conozca	vea
tengamos	vengamos	conozcamos	veamos
tengáis	vengáis	conozcáis	veáis
tengan	vengan	conozcan	vean

13.2 Subjunctive with expressions of persuasion
Persuading

Whenever the verb in the main clause expresses a request, a suggestion, a command, or a judgment, the verb in the dependent clause is expressed in the subjunctive, provided there is a subject change. This is because the action in the dependent clause is nonfactual and yet to occur.

main clause (indicative) + **que** + dependent clause (subjunctive)

El médico recomienda   que yo **corra** todos los días.
The doctor recommends   *that I run every day.*

También aconseja   que **comamos** menos carne.
He also advises   *that we eat less meat.*

Insiste en   que yo **deje** de fumar.
He insists   *that I stop smoking.*

The following are some frequently used verbs of persuasion.

aconsejar	*to advise*	preferir	*to prefer*
insistir (en)	*to insist*	recomendar	*to recommend*
permitir	*to permit*	sugerir	*to suggest*

¡A practicar!

A. ¡Problemas en el paraíso! Paco y Lupita, una pareja de recién casados, acaban de mudarse a Ancón, Panamá. Desgraciadamente, ya tienen algunos problemas en su matrimonio. ¿Qué les sugiere el consejero matrimonial?

MODELO recomendar / cambiar la rutina
       Él recomienda que cambien la rutina.

1. sugerir / salir más
2. recomendar / tener / más paciencia
3. recomendar / hacer / viaje juntos
4. aconsejar / no quedarse / casa / fines de semana
5. sugerir / no mirar / tanto / televisión
6. aconsejar / regresar / hablar con él una vez / semana

B. ¡El primer baile! Ángela va a asistir a su primer baile en la Universidad de Santa María la Antigua. ¿Qué le dicen sus padres?

1. tu madre y yo insistir / tú regresar / antes de la medianoche
2. yo insistir / tú no fumar
3. mamá y yo / insistir / ustedes / decir no a las drogas
4. tu madre preferir / tu amigo conducir / el coche al baile
5. yo recomendar / tú no beber / alcohol / fiesta
6. nosotros querer / ustedes llamarnos / en caso de emergencia

Paso 2

13.3 *Usted* and *ustedes* commands
Telling people what to do or not to do

The present subjunctive is used to form both affirmative and negative **usted** and **ustedes** commands.

Respiren profundamente.   *Breathe deeply.*
Eva, no **baje** los brazos.   *Eva, don't lower your arms.*
Levanten las piernas.   *Raise your legs.*
Levántenlas.   *Raise them.*
Eva, no las **doble**.   *Eva, don't bend them.*

Remember that object pronouns always precede negative commands but are attached to the end of affirmative commands.

¡A practicar!

A. ¡Con el médico! El médico de Matilde trabaja en el Laboratorio de Medicina Tropical y Preventiva Gorgas Memorial en Panamá. Es un experto en nutrición e insiste en que ella coma mejor. ¿Qué le aconseja?

MODELO   dejar inmediatamente el café
        Deje inmediatamente el café.

1. comer muchas verduras
2. tomar ocho vasos de agua todos los días
3. hacer algún deporte
4. no consumir ni sal ni azúcar
5. no ponerle aceite a las ensaladas
6. no comer nada frito
7. venir a verme en dos semanas

B. ¡Levanten los brazos! Los instructores de ballet del Instituto Nacional de Cultura en la Ciudad de Panamá hacen ejercicios que practican siempre. Cambia los verbos a mandatos para aprender una de estas rutinas.

MODELO   levantar la pierna izquierda
        Levanten la pierna izquierda.

1. levantar los brazos
2. respirar profundamente
3. doblar las rodillas
4. estirar las piernas
5. hacerlo otra vez
6. estirar los brazos al frente
7. abrir los brazos
8. escuchar el ritmo de la música
9. correr con el ritmo de la música
10. tomar un descanso

13.4 *Ojalá* and present subjunctive of irregular verbs

Expressing hope

A. The following six verbs have irregular subjunctive forms.

dar	estar	haber
dé	esté	haya
des	estés	hayas
dé	esté	haya
demos	estemos	hayamos
deis	estéis	hayáis
den	estén	hayan

ir	saber	ser
vaya	sepa	sea
vayas	sepas	seas
vaya	sepa	sea
vayamos	sepamos	seamos
vayáis	sepáis	seáis
vayan	sepan	sean

The accents on the first- and third-person singular forms of **dar** are necessary in order to distinguish them from the preposition **de.**

B. Ojalá (*I hope, May God grant*) is always followed by the subjunctive and expresses hope. **Tal vez** (*perhaps*) and **quizá(s)** (*maybe*) are followed by the subjunctive when the speaker wishes to express doubt about something.

Ojalá (que) me **llame** esta noche.   *I hope he calls me tonight.*
Quizá **vayamos** al centro mañana.   *Maybe we'll go downtown tomorrow.*

Note that **que** does not usually follow the expressions **tal vez** or **quizá(s);** however, the use of **ojalá** versus **ojalá que** varies from one region to another and is a matter of personal choice.

¡A practicar!

A. ¡Gimnasia! Hoy Martina asiste a su primera clase de gimnasia en la escuela de verano de la Universidad de Panamá. ¿Qué está pensando?

MODELO   no ser muy difícil
        Ojalá no sea muy difícil.

1. no cansarme mucho
2. saber hacer todos los movimientos
3. haber buena música
4. no estar molida después de la clase
5. la instructora darnos instrucciones claras
6. no tener que correr

B. ¡Ya no aguanto! ¿Qué dudas expresa Martina en la clase de ejercicio?

MODELO   tal vez los ejercicios no ser / muy difíciles hoy
        Tal vez los ejercicios no sean muy difíciles hoy.

1. tal vez nosotros poder / usar el jacuzzi hoy
2. quizá Sergio y Elena no estar / aquí todavía
3. ojalá nosotros ser / más consistentes en el futuro
4. tal vez yo no saber / los movimientos
5. tal vez la profesora traer / agua fresca a la clase hoy
6. ojalá todos los estudiantes llegar / a tiempo hoy

Paso 3

13.5 Subjunctive with expressions of emotion

Expressing emotion

Whenever an emotion such as fear, joy, sadness, pity, or surprise is expressed in the main clause of a sentence, the subordinate clause will be expressed in the subjunctive mood.

Main Clause	Subjunctive Clause
Tememos	que Ricardo Javier no **venga** hoy.
Me alegro (de)	que **estemos** aquí.
Siento mucho	que ella **esté** enferma.
Les **sorprende**	que el instructor **sea** tan joven.

A. If the subject of both clauses is the same, an infinitive is used instead of a subjunctive clause.

¿Esperas **ganar** el premio?   *Do you hope to win the award?*
Me alegro de **poder** estar aquí.   *I am glad to be able to be here.*

B. Here are some frequently used expressions of emotion.

alegrarse (de)	*to be glad*
esperar	*to hope*
estar contento(a) (de)	*to be happy (about)*
estar furioso(a)	*to be furious*
sentir (ie, i)	*to regret, feel sorry*
sorprenderse (de)	*to be surprised (at, about)*
temer	*to fear*
tener miedo (de)	*to be afraid (of)*

¡A practicar!

A. ¡Deprimida! La pobre Anita, una chica de Tocumen, Panamá, está últimamente muy deprimida. ¿Qué le dice su mejor amiga?

1. Espero que tú _____ (confiar = *to trust*) en mí.
2. Temo que tú no _____ (decirme) todo.
3. Me sorprende que tu familia no _____ (escucharte).
4. Estoy contenta de que nosotras _____ (ser) amigas.
5. Me alegro de que tú _____ (ir) a consultar a una consejera.
6. Espero que ella _____ (ayudarte) mucho también.

B. ¡Me siento muy cansado! Fernando viaja mucho entre la Ciudad de Panamá y Balboa, debido a su trabajo. Ya casi no tiene energía para continuar. ¿Qué piensan sus amigos Martín y Marcela?

1. Martín / sentir / Fernando / tener que viajar tanto
2. Marcela / temer / Fernando / enfermarse más
3. Ellos / tener miedo / Fernando / no ir al médico
4. Marcela / esperar / Fernando / seguir los consejos del médico
5. Martín / sorprenderse / Fernando / continuar viajando
6. Ellos / alegrarse / Fernando / pensar buscar un nuevo trabajo

13.6 Subjunctive with impersonal expressions

Expressing opinions

Most impersonal expressions are formed with the third-person singular of the verb **ser** followed by an adjective; for example, **es importante, es triste,** and **es bueno.** Note that in impersonal expressions, the subject *it* is understood.

A. If an impersonal expression in the main clause expresses a certainty, such as **es cierto, es seguro, es verdad, es obvio,** then the indicative is used in the following clause.

Es obvio que **vas** a mejorarte.	*It's obvious that you are going to get better.*
Es verdad que el consejero **está** de vacaciones.	*It's true that the counselor is on vacation.*

The following are some frequently used impersonal expressions of certainty:

Es cierto...	Es obvio...
Es evidente...	Es seguro...
Es indudable...	Es verdad...

B. All other impersonal expressions are followed by the subjunctive when there is a change of subject in the subordinate clause. If no change of subject occurs, then the infinitive is used.

Es increíble que **tengan** tantas clases.	*It's incredible that they have so many classes.*
Es mejor que yo no **vaya** a clase hoy.	*It's better that I not go to class today.*
Es imposible llegar a tiempo.	*It's impossible to arrive on time.*

Note that in the first two examples, the focus of the dependent clause is on different subjects; in the third example, the focus is on an event or a statement.

Some frequently used impersonal expressions often followed by the subjunctive include the following:

Es importante...	Es natural...
Es imposible...	Es necesario...
Es increíble...	Es posible...
Es lógico...	Es probable...
Es mejor...	Es una pena...

¡A practicar!

A. **¿Y en un año?** El médico del Centro Paitilla nos dice que estamos en buena forma. ¿Pero qué nos dice en el siguiente examen anual?

1. Es imposible que Uds. _____ (tener) buena salud si continúan fumando.
2. Es obvio que tú _____ (estar) siguiendo mis consejos.
3. Es mejor que Uds. _____ (buscar) un lugar para correr.
4. Es evidente que Uds. _____ (necesitar) salir de la rutina diaria.
5. Es indudable que tú _____ (hacer) un buen ejercicio si caminas todos los días.
6. Es cierto que Uds. _____ (ir) a sentirse bien si toman bastante agua.

B. **¿Qué me dices?** Tu compañero(a) de la clase de arte del Instituto Nacional está muy aburrido(a) con su rutina diaria. ¿Qué le dices?

1. no ser bueno / tú quedarte en casa todos los días
2. ser increíble / también tú ser un fanático del cine
3. ser necesario / nosotros comprar los boletos ahora
4. ser ridículo / los boletos ser tan caros
5. ser obvio / ser una buena película
6. ser cierto / trabajar muy buenos actores

El equipo cubano en las Olimpidas de 1996

Los Van Van

Pasatiempo favorito de los cubanos en La Habana

¡Las fotos hablan!

A. A que ya sabes... Indica si estás de acuerdo o no con los siguientes comentarios.

Sí No 1. Los cubanos son muy aficionados a los deportes, en particular al béisbol.

Sí No 2. La cultura afrocubana ha tenido mucha influencia en la música cubana.

Sí No 3. En Cuba, como en los Estdos Unidos, todavía hay mucha discriminación contra los afrocubanos.

Sí No 4. La música cubana ha tenido mucha influencia en la música hispana en general.

Sí No 5. En las Olimpiadas de 1996, el equipo cubano obtuvo la medalla de oro en béisbol, derrotando al equipo estadounidense.

B. En Cuba sí se puede. Indica si, en tu opinión, es posible hacer lo siguiente en Cuba.

En Cuba se puede...

Sí No 1. bucear cerca de los arrecifes.

Sí No 2. esquiar en el invierno con el equipo olímpico.

Sí No 3. tener acceso a uno de los sistemas de salud más avanzados del mundo.

Sí No 4. visitar el Museo de Alfabetización.

Sí No 5. nadar en unas aguas clarísimas.

In this chapter, you will learn how to . . .

- express fears, hopes, and opinions.
- report what others say.
- describe people.
- refer to unknown entities.

Answers: **A.** 1. sí 2. sí 3. no 4. sí 5. sí
B. 1. sí 2. no 3. sí 4. sí 5. sí

Jugando así, ¡dudo que ganen!

TAREA

Antes de empezar este Paso, estudia la lista de vocabulario en la página 503 y practícalo al escuchar el surco 34 de tu Text Audio CD #3. Luego estudia *En preparación.*

14.1 Subjunctive with expressions of doubt, denial, and uncertainty, páginas 504–505

Haz por escrito los ejercicios de *¡A practicar!*

Escucha la sección *¿Qué se dice... ?* del Capítulo 14, Paso 1, en el surco 30 del Text Audio CD haz la actividad correspondiente en la página 481.

Have students prepare *14.1 Subjunctive with expressions of doubt, denial, and uncertainty* before coming to class.

Call on **individual** students and have the class confirm each response.

Answers: 1. c, d, g, h, j, k, l 2. Las respuestas van a variar.

¿Eres buen observador?

CUBADEPORTES s.a.

Experiencia de Campeones

CUBADEPORTES s.a.

Calle 20 N° 710 e/ 7ma y 9na,
Miramar, Playa, La Habana, Cuba
Teléfonos: (537) 24-0945 al 49
y 24-1133
Fax: (537) 24-1914

- ASISTENCIA TECNICA
- CURSOS Y EVENTOS
- PATROCINIO
- ARTICULOS DEPORTIVOS

Ahora, ¡a analizar!

1. Según este anuncio, en Cuba se practica...
   - a. el tenis.
   - b. la natación.
   - c. el béisbol.
   - d. el boxeo.
   - e. el baloncesto.
   - f. el esquí.
   - g. el salto de altura.
   - h. el levantamiento de pesas.
   - i. el fútbol.
   - j. la gimnasia.
   - k. la lucha libre.
   - l. el voleibol.
2. ¿Cuáles de estos deportes has practicado? ¿Cuáles te gustaría practicar?

Al expresar opiniones

CD3-30

Purpose: To introduce in context the vocabulary and structures students will need when expressing opinions.

Audio Script:
NIURKA: Ay, Ricardo, ¿todavía estás viendo la pelea de boxeo? No puedo creer que te guste tanto. El boxeo es tan violento, no sé cómo puedes perder tanto tiempo viéndolo.
RICARDO: No te niego que sea un poquito violento. Pero yo creo que es un deporte como otro cualquiera. Lo que sí es violento, hermanita, es ese peinado que llevas. Dudo que le haga mucha gracia a Esteban.
NIURKA: ¿Cómo que no? Estoy segura que le va a gustar... ¡y mucho!

Indica quién expresaría estas opiniones, Niurka (**N**) o Ricardo (**R**).

____ 1. No puedo creer que te guste el boxeo.

____ 2. No niego que el boxeo sea violento.

____ 3. No me gusta el boxeo para nada.

____ 4. Yo creo que el boxeo es un deporte como todos.

____ 5. No me gusta tu peinado.

Answers: 1. N, 2. R, 3. N, 4. R, 5. R

ESTEBAN: Hola, Niurka. Hola, Ricardo. ¡Pero qué hermosa estás, mi amor!

NIURKA: ¿De verdad? A ver, ¿qué te parece mi peinado? Te gusta, ¿verdad?

ESTEBAN: Me encanta, mi amor. Estás preciosa. Oye, Ricardo. ¿Quién va ganando la pelea?

RICARDO: Bueno, por el momento Ruiz de Oriente. Pero dudo que termine ganando.

WEB TM14-1, Procedure: Look at visuals as you read each caption or narrate your own story line. Narrate two or three sentences at a time, pointing to the particular persons or objects being mentioned. Ask comprehension check questions.

Alternative Story Lines: 1. Talk about sports you like and some you don't like. 2. Talk about a specific sporting event that always makes you lose control. 3. Talk about a recent sporting event that was truly exciting.

ESTEBAN: Yo tampoco creo que tenga muchas opciones; Martí es mejor boxeador.

RICARDO: ¿Y quién crees que va a ganar el juego de pelota el sábado? ¿Crees que ganarán los Agropecuarios contra tus compatriotas de Pinar del Río?

NIURKA: Basta ya de deportes. Vámonos, Esteban, ya es tarde. ¿Adónde vamos?

ESTEBAN: Vamos a tu paladar preferido en el Vedado. Hasta luego, chico; suerte con la pelea.

RICARDO: Que se diviertan.

¿Sabías que...?

Cuba, la más grande de las islas de las Antillas y frecuentemente llamada «la perla de las Antillas», está a menos de 100 millas de los Estados Unidos. A pesar de esta corta distancia, es el país más distanciado de los Estados Unidos de toda Latinoamérica. Desde 1958, cuando el movimiento revolucionario de Fidel Castro tomó el control, estableció el comunismo y nacionalizó propiedades e inversiones privadas en la isla, los Estados Unidos rompió relaciones diplomáticas con el gobierno cubano y estableció el bloqueo comercial que, hasta ahora, se mantiene. La escasez de dólares sigue causando serios problemas. Sin embargo, el número de dólares que llega a la isla es tal que el gobierno ha permitido el establecimiento de unos pequeños negocios privados que cobran en dólares y no en la moneda nacional. Por ejemplo, en el Vedado, una de las zonas más elegantes de la Habana, los restaurantes llamados paladares sólo aceptan dólares.

En tu opinión: ¿Por qué creen que a Cuba se la ha llamado «la perla de las Antillas»? ¿Qué efecto ha tenido el bloqueo comercial impuesto por los Estados Unidos a Cuba? ¿Por qué creen que, después de casi 50 años, los Estados Unidos todavía no ha terminado el bloqueo? ¿Cómo se explica el uso de dólares en Cuba, dado el bloqueo?

Point out that the island is called that because of its natural beauty. The economic blockade has had a devastating effect on the Cuban economy. Cuba has had to import a large number of goods from the Soviet Union and other socialist countries. The U.S. will probably not lift the blockade until Castro dies. Dollars enter Cuba primarily by Cuban Americans who send money from the U.S. to relatives on the island and also through foreign students including U.S. citizens traveling there, in spite of the U.S. embargo.

Smart Classroom: Ask students to plan a stay in Cuba to study Spanish. What school is offering the program? How much does the program cost? How many hours of instructions a week? What excursions? Ask students to write a concise report. Ask volunteer students to come to class prepared to present their findings and to suggest websites with specific information.

Vocabulario activo: A. Allow 2 mins. for **pair work.** Then repeat the activity with the **entire class.**

Ahora, ¡a hablar!

A. **¡Viva el deporte!** Escucha a tu compañero(a) leer los siguientes grupos de palabras. Usando el vocabulario del dibujo de la página 483, identifica la palabra que no pertenece al grupo y el deporte que se asocia con las otras tres palabras.

MODELO COMPAÑERO(A): pelota, bate, salvavidas, lanzador

TÚ: **El salvavidas no pertenece a este grupo; estas palabras están relacionadas con el béisbol.**

1. bate, pelota, lanzador, patear
2. nieve, esquí, boxeador, invierno
3. boxeo, cesto, jugador, pelota
4. cancha, bate, red, tenis
5. arquero, cesto, gol, arco
6. piscina, lanzador, zambullirse, salvavidas

El tenis

la red

El básquetbol / El baloncesto

el cesto

la jugadora

el vigilante/ el salvavidas

zambullirse

la natación

la piscina

el esquí

El boxeo

el boxeador

el bate

el lanzador

la pelota

El béisbol

el árbitro

el referí

el arco/ la meta

el portero/ el arquero

patear

El fútbol

B. **Boxeo.** Ricardo y su amiga Lourdes, dos jóvenes cubanos, están viendo una pelea de boxeo en la televisión. A Lourdes no le gusta mucho el boxeo. ¿Qué le dice a su amigo Ricardo?

EP 14.1 ⊖⊖ B. Call on **individuals.** Then repeat the exercise with the **entire class.**

MODELO   ser increíble / gustarte / tanto el boxeo
Es increíble que te guste tanto el boxeo.

1. yo / creer / boxeo / ser inhumano
2. ser probable / los golpes / dañar irreversiblemente / el cerebro
3. yo / no pensar / ser / un deporte saludable
4. yo no dudar / las peleas / estar / arregladas
5. ser imposible / un boxeador / no terminar / medio loco
6. yo / estar seguro de / los organizadores / ganar / la parte mayor del dinero

C. **¿Y tú?** ¿Qué opinas del boxeo? Expresa tu opinión sobre lo siguiente.

MODELO Las peleas están arregladas.
Yo pienso que las peleas están arregladas. [o]
Dudo que las peleas estén arregladas.

Vocabulario útil

| estar seguro(a) | (no) dudar | ser cierto | ser posible |
| (no) creer | (no) pensar | ser imposible | ser probable |

1. El boxeo es malo para la salud.
2. Los golpes dañan el cerebro *(brain)*.
3. Las peleas de boxeo siempre están arregladas.
4. Todos los deportistas están interesados en el dinero.
5. El boxeo es el deporte más cruel del mundo.
6. El boxeo es más cruel que las corridas de toros.

Y ahora, ¡a conversar!

D. **¡Debate!** ¿Es la competencia buena o mala para los niños? En grupos de tres, preparen una lista de argumentos a favor o en contra. Luego, en grupos de seis, lleven a cabo su debate. Informen a la clase quién convenció de un punto de vista o del otro y cuáles fueron los argumentos más válidos.

E. **¡Más debate!** Trabajen en grupos de cuatro. Dos de cada grupo deben defender las opiniones que aparecen a continuación y los otros dos deben oponerse. Al terminar, cada grupo debe decidir quién ganó el debate o si empataron.

1. El fútbol es el deporte más interesante de todos.
2. La corrida de toros combina atletismo y arte.
3. El fútbol americano es demasiado violento.
4. El tenis es un deporte sólo para los ricos.
5. El golf es aburrido y absurdo.

F. **Mis deportes favoritos.** Entrevista a un(a) compañero(a) acerca de sus gustos y sus opiniones sobre el mundo del deporte. Luego dale la misma información sobre lo que opinas tú. Infórmenle a la clase sobre los gustos y opiniones que tienen en común.

¡Luces! ¡Cámara! ¡Acción!

G. **Entrenador(a).** Tú eres el (la) entrenador(a) de un equipo de tu universidad. (Tú decides qué deporte.) Esta noche tu equipo va a participar en el primer partido del campeonato estatal. Ahora un(a) reportero(a) te entrevista y te pregunta acerca de las dudas, incertidumbres y esperanzas que tienes en cuanto a tu equipo. Con un(a) compañero(a), escriban el diálogo que tienen y preséntenselo a la clase.

H. **Decisiones, decisiones.** Eres un jugador de béisbol en Cuba y acabas de ser invitado a jugar con una liga de Venezuela. Hoy un(a) reportero(a) cubano(a) te entrevista para saber si vas a ir a Venezuela o no. Dramatiza la situación con un(a) compañero(a).

Repasemos. En el Capítulo 13 aprendiste a dar consejos, a dirigir los ejercicios aeróbicos de un grupo y a decirles a otros lo que tienen o no tienen que hacer. Aprendiste también a expresar temor, alegría, tristeza, pesar, sorpresa o esperanza. Repasa lo que sabes, completando el siguiente texto con las palabras necesarias. Puedes inventar la información.

En el gimnasio

Tú:	Vamos, amigos, ánimo. _____ ¡[*command* de levantar] los brazos! _____ ¡[*command* de seguir] el ritmo de la música!
Tu amigo(a):	Yo ya no _____ [verbo poder] más; estoy agotado(a).
Tú:	Venga, ánimo, sólo _____ [verbo faltar] cinco minutos más, y nos vamos a tomar unos refrescos.
Tu amigo(a):	Me temo que en cinco minutos _____ [futuro de estar] muerto(a).
Tú:	No _____ [*command* de hablar]; _____ [*command* de concentrarse]. A ver, todos, _____ [*command* de respirar] profundamente... Necesito un voluntario que _____ [subjuntivo de repetir] este movimiento conmigo. Así, muy bien. Me alegro de que ustedes _____ [subjuntivo de tener] tanta energía.
Tu amigo(a):	¿Energía?

Allow students 2–3 mins. to complete the exercise. Then have them share their responses **in pairs** and ask them to suggest corrections if they detect inconsistencies. Call on several students to read their responses. Some will vary.

¿Comprendes lo que se dice?

CD3-31

Estrategias para escuchar: descifrar conversaciones simultáneas

When listening to three or more people speak, there usually is more than one conversation taking place at the same time. The listener has to sort out the various comments based on what he or she knows about the people speaking and about the topics being addressed. In the conversation that you will now hear, Ricardo and Lourdes are playing dominoes with Esteban and Niurka. While Ricardo and Esteban concentrate on their game, Lourdes and Niurka converse about other things as they play along. Listen to them talk now, keeping all of this in mind, and try to piece the various conversations together.

¡Dominó! Escucha la conversación entre Ricardo y Lourdes y la que tienen Esteban y Niurka mientras juegan dominó. Luego escribe un breve resumen de las conversaciones que tienen Lourdes y Niurka y entre Ricardo y Esteban. Indica también quién, en tu opinión, va ganando el juego de dominó y explica cómo llegaste a esa conclusión.

1. Conversación de Lourdes y Niurka: _____.
2. Conversación de Ricardo y Esteban: _____.
3. Campeón de dominó: _____.

Procedure: Play the recording twice and allow time to provide the requested information.
Audio Script:
RICARDO: Bueno, ya es hora de empezar. ¿Quién sale, tú, Esteban?
ESTEBAN: Sí, yo, ¡y con un doble nueve! A ver, Lourdes.
LOURDES: Ay, chico, siempre igual. Me paso. Niurka, ¿dónde te hiciste ese peinado? ¡Me encanta!
RICARDO: Ahí está, un nueve tres. Tú sigues, Niurka.
NIURKA: ¿Te gusta? Me lo hice en Taína elegante. Estoy muy contenta.
ESTEBAN: Cinco, cinco... Pues paso, no hay más remedio. Por cierto, Ricardo, ¿quién ganó la pelea anoche? ¿Martí?
LOURDES: ¿En Taína elegante? Allí trabaja Lola, ¿no? Es una artista del cabello.
RICARDO: No lo vas a creer. Salió Ruiz de Oriente. Nadie lo podía creer. Ni el mismo Martí. Espera. ¿Cuatro, mujer? Ni modo, no puedo. Me paso.
NIURKA: No puede ser. ¿Estamos hablando de la misma persona? ¿Lola Carrera? Gracias, hermanito. Yo me doblo con un cuatro cuatro.

Answers: 1. Hablan del peinado de Niurka 2. Hablan de la pelea de boxeo 3. *Las respuestas van a variar.*

Noticiero cultural

Cuba

Capital: La Habana
Área: 1.285.220 km^2
Población: 11.264.000 (julio de 2003)
Unidad monetaria: Peso cubano
Clima: tropical

Procedure: Call on volunteers to answer the anticipatory questions. Then have students read silently one paragraph at a time. Ask comprehension check questions. Have students do the follow-up activities in pairs. Have the class confirm all responses.

Antes de empezar, dime...

1. En superficie, ¿con qué estado podrías comparar Cuba: con Texas, con Ohio o con Maine?
2. ¿Qué países fueron los principales participantes en la guerra de 1898 y cuál fue el resultado de esta guerra?
3. ¿Qué tipo de gobierno tiene Cuba ahora: democrático, socialista o comunista? Explica por qué tiene Cuba esta forma de gobierno.

Cuba, nuestro más lejano vecino

La república de Cuba tiene una superficie total de 42.804 millas cuadradas y una población de 11.264.000 habitantes. Existe una gran diversidad étnica y cultural entre su gente, mayormente de origen español y africano pero que también incluye personas de origen chino, judío y europeo entre otros.

Cuba y Puerto Rico fueron las últimas colonias de España en América. Ambas fueron cedidas a los Estados Unidos como resultado de la guerra de 1898. La primera mitad del siglo XX significó un período de mucha inestabilidad política y social para Cuba. Durante la segunda mitad del siglo XX Cuba llegó a ser conocida como «la madre del extranjero y la madrastra del cubano» debido al favoritismo que el gobierno cubano, bajo el poder del dictador militar Fulgencio Batista, dio a los intereses extranjeros, en particular a los Estados Unidos. Fue en oposición a Batista que se estableció el movimiento guerrillero dirigido por el joven abogado Fidel Castro, quien tomó control del gobierno el 31 de diciembre de 1958. Algunos años más tarde, proclamó a Cuba como una república socialista.

Desde entonces, cerca de un 10% de la población ha dejado el país, concentrándose la mayoría en Miami, Florida. Entre los emigrantes que abandonaron el país había muchos profesionales: abogados, médicos, arquitectos, ingenieros, etc. Esto, junto con el embargo impuesto por los Estados Unidos y la caída de los gobiernos comunistas de la Unión Soviética, ha dejado el futuro del país con un rumbo incierto. Últimamente el gobierno de Castro parece contar sólo con el apoyo de los países latinoamericanos y el de algunos países europeos que favorecen la autonomía de los países en cuestiones gubernamentales.

Mientras tanto, es irónico que La Habana, la ciudad capital latinoamericana más cercana geográficamente a los Estados Unidos, sea la que al mismo tiempo se encuentra más alejada políticamente.

Viajemos por el ciberespacio a... CUBA

Si eres aficionado a navegar por el ciberespacio, usa las siguientes palabras clave para llegar a estos fascinantes sitios de **Cuba:**

Fidel Castro

Historia de Cuba

Revolución Cubana

Exilio Cubano

O mejor aún, simplemente ve hasta el sitio de la Red *¡Dímelo tú!* usando la siguiente dirección: http://dimelotu.heinle.com

Haz un *click* en las direcciones correspondientes para que puedas...

- conocer a Fidel Castro, a través de su biografía, de imágenes, de algunos momentos importantes de su vida y de sus discursos.
- aprender de la historia reciente de Cuba, de su constante fricción con los Estados Unidos y del futuro de sus relaciones.

Y ahora, dime...

Contesten estas preguntas en parejas.

1. ¿Por qué crees que hay tanta gente de origen africano en Cuba?
2. ¿Ha sido Cuba siempre un estado socialista? Explica tu respuesta.
3. ¿Por qué es significativo que casi un 10% de la población ha salido de Cuba?
4. ¿Por qué es irónico que Cuba y los Estados Unidos estén tan alejados políticamente?

Smart Classroom: For homework, have students go to the Internet and look up about two of the following: **Fidel Castro, revolución cubana, historia de Cuba.** Then, have them write a specific report on what they learned. Ask them to report to the class and to provide the addresses of the best websites they visited.

¡Cuba! ¡Cuba! ¡Cuba!... ¡Jonrón!

¿Eres buen observador?

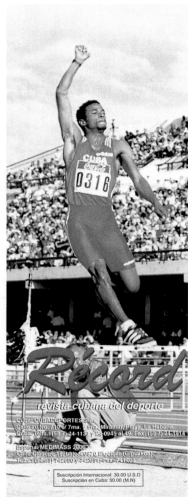

En dos años:
- Distribuida en más de 50 países y 200 puntos de venta en Cuba.
- Primera revista latinoamericana del deporte.

No sólo un buen promedio, mejor aún ...

Un *Récord*
revista cubana del deporte

Cuba: CUBADEPORTES, S.A.
Calle 20 No. 710 e/ 7ma. y 9na. Miramar, Playa, La Habana, Cuba. Telfs.: (53 7) 24-1133 y 24-0945 al 49. Fax: (53 7) 24-1914

España: MEDIMASS 2000
Calle Olasope 18, bajo, 20870 Elgoibar (Gipuzkoa),
Telfs.: (34-43) 742050 y 742054. Fax: 741408

Suscripción Internacional: 30.00 U.S.D
Suscripción en Cuba: 50.00 (M.N)

Ahora, ¡a analizar!

1. El propósito de este anuncio es hacer propaganda para...
   a. una revista deportiva.
   b. récords de atletas cubanos.
   c. el partido comunista.
2. «Récord» se puede comprar...
   a. sólo en los EE.UU.
   b. sólo en Cuba.
   c. en varios países.
3. La última edición de «Récord» incluía un artículo sobre un deporte muy popular en Cuba, el buceo. El artículo probablemente mencionó...
   a. un cesto y un árbitro.
   b. un bate y una pelota.
   c. peces tropicales.

¿Qué se dice... ?

Al referirse a alguien o algo desconocido

CD3-32

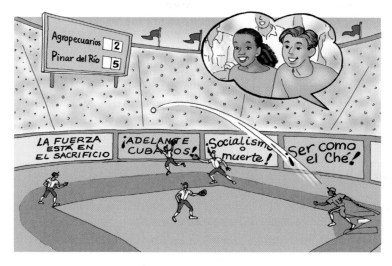

¿Por qué es tan especial Ramón Ángel?

Porque no hay nadie que _____ la pelota como Ramón Ángel y si siguen reclutanto jugadores que _____ como Ramón Ángel, nadie nos derrotará.

Purpose: To introduce in context the vocabulary and structures needed when referring to unknown entities.

Audio Script:
Niurka: ¡Jonrón! ¡Bravo, Ramón Ángel! No hay quien batee la pelota como Ramón Ángel. ¡Qué partidazo!
Esteban: ¡Arriba Pinar del Río! ¡Eso sí que es verdad! Es el mejor bateador de todos los equipos que están en la serie nacional. Si continúan reclutando jugadores que sean tan buenos como Ramón Ángel, no va a haber nadie que nos derrote. El campeonato será para nosotros por años.

Answers: 1. pueda batear 2. sean tan buenos

Web TM14-2, **Procedure:** Have students look at visuals as you read each caption or narrate your own story line. Use various techniques to communicate meaning without translation.

Alternative Story Lines: 1. Talk about athletes your school needs and is looking for. 2. Talk about a department head, dean, or chancellor that your university wants to find. 3. Tell what qualities the next coach of your football team must have.

ESTEBAN: ¡Ciego!
LOURDES: Lo que necesitamos es un árbitro que sepa lo que hace.
NIURKA: ¡Claro! ¡Y que además sea imparcial y que sepa algo de pelota!
ESTEBAN: Ricardo, ¿crees que el año que viene encontrarán un entrenador que tenga tanta experiencia como Germán?
RICARDO: La experiencia no es la única cosa necesaria. Buscan a alguien que sepa ser buen líder también.
ESTEBAN: Yo no creo que tengan dificultad en encontrar a alguien. El puesto está muy bien pagado.

A propósito...

Recuerda que el verbo de una cláusula que modifica un antecedente indefinido como **alguien** o **algo**, o negativo como **nadie** o **nada**, siempre está en subjuntivo. ¿Cuántos antecedentes indefinidos o negativos puedes encontrar en el diálogo del *¿Qué se dice...?*

¿Sabías que...?

En algunos países de Hispanoamérica, el béisbol es un deporte muy popular, en particular por todo el Caribe: Cuba, la República Dominicana, Puerto Rico, México, Venezuela y toda la América Central. En efecto, todos los equipos de las grandes ligas estadounidenses mandan a sus ojeadores *(recruiters)* a estos países latinos en busca de nuevos jugadores. En Cuba el béisbol (llamado juego de pelota) es tan popular que, con frecuencia, hasta Fidel Castro deja la política a un lado para tomar el bate.

En tu opinión: ¿Por qué creen que el béisbol es tan popular por todo el Caribe? ¿Creen que es apropiado que Fidel Castro tome el bate en este deporte? ¿Porque?

Ahora, ¡a hablar!

A. **¿Qué opinan?** Esteban, Niurka, Ricardo y Lourdes expresan varias opiniones en el *¿Qué se dice... ?* Indica cuáles de las siguientes son opiniones que expresaron.

Sí   No   1. No hay bateador como Ramón Ángel.
Sí   No   2. Es imposible que encuentren un entrenador con mucha experiencia.
Sí   No   3. El campeonato será para Pinar del Río por años.
Sí   No   4. Necesitan un árbitro que sea imparcial y sepa algo de béisbol.
Sí   No   5. Lo único que necesita un buen entrenador es mucha experiencia.
Sí   No   6. El puesto para el nuevo entrenador está muy bien pagado.

B. **¡Qué desastre!** Hoy el equipo cubano de Camagüey está jugando muy mal y está perdiendo. ¿Qué dice el público?

MODELO   no hay nadie / estar en forma / **No hay nadie que esté en forma hoy.**

1. no hay nadie / jugar bien
2. necesitamos a un lanzador / saber / tirar *(pitch)* la pelota
3. no hay ningún jugador / poder / correr rápido
4. el equipo necesita un entrenador / ser cubano / y comprender a los cubanos
5. no hay nadie / manejar / bien / el bate
6. necesitan buscar un entrenador / tener / más experiencia

C. **Se solicita...** El director del departamento de educación física de la Universidad de Oriente necesita nuevos empleados para el nuevo curso escolar. ¿Qué tipo de experiencia requiere cada puesto?

MODELO   profesor(a) de golf: tener diez años de experiencia
Buscan un(a) profesor(a) de golf que tenga diez años de experiencia.

Vocabulario útil

buscan   necesitan   se solicita   desean contratar   ofrecen un puesto

1. entrenador(a) para el equipo de fútbol: haber jugado en ligas profesionales
2. profesor(a) de tenis: tener experiencia en otras universidades
3. profesor(a) de educación física: interesarse en entrenar a los discapacitados
4. entrenador(a) para el equipo de béisbol: estar dispuesto(a) a viajar mucho
5. médico(a): tener cinco o más años de experiencia con atletas
6. dos secretarios(as): poder trabajar noches, sábados y domingos

D. **Atletas.** Tú quieres saber si tu compañero(a) conoce personalmente a atletas de talento. Hazle las siguientes preguntas.

EP 14.1

MODELO   ser campeón mundial de tenis

TÚ: **¿Conoces a alguien que sea campeón mundial de tenis?**

COMPAÑERO(A):   **Sí, conozco a alguien que es campeón mundial de tenis. [o] No, no conozco a nadie que sea campeón mundial de tenis, pero conozco a un campeón de fútbol.**

1. practicar alpinismo
2. participar en maratones
3. ser entrenador(a) profesional
4. jugar al fútbol profesionalmente
5. haber ganado una medalla olímpica
6. ser boxeador profesional
7. practicar judo
8. ¿...?

Y ahora, ¡a conversar!

E. **Gimnasio.** Tú y unos(as) amigos(as) deciden abrir un nuevo gimnasio y necesitan emplear a mucha gente. En grupos de tres o cuatro, decidan qué tipo de empleados necesitan y qué experiencia debe tener cada uno.

MODELO   **Necesitamos algunos instructores de ejercicios aeróbicos que sepan animar a la gente.**

F. **¡Revolución!** Imagínate que tú y tus compañeros(as) planean crear un nuevo negocio o una nueva universidad. En grupos de tres o cuatro decidan qué tipo de personas van a formar parte de su nueva aventura.

1. Queremos un rector/jefe que...
2. Buscamos profesores/secretarios/trabajadores que...
3. Ofrecemos becas/pagos extras a estudiantes/trabajadores que...
4. Necesitamos atletas/personas que...
5. No queremos a nadie que...

G. **En el futuro.** Piensa en quién serás en unos quince años: ¿Dónde trabajarás? ¿Con quién vivirás? ¿Qué harás?... Luego hazle preguntas a tu compañero(a) para ver qué tipo de persona será y contesta las preguntas que él (ella) te haga a ti.

MODELO   TÚ: **¿Serás una persona que trabaje día y noche?**

COMPAÑERO(A):   **Es probable que trabaje día y noche.**

¡Luces! ¡Cámara! ¡Acción!

H. **Necesito más ayuda.** Eres el (la) director(a) de una escuela secundaria y te reúnes con los jefes de los departamentos de música, historia, matemáticas y lenguas extranjeras. Cada jefe explicará sus necesidades para el próximo año y tú decidirás cuántos nuevos puestos habrá. En grupos de cinco, escriban el guión y dramaticen esta situación delante de la clase.

I. **Hospital.** Eres el (la) administrador(a) de un hospital. Te reúnes con las personas encargadas de la cafetería, de la lavandería, de los conserjes y de la farmacia. Cada persona va a explicar sus necesidades de personal para el próximo año. Tendrás que decidir qué se puede hacer y qué no se puede hacer.

¡Lo mejor de Cuba: su gente, su música y... el béisbol!   ◆   cuatrocientos noventa y uno **491**

¿Comprendes lo que se dice?

Estrategias para ver y escuchar: ver y escuchar «de arriba hacia abajo»

Procedure: Have students read the **Estrategias** silently. Then play the introductory part of the video on Miami (play until you get to the section on **la Pequeña Habana**) and call on individuals to tell you the meaning of the underlined words. Have the class confirm each response. Then view the rest of the video selection and do the **Después de ver el video** activity. Ask several students to tell what they learned and what they already knew.

In **Capítulo 9, Paso 2,** you learned that when listening "from the top down" to a video you are viewing, you can listen casually to the general flow, picking out the occasional specific words that convey the gist of what is being said and letting your knowledge of the topic fill in the blanks on everything else.

Even if you've never been to Miami, you probably know quite a bit about it. Take a moment to write down what you know about Miami and share it with other students.

1. _____
2. _____
3. _____
4. _____
5. _____

Al ver el video: ¿Comprendes lo que se dice?

Use the knowledge you already have as you view the first part of the video, **Miami, ¡donde la cultura cubana se ve, se oye y se siente!** Then, in your own words tell what the underlined words in the following sentences probably mean.

Time code: 38:44–42:48

1. Turistas de todas partes del mundo vienen a Miami para <u>gozar</u> de la belleza del trópico y del ambiente cosmopolita.
2. La ciudad de Miami está situada en el extremo <u>sureste</u> de la península de la Florida.
3. Por estar cerca del Golfo de México, goza de un clima <u>templado</u>.
4. Miami es un verdadero <u>puente</u> entre los dos continentes.

Miami, ¡donde la cultura cubana se ve, se oye y se siente!

Después de ver el video

Anota dos cosas que aprendiste que no sabías antes sobre la Pequeña Habana, South Beach y Coconut Grove.

LA PEQUEÑA HABANA

Lo que no sabía	Lo que ya sabía
1.	1.
2.	2.

SOUTH BEACH
(LA PARTE SUR DE MIAMI)

Lo que no sabía	Lo que ya sabía
1.	1.
2.	2.

COCONUT GROVE

Lo que no sabía	Lo que ya sabía
1.	1.
2.	2.

¡Lo mejor venido de Cuba!

Antes de empezar, dime...

1. ¿Qué influencia han tenido los afroamericanos en la música de los Estados Unidos? ¿Hay algún músico afroamericano que te guste? ¿Por qué te gusta su música?

2. ¿Qué influencia han tenido los afroamericanos en los ritmos bailables de los Estados Unidos? ¿Cuáles son algunos ritmos bailables que tú consideras exclusivamente afroamericanos?

3. ¿En qué se diferencia la música y los ritmos afroamericanos del resto de la música estadounidense?

Procedure: Call on volunteers to answer the anticipatory questions. Then have students scan the reading one album at a time. Ask comprehension check questions after each album. Have students answer the follow-up questions **in pairs.** Then call on **individual** students and have the class confirm all responses.

¡Lo mejor venido de Cuba!

BUENA VISTA SOCIAL CLUB. El inquieto guitarrista Ry Cooder y su hijo percusionista se reunieron en Cuba en 1996 con figuras soneras legendarias como Compay Segundo, Ibrahím Ferrer y Elíades Ochoa, para crear este magistral álbum acústico que nos devuelve magias de épocas pasadas.

IBRAHIM FERRER. El primer disco como solista de Ibrahím Ferrer ha sido producido en La Habana por Ry Cooder. Se trata de una colección de doce canciones, todas ellas cantadas por esta voz de oro de la música cubana que tiene en la actualidad setenta y dos años. Este trabajo, en el que participa la sección rítmica de Buena Vista Social Club, incluyendo el piano de Rubén González, transporta a quien lo escucha a un viaje muy diferente del que pueda brindarnos cualquier otro disco cubano.

RUBÉN GONZÁLEZ. Introducing... Después de toda una vida tocando con los mejores músicos de Cuba y ya hasta sin piano en casa, en 1986 tuvo por fin la posibilidad de grabar este merecido álbum como solista. Impetuosas versiones instrumentales de temas soneros con toques jazzísticos.

ESTRELLAS DE AREÍTO. Los héroes. Una espontánea e histórica sesión de descarga en La Habana a finales de los años setenta. Legendarias y hasta ahora inencontrables grabaciones de Rubén González, Pío Leyva, Tito Gómez, Richard Eg, Niño Rivera, Paquito D'Rivera, y otras muchas figuras.

AFRO CUBAN ALL STAR. A toda Cuba le gusta. 4 generaciones de brillantes músicos cubanos reunidas en un estudio de La Habana para interpretar temas clásicos. Cantan algunos de los mejores soneros de los 50, con un sexteto de metales de la orquesta Tropicana y una soberbia sección rítmica.

LOS ZAFIROS. Bossa cubana. Temas de 1963-66 de un grupo que a la estridencia del pop guitarrero, el virtuosismo vocal del dudúa y el rhytm and blues aportó una extraordinaria e imaginativa interpretación del bolero, el calipso, la bossa nova y la herencia rítmica cubana

JUAN DE MARCOS. AFRO CUBAN ALL STARS. Distinto, diferente. Este ambicioso nuevo álbum señala un cambio estilístico. Dando un paso adelante con respecto a *A toda Cuba le gusta*, que era, en esencia, un homenaje a los años 50. Juan de Marcos González se centra ahora en sonidos más actuales, incorporando muchos de los estilos más recientes de la música cubana.

RESISTENCIA
San Isidro Labrador, 19 • 28005 Madrid
Tel.: 91 366 67 23 • Fax: 91 364 21 10 • e-mail: resistencia@interbook.net

Y ahora, dime...

Contesten estas preguntas en parejas.

1. ¿Qué tipo de música se describe aquí? ¿Son ritmos que tú conoces? Explica.
2. ¿Quiénes son los artistas que tocan y cantan esta música? Nómbralos.
3. ¿Son todos cubanos? ¿De qué edad son? ¿Cómo lo sabes?
4. Fuera de ser de música cubana, ¿qué tienen en común estos discos? ¿Cómo están relacionados el uno con el otro?
5. ¿Cuál de estos álbumes te gustaría comprar? ¿Por qué?

Smart Classroom: For homework, have students go to the Internet and look up about the following: **Buena Vista Social Club.** Then, have them write a specific report on what they learned. Ask them to report to the class and to provide the addresses of the best websites they visited.

Viajemos por el ciberespacio a... CUBA

Si eres aficionado a navegar por el ciberespacio, usa las siguientes palabras clave para llegar a estos fascinantes sitios de **Cuba:**

Música cubana

Nueva Trova cubana

Son cubanos

O mejor aún, simplemente ve hasta el sitio de la Red de *¡Dímelo tú!* usando la siguiente dirección: http://dimelotu.heinle.com

Haz un *click* en las direcciones correspondientes para que puedas...

• disfrutar de un país lleno de música que lo baila y lo canta todo.
• conocer más y mejor a los miembros y la música del *Buena Vista Social Club.*
• disfrutar de la música cubana de ayer y de hoy.

¡Escríbelo!

Estrategias para escribir: orden cronológico

A. **La cronología.** Cuando escribimos ensayos históricos, como la breve historia de Cuba en el *Noticiero cultural* del Paso 1, usualmente seguimos un orden cronológico. Es decir, empezamos con el primer incidente que ocurrió, luego mencionamos el segundo, el tercero, etc., hasta el final. Después del final, expresamos alguna opinión personal y global sobre el tema.

¿Es éste el proceso que usó el autor del *Noticiero cultural* del Paso 1? Para decidir si lo es, contesten las preguntas que siguen en grupos de tres o cuatro.

1. ¿Empieza la lectura con el primer incidente que ocurrió? Si es así, ¿cuál es?
2. ¿Continúa con el segundo, el tercero, el cuarto, etc.? Prepara una lista de todos los incidentes en el mismo orden en que se mencionan. ¿Es un orden cronológico?
3. En tu opinión, ¿incluye todos los incidentes importantes en la historia de Cuba? ¿Por qué crees eso?
4. ¿Qué criterio crees que usó el autor para decidir qué partes de la cronología iba a incluir y qué partes tendría que excluir?

B. **Lista de ideas.** Ahora en los mismos grupos, preparen una lista de temas apropiados para ensayos históricos. Mencionen por lo menos diez temas. Luego cada persona debe seleccionar uno de los temas para desarrollar en las siguientes secciones.

Procedure: Have students read the **Estrategias** silently. Then allow 2–3 mins. for group work; go over the answers with the class. After groups have prepared a list of topics, do a brainstorming activity on the board with each group's suggestions.

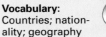

Vocabulary: Countries; nationality; geography

Grammar: Adjective position; adverb types; verbs: preterite

Phrases: Making transitions; sequencing events; talking about past events

Ahora, ¡a escribir!

A. **En preparación.** Decide cuál de los temas vas a desarrollar y prepara una lista de todos los incidentes importantes relacionados con tu tema. Pon la lista en orden cronológico.

B. **El primer borrador.** Basándote en la lista que tienes del ejercicio anterior, decide cuál es la información más importante y desarróllala en varios párrafos, dando detalles donde te parezca apropiado. Como conclusión de lo que has escrito agrega algunas oraciones para expresar tus opiniones.

C. **Ahora, a compartir.** Intercambia tu ensayo con el de otros dos compañeros(as) para saber su reacción. Cuando leas los de tus compañeros(as), dales sugerencias sobre posibles cambios para mejorar su desarrollo cronológico. Si encuentras errores, menciónalos.

D. **Ahora, a revisar.** Agrega la información que consideres necesaria para tu ensayo. No te olvides de revisar los errores que mencionaron tus compañeros(as).

E. **La versión final.** Ahora que tienes todas las ideas revisadas y las correcciones hechas, saca una copia en limpio en la computadora y entrégale la composición a tu profesor(a).

F. **Mesa redonda.** Sepárense en grupos de cinco o seis estudiantes y lean en voz alta las redacciones. Decidan cuál ensayo histórico les pareció más interesante y explíquenle a la clase por qué lo seleccionaron.

A. Students may need to do this part as homework, as they may need to research some historical data on their topics.

B. Have students do this step as homework.

C. Allow 3–4 mins. for students to read, comment, and recommend changes. Have students comment on the completeness and clarity of the chronology and the appropriateness of the conclusion.

D. This step may be assigned as homework.

E. Have students do this as homework. Tell students that final drafts must be prepared on the computer.

F. Ask each group to give a brief report on the content and conclusion reached by the author of the paper selected.

PASO 3

¡Tal vez consiga el puesto... en Cuba!

TAREA

Antes de empezar este Paso, estudia la lista de vocabulario en la página 503 y practícalo al escuchar el surco 36 de tu Text Audio CD #3. Luego estudia *En preparación.*

14.3 Subjunctive in adverb clauses, páginas 507–509

Haz por escrito los ejercicios de *¡A practicar!*

Escucha la sección *¿Qué se dice... ?* del Capítulo 14, Paso 3, en el surco 33 del Text Audio CD y haz la actividad correspondiente la página 497.

Have students prepare *14.3 Subjunctive in adverb clauses* before coming to class.

¿Eres buen observador?

Recién graduados: escuchen los consejos de nuestra tradición oral...

Poderoso caballero es Don Dinero.

Aunque la mona se vista de seda, mona se queda.

Antes de que te cases, mira lo que haces.

Trabajos hacen al hombre sabio.

Antes de hablar, pensar.

Ahora, ¡a analizar!

Call on **individual** students. Have class confirm and discuss answers.

¿A cuál de estos refranes se refiere lo siguiente?

    a. El matrimonio es cosa seria; no debes considerarlo hasta que estés bien seguro(a) y preparado(a).

    b. La gente sigue siendo igual, aunque se disfrace para aparentar lo que no es.

    c. El dinero da autoridad, control e influencia. Cuando seas rico(a) lo notarás.

    d. Es mejor no decir nada si no tienes nada que decir.

    e. Por mucho que estudies, la experiencia de la vida te va a enseñar más.

¿Qué se dice... ?

Al hablar de hechos ciertos o inciertos

Lourdes aprenderá a bucear cuando... _____.

Lourdes conseguirá un buen puesto tan pronto como... _____.

Esteban tendrá que entrenar mucho antes de que... _____.

RICARDO:	Bueno, hablando de buceo, ¿todavía da clases tu amigo Gerardo?
ESTEBAN:	Por supuesto; pero, ¿no lo sabías? Lo transfirieron de playa Guanabo a Cayo Largo donde es guía ahora. Lleva a grupos de turistas a bucear cerca de los arrecifes. Dicen que es hermoso allá y que el agua es clarísima.
RICARDO:	Qué mala noticia para ti, Lourdes. Has perdido la oportunidad de tomar clases con Gerardo. Pero con tal de que lo podamos visitar en Cayo Largo uno de estos días, me alegro por él.
NIURKA:	¿Tú, ahorrar dinero, Ricardo? ¡Qué va!
RICARDO:	Qué bien me conoces, Niurka. Pero bueno,... ¿por qué no vamos a tomar un helado en Copelia?
LOURDES:	¡Ay, sí! Me encantan los batidos de mamey que hacen allí.

Purpose: To introduce new lesson vocabulary and structures needed when expressing fears, hopes, and opinions about sporting events.

Audio Script:
LOURDES: Me encantaría aprender a bucear algún día.
RICARDO: ¡Qué va, chica! ¡Es demasiado caro!
LOURDES: Ya lo sé, pero cuando tenga dinero, es lo primero que haré.
NIURKA: Poderoso caballero es Don Dinero.
LOURDES: En serio. Tan pronto como termine mi carrera de medicina me conseguiré un puesto que pague bien.
ESTEBAN: Pues yo sigo entrenando para las competencias de natación. Mi sueño es llegar a las olimpiadas.
RICARDO: ¡Qué va, hombre! Tendrás que entrenar veinticuatro horas al día antes de que te den un puesto en el equipo olímpico.

Answers: 1. tenga dinero 2. termine su carrera 3. le den un puesto en el equipo olímpico

WEB TM14-3, Procedure: Have students look at visuals as you read each caption or narrate your own story line. Narrate two or three sentences at a time, pointing to the particular persons or objects being mentioned. Ask comprehension check questions.

Alternative Story Lines: 1. Talk about your own hopes and expectations for the future. 2. Recreate a conversation you and several friends had concerning future hopes and expectations. 3. Discuss future hopes and expectations of your best friends or of several family members.

A propósito...

En español decimos «¡Qué va!» para decir «no» de una manera muy enfática. Usamos «por supuesto» en el sentido contrario, para decir «sí».

¿Sabías que...?

No cabe duda que la música cubana es una de las más apreciadas en el mundo entero. Muchos de los ritmos latinos bailables más populares tienen su origen en la fascinante mezcla de lo africano y de lo latino que es parte de toda música cubana. La rumba, el mambo, la conga, el bolero, la guaracha, la habanera, la danza, el danzón, el son, la nueva trova... todos son ritmos de origen cubano.

🔍 **En tu opinión:** ¿Por qué crees que es tan popular la música cubana? ¿Sabes si es popular en los Estados Unidos? ¿Por qué crees que la música africana ha tenido tanta influencia en la música cubana? ¿Qué influencia ha tenido en la música estadounidense? ¿Cuáles de los ritmos cubanos conoces? ¿Los sabes bailar?

Ahora, ¡a hablar!

A. **¿Quién?** Según el *¿Qué se dice...?*, ¿quién piensa hacer lo siguiente, Gerardo (**G**), Lourdes (**L**) o Eduardo (**E**)?

G L E 1. Seguirá entrenando hasta que le den un puesto en el equipo olímpico.

G L E 2. Pedirá un batido de mamey con tal que la lleven a Copelia.

G L E 3. Continuará llevando a grupos de turistas a bucear cerca de los arrecifes mientras trabaje de guía en Cayo.

G L E 4. Aprenderá a bucear tan pronto como tenga el dinero.

G L E 5. Tendrá que entrenar veinticuatro horas al día antes de conseguir su sueño.

G L E 6. Se conseguirá un puesto que pague bien tan pronto como termine su carrera.

B. **Decisiones.** Ricardo se va a graduar este verano y quiere viajar durante unos seis meses antes de empezar su vida profesional. Ahora está pensando en las ventajas y desventajas de viajar por un período tan largo. ¿Qué piensa?

MODELO   viajar a menos que: ofrecerme un buen puesto
           Viajaré a menos que me ofrezcan un buen puesto.

1. hacer el viaje antes de que: mi novia y yo casarnos
2. poder ir con tal de que: mi padre prestarme dinero
3. no ir solo a menos de que: mi amigo Jorge no poder viajar
4. visitar a mis parientes para que: mis padres estar contentos conmigo
5. no hacer planes antes de que: todos mis papeles estar en orden
6. no confirmar mis reservaciones sin que: mi amigo y yo estar seguros de ir

C. **¿Me aceptarán?** Esteban todavía no sabe si lo van a aceptar para el equipo cubano. A pesar de todo, como es tan optimista, ya está haciendo planes. ¿En qué está pensando?

MODELO   Celebraré con mis amigos en cuanto _____ (recibir) la noticia.
           Celebraré con mis amigos en cuanto reciba la noticia.

1. Empezaré a entrenar siete días por semana tan pronto como _____ (tener) la noticia.
2. Nosotros recibiremos nuevos uniformes en cuanto _____ (llegar) a las Olimpiadas.
3. El entrenador dijo que haremos un viaje por Europa cuando _____ (terminar) las Olimpiadas.
4. Yo me sentiré muy orgulloso (*proud*) aunque nuestro equipo no _____ (ganar).
5. Tendré que comprarles recuerdos a todos mis parientes tan pronto como _____ (llegar) a la ciudad olímpica.
6. Pero seguiré con mi rutina diaria hasta que _____ (saber) que me han aceptado.

D. **¡Felicitaciones!** Esteban, por fin, recibe la noticia. ¡Va a ir a las Olimpiadas con el equipo cubano! ¿Qué les dice a sus amigos?

EP 14.3 ◆◆ D. Work **in pairs** first. Allow 2–3 mins. Then repeat the activity with the **entire class.**

MODELO   aunque mis padres no poder ir / se sentirán muy orgullosos
Aunque mis padres no pueden ir, se sentirán muy orgullosos.

1. tan pronto como ustedes llegar / tienen que llamarme
2. cuando el equipo llegar / los aficionados cubanos siempre hacen una recepción
3. en cuanto el equipo pasar / unos días allá, todo será fácil
4. aunque el número de participantes latinos ser / grande, todo el mundo se conoce
5. aunque uno siempre estar / ocupado, el ambiente en las Olimpiadas siempre es agradable
6. cuando yo tener / problemas, alguien siempre me ayuda

E. **¿Para qué?** Los seres humanos tenemos la capacidad de complicarnos la vida por diferentes razones. Dile a tu compañero(a) para qué haces lo siguiente y escucha mientras te dice para qué lo hace él (ella).

EP 14.3 ◆◆ E. Work **in pairs** first. Allow 2–3 mins. Then ask **individuals** what their partners consider urgent, important, good, and so on.

MODELO   trabajar
TÚ: **Yo trabajo para que mis hijos coman bien.**
COMPAÑERO(A): **Pues yo trabajo para comprarme un coche nuevo.**

1. hacer ejercicio
2. trabajar
3. estudiar
4. peinarme
5. (no) estar a dieta
6. tener tarjetas de crédito
7. participar en deportes
8. ¿...?

IRM TM14-3, Repaso visual, *Si sueñas con ser...*: Print out vocabulary transparency #14-3 from the *¡Dímelo tú!* Teacher's Resource CD and call on individual students to describe in detail under what conditions they think this person is going to attain any one of the illustrated goals. Lead them to use expressions such as: **a menos que, antes de que, con tal que, para que, sin que, tan pronto como, en cuanto, cuando, aunque, hasta que,...**

F. Allow 3–4 mins. for debate. Then call on individual **groups** to tell who won and what their best arguments were.

F. **Cuestiones sociales.** Nuestro bienestar en el futuro depende de nuestra sociedad. En grupos de cuatro, debatan estas importantes cuestiones sociales que afectarán la calidad de nuestra vida futura. Dos de cada grupo deben defender las opiniones y los otros dos deben oponerse.

1. Se deben legalizar las drogas.
2. El gobierno debe controlar el precio de la gasolina.
3. La medicina debe ser socializada.
4. Se debe incluir la educación sexual en las escuelas secundarias.

G. Allow 2–3 mins. for students to interview each other. Then ask **individual** students about their partner's future plans.

G. **¡Por fin!** Tú y tus amigos(as) van a graduarse en menos de un mes. En grupos de tres o cuatro, discutan todo lo que piensan hacer.

MODELO **Tan pronto como me gradúe, viajaré a Sudamérica.**
Viajaré por tres meses a menos que...

H. Allow 2–3 mins. for **pair work.** Then ask **individual** students what they will do.

H. **Pasos importantes.** La graduación no es el único paso importante en la vida. Hay otras decisiones que nos esperan a lo largo de la vida. ¿Qué piensan hacer tú y tu compañero(a) en las siguientes situaciones?

MODELO Cuando consigamos trabajo...
Cuando consigamos trabajo podremos comprarnos un carro nuevo.

1. Tan pronto como nos graduemos...
2. Cuando tengamos bastante dinero...
3. En cuanto consigamos un buen puesto de trabajo...
4. En cuanto nos casemos...
5. Cuando tengamos hijos...
6. Después de que nos jubilemos *(retire)*...

¡Luces! ¡Cámara! ¡Acción!

I and J. Have students select either activity **I** or **J** and allow 4–5 mins. to prepare. Point out that all students must present without using books or notes. Call on volunteers to present first, and then call on the rest of the class. Ask comprehension check questions.

I. **Negociaciones.** Acabas de recibir una oferta de trabajo en una buena compañía pero hay algunos inconvenientes: está lejos de donde vives, el horario es pésimo, el sueldo no te convence y no ofrecen un buen plan de seguro médico. Ahora estás hablando con el (la) gerente de la compañía, y tratas de conseguir mejores condiciones. Con un(a) compañero(a) que hace el papel del (de la) gerente, escriban el diálogo que tienen y preséntenselo a la clase.

J. **¡Ay, los padres!** Tus padres quieren que tú consigas trabajo después de graduarte, pero tú quieres continuar con los estudios de posgrado. Ellos tienen sus razones y tú tienes las tuyas. Dramatiza esta situación con dos compañeros(as) de clase.

Estrategias para leer: interpretación de refranes

Los refranes dan excelentes consejos, pero los dan con muy pocas palabras y, con frecuencia, con humor. Por eso, al interpretar un refrán, es muy importante entender cada palabra y, a la vez, pensar más ampliamente en el significado del refrán. No basta sólo con saber el significado literal de las palabras. Siempre hay que pensar en cómo ese significado se aplica a una variedad de situaciones. En el ¿Qué se dice...? de este Paso, Niurka dice «Poderoso caballero es Don Dinero». Piensa simplemente en el significado literal de este refrán y luego en el significado que Niurka intenta comunicar al decirlo.

Lectura
La tradición oral: los refranes

Los refranes, o proverbios, forman una parte muy importante de la tradición oral hispana. Estos dichos, que representan la sabiduría colectiva de la comunidad hispana, en muy pocas palabras ofrecen consejos relacionados con todos los aspectos de la vida.

Dentro de la cultura hispana, las personas mayores, en particular los ancianos, parecen tener a mano un refrán apropiado para cualquier situación que se presente. Y de los ancianos, lo aprenden los jóvenes. Lo vimos y oímos en el diálogo de esta lección cuando Lourdes habla de todo lo que podrá hacer cuando tenga dinero y Niurka comenta con el refrán: «Poderoso caballero es Don Dinero».

Es así como se mantiene viva la rica tradición oral hispana. De boca en boca, pasan los refranes de una generación a otra. Y a lo largo del camino, se van añadiendo más y más, siempre en forma oral y anónima. Lo más bonito de los refranes es el saber cuándo usarlos, para que se ajusten a la situación de una manera muy natural.

A ver si comprendiste

A. **Refranes populares.** A continuación aparecen seis refranes muy populares. Trata de relacionar cada refrán de la columna de la izquierda con su significado en la columna de la derecha. Luego, piensa en una situación en que podrías usar cada refrán.

1. A buen hambre, no hay pan duro.
2. Por la boca muere el pez.
3. No hay mal que por bien no venga.
4. Dime con quién andas y te diré quién eres.
5. Lo barato es caro, y lo caro barato.
6. Quien mucho duerme, poco aprende.

a. Algo bueno siempre resulta de una situación mala.
b. Las personas perezosas no avanzan en la vida.
c. Las personas que hablan demasiado, cometen más errores.
d. Si pagas poco debes esperar menos calidad.
e. Toda comida es deliciosa para una persona que no ha comido en mucho tiempo.
f. Todos seleccionamos amigos que son como nosotros.

B. **Más refranes.** Ahora, con un(a) compañero(a), escriban el significado de cada uno de estos refranes. Luego piensen en situaciones donde podrían usarlos. ¿Pueden pensar en un refrán en inglés que tenga el mismo significado?

1. Saber es poder.

2. Quien más tiene, más quiere.

3. El tiempo es oro.

4. Más vale poco que nada.

5. Las noticias malas tienen alas.

6. No hay enemigo chico.

7. Más sabe el loco en su casa que el cuerdo en la ajena. Cada uno es rey en su casa.

Vocabulario

PASO 1

Deportes

arco	goal
atleta (m./f.)	athlete
bate (m.)	bat
campeón (campeona)	champion
cesto	basket
competencia	competition
boxeo	boxing
esquí (m.)	skiing
gimnasia	gymnastics
gol (m.)	goal
golpe (de cabeza) (m.)	hitting, striking (the ball) (with one's head)
juego	game
levantamiento de pesas	weight lifting
liga	league
lucha libre	wrestling
natación (f.)	swimming
partido	game (competitive)
patear	to kick
pelea	fight
pelota	ball
red (f.)	net
salto de altura	high jumping
salvavidas (m./f.)	lifeguard, lifesaver

Jugadores y oficiales

arquero	goalie, goalkeeper
entrenador(a)	coach, trainer
lanzador(a)	pitcher

Adjetivos

absurdo(a)	absurd
arreglado(a)	arranged, fixed
político(a)	political
saludable	healthy
violento(a)	violent

Verbos

bastar	to be enough
creer	to believe
concentrarse	to concentrate (on a task)
dañar	to damage, hurt
dejar	to allow, permit
dudar	to doubt
negar (ie)	to deny
temer	to fear
zambullirse	to dive, jump in (the water)

PASO 2

Jugadores y oficiales

árbitro(a)	umpire, referee
bateador(a)	batter (baseball)
boxeador(a)	boxer
corredor(a)	runner
jugador(a)	player
nadador(a)	swimmer

Deportes (misceláneo)

atletismo	athletics (track and field)
batear	to bat
campeonato	championship
derrotar	to defeat, beat
entrenar	to coach, train
estar en forma	to be in shape
jonrón (m.)	home run
maratón (m.)	marathon
reclutar	to recruit

Verbos

animar	to encourage, cheer
manejar	to manage

Palabras y expresiones útiles

apoyo	support
beca	scholarship
estar dispuesto(a)	to be inclined to
imparcial	impartial
propósito	purpose
público	public

PASO 3

Buceo

arrecife (m.)	reef
bucear	to scuba dive
buceo	scuba diving

Verbos

conseguir (i, i)	to get, obtain
estar contento(a)	to be happy
graduarse	to graduate
jubilarse	to retire
transferir (ie)	to transfer

Palabras y expresiones útiles

aunque	although
batido	shake; (de leche) milk shake
caballero	gentleman
contrario(a)	opposite, opposing
orgulloso(a)	proud
poderoso(a)	powerful
sabio(a)	wise

En preparación 14

14.1 Subjunctive with expressions of doubt, denial, and uncertainty

Expressing doubt, denial, and uncertainty

A. When the main clause of a sentence expresses doubt, denial, or uncertainty, the subjunctive must be used in the subordinate clause whenever there is a change of subject.

Main clause	Subjunctive clause
Dudo	que **podamos** ir con ustedes.
No creo	que ellos **tengan** las entradas.
Es probable	que yo no **vaya**.

In spoken Spanish it is becoming acceptable to use the subjunctive even when there is no change of subject.

Dudo que (yo) **pueda** hacerlo esta tarde.　　　*I doubt that I can do it this afternoon.*

B. Remember that expressions of certainty, including those denying doubt, are followed by the indicative mood.

Estoy seguro de que **llegan** hoy.　　*I'm sure they arrive today.*
No dudamos que **tienes** el dinero.　　*We don't doubt that you have the money.*

BUT:
Es probable que **vengan** solos.　　*It is probable that they will come alone.*

C. The verbs **creer** and **pensar** are usually followed by the subjunctive when they are negative or in a question. They are followed by the indicative when used in the affirmative form.

No creo que **estén** bien entrenados.　　*I don't believe they are well trained. (They don't appear to be and probably aren't.)*

¿Crees que lo **acepten** los aficionados?　　*Do you believe that the fans will accept him? (They may not.)*

Pienso que **están** en el partido.　　*I think (believe) they are at the game.*

¡A practicar!

A. Domingo deportivo. Celia está mirando su programa deportivo favorito en la televisión, *Domingo deportivo*, en su casa en Bahía Girón. Ella es fanática de los deportes. ¿Qué dice cuando mira los diferentes eventos?

MODELO   no creer / su entrenador / ser tan bueno como el nuestro
No creo que su entrenador sea tan bueno como el nuestro.

Béisbol
1. ser lógico / el equipo cubano / tener tanto éxito
2. ser probable / nuestro equipo / ganarle a los EE.UU. en las Olimpiadas

Boxeo
3. ser cierto / Cuba tener / excelentes boxeadores
4. yo no dudar / esta pelea / terminar en un empate *(tie)*

Voleibol
5. yo no creer / ese equipo / ganar hoy
6. ser increíble / ellos / jugar tan mal

Fútbol
7. yo dudar / nuestro equipo / estar en forma para este partido
8. ser increíble / los árbitros / ser tan injustos

B. ¡Cálmate! Tu amigo Raúl está muy nervioso por el partido de béisbol de esta noche, en La Habana. ¿Qué dice momentos antes del partido?

1. ser obvio / ese bateador / no saber nada
2. ser probable / nuestro lanzador favorito / no poder jugar esta noche
3. ser posible / nuestro equipo / ya estar cansado
4. ¿creer tú / ellos / tener mejores jugadores?
5. nosotros no dudar / ese jugador ser excelente

Paso 2

14.2 Subjunctive in adjective clauses

Referring to unfamiliar persons, places, and things

Sometimes a clause is used as an adjective to describe a person, place, or thing. For example, in the following sentence the adjective clause describes **mujer.**

Adjective clause

Conozco a una **mujer**   que ganó cinco medallas de oro.

The verb of the adjective clause may be in the subjunctive or in the indicative.

A. If the antecedent—the person, place, or thing being described—is indefinite (either nonexistent or not definitely known to exist), the verb in the adjective clause must be in the subjunctive.

Busco un entrenador que **hable** ruso.	*I am looking for a coach who speaks Russian. (I'm not sure the person exists.)*
Necesitamos una secretaria que **sepa** taquigrafía.	*We need a secretary who knows shorthand.*
Voy a solicitar un puesto que **ofrezca** más dinero.	*I'm going to apply for a job that offers more money.*

B. If, on the other hand, the antecedent is known to exist, then the verb in the adjective clause must be in the indicative.

Busco al entrenador que **habla** ruso.

I am looking for the coach who speaks Russian. (I know the person.)

Contratamos a un secretario que **sabe** taquigrafía y contabilidad.

We hired a secretary who knows shorthand and bookkeeping.

Voy a solicitar el puesto que **ofrece** el mejor salario.

I'm going to apply for the job that offers the highest salary.

Note that the mood (indicative or subjunctive) used in adjective clauses indicates whether the speaker is talking about a fact or something hypothetical or abstract.

C. Negative antecedents always refer to the nonexistent. Therefore, the verb in an adjective clause modifying a negative antecedent must be in the subjunctive.

The personal **a** is not usually used before an indefinite direct object. **Nadie** and **alguien**, however, always take the personal **a** when used as direct objects.

No hay nadie que **esté** dispuesto a trabajar los fines de semana.

There isn't anyone who is willing to work on weekends.

No encuentro **a** nadie que **sepa** hablar japonés.

I can't find anyone who knows how to speak Japanese.

¡A practicar!

A. Nuevo personal. El Comité Cubano de las Olimpiadas está discutiendo lo que el equipo cubano va a necesitar para las siguientes Olimpiadas. ¿Qué dicen ellos?

1. necesitamos / entrenador / ser muy enérgico
2. necesitamos / entrenador / dirigir a los Atléticos
3. buscamos / lanzador / tener experiencia
4. buscamos / lanzador / jugar ahora con los Gigantes
5. necesitamos / bateadores / venir de las ligas juveniles
6. buscamos / bateadores / ya tener fama

B. Club deportivo. Esteban está hablando con su jefe porque él y algunos colegas han decidido crear el Club Deportivo Guantánamo. Según él, ¿qué tipo de personas necesitan para administrar el club?

1. necesitar un presidente que / poder trabajar bien con la directiva y los jugadores
2. tener que encontrar un vicepresidente que / ser responsable y / trabajar bien con el presidente
3. para tesorero (*treasurer*), necesitar a alguien que / saber contabilidad (*bookkeeping*)
4. para secretario necesitar una persona que / saber bastante de informática
5. también querer nombrar a alguien que / representarnos ante el Comité Deportivo Nacional

C. **Los jefes nos apoyan.** Ahora Esteban le está contando a su amigo Ricardo lo que les dijo su jefe a él y a sus compañeros. ¿Qué les dijo?

Mi jefe nos dijo que los administradores del hotel estarán a favor de que _____ (nosotros / organizar) un club que _____ (preocuparse) por los intereses deportivos de los trabajadores. Cree que debemos nombrar una persona que _____ (hablar) con los administradores en seguida. Dijo que hay una persona en la administración que _____ (tener) mucha experiencia en esos asuntos *(matters)*. Y como yo soy una persona que _____ (interesarse) mucho en los deportes y en el bienestar de todos, yo puedo ser el representante. ¡Ah! También dijo que el representante debe ser una persona que _____ (ser) muy activa y que siempre le _____ (informar) a la mesa directiva sobre las actividades del grupo.

Paso 3

14.3 Subjunctive in adverb clauses

Stating conditions

A. In Spanish, certain conjunctions are *always* followed by the subjunctive. Note that they are used to relate events that may or may not happen. Thus, a doubt is implied, requiring the subjunctive.

Conjunctions that always require subjunctive			
a menos que	*unless*	en caso (de) que	*in case*
antes (de) que	*before*	para que	*so that*
con tal (de) que	*provided (that)*	sin que	*without, unless*

Nosotros ganaremos **a menos que se lastime** José Antonio.	*We'll win unless José Antonio gets injured.*
Yo iré con ustedes **con tal que** Niurka no **conduzca.**	*I'll go with you provided Niurka doesn't drive.*

B. Certain adverbial conjunctions may be followed by either the subjunctive or the indicative. The subjunctive follows these expressions when describing a future or hypothetical action or something that has not yet occurred. The indicative is used to describe habitual or known facts.

Conjunctions that may require subjunctive			
aunque	*although*	en cuanto	*as soon as*
cuando	*when*	hasta que	*until*
después (de) que	*after*	tan pronto como	*as soon as*

Habitual	Future action
Siempre lo hace cuando **llega.**	Lo hará **cuando llegue.**
He always does it when he arrives.	*He will do it when he arrives.*

Factual	Hypothetical
Lo aceptará aunque **tendrá** que jugar con otro equipo.	Lo aceptará aunque **tenga** que jugar con otro equipo.
He will accept it although he will have to play with another team.	*He will accept it although he may have to play with another team.*

C. When the focus is on an event rather than on a participant, a preposition and an infinitive are used rather than a conjunction and the subjunctive.

Llámame **antes de venir.**	*Call me before coming.*
Lo haré **sin decirle.**	*I'll do it without telling him.*

¡A practicar!

A. Dilema. A veces cambiar o no cambiar de trabajo se transforma en un verdadero dilema. Nina acaba de recibir una nueva oferta de trabajo y está tratando de decidir si debe permanecer *(remain)* en Bahía Girón o trasladarse a Santiago de Cuba. ¿Qué dice?

1. Tendré que decidir pronto para que mi jefe / buscar a una nueva persona

2. No me mudaré a Santiago a menos que / mi novio decidir mudarse también

3. Voy a empezar a regalar varios muebles en caso de que yo / decidir aceptar

4. No haré ninguna decisión sin que ellos / explicarme bien la escala de pagos

5. Se lo contaré a mis padres en cuanto yo / hacer una decisión

6. Pero no firmaré hasta que mi novio y mis padres / decirme que es una buena decisión

B. **El regreso.** Mario ha estado viviendo en La Habana, completando una práctica profesional de seis meses. Ha llegado ahora el momento de regresar a Bahía Girón y se le está transformando en un gran dilema. Veamos qué decide finalmente.

1. No decidiré hasta que _____ (hablar) con mi novia.
2. Será más fácil tan pronto como _____ (saber) si me van a dar trabajo en Bahía Girón.
3. Lo hablaré con mi familia después de que la decisión _____ (estar) hecha.
4. Tendré más posibilidades cuando _____ (graduarme) y ya tenga el título en mano.
5. Alquilaré el nuevo apartamento aunque todavía no _____ (haberme) decidido.
6. Creo que me quedaré en La Habana a menos que mi novia _____ (insistir) en que regrese.

C. **Vacaciones.** Ahora Antonio y Raúl están planeando salir de vacaciones a Guantánamo. Antonio, como siempre, es muy organizado. ¿Qué le dice a Raúl?

ANTONIO: Saldremos en cuanto _____ (regresar / tú) del banco.

RAÚL: Bien. Pero no regresaré hasta que _____ (poder) cerrar mi cuenta de ahorros.

ANTONIO: No importa, con tal que tú _____ (estar) aquí antes de las tres y media.

RAÚL: No te preocupes. La guagua no sale hasta las cuatro y media, a menos que _____ (haber) cambiado el horario.

ANTONIO: Tienes razón. Pero yo prefiero estar en la estación temprano para que nosotros _____ (poder) conseguir buenos asientos *(seats)*.

Y ahora, ¡a conversar!
Noticiero cultural

Para empezar
Noticiero cultural: Costumbres

C. **Crucigrama.** Para completar este crucigrama, tú tienes las pistas (*clues*) verticales, y tu compañero tiene las horizontales en la página 7. Completa primero (*first*) las palabras que responden a tus pistas, y luego (*then*) completa el resto usando las pistas que tu compañero(a) te da. No se permite mirar (*look at*) el crucigrama completo de la página 8 hasta terminar esta actividad.

MODELO   ESCRIBES: 3 Vertical: Saludo por la tarde

Verticales
1. Saludo por la tarde
2. Saludo por la mañana
3. Saludo de despedida por poco tiempo
4. Saludo de despedida por un día
5. Saludo informal

F. **¿Son los mismos?** Alicia, Carmen, José y Daniel son estudiantes de la clase de español de tu compañero(a) de cuarto. Tú también tienes unos amigos que se llaman Alicia, Carmen, José y Daniel. La descripción de tus amigos aparece (*appears*) aquí. La descripción de los amigos de tu compañero(a) aparece en la página 27. ¿Son la misma persona? (*To decide if they are the same, ask your partner questions. Do not look at each other's descriptions.*)

MODELO **¿Es Alicia de El Salvador?**

ALICIA: Es una amiga de San Salvador. Es introvertida. No es perezosa, y es muy seria. También es muy paciente.

CARMEN: Es muy seria. También es tímida, inteligente y muy estudiosa. Es de San José. Es algo conservadora.

JOSÉ: Es de Tegucigalpa. Es muy activo pero muy serio. No es sociable. Es muy serio.

DANIEL: Es de Managua. Es muy atlético, pero es un poco tímido. Es activo y estudioso. También es algo serio.

Capítulo 1, Paso 3
Y ahora, ¡a conversar!

G. **¿Son diferentes?** Este dibujo y el dibujo en la página 45 son similares pero tienen seis diferencias. Descríbele este dibujo a tu compañero(a) y él/ella va a describirte el otro dibujo hasta encontrar las diferencias. No debes ver el dibujo de tu compañero(a) hasta terminar esta actividad.

Vocabulario útil
bailar
escribir una carta
escuchar música
estudiar
hablar con amigos(as)
hablar por teléfono
mirar la tele
tomar café
tomar un refresco

E. **Crucigrama.** Este crucigrama ya tiene las respuestas horizontales. El crucigrama de la página 68 tiene las respuestas verticales. Con un(a) compañero(a), terminen los dos crucigramas dándose pistas (*clues*), ¡no las respuestas! No se permite mirar el crucigrama de tu compañero(a) hasta terminar esta actividad.

MODELO	TÚ:	**¿Cuál es la pista para el número tres vertical?**
	TU COMPAÑERO(A):	**Es una persona que escribe artículos.**
	TÚ ESCRIBES:	PERIODISTAS

¹S	E	²C	R	E	T	A	R	I	O		⁵		
⁴		³			⁶								
				⁷					⁸				
⁹L	I	B	R	E	R	Í	A						
	¹⁰A	L	M	O	H	A	D	I	L	L	A		
	¹¹P	A	R	L	A	N	T	E					
		¹²T	E	C	L	A	D	O					

Capítulo 3, Paso 1
Noticiero cultural: Costumbres

E. **¿Dónde es?** Este mapa indica el nombre y la fecha de algunas de las fiestas más populares de España. El mapa de la pagina 108 indica el nombre de la ciudad donde se celebran estas fiestas. Haz preguntas a tu compañero(a) sobre dónde están las ciudades y contesta las preguntas que to compañero(a) te va a hacer.

Escribe el nombre de cada ciudad junto a las fiestas y las fechas en el mapa. Al final, compara con el mapa de tu compañero(a) para ver si todas las ciudades y fiestas se corresponden. No se permite comparar mapas hasta terminar esta actividad.

MODELO   TÚ: **¿Cuándo son las Fallas?**

TU COMPAÑERO(A): **Son el 19 de marzo.**

Capítulo 3, Paso 2
Y ahora, ¡a conversar!

H. **¿Qué están haciendo?** ¿Cuántas diferencias hay entre este dibujo y el de tu compañero(a) en la página 117? Háganse preguntas para determinar cuáles son las diferencias. Recuerda que no se permite mirar el dibujo de tu compañero(a) hasta terminar esta actividad.

MODELO   **¿Cuántas personas están cantando?**

Capítulo 3, Paso 3
Y ahora, ¡a conversar!

F. **¡Qué cambiados están!** Éstos son Daniel y Gloria después de estudiar un año en la Universidad de Salamanca. En la página 126, tu compañero(a) tiene un dibujo de Daniel y Gloria antes de ir a estudiar a España. Describan a las personas que aparecen en sus dibujos para saber cómo son los cambios. No se permite mirar el dibujo de tu compañero(a) hasta terminar esta actividad.

Capítulo 4, Paso 2
Y ahora, ¡a conversar!

F. **En el escaparate.** Tú estás de compras en la Ciudad de México y quieres comprar todas las prendas de esta lista. Desafortunadamente, muchas prendas no tienen etiqueta (*price tag*). Pregúntale a tu compañero(a) los precios que quieres saber y dale los precios que él o ella necesita basándote en el dibujo. El escaparate de tu compañero(a) está en la página 152. No debes mirar el escaparate de tu compañero(a) hasta terminar esta actividad.

Tú quieres comprar:

1. un pijama para tu hermana
2. un traje para ti
3. botas para tu papá
4. pantalones para tu hermano
5. un vestido para tu mamá

Capítulo 7, Paso 1
Y ahora, ¡a conversar!

I. **¿Cuáles son las diferencias?** Tú debes usar este dibujo y tu compañero(a) el dibujo en la página 246. Ambos son similares, pero no son idénticos. Describan sus dibujos para descubrir las diferencias. No mires el dibujo de tu compañero(a) hasta descubrir todas las diferencias.

Capítulo 12, Paso 3
Y ahora, ¡a conversar!

F. **Viaje a Machu Picchu.** Tú y un(a) compañero(a) están viajando por Sudamérica, visitando y explorando diferentes lugares. Ahora están en las famosas cataratas de Iguazú y quieren viajar por Uruguay, Argentina, Chile y Bolivia para llegar a Machu Picchu. Piensan hacer ocho escalas (*stopovers*) en su viaje. ¿Quién va a llegar primero? Para avanzar una escala, tienes que contestar la pregunta de tu compañero(a) correctamente. Tus preguntas están aquí, las de tu compañero(a) están en la página 434.

1. ¿Cuál es la capital de Paraguay?
2. ¿Cuál es la capital de Perú?
3. Nombra la isla que es estado libre asociado de los Estados Unidos
4. Nombra dos países que tienen frontera con Perú
5. ¿De qué país es Diego Rivera?
6. ¿Quién escribió *Cien años de soledad*?
7. ¿En qué países de Sudamérica se habla español?
8. ¿Cómo se llama la moneda de Paraguay?
9. ¿Cuál es el país más grande de Sudamérica?
10. ¿Cómo se llaman las dos capitales de Bolivia?
11. ¿En qué país se comen porotos y ají?
12. Nombra cinco países de Centroamérica y sus capitales.

Acentuación

In Spanish, as in English, all words of two or more syllables have one syllable that is stressed more forcibly than the others. In Spanish, written accents are frequently used to show what syllable in a word is the stressed one.)

Words without written accents

Words without written accents are pronounced according to the following rules:

A. Words that end in a vowel (**a, e, i, o, u**) or the consonants **n** or **s** are stressed on the next to last syllbale.

tardes   capi**ta**les   **gran**de   estu**dia**   **no**ches   **co**men

B. Words that end in a consonant other than **n** or **s** are stressed on the last syllable.

bus**car**   ac**triz**   espa**ñol**   liber**tad**   ani**mal**   come**dor**

Words with written accents

C. Words that do not follow the two preceding rules require a written accent to indicate where the stress is placed.

ca**fé**   sim**pá**tico   fran**cés**   na**ción**   José **Pé**rez

Words with a strong vowel (a, o, u) next to a weak vowel (e, i)

D. Dipthongs, the combination of a weak vowel (i, u) and a strong vowel (e, o, a) next to each other, form a single syllable. A written accent is required to separate dipthongs into two syllables. Note that the written accent is placed on the weak vowel.

seis	estu**dia**	inter**ior**	**aire**	**auto**	**cuo**ta
re**ír**	**día**	**río**	ma**íz**	ba**úl**	conti**nú**o

Monosyllable words

Words with only one syllable never have a written accent unless there is a need to differentiate it from another word spelled exactly the same. The following are some of the most common words in this category.

Unaccented	Accented	Unaccented	Accented
como (*like, as*)	cómo (*how*)	que (*that*)	qué (*what*)
de (*of*)	dé (*give*)	si (*if*)	sí (*yes*)
el (*the*)	él (*he*)	te (*you D.O., to you*)	té (*tea*)
mas (*but*)	más (*more*)	tu (*your*)	tú (*you informal*)
mi (*my*)	mí (*me*)		

Keep in mind that in Spanish, the written accents are an extremely important part of spelling since they not only change the pronunciation of a word, but may change its meaning and/or its tense.

publico (*I publish*)   **público** (*public*)   **publicó** (*he/she/you published*)

Simple tenses

	Present Indicative	Imperfect	Preterite	Future	Conditional	Present Subjunctive	Past Subjunctive	Commands
hablar (to speak)	hablo	hablaba	hablé	hablaré	hablaría	hable	hablara	
	hablas	hablabas	hablaste	hablarás	hablarías	hables	hablaras	habla (no hables)
	habla	hablaba	habló	hablará	hablaría	hable	hablara	hable
	hablamos	hablábamos	hablamos	hablaremos	hablaríamos	hablemos	habláramos	hablemos
	habláis	hablabais	hablásteis	hablaréis	hablaríais	habléis	hablarais	hablad (no habléis)
	hablan	hablaban	hablaron	hablarán	hablarían	hablen	hablaran	hablen
aprender (to learn)	aprendo	aprendía	aprendí	aprenderé	aprendería	aprenda	aprendiera	
	aprendes	aprendías	aprendiste	aprenderás	aprenderías	aprendas	aprendieras	aprende (no aprendas)
	aprende	aprendía	aprendió	aprenderá	aprendería	aprenda	aprendiera	aprenda
	aprendemos	aprendíamos	aprendimos	aprenderemos	aprenderíamos	aprendamos	aprendiéramos	aprendamos
	aprendéis	aprendíais	aprendisteis	aprenderéis	aprenderíais	aprendáis	aprendierais	aprended (no aprendáis)
	aprenden	aprendían	aprendieron	aprenderán	aprenderían	aprendan	aprendieran	aprendan
vivir (to live)	vivo	vivía	viví	viviré	viviría	viva	viviera	
	vives	vivías	viviste	vivirás	vivirías	vivas	vivieras	vive (no vivas)
	vive	vivía	vivió	vivirá	viviría	viva	viviera	viva
	vivimos	vivíamos	vivimos	viviremos	viviríamos	vivamos	viviéramos	vivamos
	vivís	vivíais	vivisteis	viviréis	viviríais	viváis	vivierais	vivid (no viváis)
	viven	vivían	vivieron	vivirán	vivirían	vivan	vivieran	vivan

Compound tenses

Present progressive	estoy estás está estamos estáis están	hablando	aprendiendo	viviendo
Present perfect indicative	he has ha hemos habéis han	hablado	aprendido	vivido
Past perfect indicative	había habías había habíamos habíais habían	hablado	aprendido	vivido

Infinitive / Present Participle / Past Participle	Present Indicative	Past Imperfect	Preterite	Future	Conditional	Present Subjunctive	Past Subjunctive	Commands
pensar *to think* **e → ie** pensando pensado	**pienso** **piensas** **piensa** pensamos pensáis **piensan**	pensaba pensabas pensaba pensábamos pensabais pensaban	pensé pensaste pensó pensamos pensasteis pensaron	pensaré pensarás pensará pensaremos pensaréis pensarán	pensaría pensarías pensaría pensaríamos pensaríais pensarían	**piense** **pienses** **piense** pensemos penséis **piensen**	pensara pensaras pensara pensáramos pensarais pensaran	**piensa (no pienses)** **piense** pensemos pensad (no penséis) **piensen**
acostarse *to go to bed* **o → ue** acostándose acostado	me **acuesto** te **acuestas** se **acuesta** nos acostamos os acostáis se **acuestan**	me acostaba te acostabas se acostaba nos acostábamos os acostabais se acostaban	me acosté te acostaste se acostó nos acostamos os acostasteis se acostaron	me acostaré te acostarás se acostará nos acostaremos os acostaréis se acostarán	me acostaría te acostarías se acostaría nos acostaríamos os acostaríais se acostarían	me **acueste** te **acuestes** se **acueste** nos acostemos os acostéis se **acuesten**	me acostara te acostaras se acostara nos acostáramos os acostarais se acostaran	acuéstate (no te acuestes) acuéstese acostémonos acostados (no os acostéis) acuéstense
sentir *to feel* **e → ie, i** sintiendo sentido	**siento** **sientes** **siente** sentimos sentís **sienten**	sentía sentías sentía sentíamos sentíais sentían	sentí sentiste **sintió** sentimos sentisteis **sintieron**	sentiré sentirás sentirá sentiremos sentiréis sentirán	sentiría sentirías sentiría sentiríamos sentiríais sentirían	**sienta** **sientas** **sienta** **sintamos** **sintáis** **sientan**	**sintiera** **sintieras** **sintiera** **sintiéramos** **sintierais** **sintieran**	**siente (no sientas)** **sienta** **sintamos (no sintáis)** sentid **sientan**
pedir *to ask for* **e → i, i** pidiendo pedido	**pido** **pides** **pide** pedimos pedís **piden**	pedía pedías pedía pedíamos pedíais pedían	pedí pediste **pidió** pedimos pedisteis **pidieron**	pediré pedirás pedirá pediremos pediréis pedirán	pediría pedirías pediría pediríamos pediríais pedirían	**pida** **pidas** **pida** **pidamos** **pidáis** **pidan**	**pidiera** **pidieras** **pidiera** **pidiéramos** **pidierais** **pidieran**	**pide (no pidas)** **pida** **pidamos** pedid (no pidáis) **pidan**
dormir *to sleep* **o → ue, u** durmiendo dormido	**duermo** **duermes** **duerme** dormimos dormís **duermen**	dormía dormíais dormía dormíamos dormíais dormían	dormí dormiste **durmió** dormimos dormisteis **durmieron**	dormiré dormirás dormirá dormiremos dormiréis dormirán	dormiría dormirías dormiría dormiríamos dormiríais dormirían	**duerma** **duermas** **duerma** **durmamos** **durmáis** **duerman**	**durmiera** **durmieras** **durmiera** **durmiéramos** **durmierais** **durmieran**	**duerme (no duermas)** **duerma** **durmamos** dormid (no durmáis) **duerman**

Infinitive Present Participle Past Participle	Present Indicative	Past Imperfect	Preterite	Future	Conditional	Present Subjunctive	Past Subjunctive	Commands
comenzar	comienzo	comenzaba	**comencé**	comenzaré	comenzaría	**comience**	comenzara	
(e → ie)	comienzas	comenzabas	comenzaste	comenzarás	comenzarías	**comiences**	comenzaras	comienza (**no comiences**)
to begin	comienza	comenzaba	comenzó	comenzará	comenzaría	**comience**	comenzara	**comience**
z → c	comenzamos	comenzábamos	comenzamos	comenzaremos	comenzaríamos	**comencemos**	comenzáramos	**comencemos**
before e	comenzáis	comenzabais	comenzasteis	comenzaréis	comenzaríais	**comencéis**	comenzarais	comenzad (**no comencéis**)
comenzando	comienzan	comenzaban	comenzaron	comenzarán	comenzarían	**comiencen**	comenzaran	**comiencen**
comenzado								
conocer	**conozco**	conocía	conocí	conoceré	conocería	**conozca**	conociera	
to know	conoces	conocías	conociste	conocerás	conocerías	**conozcas**	conocieras	conoce (**no conozcas**)
c → zc	conoce	conocía	conoció	conocerá	conocería	**conozca**	conociera	**conozca**
before a, o	conocemos	conocíamos	conocimos	conoceremos	conoceríamos	**conozcamos**	conociéramos	**conozcamos**
conociendo	conocéis	conocíais	conocisteis	conoceréis	conoceríais	**conozcáis**	conocierais	conoced (**no conozcáis**)
conocido	conocen	conocían	conocieron	conocerán	conocerían	**conozcan**	conocieran	**conozcan**
pagar	pago	pagaba	**pagué**	pagaré	pagaría	**pague**	pagara	
to pay	pagas	pagabas	pagaste	pagarás	pagarías	**pagues**	pagaras	paga (**no pagues**)
g → gu	paga	pagaba	pagó	pagará	pagaría	**pague**	pagara	**pague**
before e	pagamos	pagábamos	pagamos	pagaremos	pagaríamos	**paguemos**	pagáramos	**paguemos**
pagando	pagáis	pagabais	pagasteis	pagaréis	pagaríais	**paguéis**	pagarais	pagad (**no paguéis**)
pagado	pagan	pagaban	pagaron	pagarán	pagarían	**paguen**	pagaran	**paguen**
seguir	**sigo**	seguía	seguí	seguiré	seguiría	**siga**	siguiera	
(e → i, i)	sigues	seguías	seguiste	seguirás	seguirías	**sigas**	siguieras	sigue (**no sigas**)
to follow	sigue	seguía	siguió	seguirá	seguiría	**siga**	siguiera	**siga**
gu → g	seguimos	seguíamos	seguimos	seguiremos	seguiríamos	**sigamos**	siguiéramos	**sigamos**
before a, o	seguís	seguíais	seguisteis	seguiréis	seguiríais	**sigáis**	siguierais	seguid (**no sigáis**)
siguiendo	siguen	seguían	siguieron	seguirán	seguirían	**sigan**	siguieran	**sigan**
seguido								
tocar	toco	tocaba	**toqué**	tocaré	tocaría	**toque**	tocara	
to play, to touch	tocas	tocabas	tocaste	tocarás	tocarías	**toques**	tocaras	toca (**no toques**)
c → qu	toca	tocaba	tocó	tocará	tocaría	**toque**	tocara	**toque**
before e	tocamos	tocábamos	tocamos	tocaremos	tocaríamos	**toquemos**	tocáramos	**toquemos**
tocando	tocáis	tocabais	tocasteis	tocaréis	tocaríais	**toquéis**	tocarais	tocad (**no toquéis**)
tocado	tocan	tocaban	tocaron	tocarán	tocarían	**toquen**	tocaran	**toquen**

Infinitive / Present Participle / Past Participle	Present Indicative	Past Imperfect	Preterite	Future	Conditional	Present Subjunctive	Past Subjunctive	Commands
andar / *to walk* / andando / andado	ando	andaba	**anduve**	andaré	andaría	ande	**anduviera**	
	andas	andabas	**anduviste**	andarás	andarías	andes	**anduvieras**	anda (no andes)
	anda	andaba	**anduvo**	andará	andaría	ande	**anduviera**	ande
	andamos	andábamos	**anduvimos**	andaremos	andaríamos	andemos	**anduviéramos**	andemos
	andáis	andabais	**anduvisteis**	andaréis	andaríais	andéis	**anduvierais**	andad (no andéis)
	andan	andaban	**anduvieron**	andarán	andarían	anden	**anduvieran**	anden
*dar / to give / dando / dado	**doy**	daba	**di**	daré	daría	**dé**	diera	
	das	dabas	**diste**	darás	darías	des	dieras	da (no des)
	da	daba	**dio**	dará	daría	**dé**	diera	**dé**
	damos	dábamos	**dimos**	daremos	daríamos	demos	diéramos	demos
	dais	dabais	**disteis**	daréis	daríais	deis	dierais	dad (no deis)
	dan	daban	**dieron**	darán	darían	den	dieran	den
*decir / to say; tell / **diciendo** / **dicho**	**digo**	decía	**dije**	**diré**	**diría**	diga	dijera	
	dices	decías	**dijiste**	**dirás**	**dirías**	digas	dijeras	di (no digas)
	dice	decía	**dijo**	**dirá**	**diría**	diga	dijera	diga
	decimos	decíamos	**dijimos**	**diremos**	**diríamos**	**digamos**	dijéramos	digamos
	decís	decíais	**dijisteis**	**diréis**	**diríais**	**digáis**	dijerais	decid (no digáis)
	dicen	decían	**dijeron**	**dirán**	**dirían**	digan	dijeran	digan
*estar / to be / estando / estado	**estoy**	estaba	**estuve**	estaré	estaría	**esté**	estuviera	
	estás	estabas	**estuviste**	estarás	estarías	**estés**	estuvieras	está (no estés)
	está	estaba	**estuvo**	estará	estaría	**esté**	estuviera	**esté**
	estamos	estábamos	**estuvimos**	estaremos	estaríamos	estemos	estuviéramos	estemos
	estáis	estabais	**estuvisteis**	estaréis	estaríais	estéis	estuvierais	estad (no estéis)
	están	estaban	**estuvieron**	estarán	estarían	estén	estuvieran	estén
haber / to have / habiendo / habido	**he**	había	**hube**	**habré**	**habría**	**haya**	hubiera	
	has	habías	**hubiste**	**habrás**	**habrías**	**hayas**	hubieras	he (no hayas)
	ha [hay]	había	**hubo**	**habrá**	**habría**	**haya**	hubiera	haya
	hemos	habíamos	**hubimos**	**habremos**	**habríamos**	**hayamos**	hubiéramos	hayamos
	habéis	habíais	**hubisteis**	**habréis**	**habríais**	**hayáis**	hubierais	habed (no hayáis)
	han	habían	**hubieron**	**habrán**	**habrían**	hayan	hubieran	hayan
*hacer / to make, to do / haciendo / **hecho**	**hago**	hacía	**hice**	**haré**	**haría**	haga	hiciera	
	haces	hacías	**hiciste**	**harás**	**harías**	hagas	hicieras	haz (no hagas)
	hace	hacía	**hizo**	**hará**	**haría**	haga	hiciera	haga
	hacemos	hacíamos	**hicimos**	**haremos**	**haríamos**	hagamos	hiciéramos	hagamos
	hacéis	hacíais	**hicisteis**	**haréis**	**haríais**	hagáis	hiciérais	haced (no hagáis)
	hacen	hacían	**hicieron**	**harán**	harían	hagan	hicieran	hagan

Infinitive Present Participle Past Participle	Present Indicative	Past Imperfect	Preterite	Future	Conditional	Present Subjunctive	Past Subjunctive	Commands
ir	voy	iba	fui	iré	iría	vaya	fuera	
to go	vas	ibas	fuiste	irás	irías	vayas	fueras	ve (no vayas)
yendo	va	iba	fue	irá	iría	vaya	fuera	vaya
ido	vamos	íbamos	fuimos	iremos	iríamos	vayamos	fuéramos	vamos (no vayamos)
	vais	ibais	fuisteis	iréis	iríais	vayáis	fuerais	id (no vayáis)
	van	iban	fueron	irán	irían	vayan	fueran	vayan
*oír	oigo	oía	oí	oiré	oiría	oiga	oyera	
to hear	oyes	oías	oíste	oirás	oirías	oigas	oyeras	oye (no oigas)
oyendo	oye	oía	oyó	oirá	oiría	oiga	oyera	oiga
oído	oímos	oíamos	oímos	oiremos	oiríamos	oigamos	oyéramos	oigamos
	oís	oíais	oísteis	oiréis	oiríais	oigáis	oyerais	oíd (no oigáis)
	oyen	oían	oyeron	oirán	oirían	oigan	oyeran	oigan
poder	puedo	podía	pude	podré	podría	pueda	pudiera	
(o → ue)	puedes	podías	pudiste	podrás	podrías	puedas	pudieras	puede (no puedas)
can, to be able	puede	podía	pudo	podrá	podría	pueda	pudiera	pueda
pudiendo	podemos	podíamos	pudimos	podremos	podríamos	podamos	pudiéramos	podamos
podido	podéis	podíais	pudisteis	podréis	podríais	podáis	pudierais	poded (no podáis)
	pueden	podían	pudieron	podrán	podrían	puedan	pudieran	puedan
*poner	pongo	ponía	puse	pondré	pondría	ponga	pusiera	
to place, to put	pones	ponías	pusiste	pondrás	pondrías	pongas	pusieras	pon (no pongas)
poniendo	pone	ponía	puso	pondrá	pondría	ponga	pusiera	ponga
puesto	ponemos	poníamos	pusimos	pondremos	pondríamos	pongamos	pusiéramos	pongamos
	ponéis	poníais	pusisteis	pondréis	pondríais	pongáis	pusierais	poned (no pongáis)
	ponen	ponían	pusieron	pondrán	pondrían	pongan	pusieran	pongan
querer	quiero	quería	quise	querré	querría	quiera	quisiera	
(e → ie)	quieres	querías	quisiste	querrás	querrías	quieras	quisieras	quiere (no quieras)
to like	quiere	quería	quiso	querrá	querría	quiera	quisiera	quiera
queriendo	queremos	queríamos	quisimos	querremos	querríamos	queramos	quisiéramos	queramos
querido	queréis	queríais	quisisteis	querréis	querríais	queráis	quisierais	quered (no queráis)
	quieren	querían	quisieron	querrán	querrían	quieran	quisieran	quieran
*saber	sé	sabía	supe	sabré	sabría	sepa	supiera	
to know	sabes	sabías	supiste	sabrás	sabrías	sepas	supieras	sabe (no sepas)
sabiendo	sabe	sabía	supo	sabrá	sabría	sepa	supiera	sepa
sabido	sabemos	sabíamos	supimos	sabremos	sabríamos	sepamos	supiéramos	sepamos
	sabéis	sabíais	supisteis	sabréis	sabríais	sepáis	supierais	sabed (no sepáis)
	saben	sabían	supieron	sabrán	sabrían	sepan	supieran	sepan

Infinitive Present Participle Past Participle	Present Indicative	Past Imperfect	Preterite	Future	Conditional	Present Subjunctive	Past Subjunctive	Commands
*salir	**salgo**	salía	salí	**saldré**	**saldría**	**salga**	saliera	**sal (no salgas)**
to go out	sales	salías	saliste	**saldrás**	**saldrías**	**salgas**	salieras	**salga**
saliendo	sale	salía	salió	**saldrá**	**saldría**	**salga**	saliera	**salgamos**
salido	salimos	salíamos	salimos	**saldremos**	**saldríamos**	**salgamos**	saliéramos	salid (**no salgáis**)
	salís	salíais	salisteis	**saldréis**	**saldríais**	**salgáis**	salierais	**salgan**
	salen	salían	salieron	**saldrán**	**saldrían**	**salgan**	salieran	
ser	**soy**	**era**	**fui**	seré	sería	**sea**	**fuera**	**sé (no seas)**
to be	**eres**	**eras**	**fuiste**	serás	serías	**seas**	**fueras**	**sea**
siendo	**es**	**era**	**fue**	será	sería	**sea**	**fuera**	**seamos**
sido	**somos**	**éramos**	**fuimos**	seremos	seríamos	**seamos**	**fuéramos**	sed (**no seáis**)
	sois	**erais**	**fuisteis**	seréis	seríais	**seáis**	**fuerais**	**sean**
	son	**eran**	**fueron**	serán	serían	**sean**	**fueran**	
*tener	**tengo**	tenía	**tuve**	**tendré**	**tendría**	**tenga**	**tuviera**	**ten (no tengas)**
(e → ie)	**tienes**	tenías	**tuviste**	**tendrás**	**tendrías**	**tengas**	**tuvieras**	**tenga**
to have	**tiene**	tenía	**tuvo**	**tendrá**	**tendría**	**tenga**	**tuviera**	**tengamos**
teniendo	tenemos	teníamos	**tuvimos**	**tendremos**	**tendríamos**	**tengamos**	**tuviéramos**	tened (**no tengáis**)
tenido	tenéis	teníais	**tuvisteis**	**tendréis**	**tendríais**	**tengáis**	**tuvierais**	**tengan**
	tienen	tenían	**tuvieron**	**tendrán**	**tendrían**	**tengan**	**tuvieran**	
*traer	**traigo**	traía	**traje**	traeré	traería	**traiga**	**trajera**	trae (**no traigas**)
to bring	traes	traías	**trajiste**	traerás	traerías	**traigas**	**trajeras**	**traiga**
trayendo	trae	traía	**trajo**	traerá	traería	**traiga**	**trajera**	**traigamos**
traído	traemos	traíamos	**trajimos**	traeremos	traeríamos	**traigamos**	**trajéramos**	traed (**no traigáis**)
	traéis	traíais	**trajisteis**	traeréis	traeríais	**traigáis**	**trajerais**	**traigan**
	traen	traían	**trajeron**	traerán	traerían	**traigan**	**trajeran**	
*venir	**vengo**	venía	**vine**	**vendré**	**vendría**	**venga**	**viniera**	**ven (no vengas)**
(e → ie, i)	**vienes**	venías	**viniste**	**vendrás**	**vendrías**	**vengas**	**vinieras**	**venga**
to come	**viene**	venía	**vino**	**vendrá**	**vendría**	**venga**	**viniera**	**vengamos**
viniendo	venimos	veníamos	**vinimos**	**vendremos**	**vendríamos**	**vengamos**	**viniéramos**	venid (**no vengáis**)
venido	venís	veníais	**vinisteis**	**vendréis**	**vendríais**	**vengáis**	**vinierais**	**vengan**
	vienen	venían	**vinieron**	**vendrán**	**vendrían**	**vengan**	**vinieran**	
ver	**veo**	**veía**	**vi**	veré	vería	**vea**	viera	ve (**no veas**)
to see	ves	**veías**	**viste**	verás	verías	**veas**	vieras	**vea**
viendo	ve	**veía**	**vio**	verá	vería	**vea**	viera	**veamos**
visto	vemos	**veíamos**	**vimos**	veremos	veríamos	**veamos**	viéramos	ved (**no veáis**)
	veis	**veíais**	**visteis**	veréis	veríais	**veáis**	vierais	**vean**
	ven	**veían**	**vieron**	verán	verían	**vean**	vieran	

*Verbs with irregular *yo* forms in the present indicative

Supplemental Structures

The following structures are not actively taught in *¡Dímelo tú!* They are presented here for reference.

1. Perfect tenses

In **Capítulo 11** you learned that the present perfect tense is formed by combining the present indicative of the verb **haber** with the past participle. Similarly, the past perfect, future perfect, and conditional perfect tenses are formed by combining the imperfect, future, and conditional of **haber** with the past participle.

Past perfect		Future perfect		Conditional perfect	
había		habré		habría	
habías		habrás		habrías	
había	+ past	habrá	+ past	habría	+ past
habíamos	participle	habremos	participle	habríamos	participle
habíais		habréis		habríais	
habían		habrán		habrían	

In general, the use of these perfect tenses parallels their use in English.

Dijo que **había vivido** allí seis años.	*He said he had lived there six years.*
Para el año 2003, **habremos terminado** nuestros estudios aquí.	*By the year 2003, we will have finished our studies here.*
Yo lo **habría hecho** por ti.	*I would have done it for you.*

The present perfect subjunctive and past perfect subjunctive are likewise formed by combining the present subjunctive and past subjunctive of **haber** with the past participle.

Present perfect subjunctive		Past perfect subjunctive	
haya		hubiera	
hayas		hubieras	
haya	+ past	hubiera	+ past
hayamos	participle	hubiéramos	participle
hayáis		hubierais	
hayan		hubieran	

These tenses are used whenever the independent clause in a sentence requires the subjunctive and the verb in the dependent clause represents an action completed prior to the time indicated by the verb in the independent clause. If the time of the verb in the independent clause is present or future, the present perfect subjunctive is used; if the time is past or conditional, the past perfect subjunctive is used.

Dudo que lo **hayan leído.**   *I doubt that they have read it.*
Si **hubieras llamado,** no tendríamos   *If you had called, we would not have this*
este problema ahora.   *problem now.*

2. Past progressive tense

In **Capítulo 3** you learned that the present progressive tense is formed with the present indicative of **estar** and a present participle. The past progressive tense is formed with the imperfect of **estar** and a present participle.

Past progressive tense	
estaba	
estabas	
estaba	+ present
estábamos	participle
estabais	
estaban	

The past progressive tense is used to express or describe an action that was in progress at a particular moment in the past.

Estábamos comiendo cuando llamaste.   *We were eating when you called.*
¿Quién **estaba hablando** por teléfono?   *Who was talking on the phone?*

Another past progressive tense can also be formed with the preterite of **estar** and the present participle. However, its use is of much lower frequency in Spanish.

3. Probability in the past and in the future

Spanish uses both the future and conditional tenses to express probability or conjecture about present or past events or states of being.

¿Qué hora es?   *What time is it?*
No sé; **serán** las ocho.   *I don't know; it's probably 8:00.*
¿Qué **estarían** haciendo?   *I wonder what they were doing.*
Estarían divirtiéndose.   *They were probably having a good time.*

Note that the words *probably* and *I wonder* are not expressed in Spanish, as the verb tenses convey this idea.

4. Stressed possessive adjectives and pronouns

In **Capítulo 2** you learned to express possession using **de** or the possessive adjectives **mi(s), tu(s), su(s), nuestro(a, os, as), vuestro(a, os, as).** Possession may also be expressed using the stressed possessive adjectives equivalent to the English *of mine, of yours, of ours, of theirs.*

Stressed possessive adjectives and pronouns						
mío **míos**	**mía** **mías**	*my, (of) mine*	**nuestro** **nuestros**	**nuestra** **nuestras**	*our, (of) ours*	
tuyo **tuyos**	**tuya** **tuyas**	*your, (of) yours*	**vuestro** **vuestros**	**vuestra** **vuestras**	*your, (of) yours*	
suyo **suyos**	**suya** **suyas**	*its, his, (of) his hers, (of) hers your, (of) yours*	**suyo** **suyos**	**suya** **suyas**	*their, (of) theirs your, (of) yours*	

A. As adjectives, the stressed possessives must agree in number and gender with the thing possessed.

Una amiga **mía** viene a visitarme hoy.	*A friend of mine is coming to visit me today.*
¿Qué hay en las maletas **suyas,** señor?	*What do you have in your suitcases, sir?*
El coche **nuestro** nunca funciona.	*Our car never works.*

Note that stressed possessive adjectives *always* follow the noun they modify. Also note that the noun must be preceded by an article.

B. Stressed possessive adjectives can be used as possessive pronouns by eliminating the noun.

¿Dónde está **la suya,** señor?	*Where is yours, sir?*
El nuestro nunca funciona.	*Ours never works.*

Note that both the article and possessive adjective must agree in number and gender with the noun that has been eliminated.

C. A stressed possessive pronoun may be used without the article after the verb **ser.**

Esta maleta no es **mía,** señor.	*This suitcase is not mine, sir.*
¿Es **suya,** señora?	*Is it yours, ma'am?*

5. Prepositional pronouns

Pronouns used as objects of a preposition are identical to the subject pronouns with the exception of **mí** and **ti.**

Prepositional pronouns			
mí	*me*	**nosotros(as)**	*us*
ti	*you* (fam.)	**vosotros(as)**	*you* (fam.)
usted	*you*	**ustedes**	*you*
él	*him*	**ellos**	*them*
ella	*her*	**ellas**	*them*

Esta carta no es **para ella,** es **para ti.**	*This letter is not for her, it's for you.*
Habló **después de mí.**	*She spoke after me.*
¿Es posible que terminen **antes de nosotros?**	*Is it possible they will finish before us?*

Note that **mí** has a written accent to distinguish it from the possessive adjective **mi.**

A. The prepositional pronouns **mí** and **ti** combine with the preposition **con** to form **conmigo** *(with me)* and **contigo** *(with you).*

| Si tú estudias **conmigo** esta noche, yo iré **contigo** al médico. | *If you study with me tonight, I'll go with you to the doctor.* |

B. The subject pronouns **yo** and **tú** follow the prepositions **como, entre, excepto,** and **según** instead of **mí** and **ti.**

| **Según tú,** yo no sé nada. | *According to you, I don't know anything.* |
| **Entre tú** y **yo,** tienes razón. | *Between you and me, you are right.* |

6. Demonstrative pronouns

Demonstrative adjectives may be used as pronouns. In written Spanish, an accent mark distinguishes a demonstrative pronoun from its demonstrative adjective counterpart.

| Esta novela es excelente; **ésa** es aburridísima. | *This novel is excellent; that one is extremely boring.* |
| Ese señor es el jefe, y **aquéllos** son sus empleados. | *That gentleman is the boss, and those are his employees.* |

The neuter demonstratives **esto, eso,** and **aquello** are used to refer to a concept, an idea, a situation, a statement, or an unknown object. The neuters do not require written accents.

| ¡**Esto** es imposible! | *This is impossible!* |
| ¿Qué es **eso?** | *What is that?* |

7. Past participles used as adjectives

The past participle may be used as an adjective, and like all adjectives in Spanish, it must agree in number and gender with the noun it modifies.

| Los coches **hechos** en Hungría y en Corea son más baratos. | *Cars made in Hungary and Korea are cheaper.* |
| Sí, pero yo prefiero uno **hecho** y **comprado** en los EE.UU. | *Yes, but I prefer one made and bought in the United States.* |

Frequently the past participle is used as an adjective with the verb **estar.**

| Mira, tus lentes **están rotos.** | *Look, your glasses are broken.* |
| El despertador **estaba puesto.** | *The alarm was turned on.* |

8. Present subjunctive of stem-changing verbs

A. Stem-changing **-ar** and **-er** verbs follow the same stem changes in the present subjunctive as in the present indicative. Note that the stems of the **nosotros** and **vosotros** forms do not change.

contar (ue)	
cuente	contemos
cuentes	contéis
cuente	cuenten
cuente	cuenten

perder (ie)	
pierda	perdamos
pierdas	perdáis
pierda	pierdan
pierda	pierdan

B. Stem-changing **-ir** verbs follow the same pattern in the present subjunctive, except for the **nosotros** and **vosotros** forms. These change **e > i** or **o > u.**

morir (ue)	
muera	muramos
mueras	muráis
muera	mueran
muera	mueran

preferir (ie)	
prefiera	prefiramos
prefieras	prefiráis
prefiera	prefieran
prefiera	prefieran

pedir (i)	
pida	pidamos
pidas	pidáis
pida	pidan
pida	pidan

9. Present subjunctive of verbs with spelling changes

As in the preterite, verbs that end in **-car, -gar,** and **-zar** undergo a spelling change in the present subjunctive in order to maintain the consonant sound of the infinitive.

A. -car: **c** changes to **qu** in front of **e**

   buscar: bus**que,** bus**ques,** bus**que...**

B. -zar: **z** changes to **c** in front of **e**

   almorzar: almuer**ce,** almuer**ces,** almuer**ce...**

C. -gar: **g** changes to **gu** in front of **e**

   jugar: jue**gue,** jue**gues,** jue**gue...**

10. Past subjunctive: Conditional sentences with *si* clauses

The past subjunctive of *all* verbs is formed by removing the **-ron** ending from the **ustedes** form of the preterite and adding the past subjunctive verb endings: **-ra, -ras, -ra,**

-ramos, -rais, -ran.* Thus, any irregularities in the **ustedes** form of the preterite will be reflected in all forms of the past subjunctive. Note that the **nosotros** form requires a written accent.

comprar		tener		ser	
compraron		tuvieron		fueron	
compra**ra**	comprá**ramos**	tuvie**ra**	tuvié**ramos**	fue**ra**	fué**ramos**
compra**ras**	compra**rais**	tuvie**ras**	tuvie**rais**	fue**ras**	fue**rais**
compra**ra**	compra**ran**	tuvie**ra**	tuvie**ran**	fue**ra**	fue**ran**
compra**ra**	compra**ran**	tuvie**ra**	tuvie**ran**	fue**ra**	fue**ran**

A. The past subjunctive has the same uses as the present subjunctive, except that it generally applies to past events or actions.

Insistieron en que **fuéramos.**	*They insisted that we go.*
Era imposible que lo **terminaran** a tiempo.	*It was impossible for them to finish it on time.*

B. In Spanish, as in English, conditional sentences express hypothetical conditions usually with an *if*-clause: *I would go if I had the money.* Since the actions are hypothetical and one does not know if they will actually occur, the past subjunctive is used in the *if*-clause.

Iría a Perú si **tuviera** el dinero.	*I would go to Peru if I had the money.*
Si **fuera** necesario, pediría un préstamo.	*If it were necessary, I would ask for a loan.*

C. Conditional sentences in the present use either the present indicative or the future tense. The present subjunctive is never used in *if*-clauses.

Si me **invitas**, iré contigo.	*If you invite me, I'll go with you.*

---

* An alternate form of the past subjunctive uses the verb endings **-se, -ses, -se, -semos, -seis, -sen.** This form is used primarily in Spain and in literary writing. It is not practiced in this text.

Grammar Guide

For more detailed explanations of these grammar points, consult the Index on pages I-1–I-5 to find the places where these concepts are presented.

ACTIVE VOICE (La voz activa) A sentence written in the active voice identifies a subject that performs the action of the verb.

Juan	cantó	la canción.
Juan	***sang***	***the song.***
subject	**verb**	**direct object**

In the sentence above Juan is the performer of the verb **cantar.**

(*See also* **Passive Voice.**)

ADJECTIVES (Los adjetivos) are words that modify or describe **nouns** or **pronouns** and agree in **number** and generally in **gender** with the nouns they modify.

Las casas **azules** son **bonitas.**
*The **blue** houses are **pretty.***

Esas mujeres **mexicanas** son mis **nuevas** amigas.
*Those **Mexican** women are my **new** friends.*

- **Demonstrative adjectives (Los adjetivos demostrativos)** point out persons, places, or things relative to the position of the speaker. They always agree in **number** and **gender** with the **noun** they modify. The forms are: **este, esta, estos, estas / ese, esa, esos, esas / aquel, aquella, aquellos, aquellas.** There are also neuter forms that refer to generic ideas or things, and hence have no gender: **esto, eso, aquello.**

Este libro es fácil.	***This** book is easy.*
Esos libros son difíciles.	***Those** books are hard.*
Aquellos libros son pesados.	***Those** books **(over there)** are boring.*

Demonstratives may also function as **pronouns,** replacing the **noun** but still agreeing with it in **number** and **gender. Demonstrative pronouns** carry an accent mark over the syllable that would be naturally stressed anyway:

Me gustan esas blusas verdes.	*I like those green blouses.*
¿Cuáles, **éstas**?	*Which ones, **these**?*
No. Me gustan **ésas**.	*No. I like **those**.*

- **Stressed possessive adjectives (Los adjetivos posesivos acentuados)** are used for emphasis and follow the noun that they modifiy. These adjectives may also function as pronouns and always agree in **number** and in **gender.** The forms are: **mío, tuyo, suyo, nuestro, vuestro, suyo.** Unless they are directly preceded by the verb **ser,** stressed possessives must be preceded by the **definite article.**

Ese perro pequeño es **mío**.	*That little dog is **mine**.*
Dame el **tuyo;** el **nuestro** no funciona.	*Give me **yours; ours** doesn't work.*

- **Unstressed possessive adjectives (Los adjetivos posesivos no acentuados)** demonstrate ownership and always precede the **noun** that they modify.

La señora Elman es **mi** profesora.	*Mrs. Elman is **my** professor.*
Debemos llevar **nuestros** libros a clase.	*We should take **our** books to class.*

ADVERBS (Los adverbios) are words that modify **verbs, adjectives,** or other adverbs and, unlike **adjectives,** do not have **gender** or **number.** Here are examples of different classes of adverbs:

Practicamos **diariamente.**	*We practice **daily.*** (adverb of manner)
Ellos van a salir **pronto.**	*They will leave **soon.*** (adverb of time)
Jennifer está **afuera.**	*Jennifer is **outside.*** (adverb of place)
No quiero ir **tampoco.**	*I don't want to go **either.*** (adverb of negation)
Paco habla **demasiado.**	*Paco talks **too much.*** (adverb of quantity)

AGREEMENT (La concordancia) refers to the correspondence between parts of speech in terms of **number, gender,** and **person.** Subjects agree with their verbs; articles and adjectives agree with the nouns they modify, etc.

Todas las lenguas son interesantes.	*All languages are interesting.* (number)
Ella es bonita.	*She is pretty.* (gender)
Nosotros somos de España.	*We are from Spain.* (person)

ARTICLES (Los artículos) precede nouns and indicate whether they are definite or indefinite persons, places, or things.

- **Definite articles (Los artículos definidos)** refer to particular members of a group and are the equivalent of *the* in English. The definite articles are: **el, la, los, las.**

El hombre guapo es mi padre.	***The** handsome man is my father.*
Las mujeres de esta clase son inteligentes.	***The** women in this class are intelligent.*

- **Indefinite articles (Los artículos indefinidos)** refer to any unspecified member(s) of a group and are the equivalent of *a(n)* and *some.* The indefinite articles are: **un, una, unos, unas.**

Un hombre vino a nuestra casa anoche.	***A** man came to our house last night.*
Unas niñas jugaban en el parque.	***Some** girls were playing in the park.*

CLAUSES (Las cláusulas) are subject and verb combinations; for a sentence to be complete it must have at least one main clause.

- **Main clauses** (Independent clauses) **(Las cláusulas principales)** communicate a complete idea or thought.

Mi hermana va al hospital.	*My sister goes to the hospital.*

- **Subordinate clauses** (Dependent clauses) **(Las cláusulas subordinadas)** depend upon a main clause for their meaning to be complete.

Mi hermana va al hospital	cuando está enferma.
My sister goes to the hospital	*when she is ill.*
main clause	**subordinate clause**

In the sentence above, *when she is ill* is not a complete idea without the information supplied by the main clause.

COMMANDS (Los mandatos) (*See* **Imperatives.**)

COMPARISONS (Las formas comparativas) are statements that describe one person, place, or thing relative to another in terms of quantity, quality, or manner.

- **Comparisons of equality (Las formas comparativas de igualdad)** demonstrate an equal share of a quantity or degree of a particular characteristic. These statements use a form of **tan(to)(ta)(s)** and **como.**

Ella tiene **tanto** dinero **como** Elena.	*She has **as much** money **as** Elena.*
Fernando trabaja **tanto como** Felipe.	*Fernando works **as much as** Felipe.*
Jim baila **tan** bien **como** Anne.	*Jim dances **as well as** Anne.*

- **Comparisons of inequality (Las formas comparativas de desigualdad)** indicate a difference in quantity, quality, or manner between the compared subjects. These statements use **más/menos... que** or comparative **adjectives** such as **mejor/peor, mayor/menor.**

España tiene **más** playas **que** México.	*Spain has **more** beaches **than** Mexico.*
Tú hablas español **mejor que** yo.	*You speak Spanish **better than** I.*

(*See also* **Superlatives.**)

CONJUGATIONS (Las conjugaciones) represent the inflected form of the verb as it is used with a particular **subject** or **person.**

Yo bailo los sábados.	*I dance on Saturdays.* (1st-person singular)
Tú bailas los sábados.	*You dance on Saturdays.* (2nd-person singular)
Ella baila los sábados.	*She dances on Saturdays.* (3rd-person singular)
Nosotros bailamos los sábados.	*We dance on Saturdays.* (1st-person plural)
Vosotros bailáis los sábados.	*You dance on Saturdays.* (2nd-person plural)
Ellos bailan los sábados.	*They dance on Saturdays.* (3rd-person plural)

CONJUNCTIONS (Las conjunciones) are linking words that join two independent **clauses** together.

Fuimos al centro **y** mis amigos compraron muchas cosas.
*We went downtown **and** my friends bought a lot of things.*

Yo quiero ir a la fiesta, **pero** tengo que estudiar.
*I want to go to the party, **but** I have to study.*

CONTRACTIONS (Las contracciones) in Spanish are limited to preposition/article combinations, such as **de + el = del** and **a + el = al,** or preposition/pronoun combinations such as **con + mí = conmigo** and **con + ti = contigo.**

DIRECT OBJECTS (Los objetos directos) in sentences are the direct recipients of the action of the verb. Direct objects answer the questions *What?* or *Whom?*

¿Qué hizo?	*What did she do?*
Ella hizo **la tarea.**	*She did her **homework.***
Y luego llamó **a su amiga.**	*And then called **her friend.***

(*See also* **Pronoun, Indirect Object, Personal a.**)

EXCLAMATIVE WORDS (Las palabras exclamativas) communicate surprise or strong emotion. Like interrogative words, exclamatives also carry accents.

¡**Qué** sorpresa!	***What** a surprise!*
¡**Cómo** canta Miguel!	***How well** Miguel sings!*

(*See also* **Interrogatives.**)

GENDER (El género) is a grammatical feature of Romance languages that classifies words as either masculine or feminine. The gender of the word is sometimes used to distinguish meaning (**la papa** = *the potato,* but **el Papa** = *the Pope;* **la policía** = *the police force,* but **el policía** = *the policeman*). It is important to memorize the gender of nouns when you learn the nouns.

GERUNDS (Los gerundios) are the Spanish equivalent of the *-ing* verb form in English. Regular gerunds are created by replacing the **infinitive** endings **(-ar, -er/-ir)** with **-ando** or **-iendo.** Gerunds are often used with the verb **estar** to form the present progessive tense. The present progressive tense places emphasis on the continuing or progressive nature of an action.

Miguel está **cantando** en la ducha.	*Miguel is **singing** in the shower.*
Me gusta **bailar.**	*I like **dancing**.*
Detesto **mirar** los anuncios de la television.	*I hate **watching** TV commercials!*

(*See also* **Present Participle.**)

IDIOMATIC EXPRESSIONS (Las frases idiomáticas) are phrases in Spanish that do not have a literal English equivalent.

Hace mucho frío.   *It is very cold.* (Literally, *It makes a lot of cold.*)

IMPERATIVES (Los imperativos) represent the mood used to express requests or commands. It is more direct than the **subjunctive** mood. Imperatives are commonly called commands and fall into two categories: affirmative and negative. Spanish speakers must also choose between using formal commands and informal commands based upon whether one is addressed as **usted** (formal) or **tú** (informal).

Habla conmigo.	**Talk** to me. (informal, affirmative)
No me hables.	**Don't talk to me.** (informal, negative)
Hable con la policía.	**Talk** to the police. (formal, singular, affirmative)
No hable con la policía.	**Don't talk** to the police. (formal, singular, negative)
Hablen con la policía.	**Talk** to the police. (formal, plural, affirmative)
No hablen con la policía	**Don't talk** to the police. (formal, plural, negative)

(*See also* **Mood.**)

IMPERFECT (El imperfecto) The imperfect tense is used to make statements about the past when the speaker wants to convey the idea of 1) habitual or repeated action, 2) two actions in progress simultaneously, or 3) an event that was in progress when another action interrupted. The imperfect tense is also used to emphasize the ongoing nature of the middle of the event, as opposed to its beginning or end. Age and clock time are always expressed using the imperfect.

Cuando María **era** joven, ella **cantaba** en el coro.
*When María **was** young, she **used to sing** in the choir.*

Aquel día **llovía** mucho y el cielo **estaba** oscuro.
*That day **it was raining** a lot and the sky **was** dark.*

Juan **dormía** cuando sonó el teléfono.
*Juan **was sleeping** when the phone rang.*

(*See also* **Preterite.**)

IMPERSONAL EXPRESSIONS (Las expresiones impersonales) are statements that contain the impersonal subjects of *it* or *one*.

Es necesario estudiar.	***It is necessary** to study.*
Se necesita estudiar.	***One needs to** study.*

(*See also* **Passive Voice.**)

INDEFINITE WORDS (Las palabras indefinidas) are **articles, adjectives, nouns** or **pronouns** that refer to unspecified members of a group.

Un hombre vino.	***A** man came.* (indefinite article)
Alguien vino.	***Someone** came.* (indefinite noun)
Algunas personas vinieron.	***Some** people came.* (indefinite adjective)
Algunas vinieron.	***Some** came.* (indefinite pronoun)

(*See also* **Articles.**)

INDICATIVE (El indicativo) The indicative is a mood, rather than a tense. The indicative is used to express ideas that are considered factual or certain and, therefore, not subject to speculation, doubt, or negation.

Josefina **es** española.   *Josefina **is** Spanish.*
(present indicative)

(*See also* **Mood.**)

INDIRECT OBJECTS (Los objetos indirectos) are the indirect recipients of an action in a sentence and answer the questions *To whom?* or *For whom?* In Spanish it is common to include an indirect object **pronoun** along with the indirect object.

Yo **le** di el libro **a Sofía.**	*I gave the book **to Sofia.***
Sofía **les** guardó el libro **para sus padres.**	*Sofia kept the book **for her parents.***

(*See also* **Direct Objects** *and* **Pronouns.**)

INFINITIVES (Los infinitivos) are verb forms that are uninflected or not **conjugated** according to a specific **person.** In English, infinitives are preceded by *to: to talk, to eat, to live.* Infinitives in Spanish end in **-ar (hablar), -er (comer),** and **-ir (vivir).**

INTERROGATIVES (Las formas interrogativas) are used to pose questions and carry accent marks to distinguish them from other uses. Basic interrogative words include: **quién(es), qué, cómo, cuánto(a)(s), cuándo, por qué, dónde.**

¿**Qué** quieres?	***What** do you want?*
¿**Cuándo** llegó ella?	***When** did she arrive?*
¿De **dónde** eres?	***Where** are you from?*

(*See also* **Exclamative Words.**)

MOOD (El modo) is like the word *mode,* meaning *manner* or *way.* It indicates the way in which the speaker views an action, or his/her attitude toward the action. Besides the **imperative** mood, which is simply giving commands, you learn two basic moods in Spanish: the **subjunctive** and the **indicative.** Basically, the subjunctive mood communicates an attitude of uncertainty or negation toward the action, while the indicative indicates that the action is certain or factual. Within each of these moods there are many **tenses.** Hence you have the present indicative and the present subjunctive, the present perfect indicative and the present perfect subjunctive, etc.

- **Indicative mood (El indicativo)** implies that what is stated or questioned is regarded as true.

Yo **quiero** ir a la fiesta.	***I want** to go to the party.*
¿**Quieres** ir conmigo?	***Do you want** to go with me?*

- **Subjunctive mood (El subjuntivo)** indicates a recommendation, a statement of doubt or negation, or a hypothetical situation.

Yo recomiendo que tú **vayas** a la fiesta.	*I recommend that **you go** to the party.*
Dudo que **vayas** a la fiesta.	*I doubt that **you'll go** to the party.*
No creo que **vayas** a la fiesta.	*I don't believe that **you'll go** to the party.*
Si **fueras** a la fiesta, te divertirías.	*If **you were to go** to the party, you would have a good time.*

- **Imperative mood (El imperativo)** is used to make a command or request.

¡**Ven** conmigo a la fiesta!	***Come** with me to the party!*

(*See also* **Indicative, Imperative,** *and* **Subjunctive.**)

NEGATION (La negación) takes place when a negative word, such as **no,** is placed before an affirmative sentence. In Spanish, double negatives are common.

Yolando va a cantar esta noche.	*Yolando will sing tonight.* (affirmative)
Yolando **no** va a cantar esta noche.	*Yolanda will **not** sing tonight.* (negative)
Ramón quiere algo.	*Ramón wants something.* (affirmative)
Ramón **no** quiere **nada.**	*Ramón **doesn't** want **anything.*** (negative)

NOUNS (Los sustantivos) are persons, places, things, or ideas. Names of people, countries, and cities are proper nouns and are capitalized.

Alberto	*Albert* (person)
el pueblo	*town* (place)
el diccionario	*dictionary* (thing)

ORTHOGRAPHY (La ortografía) refers to the spelling of a word or anything related to spelling such as accentuation.

PASSIVE VOICE (La voz pasiva), as compared to **active voice (la voz activa),** places emphasis on the action itself rather than the agent of the action (the person or thing that is indirectly responsible for committing the action). The passive **se** is used when there is no apparent agent of the action.

Luis vende los coches.	*Luis sells the cars.* (active voice)
Los coches **son vendidos por** Luis.	*The cars **are sold by** Luis.* (passive voice)
Se venden los coches.	*The cars **are sold.*** (passive voice)

(*See also* **Active Voice.**)

PAST PARTICIPLES (Los participios pasados) are verb forms used in compound tenses such as the **present perfect.** Regular past participles are formed by dropping the **-ar** or **-er/-ir** from the **infinitive** and adding **-ado** or **-ido.** Past participles are the equivalent of verbs ending in *-ed* in English. They may also be used as **adjectives,** in which case they agree in **number** and **gender** with their nouns. Irregular past participles include: **escrito, roto, dicho, hecho, puesto, vuelto, muerto, cubierto.**

Marta ha **subido** la montaña.	*Marta has **climbed** the mountain.*
Hemos **hablado** mucho por teléfono.	*We have **talked** a lot on the phone.*
La novela **publicada** en 1995 es su mejor novela.	*The novel **published** in 1995 is her best novel.*

PERFECT TENSES (Los tiempos perfectos) communicate the idea that an action has taken place before now (present perfect) or before a moment in the past (past perfect). The perfect tenses are compound tenses consisting of the verb **haber** plus the **past participle** of a second verb.

Yo **he comido.**	*I **have eaten.*** (present perfect indicative)
Antes de la fiesta, yo **había comido.**	*Before the party **I had eaten.*** (past perfect indicative)
Yo espero que **hayas comido.**	*I hope that **you have eaten.*** (present perfect subjunctive)
Yo esperaba que **hubieras comido.**	*I hoped that **you had eaten.*** (past perfect subjunctive)

PERSON (La persona) refers to changes in the subject pronouns that indicate if one is speaking (first person), if one is spoken to (second person), or if one is spoken about (third person).

Yo hablo.	*I speak.* (1st-person singular)
Tú hablas.	*You speak.* (2nd-person singular)
Ud./Él/Ella habla.	*You/He/She speak(s).* (3rd-person singular)
Nosotros(as) hablamos.	*We speak.* (1st-person plural)
Vosotros(as) habláis.	*You speak.* (2nd-person plural)
Uds./Ellos/Ellas hablan.	*They speak.* (3rd-person plural)

PREPOSITIONS (Las preposiciones) are linking words indicating spatial or temporal relations between two words.

Ella nadaba **en** la piscina.	*She was swimming **in** the pool.*
Yo llamé **antes de** las nueve.	*I called **before** nine o'clock.*
El libro es **para** ti.	*The book is **for** you.*
Voy **a** la oficina.	*I'm going **to** the office.*
Jorge es **de** Paraguay.	*Jorge is **from** Paraguay.*

PRESENT PARTICIPLE (*See* **Gerunds.**)

PRETERITE (El pretérito) The preterite tense, as compared to the **imperfect tense,** is used to talk about past events with specific emphasis on the beginning or the end of the action, or emphasis on the completed nature of the action as a whole.

Anoche yo **empecé** a estudiar a las once y **terminé** a la una.
*Last night I **began** to study at eleven o'clock and **finished** at one o'clock.*

Esta mañana **me desperté** a las siete, **desayuné, me duché** y **vine** al campus para las ocho.
*This morning **I woke up** at seven, **I ate** breakfast, **I showered,** and **I came** to campus by eight.*

PERSONAL A (La *a* personal) The personal **a** refers to the placement of the preposition **a** before the name of a person when that person is the **direct object** of the sentence.

Voy a llamar **a** María.   *I'm going to call María.*

PRONOUNS (Los pronombres) are words that substitute for **nouns** in a sentence.

Yo quiero **éste.**	*I want **this one.** (demonstrative—points out a specific person, place, or thing)*
¿**Quién** es tu amigo?	***Who** is your friend? (interrogative—used to ask questions)*
Yo voy a llamar**la.**	*I'm going to call **her.** (direct object—replaces the direct object of the sentence)*
Ella va a dar**le** el reloj.	*She is going to give **him** the watch. (indirect object—replaces the indirect object of the sentence)*
Juan **se** baña por la mañana.	*Juan bathes **himself** in the morning. (reflexive—used with reflexive verbs to show that the agent of the action is also the recipient)*
Es la mujer **que** conozco.	*She is the woman **that** I know. (relative—used to introduce a clause that describes a noun)*
Nosotros somos listos.	***We** are clever. (subject—replaces the noun that performs the action or state of a verb)*

SUBJECTS (Los sujetos) are the persons, places, or things that perform the action or state of being of a verb. The **conjugated** verb always agrees with its subject.

Carlos siempre baila solo.	***Carlos** always dances alone.*
Colorado y **California** son mis estados preferidos.	***Colorado** and **California** are my favorite states.*
La cafetera produce el café.	*The **coffee pot** makes the coffee.*

(*See also* **Active Voice.**)

SUBJUNCTIVE (El subjuntivo) The subjunctive mood is used to express speculative, doubtful, or hypothetical situations. It also communicates a degree of subjectivity or influence of the main clause over the subordinate clause.

No creo que **tengas** razón.	*I don't think that **you're** right.*
Si yo **fuera** el jefe, pagaría más a mis empleados.	*If I **were** the boss, I would pay my employees more.*
Quiero que **estudies** más.	*I want **you to study** more.*

(*See also* **Mood, Indicative.**)

SUPERLATIVE STATEMENTS (Las frases superlativas) are formed by adjectives or adverbs to make comparisons among three or more members of a group. To form superlatives, add a definite article **(el, la, los, las)** before the comparative form.

Juan es **el más alto** de los tres.	*Juan is **the tallest** of the three.*
Este coche es **el más rápido** de todos.	*This car is **the fastest** of them all.*

(*See also* **Comparisons.**)

TENSES (Los tiempos) refer to the manner in which time is expressed through the **verb** of a sentence.

Yo estudio.	*I study. (present tense)*
Yo estoy estudiando.	*I am studying. (present progressive)*
Yo he estudiado.	*I have studied. (present perfect)*
Yo había estudiado.	*I had studied. (past perfect)*
Yo estudié.	*I studied. (preterite tense)*
Yo estudiaba.	*I was studying. (imperfect tense)*
Yo estudiaré.	*I will study. (future tense)*

VERBS (Los verbos) are the words in a sentence that communicate an action or state of being.

Helen **es** mi amiga y ella **lee** muchas novelas.
*Helen **is** my friend and she **reads** a lot of novels.*

- **Auxiliary verbs (Los verbos auxiliares)** or helping verbs are verbs such as **estar** and **haber** used to form the present progressive and the present perfect, respectively.

  Estamos estudiando mucho para el examen mañana.
  ***We are** studying a lot for the exam tomorrow.*

  Helen **ha** trabajado mucho en este proyecto.
  *Helen **has** worked a lot on this project.*

- **Reflexive verbs (Los verbos reflexivos)** use reflexive **pronouns** to indicate that the person initiating the action is also the recipient of the action.

  Yo **me afeito** por la mañana.   ***I shave (myself)** in the morning.*

- **Stem-changing verbs (Los verbos con cambios de raíz)** undergo a change in the main part of the verb when conjugated. To find the stem, drop the **-ar, -er,** or **-ir** from the **infinitive: dorm-, empez-, ped-.** There are three types of stem-changing verbs: **o** to **ue**, **e** to **ie** and **e** to **i**.

  dormir: Yo d**ue**rmo en el parque.   *I sleep in the park.* **(o** to **ue)**
  empezar: Ella siempre emp**ie**za su trabajo temprano.   *She always starts her work early.* **(e** to **ie)**
  pedir: ¿Por qué no p**i**des ayuda?   *Why don't you ask for help?* **(e** to **i)**

Spanish-English Vocabulary

This vocabulary includes all the words and expressions listed as active vocabulary in *¡Dímelo tú!* The number following the English definition refers to the chapter and **paso** in which the word or phrase was first used actively. For example, an entry followed by **13.2** is first used actively in **Capítulo 13, Paso 2,** and an entry followed by the letter **P** is first used actively in the preliminary chapter, **Para empezar.**

All words are alphabetized according to the 1994 changes made by the Real Academia: **ch** and **ll** are no longer considered separate letters of the alphabet.

Stem-changing verbs appear with the vowel change in parentheses after the infinitive: **(ie)**, **(ue)**, **(i)**, **(ie, i)**, **(e, i)**, **(ue, u)**, or **(i, i)**. Most cognates, conjugated verb forms, and proper nouns used as passive vocabulary in the text are not included in this glossary.

The following abbreviations are used:

adj. adjective *n.* noun	*f.* feminine *refl.* reflexive
adv. adverb *pl.* plural	*fam.* familiar *rel.* relative
art. article *pp.* past participle	*form.* formal *s.* singular
conj. conjunction *poss.* possessive	*indir. obj.* indirect object *subj.* subject
dem. demonstrative *prep.* preposition	*interj.* interjection *v.* verb
dir. obj. direct object *pron.* pronoun	*m.* masculine

A

a at, to; **a eso de...** at about 7.1; **a la cazuela** casserole style 8.2; **a la derecha de** to the right 5.1; **a la izquierda de** to the left 5.1; **a la parrilla** grilled 8.2; **a la plancha** griddle fried 8.2; **a menudo** often 10.2; **a pesar de** in spite of 12.3; **a propósito** by the way 12.1; **¿A qué hora?** At what time 2.3; **A sus ordenes.** At your service. 8.2; **a través de** throughout; via 7.2

abandonar to abandon 11.3
abogado(a) lawyer 6.3
abrazo *(m.)* embrace
abril *(m.)* April 2.3
abrir to open 2.1
absurdo(a) absurd 14.1
abuela *(f.)* grandmother 5.1
abuelo *(m.)* grandfather 5.1
abuelos *(m. pl.)* grandparents 5.1

aburrido(a) boring 1.2; bored 3.3
abuso de drogas *(m.)* drug abuse 10.3
acabar de to have just 9.3
accidentado(a) (terreno) rugged
accidente *(m.)* accident 10.1
aceite *(m.)* oil 10.2
aceptar to accept 11.2
acerca de about
acercarse to approach
aconsejable advisable 10.1
aconsejar to advise 13.1
acontecimiento *(m.)* event
acordar (ue) to agree; **acordarse** to remember
acostarse (ue) to go to bed 9.2
activo(a) active 1.1
actor *(m.)* actor 9.1
actriz *(f.)* actress 9.1
acusar to accuse 6.3
adelante forward
además besides, furthermore 12.1
adentro in, inside 13.2

adiós good-bye P
adivinar to guess
administrador(a) administrator 2.1
admirar to admire 7.3
admitir to admit 10.2
¿Adónde? Where to? 2.2
adorar to adore 7.3
aduana *(f.)* customs 12.3
aeropuerto *(m.)* airport 2.3
aeroteleadicto(a) couch potato 13.2
afeitarse to shave 9.2
afuera out, *outside* 13.2
agente de viajes *(m. f.)* travel agent 12.1
agosto *(m.)* August 2.3
agotar to exhaust 12.2
agradecer to be grateful 12.3
agrícolo(a) agricultural
agricultor(a) farmer
agua mineral *(f.)* mineral water 4.3

agua sin gas *(f.)* uncarbonated water 4.3

aguantar to endure, stand 13.2

ahogarse to drown 10.1

ahora now

ahorrar to save 12.2

aislado(a) isolated

al ajillo sautéed in garlic 8.2; **al gusto** custom made 5.2; **al lado de** beside 5.1

ala *(f.)* wing

alcanzar to catch up with; to reach 6.2

alcoba *(f.)* bedroom 3.1

alegrarse to be happy 13.3

alegre happy 3.3

alegría happiness, joy 4.1

alejado(a) remote

alergia *(f.)* allergy

alérgico(a) allergic

alfabetización *(f.)* teaching of basic literacy

alfombra *(f.)* carpet 5.2

algo something 10.2

algodón *(m.)* cotton 4.2

alguien someone; anyone 7.2

algún (alguno(a)) some, any 10.2

alguna vez sometime 10.2

alimento *(m.)* food 8.1

allá over there 5.3

allí there 11.2

almohadilla *(f.)* mouse pad 2.1

almorzar (ue) to eat lunch 4.1

alojamiento *(m.)* lodging 12.1

alojarse to lodge oneself; to stay overnight 12.1

alpinismo/andinismo *(m.)* mountain climbing 12.2

alpinista *(m. f.)* mountain climber 6.2

alquilar *(m.)* to rent 2.2

alquiler *(m.)* rent 2.2

alrededor de around 9.3

alterar to alter

alternar to alternate

alto(a) tall 3.3

altura *(f.)* height

ama de casa *(f.)* homemaker

amable kind 8.1

amar to love 7.3

amarillo(a) yellow 4.1

ambos(as) both 12.1

ambulancia *(f.)* ambulance 10.3

amenazar to threaten 11.3

amigo(a) friend P

amistoso(a) friendly

amor *(m.)* love 2.3

amplio(a) spacious 5.2

amueblado(a) furnished 5.1

añadir to add

anaranjado(a) orange 4.1

anatomía *(f.)* anatomy

anchura *(f.)* width, breadth

anciano(a) old, elderly

andar to walk

andino(a) Andean 12.1

anfibio *(m.)* amphibian 11.1

animal doméstico *(m.)* pet 5.1

animar to encourage, cheer 14.2; **¡Pues, ánimo!** Well, chin up! 13.1

anoche last night 6.1

anteayer *(m.)* the day before yesterday 11.2

antes before 2.3

antiguo(a) antiquated, old, old-fashioned 9.3

antipático(a) unpleasant 1.2

anunciar to advertise 5.1

anuncio *(m.)* advertisement, classified ad 6.3

aparecer to appear

aparentar to seem, appear

apartamento *(m.)* apartment 2.2

apio *(m.)* celery 8.1

aportación *(f.)* contribution

aportar to contribute 9.3

apoyo *(m.)* support 14.2

apreciar to appreciate

apropiado(a) suitable

aprovechar to take advantage 13.3

aquí here 1.3

árbitro(a) umpire, referee 14.2

arco *(m.)* goal 14.1

armario *(m.)* closet 5.1

armonía *(f.)* harmony

arquero(a) goalie, goalkeeper 14.1

arrasar to destroy 6.1

arrastrar to drag

arrebatar to snatch

arrecife *(m.)* reef 14.3

arreglado(a) arranged, fixed 14.1

arrogante *(m. f.)* arrogant 3.3

arroz *(m.)* rice

arte *(m.)* art 1.2

artesanía *(f.)* handicrafts 12.2

artículo *(m.)* article 2.1

artista *(m. f.)* artist 4.1

asado(a) roasted 8.2

asegurado(a) insured 10.1

asegurarse to make sure 10.2

asimilar to assimilate; to be similar to

asistir to attend 11.2

aspecto *(m.)* appearance

aspirina *(f.)* aspirin 4.3

astronauta *(m. f.)* astronaut

ataque al corazón *(m.)* heart attack 13.3

ataque cardíaco *(m.)* heart attack 10.1

atender (ie) to take care of; to pay attention to

atleta *(m. f.)* athlete 14.1

atlético(a) athletic 1.1

atletismo *(m.)* athletics (track and field) 14.2

atractivo(a) attractive 1.1

atraer to attract 7.1

atrás back, behind

atrasado(a) late, slow

audiencia *(f.)* audience

aullar to howl

aumentar to increase

aunque although 14.3

ausencia *(f.)* absence

austral southern

auto *(m.)* car 10.1

autobús *(m.)* bus 2.1
automóvil *(m.)* automobile 10.1
autorretrato *(m.)* self portrait 4.1
auxilio *(m.)* help 10.1
avanzar to advance
ave *(f.)* bird; fowl
avenida *(f.)* avenue 5.1
aventura *(f.)* venture; adventure
avión *(m.)* airplane 6.1
¡Ay! Oh! 5.1
ayer yesterday 6.1
ayudar to help 2.2
azúcar *(m.)* sugar 8.2
azul blue 4.1

B

bailar to dance 1.2; **¿Vamos a bailar?** Should we dance? 3.3
baile *(m.)* dance
bajar to go down; to lower 13.2; **bajar de peso** to lose weight 5.3; **bajarse** to get off 9.3
bajo(a) short 3.3
baloncesto *(m.)* basketball 1.1
bañarse to bathe 9.2
bancarrota *(f.)* bankruptcy 12.2
banda *(f.)* band 11.1
bandera *(f.)* flag 4.1
bandido(a) bandit 11.3
bañarse en la regadera to take a shower 9.2
baño *(m.)* bathroom 2.2
barato(a) inexpensive 5.2
¡Bárbaro! great 5.1
barbero *(m.)* barber
barriga *(f.)* stomach, tummy
barrio *(m.)* neighborhood 5.1
basar to base
bastante enough 3.1; **Bastante bien.** Quite well. P
bastar to be enough 14.1
bate *(m.)* bat 14.1
bateador(a) batter (baseball) 14.2
batear to bat 14.2
batería *(f.)* battery 10.2; **batería** drums, percussion 11.1
batido *(m.)* shake; **(de leche)** milk shake 14.3
beber to drink 2.3
bebida *(f.)* drink 4.3
beca *(f.)* scholarship 14.2
béisbol *(m.)* baseball 1.1
beso *(m.)* kiss
biblioteca *(f.)* library 1.3
bicicleta *(f.)* bicycle 11.1
bien well, ok, fine 2.2; **bienes** *(m. pl.)* goods; **Bien, gracias.** Fine, thank you. P; **bien hecho(a)** well done 8.2; **bien/mal cuidado(a)** well/poorly taken care of 5.2; **bien parecido(a)** good looking 5.3
bienvenido(a) welcome 5.3
bife *(m.)* steak
bilingüe bilingual 2.1
billete de avión *(m.)* airline ticket 10.3
billetera *(f.)* billfold 10.3
biología *(f.)* biology 1.2
bistec *(m.)* steak 8.2
blanco(a) white 4.1
bloqueo *(m.)* blockade
blusa *(f.)* blouse 4.1
boca *(f.)* mouth 13.2
boleto *(m.)* ticket 7.2
bolígrafo *(m.)* pen 1.1
bolso *(m.)* purse 5.2
bombero(a) firefighter 10.1
bonito(a) pretty 3.3
borracho(a) drunk 3.1
borrador *(m.)* draft
bosque *(m.)* forest; **bosque lluvioso** rain forest 11.1
botana *(f.)* hors d'oeuvre 4.3
botas *(f. pl.)* boots 4.1
botella *(f.)* bottle 8.2
botón *(m.)* button 4.2
boutique *(f.)* boutique 2.1
boxeador(a) boxer 14.1
boxeo *(m.)* boxing 14.1
brazo *(m.)* arm 10.1

broma *(f.)* joke 13.3
bucear to scuba dive 14.3
buceo *(m.)* scuba diving 14.3
bueno(a) good 1.2;; **Buenos días.** Good morning. P; **¡Buena idea!** Good idea! 4.3; **Buenas noches.** Good evening. Good night. P; **Buenas tardes.** Good afternoon. P
buscar to look for 1.3

C

caballero *(m.)* gentleman 14.3
caballete *(m.)* easel
caballo *(m.)* horse 13.1
cabeza *(f.)* head 10.1
cada every, each 2.2
caerse to fall down 10.1
café *(m.)* café 2.1
café con leche *(m.)* caffe latte 4.3
cafetería *(f.)* cafeteria 1.3
calamar *(m.)* squid 8.1
calidad *(f.)* quality 8.2
caliente hot 4.3
calle *(f.)* street 5.2
calma relax 3.1
calmar to calm 4.1
cama *(f.)* bed 5.1
camarero(a) waiter, waitress 8.2
camarón *(m.)* shrimp 7.2
cambiar to change 10.1
caminar to walk 2.2
camino *(m.)* road
camisa *(f.)* shirt 4.1
campeón (campeona) champion 14.1
campeonato *(m.)* championship 14.2
canal *(m.)* canal, channel
cáncer *(m.)* cancer 13.2
cancha *(f.)* court 11.1
cangrejo *(m.)* crab
canoa *(f.)* canoe 11.3
cansado(a) tired 3.1
cantante *(m. f.)* singer 2.3

cantar to sing 3.1
cantidad *(f.)* quantity 8.1
capital *(f.)* capital 12.1
capitolio *(m.)* capitol building 9.3
¡caramba! good heavens! 11.3
característica *(f.)* characteristic
cargado(a) loaded
cargar to load; to carry 12.1
carne *(f.)* meat 5.2; **carne de puerco** pork 8.1; **carne de res** beef 8.1
carnicería *(f.)* butcher shop 9.3
caro(a) expensive 2.2
carrera *(f.)* career 2.1; race
carretera *(f.)* highway 10.1; road
carro *(m.)* car 10.1
carta *(f.)* letter 2.2
cartero(a) mail carrier
casa *(f.)* home, house 1.3; **casa de playa** beach house 2.1
casi almost 4.1
caso *(m.)* case 10.1
castaño(a) brown 5.3
castillo *(m.)* castle 4.1
catarata *(f.)* waterfall
catedral *(f.)* cathedral 4.1
cazuela *(f.)* casserole
cebiche → ceviche *(m.)* raw fish marinated in lemon juice
cebolla *(f.)* onion 8.2
celebrar to celebrate 3.1
celoso(a) jealous 7.3
cena *(f.)* dinner 1.3
cenar to dine; to eat dinner 8.1
ceniza *(f.)* ash
censo *(m.)* census
centro *(m.)* downtown 5.1; **centro comercial** shopping center 5.2
centroamericano(a) Central American 1.1
cepillarse to brush 9.2
cerca de near 5.1
cerebro *(m.)* brain 14.1
cero *(m.)* zero
cerveza *(f.)* beer 3.3
cesto *(m.)* basket 14.1

chaleco *(m.)* vest 4.2; **chaleco de mezclilla** *(m.)* denim vest 4.2
champiñón *(m.)* mushroom
cheque *(m.)* check 11.2
¡Chévere! Cool! 7.2
chico(a) boy / girl 3.1
chistoso(a) funny 1.1
chocar to crash; to collide 10.1
chófer *(m.)* chauffeur
choque eléctrico *(m.)* electric shock 10.1
ciclismo *(m.)* bike racing 1.1
cielo *(m.)* sky 4.1
ciencias políticas *(f. pl.)* political science 1.2
cierto(a) certain, true 13.3
címbalos *(m. pl.)* cymbals 11.1
cinco *(m.)* five
cintura *(f.)* waist 13.2
cita *(f.)* date 7.1
ciudad *(f.)* city 1.1
ciudadano(a) citizen 11.3
clarinete *(m.)* clarinet 11.1
claro(a) clear 4.1
clase *(f.)* class P
clima *(m.)* climate
clínica *(f.)* clinic 2.1
cobre *(m.)* copper
coche *(m.)* car 6.2
cochera *(f.)* garage 5.1
cocina *(f.)* kitchen 2.2
cocinar to cook 2.2
cocinero(a) cook 2.1
cóctel *(m.)* cocktail 7.2
cognado *(m.)* cognate
col *(f.)* cabbage 8.1
collar *(m.)* necklace 12.2
comedor *(m.)* dining room 5.1
comenzar (ie) to begin 6.2
comer *to eat* 1.2; **comer fuera** to eat out 2.2
cometer to commit; **cometer errores** to make mistakes
comida *(f.)* food 2.1
comienzo *(m.)* beginning 9.3
comillas *(f. pl.)* quotation marks

comisaría de policía *(f.)* police station 10.3
como like, as 2.1
¿Cómo? How? What? 2.2; **¿Cómo está?** How are you? **(usted)** *(form.)* P; **¿Cómo estás?** How are you? **(tú)** *(fam.)* P; **¿Cómo se llama usted?** What's your name? *(form.)* P; **¿Cómo te llamas (tú)?** What's your name? *(fam.)* P
cómodo(a) comfortable 5.2
compañero(a) partner; **compañero(a) de cuarto** roommate 1.3
compañía *(f.)* firm 5.3
comparar to compare
compartir to share 2.2
competencia *(f.)* competition 14.1
competir *(i, i)* to compete
complejo(a) complex
completar to complete
complicar *to* complicate
componente *(m.)* component 2.1
comprar to buy 1.3
comprender to comprehend, to understand 5.2
computadora *(f.)* computer 1.3
común common
comunicación *(f.)* communication 1.2
con with 3.2; **con frecuencia** frequently 2.2; **¡Con razón!** No wonder! 4.2
concentrarse to concentrate (on a task) 14.1
concierto *(m.)* concert
condenar to condemn
condición *(f.)* condition 5.1
condominio *(m.)* condominium 2.2
conductor(a) driver 10.2
conejillo de indias *(m.)* guinea pig 12.1
conexión *(f.)* connection 11.2
confesar (ie) to confess 11.3

conmigo with me 7.3

Cono Sur *(m.)* southern cone of South America

conocer to know; to be acquainted 7.1

conocimiento *(m.)* knowledge 2.1

conseguir (i, i) to get, obtain 14.3

consejero(a) advisor

consejo *(m.)* advice 13.1

conserje *(m. f.)* caretaker, custodian

conservador(a) conservative 1.1

constar de to consist of

construir to construct, build 5.1

consumir to consume 13.1

contador público *(m. f.)* public accountant 1.2

contar (ue) to count

contento(a) happy 3.1

contestar to answer

contigo with you 7.3

contrario(a) opposite, opposing 14.3

contrastar to contrast 4.1

contratar to contract

contrato *(m.)* contract 2.1

convencer to convince

convenio *(m.)* agreement

convenir to be advisable 7.2

conversación *(f.)* conversation P

conversar to converse, to chat 3.2

convivir to live together; coexist

copa *(f.)* glass 8.2; **copa de vino** *(f.)* glass of wine 4.3

copita *(f.)* small glass 7.2

corazón *(m.)* heart; darling 7.3

corbata *(f.)* necktie 4.1

cordero *(m.)* lamb

cordillera *(f.)* mountain range

corredor(a) runner 14.2

corregir (i, i) to correct

correo electrónico *(m.)* E-mail 1.1

correr to run 2.1

corrida de toros *(f.)* bull fight 7.1

cortarse to cut oneself 9.2

cortés courteous 7.1

corvina *(f.)* sea bass 8.2

cosa *(f.)* thing 5.1

cosmopolita cosmopolitan 12.1

costar (ue) to cost 4.2

crecer to grow

crecimiento *(m.)* growth

creer to believe 14.1

crema light brown, cream 4.1

cristal *(m.)* crystal 8.2

cruce *(m.)* crossing

crucigrama *(m.)* crossword puzzle

cuaderno *(m.)* notebook 1.1

cuadra *(f.)* city block 5.1

cuadro *(m.)* painting 4.1

¿Cuál(es)? Which one(s)? What? 2.2

¿Cuándo? When? 2.2

¿Cuánto(a)? How much? 2.2; **¿Cuántos(as)?** How many? 2.2

cuarto *(m.)* room 2.2; **cuarto de baño** bathroom 5.1

cuarto(a) fourth

cuatro *(m.)* four

cuchara *(f.)* spoon 8.2

cuchillo *(m.)* knife 8.2

cuello *(m.)* neck 13.2

cuenta *(f.)* bill

cuero *(m.)* leather 5.2

cuerpo *(m.)* body 10.1

cueva *(f.)* cave

cuy *(m.)* guinea pig 12.1

cuidar to take care of 9.3

culpa *(f.)* responsibility, fault, 10.2

culpabilidad *(f.)* guilt 10.2

cultivar to cultivate 12.1

cumplir to carry out, realize 11.3

cuñada *(f.)* sister-in-law 5.1

cuñado *(m.)* brother-in-law 5.1

D

dañar to damage, hurt 14.1

daño *(m.)* damage 10.2

dar to give 6.2

dar vuelta to turn 13.2

dato *(m.)* a piece of information

de from, about, of; **de arriba...** from top... 12.1; **de arriba hacia abajo** from top to bottom; **de día** during the day 2.2; **de noche** at night 2.2; **de repente** suddenly 10.2; **de vez en cuando** from time to time 8.1

debajo de under 5.1

deber to be obliged, must, should 6.3

débil weak 7.2

decidir to decide 2.1

décimo(a) tenth

decir to say; to tell 6.3

decorado(a) decorated 5.2

decorar to decorate 3.2

dedicar to dedicate 5.2

dedo *(m.)* finger 13.2

dejar to leave behind 6.2; to allow, permit 14.1; **dejar de** to stop (doing something) 11.3; **dejar en paz** to leave alone, in peace 12.3

delante de in front of 5.1

delatar to denounce 7.2

deletreo *(m.)* spelling

delgado(a) slim; thin 3.3

delicioso(a) delicious 1.3

demasiado(a) too much 5.2

democracia *(f.)* democracy 11.2

depender to depend

dependiente(a) store clerk, sales person 2.1

deporte *(m.)* sport 1.1

deportista *(m. f.)* athlete 9.1

deportivo(a) sports; sporting

depresión *(f.)* depression 13.1

deprimido(a) depressed 13.1

derecho *(m.)* law 1.2

derrocar to overthrow 6.2

derrotar to defeat, beat 14.2

desacuerdo doméstico *(m.)* domestic violence 10.3

desafiar to challenge

desaparecer to disappear 4.1

desarrollar to develop
desayunar to eat breakfast 8.1
desayuno *(m.)* breakfast 8.1
descansar to rest 2.1
descarga eléctrica *(f.)* electric shock 10.1
desconectar to disconnect
describir to describe 6.2
descubrir to discover 10.3
descuento *(m.)* discount
desde since, from 12.1
desear to desire 4.3
desfile *(m.)* parade
desgracia *(f.)* misfortune 13.3
deshidratado(a) dehydrated 11.3
desocupado(a) unoccupied 5.1
desorganizado(a) disorganized 1.2
despedida *(f.)* leave-taking, farewell
despedirse (i, i) to say good-bye
despertador *(m.)* alarm clock 9.2
despertarse (ie) to wake up 9.2
después de after 5.1
destacarse to stand out
destruir to destroy 10.2
desventaja *(f.)* disadvantage 5.2
detalle *(m.)* detail 12.1
detestar to hate, to detest
detrás de behind 5.1
devastar to devastate
devolver (ue) to return (something), give back
día *(m.)* day 2.2; **día de la semana** weekday 2.2; **Día de Acción de Gracias** *(m.)* Thanksgiving
diagnóstico *(m.)* diagnosis 13.1
diario daily 9.2
dibujar to draw
dibujo *(m.)* drawing
diciembre *(m.)* December 2.3
diente *(m.)* tooth 9.2
dieta *(f.)* diet 13.1
diez *(m.)* ten
difícil difficult 1.2
dinámico(a) dynamic 2.1
dinero *(m.)* money 2.3; **dinero de**

vuelta change 7.2
dirección *(f.)* address 5.1
dirigir to direct
disco *(m.)* record 3.2
discoteca *(f.)* discotheque 12.3
discutir to discuss 10.2
diseñar to design
disfrazar to disguise
disfrutar to enjoy 1.3
disipar to clear (clouds)
disolver to dissolve
disponible available 5.1
distinguir to distinguish
distinto(a) different
distraerse to be distracted 10.2
divertido(a) fun 1.2
divertirse (ie) to have a good time, enjoy oneself 9.2
dividir to divide
divino(a) divine 12.1
doblar to turn 9.3; to bend 13.2
doler (ue) to hurt 12.2
domingo *(m.)* Sunday 2.3
¿Dónde? Where? 2.2
dormir (ue) to sleep 2.3; **dormirse (ue)** to fall asleep 9.2
dormitorio *(m.)* bedroom 5.1
dos *(m.)* two
dramatizar to role-play
dramaturgo *(m.)* dramatist, playwright
ducharse to shower, take a shower 9.2
duda *(f.)* doubt 12.2
dudar to doubt 14.1
dueño(a) proprietor; owner; landlord/lady 5.1
durante during 4.3
durar to last
durazno *(m.)* peach 8.1
duro(a) hard 13.3

E

economía *(f.)* economy, economics 1.2
edad *(f.)* age 5.3

edificio *(m.)* building 2.2
educación *(f.)* education 1.2; **educación física** *(f.)* physical education 1.2
ejercicio *(m.)* exercise 2.3
ejército *(m.)* army 11.1
el the 1.1; **El gusto es mío.** The pleasure is mine. P
él he
electricidad *(f.)* electricity 11.3
elegante elegant 1.1
elegir (i,i) to elect 6.2
eliminar eliminate
ella she
ellas *(f. pl.)* they
ellos *(m. pl.)* they
emergencia *(f.)* emergency 10.1
emoción *(f.)* emotion 4.1
emocionante emotional 3.1
empanada *(f.)* pie, pastry 13.3
empatar to tie (as in a game)
empezar (ie) to begin 4.1
empleado(a) employee 2.1
empleo *(m.)* employment 2.1
empresa *(f.)* enterprise, firm 2.1
en on, in 5.1; **en forma** in shape 14.2; **en oferta** on special 4.2; **en rebaja** at a reduced price 4.2
enamorado(a) de in love with 7.3
encantado(a) delighted P
encantar to really like 3.3; **¡Me encanta!** I love it! 3.3
encargado(a) in charge of
encender (ie) to light
encima de on top of 5.1
encontrar (ue) to find 4.1
enero *(m.)* January 2.3
enfatizar to emphasize
enfermarse to get sick 12.3
enfermedad *(f.)* illness 13.3
enfermería *(f.)* nursing 1.2
enfermo(a) sick 3.1
enfrente de facing, opposite 5.1
enojado(a) angry 11.3
enojarse to get angry 11.2
ensalada *(f.)* salad 8.2
ensayo *(m.)* essay

enseguida at once, immediately 8.1

entender (ie) to understand 4.1

entrada *(f.)* entrance; first course of a meal 5.1; **entrada para un concierto** concert ticket 2.3

entrar to enter 6.3

entre between 5.1

entregar to deliver; to hand over 6.2

entrelazar to interweave, intertwine

entremés *(m.)* appetizer 8.2

entrenador(a) coach, trainer 14.1

entrenar to coach, train 14.2

entrevista *(f.)* interview 6.1

entrevistador(a) interviewer 2.1

entrevistar to interview 2.1

entusiasmado(a) enthusiastic 3.1

envenenamiento *(m.)* poisoning 10.1

enviar to send 2.1

episodio *(m.)* episode 11.2

época *(f.)* time, period, epoch

equipo *(m.)* team 6.2; **equipo de sonido** stereo system 5.1

equivaler to be equivalent to

erupción *(f.)* eruption 11.2

Es igual de interesante... It's as interesting as... 12.1

escalar to climb 10.3

escalera *(f.)* stairs, staircase 10.1

escaparate *(m.)* display window 4.2

escasez *(f.)* shortage

esclavo(a) slave

escoger to choose

esconder to hide

escribir to write 2.1; **escribir cartas** to write letters 1.2

escritorio *(m.)* desk 1.1

escuchar to listen; **escuchar música** to listen to music 1.1

escuela primaria *(f.)* elementary school 6.2

escultor(a) sculptor 7.1

ese(a) that 4.3

esfuerzo *(m.)* effort 13.2

eso (neuter) that 4.3

esos(as) those 4.3

espagueti *(m.)* spaghetti 8.1

espalda *(f.)* back 13.2

español(a) Spanish 1.3

especialista *(m. f.)* specialist 2.1

especialización *(f.)* major 3.3

especie *(f.)* species 11.1

espectacular spectacular 6.3

espectáculo *(m.)* show 6.3

espejo *(m.)* mirror 5.1

esperanza *(f.)* hope

esperar to wait 2.1

espesor *(m.)* thickness

esposo(a) husband (wife) 3.1

esquema *(f.)* sketch, diagram

esquí *(m.)* skiing 14.1

esquiar to ski 2.3

esquina *(f.)* corner 9.3

esta this; **Esta es...** This is... *(f.)* P; **esta mañana/tarde/noche** this morning/afternoon/evening 6.1

estacionar to park 10.2

estadio *(m.)* stadium 11.1

Estados Unidos United States 1.1

estar to be 3.1; **estar contento(a)** to be happy 14.3; **estar de acuerdo** to agree; **estar dispuesto(a)** to be inclined to; to be ready, prepared 14.2; **estar harto(a) de (algo)** to be fed up with (something) 12.1; **estar hecho polvo** to be exhausted 13.2; **estar malo(a)** to be sick 3.2; **estar molesto(a)** to be bothered; upset 11.3; **estar molido(a)** to be exhausted 13.2; **estar muerto(a)** to be dead 13.2; **estar seguro(a)** to be sure 12.1; **estar satisfecho(a)** to be satisfied; full

estatua *(f.)* statue 12.2

estatura *(f.)* height 5.3

este *(m.)* east 3.1

este(a) this 4.3; **Este es...** This is... *(m.)* P

estimular to stimulate 4.1

estirar to stretch 13.2

esto (neuter) this 4.3

estos(as) these 4.3

estrella *(f.)* star 12.1

estrés *(m.)* stress 13.1

estudiante *(m. f.)* student P

estudiar to study 1.1

estudioso(a) studious 1.1

estupendo(a) great, fantastic 1.1

evidente evident 13.3

evitar to avoid 10.1

exagerado(a) exaggerated 5.3

exagerar to exaggerate

examen *(m.)* exam 1.3

excelente excellent P

excluir to exclude

excusar to excuse 11.2

éxito *(m.)* success

experiencia *(f.)* experience 6.1

explicar to explain 12.1

explorador(a) explorer

exportar to export 8.1

exquisito(a) exquisite

extintor *(m.)* fire extinguisher 10.1

extrañarse to be surprised

extrovertido(a) extrovert 1.1

fabuloso(a) fabulous 3.3

F

fácil easy 1.2

facultad *(f.)* department 1.2

falda *(f.)* skirt 4.1

faltar to lack 8.2; **faltar a clase** to miss class 11.1; **faltar al trabajo** to miss work 10.3

fama *(f.)* fame

familia *(f.)* family

familiares *(m. pl.)* family members 7.1

famoso(a) famous 5.3

fantástico(a) fantastic 6.2

fascinante fascinating

favorito(a) favorite 1.1

febrero *(m.)* February 2.3

fecha *(f.)* date 2.3; **fecha de nacimiento** *(f.)* birthdate 5.3
felicitar to congratulate
feliz happy 2.3
fenomenal phenomenal; great 3.2
fenómeno *(m.)* phenomenon
feo(a) ugly 5.3
fibra *(f.)* fiber 8.1
fiebre *(f.)* fever 13.3
fiesta *(f.)* party 3.1
figura *(f.)* figure 4.1
filmar to film
fin de semana *(m.)* weekend 2.2
finca *(f.)* farm
fino(a) fine 8.2
física *(f.)* physics 1.2
flamenco Spanish gypsy dance 3.2
flan *(m.)* crème caramel, custard
flecha *(f.)* arrow
flojo(a) lazy 13.2
flor *(f.)* flower
flora y fauna *(f.)* plant and animal life 11.1
flota mercante *(f.)* merchant marine
fluir to flow
folleto *(m.)* leaflet, brochure
fortaleza *(f.)* fortress 12.1
foto *(f.)* photo 2.2
fotógrafo *(m.)* photographer 2.2
franja (de tierra) *(f.)* strip (of land)
frase *(f.)* phrase, sentence
frenar to brake 10.2
fresa *(f.)* strawberry 8.1
fresco(a) fresh
frijol *(m.)* bean
frío(a) cold 4.3
frito(a) fried 8.2
frontera *(f.)* border
frustrado(a) frustrated 3.1
fruta *(f.)* fruit 8.1
frutería *(f.)* fruit store 9.3
fuego *(m.)* fire 10.1
fuera... out with... 13.1
fuerte strong 8.2

fumar to smoke 7.2
función *(f.)* function 7.1
funcionar to function, work; to run (a motor) 10.1
fundar to found; to establish 6.2
furioso(a) furious 3.1
fusionar to fuse
fútbol *(m.)* soccer 1.1; **fútbol americano** *(m.)* football 2.3

G

ganado *(m.)* cattle 5.2
ganar to win 6.2
garganta *(f.)* throat 13.2
gaseosa *(f.)* carbonated drink 7.2
gasolina *(f.)* gas 10.2
gastar to spend 4.2
gato *(m.)* cat 5.1
generalmente generally 9.2
generoso(a) generous
gente *(f.)* people 3.1
gimnasia *(f.)* gymnastics 14.1
gimnasio *(m.)* gymnasium, gym
gobierno *(m.)* government 6.1
gol *(m.)* goal 14.1
golpe (de cabeza) *(m.)* hitting, striking (the ball) (with one's head) 14.1
gordo(a) fat 5.3
gozar to enjoy 7.1
graduarse to graduate 14.3
grande big 1.3
grasa *(f.)* grease 13.1
gratis free 11.2
gratuito(a) free
grave grave, serious 10.2
gris gray 4.1
gritar to cry out; to shout 6.3
grúa *(f.)* tow truck 10.1
grueso(a) thick
grupo *(m.)* group
guapo(a) good-looking 3.2
guardia *(m. f.)* guard 12.2
guión *(m.)* script

guitarra *(f.)* guitar 3.2
gustar to like 3.3

H

había una vez once upon a time 11.2
habitación *(f.)* bedroom 2.2
hablar to speak, to talk 2.2; **hablar por teléfono** to talk on the phone 1.2
hacer to make; to do 2.1; **hacer deporte** to play sports 5.3; **hacer gracia** to be funny 14.1; **hacer trampa** to cheat 10.3
hacia toward
hallar to find
hamburguesa *(f.)* hamburger 4.3
harina *(f.)* flour
hasta until; **Hasta la vista.** Goodbye. See you. P; **Hasta luego.** See you later. P; **Hasta mañana.** See you tomorrow. P; **Hasta pronto.** See you soon. P
hay there is, there are 1.1
heladera *(f.)* refrigerator 5.1
helado *(m.)* ice cream 8.1
helecho *(m.)* fern 11.1
hemorragia *(f.)* hemorrhage 10.1
herido(a) wounded, injured 10.2
hermana *(f.)* sister 5.1
hermanastra *(f.)* stepsister 5.1
hermanastro *(m.)* stepbrother 5.1
hermano *(m.)* brother 5.1
hermanos (m. pl.) siblings 5.1
hermoso(a) beautiful 3.2
herramienta *(f.)* tool
hidrato de carbono *(m.)* carbohydrate 8.1
hielo *(m.)* ice; **cubito de hielo** *(m.)* ice cube
hijo(a) son / daughter 3.1
hijos *(m. pl.)* children 5.1
historia *(f.)* history 1.2
hola hello P
hombre *(m.)* man 6.3
hombro *(m.)* shoulder 13.2

horario *(m.)* schedule 2.2

hoy today; **hoy en día** nowadays 9.3

huevo *(m.)* egg 8.1; **huevos revueltos** *(m.pl.)* scrambled eggs 8.2

húmedo(a) wet, humid 10.1

humita *(f.)* sweet corn cake

humo *(m.)* smoke

huracán *(m.)* hurricane 10.1

I

identificar to identify

idioma *(m.)* language

iglesia *(f.)* church 9.3

ignorar to ignore 7.3

igual equal 12.1; **igual de...** equally..., the same... 12.1

igualmente likewise P

ilusión *(f.)* illusion 12.3

ilusionarse to build one's hopes up 12.3

imagen *(f.)* image 9.3

impaciente impatient 1.1

imparcial impartial 14.2

impermeable *(m.)* raincoat 4.2

impreción *(f.)* imprecision, vagueness; inaccuracy

impresionante impressive 4.1

impresionar to impress 7.1

impresora *(f.)* printer 2.1

impuesto *(m.)* tax 10.3

inaugurar to inaugurate

incapacitado(a) disabled, physically handicapped

incendiar to burn 10.1

incendio *(m.)* fire 10.1

incertidumbre *(f.)* uncertainty

incluir to include 5.1

inconsciente unconscious 10.1

increíble incredible, unbelievable 13.3

indicar to indicate

indígena *(m. f.)* indigenous, native 4.1

inesperado(a) unexpected 11.1

inflar to inflate 10.2

informática *(f.)* computer science 1.2

ingeniería *(f.)* engineering 1.2; **ingeniería mecánica** mechanical engineering 3.3

inglés *(m.)* English 1.1

injusto(a) unjust

insecto *(m.)* insect 11.1

insistir (en) to insist (on) 10.1

instrumento *(m.)* instrument 11.1

inteligente intelligent 1.1

intentar to attempt; to try 11.2

interés *(m.)* interest 6.2

interesado(a) interested 3.1

interesar to interest 5.1

interrumpir to interrupt

intoxicación *(f.)* intoxication; poisoning 10.1

introvertido(a) introverted 1.1

inventar to invent; **inventar excusas** to make excuses 3.2

invertir to invest 12.2

invierno *(m.)* winter 2.3

invitado(a) guest 3.1

invitar to invite 3.1

invocar to invoke

ir to go 1.3; **ir de compras** to go shopping 4.1

isla *(f.)* island 8.1

islote *(m.)* small island, islet 8.1

J

jamás never 10.2

jamón *(m.)* ham, prosciutto 4.3

jeans *(m. pl.)* jeans 4.1

jefe *(m.)* boss 2.1

jonrón *(m.)* home run 14.2

joven young 5.3; **joven delincuente** *(m. f.)* juvenile delinquent 10.3

joya *(f.)* jewel 11.1

joyería *(f.)* jewelry store 12.2

jubilarse to retire 14.3

juego *(m.)* game 14.1

jueves *(m.)* Thursday 2.3

juez *(m.)* judge 6.3

jugador(a) player 14.2

jugar to play 6.2

jugo *(m.)* juice

juicio *(m.)* trial 6.3

julio *(m.)* July 2.3

junio *(m.)* June 2.3

juntarse to join, get together 9.2

junto a next to, by 5.1

juntos(as) together 3.1

juventud *(f.)* youth

K

kiosko *(m.)* kiosk 12.3

L

lacra *(f.)* mark; blight

lactosa *(f.)* lactose 8.1

lago *(m.)* lake 6.1

lamentar to regret

lámpara *(f.)* lamp 5.1

lana *(f.)* wool 4.2

lancha *(f.)* boat 12.1

langosta *(f.)* lobster 8.1

lanzador(a) pitcher 14.1

lápiz *(m.)* pencil 1.1

largo(a) long 2.3; **larga distancia** long distance 2.2

lavandería *(f.)* laundry

lavaplatos *(m.)* dishwasher 2.2

lavar to wash 2.2

Le presento a... I'd like you to meet . . . (form.) P

leche *(f.)* milk 4.3

lechuga *(f.)* lettuce 8.1

lector(a) reader; **lector de CD** CD player 1.1

lectura *(f.)* reading

leer to read 1.1; **leer prensa** to read newspapers 9.2

lejano(a) far-off, distant

lejos de far from 5.1

lema *(m.)* motto

lengua *(f.)* language 1.1
lentamente slowly 9.2
lento(a) slow 10.1
lesión *(f.)* injury 10.1
levantamiento de pesas *(m.)* weight lifting 14.1
levantar to raise; to lift 13.2; **levantarse** to get up 9.2
leve light (accident); slight 10.2
leyenda *(f.)* legend
liberal liberal
librería *(f.)* bookstore 1.1
libro *(m.)* book 1.1
licencia de manejar *(f.)* driver's license 2.2
licenciatura *(f.)* B.A degree 1.2
líder *(m. f.)* leader 5.2
liderar to lead, head
liga *(f.)* league 14.1
ligero(a) light 8.2
limón *(m.)* lemon 4.3
limonada *(f.)* lemonade 4.3
limpiar to clean 2.2
limpieza *(f.)* cleaning
limpio(a) clean 8.2
lindo(a) pretty 4.2
lino *(m.)* linen 8.2
lista *(f.)* list
listo(a) smart 4.2
literatura *(f.)* literature 1.2
living *(m.)* living room 5.1
llamada *(f.)* telephone call 2.1
llamar to call; **llamar a tus padres** to call your parents 1.2
llanta *(f.)* tire 10.2
llave *(f.)* key 10.3
llegar to arrive 2.1
llenar to fill 2.2
lleno(a) full
llevar to wear 4.1; **llevar a cabo** to carry out
Lo siento I'm sorry 3.2
local local 6.2
loco(a) crazy, mad, insane
lograr to get; to achieve 6.2
longevidad *(f.)* longevity

lucha libre *(f.)* wrestling 14.1
lugar *(m.)* place 9.3
lujoso(a) luxurious
lunes *(m.)* Monday 2.3
lunfardo *(m.)* Argentinean (Buenos Aires) slang 5.3

M

madrastra *(f.)* stepmother 5.1
madre *(f.)* mother 5.1
maestro(a) teacher 1.1
maldición *(f.)* curse
maletero *(m.)* porter
malo(a) bad 1.2
mamá *(f.)* mom P
mamífero *(m.)* mammal 11.1
mañana *(f.)* morning
mañana *(m.)* tomorrow 2.2
mandar to send 6.3
mandato *(m.)* command
manejar to drive 6.1; to manage 14.2
manera *(f.)* way
manifestación *(f.)* demonstration
mano *(f.)* hand 13.2
manta *(f.)* blanket
mantener to maintain 13.1
mantequilla *(f.)* butter 8.1
manzana *(f.)* apple 4.3
mapa *(m.)* map
maquinaria *(f.)* machinery
maratón *(m.)* marathon 14.2
maravilloso(a) marvelous 6.1
marcar to score 6.2
margarina *(f.)* margarine 8.2
marido *(m.)* husband 5.1
mariposa *(f.)* butterfly
marisco *(m.)* shellfish 8.1
marítimo(a) maritime
martes *(m.)* Tuesday 2.3
marzo *(m.)* March 2.3
más more 2.2
máscara *(f.)* mask 12.2
mascota *(f.)* pet; mascot 11.3

matemáticas *(f. pl.)* mathematics 1.2
mayo *(m.)* May 2.3
mayonesa *(f.)* mayonnaise 8.2
mayoría *(f.)* majority 5.1
mayúsculo(a) capital, capital letter
Me llamo... My name is . . . P
mecánico(a) *(m. f.)* mechanic 10.2
medalla *(f.)* medal, medallion 11.3
medicina *(f.)* medicine, medical school 1.2
medición *(f.)* measuring
médico(a) *(m. f.)* physician 10.1
medio(a) half 9.3; **en medio de** in the middle of
medir (i, i) to measure 13.1
mejor better 5.2
mejorar to improve, make better
melón *(m.)* melon 8.1
mencionar to mention
mensaje *(m.)* text or email message 3.2
mente *(f.)* mind 4.1
mentir to lie 10.3
mentira *(f.)* lie 6.3
mercado *(m.)* market 4.1; **mercado al aire libre** *(m.)* open-air market 4.1
mesa *(f.)* table 5.1
mesero(a) waiter / waitress 2.1
mesita de noche *(f.)* bedside table 5.1
metálico(a) metallic 4.2
metro *(m.)* meter
mezclar to mix
mezclilla *(f.)* denim 4.2
mi my P; **Mi nombre es...** My name is . . . P
mientras while 11.2
miércoles *(m.)* Wednesday 2.3
milagro *(m.)* miracle 12.3
militar *(m. f.)* soldier; *(adj.)* military; **golpe militar** military coup

mirar la tele to watch TV 1.1
mirar to look at, watch 1.1
mismo(a) same 12.1
mitad *(f.)* half; **mitad de precio** half price 6.3
mixto(a) mixed 8.2
mochila *(f.)* backpack 1.1
moda *(f.)* fashion 5.2
modelo *(m. f.)* model
moderno(a) modern 5.2
modesto(a) modest 3.2
molestar to bother 7.2
mono(a) monkey; **mono(a) aullador(a)** howler monkey
montaña *(f.)* mountain 1.1
montar to ride on, ride 11.1
montón *(m.)* mountain 12.1
moreno(a) dark-complexioned 3.3
morirse to die 10.1
mostaza *(f.)* mustard 8.2
móvil *(m.)* cellular telephone
mucho(a) much, a lot 1.1; **Mucho gusto.** Pleased to meet you. P
mueble *(m.)* (piece of) furniture 5.1
muerte *(f.)* death 10.1
mujer *(f.)* woman 4.1
multa *(f.)* fine; ticket 10.2
mundo *(m.)* world
museo *(m.)* museum 4.1
música *(f.)* music 3.3
músico *(m. f.)* musician 9.1
muy very; **Muy bien, gracias.** Very well, thank you. P

N

nacer to be born 6.2
nacional national 6.2
nada *(f.)* nothing 5.3
nadador(a) swimmer 14.2
nadar to swim 1.2
nadie no one, nobody 1.2
naranja *(f.)* orange 4.3

nariz *(f.)* nose 13.2
narrar to narrate
natación *(f.)* swimming 14.1
navegar to navigate; to sail 12.2
Navidad *(f.)* Christmas
necesario(a) necessary 2.1
negar (ie) to deny 14.1
negocio *(m.)* business
negro(a) black 4.1
neoyorquino(a) New Yorker 5.2
nervioso(a) nervous 3.1
nevera *(f.)* refrigerator 2.2
ni ... ni neither ... nor 3.3
ninguno(a) none, not any 10.2
niño(a) boy, girl 2.1
nivel del mar *(m.)* sea level 12.1
no no; not P; **No muy bien.** Not very well. P; **no obstante** notwithstanding, nevertheless
noche *(f.)* night 2.2
nombrar to name
nombre *(m.)* name 1.1
noroeste *(m.)* northwest 3.1
norte *(m.)* north 3.1
nosotros(as) we
nota *(f.)* grade 11.1
noticias *(f. pl.)* news 6.2
noticiero *(m.)* news, newscaster
novelista *(m. f.)* novelist 9.1
noveno(a) ninth
noviembre *(m.)* November 2.3
novio(a) boyfriend / girlfriend 3.1
nuera *(f.)* daughter-in-law 5.1
nueve *(m.)* nine
nuevo(a) new 1.3
número de teléfono *(m.)* phone number 2.2
nunca never 9.2

O

o or; **o...o** either...or 10.2
obligar to oblige 7.2
observar to observe 12.1
obtener to obtain

obvio(a) obvious 13.3
ocho *(m.)* eight
octavo(a) eighth
octubre *(m.)* October 2.3
ocupado(a) busy 3.1
ocurrir to occur 6.2
odiar to hate 7.3
odio *(m.)* hate 7.3
oeste *(m.)* west 3.1
oficina *(f.)* office 2.1
ofrecer to offer 4.3
oído *(m.)* inner ear 13.2
oír to hear 9.2
ojalá would that, I hope, I wish 13.2
ojeador(a) recruiter
ojo *(m.)* eye 5.3
ola *(f.)* wave
olvidar to forget 12.2
opinar to express an opinion 3.3
oponer to oppose
opuesto(a) opposite
oración *(f.)* sentence
ordenador *(m.)* computer 2.1
organizado(a) organized 1.2
orgulloso(a) proud 14.3
ornamento *(m.)* ornament
oro *(m.)* gold 7.1
orquídea *(f.)* orchid 11.1
oscuro(a) dark 4.1
oso(a) bear; **osito de peluche** *(m.)* teddy bear 11.2
otoño *(m.)* fall 2.3
otorgar to award
otro(a) another, other 1.1; **otra cosa** something else 3.3
oxígeno *(m.)* oxygen

P

paciente (adj.) patient 1.1
paciente *(m. f.)* patient 10.1
padrastro *(m.)* stepfather 5.1
padre *(m.)* father 5.1
padres *(m. pl.)* parents 1.3

pagar to pay 1.3
página (f.) page
país (m.) country 1.1
pájaro bird 11.1
palabra (f.) word
palacio (m.) palace 12.1
pan (m.) bread 8.1
panadería (f.) bakery 9.3
panqueque (m.) pancake
pantalla (f.) screen 2.1
pantalones (m. pl.) pants, trousers 4.1
papa (f.) potato 8.1
papá (m.) dad P
papel (m.) paper 1.1; role, part; **hoja de papel** (f.) sheet of paper
papelería (f.) stationery store 9.3
para for, in order to 5.1; compared with, in relation to others, intended for, to be given to, in the direction of, toward, by a specified time, in one's opinion 5.3; **para chuparse los dedos** finger-licking good
parada de autobus (f.) bus stop 9.3
parada del colectivo (f.) bus stop 5.1
paraíso (m.) paradise
parar to stop 6.3
pareja (f.) pair
pariente (m.) relative 5.1
parlantes (m. pl.) speakers 2.1
paro cardíaco (m.) heart stoppage 10.1
parque (m.) park 5.1
párrafo (m.) paragraph
parrillada (f.) barbecue 5.2
participar to participate 1.3
partido (m.) game (competitive) 6.2
pasado mañana (m.) the day after tomorrow 11.2
pasar to pass, spend time 2.1; **pasarse la vida** to spend one's life 5.3
pasatiempo (m.) hobby 1.2

Pascua Florida (f.) Easter
pasear to go for a walk; **pasear el perro** to walk the dog 11.2
pasillo (m.) hall, hallway 10.1
pasodoble (m.) Spanish dance 3.3
pastel (m.) cake 8.1
pastilla (f.) pill
patear to kick 14.1
patio (m.) patio 3.1
pavo (m.) turkey 8.1
paz (f.) peace
pedir (i, i) to ask for; to order 4.3
pegar to hit 10.2
peinado (m.) hairstyle
peinarse to comb one's hair 9.2
pelea (f.) fight 14.1
película (f.) movie, film 5.3
peligro (m.) danger 10.2
pelo (m.) hair 5.3
pelota (f.) ball 14.1
peluquero(a) hairstylist
pena de muerte (f.) death penalty
pensar (ie) to think 4.1
pensión (f.) boarding house 5.1
pequeño(a) little, small 1.2
perder (ie) to lose 5.3; **perder peso** to lose weight 5.3
pereza (f.) laziness 13.1
perezoso(a) lazy 1.1
perfil (m.) profile
perfumería (f.) perfume store 9.3
periféricos (m. pl.) peripherals (computer components) 2.1
periódico (m.) newspaper 2.1
periodista (m. f.) journalist, newspaper reporter 2.1
perla (f.) pearl
permitir to permit 5.1
pero but 3.1
perro (m.) dog 1.1
persona (f.) person
personalidad (f.) personality 1.1
pertenecer to pertain
pesar (m.) sorrow
pesar to weigh 5.3
pescado (m.) fish 8.1
pésimo(a) very bad

peso (m.) weight 5.3
pez (m.) fish
pibe (m.) boy in Lunfardo 5.3
picante spicy, hot, piquant 8.2
pie (m.) foot 13.2
pierna (f.) leg 10.1
pijama (m.) pajamas 4.1
pileta (f.) (C.Sur) swimming pool 5.1
pimienta (f.) pepper 8.2
piña (f.) pineapple 8.1
pincharse to get a flat tire; to puncture 11.2
pintura (f.) painting 12.2
pirámide (f.) piramide 4.1
piscina (f.) swimming pool 5.1
pisco sour (m.) alcoholic drink made from muscatel grapes, lime juice, sugar and egg 8.1
piso (m.) floor 9.3
pista (f.) clue
pizarra (f.) blackboard
plástico (m.) plastic 5.2
plata (f.) silver 8.2
plátano (m.) banana 8.1
plato (m.) plate 8.1; **plato de fondo** (m.) main course of a meal; **plato nacional** (m.) national dish 12.1; **platos** (m. pl.) dishes 2.2
playa (f.) beach 2.3
pobre poor 6.3
poco(a) few (quantity); little 9.1; **poco tiempo** short while
poder (m.) power
poder (ue) to be able, can 4.1
poderoso(a) powerful 14.3
poeta (m. f.) poet 9.1
policía (f.) police force; policewoman; (m.) policeman 10.2
política (f.) politics
político(a) (adj.) political 14.1
politico(a) (n.) politician 9.1
pollo (m.) chicken 4.3
polvo (m.) dust 2.2
poner to put 5.2
popular popular 1.1

por for, by, through 5.1; by means of, along, because of, during, in, in place of, in exchange for, for a period of time 5.3; **por ciento** percent; **¡Por Dios!** Goodness! 5.2; **por favor** please 8.1; **¡Por supuesto!** Of course! 3.3; **por suerte** fortunately 11.1

¿Por qué? Why? 2.2

porque because 2.1

postal *(f.)* postcard 11.3

postre *(m.)* dessert 8.1

practicar to practice

precaución *(f.)* precaution 13.1

precio *(m.)* price 11.2

precioso(a) precious 7.1

predecir to predict, foretell

preferido(a) preferred 4.3

preferir (ie) to prefer 4.1

pregunta *(f.)* question 2.1

preguntar to ask 2.1

Premio Nóbel *(m.)* Nobel Prize 11.2

prensa *(f.)* press 9.2

preocupado(a) preoccupied, worried 3.1

preocuparse to worry 9.3

preparación *(f.)* preparation

preparar la cena to prepare dinner 1.3

presentación *(f.)* introduction; presentation

presentar to introduce someone or something. P

presión *(f.)* pressure 13.3

préstamo *(m.)* loan

prestar to loan; **prestar atención** to pay attention 10.1

presupuesto *(m.)* budget

primavera *(f.)* spring 2.3

primera plana *(f.)* front page 6.2

primero(a) first 3.1; **primer día de clases** *(m.)* first day of class 2.3; **primeros auxilios** *(m. pl.)* first aid 10.1

primo(a) cousin 5.1

principio *(m.)* beginning

probablemente probably 1.2

producción *(f.)* production 5.2

profesor(a) professor P

profundamente profoundly, deeply 13.2

profundidad *(f.)* depth

programa *(m.)* program 1.3

progresista *(m. f.)* progressive

prometer to promise 7.1

propiedad *(f.)* property

propina *(f.)* tip

propio(a) own, one's own 6.1

proporcionar to provide 10.1

propósito *(m.)* purpose 14.2

proteger to protect 9.3

proteína *(f.)* protein 8.1

protestar to protest 7.2

proveer to provide 12.1

proyecto *(m.)* project

público *(m.)* public 1.2

puente *(m.)* bridge

puerta *(f.)* door 3.1

puesta del sol *(f.)* sunset 12.1

puesto *(m.)* job, position 2.1;

pulmones *(m. pl.)* lungs 13.2

pulpo *(m.)* octopus 8.1

punto *(m.)* point

puntual punctual 7.1

purificar to purify 12.3

puro *(m.)* cigar

puro(a) pure

Q

¿Qué? What? Which? 2.2; **¡Qué desastre!** What a mess! 5.2; **¿Qué desean?** What would you like? 4.3; **¿Qué estás haciendo?** What are you doing? 3.2; **¡Qué horror!** It's horrible! 5.3; **¿Qué se le ofrece?** How may I help you? 4.2; **¡Qué pena!** What a pity! 6.3; **¿Qué tal?** How are you? P; **¿Que te parece?** What do you think? 4.3

quedarse to stay; to fit 9.2

quehacer doméstico *(m.)* chore,

task 11.1

quejarse to complain 11.2

quemadura *(f.)* burn 10.1

quemar to burn 8.1; **quemarse** to burn (up) 10.1

querer (ie) to want 4.1

queso *(m.)* cheese 4.3

¿Quién(es)? Who? 2.2

química *(f.)* chemistry 1.2

quinto(a) fifth

quitarse to take off 9.2

R

rábano *(m.)* radish 8.1

radiador *(f.)* radiator 10.2

radio *(f. m.)* radio 1.1; **radio** *(f.)* radio station 2.2; **radio** *(m.)* radio receiver 2.2

rápido(a) rapid, fast 10.1

rascacielos *(m., s. pl.)* skyscraper

rato *(m.)* while 9.2

ratón *(m.)* mouse 2.1

rayón *(m.)* rayon 4.2

raza *(f.)* race

reaccionar to react 6.2

reafirmar to reaffirm

real real, royal

rebozo *(m.)* Mexican shawl 4.1

recámara *(f.)* bedroom 5.2

rechazar to reject

recibir to receive 6.1

recibo *(m.)* bill; receipt 11.2

reciente recent

reclutar to recruit 14.2

recobrar to recover

recoger to pick up 7.1

recomendar to recommend 4.3

reconocer to recognize

recordar (ue) to remember 5.1

rector(a) president (of a university) P

recuerdo *(m.)* souvenir 12.1

recuperar to recuperate 11.1

recurso *(m.)* resource

red *(f.)* net 14.1

redacción *(f.)* writing, drafting

reemplazar to replace
referirse (ie, i) to refer
reflexión *(f.)* reflection 4.1
refrán *(m.)* saying, proverb
refresco *(m.)* soft drink 1.3
regadera *(f.)* shower 9.2
regalo *(m.)* gift 6.1
regar to water 9.3
regla *(f.)* rule
regresar to return 2.3
reina *(f.)* queen
reírse (i, i) to laugh 10.3
relajarse to relax 13.1
relleno(a) stuffed
remedio *(m.)* remedy 4.3
rendido(a) exhausted, worn-out 13.1
renta *(f.)* rent 2.2
renunciar to resign
reparar to repair, to fix 2.1
repasar to review
repetir (i, i) to repeat 7.2
réplica *(f.)* reply; replica
reportero(a) reporter 11.1
representar to represent 4.1
reptil *(m.)* reptile 11.1
repuesto *(m.)* spare part 13.1
reseña *(f.)* review 7.2
reservación *(f.)* reservation 8.1
residencia *(f.)* residence, dorm
resolución *(f.)* solution, resolution
resolver to resolve 7.3
respaldar to support, back
respetar to respect 7.3
respirar to breathe 10.1
responder to answer; to respond 10.1
responsabilidad *(f.)* responsibility 11.1
responsable responsable 3.2
respuesta *(f.)* answer P
restaurante *(m.)* restaurant 2.1
resto *(m.)* rest 12.1
retrato *(m.)* painting 4.1

reunirse to meet; to get together
revelar to reveal 7.2
reventarse (ie) to blow out 10.2
revisar to check 10.2
revista *(f.)* magazine 6.2
rey *(m.)* king
rico(a) rich; delicious 3.2
rincón *(m.)* corner 8.1
riqueza *(f.)* wealth 5.2
ritmo *(m.)* rhythm 13.2
roca *(f.)* rock
rodeado(a) surrounded
rodear to surround
rodilla *(f.)* knee 13.2
rojo(a) red 4.1
rollo *(m.)* roll (of film) 12.2
romántico(a) romantic 1.1
romperse to break, shatter 10.1
ron *(m.)* rum
ropa *(f.)* clothing 2.1
ropero *(m.)* closet 5.1
rosado(a) pink 4.1
rotar to rotate 10.2
rubio(a) blond 5.3
ruido *(m.)* noise 11.1
ruinas *(f. pl.)* ruins 12.1
rumbo *(m.)* direction, course
ruta *(f.)* route 6.1
rutina *(f.)* routine 9.2

S

sábado *(m.)* Saturday 2.3
saber to know (facts) 7.3
sabiduría *(f.)* wisdom
sabio(a) wise 14.3
sabor *(m.)* flavor 8.2
saborear to savor 7.1
sabroso(a) tasty; delicious 3.3
sacacorchos *(m. s. pl.)* corkscrew 2.2
sacar to take out; **sacar buenas notas** to get good grades 11.1; **sacar fotos** to take pictures 2.2

sacudir el polvo to dust
sal *(f.)* salt 8.2
sala *(f.)* living room 2.2
salchicha *(f.)* sausage 8.1
salir to leave; to go out 2.2
salmón *(m.)* salmon 8.1
salsa *(f.)* sauce 8.2; type of Puerto Rican dance and music
saltar to jump 13.2
salto de altura *(m.)* high jumping 14.1
salud *(f.)* health 13.1
saludable healthy 14.1
saludar to greet
saludo *(m.)* greeting
salvavidas *(m. f.)* lifeguard, lifesaver 14.1
sangría *(f.)* a Spanish drink made with red wine, orange and lemon soda, sugar, and fresh fruit 3.1
sano(a) healthy 13.1
sapo *(m.)* toad 5.3
saquear to sack, plunder
satisfacer to satisfy
saxofón *(m.)* saxophone 11.1
secretario(a) secretary 2.1
seda *(f.)* silk 4.2
seguir (i) to follow 10.3
según according to
segundo(a) second
seguro *(m.)* insurance 10.2; **seguro(a)** safe 12.1; **Seguro que...** It's for sure that...12.1
seis *(m.)* six
seleccionar to select 1.3
sello *(m.)* stamp
selva *(f.)* jungle 11.1
semana *(f.)* week
semestre *(m.)* semester 3.3
señal *(f.)* sign; traffic signal 10.2
señalar to indicate, point out
señor *(m.)* Mr. P
señora *(f.)* Mrs. P
señorita *(f.)* Miss

sentarse (ie) to sit down 8.1
sentimientos *(m. pl.)* feelings, sentiments 7.3
sentirse (ie, i) to feel 11.2
septiembre *(m.)* September 2.3
séptimo(a) seventh
ser to be 1.1
serio(a) serious 1.1
servilleta *(f.)* napkin 8.2
servir (i, i) to serve 7.2
sexto(a) sixth
si if
sí yes P
siempre always 1.3
siesta *(f.)* nap 10.3
siete *(m.)* seven
siglo *(m.)* century 6.1
siguiente following, next 11.2
silla *(f.)* chair 5.1
sillón *(m.)* armchair 5.1
simpático(a) pleasant, likable 1.1
sin without 5.1
sincero(a) sincere 1.1
sirena *(f.)* siren 11.2
sitio *(m.)* site 10.1
situado(a) situated 12.1
sobre about; on top of; over, 5.1
sociable outgoing, friendly 1.1
socio(a) member
soda *(f.)* carbonated beverage 9.3
sofá *(m.)* sofa 5.1
sofocar to suffocate; **sofocar un fuego** to put out a fire
sol *(m.)* sun 4.1
sólamente only 5.2
solicitar to apply (for a job) 6.3; to be hiring
solicitud *(f.)* application 10.3
sólo only 5.2
solucionar to solve; to settle, resolve
sombrero *(m.)* hat 4.1
soñar (ue) to dream 11.1; **sonar con...** to dream about. . .
sonar (ue) to ring 11.2

sonido *(m.)* sound 11.2
sopa *(f.)* soup 8.2
soportar to support; to tolerate 7.2
soroche *(m.)* altitude sickness 12.1
sorpresa *(f.)* surprise
soy I am P
subir to climb, go up 4.1; to get on 9.3; to lift 13.2
subte *(m.)* underground, metro 5.1
sucio(a) dirty 5.2
sueño *(m.)* dream
suerte *(f.)* luck, fortune
suéter *(m.)* sweater 4.1; **suéter de alpaca** *(m.)* wool (alpaca) sweater 12.2
sufrir to suffer 10.1; **sufrir de estrés** to be under stress 11.1
sugerencia *(f.)* suggestion
sugerir (ie, i) to suggest 4.1
supermercado *(m.)* supermarket 9.3
sur *(m.)* south 3.1
surco *(m.)* track
sureste *(m.)* southeast 3.1
suroeste *(m.)* southwest 3.1
sustantivo *(m.)* noun

T

tabaquería *(f.)* tobacco store 9.3
tacaño(a) stingy 12.2
tal vez maybe, perhaps
tamarindo *(m.)* tamarind 4.3
también also 10.2; **¡Ah, yo también!** Oh, me too! 2.3
tambor *(m.)* drum 11.1
tampoco neither 10.2
tan(to) so much 3.2
tan... como as . . . as 4.3
tanque *(m.)* tank 10.2
tanto como as much as 4.3
tantos como as many as 4.3

tapa *(f.)* hors d'oeuvre, appetizer 3.1
tarde *(f.)* late; *(n. f.)* afternoon 2.2
tarjeta *(f.)* card; **...de identidad** identification card 2.2; **...de crédito** credit card 10.3
tarjeta postal *(f.)* postcard 12.2
taxista *(m. f.)* taxi driver
té *(m.)* tea 4.3; **té de coca** *(m.)* coca leaf tea 12.1
Te presento a... I'd like you to meet . . . (fam.) P
teatro *(m.)* theater 1.2
teclado *(m.)* keyboard 2.1
técnico(a) technician 2.1
teléfono *(m.)* telephone 1.1; **teléfono celular** *(m.)* cell phone 2.2
telenovela *(f.)* TV soap opera 11.2
televisor *(m.)* TV set 5.1
tema *(m.)* theme
temer to fear 13.3
temor *(m.)* fear
temprano early 9.2
tenedor *(m.)* fork 8.2
tener to have 2.2; **tener... años** to be . . . years old 4.3; **tener calor** to be hot 4.3; **tener éxito** to succeed 4.3; **tener frío** to be cold 4.3; **tener ganas de** to feel like 4.3; **tener hambre** to be hungry 4.3; **tener miedo de** to be afraid of 4.3; **tener prisa** to be in a hurry 4.3; **tener que** to have to 4.3; **tener razón** to be right 4.3; **tener sed** to be thirsty 4.3; **tener sueño** to be sleepy 4.3; **tener suerte** to be lucky 4.3
tenis *(m.)* tennis 1.1
tercero(a) third
terminar to finish, to end
terraza *(f.)* terrace 9.3
terremoto *(m.)* earthquake 10.1
terrible terrible P
testigo *(m. f.)* witness 6.3

testimonio *(m.)* testimony 6.3

tibio(a) warm 8.2

tienda de artesanía *(f.)* arts and crafts store 12.2

tienda *(m.)* store 2.1

tierra *(f.)* land 11.1

tímido(a) timid, shy 1.1

tío(a) uncle/aunt 5.1

típico(a) typical 12.1

tirar to throw; to pitch (a baseball)

toalla *(f.)* towel 10.1

tocar to play (an instrument) 3.1; to knock (at a door), to ring (a door bell) 9.3

todavía still 3.1

todo(a) all; **todo el día** all day 2.2; **todo el mundo** everyone, everybody 3.1; **todos los días** every day 2.2

tomar to drink; to take 1.3

tomate *(m.)* tomato 8.1

tonelada *(f.)* ton

tonificar to tone; to strengthen 13.2

tonto(a) foolish, dumb 1.1

torta *(f.)* sandwich 4.3

tortilla *(f.)* Spanish potato omelette 3.2

tortillería *(f.)* tortilla shop 9.3

tortuga *(f.)* turtle 11.3

trabajador(a) hard-working 1.1

trabajar to work 1.3

trabajo *(m.)* work 2.1

trabalenguas (m. s./pl.) tongue twister 3.3

tradición *(f.)* tradition 4.1

tradicional traditional 5.2

traer to bring 7.1

traje *(m.)* suit 4.1; **traje de noche** *(m.)* nightdress, evening gown 4.2

tranquilizarse to calm down, relax 11.2

tranquilo(a) tranquil, peaceful 3.3

transbordador espacial *(m.)* space shuttle

transferir (ie, i) to transfer 14.3

transformar to transform

tras after, behind, following

tratar de to try to 7.2

tratar to treat; **tratar de** to try; **tratarse de** to be about

tren *(m.)* train 10.3

tres *(m.)* three

triángulo *(m.)* triangle

tribuna *(f.)* platform

tripulación *(f.)* crew

triste sad 3.1

tristeza *(f.)* sadness

triunfar to triumph

trompeta *(f.)* trumpet 11.1

trucha *(f.)* trout

tú you (fam./s.) P; **¿Y tú?** And you? P

tumba *(f.)* grave, tomb

turista *(m. f.)* tourist 12.1

turno *(m.)* turn 7.1

turquesa *(f.)* turquoise

último(a) last, ultimate, latest 5.2; **último día de clases** *(m.)* last day of class 2.3

un(a) a, an; **un montón de...** A lot of... 12.1; **un par** *(m.)* two, one pair 4.2; **un poco** a little

único(a) only, sole, unique, extraordinary

universidad *(f.)* university P

uno *(m.)* one

urgente urgent 10.1

usado(a) used 4.1

usar to use 1.1

usted you (form.); **¿Y usted?** And you? P

útil useful

útiles de limpieza *(m. pl.)* cleaning materials 11.2

uva *(f.)* grape

vacaciones *(f. pl.)* vacation 2.1

vacilar to hesitate

¡Vale! Ok! 3.3

¿Vamos a bailar? Should we dance? 3.3

vanidad *(f.)* vanity 8.1

variar to vary

vaso *(m.)* glass 8.1

vecino(a) neighbor 11.1

vela *(f.)* candle 7.1

vendedor(a) salesperson, salesclerk 2.1

vender to sell 2.1

venenoso(a) poisonous 10.1

venir to come 2.2

ventaja *(f.)* advantage 5.2

ventana *(f.)* window 2.2

ver to see 4.1

verano *(m.)* summer 2.3

verdad *(f.)* truth 7.1

verdadero(a) true

verde green 4.1

verdura *(f.)* vegetable 13.1

veredicto *(m.)* verdict 6.3

verificar to verify 10.1

vestido *(m.)* dress 4.1

vestir (i, i) to dress 7.2; **vestirse (i, i)** to dress oneself, to get dressed 9.2

vez *(f.)* time, instance 4.1
viajar to travel 2.2
viaje *(m.)* trip 2.3
víctima *(f.)* victim 6.3
vida *(f.)* life 6.1
videojuego *(m.)* video game 11.1
viejo(a) old 5.2
viernes *(m.)* Friday 2.3
vigoroso(a) vigorous 13.3
vinagre *(m.)* vinegar
vino *(m.)* wine 3.3; **vino blanco**
   (m.) white wine 8.1; **vino tinto**
   (m.) red wine 8.1
violento(a) violent 14.1
visitar to visit 4.1
vitamina *(f.)* vitamin 13.3
vivienda *(f.)* housing
vivir to live 2.1
volar (ue) to fly 12.1
volcán *(m.)* volcano 6.1
volver (ue) to return 4.1; **volver
   loco** to drive crazy 11.1

vosotros(as) you *(fam. pl.)*
vuelo *(m.)* flight 2.3

Y

y and; **¿Y tú?** And you? P; **¿Y
   usted?** And you? P
ya already 3.1; **ya no** not anymore
yerno *(m.)* son-in-law 5.1
yo I; **Yo soy ...** My name is . . . P;
   ¿Yo? Me? P

Z

zambullirse to dive, jump in (the
   water) 14.1
zanahoria *(f.)* carrot 8.1
zapatería *(f.)* shoe store 9.3
zapatos *(m. pl.)* shoes 4.1
zona *(f.)* area 5.1

English-Spanish Vocabulary

This vocabulary includes all the words listed as active vocabulary in *¡Dímelo tú!*

Stem-changing verbs appear with the change in parentheses after the infinitive: **(ie)**, **(ue)**, **(i)**, **(e, i)**, **(ie, i)**, **(ue, u)**, or **(i, i)**. Most cognates, conjugated verb forms, and proper nouns used as passive vocabulary in the text are not included in this glossary.

The following abbreviations are used:

adj. adjective *n.* noun
adv. adverb *pl.* plural
conj. conjunction *pp.* past participle
dem. demonstrative *poss.* possessive
dir. obj. direct object *prep.* preposition
f. feminine *pron.* pronoun

fam. familiar *refl.* reflexive
form. formal *rel.* relative
indir. obj. indirect object *s.* singular
interj. interjection *subj.* subject
m. masculine *v.* verb

A

a un(a); **a little** un poco; **a lot** mucho(a); **a lot of...** un montón de...
abandon abandonar
about acerca de; de; sobre
absence ausencia *(f.)*
absurdo(a) absurd
accept aceptar
accident accidente *(m.)*
according to según
accuse acusar
achieve lograr
active activo(a)
actor actor *(m.)*
actress actriz *(f.)*
add añadir
address dirección *(f.)*
administrator administrador(a)
admire admirar
admit admitir
adore adorar
advance avanzar
advantage ventaja *(f.)*
adventure aventura *(f.)*

advertise anunciar
advertisement anuncio *(m.)*
advice consejo *(m.)*
advisable aconsejable
advise aconsejar
advisor consejero(a)
after después de; tras
afternoon tarde *(f.)*
age edad *(f.)*
agree acordar (ue); estar de acuerdo
agreement convenio *(m.)*
agricultural agrícolo(a)
airline ticket billete de avión *(m.)*
airplane avión *(m.)*
airport aeropuerto *(m.)*
alarm clock despertador *(m.)*
all todo(a); **all day** todo el día
allergic alérgico(a)
allergy alergia *(f.)*
allow dejar
almost casi
along por
already ya
also también
alter alterar

alternate alternar
although aunque
altitude sickness soroche *(m.)*
always siempre
ambulance ambulancia *(f.)*
amphibian anfibio *(m.)*
an un(a)
anatomy anatomía *(f.)*
and y; **And you?** ¿Y tú? (fam.); ¿Y usted? (form.)
Andean andino(a)
angry enojado(a)
another otro(a)
answer *v.* contestar, responder; *n.* respuesta *(f.)*
antiquated antiguo(a)
any algún/alguno(a)
anyone alguien
apartment apartamento *(m.)*
appear aparecer; aparentar
appearance aspecto *(m.)*
appetizer entremés *(m.)*; tapa *(f.)*
apple manzana *(f.)*
application solicitud *(f.)*
apply (for a job) solicitar
appreciate agradecer, valorar

approach acercarse
April abril *(m.)*
area zona *(f.)*
arm brazo *(m.)*
army ejército *(m.)*
around alrededor de
arranged arreglado(a), concertado(a)
arrive llegar
arrogant arrogante *(m. f.)*
arrow flecha *(f.)*
art arte *(m.)*
article artículo *(m.)*
artist artista *(m. f.)*
as como; **as . . . as** tan... como; **as many as** tantos como; **as much as** tanto como
ash ceniza *(f.)*
ask preguntar; **ask for** pedir (i, i)
aspirine aspirina *(f.)*
assimilate asimilar
astronaut astronauta *(m. f.)*
at a; **at a reduced price** en rebaja; **at about** a eso de...; **at night** de noche; **at once** enseguida; **At what time?;** ¿A qué hora?; **At your service** A sus ordenes.
athlete atleta *(m. f.)*; deportista *(m. f.)*
athletic atlético(a)
athletics (track and field) atletismo *(m.)*
atrasado(a) late, slow (clock)
attempt intentar
attend asistir
attract atraer
attractive atractivo(a)
audience audiencia *(f.)*
August agosto *(m.)*
aunt tía
automobile automóvil *(m.)*
available disponible, libre
avenue avenida *(f.)*
avoid evitar
award otorgar

B

B.A degree licenciatura *(f.)*
back *v.* respaldar; *adv.* atrás; *n.* espalda *(f.)*
backpack mochila *(f.)*
bad malo(a)
bakery panadería *(f.)*
ball pelota *(f.)*
banana plátano *(m.)*
band banda *(f.)*
bandit bandido(a)
bankruptcy bancarrota *(f.)*
barbecue parrillada *(f.)*
barber barbero *(m.)*
base *v.* basar(se), *n.* base
baseball béisbol *(m.)*
basket cesto, canasta
basketball baloncesto *(m.)*
bat *v.* batear; *n.* bate *(m.)*
bathe bañarse
bathroom baño *(m.)*; cuarto de baño *(m.)*
batter (baseball) bateador(a)
battery batería *(f.)*
be estar; ser; **be able** poder (ue); **be about** tratarse de; **be acquainted** conocer; **be advisable** convenir; **be afraid of** tener miedo de; **be born** nacer; **be bothered** estar molesto(a); **be cold** tener frío; **be dead** estar muerto(a); **be distracted** distraerse; **be enough** bastar; **be equivalent to** equivaler; **be exhausted** estar molido(a); estar hecho polvo; **be fed up with (something)** estar harto(a) de (algo); **be full** estar satisfecho(a); **be funny** hacer gracia; **be grateful** agradecer; **be happy** alegrarse; estar contento(a); **be hiring** solicitar; **be hot** tener calor; **be hungry** tener hambre; **be in a hurry**

tener prisa; **be in shape** estar en forma; **be inclined to** estar dispuesto(a); **be lucky** tener suerte; **be obliged** deber; **be ready** estar dispuesto(a); **be right** tener razón; **be satisfied** estar satisfecho(a); **be sick** estar malo(a); **be similar to** asimilar; **be sleepy** tener sueño; **be sure** estar seguro(a); **be surprised** extrañarse; **be thirsty** tener sed; **be. . . years old** tener... años
beach playa *(f.)*
bean frijol *(m.)*
bear oso(a); **teddy bear** osito de peluche *(m.)*
beat derrotar
beautiful hermoso(a)
because porque
bed cama *(f.)*
bedroom alcoba *(f.)*; dormitorio *(m.)*; habitación *(f.)*; recámara *(f.)*
beef carne de res *(f.)*
beer cerveza *(f.)*
before antes
begin comenzar (ie); empezar (ie)
beginning comienzo *(m.)*; principio *(m.)*
behind atrás; detrás de; tras
believe creer
bend doblar
beside al lado de
besides además
better mejor
between entre
bicycle bicicleta *(f.)*
big grande
bike racing ciclismo *(m.)*
bilingual bilingüe
bill cuenta *(f.)*; recibo *(m.)*
billfold billetera *(f.)*
biology biología *(f.)*
bird ave *(f.)*; pájaro *(m.)*
birthdate fecha de nacimiento *(f.)*

black negro(a)
blackboard pizarra (f.)
blanket manta (f.)
blight lacra (f.)
block (city) cuadra (f.)
blockade bloqueo (m.)
blond rubio(a)
blouse blusa (f.)
blow out reventar(se) (ie)
boarding house pensión (f.)
boat lancha (f.)
body cuerpo (m.)
book libro (m.)
bookstore librería (f.)
boots botas (f. pl.)
border frontera (f.)
bored aburrido(a)
boring aburrido(a)
boss jefe (m.)
both ambos(as)
bote barco (m.)
bother molestar
bottle botella (f.)
boutique boutique (f.)
boxer boxeador(a)
boxing boxeo (m.)
boy chico; niño(a); pibe (m.) (Lunfardo)
boyfriend novio
brain cerebro (m.)
brake v. frenar n. freno
bread pan (m.)
breadth anchura (f.)
break v. romperse, n. receso (m.), descanso (m.)
breakfast desayuno (m.)
breathe respirar
bridge puente (m.)
bring traer
brochure folleto (m.)
brother hermano (m.)
brother-in-law cuñado (m.)
brown castaño(a); **light brown** crema
brush cepillar(se)

budget presupuesto (m.)
build construir; **build one's hopes up** ilusionarse
building edificio (m.)
bull fight corrida de toros (f.)
burn v. quemar; **burn (up)** quemarse; n. quemadura (f.)
bus autobús (m.); **bus stop** parada de autobus (f.); (in Argentina) parada del colectivo (f.)
business negocio (m.)
busy ocupado(a)
but pero
butcher shop carnicería (f.)
butter mantequilla (f.)
butterfly mariposa (f.)
button botón (m.)
buy comprar
by junto a
by por; **by means of** por; **by the way** a propósito

C

cabbage col (f.)
café café (m.)
cafeteria cafetería (f.)
caffe latte café con leche (m.)
cake pastel (m.)
call llamar; **call your parents** llama a tus padres
calm calmar
calm down tranquilizarse
can poder (ue)
can n. lata (f.), bote (m.)
canal canal (m.)
cancer cáncer (m.)
candle vela (f.)
canoe canoa (f.)
capital capital (f.); **capital letter** mayúsculo(a)
capitol building capitolio (m.)
car auto (m.); carro (m.); coche (m.)

carbohydrate hidrato de carbono (m.)
carbonated beverage soda (f.); gaseosa (f.)
card tarjeta (f.); **identification card** tarjeta de identidad; **credit card** tarjeta de crédito; **postcard** tarjeta postal (f.)
career carrera (f.)
caretaker conserje (m. f.)
carpet alfombra (f.)
carrot zanahoria (f.)
carry cargar; **carry out** cumplir; llevar a cabo
case caso (m.)
casserole cazuela (f.); **casserole style** a la cazuela
castle castillo (m.)
cat gato (m.)
catch a cold resfriarse
catch up with alcanzar
cathedral catedral (f.)
cattle ganado (m.)
cave cueva (f.)
CD player lector de CD (m.)
celebrate celebrar
celery apio (m.)
cell phone teléfono celular (m.); móvil (m.)
census censo (m.)
Central American centroamericano(a)
century siglo (m.)
certain cierto(a)
chair silla (f.); **armchair** sillón (m.)
challenge desafiar
champion campeón (campeona)
championship campeonato (m.)
change v. cambiar; n. (**money**) cambio, feria (**northern Mexico**), dinero de vuelta
channel canal (m.)
characteristic característica (f.)
chat conversar

chauffeur chófer *(m.)*
cheat hacer trampa
check *v.* revisar; *n.* cheque *(m.)*
cheer up animar
cheese queso *(m.)*
chemistry química *(f.)*
chicken pollo *(m.)*
children hijos *(m. pl.)*
choose escoger
chore quehacer doméstico *(m.)*
Christmas Navidad *(f.)*
church iglesia *(f.)*
cigar puro *(m.)*
citizen ciudadano(a)
city ciudad *(f.)*
clarinet clarinete *(m.)*
class clase *(f.)*
classified ad anuncio *(m.)*
clean *v.* limpiar; *adj.* limpio(a)
cleaning limpieza *(f.)*
cleaning materials útiles de limpieza *(m. pl.)*
clear (clouds) *v.* disipar, eliminar; *adj.* claro(a)
climate clima *(m.)*
climb escalar; subir
clinic clínica *(f.)*
closet armario *(m.)*; ropero *(m.)*
clothing ropa *(f.)*
clue pista *(f.)*
coach *v.* entrenar; *n.* entrenador(a)
cocktail cóctel *(m.)*
coexist convivir
cognate cognado *(m.)*
cold frío(a)
collide chocar
comb one's hair peinarse
come venir
comfortable cómodo(a)
command mandato *(m.)*
commit cometer, **commit oneself** comprometer(se)
common común
communication comunicación *(f.)*

compare comparar
compete competir *(i, i)*
competition competencia *(f.)*
complain quejarse
complete completar
complex complejo(a)
complicate complicar
component componente *(m.)*
comprehend comprender
computer computadora *(f.)*; ordenador (en España) *(m.)*; **computer components** periféricos *(m. pl.)*; **computer science** informática *(f.)*
concentrate (on a task) concentrarse
concert concierto *(m.)*; **concert ticket** boleto para un concierto *(m.)*
condemn condenar
condition condición *(f.)*, estado *(m.)*
condominium condominio *(m.)*
confess confesar *(ie)*
congratulate felicitar
connection conexión *(f.)*
conservative conservador(a)
consist of consistir en; constar de
construct construir
consume consumir
contract *v.* contratar; *n.* contrato *(m.)*
contrast contrastar
contribute aportar
contribution aportación *(f.)*
conversation conversación *(f.)*
converse conversar
convince convencer
cook *v.* cocinar; *n.* cocinero(a)
Cool! ¡Chévere!
copper cobre *(m.)*
corkscrew sacacorchos *(m. s. pl.)*
corner esquina *(f.)*; rincón *(m.)*
correct *v.* corregir *(i, i)*; *adj.* correcto(a)
cosmopolitan cosmopolita

cost costar *(ue)*
cotton algodón *(m.)*
couch potato aeroteleadicto(a)
count contar *(ue)*
country país *(m.)*
course rumbo *(m.)*
court cancha *(f.)*
courteous cortés
cousin primo(a)
crab cangrejo *(m.)*
crash chocar
crazy loco(a)
cream crema *(f.)*
crème caramel flan *(m.)*
crew tripulación *(f.)*
crossing cruce *(m.)*
crossword puzzle crucigrama *(m.)*
cry out gritar
crystal cristal *(m.)*
cultivate cultivar
curse maldición *(f.)*
custard flan *(m.)*
custodian conserje *(m. f.)*
custom made al gusto
customs aduana *(f.)*
cut oneself cortarse
cymbals címbalos *(m. pl.)*

D

dad papá *(m.)*
daily diario(a)
damage *v.* dañar; *n.* daño *(m.)*
dance *v.* bailar; *n.* baile *(m.)*
danger peligro *(m.)*
dark oscuro(a); **dark-complexioned** moreno(a)
darling corazón *(m.)*
date (appointment) cita *(f.)*; **(calendar) date** fecha *(f.)*
daughter hija *(f.)*; **daughter-in-law** nuera *(f.)*
day día *(m.)*; **day after tomorrow** pasado mañana *(m.)*; **day before yesterday** anteayer *(m.)*

death muerte *(f.)*; **death penalty** pena de muerte *(f.)*

December diciembre *(m.)*

decide decidir

decorate decorar

decorated decorado(a)

dedicate dedicar

deeply profundamente

defeat derrotar, vencer

dehydrated deshidratado(a)

delicious delicioso(a); rico(a); sabroso(a)

delighted encantado(a)

deliver entregar

democracy democracia *(f.)*

demonstration manifestación *(f.)*

denim mezclilla *(f.)*

denounce delatar

deny negar (ie)

department facultad *(f.)*

depend depender

depressed deprimido(a)

depression depresión *(f.)*

depth profundidad *(f.)*

describe describir

design diseñar

desire desear

desk escritorio *(m.)*

dessert postre *(m.)*

destroy arrasar; destruir

detail detalle *(m.)*

detest detestar

devastate devastar

develop desarrollar

diagnosis diagnóstico *(m.)*

diagram esquema *(f.)*

die morir(se)

diet dieta *(f.)*

different distinto(a)

difficult difícil

dine cenar

dining room comedor *(m.)*

dinner cena *(f.)*

direct dirigir

direction rumbo *(m.)*

dirty sucio(a)

disabled incapacitado(a)

disadvantage desventaja *(f.)*

disappear desaparecer

disconnect desconectar

discotheque discoteca *(f.)*

discount descuento *(m.)*

discover descubrir

discuss discutir

disguise disfrazar

dishes platos *(m. pl.)*

dishwasher lavaplatos *(f.)*

disorganized desorganizado(a)

display window escaparate *(m.)*

dissolve disolver

distant lejano(a)

distinguish distinguir

dive (in the water) zambullirse

divide dividir

divine divino(a)

do hacer

dog perro *(m.)*

domestic violence violencia doméstica *(m.)*; violencia de género *(f.)*

door puerta *(f.)*

dorm residencia *(f.)*

doubt *v.* dudar; *n.* duda *(f.)*

downtown centro *(m.)*

draft borrador *(m.)*

drafting redacción *(f.)*

drag arrastrar

dramatist dramaturgo *(m.)*

draw dibujar

drawing dibujo *(m.)*

dream *v.* soñar (ue); **dream about . . .** sonar con...; *n.* sueño *(m.)*

dress *v.* vestir (i, i); *n.* vestido *(m.)*; **dress oneself, get dressed** vestirse (i, i)

drink *v.* tomar; beber; *n.* bebida *(f.)*

drive manejar; **drive crazy** volver loco

driver conductor(a); **driver's license** licencia de manejar *(f.)*; licencia de conducir *(f.)*

drown ahogarse

drug droga *(f.)*; **drug abuse** abuso de drogas *(m.)*

drum tambor *(m.)*; batería *(f.)*

drunk borracho(a)

dumb tonto(a)

during durante; **during the day** de día

dust *v.* sacudir el polvo; *n.* polvo *(m.)*

dynamic dinámico(a)

E

each cada

ear oreja *(f.)*; **inner ear** oído *(m.)*

early temprano

earthquake terremoto *(m.)*

easel caballete *(m.)*

east este *(m.)*

Easter Pascua Florida *(f.)*

easy fácil

eat comer; **eat breakfast** desayunar; **eat out** comer fuera; **eat dinner** cenar; **eat lunch** almorzar (ue)

economics economía *(f.)*

economy economía *(f.)*

education educación *(f.)*

effort esfuerzo *(m.)*

egg huevo *(m.)*; **scrambled eggs** huevos revueltos *(m.pl.)*

eight ocho

eighth octavo(a)

either. . . or o...o

elderly anciano(a)

elect elegir (i,i)

electric shock choque eléctrico *(m.)*; descarga eléctrica *(f.)*

electricity electricidad *(f.)*

elegant elegante

elementary school escuela primaria *(f.)*

eliminate eliminar

E-mail correo electrónico *(m.)*

embrace abrazo *(m.)*

emergency emergencia *(f.)*
emotion emoción *(f.)*
emotional emocionante
emphasize enfatizar
employee empleado(a)
employment empleo *(m.)*
encourage animar
end terminar
endure aguantar
engineering ingeniería *(f.)*
English inglés *(m.)*
enjoy disfrutar; gozar; **enjoy one-self** divertirse (ie, i)
enough bastante
enter entrar
enterprise empresa *(f.)*
entrance entrada *(f.)*
enthused entusiasmado(a)
entusiastic entusiasta *(m. f.)*
episode episodio *(m.)*
epoch época *(f.)*
equal igual
equally. . . igual de...
eruption erupción *(f.)*
essay ensayo *(m.)*
establish fundar
evening gown traje de noche *(m.)*
event acontecimiento *(m.)*
every cada; **every day** todos los días
everybody todo el mundo
everyone todo el mundo
evident evidente
exaggerate exagerar
exaggerated exagerado(a)
exam examen *(m.)*
excellent excelente
exclude excluir
excuse excusar
exercise ejercicio *(m.)*
exhaust agotar
exhausted rendido(a)
expensive caro(a)
experience experiencia *(f.)*
explain explicar
explorer explorador(a)

export exportar
express an opinion opinar
exquisite exquisito(a)
extraordinary único(a)
extrovert extrovertido(a)
eye ojo *(m.)*

F

fabulous fabuloso(a)
facing enfrente de
fall otoño *(m.)*
fall asleep dormirse (ue); **fall down** caerse
fame fama *(f.)*
family familia *(f.)*; **family members** familiares *(m. pl.)*
famous famoso(a)
fantastic estupendo(a); fantástico(a)
far from lejos de
farewell despedida *(f.)*
farm finca *(f.)*; granja *(f.)*
farmer agricultor(a); granjero(a)
far-off lejano(a)
fascinating fascinante
fashion moda *(f.)*
fast rápido(a)
fat gordo(a)
father padre *(m.)*
fault culpa *(f.)*
favorite favorito(a)
fear *v.* temer; *n.* temor *(m.)*
February febrero *(m.)*
feel sentirse (ie, i); **feel like** tener ganas de
feelings sentimientos *(m. pl.)*
fern helecho *(m.)*
fever fiebre *(f.)*
few (quantity) pocos(as)
fiber fibra *(f.)*
fifth quinto(a)
fight pelea *(f.)*
figure figura *(f.)*
fill llenar
film *v.* filmar; *n.* película *(f.)*

find encontrar (ue); hallar
fine *adj.* fino(a); *adv.* bien; **Fine, thank you.** Bien, gracias.; *n.* multa *(f.)*
finger dedo *(m.)*; **finger-licking good** para chuparse los dedos
finish terminar
fire fuego *(m.)*; incendio *(m.)*; **fire extinguisher** extintor *(m.)*
firefighter bombero(a)
firm compañía *(f.)*; empresa *(f.)*
first primero(a); **first aid** primeros auxilios *(m. pl.)*; **first course of a meal** entrada *(f.)*; **first day of class** primer día de clases *(m.)*
fish pescado *(m.)*; pez *(m.)*
fit quedarse
five cinco
fix reparar
fixed arreglado(a)
flag bandera *(f.)*
flavor sabor *(m.)*
flight vuelo *(m.)*
floor piso *(m.)*
flour harina *(f.)*
flow fluir
flower flor *(f.)*
fly volar (ue)
follow seguir (i)
following siguiente; tras
food alimento *(m.)*; comida *(f.)*
foolish tonto(a)
foot pie *(m.)*
football fútbol americano *(m.)*
for para, por
forest bosque *(m.)*; **rain forest** bosque lluvioso
foretell predecir
forget olvidar
fork tenedor *(m.)*
fortress fortaleza *(f.)*
fortunately por suerte
fortune suerte *(f.)*
forward adelante
found fundar

four cuatro
fourth cuarto(a)
fowl ave *(f.)*
free gratis; gratuito(a); libre
frequently con frecuencia
fresh fresco(a)
Friday viernes *(m.)*
fried frito(a)
friend amigo(a)
friendly amistoso(a); **friendly** sociable
from de; desde; **from time to time** de vez en cuando; **from top to bottom** de arriba hacia abajo
front page primera plana *(f.)*
fruit fruta *(f.)*; **fruit store** frutería *(f.)*
frustrated frustrado(a)
full lleno(a)
fun divertido(a)
function *v.* funcionar; *n.* función *(f.)*
funny chistoso(a); gracioso(a)
furious furioso(a); enojado(a)
furnished amueblado(a)
furniture (piece of) mueble *(m.)*
furthermore además
fuse *v.* fusionar; *n.* fusible

G

game juego *(m.)*; **(competitive)** partido *(m.)*
garage cochera *(m.)*; garaje *(m.)*
gas gasolina *(f.)*
generally generalmente
generous generoso(a)
gentleman caballero *(m.)*
get conseguir (i, i); lograr; **get a flat tire** pincharse; **get angry** enojarse; **get off** bajarse **get good grades** sacar buenas notas; **get on** subir; **get sick** enfermarse; **get together** juntarse; reunirse; **get up** levantarse

gift regalo *(m.)*; talento *(m.)*; don *(m.)*
girl chica; niña; **girlfriend** novia
give dar; **give back** devolver (ue)
glass copa *(f.)*, vaso *(m.)*; **glass of wine** copa de vino; **small glass** copita *(f.)*
go ir; **go down** bajar; **go for a walk** pasear; **go out** salir; **go shopping** ir de compras; **go to bed** acostarse (ue); **go up** subir
goal gol *(m.)*; arco *(m.)*
goalie arquero(a); portero(a)
goalkeeper arquero(a); portero(a)
gold oro(a)
golden dorado *(m.)*
good bueno(a); **Good afternoon.** Buenas tardes. **Good evening. (Good night.)** Buenas noches; **Good heavens!** ¡Caramba!; **Good idea!** ¡Buena idea!; **good-looking** bien parecido(a), guapo(a); **Good morning.** Buenos días.
Good-bye. Adiós. **See you.** Hasta la vista. **See you later;** Hasta luego. **See you soon.** Hasta pronto. **See you tomorrow.** Hasta mañana.
Goodness! ¡Por Dios!
goods bienes *(m. pl.)*
government gobierno *(m.)*
grade nota *(f.)*; calificación *(f.)*
graduate graduarse
grandfather abuelo *(m.)*
grandmother abuela *(f.)*
grandparents abuelos *(m. pl.)*
grape uva *(f.)*
grave tumba *(f.)*
gray gris
grease grasa *(f.)*
great estupendo(a); fenomenal; **Great!** ¡Bárbaro!
green verde
greet saludar
greeting saludo *(m.)*

griddle fried a la plancha
grilled a la parrilla
group grupo *(m.)*
grow crecer
growth crecimiento *(m.)*
guard guardia *(m. f.)*
guess adivinar
guest invitado(a)
guilt culpabilidad *(f.)*
guinea pig conejillo de indias *(m.)*; cuy *(m.)*
guitar guitarra
gymnasium, gym gimnasio *(m.)*
gymnastics gimnasia *(f.)*

H

hair pelo *(m.)*
hairstyle peinado *(m.)*
hairstylist peluquero(a)
half *adj.* medio(a); *n.* mitad *(f.)*; **half price** mitad de precio
hall, hallway pasillo *(m.)*
ham jamón *(m.)*
hamburger hamburguesa *(f.)*
hand mano *(f.)*
hand over entregar
handicapped incapacitado(a); discapacitado(a)
handicrafts artesanía *(f.)*
happiness alegría *(f.)*
happy alegre; contento(a); feliz
hard duro(a)
harmony armonía *(f.)*
hasta until
hat sombrero *(m.)*
hate *v.* detestar, odiar; *n.* odio *(m.)*
have tener; **have a good time** divertirse (ie); **have just** acabar de; **have to** tener que
head cabeza *(f.)*
head liderar
health salud *(f.)*
healthy saludable; sano(a)
hear oír

heart corazón *(m.)*; **heart attack** ataque al corazón *(m.)*; ataque cardíaco *(m.)*; **heart stoppage** paro cardíaco *(m.)*
height altura *(f.)*; estatura *(f.)*
hello hola
help *v.* ayudar; *n.* auxilio *(m.)*
hemorrhage hemorragia *(f.)*
here aquí
hesitate vacilar
hide esconder
high jumping salto de altura *(m.)*
highway carretera *(f.)*
history historia *(f.)*
hit pegar
hitting (the ball) (with one's head) golpe (de cabeza) *(m.)*
hobby pasatiempo *(m.)*
home casa *(f.)*
home run jonrón *(m.)*
homemaker ama de casa *(f.)*
hope esperanza *(f.)*
hors d'oeuvre botana *(f.)*; tapa *(f.)*
horse caballo *(m.)*
hot caliente; picante
house casa *(f.)*; **beach house** casa de playa
housing vivienda *(f.)*
How? ¿Cómo?; **How are you?** ¿Cómo está (usted)? (form.); ¿Cómo estás (tú)? (fam.); ¿Qué tal?; **How many?** ¿Cuántos(as)?; **How may I help you?** ¿Qué se le ofrece?; **How much?** ¿Cuánto(a)?
howl aullar
humid húmedo(a)
hurricane huracán *(m.)*
hurt dañar; doler (ue)
husband esposo; marido *(m.)*

I yo; **I am** soy; **I hope** ojalá; **I love It!** ¡Me encanta!; **I wish** ojalá;

I'd like you to meet . . . (fam.) Te presento a...; **I'd like you to meet . . .** (form.) Le presento a...; **I'm sorry** Lo siento
ice hielo *(m.)*; **ice cream** helado *(m.)*; **ice cube** cubito de hielo *(m.)*
identify identificar
if si
ignore ignorar
illness enfermedad *(f.)*
illusion ilusión *(f.)*
image imagen *(f.)*
immediately enseguida
impartial imparcial
impatient impaciente
imprecision imprecisión *(f.)*
impress impresionar
impressive impresionante
improve mejorar
in en, adentro; **in charge of** encargado(a); **in front of** delante de; **in love with** namorado(a) de; **in peace** dejar en paz; **in spite of** a pesar de; **in the middle of** en medio de
inaccuracy imprecisión *(f.)*
inaugurate inaugurar; estrenar
include incluir
increase aumentar
incredible increíble
indicate indicar; señalar
indigenous indígena *(m. f.)*
inexpensive barato(a)
inflate inflar
injured herido(a)
injury lesión *(f.)*
insane loco(a)
insect insecto *(m.)*
inside adentro
insist (on) insistir (en)
instance vez *(f.)*
instrument instrumento *(m.)*
insurance seguro *(m.)*
insured asegurado(a)

intelligent inteligente
interest *v.* interesar; *n.* interés *(m.)*; **It's as interesting as. . .** Es igual de interesante...
interested interesado(a)
interrupt interrumpir
intertwine entrelazar
interview *v.* entrevistar; *n.* entrevista *(f.)*
interviewer entrevistador(a)
interweave entrelazar
intoxication intoxicación *(f.)*
introduce someone or something presentar
introduction presentación *(f.)*
introverted introvertido(a)
invent inventar
invest invertir
invite invitar
invoke invocar
island isla *(f.)*
islet islote *(m.)*
isolated aislado(a)

J

January enero *(m.)*
jealous celoso(a)
jeans jeans *(m. pl.)*
jewel joya *(f.)*; **jewelry store** joyería *(f.)*
job puesto *(m.)*
join juntar(se); inscribir(se)
joke broma *(f.)*
journalist periodista *(m. f.)*
joy alegría
judge juez *(m.)*
juice jugo *(m.)*
July julio *(m.)*
jump saltar; **jump in (the water)** zambullirse
June junio *(m.)*
jungle selva *(f.)*
juvenile delinquent joven delincuente *(m. f.)*

K

key llave *(f.)*
keyboard teclado *(m.)*
kick patear
kind amable
king rey *(m.)*
kiosk kiosko *(m.)*
kiss beso *(m.)*
kitchen cocina *(f.)*
knee rodilla *(f.)*
knife cuchillo *(m.)*
knock (at a door) tocar; llamar
know conocer; **know (facts)** saber
knowledge conocimiento *(m.)*

L

lack faltar; carecer
lactose lactosa *(f.)*
lake lago *(m.)*
lamb cordero *(m.)*
lamp lámpara *(f.)*
land tierra *(f.)*
landlord/lady dueño(a)
language idioma *(m.)*; lengua *(f.)*
last *v.* durar; *adj.* último(a); **last day of class** último día de clases *(m.)*; **last night** anoche
late tarde
latest último(a)
laugh reírse (i, i)
laundry lavandería *(f.)*
law derecho *(m.)*
lawyer abogado(a)
laziness pereza *(f.)*
lazy flojo(a); perezoso(a)
lead liderar
leader líder *(m. f.)*
leaflet folleto *(m.)*
league liga *(f.)*
leather cuero *(m.)*
leave salir; **leave alone** dejar en paz; **leave behind** dejar; **leave-taking** despedida *(f.)*
leg pierna *(f.)*

legend leyenda *(f.)*
lemon limón *(m.)*
lemonade limonada *(f.)*
letter carta *(f.)*
lettuce lechuga *(f.)*
liberal liberal
library biblioteca *(f.)*
lie *v.* mentir; *n.* mentira *(f.)*
life vida *(f.)*
lifeguard salvavidas *(m. f.)*
lifesaver salvavidas *(m. f.)*
lift levantar, subir
light *v.* encender (ie); *adj.* ligero(a); **(minor)** leve
likable simpático(a)
like *v.* gustar; **to really like** encantar
likewise igualmente
linen lino *(m.)*
list lista *(f.)*
listen escuchar; **listen to music** escuchar música
literature literatura *(f.)*
little poco(a); **little (small)** pequeño(a)
live vivir; **live together** convivir
living room living *(m.)*; sala *(f.)*
load cargar
loaded cargado(a)
loan *v.* prestar; *n.* préstamo *(m.)*
lobster langosta *(f.)*
local local
lodge oneself alojarse
lodging alojamiento *(m.)*
long largo(a); **long distance** larga distancia
longevity longevidad *(f.)*
look at mirar; **look for** buscar
lose perder (ie); **to lose weight** bajar de peso; perder peso
love *v.* amar; *n.* amor *(m.)*
lower bajar
luck suerte *(f.)*
lungs pulmones *(m. pl.)*
luxurious lujoso(a)

M

machinery maquinaria *(f.)*
mad loco(a)
magazine revista *(f.)*
mail correo *(m.)*; **mail carrier** cartero(a)
main course of a meal plato de fondo
maintain mantener
major especialización *(f.)*
majority mayoría *(f.)*
make hacer; **make better** mejorar; **make excuses** inventar excusas; **make mistakes** cometer errores; **make sure** asegurarse
mammal mamífero *(m.)*
man hombre *(m.)*
manage manejar
map mapa *(m.)*
marathon maratón *(m.)*
March marzo *(m.)*
margarine margarina *(f.)*
maritime marítimo(a)
mark lacra *(f.)*
market mercado *(m.)*; **open-air market** mercado al aire libre *(m.)*
marvelous maravilloso(a)
mascot mascota *(f.)*
mask máscara *(f.)*
mathematics matemáticas *(f. pl.)*
May mayo *(m.)*
maybe tal vez
mayonnaise mayonesa *(f.)*
measure medir (i, i)
measuring medición *(f.)*
meat carne *(f.)*
mechanic mecánico(a)
mechanical engineering ingeniería mecánica
medal medalla *(f.)*
medallion medalla *(f.)*
medical school medicina *(f.)*
medicine medicina *(f.)*
meet reunirse

melon melón *(m.)*
member socio(a)
mention mencionar
merchant marine flota mercante *(f.)*
message mensaje *(m.)*
metallic metálico(a)
meter metro *(m.)*
metro subte *(m.)* (Argentina)
Mexican shawl rebozo *(m.)*
military militar *(m. f.)*; **military coup** golpe militar
milk leche *(f.)*; **milk shake** batido de leche *(m.)*
mind mente *(f.)*
mineral water agua mineral *(f.)*
miracle milagro *(m.)*
mirror espejo *(m.)*
misfortune desgracia *(f.)*
miss class faltar a clase; **miss work** faltar al trabajo
Miss señorita *(f.)*
mix mezclar
mixed mixto(a)
model modelo *(m. f.)*
modern moderno(a)
modest modesto(a)
mom mamá *(f.)*
Monday lunes *(m.)*
money dinero *(m.)*
monkey mono(a); **howler monkey** mono(a) aullador(a)
more más
morning mañana *(f.)*; **Good morning.** Buenos días.
mother madre *(f.)*
motto lema *(m.)*
mountain montaña *(f.)*, montón *(m.)*; **mountain climber** alpinista *(m. f.)*; **mountain climbing** alpinismo; andinismo *(m.)*; **mountain range** cordillera *(f.)*
mouse ratón *(m.)*; **mouse pad** almohadilla *(f.)*
mouth boca *(f.)*
movie película *(f.)*

Mr. señor *(m.)*
Mrs. señora *(f.)*
much mucho(a)
museum museo *(m.)*
mushroom champiñón *(m.)*
music música *(f.)*
musician músico *(m. f.)*
must deber
mustard mostaza *(f.)*
my mi

N

name *v.* nombrar; *n.* nombre *(m.)*; **My name is . . .** Me llamo...; Mi nombre es...; Yo soy ...
nap siesta *(f.)*
napkin servilleta *(f.)*
narrate narrar
national nacional; **national dish** plato nacional *(m.)*
native indígena *(m. f.)*
navigate navegar
near cerca de
necessary necesario(a)
neck cuello *(m.)*
necklace collar *(m.)*
necktie corbata *(f.)*
neighbor vecino(a)
neighborhood barrio *(m.)*
neither tampoco; **neither . . . nor** ni ... ni
nervous nervioso(a)
net red *(f.)*
never jamás, nunca; **nevertheless** no obstante
new nuevo(a)
New Yorker neoyorquino(a)
news noticias *(f. pl.)*; noticiero *(m.)*
newscaster noticiero *(m.)*
newspaper periódico *(m.)*; **newspaper reporter** periodista *(m. f.)*
next próximo(a), siguiente; **next to** junto a

night noche *(f.)*
nightdress traje de noche *(m.)*
nine nueve
ninth noveno(a)
no no; **no one** nadie; **No wonder!** ¡Con razón!
Nobel Prize Premio Nóbel *(m.)*
nobody nadie
noise ruido *(m.)*
none ninguno(a)
north norte *(m.)*
northwest noroeste *(m.)*
nose nariz *(f.)*
not no; **not any** ninguno(a); **not withstanding** no obstante; **Not very well.** No muy bien.
notebook cuaderno *(m.)*
nothing nada *(f.)*
noun sustantivo *(m.)*
novelist novelista *(m. f.)*
November noviembre *(m.)*
now ahora
nowadays hoy en día
nursing enfermería *(f.)*

O

oblige obligar
observe observar
obtain conseguir (i, i); **obtain** obtener
obvious obvio(a)
occur ocurrir
October octubre *(m.)*
octopus pulpo *(m.)*
of de; **Of course!** ¡Por supuesto!
offer ofrecer
office oficina *(f.)*
often a menudo
Oh! ¡Ay!; **Oh, me too!** ¡Ah, yo también!
oil aceite *(m.)*
ok bien; **Ok!** ¡Vale!
old anciano(a); antiguo(a); viejo(a)

on en, sobre, encima de; **on special** en oferta; **on top of** encima de; **on top of** sobre

once upon a time había una vez

one uno

one's own propio(a)

onion cebolla (f.)

only adj. único(a); adv. sólamente, sólo

open abrir

oppose oponer

opposing contrario(a)

opposite contrario(a); enfrente de; opuesto(a)

or o

orange adj. anaranjado(a); n. naranja (f.)

orchid orquídea (f.)

order pedir (i, i)

organized organizado(a)

ornament ornamento (m.)

other otro(a)

out afuera; **out with. . .** fuera...

outgoing sociable

outside afuera

over sobre; **over there** allá

overthrow derrocar

own propio(a)

owner dueño(a)

oxygen oxígeno (m.)

P

page página (f.)

painting cuadro (m.); pintura (f.); retrato (m.)

pair par (m.); pareja (f.)

pajamas pijama (m.)

palace palacio (m.)

pancake panqueque (m.)

pants pantalones (m. pl.)

paper papel (m.)

parade desfile (m.)

paradise paraíso (m.)

paragraph párrafo (m.)

parents padres (m. pl.)

park v. estacionar; n. parque (m.)

part papel (m.)

participate participar

partner compañero(a)

party fiesta (f.)

pass pasar

pastry empanada (f.)

patient adj. paciente; n. paciente (m. f.)

patio patio (m.)

pay attention prestar atención; **pay attention to** atender (ie)

pay pagar

peace paz (f.)

peaceful tranquilo(a)

peach durazno (m.)

pearl perla (f.)

pen bolígrafo (m.); pluma (f.)

pencil lápiz (m.)

people gente (f.)

pepper pimienta (f.)

percent por ciento

percussion batería (f.)

perfume store perfumería (f.)

perhaps tal vez

period época (f.)

permit dejar; permitir

person persona (f.)

personality personalidad (f.)

pertain pertenecer

pet animal doméstico (m.); mascota (f.)

phenomenal fenomenal

phenomenon fenómeno (m.)

photo foto (f.)

photographer fotógrafo (m.)

phrase frase (f.)

physical education educación física (f.)

physically handicapped incapacitado(a)

physician médico(a) (m. f.)

physics física (f.)

pick up recoger

pie empanada (f.)

piece pedazo (m.); **piece of infor-**

mation dato (m.)

pill pastilla (f.)

pineapple piña (f.)

pink rosado(a)

piquant picante

piramide pirámide (f.)

pitch (a baseball) tirar

pitcher lanzador(a)

place lugar (m.)

plant and animal life flora y fauna (f.)

plastic plástico (m.)

plate plato (m.)

platform tribuna (f.)

play jugar; **play (an instrument)** tocar; **play sports** hacer deporte

player jugador(a)

playwright dramaturgo (m.)

pleasant simpático(a)

please por favor; **Pleased to meet you.** Mucho gusto.

plunder saquear

poet poeta (m. f.)

point out señalar

point punto (m.)

poisoning envenenamiento (m.); intoxicación (f.)

poisonous venenoso(a)

police force policía (f.); **policeman** policía (m.); **police station** comisaría de policía (f.); **policewoman** policía (f.)

political político(a); **political science** ciencias políticas (f. pl.)

politician político(a)

politics política (f.)

poor pobre

popular popular

pork carne de puerco (f.); carne de cerdo (f.)

porter maletero (m.)

position puesto (m.)

postcard postal (f.)

potato papa (f.); patata (f.)

power poder (m.)

powerful poderoso(a)
practice practicar
precaution precaución *(f.)*
precious precioso(a)
predict predecir
prefer preferir (ie)
preferred preferido(a)
preoccupied preocupado(a)
preparation preparación *(f.)*
prepare dinner preparar la cena
prepared estar dispuesto(a)
presentation presentación *(f.)*
president presidente(a);
   president (of a university)
   rector(a)
press prensa *(f.)*
pressure presión *(f.)*
pretty bonito(a); lindo(a)
price precio *(m.)*
printer impresora *(f.)*
probably probablemente
production producción *(f.)*
professor profesor(a)
profile perfil *(m.)*
profoundly profundamente
program programa *(m.)*
progressive progresista
   (m. f.)
project proyecto *(m.)*
promise prometer
property propiedad *(f.)*
proprietor dueño(a)
prosciutto jamón *(m.)*
protect proteger
protein proteína *(f.)*
protest protestar
proud orgulloso(a)
proverb refrán *(m.)*; proverbio
provide proporcionar; proveer
public público *(m.)*; **public accountant** contador público
   (m. f.)
punctual puntual
puncture pinchar(se)
pure puro(a)

purify purificar
purpose propósito *(m.)*
purse bolso *(m.)*
put poner; **put out a fire** sofocar
   un fuego; apagar un fuego;
   put up with soportar, aguantar

Q

quality calidad *(f.)*
quantity cantidad *(f.)*
queen reina *(f.)*
question pregunta *(f.)*
Quite well. Bastante bien.
quotation marks comillas *(f. pl.)*

R

race carrera *(f.)*; **race** raza *(f.)*
radiator radiador *(f.)*
radio radio *(f. m.)*; **radio receiver**
   radio *(m.)*; **radio station** radio
   (f.)
radish rábano *(m.)*
rain lluvia *(f.)*; **raincoat** impermeable *(m.)*
raise levantar
rapid rápido(a)
**raw fish marinated in lemon
   juice** cebiche → ceviche *(m.)*
rayon rayón *(m.)*
reach alcanzar
react reaccionar
read leer; **read newspapers** leer
   prensa
reader lector(a)
reading lectura *(f.)*
reaffirm reafirmar
real real
realize realizar; darse cuenta
receipt recibo *(m.)*
receive recibir
recent reciente
recognize reconocer

recommend recomendar; sugerir
record disco *(m.)*
recover recobrar; recuperar
recruit reclutar
recruiter ojeador(a)
recuperate recuperar
red rojo(a)
reef arrecife *(m.)*
refer referirse (ie, i)
referee árbitro(a)
reflection reflexión *(f.)*
refrigerator nevera *(f.)*; heladera
   (f.)
regret lamentar
reject rechazar
relative pariente *(m.)*
relax relajarse; tranquilizarse
remedy remedio *(m.)*
remember acordarse; recordar
   (ue)
remote alejado(a)
rent *n.* alquiler *(m.)*, renta *(f.)*; *v.*
   alquilar *(m.)*
repair reparar
repeat repetir (i, i)
replace reemplazar
replica réplica *(f.)*
reply réplica *(f.)*
reporter reportero(a)
represent representar
reptile reptil *(m.)*
reservation reservación *(f.)*
residence residencia *(f.)*
resign renunciar
resolution resolución *(f.)*
resolve resolver; solucionar
resource recurso *(m.)*
respect respetar
respond responder
responsable responsable
responsibility culpa *(f.)*; responsabilidad *(f.)*
rest descansar
rest resto *(m.)*
restaurant restaurante *(m.)*

retire jubilarse
return regresar, volver (ue); **return (something)** devolver (ue)
reveal revelar
review v. repasar; n. reseña (f.)
rhythm ritmo (m.)
rice arroz (m.)
rich rico(a)
ride (on) montar
ring sonar (ue); **ring (a door bell)** tocar
road camino (m.)
roasted asado(a)
rock roca (f.)
role papel (m.)
role-play dramatizar
roll (of film) rollo (m.)
romantic romántico(a)
room cuarto (m.)
roommate compañero(a) de cuarto
rotate rotar
route ruta (f.)
routine rutina (f.)
royal real
rugged (terrain) accidentado(a)
ruins ruinas (f. pl.)
rule regla (f.)
rum ron (m.)
run correr; **run (a motor)** funcionar
runner corredor(a)

S

sack saquear
sad triste
sadness tristeza (f.)
safe seguro(a)
sail navegar
salad ensalada (f.)
sale venta (f.)
salesclerk vendedor(a)

salesperson dependiente(a); vendedor(a)
salmon salmón (m.)
salt sal (f.)
same mismo(a)
sandwich torta (f.)
satisfy satisfacer
Saturday sábado (m.)
sauce salsa (f.)
sausage salchicha (f.)
sautéed in garlic al ajillo
save ahorrar
savor saborear
saxophone saxofón (m.)
say decir; **say good-bye** despedirse (i, i)
saying refrán (m.)
schedule horario (m.)
scholarship beca (f.)
score marcar
screen pantalla (f.)
script guión (m.)
scuba dive bucear
scuba diving buceo (m.)
sculptor escultor(a)
sea mar (m. f.); **sea bass** corvina (f.); **sea level** nivel del mar (m.)
second segundo(a)
secretary secretario(a)
see ver
select seleccionar
self portrait autorretrato (m.)
sell vender
semester semestre (m.)
send enviar; mandar
sentence frase (f.); oración (f.)
sentiments sentimientos (m. pl.)
September septiembre (m.)
serious grave; serio(a)
serve servir (i, i)
settle solucionar
seven siete
seventh séptimo(a)
shake batido (m.)

share compartir
shatter romperse
shave afeitarse
sheet of paper hoja de papel (f.)
shellfish marisco (m.)
shirt camisa (f.)
shoe zapato (m.); **shoe store** zapatería (f.)
shopping center centro comercial (m.)
short bajo(a); corto **short while** poco tiempo
shortage escasez (f.)
should deber; **Should we dance?** ¿Vamos a bailar?
shoulder hombro (m.)
shout gritar
show espectáculo (m.)
shower, take a shower v. ducharse, bañarse en la regadera; n. regadera (f.)
shrimp camarón (m.)
shy tímido(a)
siblings hermanos (m. pl.)
sick enfermo(a)
sign señal (f.)
silk seda (f.)
silver plata (f.)
sing cantar
since desde
sincere sincero(a)
singer cantante (m. f.)
siren sirena (f.)
sister hermana (f.); **sister-in-law** cuñada (f.)
sit down sentarse (ie)
site sitio (m.)
situated situado(a)
six seis
sixth sexto(a)
sketch esquema (f.)
ski esquiar
skiing esquí (m.)
skirt falda (f.)
sky cielo (m.)

skyscraper rascacielos (*m., s. pl.*)

slang (Argentina/Buenos Aires) lunfardo (*m.*)

slave esclavo(a)

sleep dormir

slight leve

slim delgado(a)

slow lento(a)

slowly lentamente

small island islote (*m.*)

small (little) pequeño(a)

smart listo(a)

smoke *v.* fumar; *n.* humo (*m.*)

snatch arrebatar

so así; **so much** tan(to)

soccer fútbol (*m.*)

sofa sofá (*m.*)

soft drink refresco (*m.*)

soldier militar (*m. f.*)

sole único(a)

solution resolución (*f.*)

solve solucionar

some algún/alguno(a)

someone alguien

something algo; **something else** otra cosa

sometime alguna vez

son hijo (*m.*); **son-in-law** yerno (*m.*)

sorrow pesar (*m.*)

sound sonido (*m.*)

soup sopa (*f.*)

south sur (*m.*)

southeast sureste (*m.*)

southern austral; **southern cone of South America** Cono Sur (*m.*)

southwest suroeste (*m.*)

souvenir recuerdo (*m.*)

space shuttle transbordador espacial (*m.*)

spacious amplio(a)

spaghetti espagueti (*m.*)

Spanish español(a); **Spanish dance** pasodoble (*m.*); **Spanish**

gypsy dance flamenco; **Spanish potato omelette** tortilla (*f.*)

spare part repuesto (*m.*)

speak hablar

speakers parlantes (*m. pl.*)

specialist especialista (*m. f.*)

species especie (*f.*)

spectacular espectacular

spelling deletreo (*m.*)

spend gastar; **spend time** pasar; **spend one's life** pasarse la vida

spicy picante

spoon cuchara (*f.*)

sport *adj.* deportivo(a); *n.* deporte (*m.*)

sporting deportivo(a)

spring primavera (*f.*)

squid calamar (*m.*)

stadium estadio (*m.*)

staircase escalera (*f.*)

stairs escalera (*f.*)

stamp sello (*m.*)

stand aguantar; **stand out** destacar(se)

star estrella (*f.*)

stationery store papelería (*f.*)

statue estatua (*f.*)

stay quedarse; **stay overnight** alojarse

steak bife (*m.*); bistec (*m.*)

stepbrother hermanastro (*m.*)

stepfather padrastro (*m.*)

stepmother madrastra (*f.*)

stepsister hermanastra (*f.*)

stereo system equipo de sonido

still todavía; inmóvil

stimulate estimular

stingy tacaño(a)

stomach barriga (*f.*)

stop parar; **stop (doing something)** dejar de

store tienda (*m.*); **arts and crafts store** tienda de artesanía (*f.*); **bookstore** librería (*f.*); **fruit store** frutería (*f.*); **jewelry**

store joyería (*f.*); **perfume store** perfumería (*f.*); **shoe store** zapatería (*f.*); **stationery store** papelería (*f.*); **store clerk** dependiente(a); **tobacco store** tabaquería (*f.*)

strawberry fresa (*f.*)

street calle (*f.*)

strengthen tonificar

stress (be under) *v.* sufrir de estrés; *n.* estrés (*m.*)

stretch estirar

striking (the ball) (with one's head) golpe (de cabeza) (*m.*)

strip (of land) franja (de tierra) (*f.*)

strong fuerte

student estudiante (*m. f.*)

studious estudioso(a)

study estudiar

stuffed relleno(a)

succeed tener éxito

success éxito (*m.*)

suddenly de repente

suffer sufrir

suffocate sofocar

sugar azúcar (*m. f.*)

suggest sugerir (ie, i)

suggestion sugerencia (*f.*)

suit traje (*m.*)

suitable apropiado(a)

summer verano (*m.*)

sun sol (*m.*)

Sunday domingo (*m.*)

sunset puesta del sol (*f.*)

supermarket supermercado (*m.*)

support *v.* respaldar, soportar; *n.* apoyo (*m.*)

surprise sorpresa (*f.*)

surround rodear

surrounded rodeado(a)

sweater suéter (*m.*); **wool (alpaca) sweater** suéter de alpaca (*m.*)

sweet corn cake humita (*f.*)

swim nadar

swimmer nadador(a)

swimming natación *(f.)*; **swimming pool** piscina *(f.)*; pileta *(f.)* (C.Sur)

T

table mesa *(f.)*; **bedside table** mesita de noche

take llevar; tomar; **take advantage** aprovechar; atender (ie); **take care of** cuidar; **take off** quitarse; **take out** sacar; **take pictures** sacar fotos

talk hablar; **talk on the phone** hablar por teléfono

tall alto(a)

tamarind tamarindo *(m.)*

tank tanque *(m.)*

task quehacer doméstico *(m.)*

tasty sabroso(a)

tax impuesto *(m.)*

taxi driver taxista *(m. f.)*

tea té *(m.)*; **coca leaf tea** té de coca *(m.)*

teacher maestro(a)

teaching of basic literacy alfabetización *(f.)*

team equipo *(m.)*

technician técnico(a)

telephone teléfono *(m.)*; **telephone call** llamada *(f.)*; **telephone number** número de teléfono *(m.)*

tell decir

ten diez

tennis tenis *(m.)*

tenth décimo(a)

terrace terraza *(f.)*

terrible terrible

testimony testimonio *(m.)*

Thanksgiving Día de Acción de Gracias *(m.)*

that ese(a); eso (neuter)

the el *(m.)*; la *(f.)*; los *(m. pl)*; las *(f. pl)*; **The pleasure is mine.** El gusto es mío.; **the same. . .** igual de...

theater teatro *(m.)*

Theme tema *(m.)*

there allí

there is/are hay

these estos(as)

thick grueso(a)

thickness espesor *(m.)*

thin delgado(a)

thing cosa *(f.)*

think pensar (ie)

third tercero(a)

this este(a); esto (neuter); **This is...** Este(a) es...

those esos(as)

threaten amenazar

three tres

throat garganta *(f.)*

through por

throughout a través de

throw tirar

Thursday jueves *(m.)*

ticket boleto *(m.)*; **ticket (fine)** multa *(f.)*

tie (as in a game) empatar

time época *(f.)*; vez *(f.)*

timid tímido(a)

tip propina *(f.)*

tire llanta *(f.)*

tired cansado(a)

to a; **to the left** a la izquierda; **to the right** a la derecha

toad sapo *(m.)*

tobacco store tabaquería *(f.)*

today hoy

together juntos(as)

tolerate soportar

tomato tomate *(m.)*

tomb tumba *(f.)*

tomorrow mañana *(m.)*

ton tonelada *(f.)*

tone tonificar

tongue twister trabalenguas *(m., s. pl.)*

too much demasiado(a)

tool herramienta *(f.)*

tooth diente *(m.)*

tortilla shop tortillería *(f.)*

tourist turista *(m./f.)*

tow truck grúa *(f.)*

toward hacia

towel toalla *(f.)*

track surco *(m.)*

tradition tradición *(f.)*

traditional tradicional

traffic signal señal *(f.)*

train *v.* entrenar; *n.* tren *(m.)*

trainer entrenador(a)

tranquil tranquilo(a)

transfer transferir *(ie, i)*

transform transformar

travel agent agente de viajes *(m. f.)*

travel viajar

treat tratar

trial juicio *(m.)*

triangle triángulo *(m.)*

trip viaje *(m.)*

triumph triunfar

trousers pantalones *(m. pl.)*

trout trucha *(f.)*

true cierto(a)

true verdadero(a)

trumpet trompeta *(f.)*

truth verdad *(f.)*

try intentar; **try to** tratar de

Tuesday martes *(m.)*

tummy barriga *(f.)*

turkey pavo *(m.)*

turn *v.* dar vuelta; doblar; *n.* turno *(m.)*

turquoise turquesa *(f.)*

turtle tortuga *(f.)*

TV set televisor *(m.)*

TV soap opera telenovela *(f.)*

two dos

typical típico(a)

U

ugly feo(a)
ultimate último(a)
umpire árbitro(a)
unbelievable increíble
uncarbonated water agua sin gas *(f.)*
uncertainty incertidumbre *(f.)*
uncle tío *(m.)*
unconscious inconsciente
under debajo de
underground (train) subte *(m.)* (Argentina); metro
understand comprender; entender (ie)
unexpected inesperado(a)
unique único(a)
United States Estados Unidos
university universidad *(f.)*
unjust injusto(a)
unoccupied desocupado(a)
unpleasant antipático(a); desagradable
upset estar molesto(a)
urgent urgente
use usar
used usado(a)
useful útil

V

vacation vacaciones *(f. pl.)*
vagueness imprecisión *(f.)*
vanity vanidad *(f.)*
vary variar
vegetable verdura *(f.)*
venture aventura *(f.)*
verdict veredicto *(m.)*
verify verificar
very muy; **very bad** pésimo(a);
Very well, thank you. Muy bien, gracias.
vest chaleco *(m.)*; **denim vest** chaleco de mezclilla
via a través de
victim víctima *(f.)*
video game videojuego *(m.)*
vigorous vigoroso(a)
vinegar vinagre *(m.)*
violent violento(a)
visit visitar
vitamin vitamina *(f.)*
volcano volcán *(m.)*

W

waist cintura *(f.)*
wait esperar
waiter camarero; mesero
waitress camarera; mesera
wake up despertarse (ie)
walk andar; caminar; **walk the dog** pasear el perro
want querer (ie)
warm tibio(a)
wash lavar
watch mirar; ver; **watch TV** mirar la tele; ver la tele
water regar
waterfall catarata *(f.)*
wave ola *(f.)*
way manera *(f.)*
weak débil
wealth riqueza *(f.)*
wear llevar
Wednesday miércoles *(m.)*
week semana *(f.)*
weekday día de la semana
weekend fin de semana *(m.)*
weigh pesar
weight peso *(m.)*; **weight lifting** levantamiento de pesas *(m.)*

welcome bienvenido(a)
well bien; **Well, chin up!** ¡Pues, ánimo!; **well-done** bien hecho(a); **well/poorly taken care of** bien/mal cuidado(a)
west oeste *(m.)*
wet húmedo(a)
What? ¿Cómo?; ¿Cuál(es)?; ¿Qué?; **What a mess!** ¡Qué desastre!; **What a pity!** ¡Qué pena!; **What are you doing?** ¿Qué estás haciendo?; **What do you think?** ¿Que te parece?; **What would you like?** ¿Qué desean?; ¿Cómo se llama usted? (form.); **What's your name?** ¿Cómo te llamas (tú)? (fam.)
When? ¿Cuándo?
Where? ¿Dónde?; **Where to?** ¿Adónde?
Which? ¿Qué?; **Which one(s)?** ¿Cuál(es)?
while *adv.* mientras; *n.* rato *(m.)*
white blanco(a)
Who? ¿Quién(es)?
Why? ¿Por qué?
width anchura *(f.)*
wife esposa *(f.)*
win ganar
window ventana *(f.)*
wine vino *(m.)*; **red wine** vino tinto *(m.)*; **white wine** vino blanco *(m.)*
wing ala *(f.)*
winter invierno *(m.)*
wisdom sabiduría *(f.)*
wise sabio(a)
with con; **with me** conmigo; **with you** contigo (fam.); con usted (form.)
without sin
witness testigo *(m. f.)*
woman mujer *(f.)*

wool lana *(f.)*

word palabra *(f.)*

work *v.* funcionar; trabajar; *n.* trabajo *(m.)*

worker *n.* trabajador(a); **hard-working** *adj.* trabajador(a)

world mundo *(m.)*

worn-out rendido(a)

worried preocupado(a)

worry preocuparse

would that ojalá

wounded herido(a)

wrestling lucha libre *(f.)*

write escribir; **write letters** escribir cartas

writing redacción *(f.)*

Y

yellow amarillo(a)

yes sí

yesterday ayer

yo I; **¿Yo?** Me?

you tú (fam.); usted (form.)

young joven

youth juventud *(f.)*

Z

zero cero *(m.)*

zip code código postal *(m.)*

zipper cremallera *(f.)*

zone zona *(f.)*

¿**cuál(es)**, 91–92
   vs. **¿qué?**, 92
¿cuándo?, 91–92
¿cuánto(a)?, 91–92
¿cuántos(as)?, 91–92

D

dar, 310–311, 336
   present subjunctive form, 474
days of the week, 99
de
   in dates, 99
   + **el** (contraction), 60
   indicating possession, 95
   with **millón (millones)**, 170
   telling time with, 98
deber, 229
decir
   as irregular **-go** verb, 269
   preterite of, 373
definite articles, 52–65, A-22
   with days of the week, 99
   used with nouns modifying
      nouns, 52
dejar de, 465
del, contraction (**de** + **el**), 60
demonstrative adjectives, 166–167
demonstrative pronouns, A-18, A-21
denial, subjunctive and, 504–505
diphthongs, pronouncing, 19–20
direct-object nouns, 268–269, 271–272
direct-object pronouns, 268–269,
     271–272
   with affirmative commands, 345
¿dónde?, 91–92
dormir, preterite of, 375, A-1
double-object pronouns, 307–308
doubt, subjunctive and, 504–505

E

emotions, imperfect with, 405
en
   with months/seasons, 99
   telling time with, 97
encantar, 137
enfermarme
equality, comparisons of, 171–172
-er verbs. *See also* verbs
   forming conditional from,
     440–441

   forming formal commands from,
     473–474
   forming future from, 438–439
   forming imperfect from, 404–405
   forming informal commands
     from, 344–345, 442–443
   forming negative **tú** commands
     from, 442
   forming past perfect from, A-19
   forming past subjunctive from,
     A-19
   forming present participles from,
     131
   forming present perfect from,
     409–411
   forming present subjunctive from,
     A-19
   present tense of, 90–91
   regular preterite forms, 236–237
estar
   with adjectives, 135–136
   forming past progressive tense,
     A-16
   with present progressive tense,
     131–132
   present subjunctive form, 474
   present tense, 130–131
   preterite of, 373
   vs. **ser**, 206–207, 309–310
   with weather expressions, 315, 340
exclamation marks, 28, 42
exclamative words, A-23
expressions of approval or agreement, 124

F

false cognates, 36
future, probability in, A-16
future perfect tense, A-16
future tense
   ir a + infinitive, 60
   irregular verbs, A-12–14
   regular verbs, 438–439, A-9
   of regular verbs, 438–439
   verbs with irregular stems,
     439–440

G

gender, 25
   of adjectives, 54, 57–58

of articles and nouns, 52–54
   forming superlatives and, 132–
     134
   ordinal numbers and, 351
   possessive adjectives and, 261
   gerunds, A-23
-go verbs, irregular, 269–270
gustar, 136–137, 306

H

haber
   forming perfect tenses, A-15
   with present perfect, 409–411
   present subjunctive form, 474
   preterite of, 373
habitual action
   imperfect with, 408
hacer
   as irregular **-go** verb, 269
   hacer caso, 447
   preterite of, 373
   in time expressions, 376–377
   with weather expressions, 315,
     340
hay, 27
   present of **haber**, 27
   imperfect of, A-12
   preterite of, 373
   vs. **ser**, 27
   with weather expressions, 315, 340

I

idioms, with **tener**, 173–174
idiomatic expressions, A-24
if clauses, A-19–20
imperative. *See* commands
imperfect tense
   English equivalent of, 382
   of **ir, ser, ver**, 405–406
   irregular verbs, A-12–14
   regular verbs, 404–405, A-9
   uses of, 405, A-24
   vs. preterite, 389, 407–409
impersonal expressions, with subjunctive, 476–477
indefinite antecedents, subjunctive
   and, 489, 505–506
indefinite articles, 52–54, A-22
   with **mil**, 93–94
indefinite expressions, 374–375

Index of Culture and Functions

describing favorite shows, 229
terms of endearment, 243, 252, 261
things
  denying information/referring to nonspecific, 374
  indicating specific and nonspecific, 52
  pointing out specific, 166
  referring to unknown, 489
Tikal (Guatemala), 214
time
  of events, 97
  expressing, 97–98, 206
tips, discussing restaurant, 286, 296
titles of address, 20–21
traffic signs, 356

U

Un día de estos, 266
"Una pequeña gran victoria," 338
United States
  Cuban culture in Miami, 492
  groups of hispanics in, 316
  hispanics in, 321–322
  Internet travel to, 322, 331
  reasons hispanics immigrated to, 325
  video, 329
Universidad de Salamanca, 26
Universidad Mayor de San Marcos, 26
Universidad de Santo Domingo, 26
Universidad Nacional Autónoma de México (UNAM), 26
Universidad Tecnológica de México (UNITEC), 41
universities. *See also specific universities*

celebrations, 43
dormitory life, 188
everyday activities, 434, 74
faculty of, 31
first in New World, 26
living accommodations, 43

V

vacation, 83, 85, 414–415
Vargas Llosa, Mario, 433
video
  Andalucia, Spain, 118
  Argentina, 191
  Chile, 290
  Colombia, 256
  Costa Rica, 393
  Guatemala, 224
  Iglesias, Enrique, 118
  Latin America, 36
  Mexico, 153
  Nicaragua, 360
  Panama, 459
  Peru, 426
  Puerto Rico, 78
Viejo San Juan (Puerto Rico), 74
volcanoes
  in Costa Rica, 378, 388, 402
  in Chile, 283
  in Nicaragua, 346, 355
voseo, 180, 365

W

weather
  clothing and, 318
  discussing, 314–315
weather map, 314
women, in Argentina, 193–194
writers

Alarcón, Francisco Xavier, 337–338
Allende, Isabel, 290, 291–292
Asturias, Miguel Ángel, 219
Belli, Gioconda, 369–370
Chilean, 297
Cisneros, Sandra, 330–331
Darío, Rubén, 366
Esquivel, Laura, 163
García Márquez, Gabriel, 265
Mistral, Gabriela, 297
Neruda, Pablo, 297, 300–301
Storni, Alfonsina, 193–194, 201
Vargas Llosa, Mario, 433
writing strategies
  being precise, 195
  brainstorming, 81
  chronological order, 495
  describing events, 293
  establishing chronological order, 227
  gathering information, 363
  giving written advice, 259
  grouping ideas, 122
  key words and phrases, 156
  organizing biographies, 332
  persuasion, 462
  point of view, 429
  preparing lists, 40
  stating facts, 396

Y

Yunque, El **(Puerto Rico), 74**

Z

Zócalo (Mexico City), 147

31: Universidad Austral, Buenos Aires, Argentina

41: Universidad Tecnológica de México, México, D.F.

163: *Como agua para chocolate* by Laura Esquivel. Used by permission of Doubleday, a division of Random Inc.

201: In Alfonsina Storni: *Poesías Completas*. Published by Sociedad Editoria Latino Americana (SELA), Buenos Aires, Argentina, 1996, p. 573

220: Prensa Libre, Ciudad de Guatemala, Guatemala

233: Siglo XXI Editores, S.A. de C.V., México, D.F., for the selection from *Me llamo Rigoberta Menchú y así, me nació la conciencia* by Elizabeth Burgos

251: Editorial Televisa, Miami, FL, for *"¿Te conviene el @mor por internet?"* by Pilar Obón

260: Courtesy of Televisa, Chili

266: From *Los funerales de la mamá grande*. Included in *Todos los Cuentos por Gabriel García Márquez, (1947-1972)*, Plaza y Janés, S.A. Barcelona, Spain

301: Agencia Literaria Carmen Balcells, S.A., Barcelona, Spain

323: Philips Mexicana, S.A. de C.V.

338: *Body in Flames/Cuerpo en llamas* by Francisco Alarcon 1990. Published by Chronicle Books

369: Gioconda Belli, ¿Qué sos Nicaragua? in *From Eve's Rib*. Published by Curbstone Press

397: Pachira Lodge, San José, Costa Rica

402: *Hispanic Business magazine*, Santa Barbara, CA

464: Salud & Estado Fisico

480 and **488:** *Cubadeportes,* Ciudad de Habana, Cuba

493: Resistencia, Madrid, Spain

All photographs credited to Heinle are owned by The Thomson Corporation/Heinle Image Resource Bank.